民法学说百年史

日本民法施行100年纪念

〔日〕加藤雅信
池田真朗　大村敦志　镰田薰
道垣内弘人　水野纪子　山本敬三　编

牟宪魁　卢晓斐　肖盼晴　战东升
潘芳芳　于宪会　赵　晶　杨瑞贺　译

商务印书馆
创于1897 The Commercial Press
2017年·北京

本书据日本三省堂 1999 年第 1 次印刷本译出

目　录

序言 〈1〉

本书旨在以前辈或同辈学者的杰出著作及论文为素材,来回顾一百年来日本民法学的发展史。

如后所述,在民法施行的百年史中,学说起到了非常大的作用。然而,最近判例研究日盛,而聚焦于学说本身的研究在学界却相对比较冷清。这是我在民法施行百年之际,向其他编辑委员以及出版社倡议出版本书的主要动机。

判例研究方面的作品,以《判例百选》为代表,多的不胜枚举。但是,关注学说的同类书籍却似乎还未曾有过,编辑工作因此颇费周折。但这也说明,本书具有相当大的意义。

欧洲民法是罗马法以来的西方文化的结晶,日本移植欧洲民法已然经过了百年的岁月。移植树木并非易事,移植完整的法律体系同样也需要相当大的智慧和能量。这一移植从一开始就不仅仅是学者在推动,这一点自不待言。

民法典制定出来以后,其运用者不仅有学者,还有法律家,以及主动运用法律的交易主体和受害人团体,等等。当然,一般的国民即使没有这样自觉地运用法律,而是被动地接受法律的适用,但也参与了民法典的运用。

〈2〉 但是,第一时期的首要问题,是让西方法律在日文的法典中开花结果,这需要大量的学者发挥智慧和能量。当时,尽管得到了博瓦索纳德(Boissonade)等受聘来日的外国学者的大力帮助,但是,要让西方法律在日本民法典中开花结果,像《兰学事始》* 那样的努力仍然是必不可少的。1898 年 7 月 16 日,日本民法典开始施行。其后,经过了百年。除了家族法,其他部分并无大的修改。这中间,民法典在日本社会发挥了极为巨大的作用,关于民法典的制定,日本政府的最初目的是为修改不平等条约创造条件,但其结果却如本书序章所述,民法典和商法典的制定,使得各藩的交易惯例和法律规范被替换为通行于整个日本列岛的单一的法律规范,让日本列岛在法律上实现了市场的统一。这成为了其后日本经济发展的法律基础,自不待言。

在法典制定后的第二时期,刚开始的初期,需要让继受的西方法律植根于日本社会,学者发挥的作用也是巨大的。当时,日本仅仅继受了法典这一西方法律的骨骼,学者们通过学说继受的方式,又引进了西方法律的血肉部分,为西方法律的国内法化发挥了先导性的作用。

在民法典植根于日本之后的第三时期,在社会内部运用民法典的,具体而言,是法律家、主动运用

---

* 《兰学事始》:日本学者杉田玄白的回忆录。该书以翻译《解体新书》的经验为中心,叙述了兰学发展的经过。——译者

法律的交易主体、被害人团体等，而学者则发挥了集大成的作用。

本书通过大量划时代的作品来回顾学者们在这一百年间的作为，并立足这段历史来展望下一个百年。

当然，在编纂本书之时，最费脑筋的是选取哪些 〈3〉
作品。编委成员各抒己见、反复讨论，但原本就不可能有客观的标准。这个选定结果虽然是编委会成员们的多数意见，但我们深知此外还会有很多其他的意见。

在此，介绍一下本书在形式上的框架。本书选取了学术专著和论文，而一般经常会被提到的教科书和体系书，并未成为正文的选取对象，而是被列入了正文后的资料部分中。另外，关于近期的作品，很多在编委会成员之间未能取得一致的意见，因此决定不选取评价尚未落定的近期作品，仅选取 1990 年之前刊行的作品。结果，有的作品令人无比惋惜，但又不得不忍痛割爱；而对于有的作品以杂志论文的形式在 1990 年之前发表，后来又以单行本方式出版的，本书仅选取了杂志论文，实属不得已而为之。

将多样的学术专著和论文在限定的篇幅内进行介绍，然后在学说史上定位，并非简单的事情。尽管如此，对于本书的编辑计划，很多人爽快地表示赞同并参与执笔。在此，首先对作者们表达衷心的感谢。

遗憾的是，有一些文献由于在最后阶段来不及执笔，也无法补充，因而未能收录。对于这一点，向原著的作者以及读者由衷地致以歉意。

关于本书的制作，三省堂的佐冢英树、木精舍的有贺俊朗付出了很多的努力，在此对他们也表示由衷的感谢。

〈4〉 读者中除了学者以外，对于一般人而言，即使是划时代的作品，直接阅读学术专著和论文的也不会太多吧！希望本书能成为读者的向导，使其有更多机会直接地接触杰出作品。此致是为序言。

1999年12月1日

编委代表　加藤雅信

编委　池田真朗

大村敦志

镰田薰

道垣内弘人

水野纪子

山本敬三

凡例

〈26〉

1. 本书所涉及作品为从明治中期到1990年初次发表的著作以及论文(包括到1998年前刊行单行本的)。
2. 作为解说对象的论文、著作,由编委会成员选定,虽其内容主要由“该文(著作)发表(出版)前学界之状况”、“该文的内容及其在学界之意义”、“其后学界之发展”三部分构成,但各部分执笔人仍根据各题目的特点各自投入了富于创意的努力。
3. 卷末附有100年间民法教科书、体系书一览表,民法典100年间的修改经过一览表。
4. 为方便检索,本书提供人名索引和论文名、著作名索引。
5. 本书中所提到的法律规定的简称如下所示。在有的执笔人的文章中也相应地使用了全称等其他表述方式。*

   会更　公司重整法

   宪　日本国宪法

   区分所有　建筑物区分所有法

   国赔　国家赔偿法

   租地租房　租地租房法

   信托　信托法

   破产　破产法

   不登　不动产登记法

   辩护士　律师法

* 为便于读者阅读,这里所提及的“法律规定的简称”以及第6条中所提及的“杂志、纪要等的简称”,在中译本中均已使用全称。——译者

身份保证　身份保证法

民　民法

民执　民事执行法

民诉　民事诉讼法

6. 本书中所涉及杂志、纪要等的简称如下所示。有的执笔人的文章中也相应地使用了全称等其他表述方式。

一法　一桥大学研究年报·法学研究[一桥大学研究年报编集委员会]

一论　一桥论丛[一桥大学一桥学会]

冈法　冈山大学法学会杂志[冈山大学法学会]

神院　神户学院法学[神户学院大学法学会]

〈27〉 神户　神户法学杂志[神户法学会]

岛法　岛大法学[岛根大学法文学部法学科]

司研　司法研修所论集[最高裁判所司法研修所]

修道　修道法学[广岛修道大学法学会]

ジュリ　法学家[有斐阁]

上法　上智法学论集[上智大学法学会]

志林　法学志林[法政大学法学志林协会]

新报　法学新报[中央大学法学会]

早法　早稻田法学[早稻田大学法学会]

同法　同志社法学[同志社法学会]

独协　独协法学[独协大学法学会]

都法　东京都立大学法学会杂志[东京都立大学法学会]

日法　日本法学[日本大学法学会]

阪学　大阪学院大学法学研究[大阪学院大学法学会]

判时　判例时报[判例时报社]

判タ　判例时代[判例时代社]

判评　判例评论[判例时报社]

阪法　阪大法学[大阪大学法学部]

姬路　姬路法学[姬路独协大学法学部]

法学　法学[东北大学法学会]

法协　法学协会杂志[法学协会事务所]

法教　法学教室[有斐阁]

法研　法学研究[庆应义塾大学法学研究会]

法杂　大阪市立大学法学杂志[大阪市立大学法学会]

法政　法政研究[九州大学法政学会]

法セミ　法学研讨会[日本评论社]

法论　法律论丛[明治大学法律研究所]

北园　北海学园大学法学研究[北海学园大学法学会]

北法　北大法学论集[北海道大学法学部]

民商　民商法杂志[有斐阁]

名法　名古屋大学法政论集[名古屋大学法学部]

山院　山梨学院大学法学论集[山梨学院大学法学研究会]

立教　立教法学[立教大学法学会]

立正　立正法学论集[立正大学法学会]

立命　立命馆法学[立命馆大学法学会]

龙谷　龙谷法学[龙谷大学法学会]

论丛　法学论丛[京都大学法学会]

序　章

日本民法百年史

2 序章　日本民法百年史

加藤雅信（名古屋大学）

第1节　日本民法的制定及其历史意义

1. 引言

日本民法典的前三编财产法部分公布于1896年（明治二十九年）4月27日，后两编家族法部分公布于1898年（明治三十一年）6月21日，并于1898年7月16日共同开始施行。因而，在1998年7月16日，我们迎来了民法典施行100周年。正如后面第3节所述，战败后，作为美军占领政策的重要一环，日本颁布了新宪法。而100年前所制定的民法典中的家族法部分，为了与新宪法保持整合性，于1947年（昭和二十二年）做了全面的修订，其基本理念是废除“家制度”与确保两性的平等。但财产法部分，除了为配合上述家族法的修改而同时进行的修改之外，如果说有重大修改的话，也仅仅是补充了第21条，新设了根抵押*，以及1999年（平成十一年）临时国会决议通过将禁治产、准禁治产制度修改为成年监护制度。这一百年间，其基本的骨架可以说大致没有什么变动（关于这一百年来民法修改的具体情况，请读者参考本书的资料部分）。

日本民法典的施行与1890年（明治二十三年）公布、1893年（明治二十六年）部分施行的旧商法典、1899年公布并施行的新商

---

* 根抵押：相当于中国的“最高额抵押”。——译者

法典一起构成了实体私法的骨架。在此，本章所要探讨的问题是，这些法典的编纂是怎样进行的？它们对于其后的历史具有什么样的意义？后来又有怎样的发展？

众所周知，现行民法典的编纂，历经编纂前史、“博瓦索纳德法典”、法典论争，直至现行法典的最终完成，可以说是经历了迂回曲折的过程。之所以如此的迂回曲折，其中的一个社会背景是，日本社会的各阶层——具体而言，政府阶层、一般国民阶层、作为职业群体的法律家阶层——对于法典编纂有着不同的看法。如果要对这一段历史进行概括的话，应该称之为同床异梦 3
的法典编纂事业与法典论争。在法典编纂之时，这一分歧还曾引发了社会的混乱。然而，现实社会的发展变化超出了各阶层的预想，民法典的编纂后来发挥了当时的各阶层意料之外的历史作用。

接下来，本节将在2、3、4中穿插法典编纂的相关史实，分别介绍政府、国民、法律家群体各自的心态，在5、6、7中介绍法典编纂在历史上的意义。

2. 对于政府而言的法典编纂——不平等条约及其修改

A. 亚洲各国纷纷缔结不平等条约

正如下文B中所述，对当时的日本政府来说，法典编纂的首要目的是为了修改不平等条约。一般认为，以领事裁判权为中心的治外法权制度，最早因为土耳其与欧洲各国之间在宗教、风俗习惯上有所不同而得以确立，后来，又扩展到了奥斯曼土耳其帝国，以及从其中独立出来的巴尔干各国、伊拉克和北非各国，并进一步扩展到了非奥斯曼土耳其帝国旧殖民地的北非各国。对此，后文还将简单涉及。为了有比较地分析日本的问题，我们先来看一下当时与日本境遇相似的几个亚洲国家的情况。

在帝国主义时代，西方列强几乎将整个亚洲地区殖民地化，但在19世纪中期，尚未被殖民地化并且从未成为殖民国家的伊朗、中国、泰国、日本，也在西方列强的强迫之下陆续缔结了不平等条约（1935年，波斯改国名为伊朗；1939年，暹罗改国名为泰国。本章中，不分时代，一律表述为伊朗、泰国）。

首先看一下伊朗的情况。19世纪初期，伊朗与俄罗斯关系对立，曾两度开战。第二次俄伊战争伊朗战败后，于1828年被迫签订了《土库曼恰伊条约》。该条约包含了割让领土、开放通商等方面的规定，并承认了俄罗斯的治外法权。此后，该条约成为了伊朗与欧洲各国缔结不平等条约的范本，并由此承认了这些国家的治外法权。①

4 当时，中国正处于清朝时期，闭关锁国的清政府由于在1840年的鸦片战争中败北，于1842年被迫与英国缔结了《南京条约》。其结果，清政府被迫开放国门，并开启了割让香港的历史。不仅如此，根据次年缔结的《南京条约》的补充条款，中国不但被英国剥夺了关税自主权，还被迫承认了英国的领事裁判权。其后，清政府与美、法等国也陆续缔结了这样的不平等条约。1850年，太平天国运动爆发，中国在国内局势一片混乱的同时，逐步走向了半殖民地化的道路。而日本在1895年（明治二十八年）日清战

① 本文接下来在介绍的各个国家之中，关于日本的部分，由于大量历史书籍均有介绍，因此省略了引用。关于伊朗的部分，参见桥本乾三：《在支治外法权撤废问题（治外法权相关研究）》，《司法研究》第32辑之8，1943年，第206页；蒲生礼一：《伊朗史》，修道社，1943年，第202、204页；加贺谷宽：《伊朗现代史》，近藤出版社，1975年，第7页以下。

争*胜利后的第二年，即1896年，也与中国缔结了通商航海条约，取得了领事裁判权。①

此后，泰国于1855年、1856年（日本在这之前缔结了《日美和亲条约》，在这之后缔结了承认美国领事裁判权的《日美修好通商条约》）相继缔结了承认英、美的领事裁判权，放弃关税自主权的不平等条约。与此同时，也和法国缔结了内容存在些许不同的不平等条约。后来，与其他的欧洲国家也陆续缔结了这样的不平等条约。日本在日清战争前后，废除了西方列强的领事裁判权，然后于1898年（明治三十一年）也迫使泰国承认了自己的领事裁判权。②

再来看日本，1853年，发生了美国人佩里（Matthew Calbraith Perry）的“浦贺来航事件”，也被称为“黑船来航”。次年，缔结了《日美和亲条约》。紧接着，英国、俄罗斯、荷兰等国也与日本缔结

---

* 日清战争：即中日甲午战争。——译者

① 对中国的治外法权的关注，与战争时期的政策制定是相关的。例如前引桥本乾三：《在支治外法权撤废问题（治外法权相关研究）》，《司法研究》第32辑之8，1943年；长谷部茂吉：《中国现行法规解说（治外法权相关研究）》，《司法研究》第32辑之9，1943年；梶川俊吉：《中华民国司法制度（治外法权相关研究）》，《司法研究》第32辑之10，1943年。

② 参见桥本乾三：《在支治外法权撤废问题（治外法权相关研究）》，《司法研究》第32辑之8，1943年，第210页以下；饭岛明子：《泰国的领事裁判权——保护民问题之所在》，《东南亚研究》第14卷第1号，1976年，第73页以下；饭田顺三：《日本与泰国外交史的素描——以条约关系为中心》，《亚洲经济》第34卷第5号，1993年，第41页以下；五十川直行：《泰国民商法典的比较法考察（序说）——与日本民法典的历史关联性》(1)，《法政研究》第62卷第3、4合并号，1996年，第717页；村嶋英治：《銮披汶独立泰王国的立宪革命》，岩波书店，1996年，第39页以下；西泽希久男：《泰国民商法典编纂史序说——不平等条约的修改与法典编纂》，《名古屋大学法政论集》第177号，1999年，第223页以下；再者，在本文中，在西方列强的压力面前，各国都是以被迫缔结不平等条约为前提的。关于泰国，本文在后面指出，由于第二次缅甸战争，缅甸将下缅甸割让给英国之后，紧接着与英国又缔结了不平等条约，但是对于泰国，这样的外压原因说近来面临着质疑，请参考永井史男：《无外压之开国——19世纪暹罗近代化开端之考察》，《法学论丛》第135卷第2号，1994年，第56页以下。

了条约。其后，德川幕府于1858年与美国缔结了《日美修好通商条约》；同年，与荷兰、俄罗斯、英国、法国也缔结了通商条约。这些通商条约，剥夺了日本的关税自主权，承认了各国的领事裁判权，是不平等条约。

如前所述，由领事裁判权等而确立的治外法权，并非是19世纪之后亚洲各国所特有的现象，很早以前，在土耳其和北非国家也出现过。但是，土耳其的领事裁判权，虽说最后也具有了西方列强不平等条约的性质，但其历史起源却是，中世纪的奥斯曼土耳其帝国为了夸耀其强盛，承认了少数非伊斯兰教徒的治外法权，早期的苏丹（国王）们将其适用范围扩张到了外国人；而当时
5 的土耳其朝廷崇尚不插手外国人的案件、只管辖本国人案件的传统思想，未必觉得治外法权是一种耻辱。所以，土耳其的领事裁判权至少在初期并不是以国势的衰弱为背景的，而是与西欧各国之间的一种互惠条款，但后来随着土耳其走向衰落，其性质发生了变化。①

相反，伊朗的治外法权则是以俄伊战争战败为端绪的。可以说，东亚各国的治外法权基本上也都是在国势衰弱的背景下被强加的。例如，在鸦片战争中战败的中国，在遭受英、法两国入侵的同时导入治外法权的泰国（邻国缅甸在第二次缅甸战争结束后，下缅甸被纳入英国版图，其后不久，泰国缔结了不平等条约，而后屡屡割让领土给英、法两国，以换取国家的独立），以及得知鸦片战争的结果后不久就迎来黑船的日本。另外，在用语上也有所不同。土耳

① 参见桥本乾三：《在支治外法权撤废问题（治外法权相关研究）》，《司法研究》第32辑之8，1943年，第167页以下，特别是第171页以下；大木雅夫：《土耳其对外国法的继受》，《立教法学》第11号，1969年，第84页以下；Tuncoku，A. Mete：《土耳其与日本的近代化》，Simul出版会，1996年，第105页以下等。

其的治外法权包含了领事裁判权，被称为“capitulation”，而东亚各国的治外法权，则被称为“extraterritoriality”（这些国家废除治外法权的情况，将在下文中介绍）。

此外，从土耳其分离出来或独立出来的西亚地区、巴尔干半岛以及北非国家，很多都有过治外法权的历史，被日本吞并之前的韩国等国也有过治外法权的历史。关于这些国家的治外法权，请参考其他文献中的介绍。[①]

B. 日本法典编纂事业的开始

在了解了亚洲各国的历史之后，接下来，结合日本废除治外法权的情况来思考一下法典编纂的问题。德川幕府在缔结不平等条约之后垮台。1868 年，日本步入了明治时代。对于当时的明治政府来说，为了谋求与欧美各国对等的国际地位，其首要的政治任务就是修改不平等条约。

在不平等条约的修改中，与法典编纂直接相关的是领事裁判权的废除问题。但是，如果站在外国人的立场上看这个问题的话，要让自己国家的国民服从于日本的裁判权，何种组织基于何种规范进行裁判既然是不明确的，那么当然仍会有不安感。因此，对于日本修改不平等条约的要求，各国回应的要求则是建设西方式法院制度和编纂法典。 6

在各国提出这样的要求之前，从明治初期开始，政府的法典编纂事业就已经开始了。1870 年（明治三年），在太政官制度局中设置了民法会议，以江藤新平为中心，开始尝试以法国民法为基

① 按照桥本乾三所著《在支治外法权撤废问题（治外法权相关研究）》（《司法研究》第 32 辑之 8，1943 年）第 165、184 页以下所述，这些国家有伊拉克、保加利亚、罗马尼亚、塞尔维亚、黑山共和国（旧译为门的内哥罗）、波斯尼亚、赫尔辛基（根据原文记载，下同）、希腊、的黎波里、韩国。

础进行民法典的编纂。随着江藤就任左院*副议长、后改任司法卿，法典编纂部门也从太政官制度局转移到左院、司法省，直至1873年(明治六年)江藤因征韩论下野，他一直都是法典编纂事业的中心人物。

此时的江藤希望仅仅通过翻译法国民法来制定日本的民法典。据说他有这样的名言："误译亦无妨，唯速译为要"①；"将写有法兰西的地方直接替换为帝国或日本则更好"②。关于江藤就任时的编纂情况，1869年(明治二年)起开始担任法国法翻译的箕作麟祥曾经回忆说："民法刚译完两三页，他就让提交到会议讨论，这种做法尽管不太好，但却是让日本民法编纂会姑且先启动起来的鼻祖。"③

当然，明治时期的法典编纂具有建设近代国家体制的意义，这一点或许已经被意识到了。江藤本人在命人翻译的同时，认为不符合日本习惯的地方可以留待以后的法律家来修改。④另外，在明治初期的当时，江藤对于法典编纂与条约修改之间的关系究竟有多深的认识并不明朗。后来成为民法起草委员的穗积陈重将此归功于江藤的"进取精神"⑤。虽然法典编纂的方法稍显粗糙，但这是全面欧化、现代化政策的一环，当然应该给予肯定的评价。

不论江藤个人是采取何种立场，关于法典编纂，除了在实质

---

* 左院：明治初期的立法顾问机关。——译者

① 穗积陈重：《法窗夜话》，有斐阁，1926年，第209页。

② 矶部四郎：《民法编纂由来之记忆谈》，《法学协会杂志》第31卷第8号，1913年，第149页。

③ 大槻文彦：《箕作麟祥君传》，丸善书店，1907年，第101页以下。

④ 参见矶部四郎：《民法编纂由来之记忆谈》，《法学协会杂志》第31卷第8号，1913年，第209页。

⑤ 参见穗积陈重：《法窗夜话》，有斐阁，1926年，第211页。

意义上的建设近代国家体制这一点之外，如果还能意识到这是修改不平等条约的前提条件，那么，法典编纂的目的就是为了让西方列强眼中的日本变得更加西方化而制造西方式的外皮。在此意义上，没有把日本的社会体制作为基础，仅仅通过翻译法国民法，甚至不介意误译这样一种制定民法典的态度，与鹿鸣馆舞会的欧化主义在基本精神上可以说是相通的。

上述江藤的言论即便在当时也是非常极端的——与后述的土耳其等国不同——实际上日本在进行法典编纂时其实并没有 7
采取翻译策略。但不能否认的一点是，日本的法典编纂事业在政府的层面上，具有作为修改条约之前提工作的欧化主义的一面。关于法典编纂的背景，民法起草者之一的富井政章提出了制定井然国法的必要性和条约修改的手段这两个方面。他指出："不能忘记的是，在法学尚未取得进步的今天，短时间内完成这样的立法事业主要是出于政治上的必要性。今后随着学术研究的进步、经验的积累，会发现许多的欠缺之处，他日必定会再进行重大的修改，对此我确信无疑。"①他这番话所讲的正是这一点。

3. 对于国民而言的法典编纂——日本传统文化与欧化主义的冲突

A. "博瓦索纳德民法"的编纂

江藤因为主张征韩论而下野后，先后由左院、司法省继续负责民法典的编纂，自 1880 年（明治十三年）起以博瓦索纳德为中心，民法典编纂工作不断向前推进。博瓦索纳德是 1873 年（明

---

① 富井政章：《民法原论》（第一卷），有斐阁，1910 年合订版，第 54、61 页。

治六年)从巴黎大学被聘至日本的外国人,他作为主要的起草人员,在参考法国民法的同时,也关注近代市民社会,起草了相当具有革新意义的民法草案。

1879年(明治十二年),博瓦索纳德开始着手起草民法。1880年(明治十三年),用法语发表了作为民法原型的民法草案及其注释。1886年(明治十九年),"博瓦索纳德法典"的财产编等首次由民法编纂局的总裁大木乔任呈报给了内阁总理大臣伊藤博文。

就这样,民法草案离开了博瓦索纳德,进入下一个阶段。但其后,修改不平等条约需要制定法典。为了处理民法、商法之间的冲突,民法、商法的编纂暂时停止,重新进行讨论。因而,草案刚从内阁交付元老院,就被元老院退回内阁,后来经法律调查委员会审议,重新对草案的全部内容进行了讨论。最终,"博瓦索纳
8 德法典"于1890年(明治二十三年)公布,并预定于1893年(明治二十六年)开始实施。[①]

这期间的情况,大久保教授和高桥教授以表格的形式所做的总结更为清晰易懂,请读者参考。

此外,商法典的编纂始于1881年(明治十四年),是由德国人罗斯莱尔负责起草的。以他起草的草案为基础的商法典也是于1890(明治二十三年)年公布,预定于1891年(明治二十四年)开始实施。

B. 法典论争的概要

但是,在商法及民法公布的前一年,即1889年(明治二十二

---

① 对于这期间的经过,请参见加藤雅信:《财产法的体系与不当得利法的构造》,有斐阁,1986年,第885页以下;大久保泰浦、高桥良彰:《博瓦索纳德民法的编纂》,雄松堂,1999年。

年），法学士会发表了民法典延期实施意见，引发了法典论争，历经三年的大论争就此展开。成为论争导火索的是法学士会的意见，即“我国社会于摆脱封建旧制、百废待兴之际，变迁极大。是故，今欲依例规习惯使法典大成，则不可依封建旧制，亦不可独尊欧美制度”①。基于此种考虑，法学士会警告了法典编纂仓促以及单纯模仿欧洲的弊端，指出商法、诉讼法由德国人制定，而民法由法国人制定，在法律的整合性上会出现问题。尽管该意见令人警醒，但此后，讨论逐渐趋于白热化。论争的中心点是人事编，即家族法的部分内容，关于这部分内容及此次法典论争的多面性，星野通博士做过简要的总结，其中也有一些评论，请参考他的著述，在此不再赘述。②

如果只讲此次论争结果的话，就是1890年（明治二十三年）商法典被延期施行，接着1892年（明治二十五年）的民法典也被延期施行。这两部法律分别被称为旧商法、旧民法。后来，旧商法的一部分得以施行，而旧民法却从未施行就作废了。

此次法典论争的性质是多方面的，最近仍有这方面的讨论③，以下我们举出其中的两个方面：一个方面是国民面对的西方文明与传统日本文化之间的冲突，另一方面则是将在4中介绍的法律家所面对的攸关职业饭碗的斗争。

---

① 法学士会：《法学士会关于法典编纂的意见》，星野通编著：《民法典论争资料集》，日本评论社，1969年，第15页。此书收录了延期派、断行派的诸多论文，是非常方便的资料集。

② 星野通：《民法典论争》，《法学家》第50号，1954年，第32页以下。另外，对此见解的反驳，参见手家丰：《读星野通教授著〈民法典论争史〉》，《法学研究》第23卷第1、2、3合并号，1950年，第87页以下；以及中村菊男：《近代日本政治史的发展》，庆应义塾大学法学研究会，1970年，第102页。

③ 大村敦志：《法典、教育与民法学》，有斐阁，1999年，第29页以下。

9

	第一周期		第二周期	
主导政治家	大木乔任		山田显义	
主要编辑机关	民法编纂局		司法省法律调查委员会	
呈报案的特色	翻译		“框架内修正”	
编纂过程	明治十二年 3 月	前史（司法省时代）		
	明治十三年 4 月 30 日	民法编纂局（设置）		
	明治十九年 6 月 5 日	元老院（下发）		
			明治十九年 8 月 6 日	前史 外务省内设法律调查委员会
	明治二十年 4 月 20 日	返呈		
	同年 10 月 25 日	再下发	明治二十年 10 月 21 日	法律调查委员会移设于司法省下
	明治二十二年 1 月 23 日	返呈	明治二十二年 1 月 24 日	元老院（下发）
			明治二十三年 1 月 21 日	枢密院（咨询）
			同年 3 月 27 日	裁可
			同年 4 月 21 日	公布

出处：大久保泰甫、高桥良彰：《博瓦索纳德民法的编纂》，雄松堂，1999 年，第 8 页。

10 C. 民法出则忠孝亡

在这次的法典论争中，最能动摇国民感情、诱导某种舆论的是穗积八束的《民法出则忠孝亡》这一著名论稿。[①] 在此，将文章中的部分内容用通俗易懂的语言进行简单介绍的话，就是：“有一利必有一弊。私法学家强调个人平等过于极端，容易损害社会秩

① 穗积八束：《民法出则忠孝亡》，《法学新报》第 5 号，1891 年，第 227 页以下。

序;而公法学家偏重权力方面,随之则有怠于因应社会启蒙之弊端。明治的立宪制度偏重私法学家之理论。我国乃尊祖训、重家制之邦,权力与法均出之于家庭。我国固有之国俗法度与基督教出现以前之欧洲相似,然而我国之法制家仅以基督教出现后发展起来的欧洲法理为标准,忘记了我国并非基督教之邦,实在令人奇怪。家长权神圣不可侵犯,乃是因为祖先神灵神圣不可侵犯。家人无论长幼男女,一则服从其威信,一则仰仗其保护。一男一女因爱情而居于一处,乃是基督教出现后之家庭。我国新民法(‘博瓦索纳德民法’)亦采此主义。然此并非我国固有之家制。所谓家庭乃一男一女自由缔结之契约(婚姻),古代欧洲绝无如此冷淡之思想。家庭并非基于婚姻而产生。行婚姻之礼乃为家嗣永续。而欧洲自流行基督教以来,上帝专有人类之敬与爱,子孙不知应供奉祖先,以致孝道衰微。然我国亦公布了极端个人本位之民法,实为背弃三千余年之信仰。”

D. 对欧洲文明的内心抵触

如前所述,以欧洲为范本编纂法典,其实是欧化主义的一环,自然会招致传统主义者的反感。维护自己祖祖辈辈传下来的生活方式以及认为好的道德观、生活观,可以说是国民很自然的感情。不仅是日本,在过去的数个世纪里,因为欧洲文明的优势而被欧洲文明影响的其他文化圈的国民,对欧洲文明有所抵触,在某种意义上也是非常自然的事情。日本所谓的“和魂洋 11
才”,以及中国所谓的“中学为体、西学为用”和“洋为中用”,都是这种观念的反映。对于那些大规模的政治运动,例如日本的八紘一宇、中国“文化大革命”时期显著的排外主义思想和伊斯兰原教旨主义运动等,如果看不到其背后对欧洲文明的抵触是无法理解的。

明治时期的日本平民百姓对于改变自己的生活方式，打心底里有一种没理由的憎恶。因此，“民法出则忠孝亡”这样的口号极大地迎合了当时朴素的国民感情。正是以这种朴素的国民感情作为基础，才会出现像穗积八束这样的保守派议论，也才会有政治家们认为外国人起草的法案成为日本的法律，是“本邦末代的耻辱”[①]，主张延期施行。而且，如上 2 中所述，此次法典编纂是为了修改不平等条约，具有浓厚的西方各国强迫的色彩，所以从最开始就很容易遭致国粹主义者的排斥。正是以上诸要素的结合，导致了法典论争中基于民族主义的反对运动越来越高涨。反对法典编纂的运动，在民众层面是西方文化与日本文化的冲突，在思想、政治运动领域则带有国粹主义和反动主义的色彩。总而言之，是复古主义与反西欧式的民族主义诸要素的结合，这一点是不能忘记的。

这一点，当时的有识之士以及一部分受雇于日本的外国人也意识到了。

在“博瓦索纳德民法草案”最初上呈伊藤博文八个月后的 1886 年(明治十九年)末，罗斯莱尔(Roesler)说了这样一段话：“一国之民法必须合其国民之性情。若其内容属于前所未闻的新奇之理，一旦将此种背离国民思想及感情之民法付诸实施，则国民将无法理解，随后实施中产生之困难亦会不胜枚举，进而招致国民之批判甚至社会混乱。……今日之日本，仅用数年，即实现了政治及社会各种制度的大变革，今日又实施新定民法，或许操

① 村田保：《法制实历谈》，《法学协会杂志》第 32 卷第 4 号，1914 年，第 146 页。村田保在 1892 年(明治二十五年)作为贵族院议员向第三届帝国议会提出了民法、商法延期施行的法案。

之过急，因而招致强烈之批判。”①

这段话，在引发法典论争的《法学士会关于法典编纂的意见》发表的两年半之前就已发表。从其后发生的社会混乱观之，罗斯莱尔 12
对这种混乱的发生以及原因可以说早已作出了精确的预见。

4. 对于法律家而言的法典编纂——确保职业的问题

A. 明治初期的裁判制度及其法源

明治初期的日本，在法典编纂之前就已经先设置了司法机构。首先，1871 年（明治四年）设置了东京裁判所。次年，江藤新平就任首任司法卿，与此同时，司法制度的改革也得以迅速开展。后来，虽然江藤个人下野了，但司法制度改革仍被继续推进，1875 年（明治八年），设立了大审院、上等裁判所、府县裁判所这一整套的裁判机构体系。对于裁判所而言，作为纠纷解决之基准的规范（即法源）是：“在民事裁判中，无成文法时依习惯，无习惯时应参考法理进行裁判。”②

明治初期，有几所官办学校、私立学校已经开始了法学教育。其中，英国法系与法国法系两大法系非常盛行。法官在面对现实进行裁判时，以自己接受的法学教育内容为法理基础来进行裁判。借助梅谦次郎的话来说就是：“在法理的名义下接受过日本

---

① 《罗斯莱尔关于民法之意见》，伊藤博文编：《秘书类纂法制关系资料》（上），原书房，1969 年再版（1934 年初版），第 115 页以下。从这里看不出发表的具体年月日，根据国学院大学日本文化研究所编《近代日本法制史资料第六》（第 64 页），听取了英文口述的伊东巳代治发表那篇译文是在明治二十年（1887 年）11 月，翻译罗斯莱尔的口述是在内阁总理大臣伊藤博文巡阅冲绳的船上进行的。基于这一叙述，大久保教授对伊藤博文的出差时间进行调查之后的结论是，口述是在明治十九年（1886 年）12 月之前进行的（大久保泰甫、高桥良彰：《博瓦索纳德民法的编纂》，雄松堂，1999 年，第 77 页）。

② 明治八年（1875 年）太政官布告第 103 号《裁判事务心得》第 3 条。

传统法学教育的人，仍然以传统的思想为基础去解决问题。学习过英吉利法律的人，便将英吉利的法律原则作为法理判案；学过法兰西法律的人，将法兰西法典主义作为法理判案；而学习过德意志法律的人，就会将德意志的法律作为法理，这着实是一种非常奇怪的状态。”①

B. 明治初期的法学教育

1871年(明治四年)，在法国法教育的据点日本司法省内设立了明法寮，后来改名为司法省法律学校，并于1885年(明治十八年)并入东京大学(次年改名为帝国大学)。与此相对，1874年(明治七年)帝国大学的前身东京开成学校开始教授英国法。明法寮和东京开成学校的法学教育，是日本法学界分为法国法学派与英
13 国法学派两大学派的开端。1887年(明治二十年)帝国大学开设了德国法课程，但在当时法典论争的法律家之中，学习德国法的人还为数不多。明治十年代，在东京的私立学校中，开设法国法教育的学校有明治法律学校(即现在的明治大学)和东京法学社(后又名东京法(兰西)学校、和法(兰西)法律学校，即现在的法政大学)，开设英国法的学校有英吉利法律学校(曾改名为东京法学院，即现在的中央大学)，另外还有专修学校(即现在的专修大学)和东京专门学校(即现在的早稻田大学)，但后两所学校侧重英国法教育的程度相对弱一些。

C. 法典论争——英国法学派与法国法学派之争

在这样的状况之下，法国式的民法典经博瓦索纳德之手引入日本，导致英国法学派的法律家面临着职业危机。因此，英国法

① 梅谦次郎:《伊藤公与立法事业》,《国家学会杂志》第24卷第7号,1910年,第967页。

学派的法律家们反对“博瓦索纳德法典”，主张延期实施该法典，从某种意义上来说这也是非常自然的事情。如上述 3 中所述，民法公布的一年前，由帝国大学法学院的毕业生所组织成立的法学士会发表了法学士会关于法典编纂的意见书，建议政府、枢密院延期实施民法典，法典论争由此开始。这个法学士会是英国法学派的核心之一。当然，法学士会意见书的主要内容并未强调自己的职业危机，而是强调法的历史性、民族性，反对直接移植外国法，认为法律不是直接移植的而是逐渐形成的，反映出浓厚的历史法学的观点。[①] 而且，像下面所评论的那样，此次论争也存在如下原因：“发生这种争议的原因根本上是由于两学派各自依据的根本学说不同，其实质不外乎是自然法学派与历史法学派之争。具体来说，法国法学派信奉自然法学说，认为法的原则可以超越时间和场所，任何国家、任何时间都应该根据同一根本原理编纂法典。而历史法学派则认为法典编纂应该以国民性和时代性为重。因此，历史法学派反对以自然法学说为基础的‘博瓦索纳德法典’也是理所当然之事。从这一点上也可以说，日本的法典论争与 19 世纪初在德国发生的萨维尼与蒂堡之间关于德国民法典的法典论争并没有丝毫的不同。”[②]

但是，在这场论争中，能否仅仅把法典断行派与延期实施派之间的对立看作理论上的对立，应该说是值得质疑的（另外，前段的话引自穗积陈重的《法窗夜话》，该书中也谈到两派的对立也是 15
英国法学派与法国法学派之争，对此后文将作详述）。正如中村

① 参见法学士会：《法学士会关于法典编纂的意见》，星野通编著：《民法典论争资料集》，日本评论社，1969 年，第 15 页。

② 参见穗积陈重：《法窗夜话》，有斐阁，1926 年，第 352 页（本文在引用之时，删除了原文中的旁点）。

菊男教授尖锐指出的那样,刚才提到的法学士会的意见书表明:“法典的编纂……应该按照社会的实际情况,在民情、风俗安定之后进行制定。也就是说,其明确指出了法律是因应社会进化、国民需要而产生的。……但是,从这种观点的深处可以看出其认为英国法较之大陆法更为优越,明显表现出对法典编纂者依赖法国法的反感。从此意义上可以说,民法典论争最初的出发点体现为英国法学派对法国法学派的挑战。”①

在此,只对事实关系做一下简单介绍。法典实施延期论开始于英国法系的法学士会意见书,其主张基本发表在同属于英国法系的东京法学院的校刊上;相反,断行派的主张大多发表在属于法国法系的和法(兰西)法律学校的校刊上。关于这场论争,有人评论说“延期与断行两派的论争颇为激烈,但在今天看来的话,也有一些争论非常无聊”②。当时的情况是,“英法两派阵营的旗帜非常鲜明,英国法学者基本上都主张延期论,相反,法国法学者基本上都主张断行论。富井、木下两位博士虽属法国法学派,但超然地主张延期论,并在其中大放异彩”③。由于在这一时期,外国法发挥着法源的功能,英国法学派与法国法学派为争夺职业而展开的全面对决,将这场论争推向了更为激烈的境地。

博瓦索纳德本人也是以此种观点来理解当时的论争的。民法及商法应延期三年实施的决议通过之后,博瓦索纳德发表了一篇题为“新法典非难之批评”的论文,他在文中认为这些说法并非出于恶意,但阐述了以下的看法。在延期实施法典的意见上署名

---

① 中村菊男:《近代日本政治史的发展》,庆应义塾大学法学研究会,1970 年,第 62 页。

② 穗积陈重:《法窗夜话》,有斐阁,1926 年,第 352 页。

③ 同上书,第 340 页。

专门学校的谱系

14

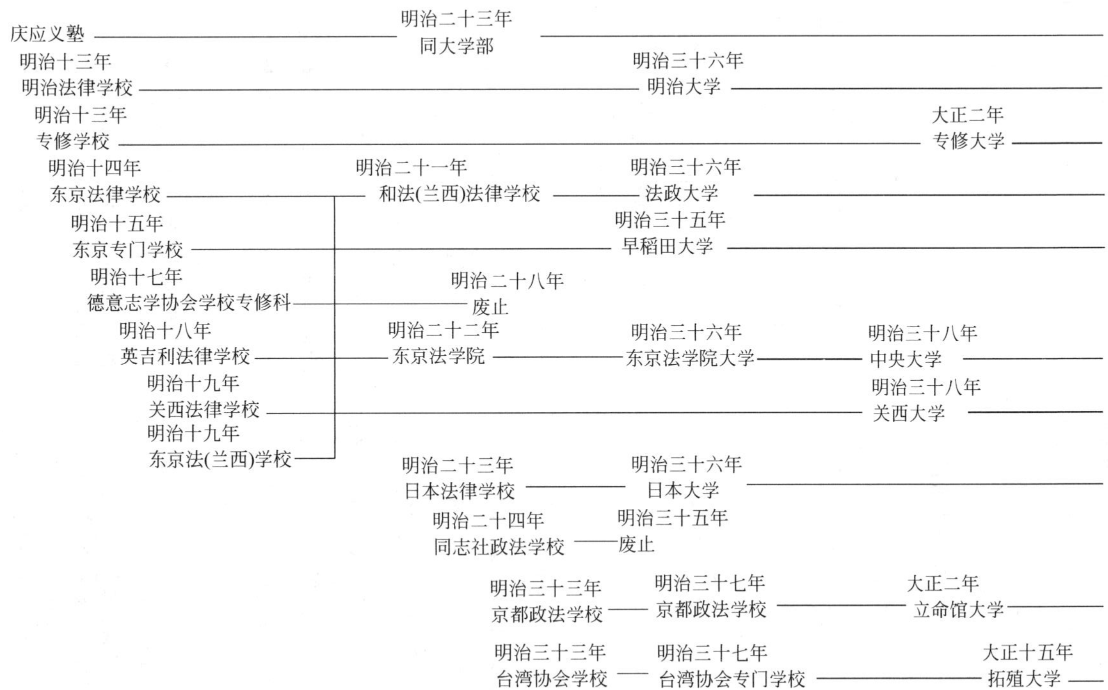

出处：天野郁夫:《旧制专门学校》,日本经济新闻社,1978 年,第 56 页。

的11个人，大多数是只学过英国法或美国法的律师，他们对民法及商法心怀不满的原因，恐怕就在于他们的所学与法典内容存有偏差。新法实施之际，他们将不得不重新进行学习和研究，也许正是因为这一点，才使他们感到不快。[1]

16 **5. 现行民法典的制定及其影响**

A. 现行民法典的编纂

这次民法典的论争以延期派的胜利而告终，结果旧民法的施行被延期至1890年(明治二十三年)代末。

法典被决定延期施行后的次年即1893年(明治二十六年)，政府设立了法典调查会[*]。详细情况将在后面第2节进行介绍。这一法典调查的相关基本方针是对“博瓦索纳德法典”进行“根本的修改”，在法典的体裁方面，将不再采用该法典所使用的法国民法的罗马式体系，而改为采用德国民法的潘德克吞体系。[2] 法典调查会任命穗积陈重、富井政章和梅谦次郎三人为起草委员，不再雇用外国人，转而由日本人负责法典的起草。对于这一国家大业，在伊藤公爵追悼会的演说辞中有着这样的描述：“当时，伊藤公虽居内阁总理大臣之高位……但在(日清战争爆发之前，据演讲者在其他场合所言)近一年的时间里每次都出席议事会，对法典调查会的事务也不辞辛劳地亲自指导和监督。”[3]由此，民法典

---

① 博瓦索纳德:《新法典非难之批评》，伊藤博文编:《秘书类纂法制关系资料》(上)，原书房，1969年再版(1934年初版)，第301页。

* 法典调查会:明治时代，内阁所设置的负责法典的起草、审议和编纂的机关。内阁更替时，该调查会的总裁和副总裁也随之改变。伊藤内阁时期，伊藤博文任总裁，西园寺公望任副总裁。——译者

② 参见穗积陈重:《法窗夜话》，有斐阁，1926年，第360页。

③ 参见梅谦次郎:《伊藤公与立法事业》，《国家学会杂志》第24卷第7号，1910年，第964页以下。

的编纂顺利进行，民法典五编中的前三编即总则、物权、债权于四年后的1896年（明治二十九年）公布，后两编即亲属和继承于1898年（明治三十一年）公布，随之于同年开始实施。

关于民法典制定的历史意义一直以来都有过哪些争论，而笔者本人又是如何看待民法典制定的历史意义的，将在下文中阐述。

B. 民法典编纂的性质及其历史意义

对于民法典的编纂以及法典论争，过去有很多人套用历史发展阶段的划分来界定法典论争的性质，认为这是“自由主义与半封建的绝对主义之间的对立、相克”，“法国市民法的资产阶级自由主义与半封建伦常、淳风美俗发生了对立”，等等。① 然而，事实未必是单一的，正如前文所述，实际上这场法典论争具有多重的性质。

如果我们善意地分析这种机械式地照搬唯物史观的观点，就
会发现，在法典论争中，传统主义者对于通过法典化导入欧洲文 17
明的做法很反感，这也可以看作自由主义与半封建主义的对立。另外，从后文中所介绍的罗斯莱尔的讨论中也可以发现，君主政体拥护派对于民主主义的导入抱有警惕心理，而这也可以看作自由主义与绝对主义的对立。

但是，如果我们仅仅从这场论争中看到自由主义与半封建的绝对主义的对立的话，那么法典论争的核心部分便被遗漏了。首先，法典编纂的最大推动力是通过修改不平等条约，实现与欧美各国的平等。这本身与脱亚入欧的想法是相关的，不仅是政府的也是国民的梦想。而近代的、西欧型的民主主义要素却在这场论

① 平野义太郎：《日本资本主义社会与法律》，法政大学出版会，1971年，第15页。关于该见解对学界的影响，请参见中村菊男：《近代日本政治史的发展》，庆应义塾大学法学研究会，1970年，第53页（但是“平野说”的引用来自于旧版）。

争中被遗漏了。对于法典实施延期论，当时的政府贯行断行派的态度是为了达到修改条约的目的，实现自由主义，而不是维护法国派法学者的职业利益。因此，正如当时身属断行派的梅谦次郎所说："当时的法典并非十全十美，但当时法律家中学派纷立，除英、德、法各派之外还有保守派，如果延期实施，恐再难见到法典实施之日。而当时的形势是，吾等的期望是条约得到立即修改，而无法典则不能为之。"[①]这如实地反映了当时日本社会的主流意见。

其次，从自由主义与半封建的绝对主义的对立观点来看的话，可以认为法国法学派是自由主义，英国法学派是半封建的绝对主义，当然这属于题外话了。正如中村教授曾经尖锐指出的那样，这种观点是立足于唯物史观"想把该公式机会主义地套用于民法典论争史"，不能否认其是欠缺实证性的。[②] 关于如何评介民法典论争，现在的学界状况与中村教授发表反论时已大不相同，所以没有必要再对这种观点进行更多的检讨了。

抛开这样的观点来思考民法典编纂的历史意义的话，可以认为其在国际与国内两方面具有重大的历史意义。就其国际意义而言，包括民法典在内的法典完备为修改不平等条约创造了条件，而不平等条约的修改使日本获得了与欧美列强同样的地位，
18 也登上了处于帝国主义时代的国际政治舞台；同时，另一方面也为亚洲各国在废除不平等条约方面作出了示范。就其国内意义而言，民法典、商法典的完备为日本市场经济的法律统一作出了

---

① 岩田新：《日本民法史——通过民法看明治大正思想史》，同文馆，1928年，第41页。

② 参见中村菊男：《近代日本政治史的发展》，庆应义塾大学法学研究会，1970年，第53页以下，尤其是第55页。

贡献。国际意义将在 6 中进行介绍，国内意义将在 7 中另作介绍。

在此之前先简单介绍一下在法典编纂和法典论争的过程中，国内各阶层的想法是怎样实现或怎样没有实现的。如前所述，从国内三个阶层的想法来看，在政府方面，以修改不平等条约为前提条件而进行法典编纂是其最大的目的。虽然法典论争导致编纂工作有所延迟，但最终还是达到了最初所预期的目的。这一点非常重要，将在 6 中进行详细介绍。

再者，国民在传统文化与西方文化冲突的问题上，从西方法典最终被引入这一点来看，对于欧化政策本身并无对抗之意，但作为论争焦点的身份法，由于在论争过程中延期论者最初攻击的人事编第一草案所具有的欧洲市民法的性质发生了变化，结果，带有保守性质的身份法被实施，[①]因此在某种意义上，可以说传统主义者也达到了一定的目的。

就法律家而言，英国法学派在使参考法国法的旧民法流产方面取得了成功，相较于法国法学派可以说在这场为争夺职业的博弈中取得了胜利。但正如第 2 节所述，最终实施的现行民法具有较强的德国法性质，而德国法学派在法典论争阶段却只是少数势

① 以星野通的《民法典论争史——明治家族制度论争史》（河出书房，1949 年）为代表的通说认为："作为'整体上个人主义、自由主义色彩强烈'的'进步的近代市民法典'之旧民法的施行被延期，其结果，现行民法才被制定了出来；'至少在身份法领域……带上了浓厚的封建性质'。"（引自该书第 305、296、311 页）对于该书所提出的旧民法与新民法之间存在变化这一见解，手冢丰的《读星野通教授著〈民法典论争史〉》（《法学研究》第 23 卷第 1、2、3 合并号，1950 年，第 87 页以下），以及中村菊男的《近代日本政治史的发展》（庆应义塾大学法学研究会，1970 年，第 102 页）均进行了批判，指出虽然人事编第一草案有极强的欧洲市民法色彩，但由于该草案后来在法律调查委员会、元老院进行了修改，其性质发生了变化，最终公布出来的旧民法人事编是半封建的民法，可见，旧民法的编纂过程中已经发生了变化。

力，这可以说是英、法两学派鹬蚌相争的结果。

6. 条约修改与治外法权的废除——参与国际政治

A. 条约修改与法典编纂

政府的条约修改之路可谓历经曲折，同各国进行的条约修改谈判以及与国内的法典编纂事业具有一定的联动关系。最终流产的《裁判管辖条约案》规定，日本按照西方的法理制定刑法、治罪法、民法、商法（包括破产法、海商法、票据法）、民事诉讼法（包括商事诉讼程序），任命外国人作为裁判官、检察官，并规定在涉及外国人的裁判中，外国法官要占多数，且要用英语作为裁判时
19 的语言。由此可以明确地看出，法典完备作为废除治外法权的前提条件也被其他国家所关注。

但是，不平等条约的修改一方面反映了日本国内司法体制的近代化的问题，而另一方面也反映出了日本国力的提升在国际政治上具有何种意义。19 世纪末，俄罗斯开始建造西伯利亚铁路，英国在远东的权益受到了极大的威胁。对于英国来说，在对俄政策上，利用国力日益强盛的新兴国家日本具有重要的国际政治意义。而与此同时，日本国内的司法体制也在逐步完善之中。1894 年（明治二十七年）日清战争爆发，次年日本获胜。就在日清战争爆发九天之前，日本与英国成功签署了废除治外法权的新条约。1899 年（明治三十二年），《日英通商航海条约》等日本与 15 个列强国家之间所缔结的新条约开始生效，废除了治外法权，收回了部分关税自主权。在此前的一年即 1898 年民法典实施，同年即 1899 年商法典开始实施，六法编纂事业在这一年彻底完成[《大日本帝国宪法》于 1889 年（明治二十二年）公布，次年实施；民法于 1896 年（明治二十九年）、1898 年（明治三十一年）公布，1898 年实

施；旧刑法于 1880 年（明治十三年）公布，1882 年实施；商法于 1899 年（明治三十二年）公布，同年实施；民事诉讼法于 1890 年（明治二十三年）公布，次年实施；治罪法于 1880 年（明治十三年）公布，同年实施]。

这些新条约之外的其他外交文件规定，如果民法、商法等的法典并未完全施行，则新条约的实施将延期。[①] 由此也可以清楚地看到，法典编纂与条约修改之间的确是一种互为表里的关系。

B. 亚洲各国治外法权的废除

以上介绍的是日本的情况。为了让西方列强承认治外法权的废除，必须导入西欧式的法律制度，这一点在其他亚洲各国也是一样的。

首先，土耳其于 1923 年建立了土耳其共和国，凯末尔
(Mustafa Kemal Atatürk)任大总统，在此之后进行了各种改革。
1923 年年末，在《洛桑和约》(*Treaty of Lausanne*)中规定，作为
废除领事裁判权的交换条件，土耳其有义务制定以给予非伊斯兰
教徒平等待遇为内容的家族法和人法。而且以此为契机，“放弃 20
了法典编纂所必不可少的比较研究，确立了将外国法直接翻译成
土耳其语，并对其全部继受的法典制定方针。在上述方针的指引
下，于 1926 年将瑞士民法典以及瑞士债务法的第一部和第二部
（债权债务关系）悉数继受。”其他各法典也是从欧洲各国继受而
来。“这样，土耳其仅用了四年的时间就在全面继受外国法的基
础上完成了司法法的制定。因此，土耳其基本的法律构造可以说
是一种马赛克(Mosaic)式的法律构造。之所以形成这种法律构

---

① 仁井田益太郎、穗积重远、平野义太郎：《聆听仁井田博士讲述民法典编纂情况（座谈会）》，《法律时报》第 10 卷第 7 号，1938 年，第 16 页。

造，是因为在当时急于进行法律改革的背景下，多数的法学者分担了各法典的编纂，他们根据自己所掌握的外语知识和所接受的特定国家的法学教育，翻译自己所熟悉国家的法典并继受。其结果与这种偶然的情况有着莫大的关联。”[①]

由此可见，的确有一些国家在西方列强以废除治外法权为交换条件要求引入西方法律的压力之下，在现实中采取了江藤新平式的、通过翻译完成法典化的做法。此外，洛桑和平会议在讨论领事裁判权问题之时，日本代表从自身经验出发，劝告土耳其也应采取渐进的态度，但土耳其代表却对此表示了反驳，且并没有接受劝告。[②]

再者，西方各国在通过1923年《洛桑和约》废除治外法权时，对土耳其的法律制度仍然存在不安感。土耳其不得不在其后的五年内招聘外国人作为法律顾问，参与立法委员会的事务，监督裁判权的运用，受理对裁判、刑罚执行、法律适用等司法行为不服的申诉，以及向司法大臣呈报等。[③] 由此，不难读出西方各国因治外法权的废除而产生的不安感。

在伊朗，法典编纂也是与治外法权的废除同时实现的。但是，日本、土耳其、泰国等国治外法权的废除是以完善本国法律作为前提条件的。如同一种交换给付关系，只有引入西方式的法律制度，才能够换取治外法权的废除。与此相对，伊朗的特征在于，法典的完备与治外法权的废除都是作为伊朗自主近代化政策的

---

① 参见大木雅夫：《土耳其对外国法的继受》，《立教法学》第11号，1969年，第84页以下。

② 参见同上，第89页。

③ 参见桥本乾三：《在支治外法权撤废问题（治外法权相关研究）》，《司法研究》第32辑之8，1943年，第177页以下。

重要环节来进行的,因此没有表现出露骨的交换给付的条件关系。

具体地看一下当时的情况。一战后,伊朗正值卡扎尔王朝后期,由于俄国国内爆发了工农革命,伊朗境内的俄罗斯军队被迫撤退,其北部的压力得到减轻。但与此同时,又面临着可能沦为 21
英国保护国的危机。在这样的危机之下,礼萨汗(Reza Khan Pahlavi)于1925年成立了巴列维王朝,决定着手新建近代化的伊朗。而与此同时,也在谋求法典的波斯语化。1927年刑法典实施,1929年民法典实施,伊朗的基本法开始逐步完善。由此,也从僧侣们手中剥夺了其根据穆斯林法处理法律问题的权力。

关于治外法权,虽然苏联在革命后于1921年放弃了此项权益,但伊朗依然与其他各国保持以前的关系。在开始进行法典编纂的1927年,伊朗政府宣布废除不平等条约,并宣布在一年内废除治外法权,1928年成功地修改了与各国的不平等条约。但是,对于伊朗,也有人认为“伊朗政府急于完善法制、司法机构的理由之一是,通过确立近代国家的裁判机构,不再给各国保留治外法权的借口”[①]。

在泰国,法典编纂与治外法权的废除之间也有密不可分的关系。这两者之间的关联性最早反映于1898年缔结的《日本暹罗修好通商航海条约》,以及与此同时签署的议定书。其中明确规定废除治外法权的条件是泰国完成司法改革,即刑法、刑事诉讼法、民法(除了婚姻法及继承法)、民事诉讼法、裁判所构成法等得

---

①　参见蒲生礼一:《伊朗史》,修道社,1943年,第265页以下;加贺谷宽:《伊朗现代史》,近藤出版社,1975年,第107页以下,直接引用部分参见该书第108页。另外,参见桥本乾三:《在支治外法权撤废问题(治外法权相关研究)》,《司法研究》第32辑之8,1943年,第208页以下。

到实施。在此之前,日本有领事裁判权(泰国以此为契机,在与其他列强缔结条约时,也都规定在法典编纂后废除治外法权。)

在与日本进行条约谈判的过程中,泰国为了推进法典编纂,决定聘用日本的法律家,并委托日本外务省协助招聘,结果,政尾藤吉赴泰国参与了刑法典起草等工作。

此后,泰国在国王制的基础上继续推进近代化,领事裁判权的废除历经曲折。1908 年,泰国公布了刑法典、裁判所构成法、民事诉讼法;几乎是与此同时,以领土为交换条件,从法、英手中收回了裁判权的基本部分。后来,泰国参加了第一次世界大战,与德国等战败国之间废除了不平等条约;一战之后,泰国与美国以及日本之间虽然保留了一部分不平等条约,但废除了领事裁判权。就这样,泰国以阶段性的方式,甚至以割让领土和参加一战
22 为代价,逐步废除了领事裁判权。然而,泰国成功地缔结完全平等条约,则是国内政变后推行君主立宪制、1935 年之前所有法典付诸实施、1936 年通知各国终止不平等条约、法典全部施行又经过五年之后的事情。①

相比而言,在条约修改问题上最为痛苦的是中国。对于中国而言,西方式法典的完备也成为了废除治外法权的前提条件。20 世纪初期与英国之间的通商条约中有着这样的记载:“中国深欲整顿本国律例,以期与各西国律例改同一律。英国允愿尽力协

① 参见桥本乾三:《在支治外法权撤废问题(治外法权相关研究)》,《司法研究》第 32 辑之 8,1943 年,第 206 页;蒲生礼一:《伊朗史》,修道社,1943 年,第 202、204 页;加贺谷宽:《伊朗现代史》,近藤出版社,1975 年,第 7 页以下。尤其是,桥本乾三:《在支治外法权废除问题(治外法权相关研究)》,《司法研究》第 32 辑之 8,1943 年,第 211 页以下;饭田顺三:《日本与泰国外交史的素描——以条约关系为中心》,《亚洲经济》第 34 卷第 5 号,1993 年,第 42 页以下;村嶋英治:《銮披汶独立泰王国的立宪革命》,岩波书店,1996 年,第 51 页以下等。

助，以成此举。一俟查悉中国律例情形及其审断办法，及一切相关事宜皆臻妥善，英国即允弃其治外法权。”[①]在这样的情况下，清末，即从 20 世纪初的日俄战争之时起，开始了法典编纂事业。[②]仅就民法而言，财产法部分由日本人起草，最终完成的《大清民律草案》受到日本民法的很大影响，但该草案由于清政府的垮台而未能付诸实施。

此后，在中华民国时代，以上述草案为基础的修改草案虽然修改完成但并未公布。1927 年南京国民政府成立后，民法各编于 1929 年、1930 年陆续公布，并于 1929 年至 1931 年间付诸实施。[③]1931 年，中华民国对外宣布废除治外法权，但同年“满洲事变”* 爆发，国内又正值国共内战时期。在这样的情况下，美、英两国最终发表声明撤销在中国的治外法权，而修改不平等条约则是在珍珠港事件的次年，即 1942 年，三国都宣布对日作战之后的事情，距国民党政府迁都重庆已经过了近五年。次年（1943 年），日本与南京的汪精卫“政权”缔结了关于返还租界、废除治外法权的日华协定。

C. 治外法权的废除与国际政治

如此看来不难发现，治外法权的废除需要以两个要素作为基础才能实现。首先，最重要的是国家国力的内在充实，由此来减少或消除相对于列强的劣势；与此同时，提高其在国际政治、外交

---

① 宫坂宏：《清末法典编纂》，《法制史研究》第 14 号特刊《法典编纂史的基本问题》，1964 年，第 198 页。

② 关于其具体情况，参见前注论文，以及岛田正郎：《清末近代法典的编纂》，创文社，1980 年；滋贺秀三：《清朝的法制》，坂野正高、田中正俊、卫藤沈吉编著：《近代中国研究入门》，东京大学出版会，1974 年，第 301 页以下。

③ 参见前注引用的诸论文，以及长谷部茂吉：《中国现行法规解说（治外法权相关研究）》，《司法研究》第 32 辑之 9，1943 年等。

* 满洲事变：即九一八事变。——译者

层面上的存在价值。其次，通过制定西方式的法典来消除西方列
23 强在放弃治外法权时的不安感。日本就是在 19 世纪末期使以上两个条件都充分满足之后，一举废除了各国治外法权的。土耳其和伊朗也在 20 世纪 20 年代一举成功，泰国则经历了一番周折。这些国家都是同时推行了国家近代化政策和法典完善，在 20 世纪 30 年代成功地废除了治外法权。中国当时虽然在法典完善方面取得了一定的成果，但是国内在充实国力方面还很欠缺。因此，直到第二次世界大战期间英美、日本两方为讨中国欢心而承诺废除治外法权之前，中国在废除治外法权的问题上一直未能取得成功。

在国际政治方面，日本的法典编纂具有为修改条约打下基础的意义，为日本作为后发帝国主义国家参与世界政治提供了起跳点。其象征就是，日本在将要成功废除治外法权之际，迅速迫使中国和泰国承认了自己的治外法权。

但是，与此同时，在帝国主义时代，日本也为亚洲各国开辟了一条废除西方列强治外法权的道路。其对土耳其、伊朗、泰国起到了先驱的作用，也是不争的事实。在此意义上，可以说，此处体现了日本在现代世界史上具有的两面性。

从世界史来看，日本进行法典编纂的意义在于，为日本能在国际政治中成为与西方列强并肩的政治力量踏上国际舞台创造了前提条件。

7. 法典编纂与以法律为基础的市场统一——日本资本主义体制在法律上的出发点

与上述的国际政治上的意义不同的是，在国内方面，各阶层追求民法编纂的目的各不相同，也可以说是处于同床异梦的状

况。如果从更广的视野来看日本的国内史，制定民法、商法以完善私法体系，究竟具有何种意义呢？实际上，法典编纂实现了日本国内市场在法律上的统一，这也成为了日本资本主义体制在法律上的出发点。历史的发展可以说偏离了前述国内各阶层的预想。

这一点，举个例子会更容易理解。众所周知，美利坚合众国
的私法体系基本上属于州的管辖范围，由各州的判例法构成。但 24
是，在进行跨州交易的时候，由于法域不同，双方交易当事人所熟悉的规范内容存在差异，在现实中，不但会发生纠纷，也会妨碍交易的顺畅进行。因而随着州际交易越来越活跃，就产生了统一法律这一经济上的要求。能满足这一要求的，就是《统一商法典》(*UCC*)。在私法形成基本上由州管辖和合众国境内有必要统一私法这两个矛盾的要求之间，《统一商法典》找到一个妥协的办法，就是先提出商事交易的模型法，然后由各州议会予以采纳，由此来实现法的统一。当然各州在采纳之时，由于要进行一定的修改，并不能确保达到与非联邦制国家的单一法同等水平的统一性。但是，通过确保法规范的基本统一性，州之间的交易得以顺畅进行，美利坚合众国作为经济市场的单一性以法律方式得到了强化。

同样的例子，在欧盟也能看到。在欧洲走向统合、欧盟作为经济性市场的单一性不断加强之际，域内贸易的法律统一也成为必要之举。发挥这个功能的是欧盟的指令。其运作方式是，欧盟理事会就某个有必要统一的法律问题(当然并不限于私法)，向各个加盟国发出指令，加盟国负有采取国内法上的措施以实现欧盟指令之目的或结果的国际法义务。至于应以何种方式、采用何种方法来实现该指令，各加盟国有裁量之余地。因此，相比于美国

通过示范法来实现法律统一的方式，欧盟指令能以更为缓和的形式实现法律统一。虽然这种方式更为缓和，但通过统一法律，促进了区域内的交易，使得欧盟作为经济市场的单一性越来越强化。

通过法律实现市场的统一，并不是只有在美国和欧盟等政治统一体或联合体中才能看到的现象。例如，在国际贸易领域，虽然不动产的国际交易并不是那么频繁，但是动产的国际交易近来越来越旺盛，票据、支票的国际流通则更为盛行。在这些领域，出现了《联合国国际货物买卖合同公约》(《维也纳条约》)、《日内瓦
25 统一汇票本票法公约》等条约。

由此看来，只要存在一定规模的交易这样的经济状况，就会需要法的统一。而且，这种统一法的形式能够促使该法域内的经济交易更加活跃。江户时代末期，随着商品经济、货币经济的发展，交易法得到了发展，票据等也得以使用。其中，大阪交易法最为重要，在天保的金公事改革中取代了江户法，但未能完全成为全国性的法律，在各地方和各藩，仍然存在各种当地的习惯法。对此，梅谦次郎曾言："虽说是旧的习惯，维新之前在各藩又各有很大的不同，所谓在新日本统一地仅依习惯进行裁判，解决法律问题，事实上是不可能的。"[①]伏尔泰曾就当时的法国说过，"在这个王国，每当从一个驿站到下一个驿站"，法律就会发生变化，"你每次换马都是在改变法律"。[②] 幕府时期的日本也存在同样的问题。在这样的情况下，制定适用于全国范围的民法典、商法典，意

① 参见梅谦次郎：《伊藤公与立法事业》，《国家学会杂志》第24卷第7号，1910年，第967页。

② K.茨威格特(K. Zweigert)、H.克茨(H. Kotz)：《比较法概论 原论》(下)，大木雅夫译，东京大学出版会，1974年，第1139页。

味着在法律上将日本列岛统一为一个市场。在此意义上，民法典、商法典的制定成为了日本资本主义体制在法律上的出发点。日本市场的法律统一具有某种基础设施建设的意义，在法律上构筑了日本经济发展的基础。如果说条约修改为日本的国际发展构筑了基础，那么法典完备就是为日本的国内发展构筑了基础，其在市场统一方面所起到的作用是不能被忽略的。

29 第2节　日本民法典之比较法的系谱

1. 大陆法与英美法

当今世界在“近代法”之欧洲法系的影响下，主要划分为大陆法系和英美法系。如第1节所述，在民法典编纂之前的明治时期，日本也深受英国法的影响。观诸政治、外交关系，英国是最早撤销对日不平等条约的，从这一点也可以看出英国与日本的关系相当亲和。而且，19世纪末20世纪初，英国又是世界上最强大的发达国家。但即便如此，在引进西洋法之时，并没有形成全面引进英国法的潮流。

如本节后文2所述，关于日本民法典的母法是德国法还是法国法虽然存在争议，但在“立法事业”[①]的层面上，日本民法典继受了法典化的大陆法这一点是毫无争议的。这说明，与判例法系的英美法相比，规范内容更为抽象化和体系化的大陆法更容易被全面把握，所以也更容易被继受。

曾经历殖民地时代的那些国家尽管后来成为了独立的国家，但大多继受了宗主国的法律。英属殖民地也不例外。殖民地化阶段进行的西洋法继受，即便是预期性较差的判例法体系，也可以通过来自本土的法官行使司法权力这一形式，借助精通法律之

---

① 就英国法对日本法的影响进行了深入研究的是五十川直行的论文。他介绍了日本在起草侵权行为规定之时受到英国法的影响，但是如果说英国法对日本法有一般影响，则是指曾接受过英国法教育的法律家在司法实践层面的影响。他指出，“对于我国的民事立法事业，英国法并没有产生显著的影响”（五十川直行：《英国法对日本民法的影响（序说）》，《加藤一郎先生古稀纪念：现代社会与民法学的动向》（下），有斐阁，1992年，第25页以下、52页以下）。

人进行人为的支配，使法的继受成为可能。曾经在大英帝国时代支配世界的英国法就这样得以在世界范围内传播，从而形成了英美法系。

然而，那些不是通过殖民地化而是自主继受西洋法的国家，则无一例外地继受了大陆法。那么，自主继受法律的国家大多参照哪个国家的法律呢？就民法而言，泰国主要参照了日本法和德国法，其次是参照法国法和瑞士法；[①]土耳其翻译并继受了瑞士法[②]；中国则主要参照了德国法、日本法和瑞士法[③]。像这样，日本以外的国家在自主继受法律时主要参照的也是大陆法，这一事实说明，要想整体地继受并未抽象化的判例法的具体内容，是非常 30
困难的。例如，泰国民商法虽然在部分内容上大量参照了英国法，但即使是那部分内容，所参照的也并非判例法，而是将立法、

---

① 对泰国民商法的母法进行仔细研究的有，平良：《泰国、日本民商法之比较》，《法学研究》第 58 卷第 7 号，1985 年，第 124 页以下。此外，参见村嶋英治、皮谢·毛拉诺(Pichet Maolanond)：《泰国的法律制度》，山崎利男、安田信之编：《亚洲诸国的法律制度》，亚洲经济研究所，1982 年修订版，第 104、106 页；五十川直行：《泰国民商法典的比较法考察(序说)——与日本民法典的历史关联性》(1)，《法政研究》第 62 卷第 3、4 合并号，1995 年，第 710 页；西泽希久男：《泰国民商法典编纂史序说——不平等条约的修改与法典编纂》，《名古屋大学法政论集》第 177 号，1999 年，第 269 页以下等。

② 大木雅夫：《土耳其对外国法的继受》，《立教法学》第 11 号，1969 年，第 87 页以下。

③ 对于三个国家都有影响这一点，各方意见是一致的，但就德国法和日本法哪一个影响更大而言，则有不同的观点。被誉为现在“台湾民法第一人”的学者认为，“中华民国民法”是“以德国民法为框架，兼采瑞士民法和日本民法”(王泽鉴：《民法五十年》，《民法学说与判例研究》第 5 册，1987 年，第 5 页)；而中国大陆民法学者认为“重点参照了德国、日本、瑞士等的民事立法经验”[王家福、乾昭三、甲斐道太郎：《现代中国民法论》，法律文化社，1991 年，第 3 页(王家福执笔部分)]。对此，日本学者认为“中国民法典中与日本民法共通点最多。然而，基于瑞士法、德国法等进行修订的地方亦不少”(我妻荣：《中华民国民法总则》，日本评论社，1946 年，第 25 页)。

判例以法典的形式进行的概括总结。[①] 英帝国强盛期（Pax Britannica）、美国霸权时代（Pax Americana）以及过去几个世纪都领先世界的盎格鲁-撒克逊（Anglo-Saxonism），都因为判例法不够透明，在法的继受方面未能形成法律体制自发性输入的国际动向。

2. 德国法与法国法

A. 政治的选择："从法国法到德国法"

日本民法典的前身"博瓦索纳德法典"深受法国法的影响，这一点是毫无异议的。但是，早在明治时期的立法过程中，对于日本民法受法国法的影响这一点就已经存在不同意见了。1886 年年末，还处于起草过程中的"博瓦索纳德民法典"被上呈内阁总理大臣伊藤博文。当时，罗斯莱尔表达了这样的看法，即，就个人平等和家族关系来看，法国民法具有民主主义的性质；相反，德国民法则相对更加保守，更适合君主政体或者贵族政体，如果是在封建制度确立之后施行，足以满足巩固一国政治基础之需求。时任内阁总理大臣的伊藤博文之所以作出国策上的转变，当时的法学界全体之所以突然从法国法倒向德国法，这或许是原因之一。而且，这也成为了此后民法典在内容上从法国法转向德国法的基础。接着，他又

---

① 根据平良的上述论文，在泰国民商法典中，除了第 3 编债权各论之外，其余几乎与英国法没有任何关系，但尽管如此，在第 3 编部分，英国法的影响虽然比不上日本法、德国法和法国法，但仍与第四位的瑞士法的影响程度相当。关于这一点，"第 3 编中参照英国法较多的是，当时英国已经施行的《货物买卖法》（*Sale of Goods Act*，1893）、《统一公司法》（*Bill of Exchange Act*，1882）、《票据法》（*Companies Consolidation Act*，1908）等立法，以及《印度合同法》（*Indian Contract Act*，1872）。而在没有制定法的领域，则采纳詹克斯的《英国民法纲要》（*Jenks' Digest of English Civil Law*）。这虽然不是成文法，但由于是将英国的普通法以法典的形式进行的总结，非常方便参照。"（平良：《泰国、日本民商法之比较》，《法学研究》第 58 卷第 7 号，1985 年，第 123 页。）

指出，日本民法的主要基础是亲族关系，其继承法与法国民法是截然相反的。如果日本效仿了法国民法，就可能会在财产关系领域造成大的混乱，而让日本民众遭受这样的剧变是极其危险的。①

在随同总理大臣伊藤博文巡视冲绳的船上，罗斯莱尔曾直接向伊东巳代治提及这一意见，尽管只是转述给了伊藤博文，但可
以推测，这一意见对当时的政府产生了相当大的影响。此后，元 31
老院收回了刚刚下发的“博瓦索纳德法典草案”，交由法律调查委员会审议。但是，这一转变是因为前述的条约修改，而不应将其看作向德国法的转换。尽管如此，法律调查委员会审议的目的是使民法典更加日本化，所以在这个过程中，草案所带有的强烈的法国法色彩开始被淡化。②

接下来，我们将焦点从民法典起草稍微再放大一些。伊藤博文于 1882 年(明治十五年)赴欧考察普鲁士的宪法学说，次年回国，成为宪法起草的核心人物[1889 年(明治二十二年)宪法颁布]。罗斯莱尔开陈意见的时期，正是日本对欧洲法制的注意力开始从法国法转向德国法的时期，其中也包括宪法问题在内。这一点，从当时的法国公使提交本国的报告以及日本政府留学方针的变迁中可以明显地看出来，对此，大久保教授做了如下的论述：“……驻日法国公使显凯微支(Joseph Adam Sienkiewicz)于其向本国提交之长篇外交报告中(明治十九年 3 月 13 日)如是云……早年伊藤伯爵为宪法调查而只身赴欧，于学成归国之际，谓日本法当以德国法为范。此次，以伊藤为内阁总理大臣之内阁新立，

---

①　《罗斯莱尔关于民法之意见》，伊藤博文编：《秘书类纂法制关系资料》(上)，原书房，1969 年再版(1934 年初版)，第 119 页以下。

②　大久保泰甫：《民法典编纂史的模式转换与今后的课题》，《法律时报》第 70 卷第 9 号，1998 年，第 8 页以下。

其‘除于外政中采一奇举(une mesure assez etrange),其余尚无引人注目之处。换言之,即选派青年二十余赴德进修法学(仅数人尝习法文与法国法,其余则唯通英文一门外语)’。”“至少自明治十八年12月内阁制度创设之数月前始(实或更早),山田显义(司法卿,后称司法大臣)为伊藤博文所动,抑或在其威压之下,确立司法省派遣留学生之基本方针,即虽为学习法国法者,亦必先派往德国。”明治十年代后期,法学领域兴起了浩浩荡荡的“德国留学潮”[1],日本对于西洋法的关注从法国转向了德国。

B. 现行民法典编纂的基本方针

旧民法决定延期施行的次年即1893年(明治二十六年),法
32 典调查委员会设立。此后,穗积陈重当选为民法起草委员,并按照伊藤博文的命令上呈方针意见书。据他所言,伊藤在最初咨询时就表示“关于法典调查的方针意见书,大体内容是:(一)民法修改应为根本之修改;(二)法典的体例应采‘潘德克吞体系’(Pandektenrecht)”[2]。此处要求法典的体例不采法国民法和“博瓦索纳德民法”的罗马式,而是采用德国民法型的‘潘德克吞体系’,而且在此基础上,从一开始就对其内容进行根本的修改。由此可见,其基本方针就是从“博瓦索纳德法典”中脱离出来。

C. 民法起草者如何看待德国法与法国法

在日本,传统意义上一般认为德国法对日本民法的制定产生了很大的影响。但是,近年来出现了不同的观点,认为日本民法的制定受法国法的影响更大。星野英一教授指出:“直到四分之一世纪以前,日本的法律家中间流传着一个神话,即日本民法典是以德国

---

① 原文引自大久保泰甫:《成为人生歧路的年轻时的两件事》,《法律时报》第70卷第7号,1998年,第48页以下。

② 穗积陈重:《法窗夜话》,有斐阁,1916年,第360页。

民法典，更确切地说，是以其第一草案、第二草案为范本的。”[1]

另外，星野教授还指出，与日本民法的财产法部分“一脉相承的，与其说是德国民法（草案），莫不如说是法国民法”。在考察法国民法对日本民法典的影响时，穗积的说法是：“……因为没有明确触及这一问题，所以并不能成为德国民法与法国民法哪个影响更大的佐证。相反，在富井和梅两位中，富井认为‘最多地参酌’了德国法，而梅则认为两法的影响‘至少是大致相当的’，虽然在程度上有所差别，但德国法与法国法两者的影响都是很大的。”[2]

但是，这样理解存在很大的问题。担任过起草委员助理的仁井田益太郎博士指出，日本民法不仅参照了德国民法典第一草案，“中途亦参照了第二草案”，“从民法中有某些地方可以很明显地看出，虽然大体上参照了德国法的思想，但个别地方亦吸收了法国法的思想”。此外，仁井田益太郎博士对三位起草委员评价道，“富井一味地模仿德国法”，“穗积采取公正且不偏袒任何一方的态度”，“而梅手上完成的部分……有的地方吸收了法国法的思想”。[3] 而且，即使是最倾向法国法的梅委员，在法国民法百年纪念仪式的开幕致辞中，也只是说在与德国法“至少相同的程度上” 33
参照了法国民法或源于法国民法的其他法典。[4] 在庆典的场合，通常会吹捧庆祝的对象。在此种场合下，法国法才得以与德国法相提并论，那么说法国法的影响更大的根据到底在哪里，不能说是没

---

① 星野英一：《日本民法典及日本民法学说中的 G. 博瓦索纳德之遗产》，《加藤一郎先生古稀纪念：现代社会与民法学的动向》（下），有斐阁，1992 年，第 59 页。

② 星野英一：《法国民法对日本民法典的影响》，《民法论集》（第 1 卷），有斐阁，1970 年，第 71、89 页。

③ 仁井田益太郎、穗积重远、平野义太郎：《聆听仁井田博士讲述民法典编纂情况（座谈会）》，《法律时报》第 10 卷第 7 号，1938 年，第 24 页。

④ 梅谦次郎：《会议开幕词暨法国民法编纂的沿革》，《法兰西民法百年纪念论集》，有斐阁，1905 年，第 3 页。

有疑问的。实际上，梅博士在以更加中立的立场写作《论各国法律与我国民法之异同》时曾评价说，法国民法典的编纂体例欠佳，其规定在细节上有欠缺贯通性之嫌，因此"新民法不应将其作为主要之范本"。相反，他对德国民法第一草案给予了极高的评价，认为其不像法国民法那样只是无用的冗长，极少重复，法理的细节极佳，体例亦大体完备。若其发布的话，应为"独步古今之优秀法典"，对其极尽赞美，"故新法典最应采为范本者，此草案也"（这是梅博士收录于《法典质疑录》中的文章《我国新民法与外国民法》中的原话。为确保准确，本文将梅博士评论法国法和德国法的全文载入脚注[①]）。

---

① 梅谦次郎:《我国新民法与外国民法》,《法典质疑录》第 8 号，法典质疑会，1896 年，第 669 页以下。其中，关于法国的部分在第 671 页以下，关于德国的部分在第 677 页以下。

"法国民法 1804 年完稿颁布，乃除普鲁士国法以外现行法典之最古者也，共 2 281 条，亦可谓浩瀚。此法典颁布年代久远且编纂极为急速，故有质疑其欠缺颇多或不足以为模范者。然各国之现行法典多以之为模范作成，我国之旧民法亦同样以之为模范，其中革新古来陋习之良规亦所在多有，为学者公认。唯编纂之体裁未得其宜，其规定亦不无过于详细、胶柱鼓瑟之嫌，此所以新民法未以此法典为范也。"

"德意志由联邦构成，德意志帝国建立以来致力于法律之统一，包括商法、法院组织法、民事诉讼法、刑事诉讼法等，然民法虽未得统一，但已于二十余年前设立委员会掌起草事宜，1888 年第一草案成稿。其后复设委员会行修订事宜，第二草案于去年完成，并于是年春提交议会。第一草案共 2 164 条，第二草案共 2 359 条（初次决议时有 2 265 条，其后决议案在总则编加入 13 条，共 2 278 条。此外，草案中被省略之国际私法编亦被编入其中）。实际上，所以谓之浩瀚，乃因细节规定往往不加规定，很少像法国民法那样冗长繁复，其法理极尽所能考究细末，网罗所能想象之一切情况，几近无憾。又其体例能大致贯彻学理，而无可非议。因此，不愧为当代学者之志向之作。作为德国民法稍显稚嫩之该法典若能发布，可谓'独步古今之优秀法典也'。故新法典最应采为范本者，此草案也。然诸国之法典皆多少有长短之处，是故新法典不应拘泥于一范本，而应广参各国法律，取其所长，补己之短。如篇首所述，德意志联邦已有民法典，法典调查会参考最多者即上述联邦之法典。

甲、普鲁士

普鲁士法于 1791 年公布，除刑法相关条文以外，共 17 548 条，除巴威尔法典以外，盖现行法典中最古老且最浩繁者也。其中除刑法以外，亦有不少属于诸种公法、商法之条款。其条文之体裁为极平易之说明，引例占法条之半数有余，且其规定极其详细，故其条文达万条之多，亦不足怪。故普鲁士虽为德国法之基础，但以此为参照益处甚多。"

此处被确信的一点是，成为日本民法典范本的并非法国民法典，而是德国民法典第一草案。

就其他民法起草者们的观点而言，富井博士也认为，虽然法国民法是旧民法的模范，但德国民法“作为近代法典中的完美典范，其草案为我国民法制定之际参酌最多者”[①]。

另外，穗积博士指出：“日本民法典或许可以说是比较法学之成果。乍看之下，或许会以为新民法典是对德国新民法典之细致模仿，而且我经常看到这样的说法。德国民法典之第一、第二草案为起草委员会提供了珍贵的资料确属事实。这些草案对委员会之审议产生了很大的影响。但是，如果详细地观察民法典所采用的原理和规范的话，很明显，文明世界的所有国家的资料都被收集到了，各国的法律原理和规范只要有采用价值的，都被毫不犹豫地采纳了。在某一领域采法国民法典之规范，在其他领域则采英国普通法之原则，如此等等。此外，1881 年之瑞士联邦债务法、1889 年之新西班牙民法典、门的内哥罗财产法典、印度继承法与印度契约法、路易斯安那州与下加拿大州（魁 34
北克州——笔者注）以及南美诸国之民法典、纽约州民法典草案等，亦为民法典的起草者提供了资料。”[②]在此，穗积博士强调的是，日本民法起草之时广泛参照了各国和各地区的法律。但是，如果问在穗积博士的眼中，德国民法和法国民法对日本民法典的影响达到何种程度，从前面引用的话来看，德国法的影响被称作是普遍性的，而法国法的影响则被称作是部分性的，二者之间存在落差，这一点是不能否定的。

---

① 富井政章：《民法原论》第一卷《总论》（上），有斐阁，1903 年，序，第 3 页。

② 穗积陈重（N. Hozumi）：《新日本民法典讲义》（22）（*Lectures on The New Japanese Civil Code 22*），1912 年。

此外，在后世追忆民法起草者的座谈会上，对于我妻博士的提问“为何法典的制定离不开德国法”，牧野和末弘博士做了如下的回答：

> 牧野：起草委员会里面，穗积先生研究的是英国法，梅先生研究的是法国法，但他们都曾经在柏林大学学习，熟悉德国法。富井先生不会读德文，他是研究法国法出身，但认为在民法理论上德国更胜一筹，极力研究德国法。
>
> 末弘：震灾前的大学图书馆实际上陈列了大量德国法律书籍的法语译本，那好像是富井先生购买的。
>
> 牧野：富井先生很熟悉法语版本的德国法研究文献。①

D. 小结

本节所要讲的，并不是说日本民法和制定是全面地在德国法及其影响之下进行的，实际上，其中也有像物权变动等受法国法影响的规定。正如穗积博士所言，这是“比较法学的成果”，从这些规定中也可以看到其他法学的影响。因此，对于母法，有必要进行多角度的研究。但是，最近有人主张，对日本民法影响最大的不是德国民法，而是法国民法。对此，笔者不能不表示疑问。

正如梅博士自己所言②，日本民法亦有以旧民法为基础进行编纂的一面。即使考虑到法国法经由“博瓦索纳德法典”所产生的影响，但是，从前述“关于法典调查的法典意见书”可以看出，日
35 本民法是对旧民法的“根本修改”，民法财产编的提交议会理由说

① 日本评论社编：《日本法学》，1950 年，日本评论社，第 40 页以下。

② 梅谦次郎：《我国新民法与外国民法（续）》，《法典质疑录》第 9 号，法典质疑会，1896 年，第 779 页以下。

明草稿也指出,“博瓦索纳德法典”“几乎全部被修改”。[①] 由此看来,很难断言法国法以概括的形式产生了影响。

如前所述,关于民法的渊源,民法起草者、起草委员助理们的发言,无一例外地都强调德国民法的影响,而不是法国民法的影响,这一点是不能否定的。星野英一教授认为法国法影响较大的依据之一就是前述梅博士的发言。但是,梅博士的发言是在法国民法百年纪念仪式上的开幕致辞这种祝贺演讲的场合下讲的,在客观的场合下,梅博士对法国法的影响也持否定看法。然而,最近一些学者强调,从总体上看,日本民法是受法国民法的影响,笔者认为,应该对这种说法敲一下警钟。

星野英一教授曾言,回顾民法起草者受留学地点的影响,就会惊异地发现,现今去各国留学过的学者也在成为该国之“赑屃”。[②] 但是,这却让笔者觉得,不论是过去德国法万能论的时代,还是在开始过度强调法国法影响的现今,都可以看到这样的倾向。

---

① 福岛正夫编:《明治民法的制定与穗积文书》,有斐阁,1956 年,第 128 页。在法国民法百年纪念论集中,一位曾经担任过调查会委员的作者讲述了法国民法经由旧民法对日本民法所产生的影响,而非概括性的影响(井上正一:《法国民法对我国的影响》,《法兰西民法百年纪念论集》,有斐阁,1905 年,第 60 页以下)。

② 星野英一:《日本民法典及日本民法学说中的 G. 博瓦索纳德之遗产》,但其讲述的仅为个别的影响事例,参见《加藤一郎先生古稀纪念:现代社会与民法学的动向》(下),有斐阁,1992 年,第 86 页。

39 第3节 日本民法的百年

1. 民法的修改

1898年实施的日本民法典在财产法领域后来有一些细微的修改，并小规模地导入了新制度，但其骨架在这一百年间并没有发生改变。在本书所附的资料部分中，田高助教授已对这些细微的修改和小规模的新制度引进逐一进行了介绍。这些修改，除了二战后在民法典开头部分插入了私权的公共性、个人尊严和两性平等基本方针规定以外，其他多为技术性的修改。因此，将其放在资料篇中比在这里讲或许更为合适。但是，没有采用民法修改形式的民事特别法的制定数量也相当多，这一点也应该加以留意。

相反，战后家族法的修改不但对民法意义重大，对社会也有重要的意义。日本一直存在被称为"家制度"的家族制度。在"家制度"之下，以家长为中心，与服从家长权力的人之间存在着一种家族的权力关系。此外，妻子不仅要服从丈夫的管束，同时也要服从夫妻所属的家族集团之家长的统制，所以要受到双重的统制。这种"家制度"在法典论争中也是穗积八束等辩论家们所拥护的，直到二战结束之前，一直强有力地支配着日本社会。但是，由于其与"个人尊严、两性实质的平等"[1947年(昭和二十二年)修改后的《民法》第1条之2]的理念背道而驰，在战后颁布的《日本国宪法》之下，伴随着家族法的修改，"家制度"被废除了。

这种家制度并不仅仅是单纯的家族制度，它还曾经是天皇制意识形态的基础。我妻博士对其有过如下的说明：旧家族法的"另一个特点就是被家族制度所赋予的意识形态。换言之，即日本的‘家’是指崇拜祖先并在掌管祖先祭祀的家长之下形成精神上结合的血亲集体，尊敬家长且服从其权力，维持着法律以外的秩序。此外，‘家’里面，又有本家、分家、同家[*]的关系，以本家为中心，形成同族的结合。而且，本家从他的本家再向本家追溯，最终以皇室为大宗本家。因此，确立起了忠孝一体的逻辑。家族制度才是社会秩序的维持者，也是忠孝一体的国民道德的基础”[①]。

考虑到旧家族法的这种特征，二战后家族法的修改对法律本身 40
而言是非常重要的，而且对社会、政治产生的冲击也是非常大的。

2. 日本民法学说史

A. 引言

要谈日本民法学说史，就有必要概观民法学之整体。但是，明治以来的民法学研究成果在整体数量上非常庞大，即使只是对其进行简单的素描，也是相当困难的。另外，重要的论文和专题研究将在本书的各论中进行介绍，对民法各个领域的鸟瞰则由几位编者来撰写。所以，在此以比较法和方法论为分析视角，将分析素材限定于教科书和体系书[**]，对民法学的潮流进行粗略的梳理。

过去曾有过一边倒地认为日本民法学在比较法上的对象是德国法的状况。正如第 2 节所述，对于认为日本民法之母法与其说是德国法不如说是法国法的观点，笔者是反对的。但是，对于

---

* 本家：指正宗、嫡派，即一门或一族的中心家系，或者分家之前的家。分家：指家族中的一员离开其所属原家族，新组成一家，也指新组成的家。同家：指同宗或者同一家族。——译者

① 我妻荣：《亲属法》，《法律学全集》（第 23 卷），有斐阁，1961 年，第 5 页。

** 体系书一般会将该领域内各种学说、判例以及法条解释不统一的地方进行罗列，对目前已经发表的各种学说、判例等进行整合。——译者

比较法的素材多样化本身，无疑是应该庆贺的。笔者将从这样的视角出发来探讨比较法的问题。

此外，方法论上也是如此。日本民法学界从以极端重视要件论的概念法学立场为主流的时代，逐渐演变到了极端重视效果的利益衡量论立场具有影响力的时代。面对这些方法论，也有必要在想法上恢复平衡、在对事物的看法上保持中庸吧！

B. 战前的民法学

首先，先简单总结一下直到二战结束为止的前史。日本的民法典制定于19世纪末，在内容上追求以西洋法特别是欧洲大陆法为范本。虽然也存在一些例外情况，但总体而言，并没有对其与法典编纂之前的日本固有法（江户时期所奉行裁判中的出入筋[*]与现在的民事裁判大致对应，其中形成的一些萌芽[①]）之间的连续性予以特别考虑，就直接继受了西洋法。但是，以法典形式
41 继受的内容，形成了法律规范最基本的框架部分。在西方的大陆法系国家，法典基本上都是该国内部生成发展出来的法规范文字化的产物，因此，这些国家的法律界人士在解释新法典时，可以探讨其与以往的讨论之间的连续性。因此，即使制定了新法典，该法典的解释也不会出现很大的障碍。但是，在像日本这样，民法典以一种与本土的法规范、文化相割裂的形式新输入的国家，条文形式的抽象的法规范具体包含什么内容，如果没有解说，对于不习惯新的法规范的法律家而言，就无法运用法典去解决纠纷。因此，法典化之后不久，为了让条文的内容具体化和更便于适用，

---

* 出入筋：是指江户时代的一种民事诉讼程序。——译者

① 关于这一点，请参见石井良助：《近世交易法史》，创文社，1982年；氏著：《近世民事诉讼法史》，创文社，1984年；氏著：《近世民事诉讼法史（续）》，创文社，1985年；服藤弘司：《刑事法与民事法》，创文社，1983年。

在以法典的形式仅仅输入了西洋法的骨骼部分之时，也必须开始输入西洋法的血肉部分。主要发挥此种功能的就是所谓的学说继受。尽管现在也存在将此种学说继受期的法律学视为一种模仿法学而加以否定的倾向，但在当时，为了让日本的西洋法继受更加充分，学说继受毕竟是法律学应该去做的一件事情。在此背景之下，从明治末期开始，经过大正时期，然后一直到昭和初期，经众多学者之手，德国的学说被非常积极地引入了日本。[①] 其中最有代表性的学者，在此仅介绍一下石坂音四郎博士和鸠山秀夫博士。对于此种法律学的方法论倾向，石坂博士认为，虽然在基本概念形成时应该遵循法律的目的，但要从某一概念进行演绎，则应运用逻辑的方法，即便运用逻辑的方法推理出的结果并不适合于实际生活，那也是法律的缺陷，而非解释方法的缺陷。[②] 鸠山博士很少讨论方法论的问题，但对于法律学，尤其是初期法律学的特征，也评价说“将重点放在了形式逻辑的正确性方面”[③]。

对这一时期的德国法万能的倾向敲响警钟的是末弘严太郎博士。他认为“将横着的东西竖着放的时代已经过去了”，“我国法律书……(应该有)日本的本土色彩”。关于方法，末弘严太郎博士承认“非常严格的、有逻辑性的德国法学派的……解释方法”的益处，但他指出，“认为所有的法律判断都能够通过适用或演绎抽象的法则、原理而得到的想法”之毒害仍然在日本残留，[④]明确地表达了

① 关于这一点，参见北川善太郎：《日本法学的历史与理论》，日本评论社，1968 年。

② 石坂音四郎：《法律学的性质》，《改纂民法研究》(上卷)，有斐阁，1919 年，第 28 页以下。

③ 我妻荣：《民法与五十年》，有斐阁，1967 年，第 126 页。

④ 末弘严太郎：《物权法》(上卷)，有斐阁，1926 年；日本评论社编：《日本法学》，日本评论社，1950 年，第 71 页；矶村哲：《社会法学的发展与构造》，日本评论社，1975 年，第 62 页以下。

42 批判概念法学的立场。而且，末弘博士并不是始终只进行成文法的研究，他还倡导判例研究的重要性，并成为了大正十年(1921 年)成立的民法判例研究会的主要倡导者。在末弘博士之前，以梅谦次郎的判例批评为代表，并不是没有判例批评。但是，“在明治时代，在探讨法律问题时引用判例是学者所不屑的”①。判例研究就是在这样的背景下被提倡的。

C. 战后的民法学

在上述历史背景下，战后的民法学开始发展起来。如果从教科书和体系书的层面来看，那么将我妻荣博士的《民法讲义》作为战后民法学的出发点，应该是不会有什么异议的。《民法讲义》的出版实际上是从二战前的 1932 年开始的，二战后又进行了改版，作为涵盖了从民法总则到不当得利的(1973 年博士去世后的补充修订另当别论)3 300 余页的大型体系书，真的是风靡世界。我妻法学维持了其业师鸠山博士传授的法解释的逻辑性推理，并大幅吸收了日本的判例分析，甚至被称为“鸠山法学与末弘法学的融合”②，在其执笔的当时，几乎是集日本民法学之大成的学说。

接下来，我们探讨一下民法学上末弘博士所谓的“本土化”与外国法的影响问题。

虽然从我妻法学中也能够看到这种“本土化”，但从博士自己所说的“以裁判为中心的考察方法”中也可以看出③，这里所谓的

① 日本评论社编:《日本法学》，日本评论社，1950 年，牧野英一发言，第 68 页以下。

② 川岛武宜:《末弘严太郎先生的法学理论》，《作为科学的法律学》，弘文堂，1968 年，第 281 页。

③ 我妻荣:《私法方法论之考察》，《债权在近代法中的优越地位》，有斐阁，1953 年，第 484 页以下、560 页。

本土化是以日本的判例和学说为中心的。基于社会现实，大幅推进这种本土化的，是以川岛武宜博士为先导的战后法社会学热潮，很多民法学者都参与其中。为了把握日本社会的实际情况，当时动员了很多民法学者，对村落构造论、入会权、水利权、渔业权、温泉权、农地继承、家族制度等进行了广泛的实态调查。在这一时期，来栖三郎教授在私法学会上所做的题为“法的解释与法律家”的报告由于开启了法解释学的论争而著名。其中，在结语部分有这样一段话：“今后我也想学习法社会学，我感觉这会让我的法解释学得到进一步发展。”[①]

如何看待法解释学与法社会学的关系，不同的人会有不同的看法。在作为法社会学研究先导的川岛博士的著作中，可以看到 43
“以作为法律学（即实用法学）之基础科学的法社会学为前提”[②]这样的叙述。另外，虽然未必与法社会学的调查有直接的关联，但战后，像租地租房、交通事故、公害等反映那个时代的社会需要的法解释论的发展变得非常繁荣。这种反映社会实态的法解释论的发展，虽然在二战以前从末弘博士的《农村法律问题》和《劳动法研究》等关于劳动法的立法论与解释论等的开创性研究成果中也可以看到，但其质的提升和量的发展与二战前是无法相比的。

而且，前述的判例研究也在战后极为兴盛，直到现在，关于著名的判例会出现大量评释这样的状况仍然在持续。从立足于日本的判例及其社会状况进行规范考察这两个观点出发，可以说，二战后的民法学已经相当独立于外国的法学了。其结果，如果与

① 来栖三郎：《法的解释与法律家》，《私法》第11号，1959年，第25页。

② 川岛武宜：《作为科学的法律学及其发展》，岩波书店，1987年，序文，第iv页。

刑法学和民事诉讼法学等相比，笔者感觉外国法对民法学的影响是比较小的。

另外，在进行比较法的考察时，对象国家走向多样化也是二战后的一个特色。如前所述，二战前日本的法律学处于德国法的压倒性影响之下。但是，二战后日本与美国的关系紧密化，其结果，民法学中也可以看到美国法学各种形式的影响。而且，近来有学者指出对日本民法进行系谱研究的重要性，在德国法以外，法国民法等也经常成为比较法研究的对象。

D. 现在的倾向

接下来，我们看一下我妻荣博士《民法讲义》之后的教科书和体系书。这里所要列举的，都是截至 1990 年发表而且评价已经比较稳定的，在选取方式上与本书的分析对象文献保持了协调一致。由同一人执笔的系列教材，可以列举的有以下三种：继《民法讲义》之后涵盖民法整体的松坂佐一博士的《民法提要》；铃木禄弥教授的《讲义》系列；正在逐渐覆盖民法整体的星野英一教授的《民法概论》（从民法总则到契约法）。松坂博士的《民法提要》主要是基于通说的观点撰写的，铃木教授的《讲义》是由独创性杰出的作者之手撰写的个性之作，星野教授的《民法概论》则是利益衡
44 （考）量论之旗手的作品，三者各有千秋，特色鲜明。这些之外，关于民法的个别领域，还有很多优秀的体系书、教科书。因为篇幅的关系，即使只介绍有斐阁、日本评论社、弘文堂、三省堂、成文堂、青林书院、筑摩书房等出版的全集和系列教材，也有以下这些学者的著作。民法总则：几代通、石田喜久夫、川岛武宜、四宫和夫；物权法：吾妻光俊、石田喜久夫、稻本洋之助、田山辉明、广中俊雄、舟桥谆一；担保物权法：近江幸治、川井健、道垣内弘人、柚木馨·高木多喜男；债权总论：奥田昌道、於保不二雄、林良平·石田

喜久夫·高木多喜男、平井宜雄、前田达明；契约法：石田穣、来栖三郎、田山辉明、三宅正男；无因管理、不当得利、侵权行为：几代通、加藤一郎、四宫和夫、平井宜雄、前田达明、松坂佐一；亲属法：久贵忠彦、我妻荣；继承法：高木多喜男、中川善之助·泉久雄等。此外，还有很多其他学者的优秀教科书。以上这些教科书和体系书虽然在不同程度上都具有很大的影响力，但却都未能达到像此前的“我妻说”那样可以称得上是融会通说的地位。其结果，在“我妻说”之后，民法学呈现出群雄割据的局面，甚至还出现了这样的现象：以有斐阁丛书《民法》(1—9)为代表，由多人共同执笔的教科书作为一个整体，其中的个性被抵消而变成了没有个性的著作，但是这样的教科书却让人觉得有稳定性，因而受到一些想要学习通说定论的学生的欢迎。

E. 方法论上的问题

接下来，通过对比德国派的多少有点概念法学的解释手法、“我妻说”以及近来的利益衡量论，来考察一下与通说的稳定性有关的问题。

最后提及的利益衡量论从正面承认，法解释的结论并不仅仅是通过对要件进行概念化的演绎而推导出来的，在此意义上，是一种极为直率的方法论。而且，在这一方法论的有力主张者加藤一郎教授与星野英一教授的论述中，前者的用语是利益衡量论，后者的用语则是利益考量论。最近有学者指出，这两者并不仅仅是文字表述上的差异，还有内容上的差异。本章无法对此进行详细论述，在此，仅指出其中的一个差异。即星野教授的方法中，有“从效果出发的思路”这一视角。不论是加藤教授还是星野教授，都主张结论先行型的论证，即通过利益衡(考)量，先考察一下结论。但到了后来，加藤教授认为“基于法规的理论构成……对于 45

验证结论的(不是正确性)的妥当性是有用的"[①]。相反,星野教授对于"从效果出发的思路",则认为"应该充分地淘洗出对立的各种利益和价值,并对其进行多方面的比较、探讨之后再得出结论,然后,有必要结合既存的规范,有说服力地表明该结论"[②]。由此,条文的要件和法律构成在加藤教授那里,到了验证阶段才开始具有意义;而在星野教授那里,则成了表达水平的维度上所要考虑的问题,给人一种在实体意义上后者相对更稀薄一些的印象。

接下来,比较一下刚才介绍的三种方法。按照过去那种德国派的解释方法,先对要件进行概念化的定义,通过对其进行演绎从而导出结论。在此,姑且不论实际如何,原则上,作出法律判断的人要百分之百地贯彻条文的构成要件对判断的拘束性。

而"我妻说"的想法则似乎是,在一定的情况下,避免对各种要件的外延进行明确的定义,通过采用多少有些标语性、比喻性的命题,使判断基准溶解得不僵硬死板,以维持个别事件中问题解决的具体妥当性。例如,对于不当得利,不是提倡"直接因果关系"论,而是提倡"社会观念上的因果关系"论;[③]关于抵押不动产的附加物从抵押不动产分离之时抵押权的效力是否还及于该附加物,主张"作为动产的附加物只有在与不动产相结合被裹上了

① 加藤一郎:《法解释学中的逻辑与利益衡量》,《民法的论理与利益衡量》,有斐阁,1974年,第31页。

② 星野英一:《战后民法解释学方法论研究笔记》,《民法论集》(第5卷),有斐阁,1986年,第64页。另外,参见星野英一:《民法的焦点①》,有斐阁,1987年,第110页以下,但其中没有使用"从效果出发的思路"这一表述。

③ 我妻荣:《债权各论》(下卷一),《民法讲义》(V4),岩波书店,1972年,第977页以下。另外,其首次出现是在我妻荣:《债权法(无因管理、不当得利)》,《现代法学全集》(第34卷),日本评论社,1930年,第225页。

公示的外衣之时才服从于抵押权的效力”①，等等，都属于这种情况。不过，“我妻说”尽管提出了判断基准溶解的说法，但在那些乍看起来有点标语性的、比喻性的要件论中（也并非一概如此）存在感觉上的外延。对于具体妥当性的确保和判断基准性的确保，以中庸的形式加以调和，是我妻法学的特色，也是“我妻说”之所以能够在实务上被广泛接受、成为通说的原因。

而就利益衡（考）量论来说，在进行法律判断之时，该手法虽然有其必要性，但如果过度地强调“从效果出发的思路”，则有全面否定条文的构成要件对法律判断者的判断拘束性之嫌。如此一来，由实定法来担保法律判断者之判断的正当性这样的构造就荡然无存。同样地，即便是采新自然法论，超出实定法，从自然法
中寻求法的价值判断的最终根据，也并不能从自然法中引出对于 46
个别问题的唯一结论。

这样看来，不论是所谓的德国派解释手法，还是所谓“从效果出发的思路”的主张（这些极端的手法实际上未必经常在双方主张者的论述中被采用），对于构成要件的判断拘束性，如果简单地理解为有，或简单地理解为无，那就过火了。而在这一点上，我妻法学的手法是，将构成要件的判断拘束性不可能是完全的这一点作为默认的前提，在灰色区域的范围内，继续维持构成要件的判断拘束功能。这一手法虽然乍看之下是妥协的，但却有贴近作为实用科学的法律学的精髓的一面，所以才能容易地获得作为通说的稳定地位。

上述“从效果出发的思路”等的观点，让人担心是将结论“白纸委任”给判断者。所以，笔者曾经讲，裁判中有以下的“程序性

---

① 我妻荣：《担保物权法》，《民法讲义》（Ⅲ），岩波书店，1951年，第153页。

要求”，即要以法规为根据陈述“理由”，使法官的个人判断与立法机关的判断连接起来，由此来担保裁判结论在国家法律上的正当性。[①] 只要是进行“法的解释”，这个要求就不仅适用于法官，也适用于法律学者吧！而且，在实体上，法的判断不可能是逻辑的、机械的推理，即使法规不能百分之百地充分发挥作为决定基准的功能，法规等的判断拘束力也并不是零。对此，需要有清醒的自觉。

基于上述的观点，前述的三种方法中，笔者对于“我妻说”的手法给予了最高的评价，但在此并不打算论述在方法上全面回归“我妻说”的主张。“我妻说”的手法的确做到了中庸，具有实用性，适合于很多领域。但是，在法律领域，有的问题可以简单地确保法律判断的一义性，有的问题则不能不极具多义性，这些问题既广泛而又连续地成堆地存在。如果像“我妻说”这样，大量地使用比喻性的表述，就会发现，即使在那些有可能进行一义性判断的领域，也会出现让判断基准模糊化的倾向。基于上述方法上的问题意识，笔者曾经提出“认识上的法律学”构想，主张以更加客观的形式，结合事物对判断基准进行把握和提示，尝试将客观性导入法的判断。[②] 同时，运用此种方法，开展了对不当得利的研究。笔者个人认为，该研究至少在这一领域，对“我妻说”的比喻性法律学的暧昧性[也对容易带来将结论“白纸委任”给判断者的
47 倾向的利益衡(考)量论]提出了一个解答。笔者并不认为这个以认识上的客观性为志向的方法能够全部替代传统“法解释”的社

① 加藤雅信：《财产法的体系与不当得利法的构造》，有斐阁，1986 年，第 25 页。

② 加藤雅信：《作为后记的方法备忘录——追求作为认识的法律学》，同上书，第 865 页以下；首次出现是在《法学家》第 655 号，1978 年。

会功能，[①]但无法释怀的是，由于是在学界向来有影响力的方法论，即使是在有可能进行客观分析的领域，现实中也没有进行过客观分析。在此意义上，笔者认为，如果倾向于概念法学的手法，就会或者变得僵硬死板，或者陷入隐瞒主观判断的虚伪之中；而如果向利益衡（考）量论倾斜，就会产生容易对自己的结论心安理得的、自以为是的倾向；应该谋求尽可能以客观的形式把握判断基准的认识上的客观性，与此同时，探寻法规要件的判断拘束性不可能充分但也不为零的中庸之道。

关于民法方法论的讨论，在一段时期，以“加藤（一郎）说”、“星野说”等为中心，利益衡（考）量论曾经产生极大的影响，但近来又出现了平井教授等学者的讨论[②]，开始吹起了一股新风。

附记：本章是将笔者于1991年在北京大学授课时的讲义笔记的一部分（题为“日本民法的制定及其历史意义”，发表于《法曹时报》第51卷第1号，1999年），与笔者的另一篇文章《日本民法学的潮流》（收录于拙著《现代民法学的发展》，有斐阁，1993年，第118页以下）合并之后补充修改而成的。

---

① 关于笔者最近关于法律学的见解，参见加藤雅信：《从道德法到实定法的发展：不当得利之情形》，《司法研修所论集》第85号，1991年，第51页以下（收录于《民法研讨》，有斐阁，1997年，第277页以下）。

② 平井宜雄：《法律学基础论备忘录》（1—9完），《法学家》第916—928号，1988—1989年。该文发表后引发了争论。

第 1 章

民法总则

50 # 第1章　民法总则

1-01　序论

大村敦志（东京大学）

1. 序

日本民法典采用潘德克吞（Pandektenwissenschaft）体系，第一编以"总则"为题，其中汇集了之后各编统一的规定。因此，总则部分中概念性、抽象性的规定较多，有关这些规定的研究很多也带有理论色彩。与此同时，从实践性的观点来看，总则中的各个规定有不少与重要的问题紧密相连。例如，人格权（第1章有关人），非营利性团体（第2章有关法人），无体财产权（第3章有关物），消费者契约和电子商务（第4章有关法律行为），等等问题。

关于总则的一大特点就是，有很多以此为对象的概说书籍。也可以说，有关总则的研究正是通过这些概说著作发展至今的。依照本书的基本方针，在本章虽不以概说书籍为讨论对象，但关于这一点笔者想再次强调。这样，因为对理论或实践的关注有轻有重，研究的媒介也不同（进行研究的是概说著作还是单行本、杂志论文），所以在本章的文献选择上各个主题会产生繁简之差。具体来说，有的主题（例如"错误"）会把重点研究外国法的文献也考虑在内，而有些主题（例如"物"）里则没有一个引用文献。在此敬请理解。

本章原则上依照民法典条文的顺序简单概括研究状况。为了方便起见，以下分为四组进行论述。即“2. 一般原则（以“第 1 章人”之前插入的《民法》第 1 条以及第 1 条之 2 为研究对象，共 4 个项目 4 篇文献）”、“3. 人、物（以“第 1 章人”、“第 2 章法人”、“第 3 章物”为研究对象，共 4 个项目 5 篇文献）”、“4. 行为[以“第 4 章法律行为”（到“第 4 节无效及撤销”为止）为研究对象，共 12 个项目 15 篇文献]”和“5. 时间（以“第 4 章第 5 节条件及期限”、“第 5 51
章期间”、“第 6 章时效”为研究对象，共 1 个项目 3 篇文献）”四部分。

2. 一般原则

通过 1947 年的大修订，不仅全面修正了第 4 编、第 5 编，而且在民法典的开头还增加了两条民法解释适用的一般原则，即第 1 条和第 1 条之 2。

其中，第 1 条第 2 项（诚实信用原则）和第 1 条第 3 项（权利滥用）是对二战前的学说和判例所发展的理论的明文规定。正如各个项目里要说明的一样，鸠山秀夫关于诚实信用原则、末川博关于权利滥用原则分别作出了突出的贡献。而对于牧野英一的评价虽有不同意见，但抛开他对解释论的贡献，其本人的基本姿态所带来的影响还是不可忽视的。

与此相对，关于第 1 条第 1 项（公共福祉）和第 1 条之 2（个人尊严和两性平等），到现在并未进行充分地研究。以有关“宪法和民法”等的讨论为契机，今后应该在这方面进行探讨。

另外，关于禁止私力执行，民法典虽无明文规定，但作为近代法的基本原则之一，相关讨论很多，所以在这一部分会放进相关研究。

3. 人、物

(1) 除了法人论以外，关于“人”和“物”，到现在为止，学界的关注并不是很高。可是，把世界分为主体“人”和客体“物”这两部分来把握的方法应该说是民法基本中的基本。但我们还不能断言日本民法学是否充分理解了这一点的意义。从这个观点来看，虽考虑到诸多事宜，未将川岛武宜的《论民法中人的权利能力》[①]收入本书，但这方面仍值得关注。

(2) “人”从出生之时开始到死亡之时为止(《民法》第 1 条之 3 到第 882 条之间)享有权利能力。这一点(暂且不谈历史的观点)在现行法之下虽然很长时间没有看到不同意见，但最近有关
52 生命伦理的讨论使得对受精卵、胎儿或者法律上对遗体处理等的关注越来越高，有重新探讨的必要。在这种情况之下，刚才提到的二分法也有所动摇。但是，在本书中放进相关文献还为时尚早。

关于出生和死亡，本书中收录了有关同时死亡之推定的加藤一郎的论文。此论文不仅与 1962 年的民法修订有密切关系，而且很好地显示了所谓“利益衡量论”的特质。

有关人，作为权利客体而不是权利主体的一面被放大这一点值得关注。特别是有关人格权的研究进展显著。这方面已有一些先驱性的文献和对之后的讨论有贡献的研究，在此本书仅收录长期就此题目的发展作出贡献的五十岚教授的研究以作代表。

有关行为能力，以最近的成年监护立法为契机，相关讨论顿

---

① 川岛武宜:《论民法中人的权利能力》,《杉山教授还历纪念论集》,岩波书店,1942 年。

时热烈起来。包括之前扎实的研究在内，文献多不胜数，但要作出确定的评价还需时日。

(3) 在总则中，“法人”是日本民法学(或者应该说是包括商法学在内的私法学)倾注精力的题目之一。其中特别受到关注的是无权利能力社团论，在本书中收录了对于功能主义产生重大影响的星野的论文。另外，就所谓特定非营利活动促进法(NPO法)与非营利法人的关注也在不断增高。无权利能力社团论可以说是其中的一环，而在本书中则另行收录了有关此问题的先驱性的研究。

此外，关于法人，笔者认为现在已是法人本质论再次受到关注的时期，期待今后有真正的研究。

(4) 有关“物”的研究在本章虽未提及，然而这并不表示“物”不是重要的题目。一方面，关于物的有体性之无体财产权的登场，给理论、实践两方面都带来了重大的课题，无体财产权法(知识产权法)现在也形成了一个独立的法领域。另外，随着集合担保的兴盛，有必要对物的个体性重新探讨。关于此问题主要在担保物权部分进行讨论。另一方面，契约的成立或履行受到“物”的制约这一点虽然并不明显，但其实会产生很大的问题。可这些都
不是作为“物”的问题，而是作为法律行为论或履行障碍论的一环 53
进行探讨。如此看来，将各个领域分散开展的讨论进行集中整理后重新构建“物”的概念，将是今后的课题。

4. 行为

(1) “法律行为”条文数虽少，但却在总则中也是研究积累特别丰富的领域。很多研究者在理论和实务两个方面不断提出重要问题并进行了深入研究。

成为这些研究出发点的成果,要首推砌筑了法律行为理论基础的鸠山秀夫的研究。鸠山理论直至今日都对之后的学说产生了重大影响。然而同时也有从不同角度对该理论的批判,其中的代表就是本书中所收录的平井的论文,他通过历史的考察主张鸠山理论的相对化。平井论文之后,学说的发展也很显著,但现在还未出现能够囊括这些学说的研究。该论文出现后已经过了大约 25 年,所以还是期望能有成为新出发点的研究出现。

另外,有关法律行为之解释的研究也十分活跃。有关此论题,在本书中已收录了运用功能主义方法论述的穗积的论文和以学说史为依据的矶村保的论文,而从本书第 5 章中所收录的山本敬三等的论文中可以看出,在这些论著之后的发展也很显著。

(2) 民法典"法律行为"一章分为"总则"、"意思表示"、"代理"、"无效及撤销"、"条件及期限"五节。其中与"总则"中的规定相关的,有公序良俗的违反、强行规定的违反、任意规定、习惯的意义等,都被讨论过了。

其中有关公序良俗,以我妻荣的《从判例看"公共秩序和善良风俗"》[①]为首,积累了各种各样的研究。特别是最近,以与契约法的基础理论相交错的形式出现的研究非常活跃,但因为其中大部分都是于 20 世纪 90 年代发表的,所以从本书的收录对象中予以排除。虽然如此,有关进入 90 年代后讨论激烈的法令违反行为的效力论,作为先驱性的成果,本书还是收入了末弘的论文和川井的论文。

有关习惯论,虽然有以星野英一的《从编纂过程看民法拾遗

① 我妻荣:《从判例看"公共秩序和善良风俗"》,《法律协会杂志》第 41 卷第 5 号,1923 年。

(1)——论〈民法〉第 92 条、〈法例〉第 2 条[*]》[1]为首的一系列研究，54
但本章未将其当作独立的项目来论述。不过，对于关注交易习惯的各个研究在本书的第 5 章会有所收录。另外，对于最近出现的一些关于任意规定之存在意义的研究，还需静待其发展动向。

(3) 有关“意思表示”的研究重点在于错误论。与法国、德国一样，和法律行为、意思表示等概念有密切联系的这个论题同样受到日本很多学者的关注。鉴于该论题的重要性，本书列了三个项目，共收入四篇文献。其中舟桥的论文、川岛的论文从解释论的观点来看有重要的意义，而野村的论文和矶村的论文作为以外国法为素材的研究则具有很大的价值。

与此相比，关于欺诈、强迫的研究为数甚少。最近，在对消费者问题的关注不断高涨之下，也出现了一些关注欺诈、强迫的学说，但真正的讨论需等今后予以展开。

再者，有关真意保留、虚假表示，除了个别例外，并没有多少成熟的研究。而关于第 94 条第 2 项的类推适用，因受到判例法显著发展之刺激，倒有很多讨论。其中，在本书中收录了成为“撤销和登记”之讨论开端的几代的论文。“撤销和登记”问题本身立足于利益考量的构思，可以说是很好地展现了二战后民法学特征的论题之一。

(4) “代理”也是积累了很多研究成果的论题之一。有关该论题，尽管实际问题的解决固然重要，但从各种观点出发的理论形成也被尝试。例如，如今已感觉不到有“构成”成分在内的“表见代理”之理解方法，即来源于中岛的论文。更广泛地说，将代理制

---

* 《法例》第 2 条为现在的《关于法适用的通则法》第 3 条。——译者

① 星野英一：《从编纂过程看民法拾遗(1)——论〈民法〉第 92 条、〈法例〉第 2 条》，《法律协会杂志》第 82 卷第 3 号，1966 年。

度在民法体系中定位的於保不二雄、通过与法律行为论的关联来阐明代理本质的高桥三知雄等人的研究也对后来的研究产生了重大影响。例如，授权论等也都是通过和这些问题意识进行交锋的形式来展开讨论的。

另外，与“撤销与登记”齐名的“无权代理和继承”也颇有意思。但因为这方面的研究都集中在最近，所以本书并没有将其收录在内。

（5）有关“无效及撤销”，部分无效、部分撤销或者无效行为的转换等相关研究处处可见，但并未形成学说史。因此本书只收录
55 了有关“撤销与登记”的部分。而“条件及期限”也有被称为法律
行为的“附属条款”，但实际上应该将其与下一项“时间”的问题联系起来处理比较妥当。

5. 时间

日本民法典第 1 编总则第 5 章以“期间”为题、第 6 章以“时效”为题，两者都是关于“时间”的规定。这些再加上第 4 章第 5 节的“条件及期限”，这一系列规定以“时间”为中心，更广泛地说是为了应对“不确定性”（人、物、行为以外发生的“事情”）而加以规制的。其中，有关“条件、期限、时间”尽管在实践中很重要，但成熟的研究却很少。与此相对，“时效”可以说是总则中除了法律行为论以外的中心领域之一，但在这里成为讨论中心的也只有援用权人的范围、中断事由、起算点等与实践相关的问题。其中有学说底蕴的可以列举所谓的时效本质论和“取得实效和登记”两个论题。考虑到在星野的论文中将这些问题都关联起来论述这一点，故在本书中将两个论题整合成了一个项目。

另外，除斥期间也是最近受到注目的论题，但因为主要是有关侵权行为而展开讨论的，所以在本章不作涉及。

1-02　鸠山秀夫 56

《债权法中的诚实信用原则》

[收录于《民法研究》(第 3 卷),岩波书店,1926 年;《债权法中的诚实信用原则》,有斐阁,1955 年。初次发表于《法学协会杂志》第 42 卷第 1、2、5、7、8 号,1924 年]*

评议人　矶村保(神户大学)

该文通过具体的解释论明确阐述了诚实信用原则是支配债权法的基本原则,并引导了之后的诚信原则论的发展。

1. 该文发表前关于本课题之学界状况

(1) 不言自明,规定了诚实信用原则(以下简称"诚信原则")的《民法》第 1 条第 2 项是在二战后民法修订时被法条化的。在这之前,诚信原则一直缺乏实体法上的根据。日本民法学在民法典制定之后马上将主要关注放在逻辑性和体系性的分析上。这一点不限于日本,而是在制定民法典的国家都多多少少能够看到的共同现象。但是在日本,法典以与社会现实不相关联的形式制定,而且德国法学给日本民法学带来了绝对性的影响,这使得法典的形式性分析的倾向更加明显,而所谓概念法学的方法也支配着学界。因此,在当初的情形之下,诚信原则虽是调整由法条的形式性适用所引起的实际中的不合理的原则,但并没有赋予该条文重大的意义,也就不足为奇了。

---

* 原文文献为:鳩山秀夫「債権法に於ける信義誠実の原則」,『民法研究 第 3 巻』(1926 年・岩波書店),『債権法における信義誠実の原則』(1955 年・有斐閣)所収,初出・法学協会雑誌 42 巻 1・2・5・7・8 号(1924 年)。——译者

(2) 而进入大正时期以后，诚信原则论迎来了新的局面。学界开始深切地认识到资本主义法原则的弊害。(在此种背景之下)本是刑法学者的牧野英一于 1913 年回国后在民法领域也展开了自由法论，并强调了作为指导原理的公序良俗和诚信原则。此外，末弘严太郎于 1920 年回国后，强烈批判了当时认为只要以外国注释书为规范来进行理论性的排序就足够了的民法解释学，特别强调了构造适合我国社会的解释学的必要性，并指出判例研究的重要性。裁判实务也针对在当时的法制下没有租地期间的保障这一法律缺陷，通过对意思解释掌控作出对租地人有利的处理。在有关此举对错的学说论争之中，诚信原则发挥了重大意
57 义。还有，在大审院一起就应该支付的金额有一点不足的判例中[1]，明确提出了“支配债权关系的诚信原则”这一句话，牧野英一也积极支持这种表达。

(3) 关于民法典理论的精致化方面，鸠山秀夫一直担任着最重要的角色。在他之前的著作中，当然也有考虑到论理性的法解释学和具体的妥当性之间的调和问题，但鸠山是受到牧野学说的影响，并在真诚而又深刻地接受了末弘的批判理论之基础上发表了这篇有关诚信原则的论文。该文对鸠山以前的学术立场也有着“转变”的意义。

2. 该文的内容及其在学界之意义

(1) 该文在总论中论述诚信原则法理的历史变迁之后，在分论中将该原则成为问题的时期加以区分，提出在债权关系成立

---

① 大审院大正九年(1920 年)12 月 18 日判决，《大审院民事判决录》第 26 辑，第 1947 页。

前、存续及终了后的各个阶段应该适用诚信原则的问题以及解决方式，并在结语中指出了除债权法以外的情况中所存在的问题。

首先，鸠山在论文开头指明："承认诚信原则为支配债权法的基本原则是近代法最显著的特色之一。"他在概观欧洲 18 世纪之后的发展后指出，特别是在 19 世纪末期以后，诚信原则发挥着重要的意义，并认为原因在于社会观已从以个人自由、意思为基础变为以社会、团体为基础，以及交易关系的扩大和复杂化，并且介绍了 19 世纪法、德两国法律和法律学的状况。

其次，鸠山介绍了批判诚信原则的立场，并加以反论。尤其是对于诚信原则会威胁法的安全性这一点，他反驳称"在现在的状况下那样的危险不过是纸上谈兵而已"。他还明确表示，如果法规是有伸缩性和弹性的法典，那么就没有太大的必要来通过诚信原则补充成文法。但日本民法条文不到德国民法的二分之一，只有大纲性的表述，与德国民法相比欠缺伸缩性和弹性，所以非常有必要通过诚信原则来予以补充。

（2）在分论中，首先在债权关系存续时的分析对象是：①已履行的给付内容（例如，特定物债权人的变更、提供的给付有略微不足、附属给付义务的问题等）；②履行的方式（可否在期限前清偿、履行时间、履行地点、提供清偿的程度等）；③同时履行的要件、效果；④履行迟延的要件、效果；⑤受领迟延的要件、效果等。

其次，在债权关系终止后，鸠山探讨了：①当事人因无归责事 58
由而陷入履行不能时的通知义务；②委托中的应急处分义务和报酬请求权的成立与否，以及向其他持续性债权关系的类推可能性；③租赁契约终止后的关系，尤其探讨了关东大地震后临时性建筑的处理问题。

再者，对于契约成立的情形，鸠山在考虑了耶林的契约缔结之过失理论的同时，将问题分为契约有效成立的场合和不成立的场合来探讨。关于后者，他最先探讨了因各种原因导致的契约无效、撤销的场合是否可以认定损害赔偿义务的问题（例如，否定有轻过失的错误方的赔偿义务）；然后对于原始性的具有客观性的履行不能的情形，他留意到其与原始性的不完全履行时所负之（瑕疵）担保责任规定之间的关系和异同，同时主张过失责任。而关于前者，他首先介绍了民法自身能够认定责任的场合，其次对于这些场合以外的问题主张适用诚信原则。在此节末尾，作者整理了责任成立要件。其中，在契约交涉最终受挫时没有应该承担责任的法律根据和在契约无效时损害赔偿责任的性质为侵权行为等的观点受到瞩目。

（3）该文最大的特点是，在探讨个别问题时并不满足于法条的形式性适用，而是通过诚信原则介入实质性判断这一点。特别是在改变以前的立场之时，作者不断地进行自我批判，称以前的立场是对法典语句的解释，由于是例外性法规，所以试图作出缩小解释这一点是基于概念法学的解释论，等等。

总之，该文将诚信原则是支配债权法的根本原则作为解释理论予以阐明，为之后诚信原则论的发展奠定了基础，同时也蕴藏了该文成为鸠山民法学之新出发点的可能性。对于该文发表两年之后鸠山即退出学界的理由有各种各样的说法，然而使人预测其为“转变”的论文竟然是他最后的研究成果，令整个民法学界都感到惋惜。

3. 其后学界之发展

该文之后，有关诚信原则论的判例和学说有了很大的发展。虽然在1942年我妻荣曾评价“‘诚信原则’理论前进的道路较为艰难，但诚信原则经过二战后的成文化，其适用领域急剧扩大，确立了作为涉及民法之外领域的基本原理的不可动摇的地位”。

至于鸠山所提出的问题群的解决并不是全部被学界所接受 59
的，如今适用诚信原则的重要场合也包含不少未曾被认识到或者不自觉地被排斥的问题。例如，鸠山将契约交涉中的中断事例从契约缔结的过失责任中排除，而众所周知，这种事例如今却是过失责任适用的重点场合。又比如，鸠山只是抽象性地进行了说明，而在债权法之外的领域，诚信原则也发挥着极为重要的作用。这类例子不胜枚举。特别是，与自己从前的行为有实质性矛盾的行为或者主张会根据诚信原则被排除这种观点，被作为诚信原则的下位原则得以确立（例如，消灭时效过后的债务承认、无权代理和继承等）。还有，在以前因为实体法和程序法的差异而对诚信原则的适用比较消极的诉讼法领域，该原则的重要性已经毋庸置疑，在裁判实务中也被积极采用。

如此，现在的诚信原则论与鸠山之前最初的理论相比已经明显有所扩大与深化。尽管如此，鸠山理论的结构，谋求条文的论理性适用和通过诚信原则来公正妥当地解决两者的调和，可以说是如今诚信原则论的基础。

■ 作者介绍

鸠山秀夫

主要著作：除该文外，还著有『日本民法総論』（1923 年・岩波書店）、『日本債権法総論』（1916 年・岩波書店）、『日本債権法各論 上下』（1920 年・岩波書店）、『民法研究 第 1 巻—第 4 巻』（1925—1930 年・岩波書店）—『債権法に於ける信義誠實の原則』（在该书中收录了《民法研究》各卷论文中的主要著作）等。

简　　历：1884年(明治十七年)—1946年(昭和二十一年)，毕业于东京帝国大学法科大学德国法律科，东京帝国大学教授［其著作、履历请详见能見善久「日本民法学者のプロフィール 鳩山秀夫」法学教室179号(1995年)］。

1-03　牧野英一 60

《有关诚信原则的三种观点》

(《民法基本问题第四编——有关诚信原则的若干考察》,有斐阁,1936 年)*

评议人　永田真三郎(关西大学)

与概念性地理解法律规定的倾向相反,该文是就有关对“诚信原则”的认识方法,以其作为自由法论的标语阐述己见的论说。

1. 该文发表前有关诚信原则的法律状况

(1)“诚实信用原则”或“诚信原则”于 1947 年民法修订之际作为《民法》第 1 条第 2 项的内容被正式确定下来。在此之前,该原则可以说是判例和学说大致已经确立的原则之重述(restatement)。

(2)首先,在审判实务中确立诚信原则的判决是 1920 年(大正九年)有关附买回特约的不动产买卖中的回购之意思表示的大审院判决[1]。大审院判决认为,以微小的不足为借口否认回购效力之行为“违反支配债权关系的诚信原则”,并据此肯定了回购效力。1924 年(大正十三年),针对债务人就有关契约解除的催告期间太短的主张,大审院判决认为“这种行为回归到诚信与公平的观念来看有失妥当,可以说是明白无误的”[2]。

---

* 原文文献为:牧野英一「信義則の三つの見方」,『民法の基本問題第四編——信義則に関する若干の考察』(1936 年・有斐閣)。——译者

① 大审院大正九年(1920 年)12 月 18 日判决,《大审院民事判决录》第 26 辑,第 1947 页。

② 大审院大正十三年(1924 年)7 月 15 日判决,《大审院民事判例集》第 3 卷,第 362 页。

(3) 而在此之前已经可以在各种局面中看到，审判实务虽然未用诚信原则这一表现形式，但为平衡实质性的利害关系而在作灵活性考量的努力。[1] 在 1920 年(大正九年)以及 1924 年(大正十三年)的大审院判决中，其判决理由使用了“诚信原则”或“诚信与公平的观念”的言辞来作为其判断的理由，可以说是意味着当时大审院有意识地在固定这一倾向。

(4) 就在判例实务努力将诚信原则带入法适用过程的同时，在学术界也出现了深入研究诚信原则、探讨其根据和适用的划时代的研究成果，即众所周知的鸠山秀夫的《债权法中的诚实信用
61 原则》[2]。鸠山博士的这一著作先是追溯了直到诚信原则被认可为止的历史沿革，并简要说明了该原则的根据，然后将该原则所适用的情况分为①债权关系存续时、②债权关系终止后、③契约缔结前这三个阶段进行详细地论述。

德国民法典(1900 年 1 月 1 日施行)中，只在有关契约解释和契约履行的场合明文规定了诚信原则(第 157 条、242 条)。然而随着该法制定前后判例和学说的展开，诚信原则马上就被认可。之后，作为诚信原则这一基本原则的必然结果，失效原则等几个原则被发现(或者说发明)并得以确立。可以说，鸠山博士主要以德国民法学的发展为基础，在有关诚信原则解释论的层面上提出了十分有用的方针。

(5) 诚信原则，具有帮助法律规定弹性运用并为法律判断具

---

① 有关同时履行的抗辩权，请参见大审院大正五年(1916 年)5 月 22 日判决，《大审院民事判决录》第 22 辑，第 1011 页；有关契约解除，请参见大审院大正六年(1917 年)7 月 10 日判决，《大审院民事判决录》第 23 辑，第 1128 页。

② 鸠山秀夫：《债权法中的诚实信用原则》，《法律协会杂志》第 42 卷第 1、2、5、7、8 号，1924 年；后收录于《债权法中的诚实信用原则》，有斐阁，1955 年。

体的妥当性提供基础之功能。继 1920 年(大正九年)大审院判决以及鸠山博士的心血之作(1924 年)之后,该原则带着这些功能在判例和学说中占据了明确的位置。诚信原则适用于判例中多种多样的场合,在学说上也有常磐敏太的《诚实信用原则》[①]、野津务的《"诚实信用"的进步性意义》[②]、林信夫的《判例中出现的"诚实信用"》[③]等研究,这些研究探讨该原则的具体适用,并尝试着将其作为通则实质化、客观化。

2. 该文的内容及其在学界之意义

(1) 作者所撰写的该文正如其标题一样,是以"有关诚信原则的若干考察"为题的数百页之著作的组成部分。作者在将以 F. 李斯特(Franz Eduard von Liszt)为代表的新派刑法学之思想和理论广泛介绍给我国的同时,也作为致力于开展以刑事政策论为基调的刑法理论的刑法学者所广为人知。作者也对民法领域非常关注。在初期,他发表了《权利的滥用》[④]、《作为民事责任基础的过失之概念》[⑤],等等。进入 19 世纪 20 年代之后,又有《民法中的两三个基本概念》[⑥]等。

(2) 该文所说的"诚信原则的三种观点"是指"第一是作为法

---

① 常磐敏太:《诚实信用原则》,《东京商科大学法学研究》第 1 号,1932 年。

② 野津务:《"诚实信用"的进步性意义》,《法律协会杂志》第 52 卷第 11、12 号,1934 年。

③ 林信夫:《判例中出现的"诚实信用"》,《民商法杂志》第 4 卷第 5、6 号,1936 年。

④ 星野英一:《权利的滥用》,《法律协会杂志》第 22 卷第 6 号,1904 年。

⑤ 星野英一:《作为民事责任基础的过失之概念》,《法律协会杂志》第 23 卷第 8 号,1905 年。

⑥ 星野英一:《民法中的两三个基本概念》,《法学志林》第 23 卷第 1—5、7—10、12 号,1920 年。

律行为的价值评定标准之诚信原则……因此可以称为‘诚实信用
62 的标准’(Le critère de la bonne foi),“第二是作为法律关系中债务内容之诚实信用。……大家将其命名为‘诚实信用的要求’(L’exigence de la bonne foi)”,“第三是若完全履行了诚实信用的行动,其错误应该予以保护,此即‘善意之保护’(La protection de la bonne foi)”(原书第108页)。

(3)如果该文的中心句即论点是上述三种诚信原则的观点的话,那么大部分民法研究者有不少会感到困惑。该文首先举出格尔弗(Gorphe)的著作[《诚实信用原则》(*Le principe de la bonne foi*,1928年)],并在开头阐明“现在笔者想介绍该著作的论述并同时参考我国文献,思考一下诚信原则问题的要点”(原书第95页,注一)。而这三种观点也源自格尔弗的著作(原书第108页,注二)。

(4)我们的困惑是由于对作者以下一些观点有违和感。即“诚信原则又被称为善意原则”,“两者固然可以加以区别考虑,但又可以合二为一来考虑”(原书第94页开头)。在法国法中,不管是“诚实信用”还是在交易安全的场合出现的“善意”,两者都被称为善意原则(bonne foi),而众所皆知,这来源于罗马法中的“善意”(bona fides)。然而,首先有关“善意人保护”,正如在善意取得制度中可以看到其典型一样,该制度一直被理解为是近代法形成过程中牺牲真正的权利人来保护那些信赖某些(不真实)的外部表象之人的制度,是作为属于以流通为经济体系之基础的资本主义社会的基本构造之私法上的规则而发展至今的法理。其次,“诚实信用”是将属于基本结构的私法规则理解为(只)是来表示能够适宜事态、顺应时代,并能够实现法适用中具体的妥当性而灵活运用之判断标准的一般规定。因此,我们对作者“可以合二为一来考虑”(原书第 94 页开头)，且将其作为该文的主要意义之所在的观点，不得不感到困惑。

(5) 再者，作者认为“从第一种观点来看的诚信原则的适用场合一个是“法律行为的解释”，另一个是“权利滥用”。至今为止，63
该文虽然谈不上荒唐无稽，但不得不说，它和把这两个框架分别进行精细分析的先驱性文献即鸠山博士的上述论文、末川博博士的《法国法中的权利滥用理论》[①]等成果之间欠缺连续性。而很遗憾的是，关于作为其讨论基础的格尔弗之论著在法国民法学上的出版具有怎样的意义以及如何被评价这一点，作者并没有加以讨论。所以，只能说该文对民法学关于诚信原则的讨论一步都未推进。

3. 该文之后学说上的发展

(1) 有关诚信原则的问题，在该文发表之后出现过综合判例研究等若干论文，但不久就进入了第二次世界大战，至少学说上的讨论是中断了。到了战后，在 1947 年(昭和二十二年)民法修订之际，“诚信原则”作为第 1 条第 2 项被明文化。而学说则对这种所谓重述大为欢迎，讨论的焦点都集中在适用范围的问题上。该规定超越了德国民法典所采的“债务履行”这一表现形式，而以“权利使用及义务履行”开始，这与瑞士民法典具有同样的立场。因此，这首先使得同条第 1 项的“公共福祉”规定的定位和第 2 项“权利滥用”规定的分栖共存成为了问题。[②] 而在这里，牧野博士

---

① 末川博：《法国法中的权利滥用理论》，《法学志林》第 31 卷第 1—2 号，1929 年。

② 谷口知平：《权利滥用与诚实信用原则》，《法学研讨会》第 1 号，1956 年，第 14 页；广中俊雄：《诚实信用原则的适用范围》，《学说展望(续)》(别册《法学家》第 4 号)1965 年，第 56 页；池田恒男：《日本民法的发展①：民法修改 · 前三编——战后修改民法时插入“私权”规定之意义》，《民法典的百年》(Ⅰ)，有斐阁，1998 年，第 41 页。

的此篇论文所作出的贡献并没有得到认可。

（2）最后，如果要讲该文在学说史上的意义，即为以下两点：

第一点是对全部法律有丰富见识的作者将判例与学说所逐渐确立的“诚信原则”作为题目论述。论文中的“诚信原则”即使只是自由法理论或法社会化等作者信条的标语，也不能否认它为该基本原理的确立所作出的贡献。

64 第二点是作为法学研究者的应有姿态。在该文发表的同一时期，牧野博士也发表了《科学的自由探求与进化的解释》[①]。在这一论文中，作者论述到：“由于我国民法是在我国自由主义背景下制定的关系，值得尊敬的起草者们将自然法当作‘谬论’与之远离，将科学性自由探求的思考方法当作‘渺茫之物’加以排斥。”（原书第96页）针对这种倾向，作者对“超越法律原理”的诚信原则、“使道德贯通于法律的运河”之诚信原则，以及具体表现“事物妥当性”的诚信原则，均从作为自己信条的自由法理论或法律社会化这种基本理念出发进行了论述。

作者的这种姿态可能是当时的法学研究者通常的姿态。然而，从当今的法学研究者虽然的确可以进行精细的解释论但最终还是不能超越综合判例研究领域的倾向来看，作者的这种姿态有值得重新学习之处。

■ 作者介绍

牧野英一

主要著作：除该文及本文中所列举的论文外，还著有『刑法研究全20卷』（1918—1967年·有斐閣）、『刑法総論（全訂版）上下』（1958—

① 牧野英一：《科学的自由探求与进化的解释》，《法律协会杂志》第54卷第4—8、10—12号，1936年。

1959 年·有斐閣)等。

简　　历：1878 年(明治十一年)—1970 年(昭和四十五年)，毕业于东京帝国大学法国法专业，历任判事、检事、东京帝国大学教授、贵族院议员等职，1950 年(昭和二十五年)获文化勋章[其著作、履历请详见牧野先生還暦祝賀『法律における思想と論理』(1938 年·有斐閣)]。

65

1-04 末川博

《权利滥用研究》

(岩波书店,1949年)*

评议人 坂本武宪(专修大学)

该书是全面介绍作为西欧诸国对个人本位权利理论的反省而出现的权力滥用法理,并构筑了该法理在我国奠基的研究书籍。

1. 该书出版前关于本课题之学界状况

(1) 在近代市民社会的形成时期,为了鼓励自由经济活动,无论哪个国家都采用意味着自由放任的自由主义,因此在法学领域将个人权利(尤其是所有权)行使的绝对性——行使自己的权利对任何人都不构成侵权行为——作为原则一直以来均被承认,而权利滥用的法理正是出现在此时。该理论正视自由主义原则之后所产生的弊害,明确权利的行使也有社会观念上所允许的界限,而越界就有可能构成违法行为。该书可以说是主张我国也应该确立在西欧诸国所发展起来的该法理而发表的一系列论文的集大成之作,是该领域的代表著作。

(2) 当然,有关西欧诸国在该问题上的动向已经在明治时期的民法注释书中略有提及,而在作者的相关论文(从1919年开始依次发表)之前也多少出现过主张该法理在我国应被确立的学说,其中正式性讨论该问题的论文之一是以水泥公司对附近居民

* 原文文献为:末川博『権利濫用の研究』(1949年・岩波書店)。——译者

所造成的灰尘危害问题为契机所写成的论文[①]。论文主要参考法国的判例，主张权利行使只能在适当的范围之内，若超过范围的场合（换言之，应被认为是违反善良风俗的场合）即转为侵权行为。因此，在之后出现的该书其所收集的论文，起到了通过一般的研究更加详细地补充上述先驱性的研究成果，来使权利滥用法理在实务界以及学界得以确立的作用。

2. 该书的内容及其在学界之意义 66

（1）该书明确指出，权利行使的绝对性原则是建立于拟制个人为独立而且自律的个体之个人主义与自由主义的错误理论基础之上的，依据个人不能独立于社会存在这一经验性、历史性的认识，来论证权利也有社会性的制约。

而作者在 1947 年新设《民法》第 1 条之前的论文中，作为上述讨论的素材，选用了有关权利滥用的西欧诸国之学说、立法动向以及我国的判例。在对前者的考察中，作者论述说，首先西方诸国讨论研究认定权利滥用时是否有必要评价权利行使为有加害之目的的行为（Schikane）；其次指出尤其是在德国普通法时期，在与罗马法法源的关系上，这个问题一直是主要论点；再者，作者以此论点为基轴，先是全面概观了法国学说的发展，明确指出了关于权利滥用标准的有力学说，从刚开始以有加害之目的的行为为标准的学说逐渐变为主张以权利是否违反社会目的或功能性目的而行使为标准来判断的学说。接着，作者考察了德国和瑞士民法典中收录有关权利滥用规定的经过，其中在德国有为此作出

---

① 鸠山秀夫：《基于工业公司营业行为的损害赔偿请求权与不作为请求权》，《债权法上的诚实信用原则》，有斐阁，1955 年。

贡献的法学家祁克(Gierke)*,他主张权利本身有内在的限制是德国固有的法律思想;而在瑞士,起草法案的胡贝尔(Huber)说明了所有权并不是立足于法律秩序之上而是存在于之内的东西,所以违反法律秩序的利益之权利是不存在的。

另一方面,对于我国相关的判例值得注意的是,作者将所列举的关系到从主观标识(有加害之目的的行为)到客观标识(对立的利益之比较)的诸多情形的"宇奈月温泉事件"之大审院判决[①],理解为权利滥用认定中的发展这一点。最后,如何将 1947 年新设之第 1 条的解释作为本书到达点的话,则可以认为规定禁止权利滥用的第 3 项明确了私权服从公共福祉之第 1 项与私权行使受诚信原则制约之第 2 项的另一面。如此解释,方可完美地阐释这三项之间的关系。

其后,作者说明了这些规定的妥当性,论述到,权利组成法律
67 秩序的一部分是使法律上享受广义上的利益成为可能(予以法律正当性)的手段,所以它必然带有全体法律秩序的特征,且有关的全体秩序是为了维持并增进在共同生活中的公共福祉(公共的幸福利益),并由此得出结论,即为秩序之一部分的权利中有服从公共福祉的本质特征及要求。

(2) 其次,笔者想指出以下两点。尽管这两点在该书中并未被正式论述,但预示了之后的学说马上会遇到的问题。

第一,针对法国民法学家普拉尼奥尔(Planiol)所主张的,权利从滥用开始之时便丧失了权利本身,所以不存在权利滥用的行使之学说,作者主张,这虽然是暂时的真理,但应区分权利

---

* 祁克(Otto von Gierke,1841—1921):德国著名法学家。——译者

① 大审院昭和十年(1935 年)10 月 5 日判决,《大审院民事判例集》第 14 卷第 2 号,第 1965 页。

的存在和行使，有权利本身被认为是合法而其现实化的行使却违法的场合，因此不能说权利从滥用开始之时便丧失了权利本身。

与此相关，还有一点应该指出，即在因利用他人所有土地的地上权经营游乐园的公司超过该地上权的范围建设机动车道路，故土地所有者根据《民法》第271条的主旨作出地上权消灭的意思表示，并请求撤除道路和损害赔偿一案中，判决认为除了此种撤除需要过多的费用和劳力，或者给一般公众的交通带来很大障碍的特殊情况之外，不能认可该行为——支持损害赔偿请求。[①]有关该案，作者从禁止权利滥用的法之根本理念出发，理所当然地给予了评价，并且添加了以下评注。即从机动车道的设置无限制地侵害土地所有者的所有权这一点，也就是所谓个人的立场来看，是违法的；而从其保留，即社会经济或公益的立场来看，却又不能不认可这一点是合法的。在这里，可以考虑到合法状态下侵权行为的成立。

这些都成为在之后因频繁发生的生活干扰或大规模工程所引起的损害发生之前必须考虑的课题。

3. 其后学界之发展

（1）以该书为契机，之后看到了很多值得关注的学说。在这里，主要所做的工作就是着眼于以过去判例中权力滥用法理所发
挥的作用，来确定作为一般规定的第1条第3项真正适当的适用 68
范围。其主要成果可以概括为以下命题。

① 东京上诉院昭和十五年（1940年）7月10日判决，《法律新报》第589号，第21页。

①到现在为止，在权利行使的名义下对他人造成损害或生活妨碍的行为都被当作权利滥用的问题来处理，但是这些本来都是确定权利范围的问题，所以应该可以认为虽然姑且是权利的行使但并非滥用，而是进行这种行为的权利并不存在。②为了满足与法律制定时立法者所预料的不同的社会要求，权利滥用理论可以作为解释手段来利用，这样比起法律条文所显示的内容会更加限制权利范围（例如，租赁权的无故转让或无故转贷的问题），若在有关领域内这种限定被确定，那么就已经不是权利滥用的问题了。③在另一个判例中有认定完全无权限之人滥用正当权利的行使这种类型（例如，对私有铁路公司在自己的土地上随意铺设线路之排除障碍请求），但是这种类型也可以说是发挥了一种轻视合法性、正当性而偏重既成事实的强制调停功能，所以是滥用权利滥用理论的危险性很高的类型，故不应该轻易以公共福祉等为借口来适用，而应该只适用于为了不得不在当事人之间作平衡的场合。[①]

当然，这样的学术发展其结果首先是对前述普拉尼奥尔之见解是否妥当的重新评价。还有，在大审院诉讼案件中，虽然有事实证明铁路公司无视开工之初所取得的权利主张而在他人的土地上完成了线路铺设工程，但判决认定被侵犯权利的土地所有者之妨害排除请求已经不能实现，因此不允许权利滥用。[②] 以此判决为契机，随后越来越多的学说开始批判前述“因合法行为所引

---

① 代表论文有铃木禄弥：《财产法中的“权利滥用”理论之功能》，《法律时报》第30卷第10号，1958年。

② 大审院昭和十三年（1937年）10月26日判决，《大审院民事判例集》第17卷，2057页。

起的侵权行为”——此为末弘严太郎直接使用的语句[①]——之理论，即其前提是即使是对他人必然产生侵害的权利行使，有时从社会经济利益出发这种行为也不得不被允许的想法已经不应该存在了。

(2) 该书和之后的学说相比，在私权被制约的根据方面有微妙的想法上的差异。如果用一句话说便是，该书着眼于社会目的之公共福祉来作为制约个人权利的根据，而之后的学说则最终是 69
从他人权利和法益这方面来寻求这种制约的根据的。

这种差异与是否应该在通过法律来规制时区别个人目的和社会目的而将其利害关系的调整(序列化)作为法学中不可回避的课题有所关联。的确，如果仅仅只把权利作为个人可以自由享受某种利益的手段来考虑，而社会目的是与其对立的社会公共的幸福利益的话，那么法就应该为了这一目的而将私权限制在某个程度。然而，法本来的最高目的是实现个人或社会的实质利益与幸福吗？倒不如说，法是通过对我们外界行为自由的共同调和来得以实现的规则之总和，个人和社会都应该将这种自由作为最高的目的。这样考虑的话，我们首先负有进行所有人的自由可以共同实现的行为这一绝对义务，而权利是在如今的情况下实现某种自由所必须的，是以实现自由为目的而被赋予的权能，所以侵害他人自由的行为绝对不是权利的行使。

在目睹公害严重的现代，今后法律学紧要的使命应该是追问最终结果是否是这种现象无视了上述法的最高目的。换句话说，是否把自己和他人的实质幸福优先于法的最高目的，并从那里开始重新考虑权利所应有的实践性的意义。

---

① 末弘严太郎:《民法杂记账》，日本评论社，1940 年，附录。

■ 作者介绍

末川博

主要著作：除该书外，还著有『民法総則・物権法』(1956 年・有斐閣)、『占有と所有』(1962 年・法律文化社)、『末川博法律論文集 Ⅰ—Ⅳ』(1970 年・岩波書店)等。

简　　历：1892 年(明治二十五年)—1977 年(昭和五十二年)，毕业于东京帝国大学法科大学，历任京都帝国大学教授、立命馆大学校长[其著作、履历请详见末川先生古稀記念『権利の濫用 上』(1962 年・有斐閣)]。

70

1-05　明石三郎
《自力救济研究》

（有斐阁，1961 年，1978 年增补版）*

评议人　齐藤和夫（庆应义塾大学）

该书是我国第一次真正意义上的从比较法的角度对于自力救济进行探讨的研究。通过该书，我国也得以确立自力救济的理论基础。

1. 该书出版前关于本课题之学界状况

(1)“自力救济”(Selbsthilfe)广义上是指正当防卫、紧急避难，以及狭义的自力救济三者。在这三者中，前两者属于为维持现状的自力防卫权，而第三者狭义的自力救济是为了保全应该获得的权利或者请求权而进行的（原书第 3 页）。该书是以这种狭义的自力救济为题目的。

其意义是，在义务人任意不履行其义务时，权利人利用其私人的“实力”[①]实现权利内容。也表现为自救行为或自助行为、私力救济（⇔公力救济），还有在非典型担保权中，表现为私实行（⇔公实行）或私扣押[⇔（公）扣押]。

(2) 作为近代法的原则，“禁止自力救济”(Verbote der Selbsthilfe)的命题被确定下来。即在达到法制完备、国家权力确立的近代国家，关于强制义务人来实现权利人的权利是国家垄断

---

* 原文文献为：明石三郎『自力救済の研究』(1961 年・増補版 1978 年・有斐閣)。——译者

① 川岛武宜：《民法总则》，有斐阁，1965 年，第 56 页中使用的是“强力”一词。

的部分。另一方面，虽然是权利人但不能自己通过实力强制义务人履行义务之命题也被确立了下来。在这样的“禁止自力救济”的命题下，为了实现权利，必须有国家权力的救助，而该救助的方法会提供给权利人。例如，通过法院判决、以此为执行名义通过执行法院执行等国家权力的救助，权利人得以实现权利，强制义务人履行义务。这样，在法制（特别是司法制度）完备的近代国家，这一命题是必须的前提，也是其基础之一，由此维持平稳的社会秩序。而自力救济为侵权行为，会产生损害赔偿责任或恢复原
71 状义务，或者构成刑法上的犯罪。还有，这一命题有一定的例外。在德国民法中，对允许自力救济的场合及其措施有详细的规定。

（3）但是另一方面，在我国，有关一般的自力救济既没有许可规定，也没有禁止或否定的规定。像德国民法或瑞士债务法中的许可规定、奥地利民法或意大利刑法中的禁止规定那样的明文规定，在我国并不存在，问题的处理全部都交给了判例和学说（原书第 241—242、249 页）。而且，在该书出现之前，判例的态度并不确定，缺乏首尾一致性（原书第 242 页以下、314 页以下），学说也只是附随地、片段地论及该问题（原书第 48 页以下），并没有就自力救济（其本质、理论、历史等）从正面进行真正的研究。自力救济论的确是我国尚未开拓的领域。

2. 该书的内容及其在学界之意义

该书的题目是非常跨学科的，具有很大的扩展空间。这是跨法哲学、民法学、刑事法学的庞大题目。而且，该书的题目与商法上的自助出售权（Selbsthilfe verkauf）也有关联。作为该书的意义，笔者想指出以下三点：

第一，该书通过对德、法、英三国比较法历史沿革的研究，分

别认真地探索了“自力救济的普遍性”(原书第 4 页以下)和“从私力救济到公力救济”[科勒(Kohler)的“从自助到诉讼的重大文化进展”]的趋势(原书第 290 页)。

第二,该书的视野也不局限于民法学之前的学说,而是拓展到刑事法学,简洁地进行了整理、分析、定位(特别是在对民法学说的分析中,将自力救济严格区别为一般的自力救济和基于占有权的自力救济,见原书第 263 页),然后通过判例综合研究,总括性地把握、分析了自力救济的相关事例(原书增补版,第 314 页)。

第三,在从私力救济到公力救济的潮流中,该书在自力救济的原则性禁止的命题下,逻辑性地明确阐明了其例外之许可论的理论(其要件、效果论),坚定地提出了自力救济的基础理论(原书第 281 页)。

以上,通过该研究,在我国确立了对于自力救济的基本关联规定的立法化所必不可少的基础。

3. 其后学界之发展 72

通过该书展开真正意义的自力救济论之后,该理论便呈现出很大的、多方面或多种多样的扩展。

(1) 第一是自力救济论在“担保权的实行”论之场合的新发展。引领让渡担保论的米仓理论认为,在我国太过于强调“禁止自力救济”,应该允许让渡担保权人作为其担保权实行搬走或收回担保目的物(如机器等动产)之行为。①

还有,在同样的方向上,坚定地确立了破产处理法体系之基础的谷口安平教授,其基于抵押权等担保权的实行原则上应通过

① 米仓明:《民法讲义(总则)》(1),有斐阁,1984 年,第 37 页以下。

自力救济这一大胆构思，尝试“在诉讼与执行、自力救济的图式中，从程序法的观点来定位现行法下的担保权实行制度之特殊的理想状态”这一崭新的方法，很有启发性。①

再者，作为明石研究之后的自力救济论的特征之一，包括米仓的论文在内，都是一边援用美国法，一边以自力救济的许可扩大论为目标在进行研究。②

另外，还有阐明德国法上的“流质契约的禁止”规定（德国《民法》第 1149 条）的法理构造（以禁止自力救济为背景的执行程序法定主义）、批判我国的通说、表明私力执行和公力执行在法体系中的定位等一系列笔者的拙稿。③

（2）第二是向“占有诉权”论发展的自力救济论的新进展。作为新诉讼物理论之领头人的三ケ月章（Mikazuki Akira）教授的理论，即通过占有诉权和本权之诉之间的相互关系，验证了自己新理论的妥当性。④ 还有，铃木禄弥的论文明确指出，占有诉权制度
73 的独立的、社会性的存在意义几乎是没有的。⑤

在这种占有诉权论的潮流中，石井紫郎的论文论证说，现行

① 谷口安平：《担保权的行使与自力救济》，《金融担保法讲座Ⅲ（非典型担保）》，筑摩书房，1986 年，第 215 页以下。

② 例如，田中英夫、竹内昭夫：《私人在法实现中的作用——以日美比较为中心》（3），《法学协会杂志》第 89 卷第 8 号，1973 年，第 915 页以下；后收录于《私人在法实现中的作用》，东京大学出版会，1987 年，第 5 章。

③ 齐藤和夫：《暂时登记担保权之再评价》，《法学家》第 1076 号，1995 年，第 22 页以下；氏著：《暂时登记担保权的基本构造》，《民事研修》第 463 号，1995 年，第 11 页以下等。

④ 三ケ月章：《占有诉讼的现代意义——对〈民法〉第 202 条第 1 项之比较法的、系谱的考察》，《法学协会杂志》第 79 卷第 2 号；后收录于《民事诉讼法研究》（第Ⅲ卷），有斐阁，1966 年。

⑤ 铃木禄弥：《普通物权请求权制度以外存在占有诉权制度的意义》，几代通、铃木禄弥、广中俊雄编：《民法的基础知识》（1），有斐阁，1964 年，第 79 页。

民法的起草者穗积以禁止自力救济为基础，把占有保护理解为与本权并列的"一种很大的权利"，把占有保护作为自力救济禁止的杠杆。[①]

(3) 第三，作为今后的课题和展望，必须探索从自力救济论向法理学(法哲学)上的"法与强制"论方面的发展。自力救济论，与国家和个人之间的关系(国家权力和个人权利的关系)、与法的实现中的国家和个人的作用如何(如何分配)等基本观念密切相关。而在法理学上，有关法的强制与国家权力的相互关系这一点，问题在于如何定位法的强制性要素。[②] 因此，法理学上的"法和国家权力(强制)"论，一边聚焦于与国家权力(强制)相对立的、作为对应面之对策的个人(私人)，一边也需要私人的"自由救济"论(不仅是私人间的合意，还包含社会合意、社会许可性的"合意"论)的方法。

另外，抵押权等的担保权实行程序，在我国被称为"任意拍卖"，但在母法德国法的历史发展中却被称为是"强制拍卖"，且是"强制拍卖"的基本母体，而且，随着公法的强制执行理论的发展和确立，折价的基础不在私人担保而在国家任务中探求基本观得以确立。这些都是一系列拙稿中所指出的。[③]

私人的自力救济被迫后退，换之国家权力的强制契机全面登

① 石井紫郎：《占有诉权与自力救济——从法制史研究看日本民法典编纂史的一个片段》，《法学协会杂志》第 113 卷第 4 号，1996 年，第 1 页以下(第 24—25 页)。

② 日本法哲学会编：《法哲学年报(1982 年)：法与强制》，有斐阁，1983 年；田中成明：《法的空间：强制与合意之夹缝》，东京大学出版会，1993 年，第 4 章"关于法强制的特质与位置"。

③ 齐藤和夫：《德国的强制抵押权制度》，《民事研修》第 321 号，1983 年，第 10 页以下；氏著：《担保权实行拍卖的新"统和"》，《卢克(Luke)教授纪念：民事程序法的改革》，信山社，1995 年，288 页以下；氏著：《我国法典编纂过程中的"德国强制抵押权制度"》，《民事研修》第 474 号，1996 年，第 12 页以下等。

场。这一点就抵押权实行来看的话，无非是折价的基础从私人担
74 保权变为国家任务，并作为“强制拍卖”而得以确立。因此，抵押
权实行程序在“法、国家和个人”中，更进一步在“法的本质(效力
和实现)、国家的法制、私人的合意”的三合一中定位，其问题性超
越了实体法或程序法的领域，进而超越了它们交错的领域，很有
必要作为法理学(法哲学)上的根本问题之一来进行广泛地讨论。

■ 作者介绍

明石三郎

主要著作：除该书外，还著有『民法要説』(1957 年・法律文化社)、『債権法概要』(1956 年・三和書房)、『不動産仲介契約の研究』(1977 年・有斐閣)、『債権法要論(改訂版)』(1978 年・有斐閣)等。

简　　历：1915 年(大正四年)生，毕业于东北帝国大学法文学部法科，历任台北帝国大学讲师、关西大学教授、关西大学校长、宫崎产业经营大学教授(其著作、履历请详见関西大学法学論集 26 卷 4＝5＝6 号)。

1-06　五十岚清 75

《人格权论》

（一粒社，1989 年）*

评议人　和田真一（立命馆大学）

该书是就有关侵害人格权的民事法救济的要件论、效果论，指出之前的实务和学说之到达点的体系性研究著作。

1. 该书出版前有关本课题之学界状况

民法典从立法之初就考虑到名誉保护的必要性，特别规定了恢复原状（第 723 条）。然而，虽然二战前已有宗宫信次的《名誉权论》[①]等著作，但是在民法理论整个的发展中，人格权保护并未受到很大的关注。二战战败后，新闻媒体的活动变得自由活跃，但另一方面，在名誉、隐私、肖像、姓名等领域，人格权保护的问题不断涌现，对此学界的讨论也很活跃。民法中没有预想到的如人格权在怎样的情况下需要保护、作为保护手段仅存的金钱赔偿制度以及第 723 条的恢复原状制度是否恰当及充分，这些都在实际的诉讼中多次成为问题。但是在此期间，没有有关人格权的立法，而是出现了关于代替执行道歉广告是否违反《宪法》第 19 条的最高裁判所大法庭判决[②]、

---

* 原文文献为：五十嵐清『人格権論』(1989 年・一粒社)。——译者

① 宗宫信次：《名誉权论》，有斐阁，1939 年。

② 最高裁判所大法庭昭和三十一年(1956 年)7 月 4 日判决，《最高裁判所民事判例集》第 10 卷第 7 号，第 785 页。

有关侵害隐私权的“宴会之后事件”[*]的判决[①]、肯定了基于人格权产生的预防性请求停止权的“北方杂志事件”[**]的判决[②]，以及有关反对论文刊载的“产经新闻事件”[***]的判决[③]，等等，通过这一次次判决实务，学说上形成了相关的法学理论。

在这样的法创造领域中，在每次迅速应对社会要求的同时，对很难预料的整体情况进行逻辑性地体系化是重要的工作。比较法学会已经在1962年提出了这个题目(参见原书第二章“人格权的比较法研究”)。三岛宗彦的《人格权的保护》[④]、齐藤博的《人格权法研究》[⑤]都是通过比较法探索法律制度整体情况的著作。在积累了很多判例之后，还有藤冈康宏的《名誉与隐私侵害》[⑥]、齐
76 藤博的《人格价值的保护与民法》[⑦]等尝试体系化的研究。该书继这些著作之后刊行，而且将“北方杂志事件”判决所达到的大目标收进该书，这一点很有意义。

---

* 该事件中，日本作家三岛由纪夫以实际人物有田八郎为原型创作了小说《宴会之后》，有田八郎以侵害其隐私权为由起诉三岛由纪夫和出版社，要求对方道歉和给予其损害赔偿。——译者

① 东京地方裁判所昭和三十九年(1964年)9月29日判决，《下级裁判所民事判例集》第15卷第9号，第2317页。

** 该事件中，日本公职选举候选人以出版社的出版物毁损其名誉为由向裁判所请求停止出版，出版社则以该事前停止出版的行为是基于国家权力的审查而违反言论自由为由，起诉了政府和该候选人。——译者

② 最高裁判所大法庭昭和六十一年(1986年)6月11日判决，《最高裁判所民事判例集》第40卷第4号，第872页。

*** 该事件中，日本共产党就《产经新闻》中所刊登的自由民主党对日本共产党的意见广告要求行使知情权而起诉了产经新闻社。——译者

③ 最高裁判所大法庭昭和六十二年(1987年)4月24日判决，《最高裁判所民事判例集》第41卷第3号，第490页。

④ 三岛宗彦:《人格权的保护》，有斐阁，1965年。

⑤ 齐藤博:《人格权法研究》，一粒社，1979年。

⑥ 藤冈康宏:《名誉与隐私侵害》，《民法讲座》(6)，有斐阁，1985年。

⑦ 齐藤博:《人格价值的保护与民法》，一粒社，1986年。

2. 该书的内容及其在学界之意义

该书由九章构成，从"3. 表现的自由和人格权"到"4. 死者的人格权"、"5. 人格权侵害和禁止请求权"、"6. 真实的自由和隐私权的保护"、"7. 判例研究"，都是受到判决触动而写成的研究论文或评注。另外，在新写的作品中大约有三分之一的篇幅是"1. 人格权法概说"，结合人格权所包括的各种各样的法益或侵害行为的类型，对其具体的要件和效果，一边以判例的形式论述，一边随处夹杂其独到的见解。在没有明文规定的地方，像这样明确关于人格权的现行法整体状况之意义非常重大。

该书的特点是收集了各种各样的论点，所以在这里，笔者想挑选几个论点借以描述该书的特征。

第一是对从怎样的视角来将人格权法体系化这一问题的启示。在该书中，作为人格权的诸多类型，列举了名誉权、姓名权、肖像权、隐私权和其他人格权。正如该书的题目所示，所有的人格性法益都被赋予了权利的称呼，构筑了人格权的权利体系。这与一般的人格权下包含个别人格权的德国法的想法很相近。像德国法的一般人格权一样，人格权被赋予了按照今后的需要可以包含新权利的一般规定的性质。但也并不是只基于德国法构想体系。从隐私的法概念、现实的恶意之法理、公平评论的法理等应该被看作从美国法植入的理论等中可以看出，这是各种比较法研究的成果。还有，所谓人格权体系，其所包含的各个权利也并非都有统一的要件论、效果论。但是，在人格权的权利中，作为救济手段，至少需要损害赔偿请求、恢复原状请求、禁止请求、反论请求等权利；而作为要件，停止侵害请求中需要有违法性，损害赔偿请求中还要加上故意过失，这些都大致做了整理。

第二是侵害行为及其表现自由或报道自由等的调整方法。
77 重视这些自由的立场主张，原则上不承认侵害人格权的行为有违法性，不应该承认严重制约禁止等行为的效果等。该书针对这种观点高度认可人格权的权利性，并将其反映在违法行为的判断中。也就是说，该书的构成是，侵害人格权的行为原则上是违法的，而且在阻却违法性事由的判断中，按照新闻（其中区别犯罪报道和其他）、周刊杂志、其他杂志、广播或电视等进行侵害行为的不同媒体，通过其相应行为的“公益目的性、发表事实的公益关联性、相信其为事实的适当性基准”或“公平评论法理”等来得出公平的结论。

与对权利性的高度评价相互对应，该书对救济手段的扩充也很积极。首先，引用最高裁判所大法庭对于“北方杂志事件”所进行判决的大桥进法官的补充意见，和很多学说所指出的一样，对精神损害赔偿额过少提出了疑问，对该判决之后审判实务中精神损害赔偿金的增加倾向予以肯定。过去的学说中也有见解是以由高额的、制裁性的精神损害赔偿金所产生的对违法行为的一般抑制力为前提，认为不认可对表现自由限制很大的禁止请求等是妥当的。[①] 至于在名誉毁损领域，基于侵权行为的精神损害赔偿金不仅有填补功能，还在多大程度发挥了精神满足和制裁的功能，本书并没有直接论及。但从结论上来讲，该书不是在精神损害赔偿金的高额化和停止侵害两者中进行选择，而是追求这两者妥当地运用。其次，关于恢复原状，其作用是去除对社会性的、客观的名誉毁损状态（此亦是名誉毁损要件），因此应该排斥主张在仅侵害了名誉权时或侵害隐私权时逻辑上不承认撤销或道歉之

① 三岛宗彦:《人格权的保护》，有斐阁，1965 年，第 285 页以下。

观点。这是以撤销或道歉所发挥的功能也根据案件有所不同作为前提所得出的结论。还有，有关反驳性论文刊登请求或禁止请求等不应一概否定，而是应该通过慎重的运用来妥当解决，这一态度贯穿始终。

像人格权保护这样变化不定的法创造领域，如果套上僵硬的框架并不好，正如该书所示的，将来也最好构建有发展余地的体系。

3. 该书之后学界之发展

在个别领域，该书出版后的十多年来，尽管各种各样的课题被提出，但讨论的成果却在等待中。在之前的媒体所引发的名 78
誉毁损中，例如有关"洛杉矶嫌疑事件"*，若干个最高裁判所的判决填补了判例法中的空白部分；[①]而作为新的救济手段的要求，还出现了请求在收藏该书的图书馆等贴上浮签的事件等。[②]另一方面，电脑的广泛普及又提出了新问题，例如网络上的名誉毁损或侵害个人信息的成立要件、电脑系统中的有效救济手段等。

再者，有关人格权的理论体系化在学界出现了新的方向。以前在我国，人格权成为问题的场合，除了该书所论及的名誉或隐私等以外，还有针对生活妨害或公害的救济场合。两者相对经过了各自的发展过程，但在近期有学者讨论是否应该统一把

* 该事件是指在美国洛杉矶发生的一起枪杀案中，一名日本男子作为犯罪嫌疑人而被日本媒体大肆报道，后被证明其无罪。——译者

① 可详见五十岚清的相关文章，《私法判例评论》，1998 年(下)，第 62 页。

② 五十岚清：《人格权侵害和停止请求权》，《判例评论》第 273 号，1970 年，第 192 页。

握两者。[①] 这番讨论对人格权体系的扩大具有重要意义。而不管怎样，"人格权"这一权利概念无论在实务还是学说上都越来越成为不可动摇的概念。

■ 作者介绍

五十岚清

主要著作：除该书外，还著有『比較法入門』(1959年・日本評論社)、『名誉とプライバシー』(1968年・有斐閣)、『契約と事情変更』(1969年・有斐閣)、『比較民法学の諸問題』(1977年・一粒社)、『比較法学の歴史と理論』(1977年・一粒社)、『法学入門』(1979年・一粒社)、『民法と比較法』(1984年・一粒社)、『私法入門』(1991年・有斐閣)等。

简　　历：1925年(大正十四年)生，毕业于东京大学法学部，历任北海道大学、札幌大学教授[其著作、履历请详见北大法学論集39卷5＝6号下卷、札幌法学7卷2号、山畠正男＝五十嵐清＝藪重夫先生古稀記念『民法学と比較法学の諸相Ⅰ』(1996年・信山社)]。

① 大冢直：《基于人格权的停止侵害请求》，《民商法杂志》第116卷，1997年，第501页以下；藤冈康宏：《人格权》，《新现代损害赔偿法讲座》(2)，日本评论社，1998年，第21页以下。

1-07　加藤一郎 79

《同时死亡的推定》

（收录于《民法中的理论与利益衡量》，有斐阁，1974 年；初次发表于《法学协会杂志》第 75 卷第 4 号，1958 年）*

评议人　水野纪子（东北大学）

该文作为利益衡量论的实际作品，是清晰地论证了同时死亡推定的必要并将其导向立法的论文。

1. 该文发表前关于本课题之学界状况

在 1962 年民法修订有关同时死亡的推定之前，在共同危难中因死亡人的死亡顺序不同而成为继承人者有所不同的情况下，因为无法证明死亡顺序，所以就导致先占据遗产的人继承这种先到先得的结果。而在外国有各种各样的死亡推定规定，这些立法例也被介绍过，但在没有立法的我国，解释论上，虽然先到先得的结果会有问题，但也只能是绝对的通说。只有柚木馨的《判例民法总论》（上）[①]主张，虽没有明文规定，但可将同时死亡的推定解释为条例，而主张与此不同事实的人负有提出反证的责任，这样最为妥当。

2. 该文的内容及其在学界之意义

该文清晰地整理了有关同时死亡的问题点，从可以想到的所

---

* 原文文献为：加藤一郎「同時死亡の推定」，『民法における論理と利益衡量』（1974 年・有斐閣）所収，初出・法学協会雑誌 75 巻 4 号（1958 年）。——译者

① 柚木馨：《判例民法总论》（上），有斐阁，1951 年，第 201 页。

有角度出发，探讨了其现实利益和弊害的可能性，并且提出了明确的建议。

首先，该文将同时死亡推定成为必要的场面，通过假想例和对实务上处理的调查，搜集了具体的例子，论证了该问题并不是桌面上的问题，而是实际中产生的困难问题。其次，在那些具体的例子中，作者指出，例如保险金受益人的地位等问题，如果按照通过证明责任证明先到先得解决即通说的主张来看，不仅是有从前就被指出的实际上的不妥当性，而且会产生一开始就不得不放弃通过法律解决的局面。以前的通说主要是以物权为对象考虑的，所以没有认识到除了结论的不妥当外还有很多问题。

继承份额的确定这一问题的性质，从法律解决方面来看，与确定分界之诉或确定父亲之诉，也就是与形式上的形成之诉类似。但是，与由法官裁量确定的这些诉讼不同，从继承这一事情
80 的性质上来看，这是应该通过某种形式的、客观的标准来统一确定的问题，而通过证明责任论也不能得以解决。

上述论述之后，该书探讨了什么作为具体标准较为合适这一问题。该书在对各国立法例中所看到的具体的存活主义、抽象的存活主义、继承顺位主义、同时死亡主义的比较探讨后，主张在谁先死亡不明的所有场合最先适用认定同时死亡的同时死亡主义。即在没有规定的我国，作为解释论应该采用同时死亡主义。

进而，该书论及了采用同时死亡的场合下会出现的问题。同时死亡的推定有很强的推定力，可摧毁户籍记载死亡时刻的大体证明力。为了推翻同时死亡的推定，必须要有十分明确的反证。同时死亡的推定所涉及的范围不限于共同遇难的场合，在死亡的先后不明时也一般适用。

该文发表四年后，在 1962 年的民法修订中，同时死亡的推定

得以立法化，而立法之际的讨论基本上是根据该文所进行的。可以说，该文在事实上引导了立法。

3. 其后学界之发展

有关同时死亡的问题，从立法前后开始到现在为止，超过该文所指出的或论证的问题实际上并没有发生，而学说上的指摘也没有。关于这个题目本身，可以说该文具有决定性的意义，再加上通过立法的解决已经完结。

收录于加藤一郎教授代表性的论文集《民法中的理论与利益衡量》中的该文，虽然是比较小的题目，但作为加藤教授的利益衡量论之实际创作，因其经历了典型的理想过程而值得关注。作为民法解释方法论的利益衡量论的有关议论或评论，笔者在这里不加多言，而加藤教授在利益衡量论的主张中所追求的目标，可以在他借“自由法学”介绍的以下态度中看到：“自由法学不相信绝对价值或永远的真理等，而是现实地、相对地处理事情。自由法学承认人性的弱点，期待通过反复试验的过程达到更好的判断。自由法学与概念法学的决定论不同，前者更信赖人的可能性。”（原书第 21 页）这种态度，努力充实了作为带来有利于实际纠纷 81
处理的法律解决的应用科学的民法学，是加藤教授的成果中一贯所展现的。

像这样作为应用科学的民法学最必不可少的是集中了新形态的纠纷的侵权行为法的领域。加藤教授于 1957 年完成了名为“侵权行为”的体系书[①]，真正致力于这个领域的研究。为了顺应时代要求，他一次次正面应对交通事故、公害问题、医疗过失、环

---

① 加藤一郎：《侵权行为》，有斐阁，1957 年。

境问题等新的难题,为寻求解决办法倾注了精力。当然,这些问题很多在现在也都是很难解决的问题,但加藤教授积极主张不仅是解释学还应通过立法来解决,责无旁贷地领导立案。如果说民法学在一定程度上应对了这些现代难题,那么加藤教授肯定是首批功臣中的一员。加藤教授的这份责任感,同其在昭和四十年代就任东京大学校长时勇于在当时的"学潮"中担当重任、化解矛盾的姿态是一样的。

要实践性地应对实际中所产生的新问题,需要对社会现象冷静的观察力和具有平衡感的判断力。该文虽然是小著作,但确实是加藤教授发挥了优秀的观察力和判断力的好论文,它恰如其分地带来了社会所需要的解决办法,是学术之幸。

■ 作者介绍

加藤一郎

主要著作:除收录该文的『民法における論理と利益衡量』一书外,还著有『不法行為』(1957年·有斐閣)、『不法行為法の研究』(1961年·有斐閣)等。

简　　历:1922年(大正十一年)生,毕业于东京帝国大学法学部,历任东京大学教授、东京大学校长、国连大学副校长、成城学园学园长等职[其著作、履历请详见加藤一郎先生古稀記念『現代社会と民法学の動向 上』(1992年·有斐閣)543頁以下]。

1-08　森泉章 82

①《公益法人研究》

（劲草书房，1977 年）

田中实

②《公益法人与公益信托》

（劲草书房，1980 年）*

评议人　阿久泽利明（杏林大学）

书①虽题为"公益法人研究"，但不如说更是以广泛的法人论研究为内容，对我国的法人论产生了影响的著作。

书②分析了公益法人，特别是公益财团法人和公益信托制度，是对我国公益法人活动，特别是公益信托制度的发展作出了贡献的著作。

给笔者的课题是关于森泉、田中两位教授的两个研究成果，明确这以前的学界状况、两书的意义以及今后的展望，但森泉教授的代表研究是关于无权利能力社团的研究，与田中教授的研究有一些不一致的方面，所以只能将两位教授的研究介绍分开叙述。

1. 书①出版前关于"公益法人研究"之学界状况

（1）《公益法人研究》大体由第 1 部法人研究、第 2 部判例研究所构成，其中心是第 1 部。

---

* 原文文献为：森泉章『公益法人の研究』（1977 年・勁草書房）；田中実『公益法人と公益信託』（1980 年・勁草書房）。——译者

第1部涉及：Ⅰ.公益法人制度的问题点和课题，Ⅱ.法人集团的人格权，Ⅲ.法人的侵权行为能力，Ⅳ.理事的代表权和限制，Ⅴ.关于卡彭尼尔(J. Carbonnier)的法人论，Ⅵ.法国《1901年7月1日法》(*Loi du 1er juillet*，1901)，Ⅶ.无权利能力社团、财团，Ⅷ.关于经营财团的法律性质等广范围的题目。该书的内容是法人论的研究，在此不再详细论述这些题目的全部意义，笔者试图把题目集中在森泉教授的代表研究，即对私法学会产生很大影响的无权利能力社团的研究之下，整理其意义。

83 (2) 我国关于无权利能力社团的研究是与1926年新设的非法人社团的当事人能力的规定相互结合开始的。先驱是菅原眷二博士的《无权利能力社团》(1—2)[①]。菅原博士提倡把无权利能力社团作为社团法人和合伙的中间形态来把握，例如其财产所有形态适用合伙的共有，而其对立面的社团成员的责任则适用法人的有限责任原则，等等，根据无权利能力社团的性质来适用社团法人和合伙的规定。但是直至二战前，此方面的发展(末弘严太郎、我妻荣、石田文次郎)则更多地考虑应该将无权利能力社团与合伙分开，撤销法律形式(登记、存款名义)的问题，并应该尽量类推适用社团法人的规定。[②] 这一倾向在二战后的研究中更加强势。

2. 书①的内容及其在学界之意义

(1) 二战后对无权利能力社团的研究，可以说是从森泉教授开始的。他于1953年发表了《无权利能力社团之考察》[③]，随后又

---

① 菅原眷二：《无权利能力社团》(1—2)，《法学论丛》第9卷第1、6号，1923年。

② 我妻荣：《民法总则》，《现代法学全集》，日本评论社，1928年。

③ 森泉章：《无权利能力社团之考察》，《法学》第17卷第4号。

发表了《无权利能力社团的法律关系》[①]、《判例法中的无权利能力社团》[②]等。之后又将上述论文集中起来发表了《无权利能力社团研究》[③]，将之后的成果整理在《无权利能力社团与财团》[④]以及该书(《公益法人研究》)中。

(2) 森泉教授已经将无权利能力社团的本质通过所谓的单一性说进行了分析。即区别无权利能力社团和合伙的标准，要看团体是否脱离其成员的生活活动，是否作为具有团体自身的独立性、自主性的单一整体进行组织，是否具备与之相符的组织、财政基础和运营方法。[⑤] 其学术观点的特点在于认可无权利能力社团的权利主体性这一点。他所依据的理由是认可社团的当事人能力和财产的独立性。

而关于无权利能力社团的标准，森泉教授自身也已经承认决
定有社团性和合伙性之两面性的团体性质的问题是困难的。但 84
是此后，福地教授批判道，社团与合伙只是根据其理念类型进行的暂时性区分，而不应该按照位于连续系列上的团体的内容决定其究竟是社团性的还是合伙性的。[⑥] 另外，星野教授批判道，应该全盘批判以前演绎性要件论的暧昧性，而应从效果论理解无权利能力社团的团体特征。[⑦] 虽然针对这些批判，可以期待从社团的

---

① 森泉章:《无权利能力社团的法律关系》,《静冈法经短大法经论集》第 2 号,1955 年。

② 森泉章:《判例法中的无权利能力社团》,《法学》第 27 卷第 2 号,1963 年。

③ 森泉章:《无权利能力社团研究》,《福岛大学商学论集》第 34 卷第 4 号,1966 年;后收录于《团体法之诸问题》,一粒社,1971 年。

④ 森泉章:《无权利能力社团与财团》,《注释民法》(2),有斐阁,1974 年。

⑤ 森泉章:《团体法之诸问题》,一粒社,第 58 页。

⑥ 福地俊雄:《非法人社团》,《神户法学杂志》16 卷 1、2 号,1966 年;后收录于《法人法理论》,信山社,1998 年。

⑦ 星野英一:《所谓"无权利能力社团"》,《法学协会杂志》第 84 卷第 9 号,1967 年;后收录于《民法论集》(第 1 卷),有斐阁,1970 年。

本质性的要件论方面进行反驳，但森泉教授指出，区别社团与合伙的大体标识是必要的。

3. 书①出版后学界之发展

虽然森泉教授把无权利能力社团标榜为独立的、单一的组织，而内容不同但从这样的方向出发的方法论所导出的以前的本质论，却仍未对福地、星野两位教授的批判作出充分的回答。虽然森泉教授指出，尽管这个问题归属于现实存在的团体之实际状态和法律适用、法律解释的问题，还有待具体阐明，[①]但该问题与无权利能力社团的个别问题(财产所有形态、责任问题等)之探讨并列都是未来所要展开的问题。

4. 书②出版前关于"公益法人与公益信托"之学界状况

围绕该课题的系统性研究著作，除了林寿二的《公益法人研究》[②]，以及主要整理了从1960年到1975年在学术杂志上所登载论文的林寿二的《财团与财团法人研究》[③]及林修三的《公益法人研究入门》[④]等之外，并不太多。两本著作详细论述了公益法人的性质和沿革，外国的公益法人之比较法研究(上述林寿二的著作)，以及日本公益法人的制度宗旨、设立、管理和解散等(上述林修三的著作)。此外，在这些研究中还涉及公益性信托，但公益信托以1922年信托法制定为契机导入后就没有被再利用，所以并未占很大比重。

---

① 森泉章：《无权利能力社团与财团》，《新版注释民法》(2)，有斐阁，1991年，第76页。

② 林寿二：《公益法人研究》，湘南堂书店，1972年。

③ 林寿二：《财团与财团法人研究》，湘南堂书店，1983年。

④ 林修三：《公益法人研究入门》，公益法人协会，1976年。

5. 书②的内容及其在学界之意义 85

在该书的内容中，第 1 章是序说，第 2 章是作为起源的“秋田感恩讲”*，之后的章节是分析欧美的财团和公益信托，第 5 章是总括和展望。虽然如上所述，公益信托制度是没有被开拓的领域，但自 1973 年以田中教授为中心的公益信托制度研究会成立时起，便开始了对此方面的积极研究。此后公开出版的该书之意义正在于明确了公益法人的意义，提倡了与其能并用的公益信托制度。

6. 书②出版后学界之发展

田中教授在该书后又出版了《公益信托的现代发展》[①]，并进行了包括其法构成在内的综合性研究；紧接着出现了森泉教授的研究[②]。而实际上，以这些研究为契机，受托数量也在不断增加，并向着实用化的方向发展着。

■ 作者介绍

① 森泉章

主要著作：除上述著作以及本文中所提及的著作外，还著有『民法総則講義』(1971 年・一粒社)、『公益法人の現状と理論』(1982 年・勁草書房)、『法人法入門』(1986 年・有斐閣)、『メイトランド・法人論』(1989 年・日本評論社)、『公益法人判例研究』(1996 年・有斐

---

* “秋田感恩讲”是一个日本民间公益活动。在日本江户时期，以秋田藩御用的商人那波祐生为中心，建立了救济贫民和孤儿的组织，成为今天社区基金会的原型。明治时期以后，“秋田感恩讲”依旧继续开展活动，现今已作为社会福利法人运营儿童保育园。——译者

① 田中实：《公益信托的现代发展》，劲草书房，1985 年。

② 森泉章：《法人法入门》，有斐阁，1986 年。

閣)等。

简　　历:1928 年(昭和三年)生,毕业于东北大学法学部,曾任福岛大学、青山学院大学、骏河台大学教授,现任骏河台大学大学院教授[其著作、履历请详见森泉章先生古稀祝賀『現代判例民法学の理論と展望』(1998 年・法学書院)]。

② **田中实**

主要著作:除上述著作以及本文中所提及的著作外,还著有『親族法論』(1976 年・成文堂)、『民法読本』(1980 年・有信堂)、『民法講義ノート (2)物権』(共著)(1980 年・有斐閣)等。

简　　历:1921 年(大正十年)—1993 年(平成五年),毕业于庆应义塾大学法学部,历任庆应义塾大学、骏河台大学教授等职[其著作、履历请详见法学研究 67 卷 1 号(1994 年)]。

1-09　星野英一　86

《所谓“无权利能力社团”》

[收录于《民法论集》(第 1 卷),有斐阁,1970 年;初次发表于《法学协会杂志》第 84 卷第 9 号,1967 年]*

评议人　后藤元伸(关西大学)

该论文重新探讨了迄今为止以成为定式化的无权利能力社团之法理,对有关无权利能力社团论以及法人之法人格的意义产生了重大影响。

1. 该文发表前关于本课题之学界状况

(1) 此前,有关无权利能力社团的法理继受了德国法学说的不可动摇的通说,在学界已经得以确立,这在柚木馨的《无权利能力社团》[①]以及我妻荣的《新订民法总则》[②]中可以看到典型的描述。我妻通说为最高裁判所判决所沿袭,该判决作为终审判决留传至今。

(2) 以前的通说,以将团体区分为合伙与社团的团体论作为理论基础,其设立的无权利能力社团的一般的法命题如下:无权利能力社团不被赋予法人格,但有社团的实体,所以适用民法中合伙的规定并不妥当,而应该类推适用社团法人的规定(除以法人格为前提的规定之外)。接着,作为无权利能力社团的成立要

---

* 原文文献为:星野英一「いわゆる『権利能力なき社団』について」,《民法論集第 1 卷》(1970 年・有斐閣)所収,初出・法学協会雑誌 84 巻 9 号(1967 年)。——译者

① 柚木馨:《无权利能力社团》,《民法演习》(Ⅰ),有斐阁,1958 年。

② 我妻荣:《新订民法总则》,岩波书店,1965 年,第 132 页以下。

件，确定了具备作为团体的组织、代表的方法、总会的运营、财产的管理和其他作为社团的主要几点。此外，无权利能力社团的资产以及债务属于其成员共有，成员各自不享有对各个财产的份额权，只有社团的总资产为责任财产，各成员对于债务不负个人责任。[①]

(3) 另一方面，有关法人的法人格意义，则藏在法人本质论的影子下并未得到充分讨论。只是“法人是指自然人以外的成为权利主体的存在体”，所以“法人的法人格＝权利能力”这一点得以明示。

87 **2. 该文的内容及其在学界之意义**

(1) 该文所展现的新讨论可以总括为以下两点：第一是对将团体分为合伙与社团的根本性的疑问。第二是如果不以法人格为前提的社团法人的规定类推适用于无权利能力社团的话，那么从一开始就有必要考察法人的法人格之意义。

(2) 首先，有关社团与合伙的区别，无论是社会学上还是法学上，都不能区别社团与合伙。从民法典的规定来看也是如此。例如，社团法人只不过是与财团相区分，而民法的合伙也不是和社团法人相对应而规定的(参见《民法》第 667 条)。因此，以前通说的理论基础并非是确定的，而无权利能力社团的成立要件也很模糊。比起直接看全体情况来确定一般要件，不如从一开始就追溯

---

① 我妻荣：《新订民法总则》，岩波书店，1965 年，第 133—134 页；最高裁判所昭和三十二年(1957 年)11 月 14 日判决，《最高裁判所民事判例集》第 11 卷第 12 号，第 1943 页；最高裁判所昭和三十九年(1964 年)10 月 15 日判决，《最高裁判所民事判例集》第 18 卷第 8 号，第 1671 页；最高裁判所昭和四十八年(1973 年)10 月 9 日判决，《最高裁判所民事判例集》第 27 卷第 9 号，第 1129 页。

到效果来考察其要件。

(3) 其次,有关法人的法人格意义,该文除明确指出权利义务的归属点以外,还指明可以找出其法技术方面的意义。也就是说,法人的权利能力或当事人的能力在法技术上是重要的,但只不过是法人方面的方便与否的问题,更加重要的是,"从成员的个人财产中区分出来,不再是个人对债权人的责任财产,而是要有法人本身对债权人的排他性的责任财产"这一点。对此,该书指出,成员的有限责任虽然不是团体为法人的结果,但确有密切的关联。此外,团体的内部关系与法人的法人格没有联系。

(4) 因此,社团法人规定中有关内部关系的规定可以广泛地类推适用于团体。有关成员的有限责任,是与法人密切关联的规定,应该参考法人中成员的有限责任来考虑予以承认有限责任的团体之要件。这样,要承认成员的有限责任,就有必要断绝债权人对成员执行团体财产,而且资本充实原则(退出时不伴随退还持有份额)的存在,以及成员是否有利益分配请求权也是需要多少考虑的因素。总之,为公益目的的无权利能力社团的成员可以承认其有限责任,而为营利目的的无权利能力社团则不能承认其有限责任。

(5) 该文讨论无权利能力社团论,并作为其前提工作,讨论了
法人的法人格意义。该文的意义有以下几点。即在无权利能力 88
社团论中,合伙与社团的区别并非理所当然,要分开考虑内部关系和对外关系,还有在对外关系中的有限责任问题上区别公益目的和营利目的。法人的法人格,除了法主体性以外,还有法人的法技术性的意思在内,以及与法人之法人格关联的应该考虑的方面(成员的有限责任)。

3. 其后学界之发展

（1）在该文的重大影响下，学说上充分展开对无权利能力社团论和法人的法人格意义的讨论。作为与无权利能力社团论相反的论点，可以在民法的教科书看到很多以以前的通说为基石且接受该文见解的观点。[①] 这些如今都成为有力说。有关法人的法人格意义，主要是在商法学说中发展了该文的见解[②]，公司法的教科书中也可以看到这种成果的记载[③]。

（2）虽然被该文批判，但如今的有力说维持着合伙与社团的对置这一无权利能力社团的法理。尤其在那里看到的不是合伙与社团的严加区别论，而是合伙与社团理念上的对置，并认可中间类型的存在。[④] 有关的有力说，与以前的通说相同，可以说是维持无权利能力社团这一法构成的学说。

（3）然而，有力学说并不像以前的学说一样从无权利能力社团这一点引出所有结论。在此方面是接受了该文的观点，将内部关系和对外关系分开进行如下论述。即有关内部关系，社团法人的规定尽可能地类推适用于无权利能力社团；而有关对外关系中的成员的有限责任，如果无权利能力社团的目的是营利的，并进
89 行利益分配或在退出时退还其所持有的份额，那么就不承认其有限责任。

---

① 几代通：《民法总则》，青山书院，1984 年第 2 版，第 152—154 页。

② 上柳克郎：《法人论研究序说》，《公司法票据法论集》，有斐阁，1980 年；江头宪治郎：《企业的法人人格》，《现代企业法讲座》(2)，东京大学出版会，1985 年。

③ 森本滋：《公司法》，有信堂，1995 年第 2 版，第 11—13 页；北泽正启：《公司法》，青林书院，1998 年第 5 版，第 15—16 页等。

④ 有关合伙与社团理念上的对置，在该文之前，就已经有，我妻荣：《债权各论》(中卷二)，岩波书店，1962 年，第 755—756 页；以及福地俊雄：《合伙与法人》，《契约法大系》，有斐阁，1963 年。

(4) 然后,有关法人的法人格意义,上柳教授的上述论文承接该文论述如下:为了系统性地理解法人制度,对法人的法人格内容,不仅要考虑法人的法人格之特有的属性,还要包括作为法人格属性的可以说明的因素,综合考察属性相互之间的关联是有益的。法人的法人格目的在于将法人财产和成员以及他人的财产分离,而法人的法人格内容,除了权利能力、当事人能力以及执行当事人的能力以外,还要把握法人财产是为了法人债权人的排他性责任财产,维持法人财产充实的法律诸多规制(利益分配或返还持有份额的限制等)的存在及其成员的有限责任。后三者实际上相互有密切的关联。在无权利能力社团的法理中,有必要考虑上述属性中哪个属性会成为问题。

(5) 江头教授的上述论文,关于股份公司等完全法人、无权利能力社团以及民法上的合伙,详细探讨了法人法人格的各个属性。结论是,因为无法找出无权利能力社团的法律上的处理和法人的决定性的差异,所以只为法人时才承认的属性并不存在。

(6) 如上所述,该文大大发展了无权利能力社团论以及法人论。而留下的讨论则是与没有被该文视为问题的法人法定主义之间的关系。从法人实在说的角度来看,被评价为不妥当的法人法定主义,在今天并不能被全面地否定。

(7) 另外,有关本课题,请参见相本宏的《法人论》、阿久泽利明的《无权利能力社团》[①]、山田诚一的《无权利能力社团》[②]。

---

① 相本宏:《法人论》;阿久泽利明:《无权利能力社团》。以上两篇文章均已被收录于《民法讲座》(1),有斐阁,1984 年。

② 山田诚一:《无权利能力社团》,《民法指南》(Ⅰ),有信堂,1987 年。

■ 作者介绍

星野英一

主要著作：除该书外，还著有『借地借家法』(1969年・有斐閣)、『民法論集第1巻—第8巻』(1970—1996年・有斐閣)、『民法概論 Ⅰ—Ⅳ』(1971—1994年・良書普及会)、『民事判例研究第2巻1—3、第3巻1—2』(1971—1990年・有斐閣)、『民法のすすめ』(1998年・岩波新書)等。

简　　历：1926年(大正十五年)生，毕业于东京帝国大学法学部，历任东京大学、千叶大学、放送大学教授[其著作、履历请详见星野英一先生古稀祝賀『日本民法学の形成と課題 下』(1996年・有斐閣)]。

1-10　鸠山秀夫 90

①《法律行为及其时效》

[《注释民法全书》(第 2 卷),岩松堂,1910 年第一册初版,1912 年合订本初版]

平井宜雄

②《法律行为前注》

[《注释民法》(3),有斐阁,1973 年]*

评议人　田中教雄(香川大学)

论文①参考德国民法学探讨了法律行为,奠定了如今法律行为论的基础。

论文②针对很大程度依据的国民法学的我国的法律行为论,指出法律行为概念的特殊性(德国式)的一面,令人反省。

1. 两文发表前关于本课题之学界状况

(1) 民法总则的第 4 章至第 6 章规定了成为权利变动之原因的法律事实,其中第 4 章规定了有关法律事实、法律要件中最为重要的法律行为的通则。但是,如鸠山教授所指出的,民法并没有规定法律行为的定义,也没有列举各个法律行为。因此,要决定第 4 章规定的适用范围,就要确定法律行为的含义。

但是,日本民法典所采用的“法律行为”的概念究竟有没有用呢? 例如法国民法典并没有法律行为的概念,英美法系诸国中也

---

* 原文文献为:鳩山秀夫「法律行為乃至時効」,『注釈民法全書第 2 巻』(第一冊初版 1910 年・合本初版 1912 年・巖松堂);平井宜雄「法律行為前注」,『注釈民法(3)』(1973 年・有斐閣)。——译者

没有将其作为法技术概念来使用。类似这样的情况，如果不能说何时何地都有用，那么就有必要探讨法律行为的概念究竟是担负着怎样的功能而形成的概念，它对我国有何种意义。也就是说，有必要探讨法律行为概念是否对我国有用；如果有用，在哪种意义上是有用的。

（2）日本民法典所采用的“法律行为”概念，是德语的“Rechtsgeschaft”的译文，在第18届法典调查会民法主查会[关
91 于第65条（现行法第66条）的审议]中成为现在的用词。因此，就如鸠山自己所说，日本民法典有关法律行为概念的解释参考德国民法学而进行是必然之事。在民法典的编纂过程中，在与民法典几乎同时推出的由起草委员梅谦次郎撰写的《民法要义》（全5卷）[①]和起草委员助理松波仁一郎等人撰写的《帝国民法正解》[②]中，也有参考了德国民法学的解说。此后，在鸠山之前，川名兼四郎、中岛玉吉、石坂音四郎等人参考了德国民法学当时最新的讨论而展开了议论。如此，当今的法律行为论的基础得以形成。此时，从私法自治的观点出发，表意人的“意思”已受到重视。但是不久，同样是受到德国民法学，特别是丹茨（E. Danz）的影响，我妻荣以“团体主义或社会连带主义的思想”为背景，从重视“表示”的观点进行了修正（这一点，我妻荣自己也评价为是从对民法典形式的逻辑性的阐明到理想的探求之变化）。之后，以星野英一为代表的学者对私法自治原则所要求的法律行为中的意思存在进行批判，主张从私法自治的思想里寻求契约约束力的根据具有局限性，法律行为概念是没有实际益处的过度抽象的概念。这一时

① 梅谦次郎：《民法要义》（全5卷），法政大学，1896—1900年。

② 松波仁一郎、仁保龟松、井田益太郎、长岛鹫太郎：《帝国民法正解》，日本大学，1897年。

期，木下毅也发表论文，主张还是承认现代法中大陆法系的意思理论的局限，验证了朗德（R. Round）所主张的“普通法的根本思想不在于‘意思’（will），而在于‘关系’（relation）”。在这样的潮流中，本文所谈及的平井的作品发表了。

2. 两文的内容及其在学界之意义

（1）鸠山的文章，从题目就可知道，是对法律行为及时效逐条解释的论文，在这里只介绍与法律行为概念相关的地方。鸠山在该文中从私法自治（“在私法上的自治”）的观点出发，重视表意人的效果意思（“行为意思”），由此区别法律行为和准法律行为。还有像表示意思的承认或法律行为和意思表示的区别中所看到的一样，不得不说该文系统性的意识很强。该文参考了德国民法学当时最新的研究，并依据其所展开的日本的讨论进行探讨，正如 92
对其多数的评价一样，可以说承担了以德国民法学为参考的日本民法典体系化工作的一部分任务。而在该文结尾所主张的观点之大多数到如今都变成了通说。这是该书赋予现在的法律行为论基础的来由。附带说一下，该文中有关时效的解说也成为后来通说的基础。

（2）针对参考德国民法学所确立的法律行为论，平井明确指出了法律行为概念特殊性（德国式）的一面。平井认为：“法律行为这一概念，是非常一般化和抽象化的概念。也就是说，包含全部契约（不用说像买卖、租赁一样的个别的契约类型，还有比债权契约抽象度更高的契约**整体**的概念）的更高层次的抽象概念，以意思表示这一概念作媒介，逻辑性地、归纳统一地说明这些个别具体的契约等所有法律关系的发生、变更和消灭，并且其法律效力是由‘意思’和‘表示’的关系体系性、逻辑性地决定的。”然后，关于这样的法律行为概念在德国成立的主要原因，他举出以下几点：“①教会法的发展和向世俗法的流入以及注释学派的影响；②源于文艺复兴的人文主义法律学的发展；③近代启蒙期自然法思想，特别是德国的概观。再加上引起德国对罗马法总括性继受的传达法律知识效率化的要求。”并进而指出作为法律行为概念成立的社会基础，关注“体系”所建立的自然法学被当作为国家绝对权力奠基的新法学和国家学予以运用。平井继而论道，“我国虽然输入了法技术本身，但毋庸置疑还欠缺使法律概念成立的社会基础。……问题在于我们在关注我国固有的社会文化遗产和确立了法律行为概念的西欧（德国）之间横贯的深渊之同时，归根结底要考虑如何改良、开发能解决日本社会纷争的切实妥当的法律技术”。“因此，法律行为论理论研究的课题是弄清与德国法学特性之关联上法律行为论的社会、意识形态之基础。通过该研究，可以考察支配我国教科书的被平铺直叙的法律行为的各个概念是在怎样的背景下产生的，对当今的我国有着怎样的意义，法律行为概念在我国有着怎样现实的意义等问题”。作者主张，例如现代法的现象，“往往是从法律行为自由的限制、法律行为的危
93 机等所谓消极的方面来把握的。但是，我们理应不受意志教义说的影响，不陷入西欧的模式，而必须构想如何将现代法的现象积极地带入理论内部（联想不受意志教义说影响的普通法各国的想法）”（文中着重点为原作者所加）。

平井的这篇论文，明确了法律行为概念来源于启蒙期绝对主义的特殊性（德国式）的一面这一点，可以被评价为是促使对轻易把德国法作为依据的我国的法律行为论进行反省的研究。可是，对从启蒙期自然法理论中继承的体系性方法的积极方面（预测可能性的保证），或者作为法律行为概念之基

础的“意思”（私法自治），都被过于简单地以“与我国的法律思想无缘”为理由而轻视。这一点，在以下所述的之后的进展中成为问题。

3. 其后学界之发展

(1) 有关平井对体系性方法的批判，有必要从加藤一郎和星野英一等学者所主张的利益衡（考）量论的关系上加以探讨。就利益衡量论而言，虽然因论者不同，内容会有差异，但一个共通的特征是优先“价值判断”，轻视“理论构成”，并由此拒绝了“概念法学”、“德国法学式的理论构成”，这些都有反对法律行为概念所具有的体系性目标的性质。然而，对于利益衡量论，之后出现了很多批判，其中有认为“理论构成”有一定意义的观点，也有类似于平井的批判。因此，即使主张通过来自抽象原则的形式逻辑以达到法律解决的概念法学不受支持，但如果逻辑性要素对法律判断来说是不能无视的存在，则有必要重新探讨这种逻辑性要素和法律行为概念所具有的体系意向性之间的关系。

(2) 其次，针对平井的对私法自治局限的强调或与日本无缘性的主张，很多观点认为要拥护私法自治，并以其为中心构想法律行为论。这些观点的大多数参考了德国的维尔纳·弗鲁梅(W. Flume)的观点。在当今德国，有关法律行为具有约束力的根据，将意思和表示视为一体的评价主义理论(Geltungstheorie)成
为通说。相对于主张评价主义理论与意思主义互不相容的以前 94
的观点，弗鲁梅则主张两者并不矛盾，强调从私法自治的观点来看自我决定以及意思的重要性。

然而，在现代的法现象之前，强调私法自治之界限的观点也

很多。例如美国古典契约法，是将“大陆法之意思自治或私法自治的原理和思想渊源的共有”即意思理论（约定理论）作为基础的。而针对此契约法所主张的关联性契约法得到了内田贵所著的《契约的重生》[①]一书的积极评价。另一方面，强调私法自治之意义的观点也并非认为私法自治完全没有问题。最终的意见分歧就在于有关怎样评价私法自治的意义和界限上产生的差异，而问题就在于基于何种根据来对个人的意思加以限制。研究法国的“意思自治”的论文也有几篇发表，私法自治及其限制在今后也是学术界的课题，而重视意思的法律行为论变更为表示主义，并且可以看到学界对这种变更似乎并不抗拒。与此相比，即使是与解释论没有直接联系的内容，但讨论有关私法自治的意义还是十分重要的。

■ **作者介绍**

① **鸠山秀夫**（参见本书 1－02）

② **平井宜雄**

主要著作：除该文外，还著有『損害賠償法の理論』（1971 年・東京大学出版会）、『現代不法行為理論の展望』（1980 年・一粒社）、『債権総論』（1985 年・第 2 版 1994 年・弘文堂）、『法政策学』（1987 年・第 2 版 1995 年・有斐閣）、『法律学基礎論覚書』（1989 年・有斐閣）、『続・法律学基礎論覚書』（1991 年・有斐閣）、『債権各論 Ⅱ 不法行為』（1992 年・弘文堂）等。

简　　历：1937 年（昭和十二年）生，毕业于东京大学法学部，曾任东京大学教授，现为筑波大学教授。

---

① 内田贵：《契约的重生》，弘文堂，1990 年。

95

1-11 穗积忠夫 《法律行为"解释"的构造与功能》

(《法学协会杂志》第77卷第6号、第78卷第1号,1961年)*

评议人 上田诚一郎(同志社大学)

该文明确了在法官所进行的法律行为解释中包含着"发现意思"和"带入意思"两个性质不同的工作。

1. 该文发表前关于本课题之学说状况

现行民法典与旧民法、德国民法典、法国民法典等相反,除了对法的性质有意见分歧的第92条以外,没有关于法律行为解释的规定,关于法律行为解释的原则和方法等都交由实务积累和通过学说将其理论化。在学说上真正论及法律行为的解释是到了大正时期以后,受德国讨论的刺激,理论目的很强。在这些讨论中,主张法律行为的解释是指对表示行为的客观意思的确定之曾经的通说得以确立。① 然而,有学者指出,这样的表示主义的法律行为解释论,在主张应该客观地综合判断围绕法律行为的所有事实关系、各种情况来得出结论时,也在内部包含了将法律行为的修正或补充带进"表示行为的客观意思的确定"之可能性。②

---

* 原文文献为:穂積忠夫「法律行為の『解釈』の構造と機能」,法学協会雜誌77卷6号・78卷1号(1961年)。——译者

① 如果只举一个代表例的话,有我妻荣:《民法总则》,岩波书店,1930年,第371页以下。

② 山本敬三:《补充的契约解释——契约解释与法律适用关系之考察》(5完),《法学论丛》第120卷第3号,1986年,第6页以下。此外,关于法律性行为解释的学说史,请详见野村丰弘:《法律行为的解释》,《民法讲座》(1),有斐阁,1984年;以及山本敬三的上述文章,第2页以下。

2. 该文的内容及其在学界之意义

穗积的论文，先将上面的通说之观点作为前提，同时用将法官对法律行为的解释作为法官的行动，也就是作为一个社会现象进行分析的方法，明确了在法官所进行的法律行为解释中包含着被称为“发现意思”和“带入意思”两种性质不同的行为。

即所谓“发现意思”是指，“发现并确定作为一个社会事实的
96 象征意思，或者在对于当事人中所引起的社会期待究竟如何操作”，其自身并不伴有价值判断（但是应该由谁来探求意思之问题被视为“一般的法的价值判断问题”）。与此相对，所谓“带入意思”是指，“关于应该给法律行为赋予怎样的效果而进行法律价值的判断，赋予象征以产生理想结果的意思之操作”。

“带入意思”具体在以下三种情形下出现。第一是法官补充当事人没有进行合意之部分的情形。这里虽有由法官所制定的规范行为，但是因为有审判要根据既存的法律和契约进行这一社会期待，所以带入意思“作为原本就在法律行为的语言中经过协定过的内容被构成并正当化”。第二是双方当事人赋予契约的意思不一致的情形，当事人认为自己所主张的意思是正确的“但又不能通过证据充分证明的时候”，法官会进行“带入意思”。第三是虽然构成法律行为的象征之社会意义是比较明了的，但法官认为按照该意思所产生的法律效果从公共政策的立场来看并不妥当的情形。这种情况下，法院不会坦率地承认进行了司法性的法律制定，而会认为法院采用的意思本来就包含在本来的法律行为之内，法院自身的“解释”只是将该意思发现了而已。例如文理解释就是这种“带入意思”的一例。

以上在穗积的论文中被称为“带入意思”的行为，是“法院为

了对法律行为的效果进行法律价值判断，然后对由此得出的结论合理化，并提供法律理由，其结论由通过法律行为的解释而发现的部分和本来就包含在当事人意思表示中的部分构成的操作”。这是一种法的拟制，是“法院为了一边顺应社会期待的变化，一边进行有效的社会统管以适应社会的过程”。

但实际上在法官的心理过程中，“发现意思”和“带入意思”并非有明确的区分，在解释之际，总是会考虑从哪里产生怎样的法律效果；而如果该结论按照该法官的价值体系不能被承认时，再
尝试别的解释。这样的反馈过程到法官得出妥当的结论之前一 97
直反复进行着，这就是穗积论文中所描写的法官的解释行动之具体影像。

与这种解释过程相对应，应该将解释的标准分为“为了发现意思的标准”和“为了带入意思的标准”来考虑，但作者认为大部分标准虽然有程度上的不同，但却兼有两者的性质。

具体的解释标准有：①应该将契约作为一个整体来解释；②当事人选择了特殊的标记方法或定义时应该按此解释；③有互相矛盾的条款时，一般的叙述性语言给比较特殊的语言让步；④在印刷出的条款语句与特别追写的语句互相矛盾的场合，应该优先后者；⑤当事人的意图；⑥习惯；⑦默示的意思表示；⑧诚实信用原则。按此顺序，越接近①，则“为了发现意思的标准”之特性越强；越接近⑧，则“为了带入意思的标准”之特性越强。

最后，作者指出了在“解释”的名义下可以进行“带入意思”的三个条件。第一，在“语言等的象征”中，很多场合可以赋予其两个以上的不同的意思，这一事实是将“带入意思”之操作变为可能的语言基础，而语言肯定有正确的意思、正确的解释这一广泛普及的信念发挥着使人们理解该操作并将其合理化的作用。第二，

审判中的解释是一个结论（判决）合理化的过程，因此比起被采用的解释在语言学上是否正确，其结果所得出的结论作为该纷争的解决手段是否妥当更为重要。第三，“诚信原则”等法律原则将应该采用的意思和其语言很好地结合，它们的作用是让人们觉得附加意义是理所当然的；相反，从那里将离社会习惯甚远的意思赋予象征，则会失去由“解释”赋予结论的理由之说服力，即产生“带入意思”的限制。

作者提出一个假设，在这样的条件和限制下，一个司法制度中在多大程度上可以运用“带入意思”这一方法要由以下因素决定。即①在该纷争类型中，比起贯彻契约自由的要求，公共政策介入的要求有多强；②通过法院的法之制定会被社会上的一般人多大程度上认识、接纳；③作为法技术的拟制在多大程度上可以
98 广泛应用；④能否根据社会要求迅速进行立法；⑤该法官拥有怎样的价值体系，或是否对司法的法制定持积极态度等。

3. 穗积的论文和其后学说之发展

在穗积的论文之后，围绕法律行为的解释方法也进行了热烈的讨论，出现了主张要更加在解释中考虑当事人的意思或各个当事人所赋予表示的主观意思之观点[①]的变化。而关于穗积的论文中所提起的问题之关系，可以指出以下几点：

首先，穗积的论文中所指出的，法官作为法律行为的解释者

---

① 如内池庆四郎：《无意识的不合意与错误的关系——关于意思表示解释的原理》，《法学研究》第 38 卷第 1 号，1965 年，第 217 页以下；贺集唱：《契约的成立与否、解释与证书之证明力》，《民商法杂志》第 60 卷第 2 号，1969 年，第 21 页以下；矶村保：《德国的法律行为解释论(4)——信赖责任之初步考察》，《神户法学杂志》第 30 卷第 4 号，1981 年，第 728 页等。

所进行的工作中实际上包含着被称为"发现意思"和"带入意思"两种性质不同的行为这一点,可以说已经成为现在学界共同的认知。正确地讲,穗积的论文不是第一个指出该现象的,川岛武宜于 1956 年在《法律行为》[①]中已经指出,所谓法律行为的解释,严格意义上说还包含了不是法律行为解释的其他行为,即有关法律行为的效力所进行法律价值判断之事项。尽管如此,穗积论文的价值在于不仅指出现象,还缜密地分析其机制,确立了"发现意思"和"带入意思"的思考框架,因此在今日仍具有一定意义。

其次,在穗积的论文中,有关法官的法律行为解释中有和"发现意思"并列的"带入意思"这种不同性质的工作这一点,有意识地避免进行价值性的评价(对于为了无法期待立法解决的场合所进行的司法性法律制定的法技术这一局面,不如说作者似乎是给出了肯定评价),而在之后的学说中,针对采用由法官所进行的法律行为解释形式的"带入意思"进行否定评价的倾向很强。以最明确的形式表现出的是对条款解释中"控制隐藏的内容"(以解释的形式对司法性条款内容的规制)的批判。[②] 此外,关于在穗积的 99
论文中作为进行"带入意思"的情况所举出的,法官补充当事人没有合意之部分的情形或双方当事人赋予契约的意思不一致而又不明确其中之一是正当的的情形,有研究主张不应在"解释"这个暗箱中处理,而要对于在怎样的限度下、怎样的要件下应该做怎

① 川岛武宜:《法律行为》,《法学研讨会》第 9 号,1956 年,第 14 页。

② 代表性研究有,河上正二:《格式条款规制之法理》,有斐阁,1988 年。

样的法律处理尽量进行明确的规则化，[①]可以评价说这些研究都有这样的问题意识。

■ 作者介绍

穗积忠夫

主要著作：除该文以外，还著有「入会権に関する戦後判例の検討」法律時報31卷13号(1959年)、「『消費者の権利』訴訟」法律時報46卷11号(1974年)、「公益的事件と弁護士活動」ジュリスト611号(1976年)、「職場における喫煙の規制」ジュリスト787号」(1983年)等。

简　　历：1933年(昭和八年)生，毕业于东京大学法学部，哥伦比亚大学法律学院继续学习，现为律师。

① 前者请参见山本敬三：《补充的契约解释——契约解释与法律适用关系之考察》(1—5)，《法学论丛》第119卷第2、4号，第120卷第1—3号，1986年；后者请参见上田诚一郎：《不明确条款解释准则的法律构造》，《民商法杂志》第118卷第6号，1998年。

1-12　矶村保 100

《德国的法律行为解释论》(1—4 完)

(《神户法学杂志》第 27 卷第 3 号,第 28 卷第 2 号,第 30 卷第 3、4 号,1977—1981 年)*

评议人　藤田寿夫(冈山大学)

该文介绍并讨论了德国的法律行为解释论,主张不能贯彻统一客观的解释,为主观解释和规范解释的二元论提供了根据。

1. 该书出版前关于本课题之学界状况

(1) 广义的法律行为解释是指确定法律行为的内容。在这里,除了确定法律行为的当事人所进行的表示行为的意思之狭义的法律行为解释以外,还包含补充法律行为的补充解释、修正法律行为内容的修正解释等性质不同的工作。该文是以前者之狭义的法律行为解释为考察对象的。

在由契约、单独行为、共同行为所构成的法律行为之狭义解释中,契约是由相对立的当事人一致的意思表示所构成的,在当事人之间就表示行为的意思发生争执时有必要确定其意思。在狭义的解释中,有当事人一致赋予表示主观意思的场合,是否应该按照该意思解释(主观解释);当事人事实上的意思不一致,由当事人双方作出的表示被赋予不同的意思时,该表示为怎样的意

* 原文文献为:磯村保「ドイツにおける法律行為解釈論について(1)—(4 完)」,神戸法学雑誌 27 巻 3 号・28 巻 2 号・30 巻 3・4 号(1977—1981 年)。——译者

思才妥当，是当事人赋予的意思之一，还是客观意思，等等，这些规范性解释的问题一直在争论中。

(2) 立法者考虑到契约解释首先是要探究当事人的真实意思[①]，但大正时期以后，立法者则认为，法律行为的解释是明确表示行为应有的客观意思，其具体标准有当事人所图之目的、习惯、任意规定和诚信原则。[②]

与此相反，从昭和四十年代开始，内池教授、贺集法官、星野教授、石田穣副教授主张，当事人意思一致的时候不以表示的客
101 观意思为问题，而当事人一致赋予主观意思的表示是有效力的。[③]但是，当事人意思不一致的时候，内池教授认为只有当事人所理解的某个意思成为问题，而星野教授则主张"各自当事人在行动之前，应该对其所使用的语言和其他表现方法在社会上如何被解释有所觉悟"，将客观意思作为标准。

2. 该文的内容及其在学界之意义

(1) 该文的意义在于它明确了解释的主体是法官，并从对解释原理的讨论出发，区分主观解释的场合和规范性解释的场合，而主观解释的场合表示受领人的信赖保护不成为问题等。

(2) 该文探讨了有关意思表示或法律行为解释的总则规定之

① 冈松参太郎：《民法理由》(上)，有斐阁，1986年；富井政章：《民法原论》第一卷《总论》(下)，有斐阁，1903年。

② 我妻荣：《民法总则》，岩波书店，1930年；晔道文艺：《法律行为的解释》，《京都法学会杂志》第10卷，1915年等。

③ 内池庆四郎：《无意识的不合意与错误的关系——关于意思表示解释的原理》，《法学研究》第38卷第1号，1965年；贺集唱：《契约的成立与否、解释与证书之证明力》，《民商法杂志》第60卷第2号，1969年；星野英一：《民法概论》(Ⅰ)，良书普及会，1971年；石田穣：《法律行为的解释方法——再构成》，《法律协会杂志》第92卷第12号—第93卷第2号，1975—1976年。

德国《民法》第 133 条和第 157 条的成立过程，并认为这两条规定的实定法内容不足的问题非常显著，都依靠于解释方法论。然后，该文探讨了有关法律行为的各学说，认为有贯彻客观解释方法的方向，还有当事人赋予的意思一致时的事实性解释（主观解释）和不一致时的规范性解释的二元论的方向。

首先，该文从意思表示的二元性来定位“错误的表示无害”（falsa demonstratio non nocet）原则，认为统一客观的解释不能得以贯彻。也就是说，意思表示有二重功能：从表意人的立场来看是实现自己的效果意思的手段之自我决定行为，另一方面它又发挥着给他人传达一定效果意思的作用；从表示受领人的立场来看，就要求有对表示内容的信赖保护。之后，如果从受领人立场所做的解释是应该对信赖加以保护的话，那么其界限也应该由对表示价值的信赖加以划分，表示受领人所赋予的主观意思和表意人的意思一致时，因为没有对客观表示内容的现实信赖，所以考虑主张这是自我决定行为的观点，承认这种类型中主观意思的妥当性，且不能贯彻统一客观的解释。

其次，在二元论中的当事人所赋予的意思不相一致时的规范性解释里，在确定表示的意思时，也会重视各当事人实际赋予的 102
意思。例如 1 箩的客观意思表示是 12 打，但如果要约人 A 理解为 20 打，而承诺人 B 理解为 10 打的话，那么此即为双方发生不同的意思错误的情况。此时，A 和 B 都没有对 12 打这一表示的客观意思存在现实的信赖，因此契约未按照客观意思成立。

该文中的“契约解释”的问题，在“需要接受的意思表示”之基本类型中，将表意人 A 赋予的意思称为 x，表示受领人 B 所认知的意思称为 y，表示受领人应该认知的意思称为 z，表示的一般客观的意思称为 z′来进行了讨论，而在契约的场合，表示受领人 B 也有进行独自意思表示的时候，A 对 B 的理解之认知、认知的可能性以及归责性都很重要，因此有关“契约解释”还留有特殊的问题。

与此相对，在遗嘱方面，没有必要保护对遗嘱的信赖，遗嘱人之真实意思的妥当性会被承认。此外，作者主张，有无表示意识应作为划分法律行为责任外延的重要标识发挥作用，而无表示意识的行为是缺乏自我决定的行为，所以是法律行为外责任的问题。

3. 该文发表后之学界发展

（1）该文之后，主观解释和规范性解释的二元论继续受到学说的支持。[①] 但也有学说主张，不区别现实意思一致的场合和不一致的场合，可以确立统一的解释原理，即表意人表意时受限于应该认识到对方理解了的意思，而“错误表示不妨害效力”原则也只限于从种种情况可以认识到双方当事人真实意思的场合。[②] 例如，A 本想 650 美元卖出，但错误地提议为 560 美元，对此，B 虽然看穿 A 实际的意思，但还是作出承诺的场合，就像泷泽副教授的意见一样，A 违反诚信原则或“犯了被看穿、被利用的错误”，就不
103 得不承认事实上被理解的意思即 560 美元的契约成立。[③]

① 须田晟雄：《意思表示的解释与错误的关系》，《北海学园大学法学研究》第 19 卷第 1、3 号，1983—1984 年；小林一俊：《契约中的合意与错误表示》，《现代契约法大系》（第 1 卷），有斐阁，1983 年；鹿野菜穗子：《契约解释中的当事人意思之探究》，《九大法学》第 56 号，1988 年；冲野真巳：《法国法中的契约解释》，《私法》第 54 号，1992 年；藤田寿夫：《表示责任与契约法理》，日本评论社，1994 年。

② 泷泽昌彦：《意思表示之归责》，《一桥大学研究年报 · 法学研究》第 19 号，1989 年。

③ 藤田寿夫：《表示责任与契约法理》，日本评论社，1994 年，第 24 页。

(2) 围绕二元论中的契约解释,有的主张应该区别在契约成立阶段的解释问题和契约内容确定阶段的解释问题①,有的则主张在成立阶段的解释原则上应先行于一致或不一致的确定。而一致或不一致的确定,是以缔结契约为目标的两个意思表示相比较的结果。双方意思表示的结果,如果有事实的(主观的)合意或规范性合意就有意思表示的一致,契约成立便被承认,这种场合,有关契约的重要事项意思表示必须一致。② 也就是说,在争论意思表示一致与否的具体事件中,实际上只是争论一部分的契约事项是否一致,这种情况,法官必须只就该事项判断是否有事实的(主观的)合意或规范性合意。

然后,在内容确定阶段的解释中,有学者指出,应该优先主观解释[国际统一私法协会(UNIDROIT)的《国际商事合同通则》第 4.1 条,《联合国国际货物销售合同公约》(CISG)第 8 条],通过这样的主观解释或规范性解释等还留有契约缺陷时,双方当事人应尊重自己缔结的契约,而补充的契约解释则成为问题。③

该文不仅与内容阶段的解释相关联,还与成立阶段的解释相关联,但两者的解释标准是否相同,在内容阶段的解释中规范性、客观性的解释标准之比重是否不会变大等成为问题。再者,无表示意识的表示,作为意思表示对表意人来说是否会成为可能归责的例外事例,这一点也成为今后探讨的课题(德国法、瑞士法和澳大利亚法的通说都承认此为例外事例)。

---

① 冲野真巳:《法国法中的契约解释》,《私法》第 54 号,1992 年。

② 藤田寿夫:《表示责任与契约法理》,日本评论社,1994 年。

③ 山本敬三:《补充的契约解释——契约解释与法律适用关系之考察》(1—5 完),《法学论丛》第 119—120 卷,1986 年。

■ 作者介绍

矶村保

主要著作:除该文外,还著有『現代民法講義・民法相続』(共著)(1985年・法律文化社)、『コンピュータシステムと取引法』(共著)(1987年・三省堂)、『新版注釈民法(1)』(共著)(1988年・有斐閣)、『新版注釈民法(18)』(共著)(1991年・有斐閣)、「二重売買と債権侵害」神戸法学雑誌35巻2号・36巻1・2号(1985—1986年)等。

简　　历:1951年(昭和二十六年)生,毕业于京都大学法学部,现任神户大学教授。

1-13　末弘严太郎 104

①《法令违反行为的法律效力》

(收录于《民法杂考》,日本评论社,1932 年;初次发表于《法学协会杂志》第 47 卷第 1 号,1929 年)

川井健

②《违反物资管制法规的契约与民法上的无效》

(收录于《无效之研究》,一粒社,1979 年;初次发表于《判例时代》第 205、206 号,1967 年)*

评议人　曾野裕夫(九州大学)

末弘的论文,是以公法与私法严加区别论为基调,确立了“违反管理规定的行为之私法上的效力论”的具有里程碑性的论文。川井的论文则是继承了末弘的论文,并在学说中提出了根据履行阶段来进行处理的新观点。

1. 两文发表前关于本课题之学界状况

(1) 在属于私法的规定中,“与公共秩序无关的规定”为任意规定,当事人可以作出与该规定不同的合意(《民法》第 91 条)。此外(虽然如后文所述,近来有不同的意见涌现,但根据以前通说之法律构成),按照对该条的反对解释,关于公共秩序的规定为强行规定,禁止与此不同的合意。然而,在私法上的生活关系中,不

---

* 原文文献为:末弘厳太郎「法令違反行為の法律的効力」,『民法雑考』(1932 年・日本評論社)所収,初出・法学協会雑誌 47 巻 1 号(1929 年);川井健「物資統制法規違反契約と民法上の無効」,『無効の研究』(1979 年・一粒社)所収,初出・判例タイムズ205・206 号(1967 年)。——译者

仅有私法，还有具有行政目的的公法规定共同覆盖一个各种规制所组成的网。这些“管理规定”虽然准备了罚则和行政处罚等，但多数情况下对于违反这些规定的法律行为之私法上的效力没有明确规定。这里就会产生一个问题，即如果法律行为违反了没有规定违法行为效力的管理规定时，除了行政上的制裁，是否还要否定该法律行为的效力。也就是说，管理规定是否也包含在《民法》第 91 条的反面解释之强行规定中。

(2) 学界明确认识到该问题是通过末弘的论文所提出的，该论文在成为学说起点的同时，也为至今的通说奠定了基础。管理规定中有影响违反行为之效力的“效力规定”和不影响违反行为之效力的“单纯的管理的规定”，“效力规定”与私法上的强行规定合为广义上的强行规定，违反此规定的行为因《民法》第 91 条的
105 反对解释而无效。“效力规定”与“单纯的管理规定”之区别是：①该规定的目的；②对违反行为伦理上谴责的程度；③危害交易安全；④当事人间的信义和公正。将这些因素综合性地、相关联地进行判断来决定违反行为的效力。[①] 川井的论文是在这样的理论情形下发表的。笔者首先从末弘的论文开始介绍。

2. 两文的内容及其在学界之意义

(1) 在末弘论文写作当时的判例中，有将违反法律禁止规定的行为几乎无一例外地判断为无效的倾向（作为法律依据，有很多情况在举出《民法》第 91 条的同时又举出了《民法》第 90 条），以及将违反行为判为无效时，没有对当事人相互的利害关系调整予以考虑。该文着眼于对后者之倾向进行批判。该文首先就对

---

① 例如，我妻荣：《新订民法总则》，《民法讲义》(Ⅰ)，岩波书店，1965 年。

于《民法》第 91 条的反对解释指出，有关公共秩序的规定并非全部都是与任意规定相对的意义上的强行规定，也有违反行为不被认定为无效之规定。也就是说，一个规定在因公益上的理由对一定行为加以禁止的情况下，违反行为被认定无效还是处以法律上或行政上的不利，有四种类型：(i)无效、不处罚；(ii)无效、处罚；(iii)有效、处罚；(iv)有效、不处罚。其中只有(i)(ii)是强行规定[用现在的用语说就是：(i)为狭义上的强行规定；(ii)为效力规定；(iii)单纯的管理规定；(iv)为训示规定]。

这里的问题是，一个管理规定是(ii)还是(iii)的判断标准。关于这一点，末弘的论文提出了三个判断标准。即①为了达成该法规的禁止目的是否有必要认定违反行为无效；②违反行为是否触犯公序良俗(《民法》第 90 条)；③将违反行为认定为无效是否会在当事人相互间的利害关系中产生不公正[可以明白这些标准成为 1(2)中所述的通说的判断标准之原型]。上述①②是以前的判例也多少考虑过的因素，而重要的是新加入③这个要素。在那时作者强调的是，私法本来就是以诉讼当事人间的利益调整为目的的法，“否认一定行为的法律效力，由此会产生的行为当事人之间的不公正。如果这种情况非常显著，那么私法裁判所完全无视这 106
种不公平而处理公益的保护态度，不管在公益上有多么重要，都绝对不能说是正当的”。

这里明确出现了严格区别公法和私法的考虑方法，与之前判例的立场明显区别开来。其后学界，除了二战中和二战后的一个时期(统制经济时代)的动摇期以外，以“末弘说”为基础形成了通说。[①]

① 关于动摇期，除了川井的论文以外，还有王晨：《违反行政法规之契约在民法上的效力》(1)，《民商法杂志》第 104 卷第 2 号，1991 年；后收录于《社会主义市场经济和中国契约法》，有斐阁，1999 年。

（2）这样稳定发展的学说，因川井论文的登场而迎来了新时代。川井的论文以其“履行阶段论”而闻名。它从违反管理规定的行为还未履行的阶段和已经履行之后的阶段区别来进行考虑的角度出发。简而言之，即使将履行之后的法律行为认定为无效，也已经无法达到法律目的（该文探讨对象之物资管制法规的目的是控制物资的不公正流通），除了在刑事、行政制度上束手无策，私法上也不发生以违反行为的无效为理由的某种请求权。反之，如果是履行前，该物资管制法规（不是单纯的管理规定）可以被认为是“限制履行请求的法规”时，应该限制基于违反行为的请求。

“限制履行请求的法规”代替“效力规定”是川井论文中所提出的概念，这与该文以下的主张有关。即该文还主张不需要（抽象地）讨论管理规定是否为效力规定，抑或违反管理规定的行为是否无效；在私法上，违反管理规定的行为是否有效，只需要考虑根据管理规定的目的当事人的（具体）请求是否被限制就足够了。这一点虽还未被之后的学说认可，但从在私法范围内承认公法上的限制是在必要的最小限度内这个意义上说，是比以“末弘说”以来的通说为前提的公法与私法严格区别论更为彻底的尝试。

3. 其后学界之发展

（1）关于效力规定和单纯的管理规定之区别，有学者这样主张：在以公法与私法严格区别论为基础的传统通说的框架内，思考顺序不应该是某个规定是效力规定，违反行为就无效，是单
107 纯的管理规定，违反行为就有效。考虑第一节中的①—④的要素，在该事件中，如果应该认定违反行为无效，则该规定就是效力规定，而在没有必要否定行为效力的情况下，该规定就是

管理规定。[①] 很有意思的是，这和稍后叙述的主张用《民法》第90条来对各个事件个别处理的学说有相同的观点，但我们更应该关注的是以下反思公法与私法严格区别论的学术动向。

(2) 例如，矶村保的《违反管理规定的私法契约之效力》[②]，是继承了根据履行阶段考虑违反行为之效力的"川井说"观点的论文。但"川井说"一边主张违反管理规定之行为效力的有效性，一边指出在履行前的阶段也有不承认基于违反行为之请求的情况；而"矶村说"则强调在违反行为履行之前的阶段，应该避免公法禁止某种行为的同时，在私法上认可履行请求并命令其履行的这种"法秩序内部之间的自我矛盾"，主张违反行为一律无效。另一方面，在违反行为已经履行的场合，"矶村说"也与"川井说"不同，前者主张应该认定违反行为无效。这时有必要对私益进行考虑，所以应该根据以前的通说所主张的标准来判断违反行为的效力。"法秩序内部的自我矛盾之回避"的构想，是从朴素的公法与私法严格区别论中迈出一步的主张，可以评价它是定位于进入1990年之后才被主张的强调公法与私法之互补关系的学说之临界点的考虑方法。

(3) 强调公法和私法是互补关系、重新拷问公法与私法区别论的学说还主张，问题的处理应该从《民法》第91条移向《民法》第90条。首先，大村敦志的《交易与公共秩序——法令违反行为效力论之再研讨》(上、下)[③]一文主张，在违反管理规定行为效力

---

① 铃木禄弥：《民法总则讲义》，创文社，1984年。

② 矶村保：《违反管理规定的私法契约之效力》，《民商法杂志50周年临时增刊(1)：判例中法理论的发展》，1986年。

③ 大村敦志：《交易与公共秩序——法令违反行为效力论之再研讨》(上、下)，《法学家》第1023、1025号，1993年；后收录于《从契约法到消费者法》，东京大学出版会，1999年。

论中成为问题的法令，从以前的为实现与交易无直接关系的价值之警察法令，变化为与交易有密切关联的经济法令（以个别交易中当事人利益保护为目的的各种消费者保护法、以维持市场秩序为目的的反垄断法等），在这种情形下，法令的目的与交易的效力已经不是无缘体。为了实现经济法令的目的而否定违法行为的效力成为必要的情形增多，应该将这些违反经济法令的行为作为违反私法上的“公共秩序”来考虑（被称为“经济性的公共秩序
108 论”）。还有，山本敬三的《交易关系中的公法规制与私法的作用（1—2 完）——管理法规论之再研讨》[①]，从宪法的观点出发，主张将公法和私法均并列为国家以基本权的保护或支援为目的而制定的措施。国家既然规定了管理规定，那么法院就应该为了实现该管理规定之目的运用《民法》第 90 条否定违反行为效力的法律构成，利益保护应该根据比例原则来判断（可以成为“基本权保护义务论”）。

学界的现状是，虽然自末弘的论文以来的传统学说现在仍占据通说之地位，但在违反经济法令的事件不断增加的背景下，该通说正受到从必须转换构思的理论新动向的严重挑战。

■ 作者介绍

① 末弘严太郎

主要著作：除该书外，还著有『債権各論』（1918 年・有斐閣）、『物権法上巻・下巻第一分冊』（1921—1922 年・有斐閣）、『農村法律問題』（1924 年・改造社）、『労働法研究』（1926 年・改造社）等很多著作。这些著作的版本很多。此外，『嘘の効用』（1937 年・改造社）、『民法雑記帳』（1940 年・日本評論社）等还被收录于『末弘著作集 Ⅰ—

① 山本敬三：《交易关系中的公法规制与私法的作用（1—2 完）——管理法规论之再研讨》，《法学家》第 1087、1088 号，1996 年。

V』(1980 年・日本評論社)。

简　　历:1888 年(明治二十一年)—1951 年(昭和二十六年),毕业于东京帝国大学法科大学,东京帝国大学教授[其著作、履历请详见水野纪子教授的介绍,法律時報 60 卷 11 号(1988 年),以及末弘厳太郎『嘘の効用 下』(1944 年・富山房)]。

② **川井健**(参见本书 2－09)

109 1-14 舟桥谆一

①《意思表示的错误——〈民法〉第95条的理论与判例》

(《九州大学10周年法学论文集》,1937年)

川岛武宜

②《"意思欠缺"与"动机错误"》

(收录于《民法解释学之诸问题》,弘文堂,1949年;初次发表于《法学协会杂志》第56卷第8号,1938年)*

评议人 泷泽昌彦(一桥大学)

之前的通说采取不以动机的错误为原则考虑的立场,而两文批判了这一点,成为激活错误论讨论的契机。

1. 两文发表前关于本课题之学界状况

(1) 当事人关于"要素"陷入错误之时契约无效(《民法》第95条),但缔结契约的"动机"有错误之时应该如何处理,特别是有关契约的目的物的性质有错误的情形成为问题。作为一般论来说,动机并不是契约内容。在汽车的买卖契约中,买受人是打算上班用还是上学用,买卖契约的内容都是同样的。因此,即使动机上有错误(为了上学买了车,但禁止开车上学的情况),契约也并非无效。动机因人不同而千差万别,对方是不得而知的,所以由于

* 原文文献为:舟橋諄一「意思表示の錯誤——民法第95条の理論と判例」,九州大学10周年法学論文集(1937年);川島武宜「『意思欠缺』と『動機錯誤』」,『民法解釈学の諸問題』(1949年・弘文堂)所収,初出・法学協会雑誌56巻8号(1938年)。——译者

这样的情况，契约的效力被左右就会破坏交易的安全。反过来说，当事人特别将动机作为意思表示的内容而作出表示的场合可以作为例外。[①]

那么，有关物的“错误”的情况怎么办？例如在戒指的买卖中，买受人以为是纯金制的戒指，而实际上是镀金的情形等（另外，这个例子是以在饰品店里买受人指着看中的戒指说“请给我这个”然后买了的情形为前提的。如果说了“请给我纯金的戒指”而结果是镀金时就是债务不履行的问题了）。

（2）笔者对当时的通说（经过各种各样的变迁[②]后）进行说
明。疏忽大意指着与看中的戒指不同的别的戒指说“请给我这 110
个”的情形，是对“物”的同一性的错误，这属于“要素”的错误。但是，在这个例子中，对戒指本身并没有指错，所以关于同一性没有错误，但是关于戒指的“性质”误信为是纯金的。这只不过是决定“买这个戒指”的动机，即使其有错误，契约也不会无效。然而，如前所述，当事人有时将动机特别作为意思表示的内容（“因为是纯金所以才买”），这时契约是无效的。[③] 同样，这也是判例的立场。[④]

相反，也有不赞同的学者，特别是“杉之原说”。该说探讨判例并批判通说，指出动机也是意思表示的内容，“要素”的内容由法官

---

① 鸠山秀夫：《法律行为及其时效》，严松堂，1912 年，第 137 页。

② 参见中松樱子：《错误》，《民法讲座》(1)，有斐阁，1984 年，第 387 页；森田宏树：《〈民法〉第 95 条（以动机的错误为中心）》，《民法典的百年》（Ⅱ），有斐阁，1998 年，第141 页。

③ 鸠山秀夫：《法律行为及其时效》，严松堂，1912 年，第 145 页。

④ 大审院大正六年（1917 年）2 月 24 日判决，《大审院民事判决录》第 23 辑，第 288 页“受胎马事件”。但是，也有学者批判认为这个判例并没有代表当时判例的倾向，参见中松缨子：《错误》，《民法讲座》(1)，有斐阁，1984 年，第 405 页；森田宏树，《〈民法〉第 95 条（以动机的错误为中心）》，《民法典的百年》（Ⅱ），有斐阁，1998 年，第 181 页。

的合理价值判断来决定，以及重视判例研究。这几点都对下面要介绍的“舟桥说”产生了很大影响。[①] 此外，“我妻说”虽然也基本站在通说的立场上，但其将动机理解为当然的意思表示内容。[②]

2. 两文的内容及其在学界之意义

舟桥的论文与分析了庞大数量判例的另一些论文[③]形成了鲜明的对比，前者进行了理论性探讨。首先，该文考察意思主义和表示主义的理论根据。其次，在主张错误是指因“意思表示成立中的不一致”所引起的“真实意思和表示的不一致”之后，（没有明确根据地）主张“真实意思”是指“如果没有该不一致就不会有的意思”，“不一定与内心的效果意思一致”。这样解释的话，上述的例子中可以说没有真实意思（如果知道是镀金的就不会买），可以使用《民法》第 95 条。再次，对于以下的批判，即动机千差万别，故考虑动机的话会危害交易的安全之批判，还有对方不知道动机故应该只在表示出来的时候加以考虑之批判，作者反驳说，这不
111 限于动机，本来“重视表意人的真实意思将错误当作问题的制度本身就将侵害交易安全作为前提”（原文第 628 页以下）。这一点与后述的“川岛说”大不相同。再者，作为错误无效的条件，舟桥指出，首先（虽然在条文里没有）①错误和表示之间的因果关系，②要求对方的善意无过失（如果是恶意或有过失当然可以认定为无效，不存在是否符合“要素”之问题）之后（原文第 640 页以

① 杉之原舜一：《对“法律行为要素”错误之考察》，《法律协会杂志》第 43 卷第 10 号第 1841 页，同卷第 11 号第 2069 页，1925 年。

② 我妻荣：《民法总则》，《民法讲义》（Ⅰ），岩波书店，1933 年，第 318 页。

③ 舟桥谆一：《判例中出现的“法律行为要素”的错误》，《民商法杂志》第 5 卷第 3 号第 748 页，同卷第 4 号第 1023 页，同卷第 5 号第 1328 页，第 6 卷第 1 号第 91 页，同卷第 2 号第 278 页，1937 年。

下），有关“要素”的意义，是与公序良俗等一样由法官裁量的一般条文（原文第 609 页），其内容只能通过判例的分析才能明确（原文第 659 页）。

以上为“舟桥说”的概要。将如果没有不一致（意思表示成立过程中的不一致）而存在的意思称为“真意”，将错误定义为这个意义上的真意和表示的不一致，并将动机的错误包括在内统一进行把握，这几点都很有特点。[①] 但是，关于理论上是否连贯的问题连舟桥教授自己也在之后提出了疑问。[②]

于舟桥论文发表的第二年所发表的川岛论文，探讨了德国学说的变迁。首先，作者考察了萨维尼的错误论，提到萨维尼为了保护交易安全主张在错误只在动机中存在的情况下（即使动机表现出来了），由于有效果意思本身存在，所以不构成“意思欠缺”。[③] 其次，作者探讨了萨维尼理论的问题点，指出其过于重视内心的意思而将不一致的问题都作为错误处理，这一点颇有意思。也就是说，连甲以 A 意思作出 A 表示，而乙以 B 意思作出 B 表示的场合也被认为是错误的，这是要约和承诺不一致的问题，各自意思和表示都是一致的，所以不是错误的问题。再次，作者讨论了萨维尼之后的错误论，通过贝克尔等的心理分析批判了动机概念的模糊性，认为主张动机一旦被表示就成为意思表示的表示主义之立场（把雷奥哈特作为开端）的势力增强也影响了日本（原文第 204 页以下）。最后，作者将以上内容整理并分析道，意思欠缺或

① 之后，舟桥还论道“心里留保”和“虚假表示”等都可以用同样的方法说明。舟桥谆一：《民法总则》，弘文堂，1954 年，105 页。

② 舟桥谆一、须永醇：《错误中的“真意”》，《法学志林》第 89 卷第 1 号，1991 年，第 53 页。

③ 川岛武宜：《民法解释学之诸问题》，弘文堂，1949 年，第 197 页。

动机错误的概念是“意思主义的意思表示理论的伦理性结果”，是应该否定的东西；与此相对，现代的错误论中有表示主义的特色和一般规定的性质（原书第218页以下）。

112 以上是川岛论文的概要，与以判例研究为中心的舟桥论文不同，前者重点在于学说探讨。其探讨时，特点是并不将学说当作教义，而是客观分析理论构成和社会功能，在明确了意思欠缺概念之历史意义的同时也指出了它的界限，表达了对表示主义（虽然其自身也是教义）的共鸣。另外，在舟桥教授所写的书评①中有对表示主义的批判。但是，“川岛说”在之后更加强了其表示主义的倾向，最后要求将（不限于动机错误的一般性的）“错误的预见可能性”（有关表意人的错误，对方应该知道）来作为主张错误无效的要件。②

3. 其后学界之发展

买受人关于物的性质之期待大体会表示出来，所以不管哪个学说结论都无很大差异，而通说也并未被驱逐。③ 但是理论性的影响很大。首先，表示主义成为一个潮流。其次，对于区别动机和意思表示内容的怀疑成为学界共通的认识，而另一方面认为不应该顾虑物的性质以外的动机（所谓“狭义的动机”等）的意见也很多（前述因上学需要购买汽车但又被禁止在上学时使用的例子）。笔者认为将对物的性质的期待仅仅当作动机这一点是有问题的，这是与有关瑕疵担保责任的议论一脉相承的。

---

① 舟桥谆一：《川岛武宜著〈民法解释学之诸问题〉》，《法律时报》第21卷第11号，1949年，第646页。

② 川岛武宜：《民法总则》，有斐阁，1965年。

③ 中松樱子：《错误》，《民法讲座》(1)，有斐阁，1984年，第412页以下。

■ 作者介绍

① 舟桥谆一

主要著作：除该文外，还著有『不動産登記法』(1937 年・日本評論社)、『民法総則』(1954 年・弘文堂)、『物権法』(1960 年・有斐閣)等。

简　　历：1900 年(明治三十三年)—1996 年(平成八年)，毕业于东京帝国大学法学部，历任九州大学、法政大学、八幡大学、创价大学教授等职[其著作、履历请详见『契約法大系第 3 巻』(1962 年・有斐閣)]。

② 川岛武宜(参见本书 2－02)

113 *1-15* 矶村哲
《动机错误与行为基础》

(《法学论丛》第 76 卷第 3 号、第 77 卷第 1 号、第 79 卷第 1 号，1964—1966 年；后收录于《错误论考》，有斐阁，1977 年)*

评议人 须田晟雄(北海学园大学)

该文是就动机错误和行为基础对德国的学说以及判例进行历史性、体系性分析，阐明德国错误论整体结构的划时代的研究。

1. 该文发表前关于本课题之学界状况

(1) 根据传统的意思主义的错误论，表示错误(表示上的错误、表示内容的错误)和动机错误要区别对待。在内心的意思中寻求法律效果发生的根据之该理论，承认只有引起意思和表示不一致的表示错误才作为意思的欠缺受到“错误”规定的保护，而与意思相区别的有关动机的错误不引起意思欠缺，否认其受到“错误”规定的保护。人或物的性质错误，特别是特定物的性质错误作为有关性质的观念不包含在意思之内的结果被归类为动机错误，而一般认为承认把以异种物性为标准的“交易上的本质性”作为要件受到“错误”规定的保护。

在德国民法中，表示内容的错误和交易本质上的性质错误都是错误法保护的对象(第 119 条 1、2 款)。因此，应该如何解释两者的关系，应该在怎样的标准下考虑“交易上的本质性”，还有应

* 原文文献为：磯村哲「動機錯誤と行為基礎」，法学論叢 76 卷 3 号・77 卷 1 号・79 卷 1 号(1964—1966 年)，後に『錯誤論考』(1997 年・有斐閣)に所収。——译者

该如何解释与瑕疵担保责任的关系都成为问题。在动机错误中有可能有性质错误以外的值得法律保护的错误。例如，像在股份买卖中，双方当事人以有一定的市场价格为共同前提订立了契约而实际价格却特别低的情况，或者有关当事人双方作为契约前提的条件发生错误（所谓行动基础的错误）的情况等。有关这种错误如果承认“错误”规定的保护，那么就直接面临理论本身的重构。有关该问题的处理与德国法固有的行为基础论的形成密切相关。

（2）该文出现时，我国是严格区别表示错误和动机错误的，对含有性质错误的动机错误，通过将被表示的动机包含在表示内容里的结构来予以保护的观点是占有支配性的。但是另一方面，此
前就有观点主张，将两者扬弃，并将问题的焦点转移到要件论，尝 114
试在综合性要件下进行错误风险的分配。[①] 此外，也能看到尝试从通说到该观点接近的倾向。然而，统合性的错误概念被规定为真实意思和表示的不一致、表示和意图的不一致，并没有完全从表示错误的影响中摆脱。此外，应该通过将错误限定于从表示行为中可以推断出的事项来将保护领域限定为认识可能的错误这一观点，虽被有力学说所主张，但表示的内容构成和错误的认知可能性之间的差异并没有被意识到。作为学说整体的潮流，这一时期，可以看作错误的中心课题从类型论转移到要件论的过渡期。

2. 该文的内容及其在学界之意义

（1）该文从分析德国的动机错误论的构成这一角度出发，对

① 代表性的研究有，舟桥谆一：《意思表示的错误——〈民法〉第 95 条的理论与判例》，收录于《九州大学 10 周年法学论文集》，岩波书店，1937 年。

普通法时代的意思主义错误论和表示主义错误论的对立进行学说史性的分析，探索其发展的过程，明确了德国民法上有关错误规定所制定的背景和意义，并对其后判例的发展进行了客观分析。

该文的核心成果在于追求明确区别德国错误法之基础的表示错误和动机错误的二元构成中内在的问题点。也就是说，为了顺应交易要求，关于表示错误，意思的欠缺构成在要件以及效果方面逐渐在被迫修正。尽管性质错误一般被理解为动机错误，但随着“性质”概念的扩大不得不对其保护范围划定界限。判例则显现出主观性规定“交易上的本质性”的要件之倾向，通过要求将有关性质的观念放在契约缔结的基础中，或者由契约内容提高来响应该要求。但是，在与瑕疵担保责任的关系上，判例认为在瑕疵担保规范的优先适用中除了例外情况以外都不承认错误法保护。因为在其基础上有一个实质性判断，即通过对应买卖关系中特殊的利益状况的瑕疵担保法来解决是合适的。此外，关于性质错误以外的动机错误，在错误观念对当事人双方来说构成契约前提之时承认这种法律保护。判例把这当作两个不同的结构来考虑。作者指出，第一是将这些错误作为第 119 条第 1 项的表示内
115 容的错误来考虑的构成，通过包含意思与表示不一致的原有类型和表示与事实不一致的类型由判例进行内容错误的扩大化。第二是在行为基础论中寻求保护这些错误的根据，适用《民法》第 242 条的诚信原则来承认契约失效或契约内容变更等更加有弹性的效果之结构。通过这番讨论，作者指出，对于错误的认知可能性之要件，应考虑这些行为基础的错误并不充分，以及由错误方的信赖利益赔偿义务来解决并不合适。

(2) 该文不是展开关于错误的解释理论的研究，可以说，它是

目的在于通过客观分析德国错误法的整体构造来促进对我国处于过渡期的错误论进行再探讨的研究。作者通过之后的瑞士以及澳大利亚的错误论研究，鲜明地提出了重新构成区别表示错误和动机错误的新想法。即表示错误作为交流中技术性错误的类型，被规定为由解释确定的表示的意思和由表意人所赋予表示的意思之不一致，就错误而言，考虑作为分配错误危险方法而将对方的认知可能性当作要件来是妥当的。与此相对，动机错误则规定为是在有关意思表示基础上的事实的错误观念（事实错误或事态错误），区分错误观念是因前提或合意被收进契约内容中的情况（基础错误）和未被收进契约内容的情况（纯粹动机错误）。作者指出在基础错误的类型上，错误风险已经在契约上被分配，并不是因错误的共通性、认知的可能性和引发等的要件的附加而被分配的。在纯粹动机错误的情况下，错误方虽然应负担该风险，但在因特殊情况对方对认知错误有认知或可能认知的场合会予以考虑。

作者指出，这种类型上的构成不仅是德国法而且是瑞士、澳大利亚的信赖主义错误论上的统一视角，适合于错误风险分配的观点，而且可以充分应对交易的发展和法的稳定性。关于作者的见解对我国现在学说上有力的一元性构成提出怎样的问题，笔者将在下面作以简单说明。

3. 其后学界之发展

（1）该文之后，在我国，否定区别表示错误和动机错误的可能性（特别是对同一性错误和性质错误的区别）与妥当性，在统一共 116
通的要件下考虑错误的一元性构成越来越有力。这种倾向是受到了法国法和英美法有关错误研究以及从新的角度所进行的判例研究的重要影响。但是，有关统一的保护要件之内容，又分为将利害关系作为统和调整一般规定来把握的见解和重视对错误或有关错误之事项的认知可能性或引发错误、错误共通性的见解等。笔者下面指出与作者观点有关联的问题点。

（2）有关表示错误的类型，不论根据哪个构成，其结论都是一样的。但是，在关系到围绕契约成立与否的解释问题上，确定表示错误产生的范围、阐明保护目的还是尚未解决的课题。关于这一点，有必要明确作者所说的“交流失败”的具体意思，从语言学等新的角度来验证。有关动机错误（基础错误）的类型，作者把握为契约内容与事实的不一致，或者法律行为与事实的不一致，而这意味着要在契约的风险分配中寻求保护的根据。针对有关动机错误的判例理论，学说的大部分是批判性的，而从作者所主张的观点来看，还是有充分的余地对其重新进行评价的。但是在另一方面，一元说指出，作者的见解只不过是观点的不同，为了明确实质性的异同，还有必要对以肯定能收入契约内容的具体标准解释清楚。此外，在理论层面，这一要件在考虑错误时是否有效，或者是否会因合意产生特别效果，怎样排列与此相关的类似制度、担保责任和履行不能等的关系等也会成为课题。可以说，尽管作者对于德国法分析的成果为错误的风险分配之类型化提供了重要的视角，但作为解释性理论展开时，包括表示错误和动机错误的区别标准之明确化在内，还留有几个有待探讨的课题。

■ **作者介绍**

矶村哲

主要著作：除该文外，还著有『労働法の構造』（1952 年・大阪管区警察学校）、『エールリッヒの法社会学 上下』（1953 年・日本評論社）、『社会法学の展開と構造』（1975 年・日本評論社）等。

简　　历:1914 年(大正三年)—1997 年(平成九年),毕业于京都帝国大学法学部,历任京都大学、神户大学教授[其著作、履历请详见磯村哲先生還暦記念『市民法学の形成と展開 上』(1978 年・有斐閣)]。

117 1-16 野村丰弘

《意思表示的错误——参考法国法的要件论》(1—7完)

(《法学协会杂志》第92卷第10号、第93卷第1—6号,1975—1976年)*

评议人 后藤卷则(独协大学)

该文以因错误所引起的无效之要件为题,主张对方对于错误事项对错误方很重要这一点的认知可能性是错误无效的要件,提示了对包括共同的错误在内的各个场合可以统一说明的错误要件。

1. 该文发表前关于本课题之学界状况

(1)《民法》第95条规定,在法律行为的要素中有错误时意思表示无效,但其意思并不明确。因此,民法制定以来,很多学说都在讨论这个问题,可至今未达成一致的观点。问题的重心在于动机在错误论中如何定位。目前,不将动机的错误区别对待,而是将其与通常的错误统一来考察错误无效(因错误而法律行为无效)要件的学说很强势,但是反对意见依然根深蒂固。关于即使进行统一考察,其要件要如何考虑这一点,学说上存在严重分歧。

(2)民法的起草者以及初期的判例和学说主张,错误只限于意思欠缺的场合,动机的错误不是《民法》第95条的要素错误。之后,判例的主流也在维持即使动机中有错误时也不予考虑的判

* 原文文献为:野村豊弘「意思表示の錯誤——フランス法を参考にした要件論(1)—(7完)」,法学協会雑誌92巻10号・93巻1—6号(1975—1976年)。——译者

断框架之同时，主张动机成为被表示的意思表示的内容时是要素的错误，此时应承认错误无效。[①] 此判例的立场可以解释为当意思表示的动机有错误时，表意人原则上不受保护，但表示动机则作为例外予以保护，以此来调和交易安全和对表意人的保护。这也是通说的立场。[②]

与这样区别对待动机错误的判例和以前的学说相对立，在大正末期就已经出现批判这一观点的学说[③]，而且之后持批判此观点的学说越来越有力。这些学说，以动机和意思表示的内容未必
明了、为了交易安全只对动机要求表示没有一贯性等为理由，主 118
张应该包括动机的错误在内，统一对错误无效的要件进行考察。[④]其中指出，要件应包括对方有对错误预见的可能性、错误很重要等几点。[⑤]

2. 该文的内容及其在学界之意义

(1) 该文以承认错误无效的要件为题目。就此，野村教授首先分析了日本的判例[⑥]，接着在该文中分析了日、法两国的判例。

---

① 大审院大正六年(1917 年)2 月 24 日判决，《大审院民事判决录》第 23 辑，第 284 页。

② 我妻荣：《民法总则》，岩波书店，1930 年，第 428 页。

③ 杉之原舜一：《对“法律行为要素”错误之考察》，《法律协会杂志》第 43 卷第 10、11 号，1925 年。

④ 舟桥谆一：《意思表示的错误——〈民法〉第 95 条的理论与判例》，《九州大学 10 周年法学论文集》，岩波书店，1937 年。川岛武宜：《“意思欠缺”与“动机错误”》，《法律协会杂志》第 56 卷第 8 号，1938 年；后收录于《民法解释学之诸问题》，弘文堂，1949 年。氏著：《民法总则》，有斐阁，1965 年，第 289 页以下。

⑤ 关于这些学说的详细内容，请参见中松缨子：《错误》，《民法讲座》(1)，有斐阁，1984 年，第 387 页以下。

⑥ 野村丰弘：《意思表示的错误——要素的错误相关判例之分析》，《法律协会杂志》第 85 卷第 10 号，1968 年。

依野村教授来看，法国的学说是结合判例考察具体的错误无效之要件，而日本的学说则是与判例分离，极其抽象地进行考察。例如，“川岛说”将对方的预见可能性作为错误无效的要件，但对于具体在哪种场合中具备要件并不明确；而法国的盖思坦（J. Ghestin）教授等人的学说则主张，应将对方能够知晓错误方重视陷入错误的事项作为错误无效的要件，而这一要件是结合判例所构成的。

(2) 作为考察错误无效要件的前提，问题在于可能成为对象的错误的范围。关于这一点，野村教授支持“杉之原说”、“舟桥说”和“川岛说”对判例及以前通说的批判，主张不应将动机的错误与其他错误区别开来，而应作统一处理。而且，有关错误无效的要件，作者通过对于日、法两国所进行的判例和分析归纳性的考察，提炼出①错误决定表意人的意思表示（错误和意思表示间的因果关系）、②法律行为类型以及决定于当事人的对象事项的重要性、③表意人的损害、④对方的情况、⑤表意人的情况这五个要件。

具体来看，关于要件①，以前的通说和判例将“如果没有该错误，不仅要有表意人应该没有作出意思表示（主观标准），还要有
119 一般普通人也应该没有作出意思表示”作为要素的错误的判断基准，而其中后半部分（客观标准）不如说是要件②的问题（同样的意思见“川岛说”），没有必要对错误和意思表示间的因果关系作狭义解释。

关于要件②，作者认为以前关于何为法律行为要素的争论很抽象，具体怎样的事项为要素并不十分明确。基于此问题意识，他指出要认定错误无效，则该错误必须是有关重要事项（即要素）的场合，而何为重要的事项则要因法律行为的类型以及当事人的不同而不同，并分析了日本的判例。

关于要件③，作者从要解决错误的问题还应与表意人的意思、对方的保护并列考虑错误方蒙受损失的补偿这一观点出发，将表意人因错误而受到的损失或者有可能遭受损失作为错误无效的要件。

关于要件④，有观点认为应将对方对与错误方陷入错误之事有认知（预见）可能性作为要件。还有观点认为应该将共同的错误（双方当事人陷入同一错误）、相互的错误（双方当事人互相误解）和一方的错误区别处理。作者对这两种观点对比讨论后，主张对方关于错误对错误方很重要这一点有认知可能性是错误无效的要件之一。在对方也陷入错误而对表意人的错误没有认知可能性时，如果将认知可能性的对象看作错误则不能认定错误无效，需要个别处理。将其看作错误事项的重要性则对错误本身没有认知可能性，也可以认定错误无效。如此对包括共通错误等的场合进行了统一说明。

关于要件⑤，因为可能会因错误所引起的无效之结果而使对方遭受损失，所以从无理由损害对方利益而去保护有过失的错误方这一观点来看，应该在立法论上删除《民法》第95条，或将重大过失单纯改为过失，而在解释论上也应该对重大过失尽量放宽解释。这是参考了错误方有过错时不得主张错误无效的法国的判例和学说而提出的主张。

作者通过①—⑤，基于判例分析一贯性地将具体在何种场合认定错误无效作为问题。因此该文继“杉之原说”、“舟桥说”和
“川岛说”之后，决定了对动机错误区别对待的判例和以前的学说 120
予以批判的这一学术动向。同时，也是对停留在抽象讨论上的有关与以前的通说以及判例等之间具体有何差异并不明确的“杉之原说”、“舟桥说”和“川岛说”也提出了主要质疑。如果从在把具

体的归纳性的考察方法带入错误无效要件的分析中这一意义上来讲，可以被评价为难能可贵的研究。

3. 其后学界之发展

（1）现在考察包含动机错误的场合在内的统一错误要件的方向可以说是学说中的多数说[引领以前的通说的“我妻说”在之后的《民法指南》（Ⅱ）中也接近了该立场]。但是，关于对方的情况，无论是要求对错误的认知可能性（川岛等），还是要求对错误事项重要性的要求可能性（野村）的意见并不一致。有支持“野村说”的学说[①]，也有主张从错误无效是以从表示的约束力中解放错误方为目的的制度来看，要求对错误本身有认知可能性是正确做法的学说[②]。另外，还有观点基本站在先前学说立场上的同时，提出将①错误对对方来说有认知可能或是双方性的，或者②有关无偿转让、或者没有应该保护的对方之单独行为，而且错误是重要的等事项来作为要件。[③]

（2）另一方面，与民法的起草者以及初期的学说一样，在该文出现前就有学说认为《民法》第 95 条中的错误限于意思欠缺的场合，动机的错误不包含在里面。[④] 之后，也有重新支持该主张的学说[⑤]。

从这个立场出发，动机只不过是表意人个人的问题，其中有

① 槙悌次：《民法总则讲义》，有斐阁，1986 年，第 137 页；近江幸治：《民法总则》，成文堂，1996 年第 2 版修订版，第 176 页等。

② 须永醇：《民法总则要论》，劲草书房，1988 年，第 191 页。

③ 小林一俊：《要素的错误与错误人应该负担的风险》，《石川利夫教授还历纪念：现代民法学的基本问题》（上），第一法规，1983 年；后收录于《错误法研究》，酒井书店，1986 年，1997 年增补版。

④ 高森八四郎：《错误无效的意义》，《关西大学法学论集》第 24 卷 1、2 合并号，1974 年；后收录于《法律行为论研究》，关西大学出版部，1991 年。

⑤ 石田喜久夫编：《民法总则》，法律文化社，1985 年，第 151 页（矶村保执笔部分）。

错误也应该由表意人自己负担，但是该动机通过条件、保证、前提和特约等形式合意，或法律上有特别规定(《民法》第 96 条或第 570 条)的场合，则作为该合意或规定的效果问题来处理。此外，121
还有学说主张，一般来说将对方对错误的认知可能性作为错误无效的要件，但关于相当于动机错误的基础错误(错误是关于交易的性质、交易一般观念上或者通过合意被认定为契约的基础或前提之情况)，在一定的事态作为契约的“前提”被合意时才会产生错误无效。[①]

另外，还出现了主张有关动机错误区别对待，应类推适用《民法》第 96 条第 2 项的学说。[②] 有的学说重新对判例的理论结构进行内在性分析，以法国的原因论为线索向错误的定式化发展。[③]

■ 作者介绍

野村丰弘

主要著作：除该文外，还著有『民法 第 4 卷(改訂版)』(共著)(1990 年・有斐閣)、『分析と展開民法Ⅰ(第 2 版)』(共著)(1997 年・弘文堂)、『分析と展開民法Ⅱ(第 3 版)』(共著)(1998 年・弘文堂)、『民事法入門』(1998 年・有斐閣)、『民法Ⅲ 債権総論(第 2 版補訂版)』(共著)(1999 年・有斐閣)等。

简　　历：1943 年(昭和十八年)生，毕业于东京大学法学部，现任学习院大学教授。

---

① 矶村哲：《瑞士基于信赖理论之错误论》(2 完)，《民商法杂志》第 93 卷第 6 号，1986 年；后收录于《错误论考》，有斐阁，1997 年。须田晟雄：《错误的法律保护要件与多元化构成》，《私法》第 53 号，1991 年。

② 加贺山茂：《关于错误的〈民法〉第 93 条但书、第 96 条第 2 项的类推解释》，《大阪学院大学法学研究》第 153、154 号，1990 年。广中俊雄：《动机之错误》，《法学教室》第 127 号，1991 年，第 165 页；后收录于《广中俊雄著作集》(4)，创文社，1994 年。

③ 森田宏树：《〈民法〉第 95 条(以动机的错误为中心)》，《民法典的百年》(Ⅱ)，有斐阁，1998 年，第 141 页以下。

122 1-17 於保不二雄

《财产管理权论序说》

（有信堂，1954 年，1995 年再版）*

评议人 新井诚（千叶大学）

财产管理权的概念以该书为开端，通过该书奠定了财产管理权概念的确立基础。

1. 该书出版前关于本课题之学界状况

该书出现以前，学界并没有尝试对本书中所提到的代理、授权、行为能力、委托、无因管理和遗嘱执行等各个制度下潜藏的目标加以分析，并将其通过统一的概念予以说明。即便"财产"受到关注，但与其对应的"财产管理权"也并未受到关注，更不用说不存在确立财产管理权的一般概念等的构想了。

给这样的学界状况带来革命性冲击的正是该书。

2. 该书的内容及其在学界之意义

该书力图提出"财产管理权论"的理论体系。其基本主题在于对财产的归属主体和管理主体的分裂这一近代法中一般化的法现象进行统一的体系性的解释分析，特别是代理制度是该书考察的出发点。作为他人财产的管理制度，民法上有任意代理、法定代理、失踪人的财产管理、无继承人时的财产管理制度和遗嘱

* 原文文献为：於保不二雄『財産管理權論序説』[1954 年（復刻 1995 年）・有信堂]。——译者

执行等。还有在学说上，授权也被归为他人财产的管理制度。以前有关这些制度，强调：①以本人名义的行为，还是以自己名义的行为；②为了本人的利益还是自己的利益（或者第三人的利益）；③本人的管理权被排除，还是与本人的管理权竞合等的差异，因此不存在共通的目标，没有形成统一的结构。财产管理权论把这些差异与管理人权限问题分离开来，作为共通的本质性的目标提取出“管理权”这一概念。[①] 123

关于这种立场的背景，该书是如此论述的：“在以自由人格为最高原理的市民法体系中，不得不将人格、财产主体作为中心概念，而在现实的资本主义经济社会的财产法中，则必须以财产为中心。而且，财产的主体归属和财产的管理分离时产生财产管理问题，这种分化普遍时，就要求确立财产管理权概念。不仅是关于管理他人财产的特别制度，包括财产主体自己管理财产的场合在内，要理解财产的归属和财产的管理普遍分化的财产管理现象，就必须分离财产的主体归属和财产的管理。”

该书虽受路德维希（Ludewig）的授权论影响显著，其中还介绍了德国法的沿革和解释论，但其目的归根结底是为了树立日本民法的财产管理权论。该书的出现，给有关财产管理制度的理论框架带来了新的气息，使（学界）财产管理权论作为独立的法律分科成为可能。而且不仅是财产管理制度，更普遍的制度也受到该书的影响。例如说行为能力制度。现在的有力说是这样说明的，即在为民法对独立交易能力不充分之人定型化、设置保护机构和限制前者管理权的同时，另一方面又给予后者管理权，或者通过

---

① 参见广渡清吾：《论何谓代理权，留意其在民法体系中的地位》，《民法学（1）·总论的重要问题》，有斐阁，1976 年，第 216—217 页；新井诚：《财产管理制度与民法、信托法》，有斐阁，1990 年，第 1—2 页。

后者来补充前者被限制的管理权。[①] 从中可以看出受到该书的影响十分显著。

3. 其后学界之发展

（1）如上所述，例如在有关行为能力的说明中可以看到的，该书对民法学界产生了很大影响。其中最引起共鸣且继承、发展了该书主张的要数“四宫说”。

（2）“於保说”是从代理制度出发就财产管理制度提出了方案，而“四宫说”则一边依据“於保说”，一边从信托制度中找出新的理论发展之可能性，然后从那里出发提出财产管理制度。“四宫说”着眼于“管理人的对外地位”，作为符合的条件，列举出了①信托关系中信托人的地位、②代理权、③授权中的被授权人的地位、④间接代理权、⑤排他性管理权。排他性管理权被规定为
124 是“以自己的名义行为的权限”和“以本人名义行为的权限”，即包括授权和代理权。而“四宫说”允许排他性管理权的任意创造这一点特别值得关注。“四宫说”中行为的方式反映在管理人的权限中，看起来虽然和“於保说”中的管理权论有些许表现上的不同，但“四宫说”中也将代理、授权和信托作为财产管理制度来理解，把代理和授权作为在产生他人效力上是共通的制度来把握，因此从结果来看可以说是和“於保说”的管理权论立足于同一基础的学说。[②]

---

① 四宫和夫：《民法总则》，弘文堂，1996 年第 4 版修订版，第 46 页。

② 四宫和夫：《作为财产管理制度的信托》，《四宫和夫民法论集》，弘文堂，1990 年，第 43—75 页；参见广渡清吾：《论何谓代理权，留意其在民法体系中的地位》，《民法学（1）·总论的重要问题》，有斐阁，1976 年，第 217—218 页；新井诚：《财产管理制度与民法、信托法》，有斐阁，1990 年，第 2 页。

"四宫说"在《信托法》[①]中提出了体系庞大的信托理论，虽然这奠定了我国信托法理发展的基础，但不能忽视四宫信托理论的源流是来自于该书的。以该书为开端，由"四宫说"继承、发展的系统是否成功另当别论，而前载拙著也在有意识地继承这一系统。

（3）从民法学界整体来看，并没有普遍认可财产管理权论。例如有这样的见解，即"有学者主张一般除了财产自身的概念以外，应建立财产管理权之概念，通常的场合是正巧这两者归属于同一个人的时候（於保、四宫）。这样，一般就会产生这样的疑问，是否有必要将财产管理权定为与财产本身对立的权利"[②]。这种见解或许反映了民法学界整体的氛围。然而，"铃木说"在之后也修改了若干措辞，叙述道："一般来说，是否有必要将财产管理权定为与财产本身对立的权利，还需要另外探讨。"[③]

"铃木说"虽然有力，但恐怕还是"川岛说"和"须永说"在学界中赋予了财产管理权论以明确的定位。"川岛说"和"须永说"一边慎重地避免深入探讨到信托法理，一边又积极认可财产管理权论的有用性。"川岛说"叙述道："於保教授的一系列研究首次主张从私人自治能力的观点出发，将以前无相互关联并被分开考察的代理、非权利人的处分、行为能力、破产管理人和遗嘱执行人等 125
之间的相互关系体系化，并将这些制度囊括进财产管理权的构成概念中。笔者认为於保教授的理论未必在学界得到积极支持，但应该高度评价其理论功绩。"[④]而"须永说"则叙述道："权利人以自

---

① 四宫和夫：《信托法》，《法律学全集》，有斐阁，1958 年初版。

② 铃木禄弥：《民法总则讲义》，创文社，1984 年，第 84—87 页。

③ 同上书，1990 年修订版，第 101 页。

④ 川岛武宜：《民法总则》，《法律学全集》，有斐阁，1965 年，第 169—170 页。

己的名义行使的权利在私人自治的原则上理所当然，而以自己或他人的名义行使他人的权利也是可能的，所以作为对各种场合进行有条理的、统一的逻辑构成的道具性概念，这样的财产管理权概念是有用的。”[①]

作为个人意见，笔者期待，不仅像正确确定“於保说”的诸如“川岛说”和“须永说”受到大部分的支持，而且像“四宫说”一样包含信托理论的财产管理制度论也能够得以广泛的确立。这样，财产管理法学这一独立的法领域应该可以成立。[②] 随着企业和个人的海内外资产形成的快速发展，以及向高龄社会的迅速转型，新的财产管理的需求已经出现，而所需要的与其对应的法学领域正是财产管理法学。“於保说”已经在半世纪以前就预言此事了。

■ 作者介绍

於保不二雄

主要著作：除该书[作为书评，参见磯村哲・季刊法律学 20 号(1965 年)95 頁以下]外，还著有『家族制度論』(1946 年・有斐閣)、『民法総則講義』(1951 年・有信堂、復刻 1996 年・新青出版)、『債権总総論(法律学全集)』(1959 年・新版 1972 年・有斐閣)等。

简　　历：1932 年(昭和七年)—1996 年(平成八年)，毕业于京都帝国大学法学部，历任立命馆大学、京都帝国大学助教授，京都大学教授[其著作、履历请详见於保不二雄先生還暦記念『民法学の基礎的課題上』(1971 年・有斐閣)]。

① 须永醇：《民法总则要论》，劲草书房，1997 年新订版，第 17 页。

② 参见新井诚：《财产管理法学的课题》，《法学家》第 1000 号，1992 年，第 142—150 页。

1-18　伊藤进 126

《授权(Ermächtigung)概念的有用性》

(收录于《授权、补充、表见代理论》,成文堂,1989年;初次发表于《法律论丛》第39卷第4、5、6合并号,1966年)*

评议人　小杉茂雄(姬路独协大学)

该文主张不仅在处分和回收债权的场合,而且在义务设定的场合也应例外地承认授权概念,而且对於保不二雄博士的"管理权"概念提出质疑,尝试理论性地明确与其对应的授权概念。

1. 该文发表前关于本课题之学界状况

(1) 起始于耶林的授权概念,一般是指通过以自己名义所行使的法律行为可以干预他人(授权人)的权利范围内的权能(权利行使)之授予(转让)。但这只是明确了非权利人的权利行使是有效的,而对于授权的统一概念或被授权人、处分权人的法律地位并未被明示,权利本身及权利的构成分子和权利的行使、处分权能之间的区别并不明确。

(2) 该文出现之前,於保博士的《财产管理权论序说》中所收录的论文(特别是《授权(Ermächtigung)》)最为出色。於保博士在该文中发展了构成授权概念的法律构造的"权利行使的转让"之法理,而且不只是构成包括授权和代理权在内的"管理权"概念,还尝试将亲权、监护制度、遗产管理、遗嘱执行人、失踪人的财

---

* 原文文献为:伊藤進「授權(Ermächtigung)概念の有用性」,『授權・追完・表見代理論』(1989年・成文堂)所収,初出・法律論叢39卷4=5=6号(1966年)。——译者

产管理、委托和无因管理等都用这一“管理权”来把握。於保博士认为，管理权不仅是通过法律规定直接授予或通过法院的行为授予，还可基于当事人的意思授予。管理权是这样的权利，如果行使权和处分权归属于管理权，那么一直被看作是权利行使的转让、处分的转让的授权就会和管理权的授予统一。代理权和授权都是管理权行使的转让，即管理权的转让，代理人也和被授权人同样有可以干预他人财产的独立权限，这个自己的权限当然应该以自己的名义行使，而通过权利行使的转让理论，授权、代理权和管理权的本质
127 第一次得以明确，最终明确授权和代理权都是管理权的转让。

2. 该文的内容及其在学界之意义

（1）该文是为了针对上述於保博士的观点而作的研究（对其“管理权”概念的有用性提出质疑，即该概念使得代替他人而为的行为现象之代理权和授权的功能方面的区别并不明确，有否定各自作为一个法技术概念的有用性之危险，以及管理权这一统一的、总括性概念是否可以具体理解，是否在法律上井井有条等疑问。作为疑问的根据之一，作者指出，可以认为代替他人所为的行为现象是在人与人之间关系上理解的场合和在人与财产之间的关系上理解的场合并存的现象）。该文计划通过对于与授权概念的结构密不可分地结合在一起的作用范围的探讨，来确立作为该范围中的法技术概念授权概念是否发挥作用的前提性基础。也就是说，探讨授权概念的有用性，以此来形成在解决“代替他人所为的行为”之现象的有用的、实践中所必要的法技术概念，尝试对现代社会秩序进行法律整顿。

首先，关于使用授权概念的行为的法律构成，该书对授权概念进行了缩小解释，认为如果被授权人从授权人处得到权利行使

的权限，并基于该权限为法律行为（没有必要重视个人要素的行为），那么其就可以在授权人的权利范围内施加干预。这是基于以下的考虑。即即使从德国《民法》第185条第1项所规定的“同意”那里寻求授权的法律根据，或即使可以说明债务人对被授权人进行了任意性给付时对授权人产生偿还效果，也不能说明被授权人有以自己的名义行使权利的权能，有向义务人请求给付约束义务人的地位。

其次，作者通过对德国学说中的授权概念（根据其形态分为“处分授权”、“债权回收授权”、“权利行使授权”和“义务设定授权”四种）的探讨，指出由法律规定的授权（法定授权）所认可的授权的作用形态直接套用于任意授权上是有问题的。他指出，关于在法定授权范围内学界并没有对德国的通说所不承认的义务设定授权是否被认可进行充分的讨论，所以“以自己的名义”和“以他人的名义”之间的逻辑性意义之考察，在判断授权的各个作用形态是否适当时，各种类型化的行为和人的要素之间的关系之考察，对授权的各个作用形态的是否适当探讨之考察，就决定了授权可以作用的范围，由此得出授权概念的有用性。在此基础上， 128
该文又指出，行为中的人的要素一般是产生法律效果的重要要素，而法律行为中的人的要素，其法律评价会因其与实际所进行的、发挥作用的行为类型之间的关系而被左右，不能和前者作同等处理。这样，私法一般会预见到重视人的要素的行为和其他行为的存在，所以关于行为中的人的要素的法律评价，可以通过探讨它在人的要素和基于代理权以及授权的行为之间的关系中有怎样的意义来得出相关结论。

作为在他人的权利范围内进行干预的方法，代理权是“以本人的名义”而行为，而授权则是“以自己的名义”而行为。授权是在处分的标的物(object)例如与物直接联系而派生出的,而代理权是与本人的人格(person)相关联而派生出的。这样,基于代理权的行为可能有重视人的要素的场合,而有的基于授权的行为只可能是在不重视人的要素、通过直接与目的(标的物、行为本身)关联而成立的行为。然后,该文指出在理解"代替他人所为的行为"时有各个独立的法技术概念的价值,存在有用性,而且明确指出关于授权概念能够作用的范围,不应该由其行为类型是否处分为标准决定,而应该以行为中不重视人的要素的场合作为标准来判断。此外,该文主张,授权和代理权存在效果差异,而且特别是这两个概念作用面不同,各自作为法技术概念而具有独立的价值,所以不能创设统一的"管理权"概念来代替之。

从结论来说,该文主张如下,即授权概念在"代替他人行为"的现象中,作为对"以行为人自己的名义,进行不重视人的要素的法律行为将直接效果归属他人之现象"进行法律构成的法技术概念,有其独立的价值,因此,应该认可授权概念的有用性。最后,该文预测该授权概念能够作为为债权人代位权、股东诉讼权和受让人对土地簿的订正请求权的行使等奠定基础的法技术概念发挥功能。

129 (2) 该文对如於保博士那样将代替他人所为的行为现象都从任何财产的关系来把握提出疑问,认为此现象中从人与人的关系来理解的场合和从人与财产的关系来理解的场合并存,有必要从概念上区别代理权和授权。然而,关于代理,如果采用通说之代理人行为说,那么未必有必要从人(本人)与人(代理人)的关系来理解(但是,进行法律行为的是代理人,授权行为只不过是为了让效果归属本人的效果归属要件,所以在人与人的关系中,本人的关系部分可以用财产置换)。关于授权概念能发挥其作用的债权人代位权,该制度原本就是允许第三人在本人的财产管理权范围内进行干预，在人和人的关系中则不允许这种干预行为，而在人与财产的关系中则允许这种干预行为。再者，在债权人代位权中，比起授权概念，管理权概念更能发挥作用。

3. 其后学界之发展

（1）石田穰在其所撰《关于授权》[①]一文中称，伊藤教授的此项研究赋予了授权在法解释学上作为有用的法技术概念的具体性（石外克喜教授在其书评文章《民法学的进展》中评价道，该文与其说明确了其有用性，“不如命名为给授权概念研究的必要性加上根据的授权论序说”）。

再者，之后于昭和四十九年（1974 年）所发表的四宫和夫博士的论文《作为财产管理制度的信托》中有关授权的部分可以被认为是基本继承发展了伊藤教授的研究。还有学说指出，“伊藤教授的研究……对于认可授权人和被授权人之间的授权之根据和要件并没有充分的探讨。……而补充了这一点的是”清水教授的研究《授权（Ermächtigung）之基本考察——尤其以处分授权为中心》[②]、《试论义务设定授权（Verpflichtungsermächtigung）——以德国法的分析为主》[③]。

（2）石田的论文，与清水教授一样，从私人自治的原则来讨论说明了授权的根据和要件，按照我国的实体法讨论此前未被讨论 130
的问题点。佐佐木典子的《我国关于授权（Ermächtigung）的学说

① 石田穰：《关于授权》，《四宫和夫先生古稀纪念论文集：民法、信托法理的发展》，弘文堂，1986 年。

② 清水千寻：《授权（Ermächtigung）之基本考察——尤其以处分授权为中心》，《立正法学论集》第 12 卷第 3、4 号，1979 年。

③ 清水千寻：《试论义务设定授权（Verpflichtungsermächtigung）——以德国法的分析为主》，《立正法学论集》第 15 卷 1、2、3、4 号，1982 年。

之研讨——以处分授权为中心》[①]考虑到以前没有明确意识到的为何将法律行为的效果归属于行为人以外的人和为何可以在“自己的名义”下进行之间的区别，对该文之前的授权论学说进行了整理、分析和探讨。

另外，伊藤教授在《代理的法律构成之有关议论从何方向整理为宜》[②]中，对代理理论进行了整理，指出虽然在代理的法律构造和私法的基础之私人自治的关系上，可以试着形成本人、代理人和对方之三方面关系的法律行为论，但从私人自治原则来归结代理人行为说则是有问题的。作者考虑，不论如何，解释法律效果归属的根源在于本人的代理权授予行为是最顺畅的，所以应该在本人的意思决定中寻求法律效果归属的根源，主张有必要更加积极地定位代理人的意思效果。也就是说，有必要从以下观点来考虑，即把本人的代理权授予行为中效果归属于自己的意思和代理人的代理行为中转化给本人的意思相结合，使得代理这一三方面的法律行为产生效力。

■ 作者介绍

伊藤进

主要著作：除该书外，还著有『任意代理基礎理論』私法研究第 2 卷（1990 年・成文堂）、『私法研究著作集第 1 卷一』（1994 年一・信山社）等。

简　　历：1936 年（昭和十一年）生，毕业于明治大学法学部，现任明治大学教授［其著作、履历请详见伊藤進教授還暦記念『民法における「責任」の横断的考察』（1997 年・第一法規出版）］。

---

① 佐佐木典子：《我国关于授权（Ermächtigung）的学说之研讨——以处分授权为中心》，《姬路法学》第 3 号，1989 年。

② 伊藤进：《代理的法律构成之有关议论从何方向整理为宜》，“讲座”本《现代契约与现代债权之展望》（第 4 卷），日本评论社，1990 年。

1-19　高桥三知雄 131

《代理理论研究》

（有斐阁，1976年）*

评议人　福永礼治（东京学艺大学）

该书从本人的私人自治和本质论的重视等视角出发，重新讨论法律行为论整体中的代理理论，是对关于代理法上的基本问题提出独到见解，并对之后的代理法研究产生强烈影响的著作。

1. 该书出版前关于本课题之学界状况

(1) 代理效果产生的理论根据是什么，代理和委托（内部关系）作为怎样的关系来把握，代理权滥用，表见代理等，这些与代理的基本概念有着怎样的关联或者应该有怎样的法律构成？该书关于以上的代理法上的课题，根据本人的意思、私人自治的重视等思想进行了理论性探讨。另外，该书将1966年到1976年刊载在《关西大学法学论集》和《民商法杂志》等刊物上的论文加工修改，于1976年出版。

(2) 关于代理效果产生的理论根据，以及代理中法律行为的当事人是谁（是谁的效果意思），有本人行为说、代理人行为说和共同行为说等德国的学说。这些内容被介绍到我国[①]，和德国一样，代理人行为说得到绝对性地支持而被确立下来。然而，1955年德国的缪勒（Müller-Freienfels）写了《契约中的代理》（*Die Vertretung*

---

* 原文文献为：高橋三知雄『代理理論の研究』(1976年・有斐閣)。——译者

① 中岛玉吉：《关于代理》，《京都法学会杂志》第2卷第7号，第575页以下等。

Beim Rechtsgeschäft)一书，提出以下观点。即站在本人的私人自治的立场上，任意代理的效果存在于代理行为中代理人与对方的意思表示以及代理权授予的表示中，存在于在表示同意并协助的本人的意思中。以此为契机，德国出现了考虑本人意思和私人自治而尝试重新探讨代理人行为说的动向，而这也对我国的代理法研究产生了影响。缪勒的观点由滨上则雄教授、远田新一教授、伊藤进教授以及高桥三知雄博士等介绍和讨论的同时，依据之后的学说[弗鲁梅、蒂勒(Thiele)、帕夫洛夫斯基(Pawlowski)]，展开了代理法学说的讨论。特别是1965年弗鲁梅在其著作《法律行为》(*Das Rechtsgeschäft*)中所提出的对本人的私人自治、意思主义的强调，
132 以及对作为行为的意思表示、法律行为和作为因此被制定出的规制之意思表示、法律行为加以区别等独特的法律行为论，以及以此为基础的代理理论，对高桥博士的思考产生了重要影响。另一方面，在代理人行为说的立场上能够看到主张财产管理权的於保不二雄博士有独特的见解，而四宫和夫博士则提出应考虑代理权的代理人行为说(代表说)之动向。但是，在学界有关代理的本质论或法律构成并未展开活跃的讨论，从代理的本质来探讨个别问题的尝试也很少。即便如此，关于意思主义和私人自治等，出现了星野教授对其进行再考察的论文①。以此为契机，有威望的学者展开了关于私人自治的讨论，关注私人自治的倾向继而出现。

(3) 关于表见代理，一般被解释为是包括在广义的无权代理中的制度，但木村常信教授主张将表见代理的规定(第109、110、112条)解释为有权代理，椿寿夫教授还提出将表见代理放入有权

---

① 星野英一:《现代契约》,"讲座"本《现代法》(第8卷),岩波书店,1966年,第245页以下。

代理的见解。

2. 该书的内容及其在学界之意义

(1) 该书由五章构成。在第一章对代理的本质、法律构成进行探讨后,由以下的代理人的自我交易(第 2 章)、委托和代理(第 3 章)、代理权滥用(第 4 章)、表见代理(第 5 章)而展开。若将高桥博士的主张简单概括的话,即为下文:如果以重视私人自治、本人意思的思想为背景来理解代理的本质的话,那么代理中法律行为的当事人则是本人,应该讲代理权授予行为和代理行为不可分割地统合起来。因为代理中法律行为的当事人是本人,所以通过代理人所为的法律行为之成立中必要的效果意思,不是通过代理人而是通过本人来形成的,代理权授予就是该效果意思的表示。代理权授予中所表示的本人的意思,并不只是向代理人作出的,其本质是向对方作出的,外部授权正是代理权授予行为的本来形态。而在法定代理的场合,要认可该法律关系成立所不可或缺的本人的地位中有意思的存在。代理和委托等内部关系是各自独立的法律关系,在日本法中也承认代理权的无因性,因此内部关系中存在没有被正当化的有权 133
代理,而这样的没有被内部正当化的行为也承认代理的效果。对方有过失时不产生代理效果这一点可以通过代理权滥用的法理来理解。这样看,表见代理不是仅具有代理权的外观,而是存在真实代理权的有权代理,是代理权滥用的一个形态。由此,表见代理责任的根据可以从本人的意思和该代理行为之间的关联中寻求。

(2) 主张以上内容的该书其特色在于在代理理论中贯彻私人自治和意思主义这一点。也就是说,代理效果的产生全部与本人的意思相连。该书试图基于这种考虑来构成整个代理法。而在那时通过运用演绎手法的理论展开,从代理的本质论出发进行代理的具体问题的探讨从而引出结论，这也是该书的特色。“第三人在多大程度上受到保护是适用关于代理的法规之结果，而保护第三人并不是解释法规的根据”（原书第194页），这句话就非常清楚地表现了这一特色。私人自治、重视本人意思的思想，是对于当时外观理论、交易安全等表示主义的倾向所提出的异议，通过本质论和体系的整合性、演绎手法的逻辑展开，也可以说是对当时民法学界中成为大潮流的利益考量论的对抗。

（3）高桥博士所提出的以代理人的自我交易为首，委托和代理、代理权滥用等各个问题的结论，也大部分与此前的通说见解相对立。他主张如果将代理权的有因性作为前提的话，那么违反义务的代理行为就成为代理权限外的行为等，对于代理权的有因、无因之把握本身，其主张与此前我国的见解有着不同的立场。这些都是在对德国的代理理论详细探讨的基础上，以意思主义的思想为基础进行明确且有一贯性的逻辑展开而得出的结论，和代理的本质论一起成为了重要学说。

3. 其后学界之发展

（1）高桥博士是在该书出版的第二年即1977年英年早逝的，当时他只有37岁。之后关于代理权滥用、表见代理等各个解释论上的研究虽然有很多，但是对于代理本质的探讨或重新构成整个代理法的尝试却很低调。在任意代理的领域，有从探求有权代理论和表见代理论的共通点这一观点出发，探讨代理权的抽象性
134 和代理行为的瑕疵等的远田新一教授的著作[①]，有主张代理的效果意思通过代理人的表示行为，并以其为媒介确定本人意思的本

① 远田新一：《代理法理论研究》，有斐阁，1984年。

人代理说之高森八四郎教授的见解[①]，还有综和了迄今为止的代理法学说和代理权滥用等论文之伊藤进教授的《任意代理基础理论》[②]等著作。但却不太能见到像高桥博士所期待的从代理人行为说来对高桥代理理论进行积极反驳的学说。这是因为对讨论本质论或通过分析概念探讨这样的方法论究竟有怎样的意义怀有疑问的风气很强的缘故吗?

（2）但是最近出现了与高桥博士有着同样的问题意识、主张在讨论代理本质必要性的同时来重新认识整个代理法的尝试[③]，还有人发表了讨论表见代理的有权代理构成的论文[④]，这些研究今后如何发展将受到关注。

■ 作者介绍

高桥三知雄

主要著作：除该书所刊载的研究以外，还著有「フルーメの法律行為論」関西大学法学論集 16 卷 4＝5＝6 号（1967 年）、「ウォルフ『法律行為における決定の自由と契約による利益調整』」関西大学法学論集 21 卷 3・4 号（1972 年）、「私的自治・法律行為論序説」関西大学法学論集 24 卷 3・4・6 号（1974 年）等。

简　　历：1940 年（昭和十五年）—1977 年（昭和五十二年），毕业于大阪大学法学部，关西大学教授[其著作、履历请详见関西大学法学論集 28 卷 4＝5＝6 号（1979 年）]。

---

① 参见石田喜久夫编：《民法总则》，法律文化社，1985 年。

② 伊藤进：《任意代理基础理论》，成文堂，1990 年。

③ 佐久间毅：《任意代理的法理》，《冈山大学法学会杂志》第 39 卷第 4 号，第 133 页以下。

④ 臼井丰：《探索表见代理之有权代理说的可能性——以弗鲁梅之后的学说为参考》，《同志社法学》第 49 卷第 6 号，第 266 页以下；佐久间毅：《〈民法〉第 109 条之表见代理》（1—3 完），《法学论丛》第 144 卷第 2 号第 8 页以下，同卷第 3 号第 1 页以下，同卷第 6 号第 1 页以下。

135 *1-20* 中岛玉吉

《表见代理论》

(《京都法学会杂志》第 5 卷第 2 号,1910 年)*

评议人 高森八四郎(关西大学)

该文是通过英美法的表见代理[agency by estoppel(by holding out)]的法理,对《民法》第 109 条、110 条、112 条这三条规定既不是有权代理也不是无权代理而是表见代理的思想提供法理根据的划时代研究。

1. 该文发表前关于本课题之学界状况

(1) 代理人为代理行为有两个场合:第一个是被本人授予代理权的场合,第二个是没有被本人授予代理权的场合。前者作为有权代理,代理人代理行为的效果全部归属于本人。后者是无权代理,效果统统不归属于本人,代理人除了负法定责任(《民法》第 117 条)外,代理行为的效果也不归属于他。代理行为"不产生效果"(第 113 条)。但是民法规定了严格意义上代理人没有被授予代理权而本人要负责任的场合。即第 109 条、110 条、112 条。第 109 条规定"表示了"向"第三人"(对方)"授予"代理权之意思的人(本人),关于被授予的该代理权的范围内代理人和对方之间的行为,"负其责任"。该条一般解释为本人现实中并没有授予代理人代理权,但正因为对第三人作出了"授权表示",所以本人应该负责。第 110 条规定,在

* 原文文献为:中島玉吉「表見代理論」,京都法学会雑誌 5 巻 2 号(1910 年)。——译者

代理人实施了“权限外行为”的场合，而第三人“相信其有权限”，即“有正当理由”相信代理人的行为是权限内的行为时，准用第 109 条，就代理人的行为“负其责任”，至少从第 110 条明文规定可以明确看出该条考虑到“权限外行为”未被授予代理权的情况。接下来的第 112 条，继第 111 条规定了代理权的消灭事由之后，规定了“代理权的消灭”不能对抗“善意第三人”，而在但书中规定了因过失“不知”代理权消灭“事实”的第三人则“不在此列”，对恶意有过失者可以以消灭对抗，而对善意无过失者不可以消灭对抗。如此，代理权虽已消灭，但对于代理人的行为，本人必须“负其责任”。 136

(2) 关于上面三条规定的法律根据，民法刚制定后的代表性学说是如下论述的。首先，冈松参太郎在《注释民法理由》(上卷)[①]中认为，第 109 条“是规定代理权授予方法的条文”，即代理权的授予，通过向代理人(内部)授权和向对方表示授予代理人代理权的意思来实现，前者不言自明，而后者会有争论。所以，在条文中清楚地记载了代理权的授予是单独行为。[②] 也就是说，这是将第 109 条作为有权代理的一个场合来理解的观点。与此相对，关于第 110 条，则将它作为保护善意第三人而设的特别规定，是无权代理的特殊场合。这种观点对于第 112 条也是同样的，即该条是代理权的消灭，而对于第三人来说往往不会知道，所以为了不使善意第三人蒙受不可预测的损害而设定的条文。最终，冈松是把第 109 条解释为外部的代理权授予制度，把第 110 条、112 条解释为保护善意人的特别规定。

与此相对，起草者梅谦次郎的《民法要义》卷一《总则编》[③]将

① 冈松参太郎:《注释民法理由》(上卷)，有斐阁，1896 年初版。

② 同上书，第 243、244 页。

③ 梅谦次郎:《民法要义》卷一《总则编》，法政大学，1896 年初版。

第 109 条作为“以保护第三人为目的”的“公益规定”，明确指出该条不是像在德国民法中承认通过本人的单独行为授予代理权的规定。[①] 关于第 110 条，他也认为“本条也是与前条一样出于同一宗旨的条文，是为了保护善意第三人而设定的公益规定”。也就是说，代理人超越权限进行的代理行为是无权代理，所以本人没有必要负第 99 条所规定的责任，而对方有正当理由相信代理人有权限的场合，例如“代理人实施与以前同种的法律行为时，本人承认该行为没有拒绝过履行的场合，或对于习惯上同种的行为代理人皆有此权限的场合”。然后认为第 112 条“也是以保护第三人为目的的公益规定”。最终，梅的见解为：第 109 条是把本人授予代理权的一种表示责任作为问题；而第 110 条是承认从对方来看推定为委托的本人之行为或向代理人赋予一定的地位时，“有正当理由相信其有权限”，则应当让本人负责来保护第三人维护交易安全。关于第 112 条，其观点是，不知道因“本人死亡”、“委托解除”等代理权消灭之事的第三人经常存在，如果认定此时对
137 （没有任何通知的）本人（或继承人）没有效果，那么“第三人会蒙受没有预料到的损失”。可以看出他有意将这三条规定总括为虽是无权代理却特别让本人负担责任的公益规定。而同为起草者的富井政章的《民法原论》第一卷《总论》[②]也主张，对第 109 条（虽然曾经在法典调查会有采用德国法的外部授权的意见）向“梅说”倾斜，“此规定一看便是因单独行为所引起的代理权的发生”[③]。他就第 110 条论述道，不基于代理权的代理行为本来对本人不产生

① 梅谦次郎：《民法要义》卷一《总则编》，法政大学，修订版第 33 版，第 277、279 页。

② 富井政章：《民法原论》第一卷《总论》，有斐阁，1903 年初版。

③ 同上书，1922 年合订本，第 500 页。

效力，该条是特别从保护第三人的必要性出发，效力涉及本人的场合，这一点与第 109 条同为例外，立法者严格设定要件，第三人仅是善意是不够的，“而且必须要有正当理由客观相信其有权限”，关于正当理由成立的场合，他与梅举出了同一事例。接着富井认为，第 112 条是为了不使第三人在不知代理权已消灭而交易的情况下受到不可预测的损失，保护交易安全，从而在民法中“对代理权消灭的效果加以限制”的规定。[①] 以上是中岛论文发表以前的学界状况。

2. 该文的内容及其在学界之意义

(1) 用一句话概括该文的内容即为，对第 109 条、110 条、112 条进行总括性和理论性的把握，在英国法的表见代理中寻求法理根据。作者将英国法的“agency by estoppel”称为“表见代理的思想”，并解释道是因为日本法用了“表见代理”这一用语。即用一句话说就是“表见代理是指进行了应该使人相信授予了他人代理权之外部行为的人，虽未真正授予代理权，但对于善意第三人则看作授予了代理权的英美法中的表见代理(agency by estoppel 或 agency by holding out)(原文第 1—2 页)。

(2) 关于第 109 条、110 条、112 条各条，以前的学说都以保护善意第三人的公益规定来说明，而中岛则认为，以前的学说当然是合理的，但对根据的说明并不明确，所以应该用表见代理的思想来说明。第 109 条是指使人相信有代理权的“外观上的证明”，第 110 条的正当理由的意思是“因本人的行为，从第三人来看应
该属于代理权范围内的事实之存在”，第 112 条是对于虽然代理 138
权已消灭，但“因为基于本人行为的表见性事实存在”，因此对善

① 富井政章:《民法原论》第一卷《总论》，有斐阁，1922 年合订本，第 519 页。

意第三人产生责任的规定。作者指出，这些全部都是以表见代理的思想为基础的规定。

(3) 如上，针对以前未必把上述三条总括起来将其法理根据予以明确的学界状况，虽然关于第 110 条有梅的先驱性研究，但中岛第一次将英美法的“禁反言”(estopel)法理作为表示表见代理思想的理论来把握，整理了“因本人的表见性行为，第三人相信有代理权，而代理行为的效果归属于本人的法理”。这个思想在这之后是怎样被认识的呢？

3. 其后学界之发展

(1) 上述中岛的思想，从结论来说，是一部分被接受而一部分未被接受。首先，鸠山秀夫在其所著的《法律行为及其时效》[①]一书中认为，上述三条“为了总括起来表示无权代理的特殊场合，视其为表见代理(Scheinvollmacht，agency by estoppel)非常便利”，而引用了中岛的论文，但没在看到更多的参考“禁反言”法理的要件之记述(即本人表见行为的存在)[②]。随后，在其《日本民法总论》[③]中指出，“表见代理不以本人的故意或过失为要件，是为了保护代理交易中的动态安全而认定无过失责任”的制度。他批判道，大审院要求对方当事人可以相信代理人有正当权限的正当理由必须“在本人的行为或不行为中出现”，这采用了所谓的“原因主义”，即“没有法律根据而加以限制，把表见代理的范围不当缩小了”。这一观点远离了中岛论文中的“禁反言”的思想，直到现

① 鸠山秀夫:《法律行为及其时效》，严松堂，1912 年。

② 不过倒是指出，有关第 110 条的正当理由的成立，本人的过失不成为问题。同上书，第 330 页。

③ 鸠山秀夫:《日本民法总论》，岩波书店，1927 年初版。

在都实际引领着之后的判例学说。

（2）鸠山的理论被我妻荣的《民法讲义》（Ⅰ）[①]继承后变为以下内容。即主张“交易的安全是近代法的理想之一”；“代理是近代交易中的重要制度，所以特别要强烈体现交易安全之理想”，因此，表见代理是指“无权代理人和本人间存在特定的紧密关系的场合，与正当代理人的行为产生同样效果”的制度，而“表见代理 139
的规定”（第 109 条、110 条、112 条）“在这个意义上应该适当扩大其适用范围”。该观点因过度强调交易安全，所以对表见代理的根本宗旨没有触及，只提到第 109 条“可以说是采用了英美法的‘禁反言’”[②]。该书对第 110 条的要件进行了如下说明。即鸠山所提出的“本人和代理人之间极少的联系”变为“有其他的一定范围的代理权”，也就是之后所说的“代理权的存在”；而且正当理由在“客观观察种种情况，普通人认为相信有代理权是正确的”时候成立，具体是指在“赋予空白委托书，将其使用限定在一定范围内时”或“授予代理权的同时交付了正式印章、印章证明书、权利证明等时”成立。而且他还指出，因为“正当理由不需要本人的过失……也不需要因本人的行为引起”，“所以也适用于法定代理”。此外，他认为“与第 112 条和 110 条的重叠适用同样”，肯定了“第 109 条和 110 条的重叠适用所产生的”的竞合型表见代理。[③]

（3）如上所述，总括上列三条和“表见代理”这一用词都被继承下来，但中岛所主张的真髓之“禁反言”法理的精神却几乎没有被继承。但是最近，四宫和夫在其《民法总则》[④]中关于表见代理

① 我妻荣：《民法讲义》（Ⅰ），岩波书店，1930 年初版。

② 我妻荣：《新订民法讲义》（Ⅰ），岩波书店，1965 年，第 363、364、367 页。

③ 参见上书，第 368、370、371 页。

④ 四宫和夫：《民法总则》，弘文堂，1972 年初版。

讲道:“其理论根据在于禁反言的原则和权利外观理论。禁反言的原则明显将存在足够让本人负责任的原因作为前提……至少要求有引起外观形成的有某种原因。”[①]从中可以些许看到向“中岛说”的回归。还有高森八四郎和高森哉子的《表见代理论之再构成》[②]是用中岛表见代理论中的“禁反言”之法理对表见代理进行再构成的研究,试图全面发展表见代理。也就是说,第 109 条是保护对方对本人之授权表示信赖的规定,第 110 条是“有客观情况存在,使得对方觉得就有关代理权的有无和范围不用向本人问询,因而对方相信代理人有代理权”。具体来说,在“对方迄今为止通过代理人与本人进行了同种同量的交易,这些交易都由本
140 人承认,并平安无事地被履行,或者有与此相近的本人之许可性言行而相信存在代理权”的情况下,保护对方之信赖的规定。第 112 条是曾经授予过代理人代理权的本人在代理权消灭之后仍然放置去该外观,因而保护信赖了该代理权的外观的对方之规定。该研究总的来说是将表见代理作为“对方对因本人的表见性行为(holding out)而作出的代理权存在的外观之信赖的保护”制度来把握的。然而,现在学界的状况以鸠山、我妻理论为中心,因此现状是中岛的表见代理论“一部分被接受而一部分未被接受”。

■ **作者介绍**

中岛玉吉

主要著作:除该文外,还著有『民法釈義』(総則 1911 年、物権 1914 年、担保物権 1916 年、債権総則 1921 年、親族 1939 年 · 金刺芳流堂)、『民法論文集』(1915 年 · 金刺芳流堂)、『不作為債権論』(1919 年 · 金

---

① 四宫和夫:《民法总则》,弘文堂,1972 年第 4 版,第 257 页。

② 高森八四郎、高森哉子:《表见代理论之再构成》,法律文化社,1990 年初版。

刺芳流堂)、『続民法論文集』(1922年・金刺芳流堂),以及很多其他论说。

简　　历:1875年(明治八年)—1960年(昭和三十五年),毕业于东京帝国大学法科大学,历任司法官候补、京都帝国大学教授[其著作、履历请详见前田達明「日本民法学者のプロフィール8 中島玉吉」法学教室182号(1995年)]。

141 1-21 几代通

《法律行为的撤销与登记》

[《於保不二雄先生还历纪念:民法学的基础性课题》(上),有斐阁,1971年]*

评议人 中舍宽树(南山大学)

该文提出对有溯及力的无效和登记的问题类推适用《民法》第94条第2项,是对不动产物权变动和登记的问题整体带来很大影响的研究。

1. 该文发表前关于本课题之学界状况

(1) 不动产物权变动要对抗第三人就必须登记(《民法》第177条),这一物权变动中包含怎样的内容是关系到我国不动产交易法整体的大问题。“××与登记”的题目正是这个问题。其中有关“撤销与登记”问题,以代表物权变动在有溯及力之无效的情形和与登记的关系成为问题的几种情形的形式,学界争论十分激烈。判例从很早以前就开始在法律行为撤销的前后区别问题上、在与撤销前有利害关系的第三人之间的关系上,贯彻有溯及力的无效之规则;在与撤销后的第三人的关系上,认可恢复性物权变动的存在;所有权人和第三人的关系作为类似于重复转让,适用第177条的处理规定。①

---

* 原文文献为:幾代通「法律行為の取消と登記」,於保不二雄先生還暦記念『民法学の基礎的課題上』(1971年・有斐閣)。——译者

① 大审院昭和十七年(1942年)9月30日判例,《大审院民事判例集》第21卷,第911页。

学说一直对撤销前后没有改变法律构成的理由进行批判。但是这里有一个具体的问题点，就是除了第 96 条第 3 项所规定的以外，第三人完全不被保护。与此相对，根据判例理论，撤销后的第三人如果登记就受到保护。判例虽然有理论上的困难，但在该文之前受到通说支持，在很大程度上是因为有这种妥协性的结果。此外，判例还将这一法律构成援用于其他类似的问题（解除、时效、继承），不限于撤销与登记的问题，作为与溯及性物权变动与登记的问题整体相关的法律构成得以确定。

（2）问题的根源在于我国不承认不动产登记簿的公信力。如果承认其公信力，就不用采用像判例一样的构成，贯彻撤销的有溯及力的无效之规则的第三人也能受到保护。作为立法论，几代教授主张我国也应该赋予登记以公信力。[①] 然而，有很多意见认 142
为即使是立法论，公信力也应被否定。在这种情况下，几代教授的主张只停留于个别学说。也就是说，在该文出现之前，几代教授的课题是："即使通过立法不能承认一般的公信力，但难道没有通过解释在一定场合扩大第三人保护而且在理论上也没有困难的法律构成吗？"

作为可以部分弥补我国的登记没有公信力的理论，现在类推适用第 94 条 2 项在判例和学说上已经确立。该理论第一次出现在最高裁判所昭和二十九年（1954 年）8 月 20 日的判决中[②]，之后判例向着扩大类推适用范围的方向迅速展开，在该文即将出现之前，已经出现了所谓外形自己作出型和外形他人作出型的判例，完成了类推适用该条文的主要框架。而学说也基本支持这一方

① 几代通：《不动产登记与公信力》，《私法》第 13 号，1955 年。

② 最高裁判所昭和二十九年（1954 年）8 月 20 日判决，《最高裁判所民事判例集》第 8 卷第 8 号，第 1505 页。

向。不过，在学说上，第 94 条第 2 项的适用、类推适用是以真正的所有权人和登记名义人之间的法律行为无效或不存在为前提的；而在判例上，就撤销与登记的场合，将存在有效的法律行为或有效的登记作为改变法律构成的分界线。但是如果从存在不符合真相的登记而所有权人没有将此除去的这一现状来把握问题的话，那么两者之间就没有本质性的差异了。这样就不难想象几代教授参考判例中类推适用第 94 条第 2 项的发展，对此加以推进并考虑在撤销与登记的场合的运用了。

2. 该文的内容及其在学界之意义

（1）如果说用限定撤销的溯及力来弥补我国公信力欠缺的是判例理论的话，那么贯彻撤销的溯及力并关注撤销后所有权人的状况来保护第三人的则是“几代说”。[1] 也就是说，作者主张，撤销权人*“从撤销权发生的原因那里获得自由，身处可以有效去除可撤销的行为外形之登记的状态，但却不予去除而将其放置就等同于虚假表示的状态”，撤销权人“明知自己的行为是可撤销的行为，而且进入了可以将追认有效化的状态时”，他和之后的第三人
143 之间的关系上类推适用第 94 条第 2 项（追认可能时说）。

理论上，根据这个学说，撤销前后都保持同一法律构成。从这个意义上来看，它克服了判例理论的难点。具体来讲就是根据该学说，只有在可追认之后还懈怠不恢复登记时才会产生损失，这就和根据判例理论所得到的结论几乎没有差别。不仅如此，该学说还给保护撤销前的第三人也开拓了道路，这样可以得到更加

---

① 之后在几代通的《法律行为的撤销与登记——再论》（《民事研究》第 359 号，1987 年）中被补充修改。

* 撤销权人：即享有法律行为撤销权的当事人。——译者

妥当的结果。此外，该学说不仅限于撤销与登记的问题，也适用于法律行为自始无效的全部情况。而该学说依据第 94 条第 2 项这一点，也如上所述，因为通过判例，该条文的类推适用逐渐扩大并得以确立，所以其法律构成的阻力也很小。因此，该学说出现以后迅速获得支持，目前在学说上获得了可以成为通说的地位。

（2）“几代说”实质上可以被评价为是对此前的撤销之溯及力贯彻说的反驳。也就是说，以前反对判例理论的学说所讨论的论点是在本身没有公信力的我国是否也应该保护信赖登记的第三人这一问题。与此相对，“几代说”主张贯彻撤销的溯及效力也应该保护且能够保护信赖登记的第三人，基本是在我国的不动产交易中重视登记的立场。该文出现以后，对于之前作为议论对立点之前提的问题意识越来越薄弱，议论的中心转为以应该保护第三人这一判断为前提，其法律构成怎样才是妥当的这一点。议论的对称轴也由此移动。也就是说该文最大的意义就在于移动了这一议论的论点。

3. 其后学界之发展

（1）该文发表后，有几个学说涌现出来，它们在基本支持“几代说”的同时，又在类推适用第 94 条第 2 项这一问题上与“几代说”有所不同。例如，“下森说”主张欺诈的场合适用第 96 条第 3 项，所以应该在撤销前适用该条，仅在撤销后类推适用第 94 条第 2 项。[①] 对此，几代教授也在之后接受该批判，修正了自己的学说。此外，“四宫说”主张，关于对登记的注销置之不管一事，在撤

① 下森定：《再论〈民法〉第 96 条第 3 项中的第三人与登记》，《药师寺志光博士米寿纪念：民事法学之诸问题》，综合劳动研究所，1977 年。

销前和撤销后其懈怠程度有明显差异，所以应该仅在撤销后适用
144 第 94 条第 2 项（取消时基准说）。[①] 但是，针对该说，有学者批判道，该说损害了开辟撤销前对第三人保护之路的“几代说”之意义，从撤销权人的恶意这一点来看，进入追认可能状态之后是否撤销，没有本质性的区别。除了上述研究，还有围绕类推适用第 94 条第 2 项的要件、基准时间也有几个修正性的提案，但是这些都不是能够颠覆“几代说”之根本性研究。

(2) 法律构成上更大的对立是在其与贯彻对抗问题说之间的对立。这一学说早于“几代说”，或可以说两者几乎同时出现。它和“几代说”同样主张没有理由在撤销前后改变法律构成，而且同样有应更加广泛地扩大对第三人保护之价值判断。但作为法律构成，该说却与“几代说”完全相反。也就是说，“铃木与广中说”主张，不论撤销前后，只要是在撤销权人能够恢复登记但却懈怠的情况下，撤销的溯及力就没有效力，而此后的问题都作为抗辩问题来由第 177 条处理。[②] 此后，该学说对“几代说”批判道，没有应该撤销的义务这一类的东西，所以虽然可以说因为不撤销或不恢复登记而遭受不利（抗辩问题，即第 177 条），但也没有到等同于虚假表示的状态。这一学说与判例相比，更加限制撤销的溯及力，限定其发挥功能的场合，以此来扩大公示原则作用的空间。

(3) 关于类推适用第 94 条第 2 项说和贯彻抗辩问题说之间的对立怎样解决这一点，不仅限于撤销与登记的问题，而是今后影响不动产登记全部方面的大问题。但是另一方面还要注意在

---

① 四宫和夫：《溯及效力与对抗要件》，1977 年。

② 铃木禄弥：《物权法》，创文社，1994 年第 4 次修订版；广中俊雄：《法律行为的撤销与不动产交易中的第三人保护》，1977 年。

保护信赖以及登记之人这一点上，两学说基本的构思并没有多少差异。目前学说中出现不把第 94 条第 2 项和第 177 条理解为水与火似的二律背反的关系，而是谋求两者理论上相结合的观点（第 177 条的抗辩问题发生之可能性主要通过第 94 条第 2 项的类推适用来说明“米仓说”[①]）、把第 94 条第 2 项类推适用理解为第 177 条的限制法理之“川井说”[②]等。“几代说”间接地为这些学说提供了理论基础。另外，如果广泛地、一般地来把握不登记或不 145
恢复的懈怠之意思，那么第 94 条第 2 项的情况和第 177 条的情况都是权利所在与登记不一致的情况，可以被评价为是违反了登记制度（公示制度）的理想状态。在这种评价下，在对不恢复登记之人课以事实上的恢复登记义务这一点上，可以说类推适用第 94 条第 2 项说和贯彻抗辩问题说之间没有差异。

（4）作为公信力之前的问题，民法本来持有和这种登记制度的理想不相称的态度。也就是说，在有关物权变动的意思主义（第 176 条）之下，物权变动时不一定伴随登记，所以不得不承认权利之所在和登记的不一致，不可能完全实现登记制度的理想。正确的方向是在意思主义之下也仍然尽量向登记制度的理想接近，还是应该在意思主义之下看清第三人保护的界限，去纠正偏重登记的不动产交易实体本身，现在应该把这一点视为问题。撤销与登记的问题在这种意义上可以说是意思主义这一个民法的基本态度和不动产登记制度之间的对立与调整的最前线。几代教授是否最初就意识到这一问题的发展另当别论（该教授自身在后期对自己学说的扩展也持慎重的论调），但可以说问题正在渐

① 参见米仓明：《禁止债权让与特约的效力之疑问》(3)，《北大法学论集》第 23 号，1973 年。

② 川井健：《不动产物权变动中的公示与公信》，日本评论社，1975 年。

渐回到出发点。

■ 作者介绍

几代通

主要著作：除该文外，还著有『不動産登記法(初版)』(1957 年・有斐閣)、『民法総則(初版)』(1969 年・青林書院新社)、『不動産登記法の研究』(1973 年・一粒社)、『不法行為』(1977 年・筑摩書房)、『登記請求権』(1979 年・有斐閣)、『不動産物権変動と登記』(1986 年・一粒社)等。

简　　历：1923 年(大正十二年)—1991 年(平成三年)，毕业于东京帝国大学法学部，历任名古屋大学、东北大学、上智大学教授等职[其著作、履历请详见幾代通先生献呈論集『財産法学の新展開』(1993 年・有斐閣)]。

1-22 星野英一 146

①《关于时效的备忘录》

（初次发表于《法学协会杂志》第86卷第6、8号，第89卷第1号，第90卷第6号，1969—1974年）

②《取得时效与登记》

［初次发表于《铃木竹雄先生古稀纪念：商法学的课题》（中），有斐阁，1975年］

［上述论文之后均被收录于《民法论集》（第4卷），有斐阁，1978年］

山田卓生

③《取得时效与登记》

（来栖三郎、加藤一郎编：《民法学的现代课题》，岩波书店，1972年）*

评议人 草野元己（三重大学）

这些论文中，论文①以时效的存在理由为题目，论文②、③以所谓"取得时效与登记"的问题为题目。三篇论文都是就其各自研究的题目促使此前的解释发生根本性转变，并对之后的学说产生重大影响的划时代论文。

1. 该系列论文发表前关于本课题之学界状况

（1）民法中，时效规定是指在某个一定的事实状态（如像是所

* 原文文献为：星野英一「時効に関する覚書」，初出・法学協会雑誌86巻6・8号・89巻1号・90巻6号（1969—1974年）；「取得時効と登記」，初出・鈴木竹雄先生古稀記念『商法学の課題 中』，（1975年・有斐閣）。両論文とも『民法論集 第4巻』（1978年・有斐閣）に所收。山田卓生「取得時効と登記」，来栖三郎＝加藤一郎編『民法学の現代的課題』（1972年・岩波書店）。——译者

有权人一样的状态、像不存在债务一样的状态）长期持续的场合下，法律承认基于事实状态的权利取得或消灭之制度（《民法》第162条、163条、167条以下）。但是，如果非所有权人长期占有他人之物就可以变成所有权人，债务人长期不清偿债务就可以免除债务的话，那么时效就会被指责为不道德的制度。如此，从看起来不道德的时效能够作为民法内容被规定这一点来讨论时效的存在理由，就显得很有意义。

其次，《民法》第177条将登记作为不动产物权变动的对抗要件进行规定，时效取得是否也包含在物权变动中、如果没有登记是否不能对抗第三人这问题是“取得时效与登记”的问题。这一问题是取得时效和登记两个重要的制度相互缠杂在一起的问题，此前一直被认为是“极难解决的问题”。

（2）关于时效的存在理由，以前的通说认为，一定的事实状态如果持续的话，社会就会将其作为法律上正当的状态予以信赖并
147 基于此形成社会秩序。为了稳定社会秩序，就需要将持续的事实状态原封不动地作为法律关系来承认，这是根本性的存在理由。也就是说，将保护信赖事实状态的第三人当作主要理由。与此相对，有力说主张，虽然持续的事实状态和真实的权利关系一致的盖然性很高，但另一方面，长时间后会导致证据丢失，所以根据该盖然性来救济真实权力关系的举证困难才是时效存在的理由。然后，将关于存在理由的这种观点进一步升级，将时效作为一种法律证据来构成。如上所述，以前关于时效的观点中存在严重的对立，但从根本上来说，是将时效作为权利得失原因的规定出发来进行解释，还是脱离法律构成来追求时效的应有形态这两种立场的不同。

其次，关于“取得时效与登记”，判例的立场是，在B因时效取

得原所有权人 A 的不动产，而 C 又从 A 处受让了该不动产的场合，如果 C 的受让是在 B 时效完成之前的话，那么 C 就是因 B 的时效取得而丧失所有权的“当事人”，B 没有登记也可对抗 C；但是如果 C 的受让是在 B 时效完成之后的话，那么 C 是“第三人”，所以没有登记不得对抗。但是，这一判例理论根据 C 的登场是在时效完成之前还是之后所引出的完全相反的结论，是其集中受到批判的一点。另一方面，以前的学说大致区分为主张作为时效取得的对抗要件而不需要登记的尊重占有说和主张将受让人 C 的登记作为时效中断事由来解释的尊重登记说。

2. 该系列论文的内容及其在学界之意义

（1）论文①和上述有力说一样，对因时效占有他人之物的人成为所有权人、债务人免除债务之解释持有根本性的疑问。然后，该文探求时效制度的沿革和在判例中的功能，从下文中寻求时效的存在理由。即原则上时效是“确保真正的权利人之权利，避免偿还人双重偿还的制度”，但短期取得时效是为了交易安全的制度。这样，根据论文①的观点，时效的具体解释应该向着尽量限制其适用的方向进行。

但是，保护真正的权利人、免除债务人的观点先有旧民法起草者博瓦索纳德所提倡，后有中岛弘道在《时效制度的存在理由与构造》[①]中所主张，但这篇中岛的论文却没有受到太多的注目。148
与此相对，论文①首先对以前的学说加以决定性的批判。也就是说，从不要求应该保护其信赖的第三人善意、无过失这一点和在

① 中岛弘道：《时效制度的存在理由与构造》，《法律新报》第 64 卷第 4—5 号，1957 年。

第三人之前先保护当事人（占有人或债务人）这一点来看，与其说时效是保护第三人的制度，不如说是保护当事人的制度。还有，论文①虽然和上述有力说共有基本的构思，但对将时效作为法定证据的构成是持批判的态度，始终将其定位为权利得失原因。这样，论文①在从朴素的疑问开始说起的同时，进行文理上合理的解释，对之后的学界产生了重大影响。

（2）论文②，在论文①的基本立场上，按照取得时效的功能将“取得时效与登记”的案件类型化，同时尝试从《民法》第 177 条的对抗要件主义之观点出发的方法。该文主张，关于双重转让型，既然承认无视懈怠了登记的第一受让人进行交易的第 177 条确实存在，那么第一受让人在第二受让人登记后 10 年或 20 年仍未取得占有的话，便不能主张取得时效。而关于境界纷争型的情况，在时效取得人没有登记并无懈怠的一般情形下，优先时效取得人是妥当的。另一方面，论文③以双重转让型为中心考察“取得时效与登记”的问题，但几乎和论文①一样，将短期取得时效制度解释为是为了确保与无权利人的交易中或瑕疵交易中的占有取得人的交易安全。此外，该文主张，在双重转让型中，前所有权人的无权利或者交易行为中的瑕疵并不成为问题，不能适用短期取得时效制度，而双重转让型可转而适用长期取得时效制度，在这种场合下作为对抗要件也不要求登记。

（3）以上是论文②、③的要旨，作为两论文的第一个意义，可以说是就有关“取得时效与登记”问题确立了根据案件的类型化解释的方法。但因为论文③只论述了双重转让型，所以不能否认其在类型化这一点上并不彻底。与此相对，值得大书特书的是，论文②贯彻类型化，关于双重转让型和境界纷争型这两个两极对立的类型进行了完全相反的解释。

第二,两文都对取得时效的存在理由有一定的考虑。特别是论文③,如上所述,以短期取得时效的存在理由为根据,否定短期取得时效适用于双重转让型这一点值得关注。不过,关于双重转 149
让型准用长期取得时效的根据,该文指出排除背信弃义的有恶意之人的观点因 20 年的占有规定被一般化,但对于这一点论证还不够充分。另一方面,论文②认识到取得时效存在理由的重要性,但主张各个类型根据对抗要件主义进行利益衡量便可,论文①所陈述的见解没有在"取得时效与登记"的解释中被活用。但是俯瞰三篇论文,它们作为最近主张应该解释以取得时效的存在理由为基础的"取得时效与登记"问题的学说萌芽,都具有很大的意义。

最后,论文③和论文①一样,在确立根据长短两个取得时效对存在理由进行不同解释之倾向上意义重大。

3. 其后学界之发展

(1) 论文①把时效从道德的非难中解放出来,但与权利得失原因这一法律构成的关系上还留有说明不充分的地方。因此,在之后的学界出现了以权利得失构成为起点的其他学说[①]等。也就是说,这种学说主张,虽然是他人之物的占有人或债务人,但也不应该一直被放置于权利人可能行使权利的不安定状态中,所以以此为根据消灭权利人之权利的就是时效制度。此处因篇幅关系不对该说进行评论,但笔者认为,哪怕是真正的所有权人和清偿人,根据一般的证据在裁判上被认定为非所有权人和非清偿人时,通过让其取得所有权或消灭债权之构成对这些人的举证困难

① 松久三四彦:《时效制度》,《民法讲座》(1),有斐阁,1984 年。

进行救济的便是时效制度(除短期取得时效以外)。如果进行这样的补充,那么论文①所示的存在理由或许在今后也会确保其正当性而受到多数支持的。

(2) 关于“取得时效与登记”的问题,在论文②之后,类别性考察,特别是对境界纷争型进行区别处理成为大趋势。例如,肯定时效取得适用《民法》第 177 条的广中俊雄的《物权法》(第 2 版增补版)[①]、关于第 177 条主张公信力说的镰田薰的《取得时效与登记》[②],等等。另一方面还出现了其他学说,例如主张在尊重占有说中加进《民法》第 94 条第 2 项类推适用论的批判类型
150 说[③],良永和隆在《登记时效中断论之再构成》[④]中主张的通过登记的“保全力”重新构筑的尊重登记说等。学说状况越来越混沌。

如今,关于“取得时效与登记”的问题,学界第一次认识到从取得时效的存在理由来考察的必要性。虽是拙见[⑤],但以下解释可作参考。即尤其对于长期取得时效而言,如果该制度的存在理由是为了救济因长年累月失去证据的真正所有权人举证困难的话,那么通过一般证据认定了原所有权人(实际上是非所有权人),在真正所有权人和从原所有权人处受让的受让人之间的关系上,考虑抗辩问题就违反了上述的存在理由。因此,在符合存在理由的时效被主张的场合,不需要作为时效取得之对抗要件的登记。与此相反,笔者认为在以补充欠缺的登记为目的的典型双重转让型的场合,不能援用长期取得时效(此外,在双重转让型

---

① 广中俊雄:《物权法》,青林书院,1987 年第 2 版增补版。
② 镰田薰:《取得时效与登记》,《民法笔记·物权法①》,日本评论社,1992 年。
③ 加藤一郎:《取得时效与登记》,《民法笔记》(上),有斐阁,1984 年。
④ 良永和隆:《登记时效中断论之再构成》,《私法》第 51 号,1989 年。
⑤ 草野元己:《取得时效研究》,信山社,1966 年。

中，短期取得时效要件之占有开始时的善意、无过失并不成为问题）。

■ **作者介绍**

①② **星野英一**（参见本书 1－09）

③ **山田卓生**

主要著作：除上述论文外，还著有『社会生活と法』（1986 年・放送大学）、『私事と自己決定』（1987 年・日本評論社）、『日常生活のなかの法 正・続』（1990—1992 年・日本評論社）、『民法Ⅰ（Sシリーズ）（第 2 版）』（共著）（1995 年・有斐閣）、『民法講義ノート（3）（第 2 版）』（共著）（1995 年・有斐閣）、『民法（2）（第 4 版）』（共著）（1996 年・有斐閣）、『分析と展開 民法Ⅰ（第 2 版）』『分析と展開 民法Ⅱ（第 3 版）』（共著）（1997—1998 年・弘文堂）、『新・現代損害賠償法講座 全 6 巻』（編集代表）（1997—1998 年・日本評論社）、『エイズに学ぶ』（共著）（1991 年・日本評論社）等。

简　　历：1937 年（昭和十二年）生，毕业于东京大学法学部，曾任中央大学、横滨国立大学教授，现任日本大学教授。

第 2 章

物权

152 第2章 物权

2-01 序论

镰田薰(早稻田大学)

1. 前言

本章大体按照民法典的编纂以及一般体系书叙述的顺序，来介绍一下与物权法(除担保物权之外)有关的、在各种各样的意义上具有“里程碑”意义的著作。

在具体列举的著作中，以物权变动特别是以不动产物权的变动为中心，所展开的解释论上的争论占了很大一部分。另外，还有很多是与土地所有权相关的著作。这反映出物权法的相关著作比较偏重于物权变动论这一部分。同时也可以说，这是源自于物权法以及物权法学的特殊性。对于这一点，在后面还会简单有所提及。关于本章所列著作的选定，想补充以下两点：

第一，本书虽然未选取体系书、注释书类，但它们在物权法学的发展过程中发挥了极其重要的作用。末弘严太郎于1921年所做的两项工作，不仅使物权法学也使民法学整体“改变了方向”。这两项工作是指，以末弘为中心的东京大学民法判例研究会的创设，以及末弘的《物权法》(上)[①]的出版。[②] 还有，不管是在方法论

---

① 末弘严太郎：《物权法》(上)，有斐阁，1921年。

② 参见星野英一：《日本民法学史》(2)，《法学教室》1981年6月号，第14页；水本浩：《民法学的转折与新发展》，收录于《日本民法学说史·通史》，信山社，1997年。

上抑或是内容上都对日本民法学具有重大影响的我妻荣的《民法
讲义》[①]也是自1932年的《物权法》开始的。另外，我们应该参照
石田文次郎的《物权法论》[②]、末川博的《物权法》[③]、铃木禄弥的《物
权法讲义》[④]、广中俊雄的《物权法》[⑤]等各个时代的代表学说。对
于个别性的问题，诸如“恶意者排除说”、“背信者排除说”等，舟桥
谆一的《不动产登记法》[⑥]和《物权法》[⑦]都是必读文献。《注释民 153
法》(6)[⑧]所收录的好美清光(物权的请求权)、原岛重义(对抗的意
义、不登记无对抗效力的物权变动。该书新版是原岛重义、儿玉
宽执笔)与第7卷所收录的好美清光(第192条)等人的文章也是
不可或缺的。

第二，例如与不动产物权变动论相关的石田喜久夫、筱冢昭次等人的一系列论稿，都是论及该问题时不可或缺的著作，但在本章中也有很多未被列举。本书为了收录更多学者的著作，极力避免重复收录同一人的著作。在此方针下，对有些著作也不得不忍痛割爱，所以拜托各位执笔人在介绍相关著作之时要尽可能地对其有所提及，努力缩小欠缺的部分。另外，也想拜托各位作者注意介绍一下诸如“取得时效与登记”这样的其他领域的内容。

2. 物权变动论的展开过程及其特殊属性

自民法典制定到二战后民法学确立的半个世纪，大体可以将

① 我妻荣:《民法讲义》，岩波书店，1932年。
② 石田文次郎:《物权法论》，有斐阁，1933年。
③ 末川博:《物权法》，日本评论社，1956年。
④ 铃木禄弥:《物权法讲义》，创文社，1964年，1994年第4次修订版。
⑤ 广中俊雄:《物权法》，青林书院，1981年第2版，1987年增补版。
⑥ 舟桥谆一:《不动产登记法》，日本评论社，1937年。
⑦ 舟桥谆一:《物权法》，有斐阁，1960年。
⑧ 舟桥谆一、德本镇编:《注释民法》(6)，有斐阁，1967年，1997年新版。

民法学的进程分为以下几个阶段:(1)民法典制定后注释的时代;(2)以德国法学为规范进行理论再编的时代;(3)考虑我国现实的社会状况构筑日本法学体系的时代。物权变动论是物权和债权的重叠,在整个民法财产编的体系中,其地位如同“扇子的柄”一样,能很好地反映出民法学整体的倾向。

在第一阶段中,梅谦次郎等人对起草者的意思做了说明,主张应据此来进行解释。与此相对,作为第二阶段代表的石坂音四郎等人主张在物权变动理论中也应采用德国法的理论。与石坂同时代的横田秀雄在承认德国法理论优位性的同时,主张应该顺应立法者的意思,可以看出这和第一阶段的学说有同样的倾向。尽管如此,这一时代的学说是以对德国或是法国的理论状况深入理解为背景的,对我国的实情考虑较少。或者是即使考虑了这些内容,但在具体解释论中却有很多未被完全反映出来(在此种状况下,主张与立法沿革相分离的、独具一格的解释的是冈村玄治)。

154 末弘严太郎在前述《物权法》的序文中严厉地批判到,以前的学说仅仅专注于法典和外国的法律,夸大概念的正确性和一部分理论。他强调应该明确判例以及日本社会中所反映的法律问题。例如,围绕物权行为的独立性所展开的争论,依据末弘、我妻的物权法教科书以及末川博的《特定物买卖中所有权转移的时间》[1]等著作和论文,脱离之前带有强烈概念法学色彩的争论,向考虑我国判例及交易习惯、重视实际利益的方向转变。

在这样的基础之上,二战后的学说实际上发生了多样的转

① 末川博:《特定物买卖中所有权转移的时间》,《民商法杂志》第2卷第4号,1935年。

变，虽然在本书中会作详细的论述，但在此想先大体介绍一下以下的倾向：

第一，关于“特定物买卖中所有权转移时间”的争论，吉原节夫的论文接受川岛武宜等人的问题意识，为当时备受关注的“判例研究的方法”提供了一部实际作品。铃木禄弥、太田知行提出功能主义、实利主义论的解释学，开始关注解释方法论。

第二，与“不动产物权变动和登记”相关的争论从大的方向来说，反映出从二战前到二战后前期重视“动的安全”的倾向，昭和四十年代以后试图实现与“静的安全”的调和之倾向逐渐明显。

第三，从不动产变动论整体来说，外国法研究和以此为基础的理论化研究不断兴盛起来，不是要把外国理论部分性地直接输入，而是在考虑外国的契约实务、实际的登记制度的运用之后，构建适合我国国情的理论体系和公示体系，这和二战前的研究是不一样的。

3. 围绕土地所有权研究的展开

除担保物权之外的民法物权编，伴随着“与建筑物区分所有等相关的法律”的制定，《民法》第 208 条被删除；以及伴随着土地的立体性利用的发展，新设置了与地上权以及地上权相关的《民
法》第 269 条第 1 项。除此之外，没有进行大的修订。判例、学说 155
和实务中关于此领域，在民法争论的范围内未像契约法、担保物权法那样有力地展开。所以，民法典制定之后的学说发展，以民法典的规定为前提条件，集中关注于此限制范围内的解释论。

但是，像法国革命被认为是具有“土地革命”、“法律革命”的特征那样，废除了所有权，特别是土地所有权中的封建诸负担以及共同体的约束，实现个人所有权的自由，这是近代社会成立的

大前提。另一方面，在战争期间的社会法思潮高涨的时期，以及都市环境被破坏和公害等现代化问题越来越严峻的时期，所有权特别是对土地所有权的制约，作为立法论或者是解释论上的课题成为学界争论的对象。

从上面的情况来看，与我国土地所有权相关的研究大体可归纳为两种倾向：一种是对近代市民法中的所有权的发展方向假定一种理念型（根据具体情况来测量与它之间的距离，据此来批判我国的“前近代性”）的倾向；另一种是具有应对不断出现的社会问题之实践目的的倾向。

前者的体系中比较典型的是我妻荣的《债权在近代法中的优越地位》[①]以及川岛武宜的《所有权法的理论》[②]。与近代所有权相关的水本浩、渡边洋三、甲斐道太郎等人的著作，也属于这一系列（本书所列举的石田文次郎以及戒能通孝的著作与此系列略有不同）。但是，本系列著作中的“近代所有权”以及“近代市民法”等的理论类型，因为稻本洋之助、戒能通厚、原田纯孝等人的“阶段论”和实证性的研究而使其相对化。特别是最近提出了多种观点相交叉的“现代市民社会论”。本领域的研究从与之前不同的视角出发，发生了很大的转变[③]。

① 我妻荣：《债权在近代法中的优越地位》，有斐阁，1953年。

② 川岛武宜：《所有权法的理论》，岩波书店，1949年。

③ 最近的动向请参见吉田克己：《现代市民社会与民法学》，日本评论社，1999年。

2-02　川岛武宜 156

《所有权法的理论》

（岩波书店，1949 年，1987 年新版）*

评议人　吉田邦彦（北海道大学）

该书是对战后民法学有决定性影响的“近代私法理论”的中心部分。

1. 该书出版前关于本课题之学界状况——川岛博士所意识到的唯一内容

该书之前，日本学界没有对所有权法之基础理论进行深入研究。川岛博士唯一提到的是我妻荣的《债权在近代法中的优越地位》[①]。两书都强烈地受到了马克思主义的影响，与“资本主义经济和民法的关联”这样的经济还原主义问题的立场也有共通之处。再进一步来说的话，我妻博士在 R. 希法亭的影响下，主张用银行金融资本（Finanzkapital）来规制企业或者是经济组织，强调金钱债权的集中、优越地位。[②] 同时主张，所有权屈从于金钱债权的威力之下，陷入休眠的状态，或者被解释为是“土地所有权的社会化”，其绝对性也只是拟制的（A. 门格尔）。[③] 由此看来，可以推断该书的目的在于收复与近代资本主义相关联的所有权理论的

---

* 原文文献为：川島武宜『所有権法の理論』[1949 年（新版 1987 年）· 岩波書店]。——译者

① 我妻荣：《债权在近代法中的优越地位》，有斐阁，1953 年（初次发表于 1929—1931 年）。

② 同上书，第 290 页以下、324 页以下。

③ 同上书，第 313、318、321 页。

失地[原书第286页以下、294页以下("作为资本的所有权"一章)大体和我妻的构图是一样]。

2. 该书的内容及其在学界之意义

(1) 原型——《物权法的基础理论讲义纲要》(以下简称《讲义纲要》或《纲要》)[①]。作为该书根源的讲义是自昭和十七年(1942年)开始的,但在《讲义纲要》(1943年刊行)的影响下才形成了其基本的框架。战时的著作大都具有其独特之处:①强调近代所有权存在于自政治性解放而来的经济自律的世界中,所有权作为经济容器,应当具有一定的自由(《纲要》第27、30页)。②强调主体的市民意识——市民是自由人格者、自主的精神主体。把握住作
157 为精神世界自由的外部世界所表现的"近代的所有"这一点,将其放在与罗马的所有权以及中国、日本这种半自耕农的小土地所有权相对立的位置来进行讨论(《纲要》第37、38页)。这与黑格尔的"自我意识论"相类似。我们可以看出战争期间所发表的这些学术著作存在着相互对立的内容。③进一步来说,"近代的所有权"是对客体的全面性支配[分割性的所有权处于正相反的位置,自此也论及了债权和物权的严格区别(《纲要》第12、32页)];作为其缓和性的说法也有租借权的物权化这样的表述(《纲要》第18页)],因其所具有的商品性,作为拥有其交换价值的所有权人,可以对其进行观念性的支配(《纲要》第39、40、60页)。④在这背后,作为强力型政治社会的近代国家,有必要对所有权进行社会性的保护(《纲要》)第67页)。

---

① 川岛武宜:《物权法的基础理论讲义纲要》(出版地不明)。

在描绘近代所有权模型的同时，博士的另一个重要的分析点就是法的历史性[作为历史性范畴的法之概念（祁克）]，他参照的是在现实社会关系中把握法的内容的观点（《纲要》第6页），介绍日本的“非近代土地所有”的所有权状况，并指出欧洲的近代所有权制度和现实社会的不一致及其差距（《纲要》第48—49页）。

（2）该书的总论性内容。以详细介绍前述《纲要》的内容形式来看一下该书有关所有权的总论性的内容（以下所引的是新版中的页码）。第一点引人注目的特色是：基于前近代、近代的二元论，对“当时的”法的状况进行了严厉的批判。例如，其中之一是“共同体所有论”、纳粹德国的原子学说论，或者是叙述对前近代的、封建的“共同体”的利用关系的抨击（原书第35—37页）。统制经济提倡集体性的国家干涉的必要性，可以看出，它与对此颇有研究的我妻民法学的紧张关系。更具体一点就是，抵触集体性共同所有，主张以个人的法的所有（一人一权主义）为原则（原书第181页以下，近代的集体所有是“股份公司”）。另外，在日本并未确立前述的近代法意识（人的主体性）以及规范意识的内在性、自发性（引用康德的绝对命令），而是被义理、人情等协同体的情绪所支配。另外，川岛在书中对下列问题进行了尖锐的批判（原书第59页以下，特别是第62—66页、75—85页。所有权的观念性请参见原书第95页以下，特别是第99页以下）：日耳曼法体系在日本有重要影响，加之在租佃关系中还有诸多封建的、经济外的强制——非等价交换的、半封建性的地租的收取（即寄生地主制）等问题（有偿契约中对价给付的均衡，请参见原书第193、222页）。

158 第二，川岛博士强调近代所有权的商品性，把它作为资本制经济运动的起点，即“资本运动的基础”（原书第154页以下、287、291页）。此处受后期马克思经济学（《资本论》）的影响比较大。作为其法学的归结点，与物的利用价值相比，交换价值位于更前沿的位置，它论述了所有权内容的统一性、代替性[原书第154页以下、288页。还有非有体物（知识性所有权等），似乎还在所涉范围之外]。另外，川岛一直在强调“交易的安全”（原书第193页；第164、167页“物的范围”；第220页、233页“强调公示原则”；第246页“公信原则的意向”），把货币当作商品中的商品（原书第178—180页，还有第257页“德国货币、无记名证券的交易保护”）。我妻博士探索确保金钱债权“交易安全”的新的法律思想[1]，受其影响，川岛博士强调“交易的安全”。

在略存差异的第三点中，川岛博士所讲到的“近代所有权论”中——与日耳曼法相对比——可以看出个人主义的罗马法以及德国民法的倾向。例如：(a)物权、债权的严格区别（债权侵害论）；(b)对动产担保物权的观念性的不足之处的消极评价[与此相对，德国的动产质权、法定质权中有物权性的请求权（德国《民法》§§1227，559，561）]；(c)不动产物权的德国式做法、对登记的“形式性确定力”的好意的评价（原书第203页、265页以下）；(d)与作为动产物权变动公示方法的“观念性交付”相关的限定性见解（批判我们的判例，原书第240—242页）；(e)对近代公信原则的支持等[原书第246—249页；法国不动产物权变动的公示制度是消极的（关注公证人的惯例），原书第259—260页]。在此，

---

① 我妻荣：《债权在近代法中的优越地位》，有斐阁，1953年（初次发表于1929—1931年），第319页。

我们是否应该看一下战前所称赞的“日耳曼法的思考”的对立面呢？

(3) 实定法学的争论。该书包含很多实定法学之“民法解释论”的观点，它具有与概述所有权法的理论框架相关联的特征，具体有以下几点：①与物权请求权的行使和费用的承担（博士所说的“责任”问题）相关的受忍请求权说*（《纲要》第 76 页；原书第 116、112 页）。②所有权是否具有永久性[所有权是否具有消灭失效，将其作为“政策性问题”（原书第 123 页）]。③基于占有诉权对债权利用关系的保护[对于基于债权（租借权）的物权请求权的探讨意义，存有疑问（原书第 119 页、142—144 页）]，继承日耳曼法之占有中的“现状占有令状”（interdictum uti possidetis），以此保护近代的利用权。可以忽视占有的“心理要素”（animus）的“主 159
观要件”（原书第 150 页以下）。④一物一权主义（原书第 161 页以下）。⑤对于附合的农作物，顾及佃农的感情，对其进行例外的处理（《民法》第 242 条但书）（原书第 167—168 页）。⑥“现实的”（与“观念性”相对的概念）货币所有论（原书第 180 页）。⑦作为物权变动论：(i)关于所有权的变动时间——关注我国的交易习惯以及有价契约对价的相互性——的价款支付时说（原书第 222、223 页）；(ii)对与“第三人”范围相关的限制学说的批判[登记主义倾向（原书第 238 页）]；(iii)与取得时效和登记相关的逆算说、占有尊重说[原书第 239 页注(64)]等。

之后的民法学界虽未对此进行深入探讨，而且作为通说的见解也不是很多，但它作为“有力少数说”具有很大的影响。特别是

---

* 受忍请求权说：是指物权请求权的请求人有权要求对方容忍自己为恢复物权所为的行为。——译者

在上述③、⑦的领域中,历史的、比较法的竭尽全力的学术研究成为之后研究的“诱因”,确实是必读的古典。

3. 其后学界之发展

(1) 在学界的继承——尤其是马克思主义的所有论。川岛博士在此之后撰写了《社会科学中人的地位》[①]一文。川岛博士把马克思主义和美国社会科学相结合,将其兴趣转移到科学主义、经验法学上。但学界的冲击——和以前的惊异相比——已渐渐地变弱了。反过来说,该书仅在此方面有巨大的影响力。从对川岛所有权理论的继承状况来看,后世的批判意见较多。

自该书刊行时起,出现了类似的“近代(市民社会)民法”的构想,特别是作为具有浓厚的概念性体系论性质的构想,山中博士、川村教授等学者也具有很大的影响力[另外,以马克斯·韦伯的研究为基础的广中教授的研究(有偿契约分析等)中所关心的问题也是与其相重叠的]。但在此,我们要看的是马克思主义法学所有论的派系。

二战后民法学界的强劲潮流继承了川岛的理论,特别是应该在何处探寻“近代土地所有(权)”的模式,以及应怎样考虑与土地利用权(租赁权)的关系。带着这些问题,学者们关注近代资本主义经济发展迅速的英国(水本、甲斐两教授),但作为近代农业经营或“资本”的基础,川岛博士所关注的是英国租赁权的特殊近代
160 性(原书第51页)。在水本论文中提到,此有力说主张产业资本

① 川岛武宜:《社会科学中人的地位》(1956年),《川岛武宜著作集》(第2卷),岩波书店,1982年。

主义阶段，被英国农村的租赁权所制约的土地所有权“是与资本制地租相伴的土地所有，认为土地是使用财而不是收益财（评议人）”。作为近代土地所有权的典型，强调“租赁权等同于物权”的构成。另外，对于不动产，仅从商品所有权的观点出发是不充分的，有必要留意土地利用（权）（租赁权的优越地位）。

但是，此后的马克思主义法学主张“作为程序的近代论”、“在本源性蓄积期内的法具有威慑力”，并被时间性地相对化（稻本教授）。另外，也论述了非英国式构成的法国租赁权的债权构成，使其空间性的相对化。也就是说，法国式的构成促进了农民阶层的分化，以及上层农民租地经营资本主义的发展，具有“近代性意义”（原田教授）。同时，它也记录了各国各样的“多个近代”的事实。与推进诸国租赁法之个别、具体的实证发展相比，“近代法”理论模型的影子渐渐变得模糊（使争论精简化的想法也并非没有）。另外，与川岛博士相比，也反映出日本学界的研究与日本法的紧张关系（和日本法对峙、批判的形势）已得到缓和。

（2）①基于“历史的、实证的‘概念史’所进行的批判”。接下来看一下对川岛理论的批判。第一点是基于实证的历史分析所进行的（村上教授）。如果运用缜密的“概念史”、“国制史”这样有力的德国法制史的研究方法，并结合欧洲社会（特别是德国）来看市民社会和国家的分离（对政治社会国家的吸收）、私法与公法的分裂、所有权的现实性的革除（观念性的确立）等的话，并不像川岛博士所说的那样单纯。强调近代和中世、近世的连续性，这是博士的基本态度。该书得到诸多支持且具有较深的历史渊源，算得上是具有说服力的批判。但是否可以说争论的框架本身和川岛理论之间有一定的距离呢？

②“对实定法学的批判”。另外，星野教授以该书（更广一点

说是川岛民法学)作为目标,对此展开了与其相对立的“批判民法解释论”。例如:第一,与川岛博士的德国法倾向不同,星野教授主张对于不动产物权变动应采用法国式的立场。还有关于占有诉权,星野教授基于法国《民法》第202条的解释,主张禁止私力
161 救济、维持社会和平秩序。第二,对于博士的强调个人主义的观点,也出现了被称为团体主义的异议。例如:(a)其中比较有名的是与居住权的继承相关的家庭共同体说。另外,(b)作为债权关系的把握方法,认为共同体、有机性关系支配着“交易中最低限度的伦理(诚实信义原则)”(特别是继承关系)是理所当然的(契约责任的扩大也是善意的)。再进一步说,(c)关于夫妻财产制对以分别产制为原则的个人主义持批判性态度,主张应向法国法的共有制方向发展。近代的“社会构成原理”、“民法思想”,强调的是个人的主动权和自己决定。所以在此限度内,可以看出星野与川岛的研究路径相接近。此外,第三,主张重新恢复过度的“交易安全”地位的主张。

(3)今后的课题——新的所有权理论的展开。最后想讨论一下其余的课题。

第一,川岛博士认为所有权理论——在马克思《资本论》的影响下——采用的都是嵌入商品所有权(面向代替物的统一所有权)内部的形式,从市场经济的交易出发,拓宽视野。而在今天有必要重新审视与个人人格密切相关的个人的、人格的所有权,这一点成为近年来不断发展的所有权理论的基础。与其密不可分,诸国(特别是美国)产生了围绕马克思的劳动所有论、边沁的功利主义的所有论,还有黑格尔的人格的所有论等理论所产生的争论,这一点有必要注意一下。因为川岛博士的“近代的、自立性主体”所涵盖的范围很广泛,所以应该以对其在现代社会,特别是人

格权的领域、社会权的领域中的意义进行探讨（例如，隐私权、男女平权主义、市民参与、地方自治）的形式，展开对川岛法学相关内容的探讨。

重新回到人格的所有论的问题上来，具体来看，例如，有关“住所”所展开的争论比较典型。但近来有观点将其作为代替性资本投资的对象，这与将不动产看作收益财产的观点是相关联的。但这样的主张未必妥当[在日本更倾向于把不动产看作使用财产。例如，最近存在争议比较多的是对于在决定公寓重建时的买入请求、出售请求（《建筑物区分所有法》第 63 条第 4 项、第 7—8 项，《受灾的区分所有建筑物再建特别措施法》第 3 条）的“时价”的算定，在不动产鉴定理论中，容易倾向于商品价值（市场价值），这些有必要再慎重地考虑一下了]。是个人资本的还是代替性资本，对此的区分，虽然笔者讲到这是物权法与债权法共通的分类方法，但感觉有必要再考虑一下自前者向后者转变的这样的进化 162
论的观点[据统计，后者居多，前者是边缘性的（marginal），但也不应该轻视前者的重要性]。另外一个比较热门的、有关人格的所有论的例子是围绕人的身体所产生的问题（卖血、孩子的买卖、内脏器官的交易、与人工生殖相关的围绕精子和卵子所产生的问题、代理母亲的问题等）。在此，对转让的限制、商品化的限制，即“市场交易的限制”成为切实存在的问题。

第二，川岛博士虽然对团体论作出否定的反应，但即使以个人主义（个人的自立）为前提，也有必要在所有论的层次上考虑一下“类存在”（马克思）的意义、在共同体中的同一性，以及利他主义、社会连带的法原理的意义等内容。初期的马克思被称为“异化”，涂尔干被称为“失常”，韦伯被称为“官僚制化”，尤尔根·哈贝马斯被称为“生活世界的殖民化”，是克服“晚期资本主义”病理现象的课题。具体来说，所有论中的集体规律、家族中的所有和扶养，另外，地方自治论中被扩大化的地域社区中的“城镇建设”、公益活动的问题也是与其相关联的。共同所有中存在争议比较多的是公寓管理的问题（宠物、停车场、生活妨害、景观规制、暴力团体、外国人问题等）。团体性规律和个人主义的法原理不断地出现矛盾，对此有必要予以关注。要注意的是与川岛博士那时候不一样，前近代/近代或者近代/后近代（后现代）这样的二元论、二者择一论都于事无补。

第三，在现代社会中确实又招致了新的难题。首先，近代（法）的框架作为“欲望的理论”（黑格尔），虽然以自由意思的解放作为出发点，但它的界限如何划定，这成为了极其重要的课题，有必要将其列入所有理论的范畴。其中之一是环境问题——虽然公害问题早已被关注——以及全球规模的污染问题、资源枯竭的“因共同所有而产生的悲剧”的问题，“大的意义上的——生态学的——共同体的问题”是我们21世纪所面临的一个严峻的课题。其次，今天信息、网络社会在急速地发生着变化。知识情报的管理（这也是与共同所有相关联的问题）——也就是说，怎样用特许制度来缓和偏颇的发达国家的“榨取”现象。另一方面，也面临着在使获得信息的方式变得简易的同时，应怎样提高品质管理、创
163 作活动的质量问题——以及与此相关的所有理论所承担的职责正在飞跃式地扩展。

另外，伴随着贫富差距的扩大，居住、环境等方面产生了严重的问题（例如种族隔离、无家可归等问题。在日本，虽然未像其他国家那样被特别关注，但也是不可忽视的问题）。应怎样克服差别问题，如何实现环境上的正义，这是今后所有法学必须要面临的问题。

追记:因篇幅所限,将预先准备的注释全部省略了,相关内容请参见本人拙作《民法解释与变化着的所有论》(预定由有斐阁近期出版*)。

■ 作者介绍

川岛武宜

主要著作:除该书外,还著有『川島武宜著作集 全 11 卷』(1981—1986 年·岩波書店,该书被收录在第 7 卷)、『債権法総則講義第一』(1949 年·岩波書店)、『民法解釈法学の諸問題』(1949 年·岩波書店)、『日本社会の家族的構成』(1950 年·日本評論社)、『民法Ⅲ(有斐閣全書)』(1955 年·有斐閣)、『民法Ⅰ総論·物権』(1960 年·有斐閣)、『科学としての法律学(新版)』(1964 年·弘文堂)、『民法総則(法律学全集)』(1965 年·有斐閣)等。

简　　历:1909 年(明治四十二年)—1992 年(平成四年),毕业于东京帝国大学法学部,东京(帝国)大学教授,辞去教职后做律师[其著作、履历请详见川島武宜教授還暦記念 1『法社会学の現代的課題』、同 2『民法学の現代的課題』(1971—1972 年·岩波書店)]。

---

* 吉田邦彦所著《民法解释与变化着的所有论》(《民法理论研究》第 1 卷)已由有斐阁于 2000 年出版。——译者

164 ## 2-03 石坂音四郎

①《物权设定转移之我国的立法主义》

(《法学新报》第21卷第2、3号,1911年)

横田秀雄

②《论物权契约》

(《法曹记事》第22卷第11号,1912年)

③《论物权契约》

(《国家及国家学》第5卷第7号,1917年)*

评议人 熊谷芝青(高知短期大学)

《民法》第176条中的"意思表示",是指仅以物权变动为内容的意思表示(物权契约、物权行为)。对于它是否独立存在,学者产生了诸多争论,上述论文成为该争论的诱因。

1. 该系列论文发表前关于本课题之学界状况

(1)《民法》第176条中的"意思表示",是否仅指以物权变动为内容的意思表示(物权行为独立性否定说、意思主义),是否包含债权契约中的物权变动(物权行为独立性说、意思说),这是现在民法学的一个重要论点。在承认物权行为独立性的情况下,作为原因行为的债权行为无效时,是否会对物权行为所产生的物权变动发生影响(物权行为有因说),这是一个问题。

(2)明治维新以后,箕作麟祥翻译了《拿破仑法典》,司法省明

* 原文文献为:石坂音四郎「物権ノ設定移転二関スル我国法ノ主義」,法学新報第21卷第2·3号(1911年);横田秀雄「物権契約ヲ論ス」,法曹記事第22卷11号(1912年);「物権契約を論す」,国家及国家学第5卷7号(1917年)。——译者

法寮和司法省学校聘请博瓦索纳德讲授法国法。这些举措使得日本法学的思考体系带有法国法的色彩。在此背景之下，博瓦索纳德所起草的旧民法使法国法的意思主义得到了更进一步的发展。该法明文规定，所有权的转移不需要交付（物权行为）（旧《民法·财产编》第 331 条）。旧民法修订后的现行《民法》第 176 条也基本上是以法国法的意思主义为基础所作的规定。[①] 现行民法实施之后，法国法的意思表示使交易更为便捷，得到了积极的评价。[②] 165

（3）此后，德国法学的影响逐渐加大。1903 年（明治三十六年）左右，日本法学界开始意识到物权行为的存在。[③] 但是，这段时期还未出现承认物权行为完全独立于债权行为的学说，也未具体论及物权行为的无因性。

2. 该系列论文的内容及其在学界之意义

（1）石坂、横田两学说的出现，确定了与法国相比德国法更具优越地位的价值判断。在此状况之下，"石坂说"受到当时德国法学方法论的影响（之后被批判为"概念法学"），开始重视理论，并展开了一系列的争论。首先，在"理论上"严格区分债权和物权，区分为仅有对人效力的债权契约、债权行为和有对世效力的物权契约、物权行为。另外，即使没有债权契约，也可把有直接使物权发生变动的、独立的行为等作为理由。以此可以断定"理论上"贯彻了德国法主义，承认物权行为的实际利益，将物权行为成立之时作为物权变动之时，使物权变动的证明变得容易，可以保护第

---

① 泷泽聿代：《物权变动的时间》，有斐阁，1984 年。

② 冈松参太郎：《注释民法理由》（中卷），有斐阁，1897 年。

③ 川名兼四郎：《论物权的设定转移》，《法学协会杂志》第 21 卷第 2 号，1903 年。

三人。不过，新的物权行为要另当别论，因为其繁杂性和物权契约缔结之前的债权契约不具有排他性，所以会对契约当事人不利。同时，因为新物权行为的繁杂性，以及物权行为之前的债权契约不具有对世效力，所以对当事人来说是不利的。综上所述，“从实际便利的角度来看，德法两主义都是长短各半”。

尽管如此，日本法必须在“理论上”承认物权行为。在一个契约中，既存在债权行为，也存在物权契约，这是“不合乎理论”的。为了履行债务而为物权行为，此种情况下同时存在债权行为和物权行为，这是矛盾的。《民法》第 176 条的“意思表示”是指物权行为，即除债权行为之外，还需要有相应的物权行为。债权契约的成立时间也是如何解释当事人意思的问题。除有特别约定外，为交付（动产）登记（不动产）之时。但在立法论上主张应将物权行为规定为以交付、登记为要件的要式行为。

物权行为和债权行为不同，原则上它是无因的。但是，以作
166 为原因行为的有效的债权行为为条件所为的物权行为是当事人合意时，不否定该物权行为是有因的（相对无因说）。

（2）对此，“横田说”在立法论上虽然承认德国法的优越性，但它反对直接导入德国法的理解。的确，在债权契约中物权变动时，若新的权利人不具备对抗要件的话，则不能对抗第三人，这是法国法的缺陷。横田评价了德国法理论研究中所主张的物权关系源自于物权行为的观点。日本采用的是法国法的意思主义，“交付标的物的债务，仅以当事人的合意就能完成”。主张像法国《民法》第 1138 条那样仅以合意（债权行为）就能变动物权，并指出特地将日本《民法》第 176 条的“意思表示”解释为独立的物权的意思表示和物权行为是无必然性的。以物权变动为目的的法律行为、物权的意思和债权的意思是不可分的，是一体的行为。

但也有例外，不能否定登记、交付所产生的物权变动与合意情况下物权行为的存在。

对于物权行为的无因性，像德国民法典那样以物权行为的登记、交付为要件的形式主义是适当的。日本法放弃此主义，否定物权行为的无因性、独立性，这是“理论研究的结果”。特别如“石坂说”所主张的那样，以单纯合意所为物权行为，在作出合意之后，即使还未登记、交付，也不能恢复物权，这是不合理的，因此受到了批判。

（3）怎样具体解释《民法》第 176 条的“意思表示”呢？作为物权行为的物权契约是必要的吗？另外，物权行为是无因的吗？石坂、横田两学说的意义在于将上述这些问题明确化为“理论”问题。

3. 其后学界之发展

根据概念法学的主张，作为“石坂说”代表的物权行为肯定（相对的）无因说得到了诸多支持，获得了支配性学说的地位。对此，1921 年（大正十年），末弘严太郎在《物权法》（上）一书中认为物权行为的问题不是“纯理论上”能论定的问题。“脱离公示的问题来讨论物权行为问题，未从本质上解决问题，只是在摆弄理论”，并以此批判了石坂、横田的学说。当时的主流观点认为《民法》第
176 条的“意思表示”是物权性的意思表示。对此，末弘谴责道：“在 167
没有必要的情况下，误将我国民法解释为德国民法类型。”肯定判例的意思主义解释是“当然的”。对于偏重理论的概念法学的法解释学，加上学界中闭塞的倾向，使得追随“末弘说”的学者越来越多。意思主义、独立性否定说，成为现在通说的观点。[①]

① 山本进一：《注释民法》(6)，有斐阁，1967 年。

但是，对于石坂、横田这两学说中产生论争的原因要在民法典自身中去寻找。日本《民法》第 176 条的确属于具有法国法倾向的规定，但是"石坂说"指出，日本《民法》第 555 条是如此规定买卖契约的："买卖是约定当事人一方将某财产权转移给对方……"如果把此处的"某财产权"当作所有权的话，"约"就是债权契约。由此可以看出德国法要素和法国法要素的混淆[①]，承认了德国法的物权行为和债权行为的行为概念，并要对其进行区分，不像法国法那样仅仅依靠合意无条件地直接发生物权变动。[②]

围绕物权行为的独立性，基于法国法理解的否定说和基于德国法理解的肯定说之间一直存在着对立。所有权在实际交易习惯中应怎样转移？1935 年（昭和十年）的"末川说"[③]试图从此新视角出发，解决该问题。"末川说"的出现，使上述两学说之间的争论迎来了新的局面。此后，学界将围绕其他内容展开研究。

■ **作者介绍**

① **石坂音四郎**（参见本书 4－18）

②③ **横田秀雄**

主要著作：『物権法論』（1921 年・厳松堂）、『債権法総論（訂正版）』（1918 年・厳松堂）、『法学論集』（1920 年・清水書店）。除此之外，还有各种讲义录。

简　　历：1862 年（文久二年）—1938 年（昭和十三年），毕业于东京大学法科大学院法国法专业，历任大审院判事、院长，明治大学校长，此时期同时兼任早稻田大学、法政大学等校的兼职讲师。

---

① 泷泽聿代：《物权变动的时间》，有斐阁，1984 年。

② 山本进一：《我国民法中的物权行为之独立性与有因性》，《法律论丛》第 29 卷第 1 号，1956 年。

③ 末川博：《特定物买卖中所有权转移的时间》，《民商法杂志》第 2 卷第 4 号，1935 年。

2-04　三宅正男 《基于买卖之所有权转移的理解》(1—13)　168

(《判例时报》第 996—1039 号,1981—1982 年)*

评议人　金山直树(法政大学)

该文所主张的出卖人无所有权转移义务的观点,是独具一格地论述、证明该观点且非常优秀的研究。

1. 问题状况

意思主义下的所有权转移义务,如虚构一般。尽管通过《民法》第 555 条可以看出法律赋予了出卖人财产权的转移义务,但从第 176 条又可以看出,契约成立之时此义务即被履行,所有权转向买受人。

关于这一点,之前的起草者梅谦次郎所提起的问题很明确。梅认为:"以特定物物权的转移为目的的买卖,首先产生的是转移权利的义务,但此义务在产生的瞬间就已被履行。依据第 176 条的规定,看作物权已转移,这是正确的。"①然而,作为债权的目的,除交付之外没有应该讨论的东西了。以此为理由,一般权利仅以当事人的意思就能转移,不应该请求履行"权利的转移(笔者引)"的义务。②

* 原文文献为:三宅正男「売買による所有権移転の考え方(1)—(13)」,判例時報 996—1039 号(1981—1982 年)。——译者

① 如商事法务研究会:《法典调查会民法会议记录》(第 3 卷),1983 年,第 861 页;同时刊登于梅谦次郎:《民法要义》卷三《债权编》,信山社,1992 年,第 555 条。

② 梅谦次郎讲述:《民法债权(第一章)》,《法政大学讲义录》,1909 年左右,第 46 页。详细请参见金山直树:《作为装置之法典与法学》,《法律时报》第 70 卷第 7 号,1998 年,第 8—9 页。

但那时，伴随着学说上德国的物权行为独立性说的兴起，买卖和所有权转移相分离、严格区别的构成变得有力化，将物权行为定位为契约上的债务履行（参见本书 2－03）。此后，对于物权行为的独立性，末弘严太郎博士提倡否定说，并被通说化，学说出现了反转。尽管如此，但未对权利转移义务的存在自身产生怀疑。以德国拉伯尔（Rabel）的研究为基础，“近代法”承认出卖人的权利转移义务。於保不二雄、矶村哲两位巨匠的“教义（dogma）
169 宣言”[1]和伴随着其弟子的“北川说”[2]的兴起，使得权利转移义务的存在变得更加明了。总之，“自瑕疵担保体系向权利供与体系转变”被认为是理想的近代法体系。

2. “三宅说”

在此状况之下，该文提出了不同的见解。其主旨如下所述：根据通说的见解，出卖人在交付目的物的同时，负有转移所有权的义务。因为在第 555 条中规定：“买卖是约定当事人一方将某财产权转移给对方，对方支付相应的价款，从而产生相应的效力。”这是毋庸置疑的事实。但是，对于特定物的买卖，尽管解释说有所有权转移的义务，但那种认为义务即时履行的观点[3]是不合道理的。权利转移义务仅在德国民法那样的形式性物权行为义务的法制下是可能的。在不承认形式性物权行为的我国，没有所有权转移义务。提起所有权转移的话，其交付标的物的义务并不是指其他的权利变动，而是指通过保存义务在内的特定物交付

---

① 於保不二雄：《新版债权总论》，有斐阁，1972 年（初版 1959 年），第 112—113 页；矶村哲：《买卖和赠予》，《法学研讨会》第 16 号，1957 年。

② 参见北川善太郎：《契约责任研究——构造论》，有斐阁，1963 年，第 6—19 页。

③ 我妻荣：《债权各论》（中卷一），岩波书店，1957 年，第 267 页。

义务的反射，或者说其本质所产生的效果，绝不是因为所转移的所有权而发生交付义务（梅）。

“三宅说”认为，出卖人仅有交付目的物的义务（以及不动产的协助登记义务）。如果是特定物，其所有权转移给买受人。对此作出规定的是与物权转移相关的意思主义（第176条），主张出卖人的所有权转移义务未被履行。这是在探讨看不见的权利时，先从能看得见的交付义务出发，再探讨深层权利的一种特殊的考虑方法。在我国，将交付义务和所有权转移相分离的解释已经被固定下来，所以上述观点必须要克服众多的困难（“三宅说”自身也承认这一点）。这样的观点是以法国法的内容为核心的。

具体来说，①辗转买卖中所有权的转移（未交付给买受人或未登记而转卖的情况）；②以受托者的名义所为的买卖中的所有权转移；③买受人主张取得时效；④未登记的建筑物的买
受人之所有权确认请求；⑤以价款的支付为“条件”的买卖或所 170
有权的转移（所谓所有权保留）。上述各论点，在判例中进行了详细分析，构筑了统一且理论一致的、独具一格的解释。例如，对于①，在A→B→C这样的转卖中，自B向C的“特定物交付债权的买卖”要与B以从A处获得交付为条件，与约定B向C交付的“附条件的买卖”相区别。对于所有权的转移，前者是债权的转移，后者仅是通过C的附条件的交付债权而产生的。另外，对于⑤，任意的延长所有权转移的意思表示“毫无基础地漂浮在宇宙中，有头无足，是仅仅依靠契约文言的超意思主义”，该文不承认其效力。

另外，该文未涉及瑕疵担保的定位、他人之物买卖的处理、交易时出卖人的责任等内容。之后，该文几乎原封不动地被收录在

《契约法》(各论上卷)[1]中,另作他用(该书第187页、220页以下)。在他人之物的买卖中,出卖人的责任体现出作为出卖人的本质的、潜在的——不使债务显著化——所有权转移义务。结果是,未履行权利转移义务时,原先的出卖人的赔偿责任之内容不是限定在信赖利益上,而变成买受人因未取得所有权而产生的损害赔偿。此处的损害赔偿责任与给付义务无关。它是着眼于契约上出卖人的地位而直接被推导出来的。

3. 其后学界之发展

在法国民法中,意思主义之下是否能放弃所有权转移义务,这是自19世纪以来一直被争论的问题。最近随着破毁院[*]判例的新发展,争论还在继续中。在日本民法中,这一问题未被当作问题,因此也并未得到充分的认识。因为无论是在学界占据支配地位的该文,还是《契约法》(各论上卷),都抱有完全无视的态度。事实是"三宅说"自身与通说和判例在表达方法及结论层面上落差过大。因为是在既存的系统内部的整合性的导入,所以隐藏着很多的障碍(甲斐道太郎的《民法学的沿革》[2]也持反对的态度)。但是,
171 借鉴法国法的话,确实出现了围绕意思主义的日法之"温度差"。

最近开始担心对此争论的忽视。尽管参考了法国的争论,但"三宅说"以不同的视角来提出问题,"这是我的尝试"[**]。问题意识的核心是在意思主义下怎样实现相当于给付的(即债务法)所

---

① 三宅正男:《契约法》(各论上卷),青林书院,1983年;该文被收录于此书第59—118页、414—455页。

* 破毁院(Cour de cassation):即法国最高法院。——译者

② 甲斐道太郎:《民法学的沿革》,《法律时报》第55卷第7号,1983年。

** 此处为原文引用,指三宅的尝试。——译者

有权转移义务的履行？我们是否未意识到所有权转移义务自身的强制履行？但是未必和争论相吻合的一些意见，如“或许我们确实不必考虑所有权转移义务，但不能说是不能”，“还是考虑到这一点的话比较好一些”，“不宜被强制的债务并不罕见”这类意见占了上风。[①]

但是，如果以之前的给付观念为前提，仅因为便利的理由和体系性的要求就漠视所有权转移义务，承认它为债务（给付）的话，其理论是很薄弱的。除缔结契约这样的债务发生原因以外，怎样的给付行为才能使所有权转移，具体下定义是否存在困难？尽管存在着这样的疑问，但仅仅停留在“可以定义”和“决断性”这样的回答上。传统“给付”原则认为它是有体的，可以被定型为能用五官感觉到（给予给付、作为给付、不作为给付——不作为给付是不为特定行为的，可将此事实作为有体的来把握）。对此虽不用理会，但“所有权转移义务的即时履行”在理论上是不可能的。以现代的财产为目的的交付，在其自身无体化、无形化的现状下，再次探讨给付概念，以这种形式来处理这个问题，认为意思主义下的所有权转移义务可以用给付来表示。[②] *

---

① 参见《司法书士论丛(THINK)会报》第95号(1999年)所收录的金山报告和争论。

② 金山直树:《从义务的履行到给付的担保——赠予、作为、不作为和保证》,《基督教研究论丛》(第2卷),1998年,第375—399页;氏著:《给予的交付、作为的给付、不作为的给付——100年及其他的历史》,《日本民法的百年:其在福冈的历史脉络》(第2卷),1998年,第379—410页。

* 原文文献为:De l'obligation de“couverture”à la prestation de“garantir”-donner, faire, ne pas faire... et garantir? -, in: *Méange Christian Mouly*, 2 vols., 1998, t2, pp. 375-399; *Dare, facere, non, facere...et praestare*-100 ans après, ou une autre histoire-, in: *A Century of the Japanese Civil Code: Its History in Historical Context in Fukuoka*, 2vols., 1998, dact., t2, pp. 379-410(后者的日本法语版已发行)。——译者

问题不止这些。在否定物权行为的独立性和无因性的情况
172 下，区别对待一个行为的债权效果和物权效果（日本），还是以债权效果服从于物权效果为原则（法国），之所以有上述两种不同的观点，关键在于是否承认所有权转移义务的问题。[①] 总体来说，依然存在着很多待研究的课题。

该文是对撼动“山”的一次大胆尝试。虽然最终结果未达到撼动“山”的效果，其后也没有改变，但是即使不能撼动这座“山”，该文作者也一直在努力地解释和阐明着山中所潜伏着的“生态系”。

■ **作者介绍**

三宅正男

主要著作：除该文外，还著有『就業規則』（1952年・日本評論社）、『契約法（総論、各論上下）』（1978—1988年・青林書院）等。

简　　历：1918年（大正七年）生，毕业于东京大学法学部，名古屋大学教授［其著作、履历请详见名古屋大学法政論集88号（1981年）］。

---

① 矶村保：《德国与法国的民法典和民法学》，《法律时报》第71卷第4号，1999年，第50—51页。

2-05　吉原节夫 173

①《与"特定物买卖中所有权转移的时间"相关之战后判例》

(《富大经济论集》第6卷第3、4合并号,1961年)

②《物权变动时间相关判例之再研讨》(1—2)

(《富大经济论集》第7卷第2号、第8卷第1号,1961—1962年)

③《特定物买卖中所有权转移的时间》

(《民商法杂志》第48卷第6号,1963年)*

评议人　五十川直行(九州大学)

该系列论文以"所有权转移的时间"为主题,将二战前后的判例概括性地进行再探讨,为推进学说的发展作出了贡献。除此之外,该系列论文作为"判例研究的方法论"的实践性研究而备受关注。

1. 该系列论文发表前关于本课题之学界状况

(1) 基于法律行为的物权变动"何时"、在什么样的要件下发生效力。与物权变动相关的近代的立法主义有法国法主义(意思主义)和德国法主义(形式主义),关于公示,二者产生了对立。二者对于当事人之间产生物权变动的时期都有明确的原则。前者是根据债权的效力来转移所有权(法国《民法》第711条),规定"以交付标的物为目的的债务仅以当事人的合意就能完成,标

* 原文文献为:吉原節夫「『特定物売買における所有権移転の時期』に関する戦後の判例について」,富大経済論集论集6巻3＝4号(1961年);「物権変動の時期に関する判例の再検討(1)(2)」,富大経済論集7巻2号・8巻1号(1961—1962年);「特定物売買における所有権移転の時期」,民商法雑誌48巻6号(1963年)。——译者

的物即使没有交付，自应该交付时起，债权人就直接成为所有权人”（第1138条）。而后者则承认债权行为和物权行为的概念，认为当事人之间的物权变动和公示是不可分的，上述公示方法（登记、交付）完成之时即为物权变动之时（德国《民法》第873条、第929条）。

对此，我国在旧《民法·财产编》第331条的正文中规定“给付特定物的合意需要交付才能直接转移其所有权”，而现行《民法》第176条只规定“仅以当事人的意思表示就能实现物权的设定和转移”。然而，却存在像《民法》第555条那样的依据买卖契约判断所有权是否即时转移的规定。直截了当来说，虽是以法国
174 法的规定为基础，但同时又与德国法的规定相混淆，对于物权变动时间也没有明确的原则。

此处的“特定物买卖中所有权转移的时间”这个课题——在特定物买卖中，对于所有权转移的时间，当事人的意思不明确时，原则上在哪个时间点所有权发生转移——成为学说和判例的实践性课题。作为《民法》第176条的解释和论争的汇集点，它也始终是日本物权法的基本问题。

(2) 在学界的发展过程中，该文之前关于本课题大体从三种观点出发进行争论。第一，是否承认德国法主义的优越地位，肯定物权行为的独立性。明治三十年代后半期开始兴起的继受德国法学的潮流，将《民法》第176条的意思表示解释为德国法式的物权行为，将登记和交付时间作为转移的时间。第二，民法实施之前，应该如何评价那些体现了法国法理论的判例。末弘严太郎《物权法》（上卷）[①]——大量参考判例，并将其当作日本社会中通

---

① 末弘严太郎：《物权法》（上卷），有斐阁，1921年。

用的、现实的法，成为学界有关判例观念转变的里程碑——也支持判例的立论。“发生以物权变动为动机的法律行为，特别是反对不被承认时，可以解释为有直接发生物权变动的意思”[①]。这是将契约成立时间作为转移时间的契约成立时说。第三，应该怎样把握交易习惯和交易社会中法的意识，末川博的《特定物买卖中所有权转移的时间》[②]，作为立足实际交易状况的理论构成的先驱，主张将价款支付、登记和交付等的行为之时间作为转移时间的价款支付、登记、交付时说。

2. 该系列论文的内容及其在学界之意义

（1）这一系列论文围绕本课题，在学界“学说开始由契约成立时说向价款支付、登记、交付时说转变”（论文③第 11 页）。从与通说所关注的契约成立说相反的立场出发，关注判例的理解、接受方法等问题，将其作为具体的研讨课题。上述学术争论源自于何处，根据最近的先行研究可以指出以下三个视角：

第一，从物权行为独立性论中分离出来。前述的“末川说”认为，在为具有外部特征的行为之时，承认我国民法特有的物权契约，讨论其独立性。但从川岛教授的《所有权法的理论》（昭和二十四年，1949 年）中可以看出，本课题是从物权行为独自论中分离
出来的（论文③第 7 页）。此后，有学者从独立性否认说出发，肯 175
定价款支付、登记、交付时说。[③] 该研究也使本课题从独立性论中

---

① 末弘严太郎：《物权法》（上卷），有斐阁，1921 年，第 85 页。

② 末川博：《特定物买卖中所有权转移的时间》，《民商法杂志》第 2 卷第 4 号，1935 年，第 549 页。

③ 矶村哲：《评末川博所著〈物权法〉》，《法律时报》第 29 卷第 3 号，1957 年，第 127 页等。

脱离出来，将其升华为实用法学的课题。

第二，交易习惯、交易社会中对法意识的反映。从不动产交易的调查结果等出发，以交易习惯为根据，提倡价款支付、登记、交付时说。① 该研究认为不把价款支付作为问题的契约成立说"和我们的实际交易相关的法的感觉不相一致"（论文①第313页）。另一方面，有观点认为"在经数十年至判例法形成的今日，是否应该将法意识与社会交易习惯相分离，对此还存在着疑问"②。

第三，对判例发展方向的把握。判例把对契约成立说主旨的理解固定下来。"学说的对立可以归纳为是否支持判例这样的差异上"（论文②第80页注②）。在前述我妻、柚木的对抗中，对判例的再探讨是不可避免的课题。川岛武宜在其《民法》（Ⅰ）③中指出判例在此并不是贯穿始终的、抽象性的解释论，而是促进新的综合判例的深入研究。

（2）该系列论文被称为当时围绕"判例研究方法"之争论的一种潮流，迎来了再次兴起的时代。④ 在这个旋涡中，作者在该系列论文中从"对于判例的基本态度是，以末弘博士、川岛教授的教诲为基础"着手（论文①第315页注⑤）"运用与判例研究相关的功能性方法论进行分析或检讨"（论文②第18页）。具体来说，此方法"不是抽象的解释论，而是对于具体的事件重视具体的结论"，据此"萃取真正的法律原则（ratiodecidendi）"（论文①第333页）。

---

① 舟桥谆一：《物权法》，有斐阁，1960年，第86页以下等。

② 我妻荣：《物权法》，岩波书店，1952年，第53页；柚木馨：《判例物权法总论》，有斐阁，1955年，第92页。

③ 川岛武宜：《民法》（Ⅰ），有斐阁，1960年。

④ 《特集：民法判例研究的课题》，《法律时报》第34卷第1号，1962年等。

从“以建立第 176 条的解释论为目标的实践性目的”出发（论文②第 79 页），论文①以战后的七个判决（其中有最高裁判所的三个判决）为探讨对象，论文②③则把大审院的 17 个判决作为逐一探讨的对象。

探讨的结果是，该系列论文指出判例中没有必要确定非特定物买卖的所有权转移时间的案例数量，具有先例价值的案例，其具体结论也同时符合价款支付、登记、交付时说。并且通过判例可以看出契约成立时学说的论据不足。例如“以特定物为目的的买卖，仅在对将来物的所有权的转移作约定时，才与即时转移其物的所有权的意思表示无关”。作为本课题主导型案例的是大审 176
院大正二年（1913 年）10 月 25 日的判决[①]，这是与再买卖的预约有关的案例。该判决也是自物权行为独立性论出发，不只是分析与上诉理由相对应的一般性见解，也对约定价款的支付进行了分析（论文②第 86 页；论文③第 24 页）。最高裁判所昭和三十三年（1948 年）6 月 20 日的判例[②]引用了该判决，主张应重视已经支付了价款 163 万多日元中的 120 万日元的事实（论文①第 321 页）。

根据该系列论文，未必能全面理解判例。[③] 此立论反映出“判例研究方法论”中“川岛说”的内容，以及在判决中对法理论的轻视。可以说，探讨本课题相关判例时，该系列论文具有原点的

---

① 大审院大正二年（1913 年）10 月 25 日判决，《大审院民事判决录》第 19 辑，第 857 页。

② 最高裁判所昭和三十三年（1948 年）6 月 20 日判决，《最高裁判所民事判例集》第 12 卷第 10 号，第 1585 页。

③ 泷泽聿代：《物权变动的时间》，《民法讲座 2・物权》（1），有斐阁，1984 年，第 60 页注（37）；加藤一郎、森岛昭夫：《不动产交易判例百选》，有斐阁，1977 年增补版，第 99 页（奥田昌道执笔）。

意义。

3. 其后学界之发展

(1) 在该系列论文出现前后,围绕"所有权转移的时间"这一课题,在学界中出现了令人刮目的发展动向。1962 年 10 月所召开的第 25 届私法学会研讨会就是以"动产买卖中所有权转移的时间"[①]为主题的。这是把与本课题相关的各种各样的论点凝缩,将其呈现出来的好机会。这次研讨会再次探讨了所有权转移时间的决定这个问题,刻画出被转移的所有权——缺乏公示而无对抗力的所有权——的性质论,根据所有权的归属来处理纷争,以及所有权的概念、观念的发展方向等根本性论点。自有泉亨的《物权行为的意义》中开始将本课题的实质性意义分解成当事人之间的关系、与交易关系中的第三人的关系、与违法侵害人的关系等个别性问题,试着进行批判性的检证;[②]再经上述研讨会(林良平的报告等)之后,被称为阶段性所有权转移说的铃木禄弥教授的立论得到了升华。

学界在此之后,超越"铃木说"[③],对于危险负担、果实收取权等个别性问题进行了理论性的深化。依据新观点探索本课题再
177 构成的新路径。[④] 在那样的情况下,不动产买卖契约中与所有权

① 《动产买卖中所有权转移的时间》(研讨会主题),研讨会的会议记录发表于《私法》第 24 号,1962 年,第 3—86 页。

② 有泉亨:《物权行为的意义》,《法学会论集》第 14 册第 3 号,1943 年,第 63 页以下。

③ 参见吉原节夫:《最近关于所有权转移时间之论争感言》,《富大经济论集》第 27 卷第 3 号,1982 年,第 152 页以下。

④ 参见泷泽聿代:《物权变动的时间》,《民法讲座 2 · 物权》(1),有斐阁,1984 年,第 63 页以下。

的转移相关联的买卖契约成立时间的问题被重新提起。[1] 这是扬弃价款支付、登记、交付时说和契约成立说对立关系、突出其核心的契机。但是两学说不只是探讨交易习惯等问题，有必要运用更加先进的理论根据来论证这个问题

（2）判例的展开始终是学界所关心的事情。该系列论文中也反复出现最高裁判所立足于契约成立说的判案宗旨[2]。但判例对相关内容的处理过于机械化，这些问题同样也散见于承认登记转移的特别约定的最高裁判所昭和三十八年（1963 年）5 月 31 日的判例中[3]。按照动产、不动产等目的物的种类和交易类型等，探求各判例中当事人的意思。今后应该在看下级审判判决导向的同时，验证此种方式。对于所有权的转移时间，并未呈现出明确的原则。既然只有《民法》第 176 条的“当事人的意思表示”这条线索，所以“必须参照与本问题相关的重要的判断基准以及作为资料的判决”（论文②第 79 页）。超越危险负担、果实收取等个别性的问题，对于买卖契约中所有权转移的时间设立了明确的规定（最近的立法例是《中华人民共和国合同法》第 133 条“交付时所有权转移”、越南《民法》第 432 条“交付、登记时所有权转移”等），可以探讨该立法主义的实践意义。

---

① 北川善太郎：《物权》，有斐阁，1993 年，第 37 页等。

② 例如，最高裁判所昭和四十二年（1967 年）12 月 25 日判决，《判例時报》第 510 号，第 35 页；最高裁判所昭和五十一年（1976 年）6 月 15 日判决，《金融法务事情旬刊》第 802 号，第 33 页；最高裁判所昭和五十七年（1982 年）6 月 4 日判决，《判例時报》第 1048 号，第 97 页。

③ 最高裁判所昭和三十八年（1963 年）5 月 31 日判决，《最高裁判所民事判例集》第 17 卷，第 588 页；参见吉原节夫：《新版判例演习民法 2（物权）》，有斐阁，1982 年，第 1 页。

■ 作者介绍

吉原节夫

主要著作：除该文外，还著有「建築請負契約と所有権の取得」富大経済論集 20 卷 1＝2 号(1974 年)、「土地公法と民法 177 条」民事研修 359 号(1987 年)、「背信的悪意者論の相対的適用」民事研修 485 号(1997 年)。

简　　历：1932 年(昭和七年)生，毕业于富山大学经济学部，曾任富山大学教授，现任高冈法科大学校长[其著作、履历请详见富大経済論集 43 卷 3 号(1998 年)]。

178

2-06　铃木禄弥
《特定物买卖中所有权转移的时间》

（收录于《物权法研究》，创文社，1965 年；初次发表于《契约法大系》第 2 卷《赠予、买卖》，有斐阁，1962 年）*

评议人　松冈久和（京都大学）

该文采取的是以具体问题的利益衡量为基础，寻求妥当处理的功能主义的解释方法，来讨论所有权何时转移的问题，在学界具有重要影响。

1. 该文发表前关于本课题之学界状况

（1）昭和三十年代前半期，与《民法》第 176 条相关的重要判例相继将重点由围绕物权行为的独立性、无因性的概念性争论，向以所有权转移时间为焦点的争论转变。大审院的判例否定了物权行为的独立性。直到今天为止，仍然采用若没有特别约定或阻碍，买卖契约时直接发生所有权转移的契约缔结转移说。末弘严太郎之后的通说也支持上述的观点。以法国法的变迁以及不以任何方式作为物权变动要件的日本法主张没有必要承认物权行为的独立性，将《民法》第 176 条的意思表示解释为作为买卖契约构成要素的出卖人的债权的意思表示。对此，以末川博为代表的物权行为独自说，依据交易习惯、常识，把价款支付、登记、交付等这些外部表象行为看作是物权契约，主张在这些时间点所有权

* 原文文献为：鈴木禄弥「特定物売買における所有権移転の時期」，『物権法の研究』（1965 年・創文社）所収，初出・『契約法大系 第 2 巻贈与・売買』（1962 年・有斐閣）。——译者

发生转移。另外，川岛武宜、矶村哲、舟桥谆一等人所主张的有偿性说也认为不需要独立的物权行为，这与通说是同调的。即以有偿性的原理和交易当事人通常的意思为根据，在价款支付、登记、交付之时所有权发生转移。原岛重义的信用授予说认为价款支付时或信用授予时所有权发生转移，是针对有偿说受到的批判所进行的相应修正。

所有权的转移时间是在买卖契约时，还是比契约略晚的登记、交付之时，日本学界对此存在着争论，这使得契约转移说的通说地位发生了动摇。

（2）学说的对立是围绕沿革和体系所产生的对立。即是否重视作为多数条文源泉的法国法的理解？是否重视它和德国法体
179 系的潘德克吞体系、物权债权的严格区别？这些构成是否具有民法诸规定和民法体系的整合性？这些问题都是主要的争论点。有泉亨、於保不二雄早已指出，概念性与理论性对立的欠缺不会很大程度上左右其结论的决策方法。吉原节夫的判例分析表明，判例的抽象论和具体理论没有直接的联系，认为判例也不能作出决定。不能单一地确定交易习惯、法意识的观点也在日本学界不断地扩展。1961 年私法学会研讨会上有关动产买卖情况下所有权转移时间问题的争论，具有一定的象征性。重视交易的实态及现象，对于个别的类型进行功能性、归纳性的探讨，这种方向成为发展的潮流。

2. 该文的内容及其在学界之意义

（1）该文探讨了不同情况下的问题，并指出对所有权转移时间作统一的规定不仅没有实际的意义，而且在理论上也是不可能的。主张作为所有权的法律效果及其各种权能，是在不同的时间

自出卖人向买受人转移的阶段性转移说。按照该文的结构，我们来介绍一下其主要内容。

（2）①首先在当事人之间危险负担、果实收取权等的转移是很重要的。但这些事由与所有权的转移无关，是由当事人的约定、法律规定（第 534 条、575 条）来决定的。所有权转移作为中间项，只不过是具有整理思绪的意义。当事人之间的所有权确认请求不允许欠缺确认的利益。铃木在其著作《物权法讲义》[①]中并未实质性地承认所有权转移时间的特别约定。

② 与交易关系中的第三人的关系，主要是根据对抗要件的有无来决定的。买受人是否取得所有权并不是问题。辗转买卖的情况下，受让人和买受人的关系不是对抗问题。但受让人不能直接要求出卖人转移登记或者交付。受让人只能代位行使买受人的权利。受让人从出卖人那里得到契约上的抗辩，对此不管买受人是否已经取得全部的所有权，在结论上都不存在差异。

③ 最后，与交易关系之外的第三人的关系也是一样的。（a）无论是物权侵害还是债权侵害，风险负担者可以向灭失毁损目的物的第三人请求基于侵权行为所产生的损害赔偿。（b）可以基于债权向妨害人行使排除妨害请求权，基于债权人代位权可以代位行使所有权人的妨害排除请求权，因而没有取得所有权的买受人
也可以受到充分的保护。（c）为保护受害人，土地建筑物责任被 180
规定为无过失法定责任。为了方便受害人行使权利，假设所有权转向买受人。但如果具有登记名义的出卖人作为所有权人仍被认定为有责任的话，那么这是不必要也是不妥当的。总的来说，

① 铃木禄弥：《物权法讲义》，创文社，1994 年第 4 次修订版，第 97—98 页。

即使在③的情形下，也能推导出适当的结论，它和所有权转移与否没有关系。

（3）在初期，学界根据不同的情况来考虑相关问题，在这个方向上有很多不错的观点。当时的学说将重点放在对个别具体问题的探讨上，该文便是在此学说的发展过程中被创作出来的。二战后民法学的特征是重视利益衡量的解释论。作为对形式理论的法之构成的反省，使该解释论具体化，这样的理解是比较自然的。

但是，山本进一、原岛重义、筱冢昭次、石田喜久夫等人对此进行了严厉的批判。面对这种情况，铃木除该文之外，同书中另收录了两篇论文，以反击学界的批判。铃木、石田的争论成为主线，呈现出很多的问题。在具体的问题点中，很多方面大家都持有一致的意见，特别是在买卖契约关系中。在所涉范围之内，当事人之间的契约关系优于物权关系，主要靠契约的法理来对其进行规制，这样的认识被固定下来，可以说是学界研究的巨大进步。

下面总结一下对阶段性转移说的批判。作为总论性的内容，指出了以下四点：(a)作为个别不能处理情况下的预备性、一般性的标准，所有权转移时间论是有意义的；(b)阶段性转移说与严格区别物权、债权的体系是相矛盾的；(c)所有权是实实在在存在的，不能完全被功能性地分解；(d)铃木的所有权概念过于偏离社会意识；(e)铃木过于轻视体系和理论。作为各论性的内容，指出了以下两点：①交易关系中的当事人之间的关系、买受人的处分效力、受让人权利的取得、买受人是否取得所有权并不是问题。②铃木虽然以尊重判例和学说所共有的以及共同确立的观点为前提，特别是对于与交易关系之外的第三人的关系所主张的不同观点，但他难以接受这些观点，并指出了其中一些具体的问题。

作为此论证的评价，问题落脚在总论部分的根本的权利观、体系观和学问观的不同上。这是甲斐道太郎所代表的一般性的概括。与各个问题相关的铃木的主张未必能得到普遍的认可。181
作为被遗留下来的课题，给人的整体印象是本课题难以进行深入的研究。但是它在学界引起了活跃的争论，发掘出多方面的论点，这是该文对学界的最大贡献。

3. 其后学界之发展

在论争之后大约二十余年的今天，学说的对立状况几乎未发生变化，各种各样的学说出现了新的支持者，在此仅介绍一下代表性的观点。在判例中所认定的不动产买卖契约的成立时间被意外地推迟了。泷泽聿代在这样的认识背景之下做了具体性地归结，主张若无不同的话则应该自重视沿革的观点出发。其主张与判例一致，明确地把契约时转移说作为原则论。鹰巢信孝依据所有权本质论的观点，支持物权行为独立性说。七户克彦、石田刚则主张应该以登记申请时发生物权变动为原则。教科书、体系书中认为有偿性说或者信用授予说是多数说，而星野英一、内田贵则支持阶段性转移说。

论及一个个的问题点，详细探讨其构成和结论的不同，这样的做法迄今为止还是不多。对这些论点的整理和争论的积累是有必要的。对于其中的一个尝试，可以参见松冈久和所撰写的《石田喜久夫先生的物权变动论》(Ⅰ)[①]一文，铃木、石田论争之后的文献也大体包含在内。

---

① 松冈久和：《石田喜久夫先生的物权变动论》(Ⅰ)，《石田喜久夫先生古稀纪念论文集：民法学的课题和展望》，成文堂，2000年。

■ 作者介绍

铃木禄弥

主要著作：除该文外，还著有『譲渡担保』(1996 年・ダイヤモンド社)、『抵当権の研究』(1968 年・一粒社)、『借地法(改訂版)』(1980 年・青林書院新社)等。

简　　历：1923 年(大正十二年)生，毕业于东京帝国大学法学部，历任大阪市立大学助教授，东北大学、东海大学教授[其著作、履历请详见铃木禄弥先生古稀記念『民事法学の新展開』(1993 年)]。

2-07　太田知行 182

《当事人之间的所有权转移——分析哲学方法的研究尝试》

(劲草书房,1963年)*

评议人　松村良之(北海道大学)

所有权这样的概念只不过是法律效果的集合。该书自此观点出发,对所有权转移时间的问题做了全新的回答。在法律构成中重视实际利益(法律效果),为之后日本的民法学奠定了方法论的基础。

1. 该书出版前关于本课题之学界状况

(1) 所有权的转移时间

《民法》第176条规定:"物权的设定以及转移仅以当事人的意思表示就可以发生效力。"这是与当事人之间的所有权转移的时间相关(与第三人的关系是对抗要件的问题)的规定。日本的民法学受到德国法的影响,物权行为独立性说成为有力说。但在20世纪60年代初,通说和判例都是否定物权行为的。对于所有权的转移时间存在着几个学说[①],判例的立场如下所示:(i)法律行为成立之时,原则上发生物权变动;(ii)当事人的意

* 原文文献为:太田知行『当事者間における所有権の移転——分析哲学的方法による研究の試み』(1963年·勁草書房)。——译者

① 我妻荣:《物权法》,《民法讲义》(Ⅱ),岩波书店,1952年,第52—55页;舟桥谆一:《物权法》,《法律学全集》(第18卷),有斐阁,1960年,第84—88页。

思表示与此不同之时，以当事人的意思表示为准。我妻支持判例的立场[1]，但舟桥认为特定物所有权的转移原则上是标的物交付、登记或价款支付之时[2]。但是，当时的争论是围绕“所有权”是何时转移的这样的问题所展开的。必须注意的是川岛武宜在《民法Ⅰ（总论·物权）》（Ⅰ）中叙述道：“交易当事人之间的关系（……）没有必要必须同时转移所有的权利（……）当事人之间物权变动的时间以及形式由契约的内容来决定。”[3]我妻荣在《克陆泽*著〈所有权论〉》中，介绍了丹麦学者克陆泽的学说，即综合考虑所有权的一定权能。[4] 我妻荣在《有体动产国
183 际买卖中的所有权转移之相关条约草案》中叙述道：“北欧诸国的法制（中略）不考虑‘所有权’是否转移的问题。自契约缔结时起至履行完成的过程中解决了一个个的问题。”[5]但是，这样的观点并未经过理论性的提炼。

（2）对法的概念的价值论考察

民法学中的法人论存在着拟制说、否认说和实在说的对立，也有关于某种认识论的争论。福地俊雄在《法人理论的对象——以价值论考察为中心》中虽然是持批判态度[6]，但他也提及了早川

① 我妻荣：《物权法》，《民法讲义》（Ⅱ），岩波书店，1952年，第53页。

② 舟桥谆一：《物权法》，《法律学全集》（第18卷），有斐阁，1960年，第86页。

③ 川岛武宜：《民法Ⅰ（总论·物权）》，有斐阁，1960年，第152—153页。

* 克陆泽（Frederik Vinding Kruse，1880—1963）：丹麦哲学家。——译者

④ 我妻荣：《克陆泽著〈所有权论〉》，《民法研究Ⅲ·物权》，有斐阁，1965年（1937年初版），第240页。

⑤ 我妻荣：《有体动产国际买卖中的所有权转移之相关条约草案》，《民法研究Ⅳ·债权各论》，有斐阁，1969年（1955年初版），第80—81页。

⑥ 参见福地俊雄：《法人理论的对象——以价值论考察为中心》，《法人法的理论》，信山社，1998年（初出1958年），第195—201页。

一荣的一般意识论①。川岛武宜《企业的法人人格》②已将法人延伸为用一定的方法处理社会关系的符号性技术。由此可以看到对法人价值论考察的萌芽。另外，川岛武宜在《权利滥用意义之考察》③中，将“权利滥用”的意思置于记号操作这一平面中，并以此为焦点进行分析（在设定此问题之时，受到当时论理实证主义、分析哲学的影响，他参考了巴赫的《科学哲学的形成》）。但是对这种立场的分析只是萌芽，仅仅是根据日常言语所进行的分析。

2. 该书的内容

该书的内容用一句话来说就是“其价值在于检证的方法”。此论理实证主义的正题［M. 施利克（M. Schlick）*的名言］超越经验的世界，适用于法的世界。

民法学中裁判官不能还原文章的命题（存在一定事实的情况下法官作出如此的判决）是无意义的（原书第5页）。例如，X拥有某不动产的所有权这样的命题文章，若不能还原的话是无意义的（原书第6页）。从这种观点出发，在参考霍菲尔德（Hohfeld）、拉丹（Radin）**的同时，通常被称为“权利”、“义务”的词语其内容被分析为权利—义务（right—duty）、特权—无权（privilege—no-right）、权力—无资格（power—disability）、豁免—无资格

① 早川一荣：《思考和行动中的语言》，大久保忠利译，岩波书店，1985年。

② 川岛武宜：《企业的法人人格》，《田中先生还历纪念：商法的基本问题》，有斐阁，1952年。

③ 川岛武宜：《权利滥用意义之考察》，《权利的滥用》，有斐阁，1962年。

* M. 施利克（Moritz Schlick，1882—1936）：德国唯心主义哲学家、物理学家、维也纳学派领导者。——译者

** 韦斯利·霍菲尔德（Wesley Newcomb Hohfeld，1879—1918）：美国法学家；玛格丽特·简·拉丹（Margaret Jane Radin，1941—　）：美国学者。——译者

(immunity—disability)八个概念,试着运用记号的理论研究方法进行再构成。

184 “应该存在所有权转移的时间”,此争论是源自于所有权的实体化。通过表现所有权属性的各种各样的状况(谁负担危险等)来确定所有权在何处,这是唯一的方法。主张所有权的转移时间在论理上是不能确定的问题(原书第55—56页)。即X拥有所有权是指“若 Y_n 有利用目的物的使用价值或者类似行为,X以此为理由请求 Y_n 为某些行为(赔偿X所遭受的损失的行为)的话,那么裁判所支持其请求”等被还原为诸多的价值判断命题(原书第85页以下)。太田认为,“所有权”这个词只是用在经济上的思考。

基于以上前提来分析当事人之间的所有权转移时间是何种类型的问题。(i)所有权的转移(从前主X移向 Y_x),X对Y所享有的权利、特权消失,Y_x 的X以及 Y_n 所持有的权利成立。(ii)当事人之间存在的是把X和 $Y_1 \cdots Y_n$ 的关系、Y_x 和 $Y_1 \cdots Y_n$ 的关系置之度外,X—Y_x 间的关系变化是应该基于怎样的事实发生的问题(X—Y_x 间的变化和在这之外的变化没有必要同时进行,原书第100页)。也就是说,“之前的观点认为任意一时间点默认出卖人或买受人是所有权人”。但“所有权转移时间”的问题若如上述那样定义的话,那就不成为问题”(原书105页)。此种意义上所有权的转移问题,即什么样的情况下出卖人丧失其权利或特权,是否应该由买受人取得,这是由出卖人和买受人之间的契约所决定的(原书第106页)。该书引用了格特海纳(Gottheiner)* 的叙述[依据阿尔夫·罗斯(Alf Ross)** 所代表的权能理论来看的话,

* 汉斯·格奥尔格·格特海纳(Hans Georg Gottheiner,1879—1956):德国法学家。——译者

** 阿尔夫·罗斯(Alf Ross,1899—1979):丹麦法学家。——译者

所有权只能是集合概念……],这是北欧诸国中占支配地位的观点(原书第107—109页)。

作为法律构成的问题,探讨所有权概念的必要性。在该书第2部第1章、第2章中,在参照美国不动产买卖的实务与判例的同时,分析了以下几个方面的问题:(i)出卖人对买受人所享有的、禁止买受人使用不动产标的权利之转移时间。(ii)出卖人丧失为第三人设定各种各样权利,以及对买受人所享有的权利的时间。(iii)危险负担的转移时间。它们在不同时间的转移,是由一个个的契约所决定的。另外,在第2部第3章中作者指出“当事人之 185
间所有权的转移”这项原则不仅未对推导出妥当的结论发挥作用,反而误导我们的思考(原书第271—279页),明确否定使用“所有权”这个词来构成法律。

3. 其后学界之发展及该书在学界之意义

与太田该著作同期的铃木禄弥发表了《特定物买卖中所有权转移的时间》[①]一文。虽然契约当事人之间的危险负担和果实收取权是最重要的,但何时转移给买受人是当事人之间自由约定的问题。[②] 可以预想到在买卖过程中存在各种各样的争论,从这一点来看,将所有权的转移时间归于一点,实际利益以及理论上都是不可行的。[③] 所有权是反复转移的[④],这是对其状态的说明。然而在之后民法的发展中,没有必要认为在一定的时期内所有权自

---

① 铃木禄弥:《特定物买卖中所有权转移的时间》,收录于《契约法大系》第2卷《赠予、买卖》,有斐阁,1962年。

② 同上书,第90—91页。

③ 同上书,第98页。

④ 同上书,第99页。

出卖人转向买受人，所有权中所包含的法律效果应该是一点点地转移，这样的学说成为有力说。[1] 最近具有代表性的教科书即内田贵的《民法Ⅰ（总则・物权总论）》（第2版）也基本上是支持这样的学说（阶段性所有权转移说）[2]。但在很多民法教科书中，这种学说被称为“铃木说”，而并未提及该书。[3] 据此来看，该书的影响并不大。

但是该书讨论的不仅是物权变动这样个别的问题，也为之后成为主流的实益主义民法学（法律构成的意义寻求法律效果的立场）提供了方法论的根据，对此我们应该给予其较高的评价。其中的一个例证是，该书所提到的代表实益主义民法的星野教授在其著作中叙述到，对于物权变动的时期，首先要将所有权的转移时间作为抽象性的概念来考虑，向相反的方向推论，具体来说应该考察发生了什么样的法律效果。所有权是果实收取权等集合
186 体的称呼，[4]对无权利能力社团的分析也参考了这一主张。[5] 该书中引用了星野教授的观点。

该书的写作受到了论理实证主义、分析哲学的强烈影响。另外，法学所固有的领域也受到了北欧现实主义法学的影响（引用了罗斯、黑格尔、施塔姆等人的观点）。它在当时被称为“经验法学”的嫡出子。该书的思想是论理实证主义、分析哲学，而在技术上其所运用的记号论理学是一种高深的技术。民法学者中若没

① 例如，星野英一：《民法概论》（Ⅱ）第一分册《物权》，良书普及会，1973年，第34—37页。

② 内田贵：《民法Ⅰ（总则・物权总论）》，东京大学出版会，1999年第2版，第409—410页。

③ 星野英一：《民法概论》（Ⅱ）第一分册《物权》，良书普及会，1973年，第37页。

④ 同上书，第35—37页。

⑤ 星野英一：《所谓“无权利能力社团”》，《民法论集》（第1卷），有斐阁，1970年（1967年初版），第279—282页。

有一定知识储备的话，那么他们是很难理解该书的思想的。当时社会受马克思主义的影响，论理实证主义被归为观念论，受到了强烈的批评。这样的时代过去之后，随着分析哲学的衰退，“经验法学”也逐渐衰退。

另外，还有森岛昭夫为该书所作的书评《太田知行所著〈当事人之间的所有权转移〉》[①]。

■ 作者介绍

太田知行

主要著作：除该书外，还著有「紛争解決手段としての訴訟上の和解」（穂積忠夫と共著）潮見俊隆＝渡部洋三編・法社会の現代的課題（1971年・岩波書店）、「契約の成立」長尾龍一＝田中成明編・現代法哲学第3巻（1983年・有斐閣）、「記名式預金者認定と客観説」太田知行＝中村哲也編『民事法秩序の生成と展開』（1996年・創文社）等。

简　　历：1934年（昭和九年）生，毕业于东京大学法学部，曾任东京教育大学助教授、东北大学教授，现任东海大学教授［其著作、履历请详见法学60卷6号（1997年）］。

---

① 森岛昭夫：《太田知行所著〈当事人之间的所有权转移〉》，《法律时报》第36卷第5号，1964年。

187 2-08 梅谦次郎 《论〈民法〉第177条的适用范围》

(《法学志林》第9卷第4号,1907年)*

评议人 冈孝(法政大学)

该文的作者同时也是民法起草者,其早年对于物权变动的原因主张无限制说。该文通过对具体案例的分析(继承、时效取得等情况),重新论述了这一观点。

1. 该文发表前关于本课题之学界状况

对于以登记为要件的不动产物权的变动原因,基于契约等意思表示的情况也包含在内,对此不存在异议。但继承、时效取得等不需要意思表示的情况是否也应包含在内,对此存在着争论。无论物权变动原因为何的无限制说和必须登记、限制物权变动原因的限制说之间存在着对立。

法典调查会中在审查《民法》第177条的原案时,提案说明人穗积陈重解释说,在"尽可能地调查各种问题"(但是其内容不明确)的基础上,认为继承时必须要登记(未提及时效取得的情况。"穗积说"认为遗赠也需要登记①)。

---

* 原文文献为:梅謙次郎「民法第一七七条ノ適用範囲ヲ論ズ」,法学志林9卷4号(1907年)。——译者

① 以上各点,请参见商事法务研究会:《法典调查会民法会议记录》(第1卷),1983年,第583页以下。

2. 该文的内容及其在学界之意义

该文是根据梅谦次郎在法政大学讲课的速记整理而成的。从权利的种类、得失以及变更的意义、得失和变更的原因三个方面来论述《民法》第177条的适用范围。其中，对后世有影响的是得失和变更的原因这一部分。下面在此范围内，总结一下梅的观点。

首先，继承的情况下，大审院的判决[①]是持反对态度，主张继承若不登记则不能对抗第三人。但是，应该注意的是，梅是考虑到生前继承（隐居、入夫婚姻[*]）的情况，才提出了这一主张。梅主张时效取得必须进行登记。另外，他还主张在基于意思表示的物权变动中，不管是遗赠还是解除时（解除前出现第三人的情况）都
需要登记（以《民法》第545条但书为根据，批判第三人没登记也 188
能对抗解除人的观点。债权人可以解除合同恢复所有权，在债务不履行的阶段，为了将来能解除合同，债权人可以预登记）。结论是梅以《民法》第177条所规定的无限制为根据，主张无论物权变动的原因为何都应该登记。

和梅一样的另一位起草者富井政章在之后的著书《民法原论》（第二卷）中主张继承需要登记。[②] 他认为在时效取得的情况下"毫无疑问"，但其结论主张"以立法的本旨为基础"，认为登记是必须的。可见，在时效取得的情况下，起草者的意见也有可能

---

① 大审院明治三十八年（1905年）12月11日判决，《大审院民事判决录》第11辑，第1736页等。

* 隐居：即指户主在生前提前将其权利让与其继承人。后来伴随着日本户主制的废止，这一做法也随之被废止。入夫婚姻：男性入赘到以女性为户主的家庭。——译者

② 富井政章：《民法原论》（第二卷），有斐阁，1923年合订版，第69页。

存在着分歧。[①]

如上所述，民法起草者梅、富井主张所谓的无限制说，对以后的学界产生了很大的影响。梅的无限制说，特别是关于继承，在以该文为基础做了演讲之后，在其出版的《最近判例批评（全）》[②]中进一步被展开；同旨的主张在梅的代表作《民法要义》（卷二）[③]中也被采用。顺便说一下，《民法要义》（卷二）于 1908 年 9 月发行了订正增补版，所以应该注意的是后述的明治四十一年（1908 年）大审院联合部判决（物权变动原因无限制判决以及第三人判决的双方）在增补版中未被提及。

在法政大学的图书馆中保存了很多梅谦次郎的文章，在那之中的《论说类二》[④]的主体部分也采用了该文所主张的观点。

3. 其后学界之发展

该文之后，出现了与生前继承相关的、著名的大审院联合部明治四十一年（1908 年）12 月 15 日的判决[⑤]，该判决采用的是登记必要说（上述富井的见解是在判例之后出现的）。但是因为该判决的事实并不明确，所以之后该领域的判例向不同的方向发
189 展。[⑥] 有观点认为在生前继承中，继承人取得被继承人所处分的

---

① 广中俊雄：《物权法》，青林书院，1987 年第 2 版增补版，第 136 页。

② 梅谦次郎：《最近判例批评（全）》，《法政大学讲义录》，1909 年；在其另一部著作《最近判例批评》（新青出版，1995 年再版；初次发表于《法学志林》第 9 卷第 3 号，1907 年）第 515 页以下被引用。

③ 此处引用的是梅谦次郎：《民法要义》卷二《物权编》，有斐阁，1984 年修订再版，第 14 页以下。

④ 梅谦次郎：《论说类二》，梅文书研究会编：《梅谦次郎文书目录》，法政大学现代法研究院，1999 年，第 2 部 No. 4。

⑤ 大审院联合部明治四十一年（1908 年）12 月 15 日判决，《大审院民事判决录》第 14 辑，第 1301 页。

⑥ 参见原岛重义、儿玉宽：《新版注释民法》（6），有斐阁，1997 年。

不动产的物权，为对抗他人有必要进行登记。[①] 也有观点认为包括死亡继承在内的一般继承也需要登记。[②] 但是在二战后，生前继承被废止，前者没有了先例上的价值。之后，在共同继承的案件中，其中的一名继承人为了能向第三人随意处分而做了单独的继承登记。此种情况之下，最高裁判所认为为了使其他的继承人所持有的未经登记的份额能对抗第三人[③]，对上述大审院联合部判决的先例性价值予以限制。

有的裁判所对于时效取得是以上述大审院联合部的判决（限制第三人）为基础，自第三人是否为"主张欠缺登记的有正当利益人"的观点出发作出判决的。[④] 之后的判例，根据第三人出现在时效完成前还是时效完成后，其处理方法也不一样。也就是说，在前者的情况下，第三人处在时效取得人和当事人的关系之中，时效取得人没有登记也能对抗所有权。后者的时效取得完成后，有第三人的情况下如果没有登记则不能对抗第三人。在学说上，出现了各种各样的观点，有的从尊重占有的观点出发对此判例进行了批判，有的从尊重登记的观点出发（经过部分修正之后）拥护这种观点。[⑤]

除此之外，梅在该文中所指出的依据意思表示的物权变动中解除的案例，是将解除看成是溯及性关系的消灭，还是将其当作非溯及性的构成，对此出现了不同的观点。判例中关于解除前第

① 大审院大正四年（1915 年）10 月 2 日判决，《大审院民事判决录》第 21 辑，第 541 页等。

② 大审院大正九年（1920 年）5 月 11 日判决，《大审院民事判决录》第 26 辑，第 640 页。

③ 最高裁判所昭和三十八年（1963 年）2 月 22 日判决，《最高裁判所民事判例集》第 17 卷第 1 号，第 235 页。

④ 大审院明治四十三年（1910 年）11 月 9 日判决，《大审院民事判决录》第 16 辑，第 784 页。

⑤ 原岛重义、儿玉宽：《新版注释民法》（6），有斐阁，1997 年，第 543 页以下。

三人的案件，不管是为了解除人还是为了第三人胜诉，登记都是很有必要的。[①] 对于解除后第三人的案例，有的将其当作对抗问题，有的则不将其当作对抗问题，未得出统一的结论。在遗赠的案例中，最高裁判所继承梅的见解，将其作为对抗问题来处理。[②]

梅在该文及其他著述中主张以登记为要件的物权变动采用无限制说。自昭和四十年(1965 年)左右开始，在学界出现了“对抗问题限制说”。[③] 对于该物权变动原因，仅在“177 条的第三人”有可能的情况下才将其作为“对抗问题”(“原岛说”)。但是，将什
190 么当作“对抗问题”，毫无疑问，论者有各种各样解释的余地。在那之后，学界对于第 177 条和第三人保护法理(例如第 94 条第 2 项的类推适用等)分为根据不同情景分别适用的二元构成和尽可能依据登记的一元解释这两种立场。[④]

■ **作者介绍**

梅谦次郎

主要著作：除该文外，还著有里昂大学博士学位申请论文『和解論』(法文。Larose et Forcel · 1889 年)、『民法要議全 5 巻』(1896—1900 年 · 日法法律学校 · 明法堂)等。

简　　历：1860 年(万延元年)—1910 年(明治四十三年)，毕业于司法省法学校，历任东京帝国大学法科大学教授、法政大学首任校长、法制局长官兼内阁养老辅助局局长、文部省总务长官等职[其著作、履历请详见岡孝＝江戸恵子「梅謙次郎著書及び論文目録」法学志林 82 巻 3＝4 号(1985 年)]。

---

① 原岛重义、儿玉宽：《新版注释民法》(6)，有斐阁，1997 年，第 503 页。

② 最高裁判所昭和三十九年(1964 年)3 月 6 日判决，《最高裁判所民事判例集》第 18 卷第 3 号，第 437 页。

③ 原岛重义、儿玉宽：《新版注释民法》(6)，有斐阁，1997 年，第 468 页。

④ 同上书，第 469 页。

2-09　鸠山秀夫 191

①《论不动产物权得失变更的公信主义与公示主义》

[分别收录于《民法研究》(第2卷),岩波书店,1930年;《债权法中的诚实信用原则》,有斐阁,1955年。初次发表于《法学协会杂志》第33卷第7、9、12号,1915年]

川井健

②《不动产物权变动中的公示与公信》

(日本评论社,1990年)*

评议人　七户克彦(庆应义塾大学)

鸠山论文在我国介绍德国法之"公示原则"的同时,主张"公示主义"(对抗要件主义)和"公信主义"的对立。川井在其论文集中主张昭和四十年代所确立的两个判例理论(背信恶意者的排除论、第94条第2项的类推适用论),是"公示原则"(对抗要件主义)内部的修正法理。

1. 鸠山论文发表前关于本课题之学界状况

(1) 在我国的物权法教科书中,通常惯例是把"公示原则"作为物权法及物权变动法的基本原则之一。此用语是指由下面两段所构成的理论的整体。即因为物权是排他性的支配权或绝对

* 原文文献为:鳩山秀夫「不動産物権変動の得喪変更に関する公信主義及び公示主義を論ず」,『民法研究 第2巻』(1930年・岩波書店),『債権法における信義誠實の原則』(1955年・有斐阁)所収,初出・法学協会雑誌33巻第7・9・12号,1915年);川井健『不動産物権変動の公示と公信』(1990年・日本評論社)。——译者

权，为了不使第三人遭受不测的损害（公示的依据、公示的目的、公示的要求），有必要预先让范围较广的第三人知道此事实（公示）。为了实现此目的，使公示具有私法效力（设权的效力即成立要件主义、对抗力、推定力、公信力），有必要强制当事人进行公示（公示的效力）。

（2）该理论被博瓦索纳德、现行民法起草者以及明治三四十年代的学说毫无异议地接受。但是，明治时期并不存在将该论理作为物权法（或是物权变动）的基本理念置于“公示原则”或者“公示主义”名义之下的观点。在明治时期的学说中，“公示主义”在上述各种公示的效力中已经被用作指称对抗要件主义的用语。
192 在明治时期和大正时期，虽然存在“对抗要件”这样的短语，但是现在已不存在“对抗要件主义”这样的用语。如上所述，对此，一般情况下可用“公示主义”或“公信主义”来代替它。

2. 鸠山论文的内容及其在学界之意义

（1）上述的明治、大正时期的学界状况在德国也一样存在。也就是说，在 19 世纪的德国法学说中的“公示原则”（Publizitätsprinzip）这个用语，很多时候在公示效力中也专门用来指公信力（狭义的“公示原则”）。没有观点认为它是指上述的理论整体（广义的“公示原则”）。但是，如欧根·胡贝尔（Eugen Huber）的论文《德国物权法中的占有之意义》（1894 年）中所提及过广义的“公示的原则”这个概念，德国民法典制定后的学说将它确定为物权法的指导原理，卡尔·克罗姆（Carl Crome）的物权法教科书（1905 年）也是如此表述的。

鸠山的论文围绕“公示原则”，首次在我国介绍了德国的状况。像卡尔·克罗姆一样将广义的“公示原则”作为物权（变动）

的一个基本原则，这是鸠山论文的第一点学术意义。

（2）但是，当时将我国学说中的对抗要件主义称作“相对的公信主义”的用语用法，在鸠山论文中受到了批判。他提倡将其称为无公信力的“公示主义”。自此，在我国出现了“公示”和“公信”相对立的理解，这是鸠山论文的第二点意义。此后，昭和时期虽然出现了“对抗要件主义”的用语，但与“公信原则”相对立的、被称为“公示原则”的鸠山论文中的用语用法，自昭和初期我妻荣博士的物权法教科书以后，在我国作为一般性的理解被固定下来。

但这样的用语用法和前面所讲的广义的“公示原则”相抵触。在以后的学说中，围绕“公示原则”广、狭两义的用法，出现了错综复杂的结果。鸠山论文论旨的中心是与“公示主义”（对抗要件主义）相关的第三人无限制说，以及向作为立法论的“公信主义”的转变，但这些主张后来在学说中一直是少数说。 193

3. 川井论文集的内容及其在学界之意义

（1）二战后，进入昭和四十年代，最高裁判所在同一时期确立了与不动产物权变动相关的两个判例理论。其中之一是背信恶意者的排除论，其二是第 94 条第 2 项的类推适用法理。但是，前者在初期的判例中采取的是以违反公序良俗为代表的各种法律构成；而对于后者，很多学说将其评价为与公信力相类似的法理。

对于相关的法律构成，川井论文集中所收录的论文提倡将两理论都定位为第 177 条“第三人”要件的问题。明治四十一年（1908 年）12 月 15 日有关限制“第三人”的大审院联合部判决将 177 条“第三人”的范围限定为“主张登记欠缺、有正当利益者”。但该判决强调自第三人处取得权利的原因，主张“正当利益”在形式上是自权利取得原因的客观性质出发的。“川井说”主张同判决中“正当利益”这个概念应从更实质的方面去把握。一方面，若第三人的权利取得违反了诚实信用原则，则不是“有正当利益者”。另一方面，如果当事人欠缺登记，且具有明显的归责性，则其权利主张就是权利滥用。在此情况下，即使第三人是无权利人，也将其当成是177条的“有正当利益”的第三人（这是川井教授关于前述鸠山博士的“无限制说”复活的表现）。

（2）“川井说”主张在“正当利益”的概念中收入实质性要素，并且认为从实质性方面来看，违反诚实信用原则的第三人没有“正当利益”，是应该被排除在外的违反诚实信用的恶意者。此法律构成是“川井说”的基本内容，此后该主张成为日本学界的通说。但是，如果说对此按照第94条第2项的类推适用法理，欠缺登记、有归责性的当事人的权利主张属于权利滥用的话，那么按照“川井说”的理论构成，则认为无权利人也是有正当利益的第三人。日本学界赞成川井观点的学说比较少。二重让与的法的构成之观点认为，第177条的第三人是“从权利人那里取得权利之人”，对于基于此种观点严格区分“公示原则”（对抗主义）和“公信原则”通说的观点来说，很难接受“川井说”的无权利人以及自无权利人处取得权利之人也包含在第177条的第三人之内的主张。

194 **4. 其后学界之发展**

（1）首先，围绕广、狭二义的“公示原则”的用语用法，学界存在诸多争议，直到现在为止也没有消除。星野英一的《物权变动论中的“对抗”问题与“公信”问题》①一文介绍了鸠山论文以来的

---

① 星野英一：《物权变动论中的“对抗”问题与“公信”问题》，《民法论集》（第6卷），有斐阁，1986年。

用语用法混乱的状况。其后，学界虽主张废止该用语，但问题是还没有其他用语可以代替广义的“公示原则”。

(2) 学界自早期开始，对于“公示原则”（狭义）和“公信原则”相对立的通说的理解，就有根据二重让与的法的构成认为第177条也是有关承认“从权利人那里取得”的法律效果的规定这一观点。这种观点以判例中背信恶意者的排除论的第94条第2项类推适用法理的形成为契机，变得有力化。目前此观点分为在第三人的信赖要件中占一定比重的公信力说和当事人之归责要件占一定比重的失权说两种。将判例中第94条第2项的类推适用法理作为177条的问题来对待的川井，对于承认第177条的“自无权利人处取得”的效果这一点，与这些学说是一样的。综上所述，对于通说中严格区别“公示”和“公信”的理论，以及严格区别“对抗的法理”和“无权利的理论”，日本学界从实质的价值判断和理论构成两方面提起了诸多有力的争论。

■ **作者介绍**

① **鸠山秀夫**（参见本书1－02）

② **川井健**

主要著作：除该书外，还著有『担保物権法』(1975年・青林書院新社)、『無効の研究』(1979年・一粒社)、『民法判例と時代思潮』(1981年・日本評論社)、『設例民法学(1民法総則・2物権法)』(1976—1980年・一粒社)、『民法教室(不法行為法・物権法・債権法1—4)』(1983—1993年・日本評論社)、『民法入門(第2版)』(1993年・有斐閣)、『民法概論(1民法総則・2物権)』(1995—1997年・有斐閣)等。

简　　历：1927年(昭和二年)生，毕业于东京大学法学部，曾任北海道大学、一桥大学教授，一桥大学校长，现为帝京大学教授[其著作、履历请详见一橋論叢107卷1号(1992年)]。

195 ## 2-10 我妻荣

《不动产物权变动中的公示原则之动摇——物权法开讲之际》

[收录于《民法研究》(第 3 卷),有斐阁,1966 年;初次发表于《法学协会杂志》第 57 卷第 1 号,1939 年]*

评议人 山野目章夫(中央大学)

该文整理了公示原则所面临的问题状况,立足于对以其老师鸠山秀夫的学说为主的二战后诸学说的省察,体现了以不动产物权变动为目的基本视角,为二战后学说的发展奠定了基础。

1. 该文发表前关于本课题之学界状况

(1) 对我国民法,特别是与不动产物权变动相关的法律运用来说,明治四十一年(1908 年)12 月 15 日是非常有意义的日子。这一天,大审院民事联合部宣布了与《民法》第 177 条相关的两个重要判决。对此,我妻荣在其《联合部判决循例 1 · 总则与物权》中也有所提及。在该书第 11 部中介绍了其中一个判决,即同条所说的“与不动产相关的物权的得失变更”,包含“追究原因”的不动产物权变动,在此种意义上拓宽了不动产登记制度所规制的范围。另一个判决(这是第 12 部),即同条所说的第三人仅限于当事人以及其继承人,并且是“主张登记欠缺的、有正当利益者”。这具有抑制同条所规制范围的倾向。不管是哪个判决都很重要,

* 原文文献为:我妻荣「不動産物権変動における公示の原則の動揺——物権法開講に際して」,『民法研究 第 3 巻』(1966 年 · 有斐阁)所収,初出 · 法学協会雑誌 57 巻 1 号(1939 年)。——译者

两者都是学说上争论的对象。[①] 是否赞成第12部所提及的大审院联合部判决，对此在学界引起了激烈的争论。私法制度的确立是近代日本的重要课题，对此来说不动产登记制度是否充分地在广泛的领域内发挥适当的功能，是不可忽视的一个论点。对《民法》第177条的规制范围进行限定的动向在学说中是敏感的。实际上，扩大了强烈反对第12部判决之阵营的是我妻的老师鸠山 196
秀夫。

（2）鸠山反对第12部所提及的大审院判决中所主张的无限制说。即177条的第三人是"当事人以及包括继承人之外的"全部之人。[②] 对于限制说已成为通说的今天来说，这好像在谈论范围之外，但鸠山的论旨是坚决不允许那样的印象性批评。鸠山用"对无限制说最强有力的反驳"中不法行为人的例子来说明。例如，C放火烧毁了A让与B的建筑物的一部分，限制说认为他不是A与B所有权转移中第177条的第三人，"那他作为不法行为人在法律上是否应该被憎恨……局限于这样的思想"，鸠山指出，若采用此学说则有可能出现债务人二重偿还的问题。鸠山以此来讨论自己学说的不足。"不法行为不仅局限于登记的有无，对实际权利人来说也成立。若未登记，权利人就无法对抗不法行为人，也无法对不法行为所造成的损害行使赔偿请求权。即原则上不法行为人在受害人登记完成之前，具有拒绝其请求的抗辩权。"还是注意一下这些理论的细微之处比较好一些。后来，我妻指

① 参见川井健：《不动产物权变动中的公示与公信》，日本评论社，1990年，第21页。

② 鸠山秀夫：《论不动产物权得失变更的公信主义与公示主义》，初次发表于《法学协会杂志》第33卷，1915年；后在《债权法中的诚实信用原则》（有斐阁学术选书）中被引用，此后也同样被鸠山所引用。

出："以限制说为当然前提的学者，似乎没有充分理解博士的无限制说的本质。"如此刺耳的评论（以上出自鸠山论文集的我妻的序文），也说的是这一点。

（3）鸠山周密地推进争论的方式，同样也能顾及"登记簿中的记载是善意的……把登记看作真正为第三人所为"这样的主张（公信力的导入）。在此主张中，密切关注的是增添了"登记的错误是真正的权利人所导致的"（姓名欺诈、伪造证书的提出等情况下否定登记的公信力），这样的保留被称为相对公信主义，但这仍然和下文3(2)中学说的发展相关联。

2. 该文的内容及其在学界之意义

（1）本项介绍的我妻论文分为七个部分，在各部分做了汉字
197 数字编号，作者没有加标题。一和七分别是序论与结尾；在二中简单介绍了欧洲不动产公示制度，然后又将目光转向日本；在三中探讨上述大审院判例、鸠山的学说。在四中主要围绕担保证券法、铁道担保法等这些不动产利用法制中的特别法所展开。五中围绕与建筑物保护相关的法律、租房法等不动产利用法制展开之后，在六中对不反映在登记簿中的物权变动诸场面进行了列举式的考察（以下的引用是这些部分的编号）。

（2）我妻在该文中所选取的课题，是前面所介绍的鸠山问题被提出的重要引线。鸠山所追求的是"所有的不动产交易都在登记簿中反映出来"的理想。但令鸠山、我妻苦恼的是其自身被认为正当的理论却与现实之间存在着一定的差距。鸠山的理论虽有可能实现，但"所有的不动产物权以及与此相关的交易，每次都在登记中反映出来的习惯仅在交易中存在"。我妻认为不可能形成这样的习惯（七）。不仅如此，当时立法的动向也是向着不同的

方向发展。虽在该文中一再被论及，但是和不动产利用权的保护相关的一系列立法，在与不动产登记的关系中产生了进退两难的紧张情形（五、七）。在我国一直存在这样的法制，即“不动产物权变动的表象未登记，而以不动产的交付或利用自身来充当的这一制度，在很早之前明治四十二年（1909 年）的建筑物保护法中便有萌芽的迹象，在大正十年（1921 年）的租房法中变得明了，现在的规定则是由昭和十三年（1938 年）的农地调整法而来的”（一）。

(3) 在此动向的延长上所出现的事态在该文中一直被称为“不动产物权变动中公示原则的动摇”（六，或者一、七）。想要表达的具体内容为：“在我国，不动产物权变动的内容，已经不是如实地在登记簿中反映出来的内容，而是认为不动产交易人为了交易安全应该到不动产所在地进行实地考察”（六）。与其相似，对与公示的理念和利用权的保护相对立的内容是否把握得当，这也是学界争论的对象。但是认为至少在与该文相关的限度内，把此种结构放大的把握方法是没有错误的。用理论研究的技巧来调整两概念的关系，“认为也要考虑用占有代替登记这样表象的种 198
类的变更”，因此不对两者作调和性的说明（一）。该文对二者的矛盾进行了详细的描写，主张“登记是近代法中公示原则的生命，如果用占有来代替它的话，则是对不动产物权变动的公示原则的致命性修改”（一）。通过以上描述可以看出该文的真正价值。

(4) 应该怎样重新定位在利用权保护的现实面前不得不退居其次的公示原则，这是运用这种思考方法所归结出的问题。对此，我妻的观点如下所示：利用权的登记“即使放弃公示，不能说是交易当事人由于利用权能而遭受不测的损害，而只能说是在利用权能不合理的情况下遭受不测的损害”（七）。“不动产作为收益性财产，为了交易人，公示原则应该更彻底、更进步。为了不动产利用人，应该舍弃公示原则。利用权能应该保障合理的内容，补充公示中的欠缺”(七)。这不是理论研究必然的结论。但作为具有亲和性的、自然的解释论上的观点，在第12部所提及的联合部判决中得到支持(把鸠山所主张的对不法行为人的处理方式当作“绕弯”，即使未实现“所有的不动产交易都在登记簿中反映出来的理想”，也不应该否认“绕弯的价值”(七)。

3. 其后学界之发展

(1) 该文最大的着力点是伴随利用权优位思潮的高涨，对公示原则的动摇所作的描述。二战后的民法学说在吸取不动产利用保护理念的同时，试图通过公示原则的实质化来实现此原则的再构筑。在考虑应从第177条的“第三人”中排除背信的恶意者之判断基准时，二重让与的第一买受人已经开始利用标的物，第二买主对此也知情，这是判断第二买受人是否为背信恶意者的重要标准，[①]此观点代表了这样的方向。

199 (2) 我妻虽然认真地研究师说，但是作为结论，他不赞成导入公信力，而是提倡将其重新作为立法论来对待。[②] 除此之外，也关注与实质性的导入公信力的效果相近的第94条第2项的类推论的判例和学说上的进展(以及和背信恶意者的密切关联)。[③]

(3) 这样的动向不管怎样，对于以私法实体法为舞台的争论(实际和登记不一致时，私法法律关系的处理)，从不动产登记的真正担保(探求避免出现实际和登记不一致的方法策略)的观点

---

① 广中俊雄：《物权法》，青林书院，1987年第2版增补版，第101、108页。

② 几代通：《不动产登记法研究》，一粒社，1973年，第3页以下。

③ 川井健：《不动产物权变动中的公示与公信》，日本评论社，1990年；本文前述(1)(2)(3)中所介绍的与鸠山学说的关系，特别参见此书第30—31页。

出发，强调物权变动和作为其原因的契约等这些内容应该由法律专家确认①的主张是不可忽视的。

（4）在立法层面上，首先依据租地权公示的导入（《租地租房法》第10条第2项，1991年），推进了我妻所指出的允许利用权登记之外的公示这个倾向的发展。另外，由于滥用利用权现象的存在而使得对于作为收益财产的不动产的把握变得困难，但之后出现了承认价款的物上代位的判例，并制定了与特定目的公司的特定资产流动化相关的法律*（第2条第1项第1号）。在此背景之下，关于该课题的研究在慢慢向前推进。

■ 作者介绍

我妻荣

主要著作：『民法講義Ⅰ—V_4』［1930—1972年・岩波書店（Ⅱ的新版为有泉亨补充修订，1983年刊行）］、『近代法における債権の優越的地位（学術選書）』（1953年・有斐閣）、『親族法（法律学全集）』（1961年・有斐閣）、『民法研究Ⅰ－Ⅺ補巻』（1966—1979年・有斐閣）等。

简　　历：1897年（明治三十年）—1973年（昭和四十八年），毕业于东京帝国大学，历任东京（帝国）大学教授、贵族院议员、法务省特别顾问等职，1964年（昭和三十九年）被授予文化勋章［其著作、履历请详见我妻洋＝唄孝一編『我妻栄先生の人と足跡—年齢別業績経歴一覧表』（信山社・1993年）］。

---

① 镰田薰：《不动产物权变动理论与登记程序之实务》，《民事研修》第360号，1987年，第48页。

* 该法律日文原文为：「特定目的会社による特定資産の流動化に関する法律」，1998年。——译者

200 ## 2-11 原岛重义

《“对抗问题”的定位》

(《法政研究》第 33 卷第 3—6 合并号，1967 年)*

评议人 横山美夏(大阪市立大学)

该文指出，应该与意思主义相结合来理解第 177 条的对抗问题。对抗问题仅产生在以意思主义为前提的第 177 条中的第三人的关系之中，该文指出了其范围。

1. 该文发表前关于本课题之学界状况

对于不登记无对抗效力的物权变动的范围，当时的学说分为无限制说和限制说。其中无限制说是指不管物权变动的原因为何，为了能对抗第三人，有必要依据《民法》第 177 条进行登记。但也存在例外。主张诸如新修建筑物、死亡继承而取得所有权等，以同一人为起点的多个物权变动，不要求第 177 条的登记。[①] 与此相对，限制说认为，仅有对抗问题的物权变动才要求第 177 条的登记。[②] 其理由如下：公示制度希望对何种事项进行登记，与其中为了保护第三人，在必要的情况下所要求的作为对抗要件的

---

* 原文文献为：原島重義「『対抗問題』の位置づけ」，法政研究 33 卷 3=6 号(1967 年)。——译者

① 末弘严太郎：《物权法》(上卷)，有斐阁，1923 年第 6 版，第 128 页；石田文次郎：《物权法论》，有斐阁，1935 年第 3 版，第 146 页；我妻荣：《物权法》，岩波书店，1952 年，第 70 页；末川博：《物权法》，日本评论社，1956 年，第 120 页。到底什么是例外，对此论者有不同的意见。

② 舟桥谆一：《不动产登记法》，日本评论社，1937 年，第 37 页；川岛武宜：《所有权法的理论》，岩波书店，1949 年，第 165 页。

登记，对这两者要区别对待。[①] 另外，不存在因未登记而不能对抗第三人的可能，这样的物权变动不存在对抗问题。[②]

具体来说，特别是以取得时效、共同继承、撤销、继承、解除等为基础的物权变动，是否需要第177条的登记，对此存在着争论。

2. 该文的内容及其在学界之意义

（1）在此种学说状况之下，原岛教授自限制说的立场出发，在该文以及《新版注释民法》中的“对抗主义”和“无登记不能对抗的物权变动”[③]部分，主张应该将第177条与第176条联系起来理解。他认为第177条的对抗问题仅限于在有可能出现第177条 201
中第三人的物权变动原因的情况下，才产生与第177条中的第三人的关系。[④]

首先，原岛教授考察了何种原因之下变动需要第177条的登记，主张应区别对待因我国民法采用意思主义所产生的、把登记作为对抗要件的对抗问题，以及在意思主义和登记主义中也适用的登记的公示力的一般问题。如果不对两者进行区分，漠然地以交易的安全和第三人的保护等一般性论理为理由而要求登记的话，就有可能基于事实登记名义进行处分和登记，进而产生第177条的对抗问题。但是，我国的民法立足于对抗要件主义，并且已经远远偏离了不承认登记的公信力这个前提。原岛教授主张，作为对抗要件的登记之变动原因的范围问题要和第三人的范围问

① 舟桥谆一在《不动产登记法》（日本评论社，1937年）中有所提及。

② 川岛武宜在《所有权法的理论》（岩波书店，1949年）中有所提及。

③ 原岛重义、儿玉宽：《新版注释民法》（6），有斐阁，1997年，第243页以下。

④ 关于对“原岛说”的分析与探讨，参见原岛重义、儿玉宽：《新版注释民法》（6），有斐阁，1997年，第469页以下。

题相区别。但两者也存在着必然的关联。如果不可能出现第 177 条的第三人，也就不会产生第 177 条的对抗问题，与非第三人的关系不是对抗问题。

（2）第 177 条中的“第三人”的范围成为问题。原岛教授通过分析成为变动原因无限制说要因的大审院联合部明治四十一年（1908 年）12 月 15 日判决[①]以及之后的案例，对于 177 条中的“第三人”指出以下几点：第一，不是依据正当的权利原因取得物权的无权利人，不是“第三人”。例如，A 和 B 共同继承的不动产，B 擅自以自己的名义登记，并转让给第三人 C 时，受让人 C 对于 A 所持的份额来说，就是无权利人，但不是第 177 条的第三人，A、C 之间不产生对抗问题。第二，二重让与中被看作典型的、争夺物权优先性的人，与谁先取得物权无关，如果不是互为第三人的话，就不是第 177 条中的第三人。原岛教授在批判有关时效取得的判例时认为，时效完成前的受让人作为一方当事人，时效完成后的受让人作为第三人，这与第 177 条中的第三人观念不相容。依据原岛教授的观点，时效取得人和受让人的关系是对抗问题或者不是对抗问题这二者当中的一种。但是，前者与民法的取得时效相
202 矛盾，不产生对抗问题。同样的批判也指向与因欺诈撤销相关的判例。第三，有可能成为第三人之人，必须是处于相互对等的竞争关系中的人。例如，关于因欺诈撤销，处在撤销权人与其对象之间的第三人，不是和二重受让人一样处在对等的竞争关系中的。原岛教授也从这一点出发，批判了认为因欺诈撤销中的撤销权人和撤销之后出现的第三人是对抗关系的判例。

① 大审院联合部明治四十一年（1908 年）12 月 15 日判决，《大审院民事判决录》第 14 辑，第 1301 页。

像这样，探讨是否出现第 177 条中的第三人，结果是在第 177 条中的第三人不可能出现的情况下，对于其物权变动原因不产生对抗问题。这时，在必要的情况下应怎样确保交易的安全、保护第三人，是否承认《民法》第 96 条第 3 项等对第三人保护范围的类推适用，是否应要求作为公示力的登记。即使我国的意思主义、对抗要件主义构成解体，是否将其拟制为是对抗问题。原岛教授强调应该自觉地、有意识地去探讨这些问题。(3)对于原岛教授的观点，首先，舟桥博士等指出应该将作为对抗要件的登记问题和公示制度上希望被登记的登记事项的问题相区别，进一步明确对抗问题是基于第 177 条以意思主义为前提的对抗要件主义的要求进行登记的问题。与从交易安全和保护第三人的观点出发所要求的公示力的登记问题的性质是根本不同的。并指出第 177 条中的第三人范围的问题和作为对抗要件必须要登记的物权的变动范围的问题是必然相关联的，这一点使该文具有重要的意义。在此基础之上，第 177 条中的第三人是否有可能出现，自此观点出发，对时效和登记、撤销和登记、继承和登记等个别的问题中是否产生对抗问题，以及在没产生的情况下应该怎样解决等做了具体的提示，“原岛说”对这一领域的研究具有重大影响。

3. 其后学界之发展

关于第 177 条和第 176 条的关系，原岛教授的观点被该文之后的限制说所继承。最近，原岛教授的观点有所缓和，也主张要彻底区分对抗问题和作为公示力的登记问题。①

但是，对于结合第 176 条来考察第 177 条对抗问题的观点， 203

① 原岛重义、儿玉宽:《新版注释民法》(6)，有斐阁，1997 年，第 423 页以下。

学界存在以下的批判：日本《民法》第176条与第177条同时采用民法的意思主义，这与仅有意思主义的法国法不同，意思主义本身难道不因为第177条的存在而接受改观吗？[①]

另一方面，也存在以下有力的主张：不管变动的原因为何，在能确认二重让与关系的情况下，在产生第177条的对抗问题之后，灵活地运用背信恶意者的排除论以求妥当地解决问题。[②] 例如，铃木教授主张根据某物权变动是否应该登记、是否能登记来判断是否成为对抗问题。此主张与"原岛说"是相反的，该说认为对于取得时效、欺诈撤销，其与时效的完成或者撤销的先后顺序没有关系，相互间存在对抗问题。

如上所述，与无登记不能对抗的物权变动的范围相关的学界争论，在今天依然很激烈。学者对意思主义和对抗要件主义的关系的理解存在差异。除此之外，是否要尽量根据登记的先后顺序来解决与物权变动的优劣相关的纷争，与此相关的基本观点存在着一定的差异。

■ 作者介绍

原岛重义

主要著作：『近代私法学の形成と現代法理論』(共編著)(1988年・九大出版会)、「対抗の意義、登記がなければ対抗しえない物権変動」注釈民法(6)(1967年・有斐閣)、「契約の拘束力」法学セミナー345号(1983年)、「法的判断論の構想」法と政治—21世紀への胎動下(1995年・九大出版会)等。

---

① 星野英一：《物权变动中的"公示"问题与"公信"问题》，《民法论集》(第6卷)，有斐阁，1986年，第146页。

② 广中俊雄：《物权法》，青林书院，1982年第2版，第138页；铃木禄弥：《登记懈怠的效果》，《物权的变动和对抗问题》，创文社，1997年，第9页。

简　　历:1925年(大正十四年)生,毕业于九州大学法学部,历任九州大学、久留米大学教授[其著作、履历请详见久留米大学法学28=29号(1996年)]。

204 2-12 冈村玄治

①《论〈民法〉第177条中所谓第三人的意义——兼及债权之不可侵性与排他性》

(《法学志林》第17卷第6号,1915年)

半田正夫

②《不动产二重让与的一种解决方法》

(《北大法学论集》第16卷第4号,1966年)*

评议人 汤浅道男(爱知学院大学)

论文①肯定了《民法》第177条中的"第三人"是否包括"恶意者"的问题,是提倡"公信力说"的最初论稿。

论文②在最近背信恶意者排除说的判例通说化的潮流中,将二重让与的法的可能性置于与物权变动论全体的关系之中进行讨论,提倡恶意者排除说和公信力说。

1. 冈村论文发表前关于本课题之学界状况

(1) 是否应从《民法》第177条的第三人中排除恶意者,这种争论是在最近才真正开始的。初期的学说和判决认为,"第三人"包括当事人以及其继承人之外的所有权人,坚持"无限制说",可以称其为登记划一主义。旧《民法》第350条、法国《誊记法》第3条明确规定第三人必须是"善意者"。但现行《民法》删除了"善意者"这个词,坚持善意恶意不问说的立场。在民法诸规定中,如果

---

* 原文文献为:岡村玄治「民法177条ニ所謂第三者ノ意義ヲ論シ債権ノ不可侵性排他性ニ及フ」,法学志林17卷6号(1915年);半田正夫「不動産の二重譲渡への一つのアプローチ」,北大法学論集16卷4号(1966年)。——译者

是将“第三人”限定为“善意者”的话则在法条中有明示。自立法当初开始，学说和判例也存在统一为善意恶意不问、登记划一主义的理由。

(2) 在上述定论性的学说和判例中，出现了大审院明治四十一年(1908年)12月15日联合部判决[①]。它将第177条中的第三人限定为“主张登记欠缺的有正当利益者”。以此为契机，学说的大体趋势向所谓的“限制说”转移，但还是一贯主张恶意善意不问说，判例也是反复对善意恶意说进行说明[例如，大审院明治四十三年(1910年)1月24日判决]，实际上表明了学说上提倡背信学 205
说的基调。可以说，这一趋势直到昭和三十年代后半期为止也基本没有改变。但在此种学界状况之下，实际上早在1915年时，冈村的论文便已开始提倡“恶意者排除说”。在二重让与中，第二受让人仅在第一受让人是善意、无过失的情况下才能取得(原始取得)权利。这是对公信力说的先驱性的提倡，应给予此学说较高的评价。冈村在回应被称为学界泰斗的鸠山秀夫、末弘严太郎的批判的同时，也一直在发展自己独立的学说。[②] 具体来说就是，作为对鸠山批判的反论，第二受让人除了解释为原始取得之外还有无其他解释的问题。对于来自末弘的“不知立法沿革”的批判，冈村论文以激昂的论调反驳道，不能根据沿革研究的有无来作真理的论断。

---

① 大审院联合部明治四十一年(1908年)12月15日判决，《大审院民事判决录》第14辑，第127页。

② 冈村玄治：《再论〈民法〉第177条所谓第三人的意义及债权之排他性——附租赁权物权说》(1—2)，《法学志林》第18卷第45号，以下称其为“冈村第二论文”。

2. 冈村论文的内容及其在学界之意义

(1) 大审院联合部明治四十一年(1908 年)12 月 15 日的判决将“第三人”的范围限定为主张登记欠缺“有正当利益的第三人”，之后也得到了判例和学说的承认。同时，对于一直坚持的善意恶意不问说，以最基本的法感情为基础提出疑问。立法者之所以要作第 177 条这样的规定，是为了不使“第三人”遭受不可预测的损害。判例所说的“第三人”如果是“主张登记欠缺的有正当利益者”的话，那么“恶意第三人”、“违反公序良俗”之人则不能成为第三人。而恶意第三人因不会遭受不可预测的损害，所以当然不会是第 177 条中的“第三人”。学说和判例拘泥于善意恶意不问说，是因为尽管在第 177 条中有明文规定，但“表现出立法者让法所涉及之处尽可能体现出法之效力”，因此极力主张存在第 177 条中的“法律效力”所涵盖不了的范围，提倡与当前的公信力说相关联的理论框架。即第 176 条仅以当事人的意思表示来转移所有权。因此，甲向乙让与的同时，所有权转向乙，而第二受让人丙不可能从已成为非所有权人甲那里取得权利。并且，主张应该解释
206 为:若丙为恶意，则是第 94 条的通谋的虚假表示，而不能取得权利。遭受不测损害的善意、无过失的第二受让人若已登记就能取得权利，但其所被承认的仅是“法的效力”的范围。

(2) 冈村论文既追求此类法律规定的“整合性”，又追求适用刑法规定时与结论的“整合性”。即仅在能保持论理一贯性的范围内具有法律效力，冈村对此展开深入的理论探讨。尽管冈村论文自当时起因为其理论的特异性未得到诸多的支持，但在其前半部分有关恶意者排除说的具体提案中，关于恶意者以何种原因成为有正当利益的第三人这一部分与一般的法感情相一致。所以，

“冈村说”虽是少数说，但之后得到了学说的支持，[①]这与之后出现的舟桥谆一教授的背信恶意者排除说是相联系的。而恶意者排除说的提议及其法律构成（第二受让人的原始取得）与昭和四十年（1965年）开始的公信力说又是相关联的。冈村论文和冈村第二论文，①像类似善意这样的举证困难的问题，陷入物权的归属关系这样重大的、没有权利归属秩序的混乱之中。②其后被埋没在鸠山、末弘、我妻所主张的应该统一依据登记的有无来处理问题的学说的主流趋势之中。

3. 冈村论文之后以及公信力的再登场

（1）直至昭和三十年代后半期为止，在很长时间之内，对冈村论文的再评价都是必要的。舟桥谆一博士“背信恶意者排除说”[②]的登场，其通说、判例化的潮流成为公信力说再生的契机。为了防止不实的不动产交易的出现，必须要满足一定的社会要求。正如作为代表者之一的筱冢昭次教授所评价的那样，“舟桥说”针对学说状况提议将“恶意者”排除至“背信者”之外，这“确实需要很大的勇气”。[③] 若“舟桥说”的支持率升高的话，就会重新出现“单纯的恶意者为何不能排除在外”这样的疑问。它的回答不仅仅限 207
于单纯的背信恶意的概念之模棱两可与难于区别单纯恶意这样的问题上，而且必须要回答不动产二重让与中的善意的第二受让人为什么能够取得应该转向第一受让人的所有权这样的理论性问题。像筱冢教授说的那样，“以前含糊不清的学说的低气压”向

---

① 土生滋穗：《概论〈民法〉第177条》，同文馆，1938年，第185页。

② 舟桥谆一：《物权法》，有斐阁，1960年。

③ 筱冢昭次：《民法学论争》（Ⅰ），成文堂，1970年（初次发表时，题目为“物权的二重让渡”，《法学研讨会》第8号，1965年），第20页。

公信力说这样的台风转变。这是所谓的二重让与的法的构成问题，也是半田论文想与之对应的内容。

（2）半田论文的主题是从学说和判例在理论上存在混乱状态这样的认识出发的。其原因是学说“太过拘泥于传统的解释论的构成”，其解释的路径是必须要对不动产物权变动论重新进行理论性的探讨，其对象限定为二重让与中的问题。该文先从如何实现物权变动中三原则的调和性这一观点出发，系统地讨论物权变动论。三原则是指：①物权的排他性；②意思主义；③不动产物权变动的对抗力。教授评价道，以前的学说仅专注于“原则②”和“原则③”的调和，而不是与“原则①”的调和。这三项原则可以不相矛盾地、合理地对作为物权变动论之一部分的公信力说进行说明。不得不说明的是：①论证与物权的“对抗力”相对的“排他性”的独立性。②具有排他性的物权与登记无关，依意思表示而转移。③不管是第一受让人还是第二受让人，物权必须转移。④变动的物权因登记而取得对抗效力。问题存在于原则②中。对这种考虑方式只能作如下的说明：若第二受让人信任让与人的登记而原始取得的话，那么第一受让人就失去了权利。“半田说”对二重让与中何种情况下所有权归属于第一受让人，以及怎样才能归属于第二受让人做了理论性的说明。要使公信力说成为可能，重要的是严格区别二重让与和二重买卖。因为它和物权行为论，即所有权转移时间论有着千丝万缕的联系。从近世物权变动理论的混乱中脱离出来的“半田说”的努力，和与它同期的筱冢教授以
208 及石田喜久夫教授[①]对公信力说的提倡，尤其是对判例的众多批评，随着所有权转移时间论的发展而被通说化成为有力说。目前

① 石田喜久夫：《物权变动论》，有斐阁，1979 年。

学界再次以此为契机，试图在下一个时代展开新的物权变动论（例如，参见《物权变动论的最前线》[①]）。特别是：①未采取立法的沿革论，应该果断地展开争论；②被称为“公信力说”立论关键词的“所有权转移时间论”，以及与此相关研究的逐渐深化，给“物权变动论”送来了新风。[②]

■ **作者介绍**

① 冈村玄治

主要著作：除上述论文外，还著有『全訂債権法総論』(1940 年・厳松堂)、『債権法要論(総論)』(1951 年・中大出版社)、『債権法要論(各論)』(1951 年・中大出版社)等。

简　　历：1883 年(明治十六)—1966 年(昭和四十一年)，毕业于东京帝国大学法科大学，历任司法官试补，东京上诉院判事、部长，大审院判事部长，法政大学教授，中央大学讲师，上智大学教授。

② 半田正夫

主要著作：除上述论文外，还著有『民法 177 条における第三者の範囲』(1977 年・一粒社)、『著作権法の研究』(1971 年・一粒社)、『不動産取引法の研究』(1980 年・勁草書房)、『やさしい物権法』(1985 年・法学書院)、『物権法』(1986 年・有斐閣)『注釈不動産登記法』(1987 年・有斐閣)等。

简　　历：1933 年(昭和八年)生，毕业于北海道大学法学部，曾任北海学园大学、神奈川大学、近畿大学教授，现为青山学院教授[其著作、履历请详见半田正夫教授還暦記念『民法と著作権法の諸問題』别册(1993 年・法学書院)]。

---

① 民法学的过去、现在与未来研究会：《物权变动论的最前线——以不动产的二重让与问题为中心》，《姬路法学》第 20 号，1996 年。

② 关于法国法的理论体系，请参见镰田薰：《民法笔记・物权法①》，日本评论社，1992 年，第 18 页的整理。对于德国法的理解，请参见七户克彦：《德国民法中的不动产转让契约之要式性》，《法学研究》第 62 卷第 12 号，第 311 页。

209 ## 2-13 泷泽聿代《物权变动理论》

(有斐阁,1987 年)*

评议人 石田刚(立教大学)

该书对于第 177 条中对抗问题的法的构成,主张所谓的坚持意思主义以及物权的排他性的"法定取得—失权说",认为二重让与中的第二受让人无论其主观想法(善意、恶意)为何,应依据登记取得权利。

1. 该书出版前关于本课题之学界状况

(1) 应该怎样理解第 176 条与第 177 条的关系,是物权法中最根本的问题之一,在学界引发了诸多争论。关于第 177 条的适用,可以想到以限制物权相互间的优劣地位为问题的案例、限制物权和所有权相竞合的案例。但在讨论对抗问题的法的构成时,作为其最典型案例的二重让与成为了焦点。对二重让与现象的法的可能性,从纯理论性的角度进行讨论的同时,也因该问题与第三人的范围论有密切的联系,即对于该条的适用领域(具体来说,是否仅限定于"狭义的对抗问题"? 是否包含恶意者?)存在不同的看法和多角度的、相交错的争论。形成民法主体内容的主要三原则(所有权绝对原则、契约自由原则、过失责任原则)是错综复杂的领域,很适合被称为"古典性"的论点。

(2) 以前的判例和通说仅关心二重让与在法律上是否可能,

* 原文文献为:滝沢聿代『物権変動の理論』(1987 年・有斐閣)。——译者

不管第 177 条的第三人主观为何，把“恶意者包含在内”，在此前提下应怎样说明规定“登记人胜”规则的对抗不能的结构等问题。有观点探讨在二重让与中，仅限于第一受让人未登记的情况下，第一让与人之后的让与人还具有何种处分权限的问题（作为正当化的理论，债权的效果说、相对的无效说、不完全物权变动说、优先效力说等学说掺杂在一起）。还有的观点承认其中一方登记之前，物权暂且同时归属于第一受让人和第二受让人的法律状态。因为受让人相互间的关系根据第 177 条的规定双方都是对抗不能，如果提起诉讼则会败诉。[①]

但是这样的判例理论以及通说，受到了重视意思主义学说的 210
猛烈批判。一方面，第 177 条是第二受让人主张登记欠缺时才开始发挥作用的规范，在那之前排他性的物权归属于第一受让人；提倡将第 177 条看作对第一受让人懈怠登记的制裁，该条规定赋予主张登记欠缺的、有正当利益的第三人，是否承认未登记物权变动的权利（第三人主张说）。另一方面，在学界中也存在着彻底贯彻尊重契约的理念、先行的物权变动中恶意者也应受到登记制度的保护这样奇怪的、实质性的考虑。对于把第 177 条作为对登记的信赖保护规范的定位说（公信力说），各争论存在着尖锐的对立。判例理论以及通说的观点被称为法定制度说，所谓的放弃了说明的“说明”，意外地得到了广泛的支持。

2. 该书的内容及其在学界之意义

该书主要内容与风靡日本民法学界的、被称为功能主义的法

---

① 大审院明治四十三年（1910 年）1 月 24 日判决，《大审院民事判决录》第 16 辑，第 1 页。

学观相对立。该书坚持理论构成及其体系化，以与学界主流观点相对抗的法的构成之问题为中心，也十分重视恶意者的排除、转得者的保护等与第三人的范围论相关的解释论的构成。该书强调要十分留意与此相关的解释论的构成。该书并未止步于既存判例的理论正当化，我们应该对其大胆的解释态度加以赞赏。

从整体来看，作者在对作为现行法“母法”的法国法的学说和判例的变迁进行认真的探讨之后，尊重、承继其所主张的基本方向。具体来看的话，作者对日本法解释论的提议命题大体可归纳成以下五点：

① 第一，如果尊重意思主义的话，就不能说二重让与本来是不可能的。第一受让人即使未登记也取得具有排他性的物权。但如果第二受让人先于第一受让人登记的话，那么基于第二让与契约，则会受到法律保护。登记之时“法定继受取得”物权，其反射效力就是未登记的第一受让人失去权利。也就是说，第 177 条在二重让与这样特殊的情况之下，仅能弥补让与人的欠缺处分权时的瑕疵，容忍像无权利法理这样的例外情况。从比起形式更注重当事人意思、尊重契约的理念出发，严格控制第二契约人的权利取得可能性，想在可能的限度内保护第一契约人，这和公信力
211 说的基础是一样的。但是对与登记制度和第 177 条功能的评价这一点上，作者的“法定取得—失权说”和公信力说已无关系。也就是说，作者以公示原则和公信原则处理各种各样不同立场的问题。此通说的见解是将登记制度限定理解为对个别的善意交易者的信赖保护，来讨论对第 177 条作一元性把握的不当性；而裁判所的判决则强调第 177 条对纷争的划一的处理功能。

② 第二，泷泽批判道，即使是暂时性的，承认双方未登记的情况下的物权归属状态的判例理论也违反了排他性原则。根据作

者的理论，双方未登记的情况下不适用第 177 条，应回到第 176 条的第一让与人优先原则。从文理解释所推导出来的判例理论，确实具有促进登记的优点。但要贯彻此原理的话，可以看出作者不赞成这样的妥协的理论。法定证据说以及部分否认权说的论者已经展开了这样的争论。但就立足于旧民法和它背后的法国法的比较法研究，以此为基础想为自己的学说打基础，关于这一点，该书具有独特的意义。

③ 第三，第二受让人因登记而法定取得，所以已登记的第二受让人如果承认第一物权变动的话，则表示其承认未登记的第一物权变动的效力，这就是所谓的“承认”的理论。[①] 关于这一点，“泷泽说”与代表否认权说的第三人主张说是不同的，它是持怀疑态度的。作者在出发点上标榜意思主义，结果是关于第二受让人的权利取得确立了与登记主义相近的解释论。

④ 第四，规定顺位优先主义的第 177 条的对抗要件主义，适用于决定权利取得人之间的优劣地位，这是其本来的趋势。所谓（背信的恶意者等）的受让人必须将其作为第 177 条所涉及的范围之外的问题来处理。

⑤ 最后，在日本尽管存在交易习惯，但关于第 176 条中所有权转移时间的争论，还是拥护判例所确立的契约缔结时即时转移说，即承认物权行为独立性的立场，并批判性地探讨，以作为债权契约效果的所有权转移这样的法国法的解释为出发点。如上所述，正面面对①中对抗问题这样的核心“矛盾”，在树立与对抗不能的结构相关理论的同时，通过②—④中对实务的批判性建议， 212

① 大审院明治三十九年（1906 年）10 月 10 日判决，《大审院民事判决录》第 12 辑，第 1219 页。

大胆详细地深深切入争议诸多的物权变动论中，其功绩应该得到较高的评价。

3. 其后学界之发展

如上所述，该书着眼于日本民法从法国法中所继受的意思主义加对抗主义，从比较法的角度提出判例和通说的问题。我们不能脱离德国固有的实情来讨论德国法的登记主义。同样，法国法的意思主义也是交付主义的一种发展形态，像被看作为"交付完成条款"的惯行一样，必须要结合与公证人的不动产交易过程有密切联系的、法国特有的社会背景来进行理解。对此，已有民法学者从法社会学的角度进行研究。[①] 在解释日本法的时候，先将法国法的意思主义相对化，再摸索日本意思主义的发展方向。对于前述①是必须要这样做，对于②—⑤的问题，也完全没有必要与法国判例和通说作出同样的处理。

实际上在该书面世之后，有关物权变动论的讨论仍在继续，特别是与前述①的构成问题相关的争论也更加缜密化。[②] 其他的观点，例如，近时最高裁判所将第 177 条适用于背信者中的受让人；[③]与作者所说的法国法对抗要件主义的观点相比，扩大了登记的作用。在其他的情况下，判例也有扩大适用第 177 条适用范围的倾向。[④] 综合多方面的判例，可以看出承认登记的物权性归属

---

① 镰田薰:《法国不动产交易与公证人的作用——"法国立法主义"之理解》(1—2),《早稻田法学》第 56 卷第 1 号第 31 页,同卷第 2 号第 1 页,1981 年。

② 详见《新版注释民法》(6),有斐阁,1997 年,第 423 页以下(儿玉宽执笔)。

③ 最高裁判所平成八年(1996 年)10 月 29 日判决,《最高裁判所民事判例集》第 50 卷第 9 号,第 2506 页。

④ 最高裁判所平成六年(1994 年)2 月 8 日判决,《最高裁判所民事判例集》第 48 卷第 2 号,第 373 页。

公示功能(形式主义的解释)的方向,产生了向起草者方案回归的现象。虽然民法典预先规定了以不动产登记为中心的公示,通过特别法以及习惯法,运用占有、明确确认的方法等的公示手段,今后是否承认这种多元化,从此种观点出发的争论也是必要的。这样的话,也期待追溯到制定法和习惯法的关系以及所谓的法源论,以展开更深层的争论。

作者在最近的作品中对该书的立场做了若干的改变(参见主要前载著作)。首先,在前述①中的法定取得的效果并不只是登 213
记之后才发生,承认将其溯及第二契约缔结时。第二受让人的权利取得不是原始取得,而是继受取得,并且作为⑤中债权契约的效果而产生物权变动,如果采取上述这样的立场的话,承认溯及性效果的观点就首尾一致了。在前述②中的双方未登记的情况下,从主张物权请求权、损害赔偿请求权时确立权利人的必要性出发,虽说未登记的第一受让人优先,但还是最好将其保留让与人之间的优劣地位的决定这样的限度之内(归属不确定),给判例作出让步,使态度软化下来。在未被负以公证证书作成义务的现状之下,很难按照时间先后顺序确立登记簿之外的多个相竞合的契约的先后顺序。考虑到此种情况的话,可能会充分理解判例的准则。看似陈腐的物权变动论,至今为止仍有很多值得探讨的问题点。

■ 作者介绍

泷泽聿代

主要著作:除该书外,还有「物権変動論のその後の展開」成城法学 50・52 号(1995 年—1996 年)、「物権変動の遡及的消滅と登記」成城法学 57・58 号(1998 年)、「取得時効と登記—二重譲渡ケースを中心に」成城法学 19・22 号(1985—1986 年)等。

简　　历:1940 年(昭和十五年)生,毕业于御茶水女子大学文教育学部英文专业、东京大学法学院,现任成城大学教授。

214 2-14 舟桥谆一

①《论应该主张登记欠缺的“第三人”》

（《加藤正治先生还历祝贺论文集》，有斐阁，1932 年）

镰田薰

②《不动产二重买卖中的第二买受人之恶意与交易安全——法国判例取向的“转换”》

（《比较法学》第 9 卷第 2 号，1974 年）*

评议人　泷泽聿代（成城大学）

论文①从限制说的立场出发，首次重新探讨了《民法》第 177 条中的第三人的范围，为不动产登记法的运用提供了基础。

论文②分析、介绍了与法国的不动产登记相关的判例发展，为所谓的公信力说以及恶意者排除说提供了比较法的论据，在学界产生了重要的影响。

1. 舟桥论文发表前关于本课题之学界状况

（1）在第 177 条的适用中，如何定义第三人是非常重要的。因为该条规定完全没有提及第三人的要件。应该怎样把握依据登记对抗的第三人的类型，是恶意者包含说还是恶意者排除说，至今仍是物权变动论中主要探讨的课题。

（2）初期的学说在德国法的影响下采用的是以“鸠山说”等为

---

* 原文文献为：舟橋諄一「登記の欠缺を主張しうべき『第三者』について」，『加藤正治先生還曆祝賀論文集』（1932 年・有斐閣）；鎌田薫「不動産二重売買における第二買主の悪意と取引の安全——フランスにおける判例の『転換』をめぐって」，比較法学 9 巻 2 号（1974 年）。——译者

代表的无限制说，认为如果不登记的话就不能对抗所有第三人的物权取得。在大审院联合部判例中[1]认为第三人是“主张登记欠缺的有正当利益者”，表明了限制说的立场。该文指出在学说上除“中岛说”、“末弘说”之外，其后的无限制说依然是大趋势。

2. 舟桥论文的内容及其在学界之意义

(1) 在上述状况之下，作者首先批判无限制说的论据，确认限 215
制说的立场。即登记制度的目的在于保护接受绝对权的绝对效力的第三人，所以有必要将物权变动的效力在对外关系中作划一的处理。对于这样的争论，作者主张登记制度是为了保护一般交易安全的制度。因为物权的排他性，基于对权利人的权利外观的信任而参与到交易关系中的人，会遭受不可预见的侵害，为了保护他们而规定了公示方法。这为判例中所提出的第三人限制说的立场提供了理论根据，使登记制度向当前理解的方向发展。

(2) 作者按照不法行为人、继承人、受遗赠人、债权人中的各种人(抵押人或参与分配人和不在其范围内的人、从表见继承人处取得权利的受让人、从擅自将他人的不动产以自己的名义进行保存登记人那里取得权利的受让人、自真正物权所有权人那里取得权利的受让人的预登记人都在此范围之内)这个顺序，分别探讨他们是否包含在第三人之内。在这个过程中不是只保护登记的信赖利益，第三人要否定他人的权利，必须具有某种法律上的

[1] 大审院联合部明治四十一年(1908年)12月25日判决，《大审院民事判决录》第14辑，第1276页。

实质利益，此条基准发挥着重要的作用。对于对抗的理解，在此之前就受到"中岛说"中被看作是否认权说的影响，可以被看作"舟桥说"——反对事实主张说形成的前阶段。此外，还讨论了重视登记的信赖保护的结果、第三人必须是善意的等问题，为恶意者排除说以及背信恶意者排除说提供了证据。

（3）该文成为舟桥博士物权变动论的出发点，为当前对抗要件主义的争论指明了方向。但是直至在被称为舟桥博士集大成之作的《物权法》[①]中，舟桥理论方得以形成，到达了很高的学术水平。所以这些初期论文除去学说史的意义外，其他的重要性较少。

3. 舟桥论文发表后学界之发展

舟桥博士在之后写了《不动产登记的现行判例法——以〈民法〉第177条为中心》[②]一文，1937年开始其关注点转向不动产登记法。[③] 可以说，学说将关注点集中在物权变动时间的时代结束了，以判例为基础的真正的登记制度论兴盛起来。总的来说，在昭和三十年代，提及登记功能、对抗问题的论文多了起来。昭和
216 四十年代后，以舟桥所著的前述《物权法》为中心，日本学界开始关注公信力说。争论的细微之处及其周密度、对论点的网罗性的把握，直到现在在很多方面仍然支撑着物权变动论的基本标准。但是以笔者个人观点来看，"舟桥说"是对《民法》第177条的理解持批判性意见的。

① 舟桥谆一：《物权法》，《法律学全集》（第18卷），有斐阁，1960年。

② 舟桥谆一：《不动产登记的现行判例法——以〈民法〉第177条为中心》，《法律时报》第6卷第1号，1934年。

③ 舟桥谆一：《新法学全集第12卷·不动产登记法》，日本评论社，1938—1939年。

4. 镰田论文发表前关于本课题之学界状况

(1) 随着物权变动论的兴盛,围绕如何把握最后所遗留的二重让与的理论构成问题,产生了多个学说林立的状况。其中,昭和四十年代登场的公信力说作为最新的学说被长期关注,至今仍有很大的影响力。在这种背景之下,也不可忽视昭和三十年代的判例对于《民法》第 177 条第三人从善意恶意不问说向背信恶意者排除说的方向发展。背信恶意者排除说对于是否能区别恶意和善意产生了疑问。该学说以是否应该直接对善意人作出规定的形式,升华了之前的公信力说的观点。

(2) 另一方面,从星野和滨上的论文中也能看出,推进了从比较法的观点出发寻求和法国法接点的研究。另外,作者在该文之前发表过《法国不动产让与法的历史考察》(1—4)[①]、《法国的土地公示制度》[②],也是本领域法国法研究的先行性研究。

5. 镰田论文的内容及其在学界之意义

(1) 作者在直接检索法国的判例集时,试着包罗 1855 年《登记法》制定以来有关二重让与关系的判决。在分析案例和判旨的同时,详细介绍了判例围绕第三人的善意、恶意所出现的不同判断。根据法国学说的理解,判例的传统是以善意恶意不问为原则,仅在共同欺诈(欺诈的共谋)的情况下,无登记不能对抗第三人。破毁院在 1968 年 3 月 22 日的判例中对恶意者排除说做了大

---

① 镰田薰:《法国不动产让与法的历史考察》(1—4),《民商法研究》第 66 卷第 3—6 号,1972 年。

② 镰田薰:《法国的土地公示制度》,《不动产登记之诸问题》(登記研究 300 号纪念论文集),1974 年。

的变更。同时,在法国的不动产登记法中导入了不法行为理论,考察了破毁院1972年判决之前的学界状况。

217 (2)作者所关注的是对抗要件主义中的公信说。此观点虽然以善意恶意不问说为前提,但实际上推导出了以无共同欺诈的表现为标准认定第二买受人善意的判例分析。然而,作者并不直接支持破毁院的判例变更,他在缜密考察的同时,探索恶意者排除说成立的理论前提,将法国法的判例在日本学说中以极易理解的形式表示出来,在提高对法国法研究关心程度的同时,引导学说向公信力说以及恶意者排除说倾斜。

6. 镰田论文发表后学界之发展

在镰田论文发表之后的1976—1977年,泷泽聿代的《物权变动理论》[1]中所收录的第一篇论文也发表了。如果对两个研究的共同点进行对比,应该能得到很多收获,但在实践中这样的尝试却很少。此后,镰田教授还撰写了《法国不动产交易与公证人的作用——"法国立法主义"之理解》[2]、《法国的公证制度与公证人》[3]、《不动产物权变动理论与登记程序之实务——日本的"法国法主义"之特质》[4]等文章,对法国法的实务进行了更为详细的探讨。之后,日本学界很多有关法国法的研究,都是以镰田的研究为依据而展开的。

---

① 泷泽聿代:《物权变动理论》,有斐阁,1987年。

② 镰田薰:《法国不动产交易与公证人的作用——"法国立法主义"之理解》,《早稻田法学》第56卷第1、2号,1987年。

③ 镰田薰:《法国的公证制度与公证人》,《公证法学》第11号,1982年。

④ 镰田薰:《不动产物权变动理论与登记程序之实务——日本的"法国法主义"之特质》,《民事研修》第360号,1987年。

■ 作者介绍

① **舟桥谆一**（参见本书 1－14）

② **镰田薰**

主要著作：除上述论文外，还著有『民法ノート物権法①』（1992 年・日本評論社）、「フランスにおける専門家の責任」NBL551・553 号（1994 年）、「抵当権の侵害と明渡請求」高島平蔵教授古稀記念・民法学の新たな展開（1993 年・成文堂）等多篇论文。

简　　历：1948 年（昭和二十三年）生，1970 年毕业于早稻田大学法学部，现任早稻田大学教授。

218 ## 2-15 福岛正夫

①《旧登记法的制定及其意义》

(收录于日本司法书士联合会编:《不动产登记制度的历史与展望》,有斐阁,1986年;初次发表于《法学协会杂志》第7卷第8、10、11号,1939年)

②《日本不动产登记制度的历史》

(《法律时报》第24卷第3号,1952年)

③《我国登记制度的变迁》

[收录于香川保一编:《不动产登记之诸问题》(上),帝国判例法规出版,1974年]

[上述论文之后均被收录于《福岛正夫著作集》第4卷《民法(土地、登记)》,日本评论社,1993年]

清水诚

④《我国登记制度的轨迹——素描与试论》

(日本司法书士联合会编:《不动产登记制度的历史与展望》,有斐阁,1986年)*

评议人 小柳春一郎(独协大学)

该系列论文明确了旧《登记法》(明治十九年,1886年)中不动产物权变动中登记的意义,主张登记簿采用德国式的物的编制体

* 原文文献为:福島正夫「旧登記法の制定とその意義」,日本司法書士連合会編『不動産登記制度の歴史と展望』(1986年・有斐閣)所収,初出・法学協会雑誌7巻8・10・11号(1939年);「日本における不動産登記制度の歴史」,法律時報24巻3号(1952年);「わが国における登記制度の変遷」,香川保一編『不動産登記の諸問題上』(1974年・帝国判例法規出版)。以上ほ、『福島正夫著作集 第4巻民法(土地・登記)』(1993年・日本評論社)に所収。清水誠「わが国における登記制度の歩み——素描と試論」,日本司法書士連合会編『不動産登記制度の歴史と展望』(1986年・有斐閣)。——译者

例，认为这是日本不动产物权变动的理想状态。

1. 该系列论文发表前关于本课题之学界状况

（1）课题解说

本课题与应如何理解日本不动产物权变动相关联。关于不动产所有权的转移，德国法中作为契约的效果仅发生于应该转移所有权的债务中。要转移所有权的话，以其为目的的物权行为是必要的。此物权行为必须具备登记申请等一定的形式要件（形式主义）。登记簿采用的是以要登记的不动产为中心的物权编制体例。德国法认为所引起的作为物权行为效果的物权变动，最好还是将物权行为的结果反映在登记簿中。即使物权契约的效力存在问题，但不会对物权行为的有效性产生影响（物权行为的无因性），所以登记具有公信力。

与此相对，法国法主张作为契约的效果转移所有权（意思主 219
义），登记成为对抗第三人的要件。以前，法国登记簿中契约证书是按照年代编成的，从 1955 年开始将每位权利人、每项不动产标的登记事项整理成一览表，制作成所有权人票和不动产票。在法国法中，作为债务契约的效果，所有权发生转移，使债权契约明确化的证书或者判决必须要进行登记，不存在物权行为的独立性，登记也不具有公信力。

日本基本上是以将登记作为对抗第三人要件的法国法的物权变动论作为其主轴（《民法》第 176 条、177 条），但在法国非常重要的原因证书在日本并没有重要的作用。登记的事项是物权本身，关于这一点不动产登记法以及登记实务和法国法所采取的原理不同，[①]

---

① 镰田薰：《不动产登记制度的基本原则》，《不动产登记讲座》（1），日本评论社，1998 年。

因此必须探讨日本法的不动产物权变动中的意思主义、对抗主义以及登记的物的编制主义的起源。所以不仅要弄清《不动产登记法》[明治三十二年(1899 年)],而且有必要弄清楚《登记法》[明治十九年(1886 年),以下称为“旧登记法”]之前的不动产物权变动。

(2) 在福岛教授之前,关于登记制度的学说概况几乎不为人所知。但小林平左卫门在《明治前期的地券[*]制度与农地金融》[①]中讨论了地券制度的作用,这与因当时昭和恐慌而引起的农村凋敝的对策和提倡用地券发行来促进土地交易的顺利完成相关联。

2. 该系列论文的内容及其在学界之意义

(1) 福岛第一论文(《旧登记法的制定及其意义》),首先讨论了旧登记法制定前的不动产物权变动。地租改正、地券制度的目的是确定土地所有权和地租纳税者。虽然当初买卖土地若不交换地券的将受到刑事处罚,但是自明治七年(1876 年)太政官布告 104 号开始,“未领取地券者不享有其所有权”。换句话来说,地券的更换是土地所有权转移的有效要件。但地券不单单是在税收中发挥公示的作用。因为地券的更换比较麻烦,所以在明治十年(1879 年)7 月 7 日司法省丁 49 号通知规定,即使没有更换地券,但由于“土地买卖的约定已经成立,所以在授予有户长印章之证
220 书”时,土地所有权发生转移,土地便不再是出卖人的私人财产。在“风靡于我国司法界和法学界的法国法学说中的意思主义的影响”下,明治七年(1876 年)的太政官布告 104 号中做了相反的处

---

* 地券:明治初期,政府为明确土地所有权的归属所发行的一种证券。它有别于地契,后者是人们就土地买卖所订立的契约。——译者

① 小林平左卫门:《明治前期的地券制度与农地金融》,《帝国农会》第 18 卷第 7、8、9、10 号,1938 年。

理。福岛教授指出，即使是大审院判决也要采用对抗要件。

地券不能表示担保权，所以政府在旧惯例中增加了名主*判断制度，在户长事务所作成奥书割印账**，其内容具有公证的功能［抵押、记入账册这样的土地担保自明治六年（1875 年）开始，而买卖让与是自明治十三年（1882 年）开始的］。但是户长事务所的公证屡次出现混乱，成为了土地交易的障碍。

再进一步，该文讨论了旧登记法的制定过程及其内容。旧登记法有以下特征：①处理登记事务的机构原则上是治安裁判所；②不仅仅是登记手续，登记的样式也由司法省统一规定，登记簿的样式实际上采用的是德国式的物的编制；③对于登记的效力，规定“登记簿上登记过的土地建筑物和船舶的买卖、让与、抵押对第三人是没有法律上效力的”（旧《登记法》第 6 条），登记成为对抗第三人的要件。

在第二次世界大战后，上述①点发生了变化，登记变为归法务省（刚开始是法务厅）管辖，但是②和③因为《民法》（特别是第 176 条、177 条）和《不动产登记法》的制定，成为日本法不动产物权变动的基本特征。

上述①和②两点受到当时德国法的影响。福岛教授指出，上述②点和我国传统法中的作为课税对象的“地籍严守”的传统相关联，而上述③点则是在法国法的影响下成立的。同时，在明治二十年（1889 年）旧登记法修改时，还存在为了确保税收是否应该修订第 6 条，将登记作为有效要件的争论。该争论指出登记的效

---

* 日本的村落自治组织有执行机构和决策机构。执行机构是“村方三役”，即名主、组头和百姓代。名主是村长，负责管理村落的账簿、年租、治安和一切行政事务。——译者

** 奥书割印账：有跋文骑缝章的文书。——译者

力变为有效效力，是由于“所有权保护主义”向税收主义转变才逐渐明晰起来。

福岛第二论文(《日本不动产登记制度的历史》)很好地总结了第一论文的要领，以登记法采用了法国式的对抗要件主义为理由，列举了法国法的兴盛和对交易实际情况的关注。第三论文《我国登记制度的变迁》，根据新资料的内容介绍其他系统的登记法草案。

(2) 清水诚教授的论文基本上是按照福岛教授的观点，从现代观点出发分析问题的。该文指出，为了增加财政收入对土地和建筑物分别征收高额的登记税(登录免许税)，所以才产生了中间省略登记。这是非常重要的观点，也是目前探讨不动产登记的基
221 本视角。该文还指出，与登记效力相关的旧《登记法》第 6 条，“与《民法》第 177 条相关的争论是原样被类推出来的，对此还存在疑问”。

3. 其后学界之发展

对于旧登记法的意义，福岛教授和清水教授虽然通过一系列的工作将其明确化，但是最近提倡对物的编制主义和对抗要件主义的起源要有更加透彻的理解。松尾弘教授最近的观点认为，物的编制主义因为地券的所有权表象化观念的一般化，主张所有权本身转移的观点容易被接受，德国式的登记簿编制体系被接纳。①对于对抗要件主义，七户教授详细探讨了这个时代大审院的判决。明治十五年(1884 年)前后开始，意思主义和对抗要件主义作

① 松尾弘：《不动产让与法形成过程中的固有法与继受法》，《横滨国际经济法学》第 3 卷第 11 号，1993 年；第 4 卷第 1 号，1994 年。

为一般性的理解被确立下来，这明确了它和“博瓦索纳德草案”的公布是相关联的。[①]

■ **作者介绍**

①②③ **福岛正夫**

主要著作：除该书及上述论文外，还著有『地租改正の研究』(1962年・有斐閣)、『日本資本主義の発達と私法』(1988年・東大出版会)、『福島正夫著作集全9巻』(1993—1996年・日本評論社)等。

简　　历：1906年(明治三十九年)—1989年(平成元年)，毕业于东京帝国大学法学部，历任东京帝国大学东洋文化研究教授、早稻田大学法学部教授，荣获1963年(昭和三十八年)日本学士院奖[其著作、履历请详见『福島正夫著作集第8巻 法と歴史と社会(Ⅱ)』(1995年・勁草書房)]。

④ **清水诚**

主要著作：除上述论文外，还著有『ファシズムへの道——ワイマール裁判物語』(1978年・日本評論社)、『時代に挑む法律学——市民法学の試み』(1992年・日本評論社)等。

简　　历：1930年(昭和五年)生，毕业于东京大学法学部，曾任东京都立大学教授，现任神奈川大学教授[其著作、履历请详见東京都立大学法学会雑誌35巻1号(1994年)]。

---

① 七户克彦：《作为法源的“博瓦索纳德草案”》，《法律时报》第70卷第9号，1998年。

222 2-16 中岛玉吉

①《登记请求权》

(《京都法学会杂志》第 8 卷第 2 号,1913 年)

安达三季生

②《试论登记请求权》

(加藤一郎编:《民法学的历史与课题》,东京大学出版会,1982 年)*

评议人 生熊长幸(大阪市立大学)

论文①在我国首次讨论了登记请求的根据以及法的性质,具有重大的意义。

论文②对于论文①出现以后有关登记请求权的法的性质展开了诸多争论。从以登记为法定证据的立场出发整理这些问题,具有重要的意义。

1. 该系列论文发表前关于本课题之学界状况

(1) 在我国,通常情况下拥有不动产物权人必须要以登记作为对抗第三人的要件(《民法》第 177 条)。因为不动产的申请以共同申请为原则,物权设定人或者物权转移人具有登记请求权。另外,即使在取得不动产租赁权的时候,如果租赁契约当事人之间没有设定有关租赁权的特别约定的话,那么租赁人对出租人享有登记请求权。学界的论文大多讨论的是登记请求权发生的根

* 原文文献为:中島玉吉「登記請求権」,京都法学雑誌 8 巻 2 号(1913 年);安達三季生「登記請求権に関する試論」,加藤一郎編『民法学の歴史と課題』(1982 年·東京大学出版会)。——译者

据,以及登记请求权的法律性质。

(2) 该系列论文发表之前围绕本课题的学界状况:论文①之前关于本课题没有被特别地讨论过,该论文是最初论及登记请求权的文章。

在论文②以前的判例中,在以下情况下承认登记请求权的发生:(i)现在的物权关系和登记不一致时,产生登记请求权(实质权利人对于非基于实体的登记具有撤销登记请求权,买受人对出卖人的所有权登记请求权等),相关的登记请求权作为物权本身的效力而被承认。(ii)没有与物权变动的事实相对应的登记时,产生登记请求权(未经所有权转移登记就转卖的买受人仍享有对出卖人的登记请求权等)。相关的登记请求权,基于物权变动的事实而被承认。(iii)基于当事人之间的特别约定产生登记请求权 223
(中间省略登记请求权、赁借权设定登记请求权、买回权的登记请求权等)。

在论文②之前的学界中,对于登记请求权的发生原因,分为一元说和多元说。一元说认为应该对登记请求权的发生原因作统一的把握。其中之一是像论文①那样寻求"实体的权利关系和登记不一致"[①]的原因,其中之二是寻求"实体的物权变动和登记不一致的原因"[②]。这些一元说的表现是不同的,但判例同时承认(i)(ii)的登记请求权,尽管这些登记请求权的法的性质和物权请求权有相类似的方面,但未必和物权请求权是同一的。另外,判

---

① 末弘严太郎:《物权法》(上卷),有斐阁,1921 年,第 141 页;末川博:《物权法》,日本评论社,1956 年,第 140 页;舟桥谆一:《物权法》,有斐阁,1960 年,第 124 页;杉之原舜一:《新版不动产登记法》,一粒社,1970 年,第 128 页。

② 我妻荣:《物权法》,《民法讲义》(Ⅱ),岩波书店,1952 年,第 87 页;林良平:《物权法》,有斐阁,1961 年,第 63 页等。

例(iii)的登记请求权作为例外的登记请求权，其法的性质是债权性的登记请求权。

多元说也被看作有包括基于契约的登记请求权[出卖人对买受人所享有的登记请求权(买受人转卖给第三人后也同样)]，给付不当得利返还请求权性质的登记请求权(取消契约或者解除契约的情况下的撤销登记请求权)、物权性质的登记请求权(因为无权利人伪造文书，使其登记于权利人以外的名义之下时的撤销登记请求权等)。[①] 另外，也存在应该根据每个具体的案例类型来研究登记请求权发生与否、登记请求权的内容、其法律性质这样的有力主张。[②]

2. 该系列论文的内容及其在学界之意义

论文①认为，登记请求权不是基于当事人的意思，也不是基于物权，而是因为登记和有登记能力的实体的权利关系不一致，是在法律上直接产生的，对登记请求权的发生根据作一元性的理解。另外，对于登记请求权的法的性质，是将其看作物权性的还是债权性的，以在判例集以及破产情况下的别除权中出现的差异
224 为前提，承认登记请求权的物权性质可能更符合实际。但是，因为登记请求权不是由物权产生的，所以不能承认它为纯粹的物权请求权，应该理解为与物权请求权相类似的一种特别请求权。该文是首次在日本论及登记请求权的论文，对以后的学说影响很大，具有重要的意义。

论文②探讨了日本登记制度的基本框架，特别是登记对抗要

---

① 铃木禄弥:《物权法讲义》，创文社，1979年第2次修订版。

② 几代通:《登记请求权》，有斐阁，1979年，第2页；星野英一:《民法概论》(Ⅱ)，良书普及会，1980年，第49页。

件主义和登记连续原则。以二元说为基础，一面关注登记制度中追求私利和实现公利（公示）的结合方式，将登记请求权作为证据请求权来把握。对于各种原因发生的登记请求权不是一元的，而是在与其功能的、构造的关联中作统一的把握。

也就是说论文②采用的学说是：登记是确定不能两立的物权变动的前后关系的法定证据（两受让人均未登记时，根据自由心证主义，事实上早接受受让的一方优先）。从此立场来看，物权变动中有利益的当事人（例如受让人）享有证据请求权，即有要求对方（例如让与人）出具上述意义的证据的权利。因为登记是相应的实体权利变动的证据，物权变动中的登记请求权具有作为实体的权利变动的证据请求权的性质。

在这样的立场上，再构成的登记请求权的主要发生原因如下所示：第一类型是伴随物权变动发生的登记请求权，它具有物权变动的证据请求权的性质，从物权变动中得到利益的当事人享有登记请求权。此登记请求权不是债权请求权，所以与消灭时效无关。登记请求权在各种的登记请求权中占据基本的地位。之前被称为债权请求权的内容（依据买卖契约的登记请求权、基于特别约定的租赁权的登记请求权及中间省略登记请求权等），在理论上也包含在这其中。第二类型是以不实登记的撤销登记请求权为典型的登记请求权。因为存在与实体关系不符的证据，所以可以请求其为除去相关证据的撤销登记手续。此撤销登记请求 225
权以登记连续原则为前提，是为了未来真正的权利人的物权变动，对于第一类型的登记请求权来说，它处于从属的地位。以真正名义的恢复为登记原因的转移登记请求权属于此种类型。登记具有作为一般实体的物权变动的证据的意义，所以也是登记交易请求权以及“占有诉权的登记请求权”的根据。

论文②对登记请求权的发生原因作多元性把握，并将其法的性质定为证据请求权。但后者的考虑方法在学说上未被接受。

3. 其后学界之发展

论文①之后的学界发展，参照本文1(2)中所介绍的论文②以前的学界状况。

可以看出，在论文②以后的学说大多是立足于登记请求权的依据以及法的性质的多元说。[①]

■ **作者介绍**

① **中岛玉吉**（参见本书1－20）

② **安达三季生**

主要著作：除该文外，还著有『債權総論講義』（1990年・信山社）。

简　　历：1927年（昭和二年）生，毕业于东京大学法学部，法政大学教授[其著作、履历请详见法学志林95卷1号（1997年）]。

---

① 镰田薰：《民法笔记・物权法①》，日本评论社，1992年，第148页；近江幸治：《民法讲义》（Ⅱ），成文堂，1990年，第127页；铃木禄弥：《物权法讲义》，创文社，1994年第9次修订版；川井健：《民法概论（2）・物权》，有斐阁，1997年，第73页；德本伸一：《登记请求权的意义与法的性质》，《新不动产登记讲座》（2），日本评论社，1998年，第270页等。

2-17　几代通 226
《登记请求权》
(有斐阁,1979年)*

评议人　德本伸一(金泽大学)

该书以"登记请求权"为题目,是一部具体探讨在实体法和程序法相交错的各种情况下,登记请求权之理想状态的著作。

1. 该书出版前关于本课题之学界状况

(1) 登记请求权是指实体利益关系和登记不一致时,为了和登记名义的应有状态相一致,要求对方协助办理一定登记手续的权利。虽然对此权利没有争论,但此请求权应该基于何种原因发生、其性质是什么,学说中存有分歧。因此,围绕登记请求权是何种权利这一点,自之前的学说开始就一直存在着争论。

(2) 该书以前在学界大体存在两种观点:一种观点认为对登记请求权的法的根据以及发生原因可以作一元的说明或应该作一元的说明(一元说)。此学说的论者认为,当登记事项与真实的物权变动及其结果(即当前的权利关系)不一致时,为了能使二者一致,而产生了登记请求权。如果深入探讨此观点的话,那么登记请求权发生的根据便是"真实情况和登记不一致"[①],但是也有观点批评道这只是对当然事项的描述,作为解决具体问题的指导方针是否太过于漠然。对此,有种观点认为登记请求权的发生原

* 原文文献为:幾代通『登記請求権』(1979年・有斐閣)。——译者

① 末川博:《物权法》,日本评论社,1956年,第141页。

因,因实体法律关系的不同而相异。像基于契约(例如买卖)的债权登记请求权、基于所有权以及其他物权的物权登记请求权(例如冒用名义的案例等),所以更准确地来说应该承认具有各种法的性质的登记请求权,对不同类型的各种具体案例进行具体的分析(多元说)。判例已经采用了这种立场。

227 **2. 该书的内容及其在学界之意义**

(1) 以前的一元说或者多元说的争论,过于专注于登记请求权的抽象本质论。从实用法学的角度来看,此争论是否具有实际利益？在这样的反省之下,该书停止了对登记请求权一般性质论的煞费苦心地研究,而是在各种具体的案例中考虑登记请求权发生的有无、它的内容及其权利的性质,以此为视角来进行论述。

(2) 该书的特点之一是对登记程序方面的关注。登记的确是服从于实体法,它对各种具体的情况下应作的登记做了某些规定。但是最后的实现是依靠登记程序法(不动产登记法)。如该书作者所述,在此种意义上,当登记请求权成为问题时,是实体法与程序法两个法领域的交错。登记是"国家机关参与的、被高度定式化的程序,形成了一个公的制度"(原书第3页)。从这一点来看,有必要认真考虑一下:即使是实体法上的登记请求权,应依靠怎样的程序才能实现呢？下面举一个例子,现在有甲向乙、乙向丙的所有权转移登记,暂且把甲乙间、乙丙间的物权变动都看成是无效的,在这种情况下,甲能向丙请求撤销丙的名义登记(由乙向丙的转移登记,学说和判例都持此观点),甲实现此请求以后,再撤销乙的名义登记。有必要采取这样的方式,从前往后依次撤销之前的登记,恢复自己的名义。甲为了实现对丙的登记名义的撤销,需要经过怎样的程序？其回答是,在与丙的争夺中,甲胜诉，基于此，甲对乙的撤销登记请求权作为被保全的权利，代位乙的登记申请权(《不动产登记法》第 46 条第 2 款)。因丙的登记的撤销登记程序的申请而使其得以实现，这是现在的登记实务。在这种情况下，证明代位乙的登记申请权的甲的代位原因的书面材料是什么？对此，该书深入程序的细节部分来进行描述(原书第 97—98 页)，这是在同类书中看不到的特色。 228

(3) 该书提及了与登记请求权相关的作者常年思考的归结点，下面举两三个例子。

与中间登记相关，除去已经登记过的中间省略登记的效力问题(事后的评价)之外，存在是否可以请求积极的中间省略登记的问题。通说和判例认为在仅限于辗转让与的三个关系人(甲、乙、丙)全体同意或者是有特别约定的情况下，它才被承认。作者几代教授认为，因为中间省略登记被侵害的客观利益既不归甲也不归乙时(例如仅都接受价款全额的支付)，即使没有特别约定与同意，也不妨碍承认积极的中间省略登记(事后评价和同一基准说，原书第 54 页以下)。

另一个问题是虽然做了甲→乙→丙的二段的所有权转移登记，但是不管是乙的登记还是丙的登记都是无效的。在这样的例子[前述 2(2)]中，存在的问题是中间人乙是否对丙享有独立于甲的请求撤销登记的权利。这也得到了判例的肯定。虽有与此同调的有力学说，但作者对此是消极的解释。同时，谈及乙虽然从丙处恢复了登记名义，却不协助真正的权利人甲恢复名义登记，而是向别人(丙)转移登记的危险性。在这种情况下，赋予甲恢复登记名义的主动权，这是妥当的(原书第 108 页以下)。

另外，登记实务中不进行无效的撤销登记，为了方便起见，一般取而代之的是真正权利人的转移登记(根据“真正的登记名义的恢复"这样的登记原因)。确实也存在不能这样处理的情况(例如,因为甲、乙间的通谋虚伪表示,甲向乙的所有权转移经登记以后,善意的丙从乙处接受抵押权设定登记的时候等)。例如,甲→乙→丙做了两段的无效登记时,如果不是进行一段段的撤销登记,而是无条件地承认由甲向丙的所有权转移登记。这样的话,想同时履行对甲的买卖价款返还请求和以自己的登记名义撤销允诺的乙,其利益会受到损害。也就是说,只有在上面这样的情况下才作如此处理,相当于无条件承认中间省略登记的结果。所以作者认为,在这种情况之下,所有权转移登记仅在具备本来的
229 中间省略登记的要件之下才应该被允许(原书第 118—119 页)。

(4) 该书用了很长的篇幅(从 120—177 页为止)详细地论述了:①A 接受在甲所有的不动产上的抵押权、地上权等限制物权的设定登记或其预登记后,向所有权人一方转移权利时(甲向乙);②限制权利人的一方有权利转移(自 A 向 B),依据附记登记(《不动产登记法》第 134 条)进行转移登记时,谁对谁具有登记请求权。这被称为是将作者想法栩栩如生表现出来的一部分。

(5) 除此之外,该书还讨论了共同申请主义和登记请求权、登记请求权的双面性(登记交易请求权的问题)、所有权保存登记的撤销登记请求权、建筑物的灭失登记请求权、关于登记上的利益关系人的登记请求权等问题。虽说该书不能说是整体上补充登记请求权的问题,但是用作者自身的话来说便是,"处理了这个问题中最重要、最核心的内容",是研究登记请求权问题的必读文献。

3. 其后学界之发展

该书发表以后,学界在一段时间内花费了很大的精力,从正

面讨论是一元说还是二元说这样的登记请求权的抽象性质论。虽涉及过这个问题，但也是在对过去学说的状况说明进行历史性回顾的脉络中讨论的。在此种程度上，其着力点是明显错误的。像该书所提倡的那样，根据不同案例的类型来研究登记请求权的理想状态和性质（原书第 2 页），这样具体的研究方法被固定下来。该书所提议的研究方向，此后在学界得到了诸多的支持，作为通说被维持和发展着。

■ 作者介绍

几代通（参见本书 1－21）

230 2-18 岩田新

①《占有理论》

(岩波书店,1932年)

田中整尔

②《占有论研究》

(有斐阁,1975年)*

评议人 大久保邦彦(神户学院大学)

客观说立足于作为学界通说的占有理论和主观说,试着依据岩田对占有理论的主观说的拥护,以及田中在民法解释论上主张的客观说,来解决与日本民法典的矛盾。

1. 岩田论文以前关于本课题之学界状况

(1) 占有理论是"具备何种要件占有才成立"的问题。除物的事实支配这样的客观事实(所持)之外,是否应该要求占有人具有一定的主观意思(占有意思)。如果应该要求的话,那应该要求什么样的意思。占有理论从论文①除"所持[占有标的物(corpus)]之外,还需要意思表示(animus)"的主观说,向论文②"仅有占有的事实就足够,无须特别意思表示"的客观说发展。也就是说,论文①的主观说(a)自萨维尼的所有权人意思说(1803年)开始,这种极端的主观说受到(b)温德希德(B. Windscheid)的支配人意思说和(c)邓伯格(Dernburg)的为了自己的意思说等的影

* 原文文献为:岩田新『占有理論』(1932年・岩波書店);田中整爾『占有論の研究』(1975年・有斐閣)。——译者

响而有所缓和。但主观说立足于客观说②，被(a)“不需要占有意思之外的其他特别的意思表示”的耶林的占有意思说(1889年)所代替。(b)在那之后被进一步的推进，出现了“占有因纯粹的客观事实的支配状态而成立”的贝克尔的纯客观说(1891年)。客观说被通说化是为了扩大对占有的保护，以适应实际的生活。

另一方面，作者将目光转向立法例：奥地利民法(1811年)、旧民法(1890年)采用所有权人意思说；与此相对，日本现行民法(1896年)采用为了本人意思说。德国民法在其第一草案(1887年)中采用了主观说，日本现行民法(1896年)采用了客观说，英国民法(1907年)也同样如此。

基于以上的背景出现了在此介绍的两书之课题。即客观说 231
立足于应被正当关注的占有理论和主观说，怎样处理与日本民法典的“矛盾”的问题。为了解决这个“矛盾”，岩田支持占有理论中的主观说，而田中支持作为民法解释论的客观说。两人是在向完全相反的方向前进。

(2) 在民法实施以后不久出现的石坂音四郎的“占有意思论”[1]中，已经主张占有理论上的纯客观说，但民法解释上并未展开。在日本，岩田一书发表时，占有理论中的客观说是学界的通说。为了解决与日本民法典的“矛盾”，作为民法解释论，当时的通说采用了“将意思客观化并逐渐认可”的被缓和的主观说[2]。

① 石坂音四郎：《占有意思论》，《法学协会杂志》第28卷第5、6、7号，1910年。

② 末弘严太郎：《物权法》(上)，有斐阁，1921年。

2. 岩田论文的内容及其在学界之意义和其后学界之发展

（1）在这样的状况之下，岩田支持占有理论中的主观说，想以此来解决“矛盾”。岩田将该书的主题定为“实现主观说是否错误”。对于与占有有关的诸制度，按其发展的沿革，进行充分的探讨，并以此批判性地探讨了耶林的观点，其结论是萨维尼集大成的主观说，作为罗马法的占有理论，其核心的思想是正确的，应该沿着萨维尼的方向向前推进。在方法论上，岩田也反对概念法学，耶林排斥此方法论，赞成实际的且历史的方法。但对于耶林的历史方法，因为其只限于对概念的分析和推论的展开，因此对它的批判不能从概念法学中脱离出来。

（2）该书最大的意义在于拥护占有理论中的主观说。对于耶林的见解，除前载石坂的论文之外，还有末川博的《耶林的占有意思论》[①]等先行研究，比该书探讨得更为详细。

（3）然而，即使该书作为对占有法的沿革的研究被引用，但其占有理论中主观说的内容还是不引用为好。虽然这归结于主观说自身的妥当与否，但其结论的推导过程好像存在着一定的问
232 题。[②] 从1934年左右开始，岩田开始向天皇制法西斯法学转变。其原因之一是岩田与末弘围绕学位论文的审查产生了矛盾。[③] 另外，其观点在本文后面所要提到的山田论文中也未被引用（被无视）。在之后，占有理论中客观说被正当化，民法解释论采用的是

① 末川博：《耶林的占有意思论》，《京都法学会杂志》第13卷第5号，1918年。

② 参见原田庆吉：《田中整尔著〈占有论研究〉》，《法学协会杂志》第53卷第1号，1935年。

③ 白羽祐三：《“日本法理研究会”之分析——法与道德的一体化》，中央大学出版部，1998年，第453页以下。

被缓和的主观说，并成为学界主流。[1] 但是，另一方面，在民法解释论上也出现了占有意思说[2]、纯客观说[3]等学说。在这样的情况下，出现了下面要介绍的田中论文。

3. 田中论文的内容及其在学界之意义和其后学界之发展

（1）该书是以萨维尼的“占有权”、川岛武宜的“所有权法的理论”为契机，考察了占有的历史，从法社会学的立场出发，以法史论和法解释论的解释为方向而写就的。在第一部分“占有的解释论”中，田中论文按照占有意思说对民法典中与占有权相关的规定进行说明，想以此来解决“矛盾”。也对占有意思说和纯客观说的差异做了详细的论述。第一部分“占有理论”的第一章为占有权和占有的权利性，第二部分包括第二章结合各时代的法对占有制度的存在根据进行历史性考察，以及第三章强调应该重视占有功能中本权关系的关联。第三部分则“围绕占有之诸问题”，探讨善意占有人取得果实的根据。

（2）该书最大的意义在于其主张作为民法解释论的占有意思说。在这之中，对于《民法》第 180 条、203 条，以及前述山田论文所主张的占有意思说进行解释。所以特别承认第 185 条前段的客观解释（第二部分第二章），“为了代理占有的成立不需要特别的意思要素”（同部分第三章）的意义，强调重视占有和本权关系的接触面。之前部分学说在这一点上强调两者的对立，鉴

---

① 我妻荣:《物权法》,《民法讲义》(Ⅱ),岩波书店,1932 年;末川博:《物权法》,《新法学全集》,日本评论社,1937 年。

② 山田晟:《德国民法中的占有之取得与意思》,《法学协会杂志》第 57 卷第 11 号、第 58 卷第 14 号,1939—1940 年。

③ 川岛武宜:《所有权法的理论》,岩波书店,1949 年;山中康雄:《占有的理论》(法律学体系·法学理论篇),日本评论社,1951 年。

于此，虽不能说田中的观点是独创的，但应该承认其意义。虽然在之前就有对罗马法所作的详细介绍，但是没有对中世的
233 详细介绍，因此对于该部分的法制史研究具有特别重要的意义。

(3) 成为该书写作缘由的论文发表后，虽然在民法解释论上赞成客观说的学说一直在增加，但被缓和的主观说依旧占据主流地位。与主观说和客观说的对立相比，意思说（即主观说加占有意思说）和纯客观说[①]之间存在更多争论。既然占有理论上客观说已被视为是正当的，那么在民法解释论上采用主观说还是采用客观说呢？与意思说和纯客观说的对立相比的，它不具有理论上的重要性。前述与代理占有的成立要件相关的“田中说”得到了很多的支持[舟桥、铃木（禄）、星野、内田等]，第 185 条前段的客观的解释也得到了一部分的支持[铃木（禄）、有地等]。此外，最近还出现了以此为立场的最高裁判所的判决，可见该书对学界与实务都有很大的影响。

■ 作者介绍

① 岩田新

主要著作：除该书外，还著有『日本民法史』（1928 年・同文館）、『判例婚姻豫約法解説』（1935 年・有斐閣）、『大東亜建設法の理念と構造』（1942 年・厳松堂）。

简　　历：1882 年（明治十五年）—1947 年（昭和二十二年），毕业于东京大学法科大学院德法科，历任东京商科大学、中央大学教授等职[其著作、履历请详见岩田博士追悼録出版事業委员会編『岩田先生を偲んで』（1966 年・岩田会）]。

---

① 参见铃木禄弥：《田中整尔著〈占有论研究〉》，《民商法杂志》第 74 卷第 1 号，1976 年等。

② **田中整尔**

主要著作：除该书外，还著有『所有権の取得・占有権の取得・代理占有（間接占有）（総合判例研究厳書民法24）』（1964年・有斐閣）、『自主占有』（1984年・一粒社）、『自主占有・他主占有』（1990年・法律文化社）等。

简　　历：1927年（昭和二年）生，毕业于京都大学法学部，历任大阪大学、大阪学院大学教授等职［其著作、履历请详见阪大法学145＝146号（1988年）］。

234 ## 2-19 石坂音四郎

①《论〈民法〉第 192 条》

［收录于《改纂民法研究》(上)，有斐阁，1919 年；初次发表于《法学志林》第 12 卷第 6 号，1910 年］

富井政章

②《论〈民法〉第 192 条的适用范围》

(《法学协会杂志》第 31 卷第 2 号，1913 年)

田岛顺

③《〈民法〉第 192 条研究》

(立命馆出版部，1933 年)

安永正昭

④《动产善意取得制度之考察——以所谓占有的权利外观效力为中心》

(《法学论丛》第 88 卷第 4、5、6 合并号，1971 年)*

评议人 三林宏(立正大学)

石坂论文对于即时取得主张的《民法》第 192 条的限定解释，成为现在通说形成的契机。富井论文确定了学界对“石坂说”的理解。田岛论文关于本制度的沿革以“交易安全的保护”为视角。安永论文则是以在即时取得中“信赖的基础”应作怎样的假定为

---

* 原文文献为：石坂音四郎「民法第百九十二条論」，『改纂民法研究上』(1919 年・有斐閣)所収，初出・法学志林 12 巻 6 号(1910 年)；富井政章「民法第百九十二条の適用範囲」，法学協会雑誌 31 巻 2 号(1913 年)；田島順『民法一九二条の研究』(1933 年・立命館出版部)；安永正昭「動産の善意取得制度についての一考察——いわゆる占有の権利外観効を中心として」，法学論叢 88 巻 4＝5＝6 号(1971 年)。——译者

中心展开讨论的。

1. 该系列论文发表前关于本课题之学界状况

对于取得时效，《民法》第192条规定，稳定且公开地开始占有，善意并且无过失即时取得动产上所能行使的权利[但对于盗窃物、遗失物，《民法》中做了例外规定。占有物系盗赃或遗失物时，受害人或遗失人自被盗或遗失之时起两年间，可以向占有人请求返还其物（《民法》第193条）。盗赃及遗失物如系占有人自拍卖处、公共市场或出卖同种类物的商人处善意购买时，受害人或遗失人除非向占有人清偿其支付的代价，原则上不得请求返还其物（《民法》第194条）。与两条有关系的部分在此因篇幅所限将其省略]。

《民法》第192条是来自于旧《民法·证据编》第144条"即时的效力"之规定："有正当权利原因且善意地取得有体物的占有人，可取得即时时效。"同条置于证据编中与"动产的取得时效"相 235
关的规定之中。旧民法对动产和不动产的取得时效分别做了不同的规定。在"无正当权利原因或恶意"占有的情况下，不动产、动产都是"30年"；在"有正当权利原因且善意"的占有的情况下，不动产是"15年"，动产是"即时"。

现行民法将旧民法中的"正当权利原因"置换为"无过失"。另外，占有是"善意有过失或恶意"时为"20年"；占有是"善意无过失"时，不动产是"10年"，而动产则分为不需要时间的"即时生效、即时取得"和它的例外规定。但是，"即时时效、即时取得"不是以"时间的经过"为起因的法律效果。所以没有用"即时时效"和时效构成，而是将其定位为作为占有保护效果的"占有效力"的问题，赋予它即时取得所有权和其他权利的法律效果。旧民法认为构成了时效，并且将其解释为是“一种推定”，但是现行民法认为它是占有权的直接效果，是取得权利的一种方式。此种情况之下，“即时取得”的问题是“从无权利人处受让”的问题，没有使人明确感受到这是“为了实现交易安全的制度”。第 192 条在此条文上也未作任何限定。比较一下《民法》第 162 条和第 192 条，除占有的时间之外，其他的要件是相同的。所以不仅适用于让与人是无权利人时，也广泛适用于其他有瑕疵的让与行为（参见后述 2）。

2. 石坂论文、富井论文的内容及其在学界之意义

石坂的论文主张并论述了《民法》第 192 条的适用范围仅限于让与人为无权利人时（例如受委托人、租赁人等把委托物、租赁物等当作自己的所有物让与时）、行为有瑕疵时（例如，相信无能力人是有能力人而买受其所有的动产；不知道出卖人的错误而买受其所有的动产；在不知道出卖人受第三人强迫的情况下而买受他所占有的动产；不知道无代理人欠缺代理权的情况下而买受其占有的动产等情形），并不适用《民法》第 192 条的限定解释。石坂的论文促进了当前学界通说的形成。

当时，德国法学研究兴起，日本民法开始受到德国民法典以
236 及学说的强烈影响。“石坂说”参考了与即时取得相关的德国法的争论。该说以《民法》第 192 条的沿革[德国中世法（占有的任意委托的情况下的“以手护手”（Hand muss Hand Wahren）原则）—法国法对德国法的继受—德国旧商法典（第 306、308 条）—德国民法（第 932 条以下，以及与动产质权相关的第 1208 条）]，以及置于同条的立法理由（交易安全的保护：因为动产具有经常流转、改变其所在位置的性质，所以第三人很难知道其权利人。

当第三人相信其为真正的权利人受让动产时，若被真正的权利人追及，使第三人遭受“不测损害”的话是不妥当的。另一方面，真正的所有权人信任他人，如委托其占有，信用滥用的责任则应由所有权人承担）为主要的论据，主张限定解释论。即在仅限于让与人是无权利人时，才能适用《民法》第192条。

富井论文受到石坂论文以及德国法的影响，主张在让与行为有瑕疵的情况下（有无效、撤销、解除的原因时），第192条是关于“保护从基于所有权人的意思占有不动产人处受让该动产的占有人”的制度，不适用于真正的权利人所为的有瑕疵的让与行为。但与此不同，通过有瑕疵的让与行为取得占有之人在其善意且无过失地转让给第三人时，因为契约的无效、取消、解除使转让人变成无权利人，因此也适用同条。

3. 田岛著书、安永论文的内容及其在学界之意义

田岛博士的著书对《民法》第192条的沿革做了详细的论证。该书以德国中世法中的“以手护手”原则为出发点[即基于自己的意思将占有（Gewere）任意的委托他人时，受委托人滥用真正的所有权人的信任转让给第三人，即使失去占有，对占有的秩序也没有损害，所以原则上真正的所有权对于第三人既不能追及也不能收回]。因罗马法的所有权概念的成立而否定对第三人的保护；此后，再次从“交易安全”的观点出发，将传统的外观主义（占有）和善意相结合，以“动产追及的限制”的形式，分析、探讨各国的近代立法中所呈现的全过程。将即时取得制度定位为是以原所有权人的归责为前提的、与权利外观相关的信赖保护的其中一环节的制度。

安永论文将即时取得制度看作“保护交易安全”的制度。他

237 指出学界的研究多是强调所有权取得方面，而对作为真正的所有权丧失基础的“归责”方面的评价过少，该部分容易被忽略。“基于对权利外观的信赖”而“取得权利”和“对于权利外观的发生、存续，因丧失权利人一方存在归责事由”而“丧失权利”，为了满足上述两者的体系性的、统一的法的构成，安永主张民法构成和商法构成的二分论。在此之前，喜多了祐博士的一系列著作虽然也指向了同样的方向，但没有引起学界的重视。[①] 但现在动产交易中占有和所有相分离的现象增多的情况开始备受关注，引起了学界的重视。例如，租赁权关系、向不定多数的劳动者的动产委托、托运人的委托，以及伴随动产买卖的增加而使得所有权保留买卖的扩大，动产让与担保交易的增加等情况。在这样的情况下，因为占有没有表现所有权的权利功能，那么“以占有的权利外观效力为前提的即时取得制度的法的构成”在今天还能维持吗？安永论文在此问题意识之下，考察了从中世的日耳曼法到今天的德国法的历史发展，以学说史为中心进行了分析探讨，并从应怎样设定“信赖的基础”这一视角进行了进一步的考察。不动产的物权关系的变动与其公示手段相一致，并受到登记簿制度的充分保障；而动产物权关系的变动却与此不同。除上述的占有和所有分离的现象之外，在德国民法典中作为现实交付的代替手段，也承认占有转移、返还请求权的让与等方法。将动产的占有看成“信赖基础”的外观，这是不充分的。作为“信赖的基础”，应该将商事交易和民事交易分开来考虑。因大量交易被类型化，所以商事交易也独具特色。因为“第三取得人的权利信赖的内容，通常是无权

---

① 喜多了祐：《外观优越之民法构成与商法构成：以善意取得法理为中心》，《小樽商科大学创立 50 周年纪念论文集》，日本评论社，1961 年；后收录于《外观优越之法理》，千仓书房，1976 年。

利人有无处分权限的问题”，所以“同种商品的占有，以及从持有人手中通过通常的手段取得”就足够了。与此相对，在民事交易中，“所有权保持利益（一权利取得方的利益）”与“取得人的信赖利益（即权利取得人一方的利益）”相对立的。所以有必要“按照社会现实状况和实际的支配，足以将让与人推认为是所有权人”。对于即时取得制度，结合以前研究所欠缺的各点来分析讨论。

■ 作者介绍 238

① **石坂音四郎**（参见本书 4－18）

② **富井政章**（参见本书 5－18）

③ **田岛顺**

主要著作：除上述著作外，还著有『担保物権法』（1934 年・弘文堂書房）、『物権法』（1935・弘文堂）、『民法總則』（1938 年・弘文堂書房）、『債権法』（1940 年・弘文堂）等。

简　　历：1894 年（明治二十七年）—1966 年（昭和四十一年），毕业于京都帝国大学法学部，京都帝国大学教授、律师。

④ **安永正昭**

主要著作：除上述论文外，还著有『新版注釈民法（1）』（共著）（1988 年・有斐閣）、「民法における信頼保護の制度とその法律構成について」神戸法学雑誌 27 巻 1 号・28 巻 2 号（1977—1978 年）、「越権代理と帰責性」林先生還暦記念『現代私法学の課題と展望中』（1982 年・有斐閣）、「無権代理と相続における理論上の諸問題」法曹時報 42 巻 4 号（1990 年）、「登記・登録による公示と動産の善意取得」神戸法学雑誌 42 巻 1 号（1992 年）、「民法 478 条の適用・類推適用とその限界」林先生献呈論集『現代における物権法と債権法の交錯』（1998 年・有斐閣）等。

简　　历：1946 年（昭和二十一年）生，毕业于京都大学法学部，现任神户大学教授。

239 ## 2-20 三ケ月章

《占有诉讼的现代意义——对〈民法〉第202条第1项之比较法的、系谱的考察》

[收录于《民事诉讼法研究》(Ⅲ),有斐阁,1966年;初次发表于《法学协会杂志》第79卷第2号,1962年]*

评议人 田中康博(小樽商科大学)

作者是立足于新诉讼物理论的民事诉讼法学者。他在该文中提起了民法学中关于占有诉讼解释论上的重要问题。

1. 该文发表前关于本课题之学界状况

可将第202条第1项理解为是这样的规定:例如,如果A所占有的自己的所有物被B盗走的话,那么A可以提起恢复占有之诉,同时一并行使基于所有权的返还请求权(本权之诉)。也可以分别提起诉讼,或者一个败诉之后再另行提起诉讼。即把"本权之诉"和"占有之诉"看为独立的诉讼物(旧诉讼物理论),将第202条第1项赋予了诉讼法上的意义(诉讼法的构成)。但是对于这样的理解,学者也提出如下这样的疑问:"在本权之诉先确定胜诉的情况下,占有之诉中……这和重复的原状恢复请求——不能以本权为理由作出裁判——是否必须照旧被承认,是存有疑问的"(舟桥谆一教授)。三ケ月章(Mikazuki Akira)教授主张:"仅请求同一物的返还时,应将其作为诉讼中应该解决的一个纷争。"从民

* 原文文献为:三ケ月章「占有訴訟の現代的意義——民法202条1項の比較法的・系譜的考察」,『民事訴訟法研究Ⅲ』(1966年・有斐阁)所収,初出・法学協会雑誌79巻2号(1962年)。——译者

事诉讼法学来说，与第202条第1项相关的民法学的“诉权法的构成”，对于上述三ケ月章的新诉讼物理论的“致命的难点”来说，是其“恰到好处的攻击材料”。

2. 该文的内容及其在学界之意义

（1）该文通过对比较法（法国法、德国法）及其沿革的研究（旧民法的立法理由、现行民法的法典调查会的审议）明确了第202条第1项的意义。该文的直接目的是对新理论的攻击作出回答［该文之前（1960年），小山升教授已有同旨的主张］，但同时又迫使它与民法理论中所采用的“诉权法的构成”相分离。

（2）该文首先考察了法国民法中的“占有诉讼”的制度。法国 240
法中的占有诉讼为了能迅速处理土地利用纷争（不以动产为对象），在诉讼法中对事务管辖、诉讼能力（并非承认所有不动产占有人）等做了限制，其中最重要的是采用了“占有之诉和本权之诉绝对不能重叠”（non-cumul）原则。具体来说，①强行要求有本权的原告对两种诉讼进行选择。如果选择了本权之诉的话，就无权提起占有之诉。②开始占有诉讼的情况下，在当事人双方都未完成之前，不能再提起本权之诉（在提起本权之诉的情况下，虽然不禁止对方在别的诉讼中提起占有诉讼，但此前必须终止本权之诉）。③占有诉讼中败诉的被告，如果未充分履行判决中的义务，则不能提起本权之诉。

（3）对此，德国法和法国法有着不同的规定。“基于占有的请求权”的主体和客体被显著扩大（不根据占有期间、目的物进行区别），并且现在在诉讼法上也不承认占有请求权制度的特异性。“基于占有的保护，从对象性、主体性的制约中完全解放出来。实际上这与从占有诉讼的诉讼程序的特别处理中的完全解放是有密切联系的。”像这样的“从特别处理中的完全解放”成为“诉讼物理论新发展的一个原动力”。

(4) 接着该文介绍了民法典的制定。与占有诉讼相关的旧《民法·财产编》第199—212条仅限于在程序方面,它超出法国实定法的范围,具备法国法占有诉讼的特质。另一方面,旧民法也承认动产占有人。上述规定具有这样相矛盾的性质。现行民法去除了当初草案中所包含的“非累积性”原则在内的法国法色彩。规定此原则的条文是“为了将它提取出来,将其作为装饰性的总则的规定”。仅从第202条的规定就可以看出,它被“人为地固定下来”。旧民事诉讼法中略有存留的以“占有诉讼”的特异性为前提的规定(第191条),因1926年的法律修订而被废止(旧《民事诉讼法》第227条,即现《民事诉讼法》第136条)。因《裁判所法》的制定(1947年),故与裁判管辖相关的特别规制也完全消失了,仅剩与诉讼法相关的规定,将“占有制度”作为特别制度的规定完全未包含在内。

241 (5) 通过以上的探讨,该文主张第202条第1项所规定的“占有请求权和本权请求权是分别成立的独立请求权,仅具有宣言性的意义,应向此方向解释”。当占有请求权与本权请求权相重合时,也可以把它们看成是两个诉讼物。作为其根据,不应该忽视第202条第1项。但是,如果采用新诉讼理论应该认识到,如同1中所提出的疑问(舟桥教授)那样,应有意识地除去采用旧诉讼物论时的不协调感。对于占有诉讼本身的意义,曾经认为近百分百的功能都源自于预处分制度。但“对于没有能主张的本权的占有人来说,占有诉讼是一种可能性”。“使其充分发挥作用,这是占有诉讼的现代意义”。

3. 其后学界之发展

（1）在民法学上铃木禄弥教授[①]、广中俊雄教授[②]、槙悌次教授[③]接受该文所显示的与诉讼物相关的观点。民事诉法学者高桥宏志评价该文“一时解决”了第202条第1项的诉讼争论[④]（高桥教授认为此论文是日本民法学上最高水准的论文之一，是学生们的必读文献）。另一方面，民法学者除以上所列之外，看不出对“三ケ月说”的明确赞成。最初支持“三ケ月说”的铃木教授也改变了其原先的观点。他认为第202条第1项是将占有请求权和本权请求权“用法律规定为不同的诉讼事项”[⑤]。

（2）民法学所提出的问题是诉讼物本身的问题，是否承认“占有诉讼”的独立性（奥田昌道教授认为“如何构成请求是诉讼法学上的问题，不受实体法学理论的影响”（其内容在《请求权概念的生成与发展》[⑥]一书中也有所提及）。三ケ月教授自身认为：“对于没有能主张的本权的占有人来说，占有诉讼是一种可能性。”如果那样的话便产生了如下的疑问：本权人也是占有人时，是否有必要承认这两种请求权。从此观点出发，上村明广教授主张应该考虑其要求对象（特定物）、内容（返还）划定界限的给付的统一的返还请求权。[⑦] 另外，田中整尔教授直接参考了四宫和夫教授的《请 242
求权竞合问题》一文（之后“请求权竞合论”的内容在此书中也有

---

① 铃木禄弥：《物权法讲义》，创文社，1964年初版。

② 广中俊雄：《注释民法》(7)，有斐阁，1968年。

③ 槙悌次：《物权法》，有斐阁，1971年。

④ 高桥宏志：《关于诉讼物》，《法学教室》第117号，1990年。

⑤ 铃木禄弥：《物权法讲义》，创文社，1979年第2次修订版。

⑥ 奥田昌道：《请求权概念的生成与发展》，创文社，1979年。

⑦ 上村明广：《诉讼物论争的回顾和展望》，《冈山大学法学会杂志》第21卷第2号，1971年。

所提及)，在“能证明所有权的情况下”，“不具有主张独立适用占有诉权的余地”，只承认基于所有权的请求权。①

(3) 与上述内容相反，当本权人也是占有人时，依据“占有预处分”制度，也主张强调占有诉权独立性的见解。此见解和以“三ケ月说”为前提的见解(广中教授)不同，未考虑作为诉讼本旨的占有诉讼，认为占有权仅是为预处分提供根据的权利，而民法规定了预处分的要件。②

(4) 像(2)中描述的那样，探究在占有人即本权人的情况下，是否具有重复承认“占有诉讼”的意义。但是，对这个问题的探究未必会逐渐扩展。该文所提起的民法学中的问题至今仍未得到解决。③

■ 作者介绍

三ケ月章

主要著作：除该文外，还著有『民事訴訟法』(1959年・有斐閣)、『民事訴訟法研究Ⅰ-Ⅹ』(1962—1984年・有斐閣)等。

简　　历：1921年(大正十年)生，毕业于东京帝国大学，东京大学教授，曾于1993—1994年任法务大臣[其著作、履历请详见三ケ月章先生古稀記念『民事手続法学の革新 下』(1991年・有斐閣)]。

---

① 原岛重义、高岛平藏、篠原弘志、石田喜久夫、白羽祐三、田中整而、新田敏：《民法讲义2・物权》，有斐阁，1977年。

② 藤原弘道：《占有诉权在诉讼中的功能和临时处分》，《末川先生追悼：法与权利》(3)，有斐阁，1978年；长谷部由起子：《临时救济中审理的构造——以保全诉讼中被保全之权利的审理为中心》，《法学协会杂志》第102卷第9号，1992年(“1992年”疑误，经查应为1985年。——译者)。

③ 参见广中俊雄：《〈民法〉第202条解释的备忘录》，《民事法之诸问题》，创文社，1994年；初次发表于《法学家》第697号。

2-21 栗生武夫 243

《土地所有权的成立》(1—3完)

(《法学》第7卷第11、12号,第8卷第4号,1938—1939年)*

评议人 大西泰博(早稻田大学)

该文所研究的主要是关于中世欧洲初期的土地所有权的成立,是关于这一时期研究的重要论文。

1. 该文发表前关于本课题之学界状况

有关土地所有权的正式著书有石田文次郎的《土地总有权史论》[①]和吉田久的《土地所有权论》[②],基于编者的编辑意向,特别来看一下吉田久的《土地所有权论》。

此书曾被我妻荣教授批判过。[③] 我妻教授叙述道:"(此书)讨论了土地所有制度向现实的发展,也讨论了时代的经济、政治实务的变迁,以及土地支配的内容、形式的变迁等相关的内容,但不能断言有必要倾注更多的精力去探讨上述问题。"[④]我妻荣对此著作评价虽然非常严厉,但却是非常重要的观点。此后,我妻教授开始了与土地所有权相关的新的研究(我妻教授的这篇论文于1937年被发表)。

---

* 原文文献为:栗生武夫『土地所有権の成立(1)—(3完)』,法学7卷11号·12号·8卷4号(1938—1939)。——译者

① 石田文次郎:《土地总有权史论》,岩波书店,1927年。

② 吉田久:《土地所有权论》,严松堂,1937年。

③ 我妻荣:《民法研究Ⅲ·物权》,有斐阁,1966年,第291页。

④ 同上书,第294页。

2. 该文的内容及其在学界之意义

(1) 如栗生教授自身所叙述的那样，该文仅以日耳曼的耕地为对象，归纳总结了日耳曼实行何种形态的耕地共有制，及其是如何解体并发展为耕地私有制的。该文有十个重要的部分组成。它以日耳曼民族大迁移为切入点，以西欧世界成立的时期为研究对象。下面，稍微详细地看一下这十项重要的内容。

(2) ①古日耳曼的移民团。采用了记号(Mark)。当初记号的意思是“土地的界限”，但后来意味着是团体的土地利用权。记
244 号通常不适用于耕地，或者即使适用也仅适用于不被当作耕地的荒地。

② 古代日耳曼的土地法律问题。古日耳曼时代是将耕地分配给各世代。例如，以旱田(Los)为例，旱田虽然平时归各家分别利用(Sondernutzung)，但利用期间届满之后必须要将旱田归还给村社。因此，古日耳曼时代的耕地没有成为个别所有(Sonderbesitz)，耕地也未被私有化。

③ 民族移动期的土地法律问题。以恺撒的《高卢战记》为基础，“设想”(教授自己的用语)民族迁移期的土地法律关系[作为资料反对像恺撒那样利用《撒利克法典》(*Lex Salica*)]。概括起来说，就是氏族全体成员共同拥有土地、共同耕作，仅把收获分配给每位成员，回到了这样的原始所有(Ureigentum)的状态的时代。

④ 奥多亚塞的土地分配。西罗马帝国在476年，被奥多亚塞所灭，但奥多亚塞以“宿营法”为基础，让罗马的地主提供他们所有土地的三分之一，然后分配给士兵们。对于这些被分配的土地，士兵们不是一时占有，而是永久所有。对日耳曼人来说，这是

土地法的大变革。而栗生教授认为，耕地完全归个人所有是在这之后的事情。

⑤ 东哥特的土地分配。狄奥多里克一世打败了奥多亚塞，在意大利建立了东哥特王国。他们首先收回奥多亚塞士兵们的土地，设置转付命令官（delegator），从事土地分配的工作。转付命令官命令意大利北部以及中部的大地主提供其三分之一的所有地，成为所有权主体的是一个个的家族。和罗马人一样，东哥特人从罗马人那里分到的耕地，也属于私人所有，是自己永久的财产。

⑥ 东罗马皇帝的措施。东哥特王国被查士丁尼一世所灭，东罗马统治意大利。查士丁尼一世发布了事实承认令（*sanctio paragmatica*）。其结果是，和平的东哥特人可以保住他们作为所获土地所有权人的地位。

⑦ 伦巴第的土地分配。伦巴第人自 6 世纪后半期起取代了东罗马帝国开始统治意大利。当初针对罗马人的土地政策并不苛刻，之后也给罗马人分配土地。但最终伦巴第人从罗马人那里 245
取得了土地，在他们自己人中间分配。虽然未明确土地的归属，但罗特尔王（Rothari）的法典没有限制家长的财产处分权。以此为根据，如果土地是亲族、村民们总有的财产的话，那么亲族、村民们应采取某种形式限制家长的财产处分权的功能。然而完全没有那样的迹象，所以说财产仍是家长的私有。

⑧ 西哥特。西哥特从 5 世纪开始入侵南高卢，开始了所谓的托洛萨（Tolosa）时代。所知的托洛萨时代的土地关系的原始史料，是尤里克王（Eurich）所制定的尤里克法典（*Codex Euricianus*）的规定。根据此规定，西哥特人取得土地的三分之二，罗马人取得土地的三分之一。罗马人取得的土地叫作抽签地

(sors),抽签地是完全私有的,所有人可以自由地出卖、赠予、交换和遗赠,不管是家族还是同村村民都无权对其自由处分进行限制。

⑨ 汪达尔的土地取得。汪达尔人将(现在)西班牙的土地置于怎样的法律关系中,这是不够明确的。据普罗柯比(Procop)的《汪达尔战史》可以了解到:皇帝霍诺里乌斯(Honorius)在允许汪达尔人居住期间颁布了一部例外法,主张“汪达尔人在帝国内的居住期间”,“不能算入最长期占有的期间中”。为什么要这样?在罗马法中有最长期的占有制度,如果有持续占有30年的事实,则应赋予占有人行使排斥所有权人返还请求的抗辩权。汪达尔人也应该具有对罗马人的返还请求行使抗辩权的可能性。为了避免类似情况的出现,颁布了例外法。也就是说,因为事实上是汪达尔人占有,所以有必要限制其权利。即将罗马人的土地分配给汪达尔人,或者是没收汪达尔人在北非的土地,最终分配给各个家庭,土地成为各个家庭所有。这叫作汪达尔分配地,可以让与,也可以继承。也就是说,汪达尔人承认了耕地的私有制。

⑩ 布贡德。暂且看一下5世纪末至6世纪初期的高卢(Gallien)时代,成为土地分配法母法的是罗马的宿营法。汪达尔
246 法规定依据分配法取得的土地成为各家的私有财产。各家可以将取得的土地留给子孙,也可以将所拥有的参加分配权出售给他人。

(3) 该文记述的仅是4世纪后半期到6世纪前半期的这段时间,并未进一步提及之后强大的法兰克王国。依照这样的分配方法取得的耕地因土地所有权的成立成为私有财产。例如H.米特斯的《德国法制史概说》、P.维诺格拉多夫的《中世欧洲的罗马法》中有简单的介绍。栗生教授自身在该文中对于土地所有权是如

何定义和定位的也不十分明确。

3. 其后学界之发展

（1）作为历史性考察的论文集，以英国为对象的甲斐道太郎的《土地所有权的近代化》[①]以及戒能通厚的《英国土地所有权法研究》[②]，是以封建社会成立以后的时期为主要研究对象的。特别是后者，它明确了大规模土地所有的实际形式。

（2）对于土地所有权，“近代的土地所有权论”是二战后民法学的重要成果。通过对英国租赁法的历史性考察，可以看出川岛武宜教授的《所有权法的理论》中的所有权理论的框架，对于土地来说未必妥当。此种观点是从对英国租赁法的历史考察中推导出来的。水本浩的《租地租房法的基础理论》[③]也是如此。水本教授的观点用一句话概括就是土地所有权从属于租赁权，此形式才是近代土地所有权的理想状态。但是对此，戒能教授有不同的观点，因而出现了争论。[④] 这是个很难的问题。

■ **作者介绍**

栗生武夫

主要著作：除该文外，还著有『法律史の諸問題』（1940 年・岩波書店）、『法の変動』（1937 年・岩波書店）、『西洋立法史（1）』（1929 年・弘文堂書房）等。

简　　历：1890 年（明治二十三年）—1942 年（昭和十七年），毕业于京都帝国大学法科大学，东北帝国大学法文学部教授。

---

① 甲斐道太郎：《土地所有权的近代化》，有斐阁，1967 年。

② 戒能通厚：《英国土地所有权法研究》，岩波书店，1980 年。

③ 水本浩：《租地租房法的基础理论》，一粒社，1966 年。

④ 参见《社会科学的方法》第 39、44 号。

247 2-22 甲斐道太郎

①《土地所有权的近代化》

(有斐阁,1967年)

渡边洋三

②《土地与建筑物的法律制度》(上)

(东京大学出版会,1960年)*

评议人 田山辉明(早稻田大学)

两书以与土地所有的近代化相关的经济学的研究成果为基础,在注重与民法规范关联的同时,分析了近代土地所有权的意义,引发了与二战后日本社会的近代土地所有和利用权相关的第一阶段的争论。

1. 两书出版前关于本课题之学界状况

二战后在法律学的领域也提出了社会科学的方法,展开了法律学版的"近代化争论"。明治维新以后,出现了《日本近代法发达史》这样的著作,对日本社会的近代化做了概括性分析。同时,也关注土地所有权和利用权的关联,寻求与土地所有权进而是与建筑物利用权的保护相关的、以社会科学的方法为基础的认识。

日本民法中有不动产这样的概念,土地和建筑物是其代表。但是在社会科学中,土地和建筑物在性质上的区别是基本的、重要的内容。从与土地利用权的关联来说的话,租地租房法(之后

---

* 原文文献为:甲斐道太郎『土地所有権の近代化』(1967年·有斐閣);渡辺洋三『土地·建物の法律制度 上』(1960年·東京大学出版会)。——译者

是农地法)上有关租赁权性质的规定成为问题。另外,土地的租赁权和土地所有权的直接关联也是问题。建筑物租赁权是土地上所投资本的存在形式,是不动产利用权的一种,在日本将其作为特殊问题来对待。对建筑物租赁权保护的法律性质为何,成为学界探讨的课题。渡边氏开始了民法典中与课题相关的研究。

2. 该书的内容及其在学界之意义

(1) 渡边理论对于土地和建筑物的性质认识如下所示。资本主义社会中,建筑物的所有权必须是为了对建造建筑物而投资的人的利益提供法律保障。建筑物所有权人必定是投入(中略)私 248
人资本者,为了使其投资和交易在法律上得到保障,而赋予了私人资本者所有权。

很明显,土地是不同的,原因是土地本身——像路旁的石头——与人的行为无关。它是自然存在的东西,其原物对人类来说是无用的、无价值的。即土地原物是无用的,但土地上生长的作物、树木和建造的建筑物等对人有直接的、有用的价值。土地所有权作为独立的财产权,对其法的价值的承认是其封建性的体现,资本主义经济之下的资本所有是在克服土地所有之后才成立的,(中略)其本质是土地所有只能服从资本所有的法则,只有在其框架之内才承认它的存在。

投资关系中的土地和建筑物,其性质的差异与在资本主义根源中的土地所有权和建筑物所有权的法的构造是根本不同的。建筑物所有权是近代私人所有权制度的一部分,应该与其对比的不是土地所有权而是土地用益物权(中略)。在土地所有权和用益权的对抗中,土地所有权必须要从属于土地用益物权,这是近代土地所有权的特色。

从法律学的立场出发，如果把土地所有权制度的近代化过程当作问题的话，则是以作为交换价值支配权的、自由的、绝对的土地所有权的法的确认为开端，以土地用益权相对于土地所有权来说的优越性原则的法的确认为结尾的过程（原书第 3 页以下）。

（2）甲斐理论在大冢史学、川岛武宜的《所有权法的理论》[①]的强烈的影响下，“日本学界对近代市民法的分析是以大陆法特别是德国法为模型进行的，甲斐对此持有疑问。在经济史上，英国是资本主义发展的模型，为什么英国法特别是土地法还残存着相当多的封建形态？与近代市民法特别是所有权法相关的法社会学的理论到何时才能适用于英国法？”（原书第 3 页）甲斐是从这些问题出发进行深入研究的。甲斐理论和水本理论的关联也很重要。

（3）水本理论认为英国是“近代土地所有权”的范型，这是其
249 理论的特征。即在叙述“实际上像英美那样，其资本主义的发展是按照正常的形态进行的。18、19 世纪已经将用益权物权化，农业、租赁业等也开始由近代资本家经营”之后，水本又问道：“与此相反，我国为什么没有产生这样的近代化现象？”其理由如下所示：①我国的产业资本是在绝对主义权利中成长起来的，所以未产生土地所有和产业资本的对抗关系，在很长的时间内一直保持着土地所有的优越地位。②为了维持保守派所依存的社会基础的安定，独占资本有必要和地主阶级协作。③对工、商、金融等行业中的大资本来说，营业上土地利用的需求量并未增大。工厂、事务所、营业所等必要的土地购入是照常进行的，所以对大资本来说，并未产生土地所有权与用益权的分裂、对抗关系。④大资

① 川岛武宜：《所有权法的理论》，岩波书店，1949 年。

本需要大量的便宜劳动力，所以不喜欢向抑制所有权并使农业向近代企业发展的方向发展。他们和地主阶级串通一气，支持尊重土地所有权的立场。“土地所有权优越性的概念虽然在现在依然很强，但归根结底只能称为前近代的社会构造，或者是前近代意识形态的残渣”[①]。

水本理论与从法社会学理论的立场出发的“近代的土地所有权论”具有共同的基础。大陆法系民法典包含近代的土地所有权规定，并以“绝对性”为特征。与此相对，英国的土地所有权法基本不承认“绝对性”。这是水本理论的基本认识。

（4）甲斐理论基本上继承了渡边、水本的理论，同时试图通过区别“所有权”和“所有”，对各国的资本化生产方式和土地所有的照应关系进行类型性分析。其结果是土地所有权和商品所有、资本所有一样，也是以接受私的所有权的划一的保障为起点，开始“近代化”的。近代化的目标是确立无论是债权形态还是物权形态，用益权都优于土地所有权的规范构造，主张“近代化的二阶段过程论”，明确了即使在对各国的土地所有的近代化程度进行评
价时，也不应该以典型类型的英国为单纯的尺度，应该考虑各国 250
的特点和实际情况。

（5）但是这样的论争因为“近代所有权的绝对性的构成与用益权的优越性的构成，使得二者不能同一而论。以寄生地主为基础、为推进者，据此很难直接判断包含二者的所有权的整体构成的性质。的确可以说，用益权关系中的所有权的优越性的构成是基于此而决定的。但是，像绝对性这样的属性，其特殊性与成为近代所有权形成基础的市民革命的前述性质（注：变革期中农民

① 水本浩：《土地问题与所有权》，有斐阁，1973年，第129页。

的土地持有的性质）是相对应。两者在所有权构成中，通常不是综合出现的”。必须要重视以法国民法、日本民法为例的见解。[①]

3. 其后学界之发展

因篇幅所限，在此不能详细讨论。但这些成果在戒能通厚的《英国土地所有权法研究》[②]等论著中被继承下来。他在书中做了如下描述：“甲斐氏的过程论”最重要的贡献在于指出了“近代土地所有权”的成立过程是自封建制向资本制转变的过程。尤其是在市民革命，或者与此有同样意义的土地所有的变革中，根据各国历史的特色或性质作出规定。反过来说，不能作如下的解释：即如果不是英国式的“近代土地所有”以及与此相对应的“近代土地所有权”的法律形态和规范的表现形态的话，则不认为该国具有“近代土地所有权”的规范性表现形态。此种观点有一定的启示意义，具有丰富的含义。假设如果能作上述解释的话，这种二阶段的“近代化”论，则包含了对土地所有的特殊性作最集约理解的“近代土地所有论”。即包含了讨论资本制生产方式和土地所有的对应关系中“一般理论”的框架。[③] 该书进一步阐明“近代土地所有权论”，“未必和土地所有的资本化生产方式的对应关系，
251 以及在法形态的领域中‘发现’纯理论的成立形态的课题相同。从社会诸关系的一定对应关系中，分析出以此种独占的所有为媒介的诸法律现象。各国特有的保障形态的差异也是重要问题，应予以全面探讨，将其解释明了”。[④]

---

① 高岛平藏：《近代物权制度的发展与构成》，成文堂，1969 年。

② 戒能通厚：《英国土地所有权法研究》，岩波书店，1980 年。

③ 同上书，第 20 页以下。

④ 同上书，第 23 页。

在此历史背景下成立、发展的近代土地所有权论（用益权优先论），如何应对最近的“租地租房法修改”之后的新的法律状况，对此存在着疑问。在农业领域，被称为农地改革中残存的租佃地的“第二所有权”的“强的利用权”，想尽力使其履行它的使命。利用权的保护不是在接近所有权的方向上实现的，应该以与投入资本之保护的关联为基础。但是，租地权的保护与此不同，必须要从社会政策的观点等出发来考虑。探讨现代不动产利用权的保护，有必要对本文中所列举的诸理论进行再评价。

■ 作者介绍

① 甲斐道太郎

主要著作：除上述著作外，还著有『不動産法の現代的展開』（1986年・法律文化社）、『都市拡大と土地問題』（編）（1993年・日本評論社）等。

简　　历：1925年（大正十四年）生，毕业于京都大学法学部，历任甲南大学、大阪市立大学、龙谷大学教授［其著作、履历请详见龍谷法学26卷3＝4号（1994年）］。

② 渡边洋三

主要著作：除上述著作外，还著有『農業水利権の研究』（1954年・東京大学出版会）、『法社会と法解釈学』（1959年・岩波書店）、『法というものの考え方』（1959年・岩波書店）等。

简　　历：1921年（大正十年）生*，毕业于东京帝国大学法学部，历任东京大学社会科学研究所、帝京大学教授［其著作、履历请详见社会科学研究33卷5号（1981年）］。

---

* 渡边洋三已于2006年去世。——译者

252 ## 2-23 大冢直

《生活妨害之停止侵害的基础考察——基于物权之妨害排除请求与基于侵权行为之请求的交错》(1—8 完)

(《法学协会杂志》第 103 卷第 4、6、8、11 号,第 104 卷第 2、9 号,第 107 卷第 3、4 号,1986—1990 年)*

评议人 深谷格(西南学院大学)

该文主要以生活妨害**的停止请求权的法律构成为课题,对于权利构成和不法行为构成,采用二元说。该文是以判例、学说、立法史和比较法为基础的。

1. 该文发表前关于本课题之学界状况

(1) 对于生活妨害的受害人的救济方法,有以不法行为的规定为依据的损害赔偿制度。但是,对受害人的救济仅事后对损害进行补偿是远远不够的,有必要使其中止继续加害行为,防止现在以及将来的危害发生。使继续着的加害行为中止(妨害排除和妨害预防)叫作停止侵害。但在日本民法上没有明确规定停止侵害的法律构成,也未规定其法律要件,由此引发了学界的诸多争议。

* 原文文献为:大塚直「生活妨害の差止に関する基礎的考察——物権的妨害排除請求と不法行為に基づく請求との交錯(1)—(8)完」,法学協会雑誌 103 巻 4・6・8・11 号・104 巻 2・9 号・第 107 巻 3・4 号(1986—1990 年)。——译者

** 生活妨害:即指人的活动中所产生的噪音、震动、恶臭、大气污染、水质污染、地面下降,以及日照妨害、眺望妨害等生活上所遭受的所有妨害。——译者

（2）该文出现之前，围绕本课题在学说和判例上都出现了多种多样的立场。停止侵害的法律构成大体分为权利说、侵权行为说和二元说。权利说承认以某绝对权被侵害为理由所主张的停止侵害。作为主张停止侵害依据的绝对权是何种权利，权利说以权利的种类为依据又分为物权的请求权说、人格权说、环境权说。不法行为说认为不以权利（绝对权）的侵害为要件，考量被侵害利益和侵害行为的相关性，作为不法行为的效果承认停止侵害。此种观点，又将承认作为《民法》第 709 条的效果的停止侵害分为纯粹不法行为说、无须过失要件的违法侵害说、过失和违法性一元化的受忍限度论。二元说是根据所侵害的法益不同来选择是权利构成还是不法行为构成，从多个角度来考虑法律构成。像这样，停止侵害有各种各样的法律构成。在采用某种法律构成的情 253
况下，其法律要件应该是什么，对此有争论。作为该文之前的成果有在体系书中所收录的泽井裕的论著《公害停止侵害之法理》[①]。

2. 该文的内容及其在学界之意义

（1）大冢氏认为，对于与生活妨害的制止相关的法理构成，对支撑着各学说的基础的研究并不充分。他关注日本判例和学说的新动向，重新审视立法过程中的争论，进而对法国法、德国法等母法进行比较法的考察，认为必须要考虑以下两点。即应该将生活妨害区别为“对权利或者权利核心部分的侵害”和“在权利及其被认知的过程中的权利侵害”。接着“明确了根据所采用的法律构成的不同，在什么样的要件下产生什么样的法律效果，应该采

① 泽井裕：《公害停止侵害之法理》，日本评论社，1976 年。

用什么样的法律构成的价值判断”。

（2）基于以上的探讨，大家氏提出了以下三点问题：第一，日照妨害、眺望妨害等消极侵害与积极侵害所主张的停止侵害的要件不同，前者更重视加害人的主观因素、土地利用的先后关系、地域性。另外，其权利构成也是比较困难的，有消极侵害所受损害较轻、受害人和加害人彼此都受到损害、被侵害的法益没有排他性等一系列理由。第二，对于停止侵害采用不法行为构成，与《民法》第 722 条第 1 项并不冲突，而且是有必要采取这样的构成。第三，即使符合权利构成，也应该采用受忍限度论，即受害人在一定程度内应忍受侵害。与此相关，大冢叙述道：“问题在于判断停止侵害和损害赔偿所考虑的要因不同，在考虑制止的具体要件时，与损害赔偿的要件相比有哪一点不同，应该需要怎样的与损害赔偿不同的要素，这些是值得进一步探讨的问题。”

（3）最后，大冢氏对于生活妨害的停止侵害的法律构成以及法律要件，提出了以下的试论。与法律构成相关联的要件方面的争论点是：①主张停止侵害的受害人应该具有怎样的权利；②加害人的故意、过失是否必要；③请求的主体是否必须是物的所有权人。但③不一定是重要的。另外，还有这三点以外的要件问
254 题，法律构成应具体问题具体分析，应基于合适的价值判断来进行具体的考察。应怎样考虑这三点要件（特别是①②），停止侵害的法律构成是从此问题中推导出来的（因为此问题是新出现的问题，所以此法律构成虽然借鉴了既存的民法框架，但需要多少变更一下民法的要件）。①②区别出结论上不同的积极损害和消极损害，应该将其作为讨论此法律构成时的重点。首先，积极的侵害可能会造成权利侵害，并且加害人的主观因素不是问题，所以可以采用权利说。但还是不要采用与《民法》第 722 条的规定相

反的侵权行为说为好，可以采用人格权说。另外，关于消极的侵害，承认基于侵权行为的停止侵害。而停止消极侵害是最近所考虑的问题，只能借鉴既存民法的构成中最合适的内容。对于个别详细的要件，没有必要和一般的不法行为的情况相一致。即在停止侵害的性质上，没有必要发生现实的损害，只要具有高度发生的可能性即可。过失、因果关系在未发生损害的情况下，也与损害发生的可能性相关联。

（4）那么该文与之前的学说相比其创新点在何处？在当时的学界状况之中应该如何定位？首先，大冢对于停止侵害的法律构成坚持的是同时采用权利说和不法行为说的二元说的立场。大冢氏在生活妨害制止这样的问题领域中，探讨采用特定的法律构成的意义，指出明确法律构成和法律要件的关系的重要性，从这些观点出发，推导出结论。在对生活妨害的研究中，相关的观点容易被忽视，该文成为此领域研究的重要基石。该文不是凭空构造，是对大量的判例和学说的涉猎、分析的实证性研究，并在此基础之上提出规范性的建议；详细、缜密地对旧民法至新民法典的成立及其发展过程进行立法史的研究；对作为母法的法、德两国民法的争论进行比较法的考察。这些研究填补了以前日本学界在此领域研究上的空白。

3. 其后学界之发展

（1）虽然权利说（特别是环境权说）排斥受忍限度论以及利益
考量论，但大冢氏认为前述的权利说和受忍限度论可以并存。现 255
在权利说认为受害人、加害人的地位具有互换性，生活妨害应采用受忍限度论。另一方面，在侵权行为说中，在侵害受害人的生命、健康的情况下，排除利益考量的观点变得有力。该文深化了与禁止生活妨害的实体要件论相关的争论。

（2）但是，该文未充分探讨权利说中的人格权说、环境权说等。其中，关于人格权说，大冢氏最近在《基于人格权的停止侵害请求》[①]中，对该文做了补充性的探讨。认为对于消极侵害不承认基于人格权的停止侵害，而对于积极侵害的停止侵害，应该并用物权构成和人格权构成，并且出现了强调环境权的公共性的观点。另外，1997 年制定的《环境影响评价法》是否对环境权进行程序性的保障，违背该法程序上的规定是否是停止侵害的实体性要件，对此学界存在着诸多争论。但是，人格权、环境权的外延依然不明确，这成为今后研究的课题。

（3）该文虽然是以制止的法律构成和实体要件为主要对象，但昭和六十年代以后，停止侵害的诉讼要件论变得越来越重要。大气污染、噪音等大规模的公害逐渐增多，围绕环境诉讼中的停止侵害请求，学界的争论是以公权力性质的有无、请求的特定性的有无等为中心。另外，与多个污染源的停止侵害相关的争论也很活跃。

■ **作者介绍**

大冢直

主要著作：除该文外，还著有『要論物権法』（共著）（1992 年・青林書院）、『土壌汚染と企業の責任』（共編著）（1955 年・有斐閣）等。

简　　历：1958 年（昭和三十三年）生，毕业于东京大学法学部，现任学习院大学教授。

---

① 大冢直：《基于人格权的停止侵害请求》，《民商法杂志》第 116 卷第 45 号，1997 年，第 501—553 页。

2-24 濑川信久 《不动产附合法研究》 256

(有斐阁,1981年)*

评议人 镰野邦树(千叶大学)

该书以不动产的附合(《民法》第242条)为课题,将迄今为止我国的学说在社会的、法环境的(学说史、判例)、比较法的背景之下进行再定位,在进行了批判性的考察之后,展开独立的解释论。该书是我国附合法研究的集大成之作,是此领域研究的转折点。

1. 该书出版前关于本课题之学界状况

(1) 围绕不动产附合(《民法》第242条)的解释论的中心问题是:①附合制度的根据、主旨;②附合的基准;③附合的法的效果、法的性质;④同条的正文和但书的关系。该书的目的也是提示与此诸点相关的解释论。但作为其前提准备,一方面认真分析、探讨之前作为学说背景的社会环境和具体的纷争(判例);另一方面积极且缜密地考察作为学说基础的学问环境[起草过程以及被继受的法国法、德国法(包含它的学说)]。

基于作者以下的基本认识,即必须要认识:①该纷争的利益状况;②法(学史)的环境;③其背后相关的社会、历史方面三个层次的问题,以此解决法律解释和纷争。附合理论的混乱,是因为没有明确认识到不能回避法律解释的事实。那么,该书所涉及的

* 原文文献为:瀬川信久『不動産附合法の研究』(1981年・有斐閣)。——译者

解释论是什么呢？让我们先来概观一下之前的学说吧。[1]

（2）传统的通说认为：①在社会经济价值的保存中，寻求附合制度的主旨；②是否因附着物或不动产分离而破坏附合的基准；③禁止附合中附合物的原所有权人向不动产所有权人提出分离、交付请求，这是不能因当事人的合意而排除的强行性规定；④第
257 242 条但书中说的“权利”是指在他人的不动产上附着动产，利用该不动产的权利。作为但书的效果，权利人可以请求附着物的分离、交付。虽然有学说支持传统的通说，但在具体的情况下，其观点未必一致。

首先，对于农作物，认为无权利人播种和栽培的种、苗是附合在土地上的，关于这一点是一致的。但是对于权利人所播的种、栽培的种，以及未成熟的苗，有学说认为它们只是一时的附合（因为是“强附合”不适用同条但书），成熟之后便成为交易上独立的财产，归属于权利人。另有学说认为，因为从一开始就没有附合，所以理应归属权利人。租借人增加、改动和建造的部分，有学说认为第 242 条的附合物分为构成部分（强附合）和非构成部分（弱附合），在这之中仅非构成部分适用但书。也有学说认为在这种情况下，附合制度应按照作为个别基准的构造上的独立性和利用上的独立性这样的基准来处理。不满足此基准的增加、改动和建造的部分，即使是非构成部分（弱附合），得到房屋所有权人的同意后，也是附合（近年关于附合的具体纷争很多是围绕租借人改造的部分，学说的争论很多是以此为中心的。新田敏教授的一系

---

① 关于这一点，除该书外，请参见濑川信久、野村好弘、加藤雅信：《不动产附合》（座谈会・谈民法），《法学院（*Law School*）》第 3 卷第 7 号，1980 年，第 66 页以下；新田敏：《附合》，《民法讲座》(3)，有斐阁，1984 年，第 1 页以下。

列的论述研究具有先导性的作用[①])。

（3）对于通说，作为少数有力观点的交易安全说的观点如下所示[②]：①依据客体的一物一权主义来确保交易安全是附合制度的根据、主旨。②附合的基准是附着物能否独立成为交易的对象。③在附合的情况下，禁止附着物的分离。根据外观上的划一性来决定是否是附合，因此同规定是不允许有特殊约定的强行性规定的。④第 242 条但书不承认所有权的保留，而是用附合的规定。此规定不妨碍立法的其他部分所规定的附合物的分离恢复权的行使。农作物、树木（包括未成熟的苗、种）与土地是分别独立的交易对象，所以不管有无权利，一般不附合于土地之上。

2. 该文的内容及其在学界之意义 258

"濑川说"（关于以下几点除该书之外，参见前载《不动产附合》）认为，首先上述两学说的适用领域不同。传统的通说适用于附着物的原所有权人和不动产所有权人的当事人之间的纷争。交易安全说适用于附着物的原所有权人和自不动产所有权人处取得权利的受让人之间的纷争，所以在此限度之内两学说基本上是正确的。《不动产附合法》（第 242 条）的适用领域是附着物的原所有权人和不动产所有权人的当事人之间的纷争，基本上是立足于传统的学说，提倡以下四点对通说的修正（以下的①②……

---

① 新田敏：《房屋租赁的增改建与〈民法〉第 242 条》，《法学研究》第 39 卷第 1 号，1966 年，第 27 页；氏著：《德国不动产附合法的生成》，《法学研究》第 41 卷第 12 号，1968 年，第 1788 页；氏著：《附合、加工情形下确定建筑物所有权人的基准》，《法学研究》第 53 卷第 7 号，1980 年，第 873 页。

② 川岛武宜：《所有权法的理论》，岩波书店，1949 年，第 177 页以下等。

对应之前学说的①②)：①应该在调整私的利益、禁止权利滥用的原理中探求作为私法制度的附合法的根据。具体来说，即使是权利人(原所有人)，如其自身(自己的物也被毁损)未得到利益，还遭受其他明显的不利，也不能行使权利。②关于附合的基准虽然基本上和传统的通说相同，但应该注意分离是否造成原权利人的附着物毁损这一点。③应将附合的规定解释为不仅是新增添之物的归属点(通说上仅是这一点)，而且有关附合的成否，这一点也应解释为任意法规(当事人预先有合意的话，可以分离附着物)。任意法规和但书更好地对其进行调和。④但书的“权利”并不是像很多学说所说的那样是“使用收益不动产的权利”，而应该是“保留附着动产的所有权的权利”。但是基于但书的规定能够保留所有权，仅限于附着程度比较弱的情况。应该解释为：即使有合意对于个别的权利——在有合意的当事人之间——不被承认的情况如下所示，即个别被承认的部分(裁判官、执行官)不能识别时，或者是对这一部分无法执行时。

3. 其后学界之发展

该书刊行之后，关于附合法，学界的其中一个争论是针对前述的“濑川说”的妥当性而展开的。[①] 下面简单介绍一下其他论者
259 对于濑川上述主张的见解(这些论点被称为是今后学界的课题)。首先作为“濑川说”的前提，将否认不动产附合的适用领域限定于附合的当事人之间。还有和“濑川说”①不同的学说。如加藤主张应该重视附合的存在理由、确定所有权的范围，确保交易安全

① 例如着眼于这一点的论文有，平田健治：《物之结合体的规范与分类基准》(1—2完)，《民商法杂志》第104卷第2号，1991年，第153页；同卷第3号，第273页。

的观点。[1] 镰田认为不能无视交易的安全，对此应予以综合考虑。[2] 其次，对于“濑川说”①，新田指出禁止权利滥用的法理包括除了调整对立当事人之间的私的利益之外，也要考虑社会利益。[3] 对于“濑川说”③有基本同调的以下观点，即“当事人之间约定撤去张贴墙纸的情况下，不认为有必要将该合意当作无效，实际上通过第 242 条但书的解释，承认当事人合意的效力……难以禁止对附合原则的强行法规性的过度强调。[4]

濑川教授在该书发行之后与本课题相关联的作品有《抵押权与从物》(1)[5]（拙稿《“抵押权与从物”论》[6]也对此有所提及）。

■ 作者介绍

濑川信久

主要著作：除该书外，还著有『基礎演習・民法(財産法)』(共著)(1993 年・有斐閣)、『日本の借地』(1995 年・有斐閣)、『私法学の再構築』(編著)(1999 年・北海道大学図書刊行会)等。

简　　历：1947 年(昭和二十二年)生，毕业于东京大学法学部，现任北海道大学教授。

---

① 濑川信久、野村好弘、加藤雅信：《不动产附合》(座谈会・谈民法)，《法学院(*Law School*)》第 3 卷第 7 号，1980 年，第 71 页以下。同观点对将附合考虑为任意法规的上述“濑川说”③持怀疑的态度。

② 镰田薰：《不动产附合》，《法学教室》第 154 号，1993 年，第 46 页。

③ 新田敏：《附合》，《民法讲座》(3)，有斐阁，1984 年，第 19 页；另外，同上的镰田薰的《不动产附合》一文第 45 页认为社会的利益和禁止权滥用原则作为附合制度的存在理由而并存。

④ 镰田薰：《不动产附合》，《法学教室》第 154 号，1993 年，第 46 页。

⑤ 濑川信久：《抵押权与从物》(1)，《北海道法学》第 31 卷第 3、4 合并号，1981 年，第 1305 页。

⑥ 镰野邦树：《“抵押权与从物”论》，《早稻田法学》第 64 卷第 3 号，1988 年，第 79 页。

260 ## 2-25 石田文次郎
《土地总有权史论》

(岩波书店,1927年)*

评议人 佐久间毅(京都大学)

该书通过对土地总有权历史的研究,明确了物的共同所有形态存在作为个人所有权的共有和作为团体所有权的总有,以及作为它们中间形态的合手的共有(合有)这三种形式**。它们成为现在共同所有的三种形态的类型化的基础。

1. 该书出版前关于本课题之学界状况

(1) 该书通过对土地总有权的历史研究,探究被团体主义的(日耳曼的)法制所认可的、与个人主义的(罗马法的)法制相对立的所有权的本质和形态。①认为所有权的本质在于其利用权,将运用国家、团体的公权对私人所有权(利用权)的管理、监督定位为所有权内在的社会制约。另外,在历史的研究过程中,②作为物的共同所有形态,明确存在共有、合手的共有(合有)[①]、总有的

* 原文文献为:石田文次郎『土地総有権史論』(1927年·岩波書店)。——译者

** 多人共有在学理上分为:共有、总有和合有三种形式。

共有:也称分别共有或按份共有,各共有人对共有物享有一定的份额,可以请求自由处分或分割。

总有:由多数人结合而成的尚未形成法律人格的共同体共同享有的所有权。每个共有人基于成员地位,对共有物享有使用、收益权;而管理、处分权则由各成员组成的共同体享有。

合有:也称为合手的共有,由数人基于共同关系而享有的所有权。——译者

① 关于合有,在石田文次郎所著《合有论》(《法学协会杂志》第49卷第4号,1931年)第1页以下做了详细的论述。

区别。上述①是所谓的“所有权的社会化”的问题，②是物的共同所有形态的问题。下面简单看一下在该书以前关于这两个问题的学界状况。根据对日耳曼法中土地总有团体性质的研究，认为团体中存在着与法人、团体不同的其他种类。在这里面包含着从团体类型论出发的重要观点。但是，在该书中这并不是作者关心的问题。另外，也因为篇幅所限，在下面就不再提及了。

（2）所有权是在法的范围内对物进行一般性支配的权利，这是在法典制定后的短暂时间内，以民法起草者为首的一般性的理解。如《民法》第206条的“法律限制范围内”所明确的那样，所有权不是绝对的、无限制的，和一般的权利一样是由法律承认的，所以服从于以公益为目的的法律上的限制。上述内容在学说上都已明确。但是，主张该法律上的限制是对作为个人自由权的所有权不得不作的外在的制约。

此后，末弘严太郎认为在物质缺乏的时代，个人本位主义的 261
物权法不能公平地满足社会的整体需要、维持社会的安定。为了实现社会整体的福祉，有必要对个人本位的物权法进行根本性的改造。应该“对于至今为止的个人所有权的观念，仔细斟酌法律所承认的所有权制度的社会本义，消除其弊害，进一步维持社会的安定秩序，使社会全体成员过上幸福的生活”，为此“其方法就是所有权的社会化，这是今后推进物权法的唯一道路”。[①]

（3）对于物的共同所有形态，民法典起草者虽然认为有必要保留基于习惯产生的入会权，但对入会权的法律性质却未深入讨论，主张其为共有。其后，指出与共有不同的共同所有形态，即主

① 末弘严太郎：《物权法》(上)，有斐阁，1917年第6版，第8页。

张合伙财产的共同所有为“总有”。[①] 认为具有共有性质的入会权是“同有(连有、总有、合有)”[②]。从中可以看出在该书以前，认为除共有以外的共同所有形态只有一种。

2. 该书的内容及其在学界之意义

(1) 说起土地总有权，马上便会想起入会权。在该书中也有很多关于林野入会(权)的记述。但是，该书的主要目的不是为我国的入会法制作一些评论，其学界意义也不在于此。如前所述，石田通过对土地总有权历史沿革的研究，明确了与物的共同所有形态不同的总有、合有及总有权的本质，进而想要明确所有权的本质，以及所有权中社会制约的内涵，这是该书的意义之所在。

(2) 该书①对团体主义法制的日耳曼法中土地总有权的历史研究，②对作为个人主义法制的罗马法中的共有的历史的研究，③对因为日耳曼法对罗马法的继受而使土地总有权瓦解的过程研究，④对我国总有权的历史研究，⑤作为其结论，采用了以土地总有权为线索的、“所有权的社会化”的发展这样的构成。成为日耳曼法和罗马法比较法的考察对象的是日本明治维新以前的村
262 民对林野所拥有的入会权，应该把它看作与日耳曼社会中的土地总有权是类似的。明治维新以后，我国导入了以罗马法为基础的个人主义的法则，对于入会来说也是妥当的。这与日耳曼法对罗马法的继受，以及与此相伴的土地总有制的瓦解也是相符的。这些都是以石田的研究为基础的。石田认为未考虑我国的实际情

① 横田秀雄:《共有》,《法学新报》第32卷第1号,1922年,第7页。

② 末弘严太郎:《物权法》(上),有斐阁,1917年第6版,第408页。

况就导入外国法，其结果是产生了诸多弊端。其中之一是，以明治以后的罗马的个人主义为基础的法制，产生了作为对物的完全且统一的、具有绝对支配力的所有权的概念，而忽略了所有权也要受到它产生的时间、场所这些社会基础的内在的制约。如果我国自古存在的林野所有权形态与日耳曼社会中的土地总有权相当的话，那么日耳曼的土地总有权的观念会给我国的林野所有权的应有形态以启示。另外，所有权的社会化的形态和土地总有权的形态一致，应该以此认识为媒介来解决所有权的一般社会化问题。

（3）因篇幅有限不能对上述历史性的考察作详细介绍，在此仅列举石田所得出的结论中的重要内容：①总有权也和共有权一样，它的本质是所有权。但是，在共有的情况下，共有人各自享有一定的份额（对所拥有的份额拥有使用、收益、处分权）。但是，若是总有权的话，共有财产的管理、处分的功能归构成人员全体所组成的入会集体，使用、收益的权能（利用权）分属于入会集体成员所有。换言之，共有权是对所有权的量的分割，总有权是对其质的分割。②总有中入会集体成员的利用权不是以所有权为基础，而是以入会集体成员的身份权为基础，和身份权不能处分一样，个人不能处分总有地的利用权。③所有权的本质在于物的利用。根据这种考虑，所有权的社会化是可能的。各所有人应该与整体所追求的幸福、利益相一致，利用自己的财产。但是也有另一个意义就是，应该接受团体、国家对私人所有权（利用权）的干涉和监督。换言之，国家及其团体拥有管理监督的功能，所有权人在国家、团体的管理监督之下，行使各自的权利。这是与个人主义的所有权的观念不同的社会所有权观念。但也可以说，这是因对罗马法的继受而消逝的日耳曼土地总有团体中分割所有权的法思想的新形式。④合手的共有（合有）依据日耳曼法对罗马

263 法的继受的结果，是伴随着总有集体向实在的法人格（个人或团体）的转移而独立出来的内容。因此，合有和总有、共有都不同。合有是成员个人拥有所持份额，这一点和总有不同；作为以身份的结合为基础的原则，不允许自由处分所持份额，这一点和共有也不同。

3. 其后学界之发展

（1）在该书中，石田也论及了末弘所提到的“所有权的社会化”。但是，末弘认为将个人所有权制度作为时代的产物，与个人所有权相关的法制因各个时期社会情况的不同而不同。但是，当时日本物资贫乏，存在着分配的不公平，实现所有权的社会化是当务之急。与此相对，也可以看出石田所坚持的需要适应社会实情的法制视角，是优于团体主义思想的个人主义思想的正当化根据，从里面可以推导出对于团体（国家）对个人所有权的管理、监督功能的积极的承认。所有权的本质在于物的利用，这样的理论和对物的支配性利用的保护的强化、优化，和今天被有力倡导的主张有着密切的联系。但石田所关心的不是这些。在两次世界大战之间的这段时期，可以说石田所主张的所有权的形态是与日本社会的实际相适应的所有权的理想形态，但此后被严厉批判为是国粹主义的反动理论。直至今天，也很少有人赞同“石田说”中有关所有权的本质以及所有权的社会化的主张。

（2）石田将物的共有形态分为共有、合有、总有三种形态。在之后，石田的主张被川岛武宜①、我妻荣②所继承，在学界中得到了

① 川岛武宜：《所有权法的理论》，岩波书店，1949年，第200页以下。

② 我妻荣：《物权法》，岩波书店，1952年，第209页以下。

普遍认可。但学界也有观点指出合有、总有的概念的暧昧性。现在一般都承认共同所有形态的前述三种类型。另外，石田在前载的《合有论》中作为合有权的例子列举了合伙财产以及遗产，作为总有权的例子列举了入会权和无权利能力的团体的财产，当前的学界在很多情况下仍然认同这些观点。学界继承了共有、合有、总有三类型区别标准，一般会提到人的关系（共同关系），可以说是继承了按照主体间人的结合的强度来区别的石田的观点。

■ 作者介绍 264

石田文次郎

主要著作：除该书外，还著有『財産に於ける動的理論』（1928 年・厳松堂）、『現行民法総論』（1930 年・弘文堂）、『ギールケの団体法論』（1931 年・ロゴス書院）、『物権法論』（1932 年・有斐閣）、『投資抵当権の研究』（1932 年・有斐閣）、『担保物権法論上下』（1935—1936 年・有斐閣）、『債権総論講義』（1936・弘文堂）、『債権各論講義』（1937 年・弘文堂）、『民法大要全 6 編』（1937—1939 年・有斐閣）等。

简　　历：1892 年（明治二十五年）—1979 年（昭和五十四年），毕业于京都帝国大学德国法专业，历任神户大学高等商业学校、东北帝国大学、京都帝国大学教授等职[其著作、履历请详见石田文次郎先生還暦記念『私法学の諸問題(1)民法』（1955 年・有斐閣）]。

265 2-26 戒能通孝

《入会研究》

(日本评论社,1943 年;一粒社,1958 年再版)*

评议人 上谷均(广岛修道大学)

中田薰博士的理论对入会权理论有很大影响。该书通过对中田理论的批判性探讨,试图构筑保护当时日本农村生活中不可或缺的作为利用权的入会权理论。

1. 该书出版前关于本课题之学界状况

江户时代伴随地租改正的施行,把作为农民入会对象的林野,依据各地官有民有的区分(1874 年)被分为官有地和民有地。在进行改革之时,归类为公有地的村落所有的林野大多被编入官有地中。作为民有地的村落所有的林野,伴随着町村制的施行(1889 年),以及町村合并而被公有财产化。伴随着林野政策的推行,是将其编入官有地、消灭农民的入会权,还是让其成为公有财产权的林野的利用权,成为服从行政控制的公权,抑或是成为民法上的入会权(私权),学界产生了分歧。对于当时的农民来说,入会权是不可或缺的。虽然民法对入会权做了规定,但入会权仍处于不安定的状态之中。承认因编入官有地而当然消灭入会权的大审院判决[①]在当时的学界中引起了广泛的争论。

---

* 原文文献为:戒能通孝『入会の研究』[1943 年・日本評論社(1958 年再刊・一粒社)]。——译者

① 大审院大正四年(1915 年)3 月 16 日判决,《大审院民事判决录》第 21 辑,第 328 页。

中田薰博士继受了祁克的“实在的综合人”以及总有的概念，在当时的入会权研究中发挥了很大的作用。中田博士在1920年至1941年的一系列论文[1]中依据祁克的团体法论，研究我国自德川时代至明治初年村落的性质。中田认为，德川时代以及明治初年的村落是日耳曼法中作为实在的综合人的法人。村落和作为其构成人员的村民的共同所有关系是总有，明治初年的入会权，可以按照入会地所有权归属的形式来进行分类（村中入会、数村持地入会、他村持地入会、私有地入会、官有地入会、卸山和请山[*]），将官有地等的入会看作“单纯的、恩惠性的容许”。另外，将町村制从之前的村改造为近代的作为拟制人的地方团体。总有财产转化为专有财产，其结果是入会权的性质发生了变化，变成只是基于旧惯例可以被允许行使的特别权利。上述的变化可以被称为入会权完全改变论的结果，这成为与公有林野的入会惯例 266
习俗相关的公权论（对作为私有财产入会权的否定）的根据。

另一方面，末弘严太郎博士在其《物权法》（下）、《农村法律问题》中[2]立足于中田博士对村的说明，强调与入会地所有权相分离的、将把其当作是共同收益权的入会权的这样的把握方法，主张即使作为入会地所有权人的村的性质发生了变化，作为收益权的入会权的性质也不会改变。末弘对公权论进行了批判。但是，在这些著作发表之后，中田提出了入会权完全改变论，而末弘没有从正面批判中田所提出的理论。与此相对，该书一方面以中田、

---

① 参见中田薰：《村与入会研究》，《法制史论集》，改造社，1924年。

* 拥有入会山林的村落附条件（如期限、费用等）地允许没有入会山林的村落利用本村落的入会山林，约定利用期限的入会山林叫作“请山”，未约定利用期限的入会山林叫作“卸山”。——译者

② 末弘严太郎：《物权法》（下），有斐阁，1922年；氏著：《农村法律问题》，改造社，1924年。

末弘理论为基础，一方面再探讨中田博士所分析的明治初年否认的入会诉讼记录等，通过对中田理论进行实证性的批判，加之对官有地入会否定论和公权论的辩驳，来探究否定这些理论性根据。

2. 该书的内容及其在学界之意义

该书共有六章组成，下面介绍一下各章内容的要点（省略第6章“结论”，引用是依据再版的版本）。

第1章“序说”。通过对德国的总有学说史的检讨，批判将村持入会权的法律性质解释为总有权的学界通说。认为没有必要把对林野等的共同收益地的支配关系解释为所有关系，将其作为是支配性、占有性关系来把握就足够了。

第2章“旧时代的入会权及其性质”。地租改正之前的入会是与村的管辖、占有这样的事实支配相结合的关系，而“入会地的地面所有权不是问题，有问题的是地上所生长的东西。地表作为生长植物的场所才具有了最初的意义”（原书第69页），批判了中田博士所认为的入会权分类是以入会地面所有权的存在为前提的观点。此章内容于1938年作为论文被发表，作者围绕地租改正之前的入会关系中所有权的意义和中田博士产生了争论。在该书再次刊行之时作为补论，在所发表的论文的基础上又增加了“所持和所有”这一部分。

第3章“明治初年的地租改正和入会权”。批判官有地入会权否定论，是该书重要的一部分。所有权意识不发达的入会林野，应该怎样区别官民所有，戒能依据当时的法令规定对此做了详细的探讨。官民所有的区别“实际上不是官有权以及民有权的
267 确认行为；相反，本来由人民所使用的土地变为官有——以及与

此相对的民有——同时导入了这两个概念，是强制性地创设国家的土地所有权、系统性地否定人民所有权的行为”（原书第194页）。探讨通过编入官有地消灭入会习惯是否有社会以及法规的根据，断定官有、民有区分的对象，“不仅是地面的问题，如果编入官有地、消灭入会权有法律依据的话，则另当别论。在没有法律依据的情况下，地面的归属对入会权没有影响”（原书第232页）。上述主张提供了批判大审院大正四年（1915年）判决的理论根据，给学界带来了很大的影响，可以说成为否定因编入官有地而消灭入会权的最高裁判所昭和四十八年（1973年）3月13日所作判决[①]的原动力。

该书所提及的另一个重要的问题是：入会地分为官有入会地和民有入会地，其中，民有的村持入会地和町村制是什么样的关系，作者在第4章“村落生活和入会权”中对此进行了讨论。中田博士认为为了证明民有的村持入会权在町村被认定为公法人后仍然存在，必须要证明“以入会为目的的独立的私法的综合人”的存在，但这是不可能的。对此，戒能博士认为德川时代以及明治初期的入会主体不是村自体，而是为收益行为的村民。其总体是由“作为生活协同体的村”（即“以入会为目的的独立的私法的综合人”）构成的，虽然也有“作为行政单位的村”，但町村制是对“作为行政单位的村”的变革。“作为生活协同体的村”继续存在于诸如水利和入会这样的现实生活的关系中。戒能对此进行了详细的论证，主张动态地把握现实中所发生的村落的变革，并据此批判了中田博士的结论。

① 最高裁判所昭和四十八年（1973年）3月13日判决，《最高裁判所民事判例集》第27卷第2号，第272页。

第 5 章“入会权对外和对内的诸关系”。首先承认基于入会权的妨害排除、原状恢复请求，但要将其内容限制在入会村的必要限度内。这显示出入会权的权利内容不是“绝对的所有权的权能”，是不能和具体的收益相分离的“占有”的功能。另外，对于内部规律，以入会权为基础的收益行为的常态是砍柴、割饲草。此收益权的差异，对地租改正时的地面所有权的处理产生了影响（原书第 476 页）。这种观点也体现在民法所规定的入会权（第
268 263 条、294 条）的独特性中。通说将入会地区分为归入会权人共同所有和归第三人所有这两种情况。但是，戒能博士主张入会的形态分为同等入会和差等入会两种。根据民法的解释，地役入会权是“入会地的所有权人和入会权人之间有差等、优劣区别的入会权”，除此之外都是共有入会权（原书第 29 页）。像这样，戒能博士展开了和土地所有权相分离的、作为收益权的入会权（作为事实上有支配、占有关系的入会权）的理论。

3. 此后学界之展开

戒能博士在题为“所有权也有差别”的章节中开始介绍与入会纷争密切相关的“小系事件”。“小系的人们虽说至今为止仍未受到保护，但当地居民也并非没有住所、无法做饭。他们是从山上获取建筑用的材料、柴火等生活必需品……但是，贫穷的农民靠自己的手和脚获取生活食粮的山林作为村民的共同财产，却经常被忽视。农民从村落共有的山林获取草木的权利，在民法中以入会权的名义对其进行保护。但如果离开民法的规定而寻求实地保护的话，就像骆驼通过针细般的洞穴一样，非常困难”（原书第 3—4 页）。上述这一段文字明确地表达出了戒能博士所主张的入会权的把握方法和问题意识。“小系事件”中，为了得到生活

的粮食，维护必要的、不可或缺的权利，农民自身作为主体面对着困难。该事件可以说是戒能博士实践“入会研究”成果的契机。

以川岛武宜博士为中心的入会权的实态调查是“入会权解体论”之基础。以此为基调的二战后的入会理论，强调入会权的多样的利用形态。戒能博士认为贫穷的农民为了获取生活的食粮，拥有利用入会山的权利，例如，以砍柴、割饲草这样的收益行为为中心的入会权已经大规模解体，现在只不过是古典型的共同利用形态——入会权的一种形态。即根据此理论，入会权是村落共同体对土地等进行总体支配的权利，如果与总有权的权利主体的权利归属等相关的惯例习俗依然存在的话，则入会权便存在。以古典型的共同利用形态为前提的入会权的定义已经不能说明入会
的现状。尽管如此，在学说中产生了入会权的内容是否仅限于古 269
典型的利用形态的理解。中田、戒能博士的研究是以明治初年的判例分析为依据的。

戒能博士认为以事实的支配、占有为根据的入会权，其实践意义是，像“小系事件”中所看到的那样，贫穷的农民从山中获取生活食粮的收益行为和土地所有权的归属相分离，将其作为入会权的本体来把握。入会理论把入会集体的总有权性质的归属作为入会权重要特征，主张收益行为的内容自身并不是入会权本质的要素，不能依据古典的收益行为的有无来判断入会权的存在与否。可以看出，伴随着“入会权解体论”的出现和之后入会理论的展开，对入会权的认识发生了很大的变化。①

如上所述，该书认为从今天的入会理论来看，虽然有一定的

---

① 关于二战后的入会理论，请参见川岛武宜编：《注释民法》(7)，有斐阁，1968年，第501页；《川岛武宜著作集》(第8卷)，岩波书店，1983年。

“界限”，但对本课题的讨论恰是“入会权是什么”这个问题的原点。同时，也被评价为“认为比起写作，行动是更根本的，是日本为数不多的知识分子中的一员”[①]的戒能博士的法学的起点。

■ 作者介绍

戒能通孝

主要著作：除该书外，还著有『法律社会学の諸問題』(1943 年・日本評論社)、『法廷技術』(1952 年・岩波書店)、『小繋事件』(1964 年・岩波新書)等，以及『戒能通孝著作集 全 8 巻』(1977 年・日本評論社)。

简　　历：1908 年(明治四十一年)—1975 年(昭和五十年)，毕业于东京帝国大学法学部，历任早稻田大学、爱知大学、东京都立大学教授。1964 年，因为“小系事件”辩护辞去了东京都立大学教授一职，转做律师。1969 年，就任东京都灾害研究所首任所长(其著作、履历请详见前载著作集Ⅷ)。

① 长谷川正安：《解说》，《戒能通孝著作集》(Ⅰ)，日本评论社，1977 年，第 315 页。

第 3 章

担保物权

272 第3章　担保物权

3-01　序论

道垣内弘人（东京大学）

1. 以前的“担保物权法”学

（1）“担保物权法”的独立。最初使用“担保物权法”这一标题的体系书，大概是1915年出版的三潴信三的著作《担保物权法》[①]。在此之后，大部头的民法教科书、体系书通常将“担保物权法”从“物权法”中独立出来，将其列为单独的一部分。比较典型的像东京大学法学部在进行日常教学时，就将“担保物权法”与“债权总论”合并，与狭义的物权法相分离。

因此，了解“担保物权法”是从“物权法”中分离出来的，并同时在学术上形成自己独立的领域，这对理解当下的“担保物权法”学是一个非常重要的视角。

（2）从“物权法”中独立出来。“权利质权属于物权吗？”这一主题，虽然本书并未涉及，但民法典制定后不久即被广泛论及。[②]如果现在对这一讨论予以评价的话，那么其特征之一就是当时参与讨论的人都意识到了如何说明“民法典第2编物权”的统一性的问题。即便能够得出“权利质权不属于物权”的结论，也是建立

① 三潴信三：《担保物权法》，有斐阁，1915年。

② 冈松参太郎：《权利质权的性质》，《京都法学会杂志》第1卷第5、7、8号，1906年；神户寅次郎：《权利质权的性质》，《法学协会杂志》第28卷第10、12号，1910年等。

在——权利质权之外的担保物权是与用益物权拥有共通点的“物权”——这个当然的前提之下的。本书所收录的一些著作和论文，例如药师寺志光的《留置权论》[①]，就可以说是从“物权法”的视角强调了留置权的物权性。

但是，“担保物权法”最终从“物权法”中独立了出来。这种独立性创造了所谓“担保物权法”学的特色，即重视对担保这一功能的探讨，并将“担保物权法”定位为包括保证在内的各种担保制度之“担保法”的一部分。椿寿夫的《代物清偿预约研究》一书的出现，可以说就是以此为基础的。[②] 该书从“担保”的角度，将代物清 273
偿这个一直以来都被视为债权法中的问题与抵押权等进行了比较分析。米仓明的《让与担保研究》[③]以及竹下守夫的《所有权保留与破产、公司重整》[④]也将买卖这一属于债权法领域的问题作为“担保物权法”的问题来讨论。这些都成为了“担保物权法”从“物权法”中独立出来的基础。

但是，担保物权法从“物权法”中独立，特别是对“物权法”的讨论产生了一定的消极影响。例如，物权请求权、物权转移时间、背信恶意者的排除论等“物权法”研究的主要课题，基本上都不再将先取特权之下的“担保物权”纳入讨论范围。关于这一点，后面再进行详述。

(3) 独立学术领域的形成。“担保物权法”从“物权法”独立出来后，要想成为独立的学术研究领域就需要有其独立的指导理

---

① 药师寺志光：《留置权论》，三省堂，1935 年。

② 椿寿夫：《代物清偿预约研究》，有斐阁，1979 年。

③ 米仓明：《让与担保研究》，有斐阁，1976 年。

④ 竹下守夫：《所有权保留与破产、公司重整》，《担保权与民事执行、破产程序》，有斐阁，1990 年。

念。而被公认的、赋予这种理念的是我妻荣所著的《债权在近代法中的优越地位》。[①] 近代法上，金钱债权成为最重要的资本，为方便以金钱债权为媒介的金融之发展，多种多样的资产被运用不同的技术实现了担保。而对此予以推进的，就是近代法的发展方向。

虽然文中所依据的历史分析受到了铃木禄弥所著《抵押制度研究》[②]一书所收录论文（初次发表于 1956 年）的批判，但是上述命题作为"担保物权法"的指导理念却被保留了下来。接下来，我妻荣又在《新订担保物权法》[③]中对该命题做了很好地阐释。此外，在对让与担保（包括集合动产让与担保）的讨论过程中，要求将其全面禁止的观点也没有被认真地讨论过，这一事实似乎表明该命题已经得到了广泛的认可。

但是，"担保至上主义"（铃木禄弥教授原话）也的确影响到了"担保物权法"学的严密性。例如，在两种可能的解释发生对立的时候，就会出现"应该采信 A，因为这样有利于强化担保权人的权利"这样的表述。应该说，这是过分依赖其背后所隐藏的该命题所具有的先天妥当性的一种表现。关于这一点也将在后面进行详述。

（4）"担保物权法"学的其他特征。除上述特征之外，"担保物权法"学还有以下特征：其一，银行、商社等实务工作者在研究中扮演了重要角色；其二，将德国法、法国法的解释论不经修改就加
274 以引入的倾向趋于弱化。这二者不仅相互之间具有关联性，而且与"担保物权法"从物权法的独立和担保至上主义之间也有着密

① 我妻荣：《债权在近代法中的优越地位》，有斐阁，1953 年。

② 铃木禄弥：《抵押制度研究》，一粒社，1968 年。

③ 我妻荣：《新订担保物权法》，《民法讲义》（Ⅲ），岩波书店，1968 年。

切的联系。

“担保物权法”学解释论的展开，不仅要立足于我国的实务情况，还须致力于在公正的范围内满足其需要，这是近代法应沿之前行的道路。倘若如此，实务界人士的意见就应该受到重视。此外，历史和外国法并不能为我们提供直接的帮助，这对实务界人士来说，参与的障碍会降低一些。

一般来说，能够与实务界保持紧密联系是一件幸运的事情。对大学里的学者们而言，从实务界人士那里获得信息是非常有益的。将实务界人士的意见进行严密地构建，并使之理论化的任务应该由学者们来完成，而学者们也须与实务界人士一样，以实际需求为依据展开讨论。但是，这对“担保物权法”理论的细化可能会产生一定的负面影响。

2. 其后的“担保物权法”学

(1) 担保至上主义的动摇。如上所述，迄今为止的“担保物权法”学是以我妻荣所提示的命题作为背景的。但是，该命题正在从不同的层面发生动摇。

第一，“有担保主义”的衰退。为了促进资金融通，“担保”的开发变得不可或缺，这是担保至上主义出现的前提。但是，不再依赖于特定的担保，而是通过对借贷方进行信用评价以实现融资的方式变得盛行起来。而且，这种对企业进行信用评价的方法也在不断地被具体化，例如所谓的“信用评级”即为其中之一。

第二，信用取得方式的多样化。目前已经出现了将具体的授信风险与借贷方的综合信用能力、风险相分离的现象，其方式的不断开发也备受关注。例如，借助于特别目的的公司进行融资或者通过项目融资等。

第三，在公司重整程序之外的破产程序中，担保权人权利限制的必要性也已成为不可回避的问题。德国的“破产之破产”(破产财团没有充足的财产，无担保债权人几乎不能分配到任何财产)现状在我国也时有发生，只有通过强化担保权人的权利才能实现金融稳定的观点，已经不再成为共识。

(2) 理论进化的必要性。“担保物权法”学并不能仅靠我妻荣
275 提出的命题就一劳永逸，时至今日，我们必须踏实地开展对“担保物权法”的历史和外国法的研究。

虽然本书未收录池田恒男、今村与一、森田修等学者的研究成果[①]，但是我们有必要在其研究的基础上继续加强对“担保物权法”的历史研究。同时，易被当时经济形势所左右的“担保物权法”学，是如何将这些成果吸收并使其成为实质内容的，这也都是非常重要的研究课题。

我们不仅应将外国法作为“先进的法”为我们提供参考，还应该以从根本上理解我国的制度为目的开展研究。那些即便是看起来琐碎、具体的问题，也仍然需要考虑与之相关联的各种情况作深入研究。倘若如此，这不仅可以成为我们整理“担保物权法”学的解释论，还可以成为我们思考制度本质的契机。我妻荣的《抵押权与从物的关系》(1933 年)[②]对概念进行了梳理，同时为扩大抵押权标的物的范围提供了理论基础；而竹下守夫的《不动产

① 池田恒男：《法国抵押权改革前史》，《社会科学研究》第 30 卷第 5 号、第 31 卷第 2 号，1979 年；今村与一：《土地信用的成立与法国抵押制度》，《社会科学研究》第 36 卷第 2 号，1984 年；森田修：《16 世纪法国之担保权实行》，《日法法学》第 21 号，1998 年。

② 我妻荣：《抵押权与从物的关系》，《民法研究》(Ⅳ)，有斐阁，1967 年；最初发表于法学协会编：《法学协会杂志五十周年纪念论文集》(第 2 部)，法学协会，1933 年。

执行法研究》[1]则阐明了抵押权标的物与不动产执行标的物之间的关系；谷口安平的《物上代位与扣押》[2]与吉野卫的《关于物上代位之基础性考察》(上、中、下)[3]从立法过程追溯本质；而内田贵的《抵押权与利用权》[4]以短期租赁制度为直接研究对象，对抵押权本质上属于价值权的理解提出了根本性质疑。毋庸置疑，这些研究结合了最近的实践性讨论，为"担保物权法"学的形成打下了基础。

(3) 作为"物权法"的"担保物权法"与包含"担保物权法"的"物权法"。"担保物权法"与"物权法"再次发生融合。例如，背信的恶意者排除论或者恶意者排除论是否可以同样适用于抵押权？在一个债务人有多个债权人，每个债权人都希望能够尽早取得担保的情况下，这与所有权的双重让与相比，不是更加具有自由竞争的正当性吗？在所有权让与中登记只是对抗要件，这一点是很明确的，那么抵押权呢？是不是也应该作同样的理解？另外，按照《民法》第176条之原则，抵押权是通过抵押权设定契约这一债权契约设定还是通过物权契约而设定？此时，应如何说明其与《民法》第176条之间的关系？

"担保物权法"的各种解释论必须明确与"物权法"一般理论之间的关系，而"物权法"的一般理论也须将"担保物权法"纳入其中，并在此基础上展开，这些研究才刚刚起步。 276

(4) 立法论的展开。精致的理论构成并不是为了让"担保物

① 竹下守夫：《不动产执行法研究》，有斐阁，1977年。

② 谷口安平：《物上代位与扣押》，奥田昌道等编：《民法学》(3)，有斐阁，1976年。

③ 吉野卫：《关于物上代位之基础性考察》(上、中、下)，《金融法务事情》第968、971、972号，1981年。

④ 内田贵：《抵押权与利用权》，有斐阁，1983年。

权法”成为不朽的重要法典。即便是为了从束缚我们思考的“理论”中解放出来,我们也有必要对该“理论”作深入的研究。

民法典制定以后,虽然在“担保物权法”领域又出现了工厂抵押法、最高额抵押和预告登记担保契约法等一系列重要立法,但是其规定并没有得到根本性修改。

过去的这些年,经济形势发生了很大变化,而应当成为我国立法论基础的理论研究和外国法研究还未达到相应的程度,这也是我们今后的研究课题。

3-02 我妻荣 277

《债权在近代法中的优越地位》

(有斐阁,1953 年)*

评议人 今村与一(冈山大学)

该书所收录的同名论文用宏大的手笔描述了伴随着金融资本兴起之近代私法的变化,为民法解释学提供了主导金钱债权担保制度发展方向的基础理论。

该书将同名论文作为第一篇论文,除我妻法学这一宏大体系构建之前体现其精髓的《私法方法论之考察》外,另收录两篇论文。以下,主要以该同名论文(为了与该书相区别称作"该文")为对象,探寻其在民法学说史上,特别是在担保物权法领域中的地位。

1. 该文发表前关于本课题之学界状况

(1) 该文最初连载于 1927 年至 1929 年的《法学志林》。昭和初年,不动产担保金融的改善问题受到各方关注。因当时处在两次世界大战期间,国际环境极其不稳定;为提高由金融恐慌所导致的地方银行不动产融资坏账的流动性,日本银行亟需出台有关特别融通回收政策,一时间要求改善不动产金融的呼声日益高涨。该文所论及的不动产担保部分恰好与当时的时局相契合。

但是,该文发表之初即受到关注的原因,并不仅仅是因为其

---

* 原文文献为:我妻栄『近代法における債権の優越的地位』(1953 年・有斐閣)。——译者

隐含主题的时局性。我妻博士终生都在从事对“伴随资本主义发达的私法变迁”这一主题的研究，该文可以说是对前述《私法方法论之考察》中所提出的新方法论的一次尝试。事实上，为了尽可能具体地探求法律通过调整社会生活而应实现之理想，那就必须将法律——受各种因素影响而不断发生变化——作为社会现象的一环开展实证研究。而该文堪称此类研究的杰出之作。该文的发表，给当时的学术界带来的冲击是空前的。

（2）以下，我们借用我妻博士的原话。

民法解释学上的第一高峰，即便可以被认为是明晰了民法典
278 各规定的意义及其相互之间的关系，但是如果从逻辑上阐明民法典就算大功告成的话，那么“法律学就会成为脱离现实法律生活的‘不闻窗外事’……的化石，堕落为被耻笑的所谓‘概念法学’(Begriffsjurisprudenz)。川名、石坂、鸠山三位教授已经翻越了这一高峰。站在这座高峰上触目所及的‘崇山峻岭’，实际上不能坠落于‘概念法学’的山谷。为了完成具有丰富伦理思想的研究者的使命——运用民法解释学对社会现实进行调整，我们只能继续勇攀高峰”[①]。

在德国“概念法学”派正遭受猛烈批判之际，从其恩师鸠山秀夫手中接过民法解释学接力棒的我妻博士，广泛吸取了罗斯科·庞德、马克斯·韦伯以及鲁道夫·希法亭和卡尔·伦纳所代表的奥地利马克思主义（对卡尔·伦纳的介绍，参见该书的第二篇论文《所有权在资本主义生产组织中的作用》）等欧美社会学和经济学的最新动向，从而坚定地迈向了鸠山所未到达的第二、第三高

① 我妻荣：《民法中的“诚信原则”理念之进展》，收录于鸠山秀夫：《债权法上的诚实信用之原则》，有斐阁，1955年，第444页。

峰。该文是我妻法学研究的开山力作，同时也是日本私法学转换之划时代的丰碑巨作。

2. 该文的内容及其在学界之意义

如果要将该文——由横跨所有权论、债权论和企业论三部分构成——的内容作一归纳，并不是一件容易的事情。而且，根据作者的构想，其实该文并没有按照作者的意愿最终完成。[①] 然而，该文确实是以债权论为中心进行论述的，所有权论作为债权论的前提，其篇幅被大幅压缩，而企业组织则仅是从债权担保这个视角进行了简单考察。尽管如此，如果放弃对该文的整体归纳，而仅是介绍其与担保物权相关的内容，这无异于轻视了该文的意义。因此，这也是对该文进行评价的难点之一。但是，也正如作者在该书序言第 7 页中所写的那样："第 3 章'财产的债权化'是本书的主要部分，并在第 2 部分'债权论'中占有核心地位。"倘若如此，或许作上述处理也是可行的。

不动产、生产设备、商品和货币的所有权，因为可以通过买卖、租赁、消费借贷和其他契约实现与债权的结合，所以其支配作 279
用受到弱化，并逐渐被债权所超越（该文第 2 章）。而且，债权消除了特定当事人之间的人格色彩，这让有价证券理论的发达、让与的可能性和确定性得到了保障（该文第 3 章第 1 节）。这种"债权的财产化"，特别是金钱债权，形成了独立的流通市场，达到了作为一种财产或者一种商品的稳固地位。在接下来的第 3 章各节中，作者详细地分析了不动产、动产乃至企业自身不得不通过

① 关于该文的整体构想和未完成部分，请参见该书序言，以及利谷信义等编：《法律学与我》，日本评论社，1967 年，第 53 页以下、57 页以下。

担保的方式成为金钱债权之从属这一现代倾向。然而,如果金钱债权成为资本的主要法律形态是在生息资本与产业资本紧密结合的金融资本时代的话,那么通过对所有资产实现担保则意味着发挥资本功能的总财产将要被金融资本所吞并。像这样的金钱债权的发展,如果放任不管显然是不受欢迎的,因此作者强调应对无政府所有权的行使进行抑制,[①]并主张对以金融资本为中心之全部经济组织实施法律管制。因此,作者认为,当前一段时间,必须继续坚持金钱债权的优势。

似乎过早地阐述了作者的结论。在此,让我们回过头来看一下第 3 章第 2 节"不动产的债权化"的内容。本来不动产具有双重作用,即在发挥其使用价值作用(第一作用)的同时,还有为债权提供担保的作用(第二作用)。而抵押权则将这两种作用截然分离并凸显其担保作用,即抵押权人只把握该不动产的担保价值,而将使用价值留与抵押人。作者对近代法中的"抵押权的重心正逐渐从所有权人的金钱借入(Geldbeschaffung)向资本家的金钱投资(Geldanlage)推移"(原书第 87 页)这一点非常重视,并认为抵押权的流通性是促使发生这种功能转变的原动力。因此,作者认为将抵押权的流通推进至极致的德国法是最为先进的法律模式。德国的抵押制度具有独立于不确定债权的流通抵押和土地债务制度,它通过不动产登记赋予公信力的方式来保障流通的安全性,并通过与有价证券的结合保障流通的简易性和快捷性。这种高度发达的制度,正如作者所言,与其称为不动产的"动产化"或者"流动化",倒不如称为"债权化"更为贴切。抵押权的

---

① 对作者的"所有权睡眠说"提出质疑的,请参见福岛正夫:《我妻荣先生之终生研究》,《法学家》第 563 号临时增刊,1974 年,第 23 页。

投资交易因受益于有价证券的法理，受到了超过动产交易以上的
保护，如同转化为证券的债权作为财产确立了其自身的地位，也 280
试图把抵押权所把握的不动产改变为相同的债权性财产。

以上，该文所展现的我妻理论，在学界究竟有何意义？下面，将从担保物权法的角度，对其重点进行简要总结。

第一，该文发展了担保法学的积极乐观主义，它表达了这样一种担保制度观：即无论好坏，只要能够担保的事物一律将其担保由此实现金融上的便利，这正是担保法学的绝对使命。铃木禄弥教授将其称为“担保至上主义”，并促使民法学者们对此进行自我反省。[①]

第二，以财物之物质利用价值为目的的物质权（Substanzrecht）与以价值利用为目的的价值权是相对立的，近代法上的抵押制度的发展被认为经历了“价值权是从物质权独立”[②]的过程，因此其后学界通过价值权来构建抵押权概念的观点迅速普及开来。但是，依据我妻博士的理论，贯穿该文的社会学和经济学的洞察，似乎可以预防价值权概念的万能化。大约在同一时期出版的石田文次郎的《投资抵押权研究》[③]则用价值权概念极为勉强地评价了罗马法以来的抵押制度历史，其理论整体带有相当程度的意识形态特征。石田理论的优点之一在于从需要资金一方的立场来看待抵押制度，但是将其作为对我妻博士理论的评价却显得有些过于严厉了。[④]

---

① 日本土地法学会编：《不动产金融、水资源与法》，有斐阁，1978年，第3—4页。

② 我妻荣：《资本主义与抵押制度之发达》，《民法研究》(Ⅳ)，有斐阁，1967年，第5页。

③ 石田文次郎：《投资抵押权研究》，有斐阁，1932年。

④ 对石田著作的介绍，请参见我妻荣：《民法研究》(Ⅳ)，有斐阁，1967年。

3. 其后学界之发展

在该书刊行之后不久召开的书评座谈会上，就有经济史学家指出，德国易北河以东地区的特殊情况在该文中被作为近代法的一般倾向来对待了。[①] 另外，作者自身也意识到，该文主要是对作为一种理想模式之德国法的研究，对日本法基本没有涉及，由此也表达了今后致力于日本法研究的意愿。[②]

281 铃木禄弥的《抵押制度研究》[③]第一部分所收录的诸论文运用经济史学的研究方法，厘清了侧重德国法特别是普鲁士法研究的我妻理论中的问题点，堪称一部佳作。虽然学界对德国抵押制度极其发达的特殊性已经研究得比较透彻，但是近代西欧的不动产信用到底需要什么样的法律制度，需要让其承载什么样的功能，不动产信用与法律在被称为金融资本的时代将会发生哪些变化，对于这些问题的回答，尚没有一种理论能够取代"我妻说"的地位。如果我们将目光投向德国的近邻法国，就会发现法国在进行改革讨论时也经常参考德国法，其不动产担保并没有仅局限于农业金融领域，特别是在城市建设金融方面也发挥着重要作用。

清水诚的《企业信用与担保制度》[④]全景式地描写了产生金钱债权的各种信用交易以及为之提供担保的各种制度现状，并在此基础上成功地结合日本法对我妻理论进行了验证。

---

① 加藤一郎等:《资本主义经济组织的法律构造》,《法学家》第 50 号,1954 年,第 13 页,参见松田智雄的发言。

② 参见利谷信义等编:《法律学与我》,日本评论社,1967 年,第 35—36、54 页以下。

③ 铃木禄弥:《抵押制度研究》,一粒社,1968 年。

④ 清水诚:《企业信用与担保制度》,最初发表于矢泽惇编:《现代法与企业》,《岩波讲座·现代法》(第 9 卷),岩波书店,1966 年;后收录于清水诚:《向时代挑战的法律学》,日本评论社,1992 年。

尽管如此，对“担保至上主义”这种简单的思考态度，在学界究竟有多少人在进行反省？主张厘清抵押制度的问题点，并指出其问题根源出在价值权论的这种观点，是否就能成为对抵押权之价值权构成的真正批判？我妻博士一直以“接受了法社会学洗礼之鸠山法学”、“敢于接受法社会学乃至社会学性质的法律学挑战之鸠山法学”[①]作为其奋斗目标，他在半个多世纪前发表的该文所留下的理论上的课题，要求我们必须拿出在学问上与博士相比肩的气概去进行克服。

■ 作者介绍

我妻荣（参见本书 2－10）

① 福岛正夫：《我妻荣先生之终生研究》，《法学家》第563号临时增刊，1974年，第18页，参见川岛博士的相关言论。

282 3-03 药师寺志光《留置权论》

(三省堂,1935 年)*

评议人 关武志(新潟大学)

在对留置权缺乏体系性和理论性解说之著作的时代,该书通过对留置权进行解说,对留置权做了概括性研究。自公开刊行以来,被公认为是关于留置权研究的先驱之作。

1. 该书出版前关于本课题之学界状况

(1) 日本民法上留置权的制定受到了法国民法上的留置权概念的影响,而规定了平等的拒绝交付物权利的日本《民法》第 533 条,则主要是在借鉴德国法的基础上制定的,基于这样的拒绝权权源间的关系,从体系上整合留置权是颇为困难的。这是日本民法上的留置权之解释论问题产生的根本原因。其内在的本质问题则可具体概括为:①留置权应该在何种程度上与其他担保物权相并列;②对照实现公平这一制度宗旨,留置权的成立应该在何种程度上被容许。关于留置权的规定,日本民法上仅有八个条文(《民法》第 295—302 条),而围绕其法律适用,解释论上存在着诸多问题。例如关于上述①,主要有:(a)与商法上的留置权之间的关系;(b)因行使留置权而产生的占有之法律性质;(c)对于果实的留置权效力等。关于上述②,主要有:(d)与同时履行抗辩权之间的关系;(e)对于《民法》第 295 条中"由物所生之债权"的解释;

* 原文文献为:薬師寺志光『留置権論』(1935 年·三省堂)。——译者

(f)存在留置权场合的判决方式等。

(2) 对于上述留置权的本质问题，在该书发表之前的民法学说中，除部分学说将留置权视为抗辩权(中岛玉吉)外，倾向于将留置权视为一种担保物权并尝试对其进行法律构成的观点略占上风。例如，有观点不仅不强调其与商法上的留置权的区别，甚至从正面承认了留置权人的变卖权(但是，富井政章很早就指出了留置权作为担保物权的不完全性，只是在倾斜的程度上存在着差异)。但是，虽然认识到了留置权这一制度的宗旨在于实现公平，但与这种宗旨相适应的或者将该宗旨具体化的解释论尚未形成，因此学界对于上述(d)及(e)等问题仍欠缺深 283
入研究。

2. 该书的内容及其在学界之意义

(1) 该书由两编构成，是作者在提交给东京帝国大学的学位论文的基础上经修改(包括对个别观点的改变)、补充而完成的。作者在序言中所提到的"涵盖留置权法整体之概括性研究"堪称该书的特色，特别是在"体系性叙述了法规整体"的第1编体现得尤为显著。作者在该编对民法上留置权的内容(具体包括目的、本质、成立要件、效果、消灭)进行了概括性、教科书式的论述(商法上的留置权完全是在与民法上留置权的成立进行比较的过程中进行了论述)。而第2编则以"民法上的留置权之主要论点的关联论"为研究对象，与第1编同样采用独立成编的形式。纵览全书，该书的特色在于在对留置权制度沿革进行考察的同时，特别以德国、瑞士为对象展开比较法研究，并致力于对留置权制度诸规定作出整合性的适用解释。

(2) 下面结合前述①②两点，对该书内容作一下总结。首先，对于①,作者站在民法上的留置权属于“留置物的物权”的立场,反驳了前述将留置权理解为抗辩权的“中岛说”,认为“留置权人作为对物进行留置的反射作用,可以拒绝物之交付”。从结论上来看,作者认为留置权是一种积极的“将物予以占有之权利”,即“将占有正当化的本权”;而对于留置物的果实,作者则主张留置权人可对其取得留置权(而非所有权),并承认其对果实的优先受偿权[前述(a)—(c)]。而且,留置权具有“直接干涉物之积极内容”,由此主张留置权是一种“可以对抗任何人”的物权(但是,后述将留置权关系理解为“留置权人与留置物所有权人的关系”这一解释,与此处“任何人”的含义之间的关系并不是很明确)。

其次,对于②,作者从贯彻制度宗旨的角度对留置权制度进行了研究。即商法上设置留置权的目的多被认为是“维持债务人的信用”、“债权人为自己的债权取得担保”,“促进商事交易的高效、顺利进行”,而民法上留置权的目的则被认为是“维持相互对立的债务人之间的公平”。基于这样一种认识,作者主张,立法
284 上,德国民法(BGB)将留置权制度规定为一种拒绝交付权,这与该制度本身的宗旨是相符的。德国民法的这种立法方式,实际上,已经过富井政章之前的提倡成为了学界的有力说。该书的作者与富井一样,从广义上把握物与债权的牵连关系(此时,占有人的债权与物的交付债权存在德国学说上的“同一生活关系”时,留置权也可以成立),因此不仅肯定与同时履行抗辩权(虽然在法律适用层面存在不同)之间的竞合关系,而且将《民法》第 295 条第 1 项和第 296 条中的“受清偿之前”解释为“受清偿提供之前”。同时,作者还进一步提出了与通说所不同的观点,即将《民法》第 295 条第 1 项中的“他人物”解释为“债务人所有物”,这也是作者为贯彻“当事人间的公平”这一留置权制度宗旨所作出的努力(但是,

作者将留置权关系理解为“留置权人与留置物所有权人的关系”，主张占有人对物的受让人可以行使留置权，同时在占有人相信债务人是动产所有权人并取得该动产债权的情况下，从保护信赖占有取得的立场出发，承认占有人可善意取得留置权)。此外，该书还将存在留置权场合的判决解释为“附限制的原告胜诉之判决”(亦可解释为被担保债权的债务人相互之间其债权性质的留置权可被承认)，这也是作者从公平的观点出发，致力于实现其主张的“法目的论解释”之体现[上述(d)—(f)]。总而言之，该书作为“涵盖留置权法整体内容之概括性研究”奠定了留置权研究的基石，具有十分重要的意义。

3. 其后学界之发展

在该书之后，围绕着留置权，特别是民法上留置权之解释论上的问题，出现了一系列案例，学界通过对这些案例进行评论或者以论文的形式就个别问题进行了深入研究。其中，比较系统性的理论成果当属田中整尔的《注释民法》(8)[①]与我妻荣、三藤邦彦的《担保物权法判例评论③》[②]。前者尝试对与留置权相关的各种问题的学说状况进行细致的整理和分析，或许是囿于注释书这一定位的局限，几乎没有从正面对前述①②两个问题进行研究。而后者则主要是以案例为中心对条文的逐条解说，通过对具体案例的整理与尖锐分析，明确了留置权的问题状况与学说的对立情况，理论上具有一定的贡献。但是也存在不足之处，例如，受到物的承借人或保管人之委托进行修缮而取得报酬债权的占有人，能

---

① 田中整尔:《注释民法》(8)，有斐阁，1965 年。

② 我妻荣、三藤邦彦:《担保物权法判例评论③》，日本评论社，1968 年。

285 否向所有权人主张留置权，对于这一问题，“三藤说”的立场并不是很明确，由此也可以看出前述①和②的问题状况仍然没能得到克服。

同时，关于留置权与同时履行抗辩权关系的各种解释论也在不断地发展，认为二者为竞合关系的通说受到批评，而提倡非竞合论的学说则逐渐受到了关注。然而，如何划定二者的成立范围，学者间仍存在不同解释，诸如此类问题也正说明了学界仍然处在比较混乱的状态。近些年，以清水元教授的系列研究[①]为代表，学界的研究视角不再局限于留置权与同时履行抗辩权的关系，而是逐渐扩大到了留置权的对抗问题上。除此之外，还出现了一批与之相类似视角的研究成果。[②] 这些研究的共通之处在于，研究的对象都是针对“由物所生之债权”，并用法国法中的物之牵连与法之牵连的概念进行论述；不同之处在于，前者是以法国法作为研究的基本立场，而后者则是主要为了寻求我国独自的发展方向，因此二者在与同时履行抗辩权的区别基准上存在着根本差异，并且在对留置权对抗的理解上也不尽相同。因此，到目前为止，学界虽然在该书的基础上取得了一定的进展，但在留置权的解释论上仍然没有出现令人信服的定论。

■ **作者介绍**

药师寺志光

主要著作：除该书外，还著有『借地借家法論』(1923 年・清水書店)、『日本親族法論上下』(1942 年・南郊社)、『日本民法総論新講 上下』(1955

---

① 清水元：《留置权概念之再构成》，一粒社，1998 年。

② 关武志：《留置权对抗力之考察》，《上智法学论集》第 27 卷第 3 号，1984 年；氏著：《拒绝交付物之考察》(1—2 完)，《法政理论》(新潟大学法学会)第 27 卷第 2 号，1994 年；第 28 卷第 1 号，1995 年。

年・明玄書房)、『留置権・動産質・権利質(総合判例研究叢書民法 19)』(1963 年・有斐閣)、『民法入門』(1973 年・高文堂出版社)等。

简　　历:1889 年(明治二十二年)—1984 年(昭和五十九年),毕业于东京帝国大学法科大学德国法科,历任法政大学、爱知大学、国学院大学教授[著作、履历请详见该书的復刻版(1990 年・信山社)]。

286 3-04 **谷口安平**

①《物上代位与扣押》

[奥田昌道等编:《民法学》(3),有斐阁,1976年]

吉野卫

②《关于物上代位之基础性考察》(上、中、下)

(《金融法务事情》第968、971、972号,1981年)*

评议人 古积健三郎(筑波大学)

论文①通过对物上代位制度的沿革研究,成为了关于物上代位中"扣押"之意义讨论的转折点;而论文②则以物上代位制度的沿革研究为主线,强调了作为物上代位权保全之"扣押"的意义。

1. 两文发表前关于本课题之学界状况

(1)《民法》第304条规定,先取特权的效力及于因标的物变卖、租赁、灭失或毁损而发生之债权,并且根据第372条规定,第304条可准用于抵押权(根据《民法》第350条规定,304条可准用于质权)。这就是关于物上代位的规定。但是,第304条第1项但书中又规定,在"支付或交付"前应实行"扣押",对于扣押的意义以及为何作此规定,学界素有争论。

(2)对于本课题,在两文出现之前,学界有两种相互对立的学说。第一种是"优先权保全说"。该说认为,物上代位是法律为了保护担保权人而特别承认的一种效力,而"扣押"则是保护该特权

* 原文文献为:谷口安平「物上代位と差押」,奥田昌道ほか編『民法学3』(1976年・有斐閣);吉野衛「物上代位に関する基礎的考察(上)(中)(下)」,金融法務事情968・971・972号(1981年)。——译者

的要件，必须由担保权人本人来行使。该说最初为畔道博士等所主张，[①]后来判例也采纳了这一观点。[②]

第二种是"特定性维持说"。该说为鸠山博士、我妻博士所极力主张，最初是在批判大审院判决的基础上提出的。[③] 该说的主要内容可作如下总结：即担保物权，特别是抵押权，它所支配的是标的物的交换价值，物上代位正是基于这一点被推导出来的，因此当然也会产生这种效力。但是，如果第三债务人清偿了标的债 287
权，那么代位物就会被混入一般财产从而使代位客体的特定性消失，而"扣押"的意义即在于防止这种情况的发生，因此这里的扣押并不一定必须由担保权人本人作出，其他的一般债权人也可以。而且，按照该说，即使标的债权被转让，担保权人仍然可以主张物上代位。该说之后成为通说。

2. 两文的内容及其在学界之意义

（1）成为通说的"特定性维持说"，有偏重于与抵押权本质论关系讨论的倾向，而"扣押"与程序法的关系以及实现担保权人权益程序方面的讨论则不甚明了。换言之，原本围绕"特定性维持说"的讨论，并没有考虑担保权人从标的债权获得清偿的程序问题，当然也就没有厘清"扣押"与清偿程序之间的关系。而上述谷口的论文则解决了这个问题，作者通过对物上代位制度沿革的考察，重新明晰了扣押的意义。该文至少从沿革上明确了"扣

---

① 畔道文艺：《民法判例批评》，《京都法学会杂志》第11卷第11号，1916年。

② 大审院大正十二年(1923年)4月7日判决，《大审院民事判例集》第2卷第5号，第209页。

③ 鸠山秀夫：《判例批评》，民事法判例研究会编：《判例民事法大正十二年度40事件》，有斐阁，1925年；我妻荣：《担保物权法》，岩波书店，1936年，第158页。

押”是出于保护第三债务人之目的而被规定的。具体来说，该制度沿革经历了从意大利旧《民法》第1951条→“博瓦索纳德民法草案”第1638条→旧《民法·债权担保编》第133条→现行《民法》第304条的发展过程。

谷口论文的重点放在了对物权代位制度沿革的考察上，并将“扣押”积极地定位为担保权人从标的债权获得清偿的程序这一点上。同时，该文阐明了“扣押”的本来意义在于保护第三债务人，由此也暗示了当时的讨论因欠缺这一观点所具有的局限性。

(2) 从担保物权的本质演绎出物上代位之扣押的意义，并将讨论之问题更加清晰地呈现出来的当属吉野的论文。该文也是在考察物上代位制度沿革的基础上，揭示了“扣押”的本来目的在于保护第三债务人，同时也强调了作为通说的“特定性维持说”与现行《民事执行法》的构造并不一致。例如，如果在其他一般债权人扣押了标的债权，而担保权人没有进行二次扣押，也没有要求
288 参与分配，而分配期限随之到来的情况下，即使标的债权向其他债权人进行了分配，如果依据“特定性维持说”，担保权人事后可以享有主张不当得利返还之请求权，但是从《民事执行法》来看这是行不通的。

尽管该文承认担保物权的价值权之性质，但同时也指出由此并不能从逻辑上必然得出物上代位中的“扣押”之意义。鉴于“扣押”本来的目的在于保护第三债务人乃至防止双重清偿，因此作者将其定位为物上代位效力保全之要件。该文再次强调了扣押是出于保全这一目的，从而引发了更为广泛的讨论。

3. 其后学界之发展

(1) 试图通过以摆脱物上代位本质论的方式探讨扣押意义的

想法，在其后的学说发展中引人注目。例如，镰田教授主张，物上代位是以担保物权的价值权性作为依据的，为了保护第三债务人，在对标的债权进行清偿或作出其他处分之前担保权人将其扣押，这是其效力保全和行使的要件。镰田教授同时也强调，像这样的解释论并没有直接受到物上代位本质论的影响。[①] 这种倾向在最近的清原教授的研究中也有所体现。[②] 清原教授以物上代位制度的沿革为依据，主张“扣押”的意义仅在于防止第三债务人的双重清偿。在镰田教授看来，在“扣押”之前，如果标的债权被转让，那么物上代位的主张就应该被否定；而在清原教授看来，即使债权被转让，只要还没有得到清偿，就依然能够主张物上代位。可以说后者更加彻底地贯彻了谷口、吉野论文中所明确的制度沿革路线。

（2）生熊教授则在其论文中进一步强调了吉野论文中所提出的扣押是以保全为目的之观点，并对实现担保权人权利程序之“扣押”所具有的意义进行了非常细致的研究。[③] 生熊论文认为，《民法》第304条中“扣押”的意义在于保全物上代位权的效力，因此，在以权利行使为目的的扣押之外，还包括单纯的以权利保全 289
为目的之扣押。生熊教授由此主张，将该条中的“扣押”等同于《民事执行法》第193条中的扣押的观点是不恰当的。

（3）如上所述，谷口、吉野这两篇论文引发了其后学界的热烈讨论，在这一点上应当给予高度评价。但是现在，特别是对谷

---

① 镰田薰：《物上代位与扣押》，最初发表于《法学研讨会》第375号，1982年；后收录于《民法随笔·物权法①》，日本评论社，1992年。

② 清原泰司：《物上代位之法理》，民事法研究会，1997年。

③ 生熊长幸：《保全物上代位权行使之扣押与作为物上代位权行使之扣押》，《法学》第50卷第5号，1987年。

口论文中已经明确的制度沿革，即认为“扣押”是为了保护第三债务人这种观点的对错与否，我们有必要结合当下所面临的问题予以重新审视，并且这一时期已经到来。最近，最高裁判所在抵押权之租金债权的物上代位的判决中认为，“扣押”的主要目的在于防止第三债务人的双重清偿，即使“扣押”前标的债权被转让，抵押权人仍然可以主张物上代位。[①] 这被认为是忠实于物上代位制度沿革的一个判决。但是，如果从与抵押权性质的关系上来看，究竟是否可以对租金债权行使物上代位，学界对此已经进行过激烈的争论。上述两篇论文因为主要是以损害赔偿请求权和保险金请求权为研究对象的，所以像这样的物上代位之特质，究竟在多大程度上被意识到，以及对“扣押”意义又是如何展开论述的，仍留有不少疑问。倘若如此，保护第三债务人的这种观点对抵押权之租金债权的物上代位是否也同等妥当，有必要进行个别考虑。换言之，我们有必要在考虑代位对象特性的前提下，对“扣押”意义进行个别的探讨，这也是今后的研究课题。

■ **作者介绍**

① **谷口安平**

主要著作：除上述论文外，还著有『倒産処理法（第 2 版）』（1984 年・築摩書房）、『演習破産法』（1984 年・有斐閣）、『口述民事訴訟法』（1987 年・成文堂）等。

简　　历：1934 年（昭和九年）生，毕业于京都大学法学部，曾任京都大学教授，现任帝京大学教授、律师。

---

① 最高裁判所平成十年（1998 年）1 月 30 日判决，《最高裁判所民事判例集》第 52 卷第 1 号，第 1 页。

② **吉野卫**

主要著作：除上述论文外，还著有『判例からみた不動産登記の諸問題』(1977年·新日本法規出版)、『新仮登記担保法の解説(改訂版)』(1981年·金融財政事情研究会)、『注釈不動産登記法総論(新版)』(1982年·金融財政事情研究会)等。

简　　历：1931年(昭和六年)生，毕业于东京大学法学部，历任法务大臣官房审议官、东京高等裁判所判事、公证人。

290 ## 3-05 我妻荣
《抵押权与从物的关系》

[收录于《民法研究Ⅳ·担保物权》,有斐阁,1967年;初次发表于《法学协会杂志五十周年纪念论文集》(第2部),1933年]*

评议人 池田雅则(福岛大学)

该文是研究抵押权与从物关系的一篇非常重要的论文,对于两者之间的关系,该文指出应重视抵押权作为价值权的特质和主从物间客观的经济一体性。

1. 该文发表前关于本课题之学界状况

(1)"抵押权与从物"这一课题指的是,抵押权的效力能否及于抵押不动产上的动产,特别是抵押权设立后在抵押不动产上后期加入的动产,关于这个问题,一直以来学界争议不断。本来,抵押权是设定于不动产之上的,民法不承认动产抵押。也因此,原则上抵押权的效力不能及于不动产上的动产。但是,如果抵押权的效力及于动产,那么将该动产与不动产视为一个整体,从总体上来把握其担保价值就成为了可能。而要把握这种担保价值,就首先要解决其法律构成的问题。如果对《民法》第370条(抵押权效力所及范围)中的"附加后成为一体的物"之表述作狭义理解的话,那么此处的"附加一体物"应仅限于"附合物",法律上独立存在的动产不应包含在其中,即抵押权的效力不能及于抵押不动产上的动产。

* 原文文献为:我妻栄「抵当権と従物の関係について」,『民法研究Ⅳ担保物権』(1967年·有斐閣)所収,初出·法学協会雑誌五十周年記念論文集第2部(1933年)。——译者

(2) 大审院之前就曾以抵押权的标的物是不动产，不承认动产抵押为由，否定了抵押权的效力可及于抵押不动产上的动产。[1]在该判决中，大审院认为与抵押不动产没有形成一体之动产，即便是从物，也不应及于抵押权的效力范围。该判决遭到了当时多数说的批评，批评者主张抵押权的效力可及于从物。[2] 其后，大审院接受了这种批评，并在大正八年(1919 年)3 月 15 日民事联合部的判决[3]中变更了之前的判决结果，承认抵押权的效力可及于从物。因为大审院所采取的法律构成是基于抵押权的设立处于 291
"主物处分"之时，所以根据《民法》第 87 条第 2 项之规定，如果抵押权设立当时就已经附着于不动产上的从物，则抵押权的效力可及于从物。基于该判决逻辑，对抵押权设立后在该不动产上后期加入的动产，既然其在抵押权设立时不存在于不动产之上，因此主物处分的效力就不能及于该动产。

大审院的这种解释得到了通说的支持，但是也有部分学说主张应不问抵押权设立的前后，抵押权的效力均可及于抵押不动产的从物。例如，有观点将通说作为前提，主张在某些情况下，抵押权的效力仍可及于从物；甚至还有观点认为不动产的拍卖也属于《民法》第 87 条第 2 项中的"处分"情形。[4] 属于前者的，例如，认为抵押权的效力可及于在更换榻榻米拉门时新搬入的动产之见解，[5]采用物

① 大审院明治三十九年(1906 年)5 月 23 日判决，《民事判决录》第 12 辑第 15 卷，第 880 页。

② 梅谦次郎：《判例批评》，《法学志林》第 10 卷第 1 号，1908 年，第 2 页以下；后收录于《最近判例批评》，新青出版，1995 年再版，第 493 页以下。

③ 大审院大正八年(1919 年)3 月 15 日判决，《大审院民事判决录》第 25 辑，第 473 页。

④ 冈村玄治：《判例批评》，《法学新报》第 45 卷第 3 号，1935 年，第 158 页。

⑤ 法曹会大正九年(1920 年)9 月 25 日决议，《法曹记事》第 30 卷第 12 号，1920 年，第 29 页。

上代位进行考虑之见解,①以及通过扩大"附加一体物"的范围进行某种程度应对之见解,②等等。

2. 该文的内容及其在学界之意义

(1) 该文的内容,可作如下总结。首先,该文指出为了将物与物之间存在的经济结合关系作为法律关系予以把握,构成部分的概念与从物的概念在逐渐地扩大,而且今后企业的从物乃至企业的构成部分将成为一个非常重要的理论问题。这也是该文研究的出发点。接下来,对于抵押权的效力在多大的范围内可及于标的不动产的从物这一问题,该文通过对比较法和新旧民法典的法律继受进行详细研究,展开了具体的解释论。细言之,通过对德国法、法国法和瑞士法中的抵押权效力范围的研究,作者发现各国之间虽然存在着概念使用上的差异(是从物概念还是根据用途使用不动产概念),但其效力均可及于在经济上与不动产成为一体之物。而通过对新旧民法典的法律继受研究,则会发现虽然日本法效仿德国法和瑞士法对主物与从物进行了区分,但并没有承继抵押权的效力可及于从物之规定。此外,《民法》第 370 条没有明确区分附加一体物与从物,这一规定实际上源自于法国法,这也是导致问题产生的原因之一。于是,作者为解释论的发展提出了如下建议:基于主从物间客观上的经济结合关系,应以《民法》
292 第 87 条第 2 项规定的从物与主物同法律命运之内容为基础,抵押权作为对其客体当时的状态持续进行把握的一种权利,其效力不仅可及于抵押权设立时之从物,也可及于抵押权设立后之从

① 末弘严太郎:《债权总论》,《现代法学全集》(第 8 卷),日本评论社,1928 年,第 60 页,注 15。

② 山下博章:《担保物权法论》,严松堂书店,1928 年,第 265、266 页。

物。此外,《民法》第370条中的"附加一体物"也应包括从社会经济基准来看有助于不动产利用的从物。

(2)该文的意义有以下几点:第一,提出了与之前学界对《民法》第87条所不同的解释。即之前学界的观点认为该条的目的在于确保主从物间主观的一体性,而该文则认为其目的在于确保客观的经济一体性。第二,认为抵押权是一种把握客体当时状态的权利,这一点也是该文最具学术意义之所在。[①] 之后,我妻博士在其担保物权的体系书[②]中,更加彻底地论述了这一点,并从四个方面出发,主张《民法》第370条中的"附加一体物"包含了从物。这四个方面是:第一,近代抵押权的作用;第二,抵押权的性质;第三,民法相关条文的沿革;第四,工场抵押法的规定。

3. 其后学界之发展

(1)然而,该文的出现并没有立刻使其观点——抵押权的效力可及于抵押权设立后的从物——被广泛接受。[③] 学界对该问题的积极解读应始于二战之后,然而对其法律构成,学者之间仍然没有达成共识。具体来说,除支持我妻博士的观点外,有学者尝试通过变更对《民法》第87条第2项中"处分"的解释,主张抵押权的效力可及于抵押权设立后之从物;[④]而有学者则通过对物的概念进行重新考察,尝试通过确立经济物的概念来克服经济一体

---

① 汤浅道男:《抵押权效力所及范围》,《民法讲座3·物权》(2),有斐阁,1984年,第63—66页。

② 我妻荣:《新订担保物权法》,《民法讲义》(Ⅲ),岩波书店,1968年,第258—260页、270页。

③ 汤浅道男:《抵押权效力所及范围》,《民法讲座3·物权》(2),有斐阁,1984年,第66页。

④ 柚木馨:《担保物权法》,有斐阁,1957年,第236—267页。

性与独立的物之间的隔阂，并认为与《民法》第 87 条第 2 项具有相同宗旨的第 370 条解决了不以交付为要件的抵押交易中的从物的对抗要件问题。[①] 但也有学者认为，围绕法律构成乃至物的概念的这种对立，除作出整理总结外并没有什么实质的意义。[②]还有观点认为，没有必要囿于德国法上的物的概念，而应该从抵
293 押权效力所及范围出发进行个别的、具体的研究。[③] 二战后不久，特别是在下级裁判所的判决中，立足于积极说的案例呈上升态势。此外，从最高裁判所[④]采用了以第 370 条为依据的法律构成来看，裁判所的态度实际上承认了抵押权的效力可及于抵押权设立后加入的从物。[⑤]

(2) 如上所述，判例和学说基本上是朝着扩大抵押权效力的方向而发展的，但是紧接着也出现了一些反对的观点，其契机是东京高等裁判所的一个判决。[⑥] 在该判决中，裁判所认为抵押权的效力可及于抵押权设立后搬入并安置在该不动产内的动产——贵重的剧场音响设备及其他器械，实际上是让抵押权人享受到了此前未曾预期的价值增加之利益。但是，既然是抵押权人未曾预期的利益，判定抵押权的效力不及于此显然更为合理。而且，如果不考虑抵押权的效力，将这些机械设备抵押给其他的担

---

① 於保不二雄:《附加物及从物与抵押权》,《民商法杂志》第 29 卷第 5 号,1954 年,第 20—22 页。

② 星野英一:《民法概论》(Ⅱ)《物权 · 担保物权》,良书普及会,1986 年合本再订第 6 次印刷,第 246 页。

③ 道垣内弘人:《担保物权法》,三省堂,1990 年,第 113 页。

④ 最高裁判所第二小法庭昭和四十四年(1969 年)3 月 28 日判决,《最高裁判所民事判例集》第 23 卷第 3 号,第 699 页。

⑤ 高木多喜男:《担保物权法》,有斐阁,1933 年新版,第 118 页。

⑥ 东京高等裁判所昭和五十三年(1978 年)12 月 26 日判决,《下级裁判所民事裁判例集》第 29 卷第 9—12 号,第 397 页。

保权人，岂不是更能提高其利用效率吗？

因此，学界也出现了一些应该限制抵押权效力所及范围的见解。例如，有学者认为，应当以抵押权人和抵押设定人的合理预期为基准，抵押权的效力应仅及于其预期范围内变动之标的物，而不应及于超出变动范围外的动产。[①] 也有学者认为应区分抵押交易的不同类型，具体考虑抵押权效力所及的范围。[②] 此外，还有学者认为，虽说是抵押权，但不一定要全面阻止由抵押设定人所发起的从物交易，而应当允许从物从抵押权效力所及范围的脱离。[③] 这些学说的不同之处，其实主要是围绕着抵押权人的利益与抵押设定人的经营自由之间的调整而产生的。

如果对以上的判例和学说的发展作一个梳理的话，就会发现其理论构成经历了这样的一个发展过程：最初的理论构成是无视经济一体性，而后演变为重视我妻博士所倡导的经济一体性，尽可能扩大抵押权的效力范围，再后来发展到否定抵押权人获得当初预料范围外的利益。近年来，又出现了一种新的观点，即主张 294
保护抵押设定人的经营自由，试图在抵押权人与抵押设定人之间实现利益的调整。

（3）和“抵押权与从物”这个课题密切相关的另外一个问题是，对于作为从物的动产，是否应承认不动产执行与动产执行的竞合问题。竹下守夫的《不动产执行与动产执行的界限》[④]一文对

---

① 林良平：《抵押权所及范围》，《民法之争点》(1)，有斐阁，1978 年，第 138—139 页。

② 镰野邦树：《“抵押权与从物”论》，《早稻田法学》第 64 卷第 3 号，1989 年，第 130 页。

③ 占部洋之：《德国抵押不动产从物之处分》(1—2 完)，《民商法杂志》第 111 卷第 3 号，1994 年，第 59 页；同卷第 4—5 号，1995 年，第 195 页。

④ 竹下守夫：《不动产执行与动产执行的界限》，《不动产执行法研究》，有斐阁，1977 年，第 8—62 页。

德国法的相关制度进行了研究。竹下论文主要研究了两个问题：第一，不动产执行的对象能够扩大到何种程度；第二，如果不动产执行可及于一定范围的动产，那么是否允许对该动产进行个别执行；如果允许的话，如何解决不动产执行与动产执行的竞合问题。即，对抵押权效力所及范围内的动产和其他财产，如何实现其效力的问题。对于该问题，竹下论文认为德国法中的抵押权不仅对从物同时也对土地收益进行了把握，德国还专门为此制定了与之相对应的不动产执行法。因此，单从民法的规定来探讨抵押权效力所及范围是不充分的。除从物外，抵押权的效力是否还可及于已经分离的天然果实、租金债权等土地收益，或者在具备什么要件的情况下才无法及于，以及实施方法和其他权利的排除方法等问题也亟待今后进行研究。

■ **作者介绍**

我妻荣（参见本书 2－10）

3-06　铃木禄弥 295

《抵押制度研究》

(一粒社,1968年)*

评议人　鸟谷部茂(广岛大学)

该书主要以德国法等为参考,对抵押权的主要问题进行了研究,是一部使日本的抵押制度之解释论更加细化的学术专著。

1. 该书出版前关于本课题之学界状况

(1) 该书的构成。该书共分为两部分:在"第1部德国抵押权法的发达"中,作者介绍了普鲁士土地银行(Landscaft)的功能以及不动产登记中的实质审查主义和形式审查主义;而在"第2部抵押权法之解释论与立法论"中,则探讨了物上代位制度、德国法中的所有权人抵押、抵押权处分、共同抵押、最高额抵押、德国和瑞士的登记法、动产抵押等抵押权问题。

(2) 该书发表以前的学界状况。该书公开发表之前,学界已经有了由努斯鲍姆(Arthur Nussbaum)所著、宫崎一雄翻译的《德国抵押制度论》,①此书非常详细地介绍了德国不动产登记法和抵押权制度。同一时期,还有石田文次郎的《投资抵押权研究》,②此书收录了作者之前发表在《法学协会杂志》和《法学志林》上的一系列论文。在这部著作里,作者详细论述了抵押权的价值权性、投资抵押权、抵押证券法和所有权人抵押权制度。

---

* 原文文献为:鈴木禄弥『抵当制度の研究』(1968年・一粒社)。——译者

① 努斯鲍姆:《德国抵押制度论》,宫崎一雄译,清水书店,1932年。

② 石田文次郎:《投资抵押权研究》,有斐阁,1932年。

在该书出版前，学界对于德国的物上代位、所有权人抵押、转抵押、共同抵押、登记法、动产抵押等制度，虽不乏个别研究，但属于高水平的研究则不多。此外，对于最高额抵押的研究虽然数量上不少，但从实务观点出发的占了大多数。

2. 该书的内容及其在学界之意义

该书的研究对象几乎涵盖了抵押权的所有领域，因此很难对每个问题都进行逐一介绍，以下仅按其主要类型作简单介绍。

（1）普鲁士土地银行的功能。作者以其对普鲁士土地制度与
296 政治经济形势的充分了解，非常到位地总结了近代土地所有权形成过程中旧土地银行的功能，值得高度评价。对于该研究的具体情况，因另行著文介绍，此处暂略。以下将主要就抵押权研究值得参考的内容——新旧土地银行的更替、抵押银行、投资抵押的发展过程——进行介绍。

（2）德国、瑞士登记法与实质、形式审查主义。该书在详细梳理和介绍两国登记制度的基础上，与日本法进行了比较研究，从而鲜明地指出了我国登记制度的特征。在我国，实质审查主义与形式审查主义的概念不够清晰。原本，登记审查的对象如果涉及当事人的债权原因关系，则被称为实质审查主义；而不涉及当事人的债权原因关系的，则被称为形式审查主义。在日本，当事人在申请登记时因为需要提交登记原因证书，而且登记官的审查权限及于债权原因关系，所以在审查方式上，作者认为采用"窗口审查主义"这一用语似乎更为恰当。此外，该书对两国赋予登记公信力的前提与效果也做了非常详细的说明。

（3）物上代位制度、转抵押、共同抵押、最高额抵押。关于物上代位，我国民法对其代位对象做了比较广泛的规定。该书通过

与德国、瑞士、法国的规定进行详细比较研究之后，尝试从解释论上对我国的物上代位制度作出修正。这即便是对于最近关于物上代位制度的争论，该书也是回到原点重新思考该制度时不可或缺的重要文献。

关于转抵押，该书着眼于与转质权在实践和理论上的差异，细致地研究了债权额、存续期间等转抵押的要件和效果，提出了抵押权上的担保权设定说，即主张将抵押权从债权中分离出来纳入抵押范围。对于抵押权顺位的让与，该书认为应将抵押权与其担保的债权相分离，提倡抵押权处分的独立性。

关于共同抵押，该书明晰了在所有权人抵押制度、顺位确定原则、土地建筑物一体化等方面我国与德国的差异。对于《民法》第 392 条第 2 项中的代位，该书指出在标的不动产之所有权人为数人以及部分抵押权被处分的情况下，问题会变得比较复杂，在对此进行了深入细致地研究之后，作者提出了具体的立法建议。

该书所涉及的关于最高额抵押部分均属于 1971 年最高额抵押立法之前的制度。首先，作者肯定了为现在和将来的全部债务提供担保的总括性最高额抵押这一制度，并对其附随性原则、被担保债权的不特定性和否定论的依据进行了研究。其次，该书从不特定金额与不特定债权的视角对德国的最高额抵押制度进行 297
了梳理，从而明确了最高额抵押与普通抵押的界限。紧接着，又从同样的视角对我国最高额抵押的立法论（法务省发布的“关于最高额抵押立法的检讨事项”中甲方案与乙方案的优劣）进行了比较研究。

（4）所有权人抵押、动产抵押。我国民法典中没有规定这两个制度。该书介绍了德国的所有人抵押制度，明确了其与土地债务的区分，并参考我国的相关原理进行了比较分析，最终得出对我国立法基本上没有借鉴价值的结论。该书还研究了如果将动产抵押制度导入我国的情况下，如何处理标的物同一性之确定、公示方式、与第三人的关系等法律技术问题。此外，对实际上具有动产抵押功能的动产让与担保，该书认为，在乙将其占有的归甲所有的动产通过占有改定的方式为丙提供让与担保的场合，丙的占有改定与即时取得的问题实际上与双重让与的问题是相同的，所以折中说比较合理。

对该书所涉及的抵押权的个别课题，作者在解释论上表现出极强的批判精神。作者在对德国已出现讨论的制度、论点进行分析总结的同时，结合我国的实际情况，对我国的解释论和立法论具有重要意义的视角和提案进行了提示，并提出了一定的解决方法。这也是作者解释论路径上的重要特征。

3. 其后学界之发展

在该书之后，对抵押制度的系统性研究，学界尚未出现可与之比肩的成果。尽管如此，该书所涉及的个别问题，其后仍出现了不少研究成果，理论上也取得了一定的进展。以下，仅就与该书相关的主要研究成果作简要介绍。

(1) 首先，田中克志的《普鲁士投资抵押权成立史》和《德国民法典中的不动产担保法之形成过程》(1—4 完)介绍分析了土地银行以后的发展状况，[①]即对 18 世纪前期从抵押立法到投资抵押，再从投资抵押到德国民法典成立的历史沿革进行了详细研究。

---

① 田中克志：《普鲁士投资抵押权成立史》，《民商法杂志》第 75 卷第 3 号，第 425 页；氏著：《德国民法典中的不动产担保法之形成过程》(1—4 完)，《富大经济论集》第 24 卷第 2 号，1978 年，第 206 页。

最近，松井宏兴的《抵押制度的基础理论》[1]再次对德国抵押制度的历史进行了考察，为我国目前抵押制度的发展指明了一定的方向。

(2) 小西飞鸟的论文《德国不动产法之实质审查主义》[2]再次 298
对德国的登记官及公证人的实质审查主义进行了研究。

(3) 关于物上代位制度，最高裁判所1989年判决[3]——肯定了抵押权对租金债权的物上代位——及其后的最高裁判所判决，赋予了抵押权人对物上代位很强的效力。这些判决引发了新一轮的讨论。最近发表的研究成果主要有：占部洋之的《德国法上的抵押不动产租金之事前处分》(1—3完)[4]、松冈久和的《物上代位权之成否与界限》(1—3)[5]以及清原泰司的著作《物上代位之法理》。[6]

关于转抵押，有学者从实践角度展开了研究，也有学者对转最高额抵押、转让与担保进行了研究。

关于共同抵押，出现了众多的研究成果。著作方面，有佐久间弘道的《共同抵押理论与实务》。[7]

(4) 关于最高额抵押的研究成果也有很多，相关著作有商事

---

① 松井宏兴：《抵押制度的基础理论》，法律文化社，1997年。

② 小西飞鸟：《德国不动产法之实质审查主义》，《法学政治学论究》第23号，1994年，第305页。

③ 最高裁判所平成一年(1989年)10月27日判决，《最高裁判所民事判例集》第43卷第9号，第1070页。

④ 占部洋之：《德国法上的抵押不动产租金之事前处分》(1—3完)，《大阪学院大学法学研究》第23卷第2号，1997年，第99页；第24卷第1号，1997年，第39页；第25卷第1号，1998年，第138页。

⑤ 松冈久和：《物上代位权之成否与界限》(1—3)，《金融法务事情》第1504号第6页，第1505号第13页，第1506号第13页，1998年。

⑥ 清原泰司：《物上代位之法理》，民事法研究会，1997年。

⑦ 佐久间弘道：《共同抵押理论与实务》，金融财政事情研究会，1995年。

法务研究会编《最高额抵押法之解说》[①]、铃木禄弥的《最高额抵押法概说》[②]、《最高额抵押法之问题点》[③]以及槙悌次的《最高额抵押权法研究》[④]等。

(5) 关于所有人抵押及动产抵押方面的研究成果，在该书之后，主要有松井宏兴的《德国所有权人抵押制度史》(1)[⑤]以及前述《抵押制度的基础理论》第120页以下所收录的论文。除此之外，中山知己的《德国土地债务的担保功能》(1—3完)[⑥]、田口勉的《德国所有权人土地担保权之考察》[⑦]、椿久美子的《德国法上的土地债务与抵押权之关系》[⑧]等，对新近动向进行了整理研究。此外，关于动产抵押的研究成果，有甲斐义弘的《动产抵押制度的形成与发展》。[⑨]

■ **作者介绍**

铃木禄弥(参见本书2－06)

---

① 商事法务研究会编:《最高额抵押权法之解说》,商事法务研究会,1971年。

② 铃木禄弥:《最高额抵押法概说》,新日本法规,1973年。

③ 铃木禄弥:《最高额抵押法之问题点》,有斐阁,1973年。

④ 槙悌次:《最高额抵押权法研究》,一粒社,1976年。

⑤ 松井宏兴:《德国所有权人抵押制度史》(1),《法学杂志》第21卷第1号,1974年,第83页。

⑥ 中山知己:《德国土地债务的担保功能》(1—3完),《立命馆法学》第185号,1986年,第40页;第186号,1986年,第52页;第192号,1987年,第32页。

⑦ 田口勉:《德国所有权人土地担保权之考察》,《关东学园大学法学纪要》第2号,1991年,第105页。

⑧ 椿久美子:《德国法上的土地债务与抵押权之关系》,《丽泽大学纪要》第56卷,1993年,第27页。

⑨ 甲斐义弘:《动产抵押制度的形成与发展》,《山梨学院大学法学论集》第4号,1981年,第26页。

3-07　内田贵 299

《抵押权与利用权》

（有斐阁，1983 年）*

评议人　占部洋之（大阪学院大学）

该书以短期租赁保护制度（《民法》第 395 条）为研究对象，对抵押权在本质上是一种仅把握与使用价值相分离的交换价值之价值权的一般性理解提出了质疑，是一部非常重要的著作。

1. 该书出版前关于本课题之学界状况

（1）抵押权，是指债务人或者第三人不转移不动产的占有，将该不动产作为债权的担保，抵押权人享有先于其他债权人接受对自己债权清偿的一种约定担保物权（《民法》第 369 条第 1 项）。与同为约定担保物权的质权（《民法》第 342 条）有所不同，抵押人在抵押权设立后继续占有标的物，并且可以持续享有对该标的物的使用收益权，这是抵押权的本质特征。对抵押权的这种非占有担保权本质的不同把握，会导致对抵押权法上的各种制度——基于抵押权的物权请求权、抵押权效力所及的标的物范围、物上代位、抵押权设立后的短期租赁保护等——产生不同的理解。

（2）《民法》第 395 条（抵押权设立后的短期租赁保护）为了确保对抵押不动产的利用，对对抗效力的一般原则——以对抗要件具备的时间先后来决定其效力优劣——进行了若干修正。最初的学说认为，设定租赁权是对不动产进行利用的一种常见方式，

---

* 原文文献为：内田貴『抵当権と利用権』（1983 年・有斐閣）。——译者

因为这样既不会减少不动产的价值，又以抵押权与租赁权之间不发生冲突作为前提，所以这个规定无疑是合理的。

但是，在我国，一般而言，不动产并不是一种以租赁收益为目的之收益性财产，事实上存在承租人的不动产与不存在的相比其价值会显著降低。这里反映了这样一种理念，即“价值权与利用权的调和”。具体来说，因为抵押权是一种价值权，因此尽管《民法》第395条规定会损害抵押权人的利益，但是“出于调和利用权与价值权的这一理想，抵押权人不得不忍受这种不利益”。抵押
300 权的本质是价值权的这种理解源自于德国法，即价值权(Wertrecht)不以支配标的物的实体(Substanz)而仅以取得标的物的交换价值(Tauschwert)为目的。“正是因为‘价值权从物质权的独立’才促成了近代法中抵押权制度之发达”这一提法被大力提倡，由此形成了近代的抵押权论。

2. 该书的内容及其在学界之意义

(1) 该书认为《民法》第395条是我国特有的一种制度，在立法论上存在着诸多问题，原本作为调整抵押权与租赁权关系的制度其是否妥当，有必要从立法论的观点开展实质性的研究。其中，具体的研究课题包括：为阐明《民法》第395条原本的制度宗旨，对该条立法过程的考察、对沿革的历史追踪、围绕着该条的现实纠纷状况及其体现出来的该条的功能，以及该条在比较法上的定位等。从比较法上看像《民法》第395条这样制度的产生是以农业社会为前提的，而从历史沿革来看，该条的原型也是出于保护佃农的政策性考虑形成于农业社会，因而无论是从历史沿革和比较法还是从对租赁权、抵押权各方利益的保护以及制度的效率性上看，在我国都很难找到积极支持该制度的理由，这就是该书

的结论。于是，作者提出可以用新规则来替代《民法》第395条规定。即原则上，抵押权的实行可以覆盖后顺位的租赁权（但是对土地承租权，仍然承认对土地承租价格的分配）。除外的情形主要有：①以居住为目的为共同住宅、大杂院形式的建筑物而设定的租赁权仍然存续，适用（旧）借家法的规定；②抵押权人同意后顺位的租赁权继续存在并且在拍卖程序中予以提及的情况下，其拍卖条件当然得到变更，租赁权继续存在；③拍卖过程中，承租人可通过向因租赁权的存在而遭受损失的抵押权人提供损害赔偿金的方式，得以变更拍卖条件使租赁权继续存在；④以上讨论不适用于农地租赁。

（2）围绕《民法》第395条的问题，虽然在该书之前学界就存在着各种争论，但是作为重视对短期租赁制度的社会、经济和其他背景的考察，并试图从多个视角进行利益衡量，分析总结与之相对应的理论构成的著作，还是首次出现。而且，该书首次明确了《民法》 301
第395条来源于将不动产（农业用地）视为收益性财产进行流通这一背景下的比利时法。不仅如此，该书还指出该条的民法起草者梅谦次郎的立法本意，即抵押权是对利用权的一种限制；而短期租赁，只不过是抵押人的一种管理行为。换言之，作者指出梅谦次郎并没有采用抵押权是对价值权的把握——“因为抵押权是价值权，所以抵押权人不得干涉对标的物的利用”——的观点。作者的这一主张，对一直以来的抵押权观念提供了重新思考的契机。

3. 其后学界之发展

（1）该书关于短期租赁制度的立法提案，尽管极具说服力，但并没有立刻被立法机关所采纳。* 然而，该书对抵押权本质的立

* 2004年日本修订民法时，将第395条进行了修改。——译者

法者本意的明确——抵押权是对所有权的一种制约，它限制了抵押人对其标的物使用收益权的行使——可谓对其后抵押权法诸问题的解释论产生了巨大影响。

（2）首先，作为对抗滥用短期租赁权的手段（这也是该书的写作动机），抵押权人依据《民法》第 395 条但书规定解除租赁合同之后，能否基于抵押权对承租人行使腾空请求权，之前的学说一般持否定态度，而现在肯定说则占了多数，其理论依据即是该书的立场。[①]

对于扣押作为物上代位（《民法》第 372 条、304 条）的要件是否必须要由抵押权人本人行使的问题，一直以来多数说从抵押权是价值权的立场出发，认为对于交换价值具体化的代位物而言，当然应在抵押权效力所及的范围内，而且从抵押权的本质是价值权这一点来看，物上代位也应该被承认，因此《民法》第 304 条规定的扣押只不过是为了维持标的物的特定性而被要求的，也就是所谓的“特定性维持说”。与之相对，如果脱离“价值权”的范畴，将物上代位视为法律为了确保担保权的实效性而赋予的一种权能，即便在其他债权人先行实施了扣押的情况下，如果抵押权人在分配期间届满（《民事执行法》第 165 条）前进行了扣押或提出了分配请求，也能主张行使优先受偿权，然而如果其他债权人已经得到了转让指示或者该债权已经被让与的情况下，那么物上代位就无法实行。这就是“优先权保全说”，也是目前的有力说。[②]

302 另外，针对基于抵押权的物上代位的对象是否包含了租金债

---

① 虽然学说上存在这种动向，但是最高裁判所的判决[平成三年（1991 年）3 月 22 日判决，《最高裁判所民事判例集》第 45 卷第 3 号，第 268 页]仍然持否定态度。

② 但是，最高裁判所的判决[平成十年（1998 年）1 月 30 日判决，《最高裁判所民事判例集》第 52 卷第 1 号，第 1 页]认为，即使物上代位的标的债权被让与，抵押权人仍然能够对该标的债权进行扣押并行使物上代位权。

权的问题，否定说的主要根据之一在于抵押权的价值权属性，但是最高裁判所在其判决中对此无条件地予以了肯定以后[①]，肯定说成为了主流，这也与该书的立场比较相近。

（3）如上所述，以该书为契机，学说上逐渐克服了因为抵押权是价值权所以抵押权人就不能对标的物的使用价值进行支配的教条主义。

但另一方面，在学界，主张应避免将抵押权的本质与具体的解释论上的结论简单地联系在一起的声音也很强烈。具体来说，作为抵押权的相关制度及其解释上的依据，学者们没有必要特别地去强调抵押权的本质这一点，某个结论的导出逻辑上也并不必然要求从抵押权的本质出发，像这样的操作反而容易影响规范的合理制定（例如，对租金债权的物上代位，认为抵押权是价值权的德国法无条件地予以了肯定，而认为抵押权不是价值权的法国法则否定了这一点）。

■ 作者介绍

内田贵

主要著作：除该书外，还著有『契約の再生』(1990・弘文堂)、『民法Ⅲ債権総論・担保物権』(1996 年・東京大学出版会)、『民法Ⅱ債権各論』(1997 年・東京大学出版会)、『民法判例集 債権各論』(共著)(1997 年・有斐閣)、『民法判例集 担保物権・債権総論』(共著)(1998 年・有斐閣)、『民法Ⅰ総則・物権総論(第 2 版)』(1999 年・東京大学出版会)等。

简　　历：1954 年(昭和二十九年)生，毕业于东京大学法学部，曾任北海道大学法学部助教授，现任东京大学教授。

---

① 最高裁判所第二小法庭平成一年(1989 年)10 月 27 日判决，《最高裁判所民事判例集》第 43 卷第 9 号，第 1070 页。

303 3-08 椿寿夫
《代物清偿预约研究》
(有斐阁,1975年)*

评议人 田高宽贵(专修大学)

该书主张代物清偿预约应摆脱作为债务结算的手段而回归至作为其本来功能的担保制度领域,并将学界的讨论和代物清偿预约判例法引向担保权构成,为其后的预告登记担保法立法开辟了道路,是作者一系列研究成果之集大成。

1. 该书出版前关于本课题之学界状况

(1) 目前,代物清偿预约,也就是所谓的预告登记担保,作为私的实行型担保手段,在立法上已经占有了一席之地。然而,到该书所收录的论文发表之前的昭和三十年代为止,学界虽然对代物清偿预约所具有的债权担保功能有了一定的认识,但因为受传统概念——借用该书所言,是指因代物给付的实行而使债权消灭的一种契约,代物价值的大小在所不问——的支配,即使标的物的价额超过了债务额,学说上通常也承认对该物的"全部取得"。把代物清偿预约的担保属性反映到解释论之中,并确立标的物价额与债务额间的差额之清算义务,成为当时代物清偿预约首先要解决的课题。

(2) 对于上述"全部取得"的问题,虽然有判例认为这违反了公序良俗,但是这些判决只针对标的物的价额显著超过借贷债权

---

* 原文文献为:椿寿夫『代物弁済予約の研究』(1975年・有斐閣)。——译者

额的场合。而且,对于暴利的判断,虽然学说上采客观说,不以主观为要件,但是判例却与之相反,因而其调整方式受到了很大限制。其后,虽然判例在是否违反公序良俗的判断上,主观要件的比重看起来似乎在逐渐下降,但只要判例以暴利行为论进行判断(虽然也有部分无效解释的余地),最终只能导致要么否定要么肯定这两个极端的结果。

另外,在该书出版之前,特别是在对判例的评析中,有学者指出代位清偿预约具有担保功能,并试图去构建与让与担保的取回相类似的权利,[①]也有学者对归属清算乃至处分清算的可能性进行了论述,[②]等等。后者对清算义务的主张,具有一定的启示性意 304
义,它表达了这样一种观点:为了防止代物清偿预约因暴利行为被判定为无效从而使债权人陷入无担保的状态,应当尊重当事人设定担保的意思表示。代物清偿预约在实现向担保制度转换的过程中,这种主张可谓迈出了令人瞩目的一步,但仍然处于起步阶段。

2. 该书的内容及其在学界之意义

(1) 从1960年左右开始,判例对代物清偿预约的立场逐渐发生了一些变化,这种变化在进入昭和四十年代后加快了速度。在被评价为关于代物清偿预约判例法集大成之昭和四十九年(1974年)10月23日最高裁判所大法庭的判决中,最高裁判所在预告登

---

① 泽木敬郎:《代物清偿预约成立后遇到物价高涨完成的预约不违反诚实公平一案》,《法学协会杂志》第74卷第3号,1957年,第402页。

② 谷口知平:《代物清偿预约违反公序良俗之事例》,《民商法杂志》第36卷第2号,1957年,第223页;金山正信:《代物清偿预约违反公序良俗之事例》,《同志社法学》第43号,1957年,第63页。

记担保的名称下，将代物清偿预约认定为一种担保制度。其实，对于代物清偿预约向担保权转变的判例的最初动向，椿教授早在收录于该书的 1962 年发表的论文中就已经敏锐地捕捉到了，并将其称为“孕育中的几个贵重的萌芽”。在这篇论文中，椿教授用“担保手段型”对下级裁判所的做法——不以公序良俗或者诚实信用等一般条款为由，而是用担保的方式对代物清偿预约给予一定的限制——进行了介绍，并对此表明了积极支持的态度。

该书所收录的诸论文以上述论文为出发点，在各个阶段详细分析了短时间内实现了从“代物清偿”预约到预告登记“担保”快速转变的一系列判例，并对从中总结出来的每个课题进行了深入细致地考察。该书的意义在于：通过对清算义务法理必要性的论述和从具体的解释论对代物清偿预约作为担保功能的揭示，致力于从学说和判例中发掘代物清偿预约作为担保的功能。

（2）该书所致力于的第一个课题是确立代物清偿预约中的清算义务。对于该观点，虽然在同一时期也有其他学者同样在主张，但仍然存在着因为有特别约定所以无须清算这样不同的声音。在这种情况下，该书坚决反对尊重当事人意思表示的传统观点，并通过与担保目的进行对比从正面说明了契约自由所面临的困境，对清算义务的理论基础做了最为透彻的分析。该立场从作为清算义务的法律根据的论述中可以看出，即只要可以被认定为
305 担保就足够了，如果作为担保制度的定位能够得到肯定，那就再没有必要通过假借推定当事人的意思表示或者借用不当得利等其他制度对清算义务的根据进行说明了。

对于代物清偿预约从作为债务结算手段的脱离，椿教授提出了“纯粹的仅以债务结算为功能的代物清偿预约真的存在吗”这样的疑问，并对此作出了回答。具体来说，对于将代物清偿预约

区分为结算功能的本来型与担保功能型的观点，作者认为本来型的代物清偿只不过是对作为债权担保功能表象化所产生反射的一种认知而已，原本意义上的代物清偿是指，实体是担保但形式上采用债务结算的方式来处理。在此基础上，如果根据实际情况加以修正就成了具有担保功能的代物清偿预约。把结算功能型定位为“过去的代物清偿预约”这一见解，在当时产生了深远的影响。

作者在该书所收录的早期发表的论文中，主张清算的方法应以处分清算型为原则。但是，在最高裁判所昭和四十五年（1970年）3 月 26 日判决之后，由于登记和交付与支付清算金的交换履行被认可，像这样的优点被作者所吸收，其主张也随之发生了一些变化，即对归属清算表示了一定的认可。值得注意的是，当初的处分清算这一主张，只不过是作者将摆脱无须清算归属作为首要课题之时所提出来的，而该书在强调防止债权人对标的物评估权的滥用并保证其适当性，以及在明确提出清算义务的必要性等方面，应当给予积极评价。

（3）该书对以确立清算义务为前提的代物清偿预约之具体的解释论展开了研究。值得注意的是，该书从初期阶段即指出，通过确立清算义务不仅可以设立后顺位的担保权，提高担保不动产的利用价值，而且对法定地上权、短期租赁等抵押权规定的类推适用，该书也表达了积极的态度。由此可以看出，作者将代物清偿预约作为担保制度予以把握的态度是一贯的。除此之外，该书不仅对代物清偿预约的对外效力、预告登记效力等进行了详细研究，而且对不动产让与担保、卖与担保与代物清偿预约之间的关系等也进行了富有启示性的研究，限于篇幅，此处不再介绍。

306 **3. 其后学界之发展**

昭和四十年代，学界对代物清偿的研究热情高涨，除该书所收录的椿教授的论文外，还有很多其他研究成果。此外，私法学会曾分别于1969年、1971年两次以“代物清偿”为主题举行过专门研讨，也可见一斑。随着代物清偿预约向担保功能的转变，其在学说上的发展和判例法的积累，最终促成了1978年《预告登记担保法》的制定，代物清偿预约也正如该书所致力的那样，最终作为担保制度获得了一席之地。而该法的制定，虽然使代物清偿预约回到了原本的担保领域，但同时也让其失去了“全部取得”的魅力，因此社会上利用预告登记担保的人数在不断地减少。但是，最近又陆续出现了与拍卖优先原则相关的最高裁判所判决[1]等一系列令人瞩目的判例，特别是以《预告登记担保法》制定后解释论的开展为契机，使围绕着预告登记担保的讨论变得再次热烈起来，理论也在逐渐深化。

随着预告登记担保在学说上的发展和该法的制定，也影响到了让与担保和其他非典型担保。椿教授站在主导这些讨论的立场，进行了一系列的策划。[2] 该书引导了从代物清偿到预告登记担保的重大转变，所提示的方向和动态的理论发展对致力于构建非典型担保新体系的现代担保法学提供了重要支撑。

---

① 最高裁判所平成三年(1991年)4月19日判决，《最高裁判所民事判例集》第45卷第4号，第456页。

② 例如《特集：让与担保论之现在课题》，《法律时报》第65卷第9号，1993年；《特集：让与担保立法学》，《法律时报》第66卷第2号，1994年；《法学家》第1053号(1994年)所刊载的现代担保法研究会的报告论文等。

■ 作者介绍

椿寿夫

主要作品：除该书外，还著有『共同不法行為』、『連帯債務』、『不法占拠』(いずれも総合判例研究叢書、1959—1965 年・有斐閣)、『財産法判例研究』(1983 年・有斐閣)、『民法研究Ⅰ・Ⅱ』(1983 年・第一法規出版)、『集合債権担保の研究』(1989 年・有斐閣)等。

简　　历：1928 年(昭和三年)生，毕业于京都大学法学部，历任大阪府立大学、关西学院大学助教授，大阪市立大学、筑波大学、明治大学教授等职[其著作、履历请详见椿寿夫教授古稀記念『現代取引法の基礎的課題』(1999 年・有斐閣)]。

307 3-09 米仓明

《让与担保研究》

（有斐阁，1976 年）*

评议人 小贺野晶一（秋田大学）

该书收录了作者以动产抵押说为主要内容的关于让与担保论的一系列原著，代表了日本让与担保研究方面的最大成就。

1. 该书出版前关于本课题之学界状况

（1）让与担保，是指在设定担保时，采用设定人（债务人或物上保证人）将担保标的物所有权（或者财产权，以下均以所有权为例）转移给担保权人（债权人）的方式。它是为满足交易实务而产生的一种非典型担保，其法理是在实务（习惯法）、判例和学说的基础上发展起来的。由于让与担保没有实体法上的规定，而且其实质（物的担保）与形式（所有权转移）之间还存在着一定的不相容，所以无论在理论上还是实践上都面临着需要解决的各种课题，例如对设定人的保护等。

（2）让与担保在法律构成上采用了所谓的信托让与说。依据该说，让与担保设立时，担保标的物的所有权转移至担保权人，担保权人对设定人负有一定的义务，即在不超过担保目的的范围内行使该所有权。但是，如果担保权人违反该义务将标的物进行了处分，因为设定人既没有所有权也没有其他的物权或者物权性权利，所以即便第三人存在恶意，该处分仍然有效，设

* 原文文献为：米倉明『譲渡担保の研究』（1976 年・有斐閣）。——译者

定人不能提出异议(所有权构成)。对于这种处理方式,四宫和夫与我妻荣指出,其实早已有学者(末弘严太郎等)对此提出过批评,认为设定人可以向恶意第三人就让与担保关系主张权利。

(3)学界对让与担保法律构成的关注,主要集中在如何保护设定人不受恶意第三人侵害,如何解决由所有权构成所产生的问题,以及为此应采取何种法律构成等方面(我妻荣的视角,石田文次郎、滨上则雄等做了初步研究)。其后,学界开始摈弃所有权构成而转向提倡担保权构成。具体来说,在动产让与担保中,当担保标的物由设定人占有时,作为担保权人的受让人如果没有接受"依指示的占有转移",那么就不能就所有权的取得对抗设定人。对于这种依指示的占有转移的性质,我妻荣认为受让人所取得的 308
仅是伴随让与担保限制的所有权,而四宫和夫则重视让与担保权人与设定人之间所产生的价值分属这一情况,将对抗恶意第三人的依据引向了信托法理。1966年铃木禄弥提出的"二段物权变动说"(米仓教授命名)则将其解释为是设定人在设定让与担保之后重新取得了设定保留权。

(4)关于让与担保当时的判例和学说的动向,除该书外,还有四宫和夫的《让与担保》[①]与我妻荣的《新订担保物权法》[②]。此外,松本财团财产立法研究会则对让与担保提出了立法建议。[③]

2. 该书的内容及其在学界之意义

(1)该书除让与担保的基本问题——法律构成论外,还收录

---

① 四宫和夫:《让与担保》,综合判例研究丛书(17),有斐阁,1962年。

② 我妻荣:《新订担保物权法》,《民法讲义》(Ⅲ),岩波书店,1968年。

③ 民商法联合研讨会:《让与担保立法之问题点》,《私法》第31号,1969年。

了有关非典型担保、集合物让与担保方面的论文。全书共 4 章，第 1 章“非典型担保的问题点——以让与担保为中心之展望”，第 2 章“让与担保法律构成之考察——特定动产让与抵押”，第 3 章“‘集合物’概念的有用性——集合物让与担保”，第 4 章“集合物让与担保中的担保物范围之确定方法”。各章的内容以论文的形式最初发表于 1968 至 1969 年出版的《法学家》和 1969 年出版的《北大法学论集》上。该书对这几篇论文未作修改均原样收录其中，但在各章末均以“追记”的方式对论文发表后的学界情况进行了补充。

(2)“米仓说”的核心之处在于用让与担保来构成动产抵押权，即提倡动产抵押说。具体来说，通过缔结以动产为标的的让与担保设定契约来设定私下能够实行的动产抵押权。作者认为，当事人通过“为了担保而转移所有权”这种表述，来表现动产抵押权的设定。标的物的所有权不被转移而始终由设定人所掌握，在该所有权上设定抵押权。“为了担保而转移所有权”这一契约，其目的应被解释为设定动产抵押权。像这样的法律构成既清晰明确又适合经济目的，并与当事人的意思相一致。

该书为了明确动产抵押说的立场，对是否需要对抗要件、与物权法定主义的关系、非占有质禁止是否构成脱法、流质契约禁止是否构成脱法等问题进行了研究。作为让与担保重要的法律关系，该书详细论述了充当清偿的方式、让与担保权人和设定人(以下统称为当事人)对标的物的处分、当事人作为一般债权人的
309 强制执行、当事人破产、当事人的公司变更程序之开始五个方面的问题，明确了各自适用动产抵押说能够得出的结论。该书将研究对象限定于动产，对各论点进行了深入细致的研究。其后，以

上动产抵押说的法理也被适用于不动产领域。[①] 克服了让与担保设定中所有权转移教义的这一独创性理论，被称为抵押权说，它构筑了作为让与担保学说的学界地位。

(3) 抵押权说所采取的是这样一种视角：即将让与担保作为抵押权予以把握，注重保护让与担保设定人，并追求其作为担保制度的合理性。该书的最大魅力之处不是用方法论而是从实际研究出发，综合而又具体地对其视角进行了揭示。

抵押权说通过对当事人利益进行衡量，能够对在法律上处于不利地位的设定人给予合理的救济。典型的例如在清偿期届满前让与担保权人(A)将标的物处分给了第三人(C)，如果类推适用《民法》第94条第2项之规定，则需要实际考虑B(设定人)与C之间的利益。为了确保交易的动态安全，C的主观状态可划分为善意说、善意无过失说、善意无重大过失说。其中，善意无过失说是有力说，相较于其他学说，更加注重保护B的利益。[②] 值得一提的是，"二段物权变动说"则立足于B与C是以A为起点之对抗关系的立场，采用传统的物权法理予以处理。

"二段物权变动说"着眼于让与担保实质与形式的"筋骨相连"，而抵押权说则从解释论上彻底追求让与担保实质与形式的应然关系，抵押权说认为让与担保的实质是抵押权，而所有权转移这一形式则被其实质所吸收。在此之前，学界关于让与担保的讨论，在其内容方面有很多不明之处，而该说通过将让与担保作为抵押权予以把握，彻底清楚地回答了这些问题。对于让与担保

① 米仓明：《不动产让与担保和扣押之可否》，《我妻荣先生追悼论文集》，有斐阁，1975年；氏著：《让与担保》，弘文堂，1978年。

② 参见米仓明：《信托法在我国之基础》(4完)，《信托》第164号，1991年，第24页以下。

的各个论点，作者列明了自己的证据，详细而又具体地论述了其适当性，勾勒出了让与担保法规范的全貌。对尚未实现立法的制度，作者扩大了解释论的范围，并鲜明地展示了其可能性，这些特征应该说在以往的学说中都是没有见到过的。

310 （4）判例法在昭和四十年代确立了清算规则，[①]担保构成的基本要素也在判例法理上得到了明确，而提示了担保构成模式的抵押权说对此所产生的影响是不可估量的。米仓法学通过对让与担保各主题文献的全面分析和对民法解释论的应然性研究，为后续的让与担保乃至整个法学研究提供了源源不断的勇气与激励。[②]

3. 其后学界之发展

（1）从动产抵押说（抵押权说）提出到现在已经过了30年，在这期间，学界对让与担保的担保构成已达成共识。米仓教授时至今日依然孜孜不倦地持续着他对让与担保的研究，[③]最近又对法律构成的各种学说进行了梳理（对传统分类的研究还可参见竹内俊雄的研究成果），再次确认了抵押权说的适当性。[④]

（2）关于让与担保的法律构成，其后又出现了几种担保构成的学说。其中，井川健等主张（物权的）期待权说，即为了尽量使抵押权与让与担保在法律处理上保持统一，尝试通过期待权予以说明。此外，学者们尽管在让与担保的实质是抵押权这一点上能

---

① 最高裁判所昭和四十六年（1971年）3月25日判决，《最高裁判所民事判例集》第25卷第2号，第208页。

② 米仓明：《什么样的论文"好"呢——从民法解释学的论文谈起》，《探索》第1号，1997年，第3页以下。

③ 例如米仓明：《判例研究》，《法学协会杂志》第114卷第11号。此外还有很多。

④ 米仓明：《不动产让与担保的法律构成——抵押权说为何不可》（讲演），《探索》，第2号，1998年第2页以下。与学生进行面对面的交流是米仓教授的真性情。

够达成共识，但各自的主张仍然存在着一定的差异。例如，槙悌次主张让与担保中的“先取所有权”被赋予了特定的意义，而加藤雅信则认为让与担保属于附流抵押特约的抵押权。另一方面，对于能否将让与担保作为抵押权予以把握这一问题，高木多喜男主张应重视让与担保的特殊性，菅野孝久则认为对裁判实务中有关所有权流转的形式不可忽视。而椿寿夫等学者则指出了通过对让与担保的客体加以区分进行研究的必要性，并在《预告登记担保法》制定前后，提出了应加强让与担保与预告登记担保进行比较研究的视角。此外，高岛平藏、伊藤进和近江幸治主张的应重视制度和权利形成过程的学说，以及道垣内弘人主张对设定人保留权进行再评价，对抵押权说中抵押权的物权性需仔细斟酌的学说也悉数登场。其后，学界关于让与担保的研究成果也在不断涌现。

如果考虑到让与担保通过所有权转移方式来完成设定，那么抵押权说所提出的对设定人的保护及合理规制的视角就应当继续予以坚持。对于理论上应如何把握所有权转移是形式而实质却是担保这一基本问题，已经到了应该将相关讨论加以总结的时期。此外，学界还出现了从物权法层面来把握有无所有权转移的 311
学说（参见道垣内弘人的研究），以及少数试图从信托法层面予以把握的学说（信托法理说）。对于后者，米仓教授在该书中提到了“四宫说”，并将其定位为让与担保法律构成论的一种。但是，他并不赞同该学说，并对此进行了批判。[①] 判例法上也积累了大量的判例：例如明确承认取回权的判决；[②]担保权人的受让人即使是

① 米仓明：《让与担保的法律构成》，《金融与商事判例》第737号，1986年，第11页以下。此外，作者最近的主张，还可参考前述“讲演”。

② 最高裁判所昭和五十七年（1982年）1月22日判决，《最高裁判所民事判例集》第36卷第1号，第92页。

背信的恶意人,设定人的取回权也没能得到认可的判决;[①]等等。由此,学界也涌现出了一大批案例评析的研究成果。

综上,本文以法律构成为中心对其后的学界发展进行了考察,总体上可划分为可纳入抵押权说的学说和与此对立的学说两大类。今后,从让与法理的角度对取回权与清算规则之间的关系,[②]以及对担保构成与所有权转移构成之间的关系等进行研究,将成为学界新的课题。然而,无论何种讨论,都必须进行实际的利益衡量,并重新审视其与抵押权说之间的关系。包括是否需要通过立法解决在内,今后学界对让与担保的讨论能够迈上新的台阶,相信这也是米仓教授的殷切期待吧!

■ **作者介绍**

米仓明

主要著作:除该书外,还著有『債権譲渡——禁止特約の第三者効』(1976年・学陽書房)、『所有権留保の実証的研究』(1977年・商事法務研究会)、『譲渡担保』(1978年・弘文堂)、『アメリカの家族——ボストン法学見聞記』(1982年・有斐閣)、『民法講義総則(1)私権・自然人・物』(1984年・有斐閣)、『プレップ民法』(1986年・第3版1998年・弘文堂)、『所有権留保の研究』(1997年・新青出版)、『担保法の研究』(1997年・新青出版)、『信託法・成年後見の研究』(1998年・新青出版)、『特別養子制度の研究』(1998年・新青出版)、『家族法の研究』(1999年・新青出版)等。

简　　历:1934年(昭和九年)生,毕业于东京大学法学部,曾任北海道大学、东京大学教授,现任早稻田大学教授。

---

① 最高裁判所平成六年(1994年)2月22日判决,《最高裁判所民事判例集》第48卷第2号,第414页。

② 高裁判所平成八年(1996年)11月22日判决,《最高裁判所民事判例集》第50卷第10号,第2702页。

3-10　竹下守夫 312

《所有权保留与破产、公司重整》

（收录于《担保权与民事执行、破产程序》，有斐阁，1990年；初次发表于《法曹时报》第25卷第2、3号，1973年）*

评议人　小山泰史（摄南大学）

所有权保留买卖中的买受人或者出卖人进入破产、公司重整程序的场合，对其各自的地位，该文主张贯彻所有权保留的担保权构成，对实务产生了极大的影响。

1. 该文发表前关于本课题之学界状况

（1）在动产信用买卖中，虽然买卖标的物交付给了买受人，但是在买受人付清全部价款前，该标的物的所有权仍然由出卖人保留，这种宗旨的特约在实务中比较常见。即所谓的所有权保留买卖。买受人不支付价款时，出卖人可以期待以其所有权人的身份取回该标的物，并通过变价的方式收回未被支付的价款。当然，如果价款全部得以付清的话，标的物所有权即转移给买受人。

所有权保留，形式上是"所有权"保留给出卖人，买受人附条件取得所有权，而实际上却是以担保买卖价款之债权为目的。因为形式（买卖契约）与实质（担保）存在着一定的背离，所以解释上侧重点的不同，会导致其在法理构成、担保权的实行是否需要解除契约，以及在破产程序中标的物能否被取回等方面产生差异。

---

* 原文文献为：竹下守夫「所有権留保と破産・会社更生」，『担保権と民事執行・倒産手続』（1990年・有斐閣）所収，初出・法曹時報25巻2・3号（1973年）。——译者

（2）对于所有权保留在破产程序和公司重整程序上的处理，该文发表前的通说认为，买受人如果进入破产或者公司重整程序的场合，可以适用《破产法》第59条和《公司重整法》第103条之规定，出卖人的地位因管理人选择解除契约还是继续履行会有所不同。对于能否行使取回权之问题，出卖人能够行使取回权取回标的动产；但是在公司重整程序中，即使是通说，其内部也有两种完全不同的观点：一种认为只有在买卖契约被解除的场合才可以取回；而另一种则认为取回权的行使不以解除契约为条件。而在出卖人破产的场合，其在破产程序、公司重整程序上的处理与买受人破产的场合并无不同。即依据《破产法》第59条和《公司重
313 整法》第103条之规定，管理人有权选择解除契约或者继续履行债务，而买受人的地位则完全被这两种选择的结果所左右。

需要事先说明的是，本文以下的讨论仅限于在解释上存在争议的买受人破产的场合。此外，关于所有权保留的研究，还有神崎克郎的《所有权保留买卖及其发展》。[①] 这篇论文不仅对所有权保留的实体关系，也对其与强制执行、破产的关系做了先驱性研究。

2. 该文的内容及其在学界之意义

（1）根据上述学说，在所有权保留买卖中，出卖人可以享受到超过只单纯设定担保而保留所有权的更为有利的结果，该文在此基础上，展开了与让与担保同一方向[②]的解释论。

首先，在买受人破产的场合，因为出卖人已经履行了自己的

① 神崎克郎：《所有权保留买卖及其发展》，《神户法学杂志》第14卷第3号，1964年，第483页，特别值得注意的是第527—533页。

② 最高裁判所昭和四十一年（1966年）4月28日判决，《最高裁判所民事判例集》第20卷第4号，第900页。在公司重整程序中，最高裁判所明确将特定动产的让与担保作为重整担保权进行处理。

债务，所以无法适用《破产法》第59条之规定。出卖人只享有别除权而没有取回权，这也说明其实际上仅享有担保内容的权利，这与其实体法上的地位也是相符的。但是，作为别除权的行使，出卖人可以向管理人请求用标的物的交换来替代清算金的支付，并将标的物折价而获得清偿（《破产法》第204条第1款）。

其次，在买受人接受重整的场合，与破产情况相同，无法适用《公司重整法》第103条之规定。该文发表前的通说认为，在与出卖人的关系上，管理人如果选择继续履行合同，未清偿部分的价款债权会被作为共益债权，如果没有先于重整担保权在程序外全额清偿的话，担保标的物就不能进入公司财产的范围内，这与其他担保物权的处理相比会产生显著的失衡。因此，该文主张将出卖人的保留所有权视为重整担保权，按照重整计划予以清偿（《公司重整法》第123条、124条）。但是，与破产有所不同，重整程序之外的权利行使是被禁止的。

再次，出卖人在破产、重整程序开始前，如果有效地取得了法定或者约定解除权，在程序开始后，并不妨碍其对管理人行使该权利。但是，如果把导致启动破产、重整程序开始所必须经过的事实（申请破产、重整以及停止支付等）约定为解除权发生原因（或者当然的解除原因）之特约（重整申请解除特约等），客观上存
在债权人通过与债务人达成合意，意图事先夺取原本属于破产财 314
团或者重整标的财产，并且该财产构成总债权人的共同担保或者企业重建的物质基础时，那么它在破产、重整的程序上就是无效的。

（2）所有权保留买卖中的担保标的物是一种商品，它属于出卖人的经营对象，出卖人对此拥有丰富的知识和买卖途径，比起拍卖等其他变价方式能够得到更有利的价格，作者对这一点十分

重视。因此实体法上，如果买受人怠于支付分期价款时，出卖人有权以任意方式将标的物变价，并用所得价款来填补未被支付之价款；为此，还可以要求买受人返还标的物。如果债权消灭之后还有剩余价款，出卖人则应将其归还买受人（清算义务）。

上述解释论的基础存在这样一种认识，即出卖人所享有的并不是一种完全的所有权，它因买受人附条件的所有权（物权性期待权）而受到了物权性限制。在该文发表前，学界虽然也有这种认识，但只是从所有权保留所具有的担保功能的实体法层面进行了强调，而对破产程序中出卖人能够行使什么样的手段，解释论上则没有意识到也没有展开相应的研究。但是，该文指出了这一点，并首次对实体法上的担保构成在实际破产程序中应该如何贯彻（破产法上担保权人的地位和立场）作出了回答。

3. 其后学界之发展

（1）最高裁判所昭和五十七年（1982 年）3 月 30 日判决①采纳了该文所提示的解释论，判定公司重整申请解除特约无效。包括该判决的判决理由在内，该文所提示的破产程序上的所有权保留之解释论，对其后的裁判实务产生了极大的影响（事实上，该文发表后，致力于否定所有权构成而采担保权构成的下级裁判所判例在不断增多）。以上述昭和五十七年（1982 年）最高裁判所的判决为标志，该文奠定了其在学界的通说地位。

（2）其后，学界对所有权保留出卖人在重整程序中的地位认定为重整担保权人，尤其是在重整失败而导致破产的场合，由于标的物被使用导致其价值显著下降的情况比较多，因此有学说主

① 最高裁判所昭和五十七年（1982 年）3 月 30 日判决，《最高裁判所民事判例集》第 36 卷第 3 号，第 484 页。

张应给予特别保护。[①] 对于公司重整申请解除特约的效力，有观点认为可以认定为有效，同时须通过中止命令(《公司重整法》第37条)的方式加以应对。[②] 最近，有学说在该观点的基础上进一步认为，原则上可以承认所有权保留出卖人的取回权，但是在综合考虑已支付价款的比例，标的物对企业重建的必要性，以及出卖人连锁破产的危险性等因素的情况下，可以限制其对取回权的行使；而重整申请解除特约作为担保实行的特约也可以有效。[③] 值得注意的是，在这些见解中，出卖人债权回收方式仅限于所有权保留特约中权利的私的实行(通过归属清算的方式来恢复标的物的所有权)，"解除"也并非是本来的解除，而是意味着对所有权保留特约中权利的实行。 315

(3) 无论如何，该文在所有权保留的解释论方面，尤其是在向担保权构成转换这一点上具有划时代的意义，其在裁判实务和学说发展等方面为学界所作之贡献应当给予高度评价。

■ **作者介绍**

竹下守夫

主要著作：除收录了该文的上述著作外，还著有『不動産執行法の研究』(1977年・有斐閣)、『民事執行法の論点』(1983年・有斐閣)、『民事執行法における実体法と手続法』(1990年・有斐閣)等。

---

① 米仓明：《非典型担保法的展望》(下)，《法学家》第732号，1981年，第91页；伊藤真：《昭和五十七年最高裁判所判决判例批评》，《民商法杂志》第87卷第5号，1983年，第102页；霜岛甲一：《判例批评》，《法学家》第792号，1983年，第151页。

② 米仓明：《非典型担保之破产法上的问题点》(3—4)，《新商事法务》第175号，1978年，第18页以下；第176号，1979年，第22页以下。氏著：《所有权保留研究》，商事法务研究会，1977年，第291页以下。

③ 道垣内弘人：《买受人破产情形下对动产出卖人的保护》(6)，《法学协会杂志》第104卷第6号，1987年，第888页以下；后收录于氏著：《买受人破产情形下动产出卖人的保护》，有斐阁，1997年，第269页。

简　　历：1932年(昭和七年)生，毕业于东京大学法学院，曾任立教大学、一桥大学教授，现任骏河台大学教授[其著作、履历请详见一橋論叢117卷1号(1997年)]。

第4章

债权总论

318 第 4 章　债权总论

4-01　序论

池田真朗(庆应义塾大学)

1. 序

本章讲述的债权总论与债法各论相比,抽象度更高、理论性更强。而且,从罗马法初期开始的时间跨度来看,债权与所有权等物权相比,它是一种形成比较晚、后发的权利。但是,正如我妻荣的《债权在近代法中的优越地位》(请参见本书 4－02)等著作所阐明的那样,近代以后债权在交易社会中已经具有了凌驾于物权之上的重要性。并且,在现代民法中,债权总论部分的规定和担保物权部分的规定一样,与债权回收、债权管理等交易实务中的利益得失紧密相关,所以对于从事企业法务的人来说,债权总论已经成为最重要的部分了。

在这种情况下,可以说债权部分的理论是随着现代化的进程高速发展起来的。因此,概括这部分的学说史时,我们发现债权总论部分从时间序列上看存在多视角、多样化的研究成果。

所以,通过全体编作者的合意来选定收录成果存在很大的困难。于是,我们采用了与债权总论部分的条文结构以及讲学上的分章论节相对应,均衡各个领域来收录成果的标准。因此,以下介绍的研究成果中不仅有明治时代的研究成果,也存在最近的研究成果。但是我们选择的这些研究成果都是该领域中具有划时代意义的研究，或者是唤起了新一轮讨论的研究，以及集大成的研究。然而，对于初期的民法学者，该书也存在以学者为选择标准的部分。但是这只是少数。对于这些学者的研究成果的选择，由于存在与其他领域的协调关系，所以如果收录的论文中有如今评价并不太高的论文，或者与作为民法学者的作者其声望不相匹配的内容的话，还请见谅。

刚才我们说到“从时间序列上看存在多视角、多样化的研究成果”，但是如果横向来看债权总论各部分的话，我们会发现在我国研 319
究的深化时期偏差很大。例如，关于诈害行为的撤销权，从明治末年开始就存在大审院的著名案例，而且还有相对应的学说变迁，昭和三十年代又出现了新的学说（“责任说”），可以说已经追溯民法典制定百年的大部分学说史了。不过，这样的领域在债权总论中并不多见。相反，也存在正式的学说史的发展仅有二三十年的领域，其中最显著的例子是债权让与。原本，从民法的两大权利转移的观点来说，关于《民法》第467条所规定的债权让与的对抗要件和关于《民法》第177条所规定的不动产物权变动，两者具有同等程度的研究成果也并不是不可思议的事情，但是众所周知，关于第177条的研究成果从很久以前就已大量存在，与此相比，关于第467条的对抗要件的结构的正面讨论在昭和五十年代以前并未出现（虽然很久以前就开始了关于第468条债权让与债务人的无异议承诺的讨论，但是这与对抗要件的本质论并不同）。除此之外，例如对于代位偿还的正式讨论也是在昭和四十年代以后才出现的。

之所以会出现以上现象，我想不仅是由于债权与物权相比其重要性是后来逐渐提高的缘故，而且也与我国民法学在大正时期到昭和前期研究德国民法学的兴盛有关。由于篇幅上的原因，在此我不作详细论证。但是事实上，在我国民法典中，债权总论部分很多都参考了法国民法典的规定。上述的债权让与、代位偿还都是从法国民法、历经“博瓦索纳德旧民法”被纳入现行民法典中的。对于债权让与，由于德国民法典本身就没有采用对抗要件主义，所以对于《民法》第 467 条的对抗要件的解释论并不能从德国民法学中得到任何启示。

当然，也存在较早时期就开始被研究的以法国法为母法的领域。该书中所收录的松坂佐一的《债权人代位权研究》(请参见本书 4－11)就是其中之一。但是，这种例子很少。

从这个意义上来说，也存在虽然没有入选单独论文，但是在解释方法论上却仍具有划时代意义的作品。例如，星野英一的《法国民法对日本民法典的影响》(1)[①]。为什么这么说呢？因为这篇论文(虽然是以民法总论为中心的作品)在我国首次对各条文是以什
320 么外国法为母法的问题逐一进行了仔细分析，并且明确讨论了哪些条文受到了法国民法的影响。也就是说，从确定历史沿革及立法主旨(起草主旨)开始来进行条文解释论研究是从这篇论文开始的，它为后续的学者们(尤其是法国法系的学者)提供了很好的启示。

当然，编者并不是想要强调法国法在债权总论部分的重大影响。我想说的是，无论是德国法还是英国法，能够为日本民法提供最合适的参考材料的外国法才是最重要的，但是这一点在民法制定当初并未得到很好的实现。而且，在作为一般法、基础理论的债权论、责任论和请求权论等领域，外国法的参照并不局限于沿着各个规定的立法沿革将其反映到解释论上的情况。在本书收录的讨论中，对于这些一般论、基础理论，我们是把各个时代的

① 星野英一：《法国民法对日本民法典的影响》(1)，《日法法学》第 3 号，1965 年，第 1 页；后收录于《民法论集》(第 1 卷)，有斐阁，1970 年。

力作都收录进来了。

如此看来，债权总论是一个理论性很强的领域，但也正因如此，我国的民法学还未发展到百花齐放的阶段。在本书中，我们排除了 1990 年以后的作品，但是这些作品中也包括很多有魅力的中坚学者、年轻学者的作品。如果 10 年或者 20 年以后还有同样编著的话，我想这些学者的作品中肯定会有很多入选的（换句话说，对于债权总论中的各个制度的解释论的讨论，可以说在二战以前极少存在自成一说的作品）。

另外，在债权总论部分的作品中，存在讨论债权与债务本质的古典债权论、债务论，也存在关于伴随着交易市场的发展而产生的新债权交易的讨论，所以问题本身的性质是多样性的。因此，也存在在撰稿时是具有很高价值的作品，但在经过半世纪以后就完全褪色了的情况（一方面，随着交易市场的发展，论文的内容会陈腐化；另一方面，关于债权本质论、债权的社会功能的讨论反映了一个时代的潮流和意识形态，而后世对于这种“时代意识”的评价是会有所改变的）。在该书收录过程中，存在因为值得收 321
录而被收录的作品，当然也存在因为没有参考价值而被筛选掉的作品。这对于学者来说也是没有办法的。因为研究的价值一半是由时代来决定的。即使是历经了时代的变迁仍然保持了其价值的作品，事实上其价值也有可能是由后世来决定的。

然而，所有学者对研究一丝不苟的态度也是不争的事实。所以，希望诸位读者仔细查阅收录于此的各篇作品，从中领略各位学者的苦心和努力。况且，法学研究本身也不存在与以往的作品毫无关联的新发明与新发现。所以，应该说只有抱有“温故而知新”的态度，法学研究才能得到发展。

最后，作为编者，我想补充说明的一点是，也存在本来想收录在债权总论部分但最终被收录在别的部分的作品。例如，平井宜雄的《损害赔偿法的理论》虽然被收录在本书第 6 章的“无因管理、不当得利与侵权行为”部分，但是其对于债权总论的《民法》第 416 条的讨论（关于债务不履行的损害赔偿范围，它否定了通说的相当因果关系论），也应给予高度评价。

4-02　我妻荣 322

《债权在近代法中的优越地位》

(有斐阁,1953 年)*

评议人　池田真朗(庆应义塾大学)

该书指出了债权在资本主义发展中的重要性的提高,论述了从所有支配到金钱债权支配的转换,是具有划时代意义的论文集。而且,它在把经济理论导入私法学领域,以及奠定法社会学基础方面也具有很大的影响力。

1. 该书出版前关于本课题之学界状况

该书收录了我国民法学者中可以被称为最著名学者的我妻荣博士的四篇论文。这里处理的不是民法学中的某一课题,而是试图在资本主义社会的经济关系及其他社会关系的总体中来把握私法,具体讨论债权在资本主义的发展和金融资本的强化中其重要性的提高。作者尝试将马克思(Marx)和韦伯(Weber)的主张导入私法学中,并论及了私法学的方法论。

虽然该书出版于 1953 年,但是其收录的论文是作者于 1925 年留学归国以后的七年间所写就的,其中以"债权在近代法中的优越地位"为题的论文曾于 1929 年至 1931 年连载于《法学志林》上。从昭和初期这一时代背景来说,该书可以称得上是先驱性的预言书了。但是现在,其理论却不得不说已经过时了。

---

* 原文文献为:我妻栄『近代法における債権の優越的地位』(1953 年・有斐閣)。——译者

对于该书出版之前的学界状况，首先，就与“债权在近代法中的优越地位”为题的论文之关联性而言，不存在关注金钱债权的社会作用（即享有债权的人比享有所有权的人更具有支配性地位）的作品。而就与“有关私法之方法论的探讨”为题的论文之关联性而言，在末弘严太郎博士对鸠山秀夫博士的德国型纯粹法学进行激烈批判的时期，作者的目标是以在更广的社会现象中掌握法的形式来介绍和把握所谓法社会学的，确立足以经得住法社会学批判的德国型（鸠山型）私法学。

323 **2. 该书的内容及其在学界之意义**

作者在该书的序言中明确提出将以“伴随资本主义发达的私法变迁”为其终生研究的课题，并指出此课题由所有权论、债权论和企业论三部分构成。其中，作者在第1部分解说所有权论时做了如下记述：“自由的所有权因与各种契约的结合，而从支配外界的物资这一所有权本来的作用转化为支配他人的资本作用。这大体上是对应产业资本主义的时代。而我认为，从物质性支配权能中脱离出来的自由的所有权将因为为了发挥其资本性作用而利用的契约（债权）而逐渐被压倒，并走向功能性没落的命运。这就是债权在近代法中的优越地位。”“在第2部分的债权论中，首先必须追溯债权的内部变迁，即债权关系的非人格化足迹，阐明债权中自由进展的现象。这是与自由的所有权相结合、发挥资本性作用的条件。不过不久，金钱债权这一特殊债权就会逐渐崭露头角。物权担保制度的异常发达，有价证券、银行、证券交易所等新制度的创始打开了其发展的道路。而且，最终社会的全部经济组织会由金钱债权得到合理维持。这就是基于金钱债权的企业的支配，大体上是对应金融资本主义的时代。”

作者在此所提出的见解，即“基于金钱债权的企业的支配”等，虽然是过去马克思经济学的表述，但是作为考虑当时资本主义经济兴盛及其与民事交易法关联的记述，在内容上并无差错（不过，把“资本性作用”理解为“支配他人”这一点存在一定的局限性）。

最终，作者认为债权让与性的保障提高了债权的财物性，也基于此，曾经物的所有象征着经济的优越性，但是渐渐地享有债权之人就开始支配享有所有权之人了。而就债权的让与性，比起让与的要件而言，更重要的是从受让人保护的观点来进行分析。另外，对于受让人的保护形态，作者分析了①债权的成立及存在
的问题、②流通中的瑕疵问题、③债务的支付能力这三点。而且 324
在分析第①点和第②点时，添加了对票据债权、无记名债权的分析，在分析第③点时展开了对抵押制度的研究（请参见本书“担保物权”章，3－02）。

第2篇论文《所有权在资本主义生产组织中的作用——卡勒尔对资本主义与私法研究的巨大贡献》主要介绍了载于《马克思研究》（第一卷）中的卡尔·伦纳（卡勒尔为卡尔·伦纳的笔名）的论文。不过，从多少了解一点现代经济学的人来看，它仅仅显示了当时法学学者对马克思经济学的一种亲近感。但是在这篇论文中，作者写道：“在近代法中，学者所憧憬的动的安全保护，其实只是与资本阵营发展密切相关的一种现象而已。总之，明确资本作用不仅能知道债权在近代法中的优越地位，而且是发现、阐明近代法中所出现的很多新现象的钥匙。”作者在这一阶段已经把“动的安全之保护”设想为“近代法中学者的理想”。极端倾斜于交易的动的安全是我妻法学的一大特征（他的导师鸠山博士还只是停留在讨论“动的安全和静的安全的和谐”阶段），不过必须记

住作者是以这种价值基准作为先天前提的。因为它略带盲目地承认资本主义交易的发展和推动的价值，与把“公平、平等”作为民法中心理念之一的想法是不能并存的。

3. 其后学界之发展

（1）该书是一本掌握构想或者说动向的书籍，所以并未形成具体的学说。但是，该书对之后我国民法学界（广义的）法社会学的兴盛作出了巨大贡献。另外，就债权领域的解释论而言，作者倾力所述的关于民法上的票据债权、无记名债权的讨论之后并未在学界形成成熟的理论。因为与起草者的预想背道而驰，在之后的交易市场中，民法上的票据债权下的证券债权并未得到利用；相反，商法上的有价证券却被高度利用，于是证券债权本身的重要性也就降低了。当然，作者指出的有关民法的票据债权、无记
325 名债权的规定与商法上的有价证券的规定相比不够彻底、不够充分的批判（例如，票据债权也应该不以背书交付为对抗要件而为效力要件等）得到了於保不二雄博士等人的支持，一段时间内成为了通说。但是，对于这些批判，星野英一教授指出，应理解为起草者是规定了有价证券之前的介于指名债权和有价证券之间的中间债权。现在，此种见解颇受支持。

（2）那么，如果以即将迎接 21 世纪的现代债权的视角来评价作者所论述内容的话，应该作何评价呢？从结论而言，在昭和初期半预言性地指出债权对所有权的优越地位这一点是正确的，可以说这是作者的锐眼之处。但是另一方面，作者没有预料到的是“现代债权”得到了进一步发展。

具体而言，首先，基本处于我妻博士考虑之外的非证券债权的“指名债权”却作为财物得到了活用。在《债权在近代法中的优

越地位》中，涉及指名债权的只有两页。但是现在，梅谦次郎博士等明治民法的起草者们未曾料到能如此频繁被转让的指名债权虽然称不上辗转地流通，但是存在为了筹措资金而以指名债权的形式转让的情况。其典型例子是集合将来债权的转让担保和企业等作为直接金融的债权流动。也就是说，按照我妻博士的表述，债权的地位已经超越了所有权，甚至超越了金融资本（或者说摆脱了金融资本），达到了自律发挥作用、不断增值的程度。其次，有价证券的券面废止，即无纸化的问题。由于作为债权被频繁地转让、辗转流通，将债权付与纸面证券的有价证券的确如预想的那样得到了广泛的利用，并由此提高了债权的财物性。但是，在电子交易繁盛的今天，把权利载于纸上、以背书的形式进行转移的想法却成了累赘。虽然其足迹是无与伦比的重要，但我妻博士最终也成了时代之子。于是，该书中所阐述的我妻私法学也就印上了浓厚的时代特色。

■ **作者介绍**

我妻荣（参见本书 2－10）

326 4-03 石田文次郎

《财产法中之动的理论》

（严松堂，1928 年）*

评议人 赤松秀岳（熊本县立大学）

该书在由日耳曼法制史研究引导的德国民法学说的基础上，针对个人主义的日本民法，把交易安全的保护、诚实信用、团体主义的想法放在了对立的位置上。

1. 该书出版前关于本课题之学界状况

（1）石田对于民法典是对个人权利的保护这一基本观点，指出了其局限性。作为民法典前提的静的观察是一种抽象的、概念性的形式逻辑，而石田的动的观察是以从活生生的现实生活中吸取的实证性逻辑为基础的一种目的论。民法典在 1898 年施行后的前十年，只需适用其条款即可。但是在经历了日俄战争、一战以后，社会发生了巨大的变化，出现了很多民法制定时没有预想到的问题。于是，相对于个人主义，协同主义的想法越来越受到重视。例如，禁止权力滥用原则，诚实信用原则，劳动契约、租地租房契约等继续性契约关系，损害赔偿中的结果责任主义等。以上是围绕该书的时代状况。

（2）作为立足于团体主义的日耳曼法思想并反省个人主义的民法理论研究，在该书之前还有平野义太郎的《民法中的罗马法

* 原文文献为：石田文次郎『財産法における動的理論』（1928 年・巌松堂）。——译者

思想与日耳曼法思想》[①]。两者都论述了债务和责任的问题，因此石田和平野所关注的问题是互相重叠的。但是，从没有引用的部分来看，石田认为自己做了进一步的研究。另外，我妻荣的《债权在近代法中的优越地位》虽然被连载于 1929 年至 1931 年的《法学志林》上，但其考察对象也是作为财物的债权，所以他所关注的问题也和石田具有共同性。除此之外，还有提出结果责任扩大论并把有关这个问题的国内外研究进行了全面考察的冈松参太郎的《无过失损害赔偿责任论》[②]。石田自己也承认他是以此书为依据的。由上可知，该书反映出了两次世界大战之间的时代思潮（也有人指出石田的团体主义与纳粹法学有密切关系）。

2. 该书的内容及其在学界之意义 327

(1) 该书第 6 章讨论了“债权的本质和责任”的问题。通过日耳曼法制史的研究来阐明债务和责任的二元论，把自然债务看作无责任债务，把担保物权纳入物的责任，把有限责任看作债务和责任的不一致。这些在解释论上都取得了很大的发展。但是，石田认为，承认债务和责任的二元论本身并非问题之所在，在现代债权中，阐明债务和责任是如何联系在一起的才是问题之所在。

那么，债权的终极目的是什么呢？那就是石田所说的给付结果的发生。而给付行为只是它的手段。石田认为，只有这种目的论的债权的处理方式才具有现代性。“对于取得了生产性、投资性的最近的债权观念，尤其不能无视其目的。”从这个观点来看，债权人的给付受领权(Bekommensollen)居于债权理论构成的中

① 平野义太郎：《民法中的罗马法思想与日耳曼法思想》，有斐阁，1924 年。
② 冈松参太郎：《无过失损害赔偿责任论》，有斐阁，1916 年。

心地位。然而，如果只是单纯地等待债务人自发地按照约定履行给付行为的话，那么债权目的的达成就只是一种单纯的预期。而让其必然化、现实化的是责任。在不允许自力救济的今天，债权人通过国家独占的强制力的行使，换句话说，只能通过诉讼的方法，从债务人的财产中强制取得和给付受益权同价值的财产。另一方面，石田认为，能够发动国家的这种强制力的力量归根结底来自于作为私权的债权关系[请参见对索姆(Rudolph Sohm)的债权无力(Ohnmacht)论的批判]。

石田用橘子作比喻来说明以上的问题。比方说，债权关系是一个橘子。债务是橘子的果肉。一旦在债务不履行的情况下，债权人通过国家的强制力所取得的责任仅是橘子的外皮。果肉和外皮虽然在概念上是有区别的，但是事实上就像一个橘子那样，两者是一体不可分的。而且，在市场上被交易的是带有外皮的橘子。石田认为，这个用责任的外皮紧紧包裹的橘子的比喻，也反映了我妻所着眼的债权作为一种财物被交易的现实。给付义务只是一种单纯的债务(Leistensollen)的说法，只具有道德性意义。
328 债权作为一种法律关系，以债务人的总财产为保证，债权实现以国家为保障。而之所以形成这种观念，是因为债权穿着“责任的外衣”。石田道破了“只有有责任的债务才是法律上的债务”。

(2) 该书第7章以“信赖利益的赔偿论”为题。石田试图把信赖利益的损害赔偿原理作为民法上的各种损害赔偿的根据。石田认为，有效产生的债务必须根据诚实信用原则来履行，然而诚实信用原则并不仅适用于债权关系有效成立的情况，也适用于法律关系的成立与终了。所以，对于事实上无效或者已经终了的法律关系，因为信赖其有效成立，或者信赖其依然存在而受到损害的赔偿责任，必须通过侵权和违约两种不同的制度来得到认可。

这就是信赖利益的赔偿责任。

信赖利益(消极利益)必须与履行利益(积极利益)相区别。后者是指无侵权行为情况下的财产增加或者无违约行为债务如约履行情况下产生的财产利益。而前者是指虽然法律关系无效但是由于信赖其有效成立而遭受的财产减少。包括积极损害(例如,由于信赖契约有效而支出的交通费、调查费、材料费、公证人的手续费、包装费、运费、保险费、库存费、关税、小费、各种设备费)和消极利益(例如,由于信赖契约有效而拒绝了其他契约的要约,由此丧失了缔结其他契约的机会而遭受的利益损失)。

石田在讨论了关于信赖利益的损害赔偿的罗马法法源、德国普通法时代的学说[尤其是鲁道夫·冯·耶林(Rudolf von Jhering)的契约缔结过失责任,在把契约缔结中的过失抽象化的基础上,将责任普遍化,使过失发展为客观的、社会性的、抽象的过失,可以说非常接近无过失责任了]、普鲁士普通邦法(Allgemeines Landrecht für die preussischen Staaten)和德国民法典的制度之后,作为对于日本民法的解释,将无权代理人的责任、出卖人的瑕疵担保责任(石田认为它是基于给付的原始性客观性部分履行不能而产生的契约的部分无效)、契约解除时的损害赔偿等作为信赖利益的赔偿责任来进行处理。同时,石田寻求意思主义和表示主义的协调,以及交易安全保护的根据。石田把德国学说恰当地变为自己的东西,批判德国学说没有找到信赖利益的赔偿责任的 329
根据。但是,对于石田自身在挖掘其根据方面取得了多大的成功也存在各种评价。

3. 其后学界之发展

(1) 首先,从全体上来看,石田阐述的个人主义的民法受制于团体本位的法原理的想法，与我国民法学者的代表我妻的思想具有并行性。另一方面，石田所主张的动的安全的保护以及团体与社会本位的思想仅仅指出以牺牲个人利益、重视一般交易安全为前提，却没有解答为何个人利益必须作出牺牲这一归责问题。

（2）其次，关于债务和责任，石田认为，依靠债务人的自发性履行的债务仅具有道德性意义，债务关系足以成为法律上的关系是因为强制的起因存在于责任之中（橘子是因为其果肉被外皮牢牢保护住了才得以在市场上交易）。时至今日，石田关于债务和责任关系的这种见解，仍然与把责任解释为债务效力的学说、把债务等同于责任的学说并驾齐驱。但是，另一方面，也可以说它也仅仅只是一种观点。总之，石田的影响力在于他提出的这个问题引发了后世诸多的讨论。

（3）最后，关于信赖利益的赔偿责任论，石田认为，它是指因不知契约无效而遭受的损害之赔偿。此后，信赖利益的损害赔偿这一观点与出卖人瑕疵担保责任相关，作为对买受人因不知标的物存在瑕疵而遭受的损害所作的赔偿的观点被继承了下来（柚木）。但是，之后，随着否定特定物教条、将瑕疵担保责任作为债务不履行构成的见解的登场，使得这些观点被颠覆了。

■ 作者介绍

石田文次郎（参见本书 2－25）

4-04　仁井田益太郎 330

《任意债权》

(《法学协会杂志》第 35 卷第 7 号,1917 年)*

评议人　尾岛茂树(金泽大学)

该文根据补充权的所属将任意债权分为两类,并明确了补充权的法律性质,推动了学界对任意债权法律性质的讨论。

1. 该文发表前关于本课题之学界状况

(1) 旧民法在"财产编"里设置了关于"任意义务"的规定,"尽管债务人负有某种债务,但如果其可以以其他债务来免除此债务的话,那么此债务为任意义务"(第 436 条)。受其影响,现行民法在立法过程中,当初是在"第 3 编人权・第 1 章总则・第 2 节债务的变体"的"第 2 款任意债权"中规定了任意债务。① 对此,矶部四郎提出了"因为任意债权数量较少,所以应该取消这条规定,根据契约自由原则来处理"的方案。但是最终,此取消案被否决,而是设置了关于任意债务的规定。② 之后,在审议将"债务的变体"修改为"多数当事人的债权"时,富井政章提出"任意债务仅仅是代物偿还预约的一种,所以应将关于任意债务的规定从起草条文中

---

* 原文文献为:仁井田益太郎「任意債權」,法学協会雑誌 35 巻 7 号(1917 年)。——译者

① 日本学术振兴会:《民法总会会议记录》(1・上),第 100 页;商事法务研究会:《法典调查会民法总会会议记录》,日本近代立法资料丛书,1988 年,第 1254 页。

② 日本学术振兴会:《民法总会会议记录》(1・上),第 107 页以下;商事法务研究会:《法典调查会民法总会会议记录》,日本近代立法资料丛书,1988 年,第 58 页以下。

删除”。对此，其他的委员未提出任何异议。[①]

（2）也许是受立法过程的影响，民法典颁布后，任意债务是代物偿还预约的意见成为了学界的通说。[②] 但是，此通说只是将债务人有补充权的任意债权作为考虑对象来进行讨论，并未将债权人有补充权的任意债权纳入讨论范围。填补此空缺的是石坂音
331 四郎。石坂阐明了任意债权可以根据补充权的所属区分为两种，提出了与从前的通说即“债务人有补充权的任意债权是代物偿还预约”不同的见解。[③] 不过，石坂仍然将阐述任意债权和选择债权的差异作为其讨论的重点，而并未深入研究补充权的内容。

2. 该文的内容及其在学界之意义

（1）该文首先根据是债务人享有补充权还是债权人享有补充权的问题，将任意债权区分为两种，并在此前提下，详细说明了阐明补充权的性质对阐明任意债权性质的重要性。即①如果没有补充权就不是任意债权；②补充权并非独立的权利，而是附属于债权人的权利、债务人的义务；③补充权支配债权人和债务人之间的关系；④补充权（尽管债权人的补充权和债务人的补充权存在些许差异）是变更债权目的的一种形成权；⑤补充权只存在于特定的给付中。

其次，该文认为，债务人享有补充权的任意债权只是赋予了

---

① 日本学术振兴会：《法典调查会民法会议记录》(19)，第3页以下；商事法务研究会：《法典调查会民法会议记录》，日本近代立法资料丛书，1988年，第33、149页。

② 例如，冈松参太郎：《民法理由·债权编》，有斐阁书房，1899年第9版，第38页；梅谦次郎：《民法·债权第1章总则（完）》[法政大学明治三十九年(1906年)第一学年讲义录]，《日本立法资料全集》(别卷20)，信山社，1996年，第119页；氏著：《民法要义》卷三《债权编》，法政大学，1911年第32版，第30页。

③ 石坂音四郎：《日本民法·第三编债权》(第一卷)，有斐阁，1911年修订第2版。

债务人不变更债权目的、单纯地偿还与其原本目的不同的给付的同一效力而已。并且否定了关于债权人享有补充权的任意债权之性质界定的“债务人未经债权人同意享有代物偿还说”和“代物偿还的预约说”。其理由是，代物偿还需要债权人的同意，任意债权的给付是偿还，而代物偿还并非偿还本身。最后，论文还讨论了以下几点：①如果债务人仅仅表示应该用其他的给付来偿还的话，那么其意思表示不能拘束债权人、债务人；②即使债务人提前表示应该以原本的目的来给付，补充权仍然存在；③在原本目的的给付从一开始便无法实施的情况下，即使可以实施其他给付，也不产生债权关系。与此相反，其他给付无法实施并不影响债务关系的存在；④即使债务人在不知补充权存在的情况下实施了原本的给付，也不能请求给付的偿还；⑤债务人负有补充权的举证责任。⑥债权人只能对以原本的目的所作的给付提出诉讼，要求强制执行。

最后，该文对债权人享有补充权的任意债权做了以下总结，
即债权人基于请求非债权原本目的之给付可以变更债权的目的。332
同时，关于债权人享有补充权的任意债权之法律性质，该文否定了当时德国的学说，即“在以某给付为目的的第一债权以外，存在以其他给付为目的的附有停止条件的第二债权说”和“在以某给付为目的的第一债权以外，存在以其他给付为目的的附有解除条件(第一债权达到目的)的第二债权说”。其理由是，补充给付完全在债权关系的范围之外。同时，它也否定了“债权人享有补充权的任意债权是选择债权说”，认为两者之间存在显著的差异。最后，论文还讨论了以下几点：①即使债权人提前向债务人表示其选择非原本目的之给付，由于其意思表示不能拘束债权人、债务人，所以债务人依然负有给付债权目的之债务。债权人如果请

求其他给付，债务人必须履行，所以债权人的补充权只是一种请求取代债权原本目的之给付的权利。②即使债权人请求债权原本目的之给付，补充权仍然存在。③在以原本目的之给付从一开始便无法实施的情况下，即使其他给付可以实施，债权关系也将消灭。与此相反，其他给付无法实施并不影响债务关系的存在。

（2）该文改变了从前将任意债权的重点放在其与选择债权的差异而未进行深入讨论的状况，阐明了补充权的法律性质，促进了学界对任意债权法律性质的讨论。

3. 其后学界之发展

“任意债权虽然以某一特定的给付为目的，但是债权人、债务人仍然享有其他给付的权利（代用权/补充权）。但首要的给付是原本目的，其他给付只处于补充性地位。在这一点上与选择债权不同”[①]，对此学界并不存在异议。由此，债务人享有补充权的任意债权是代物偿还预约的学说销声匿迹，而主张其是一种特别的债权的学说占了支配性地位。但是，一部分学者认可第三者享有补充权的任意债权，也有的学者对关于任意债权的法律性质的支配性见解提出了异议，但是并未进行理论上的详细讨论。所以，可以说在仁井田论文之后，学界关于任意债权的讨论并未取得很
333 大的发展，或许是因为仁井田论文已经达到了一定的高度，也有可能是因为在民法典中不存在关于任意债权规定的缘故。

4. 仁井田益太郎的经历

仁井田一开始从事检察官、法官工作，专业是民事诉讼法。

① 我妻荣：《新订债权总论》，岩波书店，1964年。

后来因为从事民事诉讼法的研究去海外留学，之后在京都大学、东京大学从事民事诉讼法教学工作。同时，他还担任过民法典起草委员助手，在东京帝国大学也教授民法课程，出版发表了多部民法著作和多篇论文。因此，可以说，仁井田是难得的精通实体法和程序法的学者。

说明：(1)在各文献中存在用语的不统一，例如有将债权人享有补充权的称为任意债权，将债务人享有补充权的称为任意债务区别使用的，也有将两者统一称为任意债权或者任意债务的。在用语上，存在论文发表时代背景的问题，本文遵从仁井田论文的用语，介绍时尽量不使用“任意债务”，无论补充权的所属，统一称为“任意债权”，必要时表示出补充权的所属。

(2) 变更成其他给付的权利称为“补充权”或“代用权”。本文遵从仁井田论文的用语，称为“补充权”。

■ 作者介绍

仁井田益太郎

主要著作：除该文外，还著有『帝国民法正解 第 1 巻—第 4 巻』(合著)(1896 年・日本法律学校)(復刻版 1997 年・信山社)、『民事訴訟法要論 上下』(1907 年・有斐閣)、『民事訴訟法大綱』(1913 年・有斐閣)、『親族法相続法論』(1915 年・有斐閣)、『旧民法』(編・解題)(1943 年・日本評論社)等。

简　　历：1868 年(明治元年)—1945 年(昭和二十年)，毕业于帝国大学法科大学，历任京都帝国大学、东京帝国大学教授。

334 4-05 石田喜久夫

《自然债务论序说》

（成文堂，1981 年）*

评议人 大岛俊之（神户学院大学）

该书的原作是《自然债务研究》（大阪府立大学经济研究丛书，1967 年），是石田的处女作。可以将该书定位为横跨罗马法至现代的关于自然债务的法思想史之研究。

1. 该书出版前关于本课题之学界状况

（1）在外国民法中，有对自然债务作出规定的例子。例如，法国《民法》第 1235 条第 2 项就对自然债务作出了明确规定。另外，第 1340 条、1906 条和 2012 条被认为是承认自然债务的规定。

德国民法虽然没有使用“自然债务”这一用语，但是也被认为其默认了自然债务的存在（请参见第 814 条）。

（2）回顾我国民法的起草过程，博瓦索纳德对自然债务作出了具体规定（“博瓦索纳德民法草案”第 586—600 条）。关于“博瓦索纳德民法草案”，请参见大岛俊之的《博瓦索纳德的自然债务论》[①]一文。旧民法也对自然债务作出了详细规定（旧《民法·财产编》第 562—572 条）。

但是，在现行民法的起草阶段，不对自然债务进行规定的方针被采纳，其结果便是在现行民法中无法找到关于自然债务的规

---

* 原文文献为：石田喜久夫『自然債務論序説』（1981 年·成文堂）。——译者

① 大岛俊之：《博瓦索纳德的自然债务论》，《神户学院法学》第 22 卷第 3、4 号，1992 年。

定了。①

(3) 在我国学说中，关于自然债务的讨论也并不是很活跃。不过，还是可以找到在该书之前的关于自然债务的文献（相关文献，请参见原书第 11—12 页）。这些文献，主要介绍了罗马法、法国法以及德国法的相关讨论，论述了各自的学说。

通常，"自然债务"这一用语的意思是指："债权人不能提起诉求，但是债务人在任意履行的情况下产生有效偿还效力的债务。" 335
但是，也有将包括"无责任债务"的不完全债务称为自然债务的主张，还有认为使用自然债务的概念有害无利的主张。

2. 该书的内容及其在学界之意义

(1) 该书的原作《自然债务研究》是石田发表的第一本著书。《自然债务研究》分为七章。第 1 章序，第 2 章奴隶的债务，第 3 章赤裸的合意，第 4 章消灭时效和债务，第 5 章受不当免责判决的债务人，第 6 章超过限制利息的法律性质，第 7 章补论。《自然债务论序说》插入了以"非债偿还和自然债务"为题的第 7 章，并在末尾处以附论的形式附加了五篇短论文。接下来，根据其原作《自然债务研究》来介绍该书的内容。该书以罗马法及德国法为中心，也涉及法国法和意大利法。

(2) 第 1 章阐明了石田关于自然债务的问题意识。"我认为即使在严格区分法和伦理的前提下，所谓自然债务这样的法现象也是存在的。""在平稳的、变动甚少的社会中，一般的意志和个别的意志也许并不冲突，但是在如今这种日新月异的社会中，两者

---

① 关于现行民法的起草过程，请参见大久保邦彦：《自然债务否定论》，《奥田昌道先生还历纪念：民事法理论之诸问题》(上)，有斐阁，1993 年。

不断地显示出其矛盾，而以特殊政策为基础的大多数制定法，其本身在很大程度上违反了致力于约定必须遵守（pacta sunt servanda）原则的各个具体的意志……所以应该存在自然债务性的社会关系。”

第 2 章，就“奴隶的债务”，在介绍德国学说的基础上讨论了罗马法。“自然债务概念是随着奴隶在经济社会中地位的上升，由罗马法律界人士所创，主要是为了尽可能地实现奴隶法的变革与市民法的和谐。而其作为法学概念解释时，那些由于种种理由缺乏效力的债务，一概被定义为自然债务了。”

第 3 章讨论了原本需要某种方式而当这种方式欠缺只存在合意时的问题。从罗马法说起，涉及德国法和意大利法。这部分
336 关于赠予书面的讨论具有一定的参考价值，但是石田对《民法》第 550 条的解释并不感兴趣。

第 4 章讨论了诉讼时效期间届满后的债务的效力。以德国的学说为中心，论及了普鲁士普通邦法、法国民法、德国民法以及我国的学说和判例。“对于如何对待时效完成的债权，可以说是有关重视公益还是重视当事人的意志与当事人间的公平的政策性的问题。”“问题是，在现时的人们的意识里，对于在普遍（公益与正义）和特殊（当事人之间的意志与公平）这两个极端之间浮动的钟摆具体停在哪个位置上，必须作出决定……”

第 5 章以罗马法为素材，介绍了德国学者费恩（Fein）和波滕（Porten）两学说的对立，考察了自然债务和诉讼的关系。作者设想了以下极其罕见的事例，并对其发表了见解。债权人在诉讼中因为证据方法不足的原因败诉，但在判决确定后债务人却偿还了债务，然而后来债务人又改变了主意，要求债权人返还其偿还的债务。“一事不再理原则（既判力的根据）不仅仅是对当事人，也

是对所有社会成员的要求。但是也不能否认此原则造成了各个当事人之间的不公平。我认为在这两个要求之间漂流的正是自然债务论。”

第 6 章讨论了《利息限制法》第 1 条的解释。该法第 1 条第 1 项规定利息超过限制的部分无效;第 2 项规定债务人任意支付超过部分利息时,不得请求其返还。在此,作者把超过限制的利息的性质定性为自然债务,并对其解释论展开了讨论。

关于第 7 章,笔者引用以下两段颇有意思的文章。“自然债务发源于古罗马法中奴隶及手下所缔结的契约之债务,包括缺乏方式的契约中的债务、时效完成的债务等。后来又因为《查士丁尼法典》的编撰而使其灌溉流域显著拓宽。而在近代,其依旧作为滋养法典沃野的伏流存在。这是我经过以上考察得到的感想。”

“最后存在一种趋势,即在国家强制中看法的本质,将法仅仅视为裁判规范,却试图探寻解释学、实用法学之基础。对此,我也想通过本书提出小小的疑问。”

3. 其后学界之发展 337

(1) 奥田昌道撰写了关于该书的书评[①]。奥田对该书作出以下评论:“在讨论自然债务时,如果作者没有清楚地意识到是站在法解释学的立场还是站在法社会学/法哲学的立场来处理,就会导致讨论的焦点模糊、论点分歧,变成没有结果的讨论。石田氏的研究在这一点上感觉有些不明确(把法社会学/法哲学分析作为重点,但又不时地露出解释论的面目来。而作为解释论,在论

---

① 参见《法律时报》第 40 卷第 2 号,1982 年,第 102 页。

证和结构上都存在很多缺点)。

“贯穿石田氏整体研究的基调是所谓的尊重当事人意志的‘意志论’,倘若如此,是不是就必须确定‘意志论’所能涵盖的范围(Tragweite=射程范围)呢?”

(2) 作为有关自然债务的我国的民法解释论,该书的影响并不是很大。直截了当地阐明这一点的是最近的年轻学者的研究[①]。作为日本法的法解释论,大久保从重视制定法抑或立法者的基本决定的立场,对自然债务否定论展开了缜密的讨论。

(3) 该书对自然债务论的意义在于其关于罗马法及德国法的思想史研究。即使是实定法的研究者,在年轻时通过对罗马法的深入研究来锻炼自己的思想是民法学从古至今的传统。该书就是进行这种锻炼的硕学的处女作。

■ 作者介绍

石田喜久夫

主要著作:除该书外,还著有『物権法』(1977 年・日本評論社)、『物権変動論』(1979 年・有斐閣)、『現代の契約法』(1982 年・日本評論社)、『民法研究第 1 巻—第 9 巻』(1980—1990 年・成文堂)、『民法の常識』(1993 年・有斐閣)等。

简　　历:1928 年(昭和三年)生*,毕业于大阪大学法经济学部,历任大阪大学讲师,大阪府立大学、神户大学、京都学园大学教授[其著作、履历请详见石田喜久夫=西原道雄=高木多喜男先生還暦記念・上『不動産法の課題と展望』(1990 年・日本評論社)]。

---

① 大久保邦彦:《自然债务否定论》,《奥田昌道先生还历纪念:民事法理论之诸问题》(上),有斐阁,1993 年。

* 石田喜久夫已于 2001 年去世。——译者

4-06 好美清光 338
①《基于债权的排除妨害之考察》
(《一桥大学研究年报·法学研究》第2号,1959年)
②《物之权利(Jus ad rem)及其逐渐消灭——特定物债权保护强化的一个剖面》
(《一桥大学研究年报·法学研究》第3号,1961年)*

评议人 松尾弘(横滨国立大学)

上述论文通过对基于债权的排除妨碍请求的比较法考察,以及对特定物债权法律保护的变迁的法史学分析,阐明了各种债权的对外效力、区别物权和债权的意义,以及立足于相关实体法规整体结构的债权保护的法结构的应有状态。

1. 两文发表前关于本课题之学界状况

(1) 如果把物权和债权各自定义为绝对权和相对权的话,那么债权人对于妨碍债权实现的债务人以外的第三人便无法直接请求其排除妨碍。但是,问题是随着各种债权保护要求的增多,对于这样的第三人,是不是可以在法解释论上以某种法律构成来请求排除妨碍呢?

(2) 在论文①发表之前,学界对于基于债权的排除妨碍的可否鲜有讨论。从民法典制定后不久的明治时期开始,就存在以债权的对世权性和不可侵权性为由,肯定基于债权侵害的侵权行为

* 原文文献为:好美清光「債権に基く妨害排除についての考察」,一橋大学研究年報·法学研究2号(1959年);「Jus ad remとその発展的消滅——特定物債権の保護強化の一断面」,一橋大学研究年報·法学研究3号(1961年)。——译者

成立(金钱赔偿)的学说。作为其理论性补充,1914 年的末弘论文将权利的性质区分为”排他性“和”不可侵性“,指出前者属于物权的固有属性,而后者对于债权也是通用的,从这个意义上来说债权也是绝对权。这个观点也被判例[①]所采用。大审院大正十年(1921 年)10 月 5 日所作出的判决[②]更进一步认为,肯定基于专用渔业权的租赁权的排除妨碍从权利性质上来说是理所当然的。对此,末弘表示赞同,[③]之后的判例也采取了同样的见解。

但是,对于由此形成的一系列的不可侵性理论,也存在反对意见。例如,主张把加害人的故意和过失也作为要件的“柚木
339 说”、“松坂说”,主张不动产租赁权等利用权性债权只要取得占有(公示方法)就可肯定其物权化的“我妻(旧)说”,主张对于租赁权及雇佣契约上的雇主的债权需要以加害人的故意为要件的“吾妻说”,主张与占有结合的租赁权是物权的“山中说”,承认债权之上的所有权的“胜本说”,主张肯定基于特别法而取得“对抗力”的租赁权的最高裁判所的判决[④],主张肯定具备对抗力的租赁权具有“排他性”的“我妻说”,主张把恢复原状作为侵权行为的损害赔偿方法的“清水说”,对于除了基于占有诉权的保护之外持一般否定态度的“川岛说”。另外,为了保全租赁权等特定物债权是否可利用债权人代位权的问题也与此密切相关。对此,存在持肯定态度

① 大审院大正十四年(1925 年)3 月 10 日判决,《大审院刑事判决录》第 21 辑,第 279 页;大审院大正四年(1915 年)3 月 20 日判决,《大审院民事判决录》第 21 辑,第 398 页等。

② 大审院大正十年(1921 年)10 月 5 日判决,《大审院民事判决录》第 27 辑,第 1788 页。

③ 末弘严太郎:《一四八 对租赁权的排除妨害请求之效力》,《判例民法第一卷(大正十五年度)》,有斐阁,1923 年,第 498 页。

④ 最高裁判所昭和二十八年(1953 年)12 月 18 日判决,《最高裁判所民事判例集》第 7 卷第 12 号,第 1515 页等。

的判例[①]、学说和持否定态度的“末弘说”、“松坂说”、“川岛说”的对峙。

2. 两文的内容及其在学界之意义

(1) 在这种争论长期持续却没有实质性理论进展的情况下，对这个问题作出根本性理论考察的是好美清光的这两篇论文。论文①对德国法、法国法、英美法及日本法进行了比较性考察。在德国，通说认为，规定了基于权利侵害的损害赔偿(第249条规定赔偿方法原则上为原状恢复)的第823条第1项的“权利”中不包括债权。即排除妨害否定说为通说。与此相对，虽然存在少数的折中说，但是基本上不存在肯定说。这与日本的学界状况正好相反。但是，由于承认违反第823条第2项的保护法规及第826条的良俗行为为侵权行为，所以债权保护的要求在判例上也得到了实现。这就是维持物权与债权各自为绝对权、相对权的背景所在。

与德国法不同，在只存在将过失(faute)作为要件的概括性的侵权行为规定(第1382条)的法国民法中，对债权本身的理解也和德国的相对权的概念相去甚远。在法国，第三人的侵权行为相对广泛地被肯定(恢复原状也可以基于法官的裁量被肯定)。另外，处于从诉权法体系向实体法体系过渡、物权和债权的区别并未成熟的英国法，并不拘泥于债权的性质论，而是承认契约关系的第三人的侵害可能性，并且认可了给予恢复原状救济的几种具体的诉讼类型。

① 大审院昭和四年(1929年)12月16日判决，《大审院民事判例集》第8卷，第948页等。

340 论文①提议，如何定义债权、给予何种形式的法律保护，不能进行抽象地、一般性的讨论，而应该根据各国的相关实体法规的整体结构来探究合适的债权概念和法律保护方法。从这个观点来看，日本的判例和学说，尤其是在无视区别于物权的债权的特殊性，从不可侵性等权利及概念的一般论、抽象论来演绎不可侵性理论这一点上存在缺陷。于是，立足于对物权和债权作出超过法国法的明确区别的体系，考虑到日本民法只存在将权利侵害作为要件的一般侵权行为规定这一基本结构，论文①提出了以下的分类解释：(a)金钱债权因为可以利用债权人代位权、诈害行为撤销权、强制执行法上的诸制度，所以没有必要认可其排除妨害请求。(b)雇佣契约上的雇主的债权，因为其给付目的在事实上和债务人的人格不可分，所以也不应该认可其排除妨害。(c)在物权变动采用意思主义、需要对抗要件的第三人采用限制说的法解释下，由于行使物权请求权的可能性很大，所以将买受人等的权利作为债权保护的必要性也很少。(d)利用权债权在占有取得后，可以基于占有诉权得到足够的保护。(e)根据民法或特别法被赋予对抗力的租赁权，虽然不能从对抗力、排他性等抽象概念本身逻辑性、演绎性地来解释物权请求权的产生，但是由于它们是从理论型债权逐渐向物权转化的权利，而且在占有所得前不能得到足够的法律保护，因此理论上可以承认物权性排除妨害请求权。(f)如此，债权人代位权作为对未能得到法律保护、占有未取得的利用权性债权的保护手段，其利用应该得到认可。

(2) 作为以上的法解释的补充，论文②从法史学的角度分析了特定物债权的法律保护的变迁。即通过对封建法、市民法、教会法、德国普通法、自然法论、普鲁士普通邦法、潘德克吞体系、普鲁士所有权取得法、德国民法典追溯，极其详尽地追溯了其立足于中世纪的日耳曼法的传统，受罗马法思想的影响，作为双重契约中第一契约人的特定物债权的保护法理，在 13 世纪时形成了向物之权利（jus ad rem）的转换、发展、消灭与实质性复活的过程。物权和债权的区别本身对于封建土地所有规范的解体、基于近代所有权的个人的法主体性的确立及自由竞争的确保具有一定的意义。但是 19 世纪的潘德克吞体系把物权和债权的区别极端化，无视特定物债权之特殊性，把债务和一般债权统一 341
作为相对权来处理，否定了对物之权利，而且排除了权原及取得方式，采用无因性物权契约理论，严格区分物权和债权。这表明了其游离于现实社会，并且表明在此节（1）处所谈及的德国民法中对特定物债权的保护（双重买卖的情况下，第一买受人可以基于其债权，以排除妨害为由要求故意违反良俗或者违反保护法规的第二买受人直接交付标的物）实质上再现了对物之权利。另一方面，也证实了立足于罗马法对物诉权与对人诉权之区别的物权和债权的区别，以及物权请求权本身是历史性立法政策性的产物。[①]

3. 其后学界之发展

虽然有关基于债权的排除妨害请求问题的讨论现在仍在继续，并未完结，但是至少不可侵性理论的抽象性、演绎性的法解释在论文①发表之后就销声匿迹了。在此不能对其后的理论发展作详细的说明，不过吉田邦彦的《债权侵害论再论》[②]对基于第三人的债权侵害的个别类型分析方法做了深入研究，并对英

① 关于物权请求权本身，之后在好美清光所著《物权请求权》[《注释民法》(6)，有斐阁，1967 年]中进行了具体讨论。

② 吉田邦彦：《债权侵害论再论》，有斐阁，1991 年。

国法、法国法、德国法和美国法进行了详细的比较法研究。对物权的起源、普鲁士所有权取得法中无因性物权契约理论的采用等各个历史事实提出了新的解释，但是论文②的论点并未改变。

■ 作者介绍

好美清光

主要著作：除上述论文外，还著有『民法（総論・物権）基本判例双書』、『同（債権）』（編著）（1978 年・1982 年・同文館書院）、『日照・眺望・騒音の法律紛争』（共著）（1985 年・有斐閣）、「ヨーロッパ私法の形成について——EC 法の展開を中心に」日本比較法研究所編・国際社会における法の普遍性と固有性（1995 年・中央大学出版部）等。

简　　历：1929 年（昭和四年）生，毕业于一桥大学法学部，曾任一桥大学教授，现任中央大学教授［其著作、履历请详见一橋論叢 109 巻 1 号（1993 年）］。

4-07　长尾治助 342
《债务不履行的归责事由》

（有斐阁，1975 年）*

评议人　北居功（庆应义塾大学）

该书就债务不履行中的债务人的归责性，以总括性的判例分析为基础，对判例中的过失责任原则的变化过程及其基础理论结构进行了试论。

1. 该书出版前关于本课题之学界状况

（1）民法对于因债务人不履行债务而产生的损害赔偿及契约解除，除了履行不能的情况外，并未言明其他情况下的债务人之归责事由（请参见第 415 条前段、第 541 条）。那么，履行不能情况之外的债务不履行，是否应该解释为债权人的损害赔偿权、解除契约权并不以债务人的归责事由为要件呢？倘若如此，那么债务人为何需要承担损害赔偿责任呢？

（2）民法制定后不久，有关履行不能情况之外的债务不履行不需要债务人归责事由的主张属于权威学说[①]，之后，在德国法的影响下，石坂音四郎博士[②]和鸠山秀夫博士[③]对严格过失责任论进

* 原文文献为：長尾治助『債務不履行の帰責事由』（1975 年・有斐閣）。——译者

① 梅谦次郎：《民法原理・债权总则》，和法法律学校，1902 年（信山社，1992 年再版），第 288 页以下；关于履行迟延有，冈松参太郎：《无过失损害赔偿责任论》，有斐阁，1953 年，第 288 页以下。

② 石坂音四郎：《日本民法・第三编债权》（第一卷），有斐阁，1911 年，第 412 页。

③ 鸠山秀夫：《日本债权法总论》，岩波书店，1925 年，第 128 页以下。

行了研究。即主张有必要统一履行不能情况下的债务不履行与其他情况下的债务不履行的要件，有必要在民法中采用过失责任原则，并且主张基于第419条第2项(关于金钱债务的规定)的反向解释所产生的债务不履行以债务人的过失为要件，否定基于履行辅助人之过失的债务人的责任。

(3) 然而，之后的学说与判例虽然也肯定了所有的债务不履行中债务人归责事由的要件，但是同时也肯定了基于履行辅助人之过失的债务人的责任。作为此通说代表的我妻博士指出，肯定履行辅助人的过失论的学说与判例是以过失责任论的衰退和无过失责任论的高涨为背景的。[①] 因此，债务人的归责
343 事由被赋予了债务人的故意、过失或者履行辅助人的过失之含义。

2. 该书的内容

(1) 长尾教授在该书中通过对判例的总括性讨论，验证了债务人归责事由的内容。其成果可以概括如下：判例将归责事由解释为债务人违反了预见义务及结果回避义务，让债务人对其承担证明责任，并将此理适用于履行迟延。与此同时，结果债务中不履行与过失的混同、作为过失内容的债务人之注意义务的扩大、债务人注意义务的对象扩张、债务人高度注意义务的证明责任、基于债务迟延后的情事变更的契约解除的限制、债权人对交易义务违反的承认、免责特约效力的否定等成为了判例的新趋向。

---

① 我妻荣：《因履行辅助人的过失而产生的债务人之责任》，《法学协会杂志》第55卷第7号，1937年，第67页。

（2）根据以上的判例验证结果，长尾教授提出了支撑判例新趋向的理论。对于在原定免责条款效力的情况下，成为问题的契约自由的原则及作为其依据的以当事人的意志为基础的契约理论进行了批判，指出契约拘束力的依据应该是当事人的信赖。在合理的范围内保护契约当事人因契约而抱有的期待不因契约对象的不同而落空，是法律的使命。因此，在债务不履行下债权人值得被保护的合理的期待如何反映在债务人的归责事由中，是个别性问题。当应该高度保护债权人的信赖，使债务人高度受契约约束时，债务人的归责事由并不一定需要成为责任要件。作为债权人的合理期待的判断要素有：契约标的的种类、性质，因违反契约而产生的损害的性质及违反的事由，签订免责特约的当事人的情况、职业以及营业规模等。

（3）基于以上理论，长尾提出如下具体的解释论：在基于履行迟延的损害赔偿责任中，由于债权人的信赖仍然得以继续，因此不需要债务人的归责事由，而且，由于在债务人不违背债权人合理期待的情况下其一直受契约的约束，因此对于履行辅助人之过失也应该承担责任。

3. 该书在学界之意义及其后学界之发展 344

（1）对于债务人因过失而承担责任的根据，因意思作用所产生的活动的成果无论有利与否都应归属于债务人的意思之原理一直以来被提倡。相反，私人自治或者意思自治的原则等所谓的将契约的约束力归结于当事人意思的源自欧洲大陆的意思理论，一直以来都是我国私法理论的少数说。与此相对，有学者摸索了如何通过与债务人的具体行为理论相关，来重建作为客观行为义务违反的过失原则的归责性,[①]甚至有学者主张应该将信赖或者合理性期待取代意志作为过失责任的依据[②]。另外,对于契约理论,也有学者主张应该像英美法那样,基于当事人的信赖以及围绕当事人关系订立契约,并根据当事人的实情探求契约的存在方式及其规律。[③] 而面对格式条款的广泛利用以及新交易形态的出现,当事人意志的自律理论及既存的法律暴露了其极限性,因此以此前的法解释为基础的当事人拘束原理之意志本身也受到了质疑。在这种情况下,长尾教授的信赖理论作为一种再构成的尝试尤其受到了肯定。

(2) 今天,虽然通说仍然坚持债务人的归责事由是债务不履行的要件,但是主张应该在一定范围内承认不以债务人过失为要件的责任学说也很有力。尽管我国以前的债务不履行论是受德国法影响而构建起来的理论,但是也有学者指出关于归责事由的德国理论的特殊性[④],还有学者提出我国的债务不履行论受到德国法和英美法的保证责任论的启发,并试图在一定的结果发生的
345 保证中构建债务人的无过失责任。[⑤] 更有学者主张应该导入法国法的结果债务与手段债务的区别论,以结果实现为内容的债务应该承认结果的不实现本身作为债务不履行,无论债务人有无过失

---

① 北川善太郎:《债务不履行中的有责性》,《法学论丛》第118卷第4、5、6合并号,1986年,第100页以下。

② 前田达明:《口述债权总论》,成文堂,1987年,第119页;潮见佳男:《契约责任中的"过失标准"》,《谷口知平先生追悼论文集》(第3卷),信山社,1993年,第237页。

③ 请参见木下毅:《英美契约法理论》,东京大学出版会,1985年;内田贵:《契约的再生》,弘文堂,1990年。

④ 吉田邦彦:《债权之各种》,《民法讲座》(别卷2),有斐阁,1990年,第1页以下。

⑤ 潮见佳男:《契约责任中的"过失标准"》,《谷口知平先生追悼论文集》(第3卷),信山社,1993年,239页;圆谷峻:《现代契约法的课题》,一粒社,1997年,第201页以下。

债务人都必须承担债务不履行责任。[①] 另外，对于履行辅助人之过失论，尤其是债务人的归责根据，也有学者提出以保证责任[②]、结果债务与手段债务为基础的同样的债务范围理论[③]，这与上述的过失责任批判论如出一辙。

(3) 综上所述，尽管对于通说的异议其内容及背景非常多样，但是这些主张至少在一点上是一致的，即过失并非是构建债务人责任的唯一原理。而且尽管是保证责任、结果责任，其归责根据还是归结于契约本身。这才是长尾教授的主张。即主张对于契约当事人的合理期待的保护才是归责根据之所在，应该根据各个契约中信赖保护的程度确定债务人的责任。因此，问题是信赖理论与上述的各种主张在理论上存在何种关系，评价其作为具体的解释论是否有用。在过失责任原则受到根本性怀疑的今天，可以说其讨论基础已在学说上逐步形成。尽管债务不履行中的过失责任原则已在履行辅助人之过失论中初见端倪，但是可以说对于其原则的真正意义上的重新认识起源于该书。

■ 作者介绍

长尾治助

主要著作：除该书外，还著有『消費者法講話』(1998年・民事法研究会)、『消費者私法の原理』(1992年・有斐閣)、『消費者保護法の理論』(1992年・信山社)、『新民法講義1』(編著)(1988年・有斐閣)、『消費者信用法の形成と課題』(1984年・商事法務研究会)等。

履　　历：1932年(昭和七年)生，毕业于早稻田大学法学部，曾任东京外国语大学助教授、弘前大学教授，现任立命馆大学教授。

---

① 森田宏树：《结果债务、手段债务区分的意义——债务不履行中的"归责事由"》，《铃木禄弥先生古稀纪念：民事法学的新发展》，有斐阁，1993年，第164页。

② 落合诚一：《运送责任的基础理论》，弘文堂，1979年，第77页。

③ 森田宏树：《我国履行辅助人责任论之批判性研讨》，《法学》第60卷第6号，第266页。

346 4-08 奥田昌道
《安全关照义务》

(《石田喜久夫、西原道雄、高木多喜男先生还历纪念论文集》中卷《损害赔偿法的课题与展望》,日本评论社,1990年)*

评议人 伊藤滋夫(大东文化大学)

该文对长期以来处于混乱状态的安全关照义务问题进行了综合讨论,对其基本问题提出了一种有力的分析视点。

1. 该文发表前关于本课题之学界状况

在该文发表以前,尽管在最高裁判所昭和五年(1975年)2月25日判决①之后出现了很多有意义的研究,但是仍然处于混乱状态。最能体现该状况的是在私法学会专题讨论会"安全关照义务的现状与课题"上国井教授的以下报告②:"理论上还存在未解决的问题,而且关于安全关照义务的涵括范围、适用领域、具体内容及程度、法律性质及法律根据等基本事项,也还未有确立明确的共同理解,各种见解错综复杂,理论上也不透明。而且安全关照义务从内容上看近似于侵权行为上的一般义务,其对象案件很多也涉及侵权行为,所以它和侵权行为的关系就成为最难的问题了。"

---

* 原文文献为:奥田昌道「安全配慮義務」,石田喜久夫=西原道雄=高木多喜男先生還暦記念論文集・中巻『損害賠償法の課題と展望』(1990年・日本評論社)。——译者

① 最高裁判所昭和五年(1975年)2月25日判决,《最高裁判所民事判例集》第29卷第2号,第143页。

② 《私法》第52号,1990年,第12页。

2. 该文的内容及其在学界之意义

（1）该文从前述最高裁判所昭和五年(1975)年 2 月 25 日判决的分析开始，在对同判决导出安全关照义务的几个根据进行分析的基础上，提出其最实质性的论据是判决书的以下部分。即“安全关照义务作为基于某种法律关系而产生特别社会接触的当事人之间产生的法律关系的附随义务，是一方或双方当事人对对方负有的诚实信用原则上的义务”。然后，作者指出，在德国雇佣契约中的安全关照义务和判例中的保护义务在沿革及其他方面完全不同，但是前述判例却将两者同等看待，把什么都作为契约责任。对于此疑问，作者作出如下阐述：安全关照义务和保护义务在(a)物、设备、场所的危险性和(b)自己行为的危险性上存在 347
交接点。具体包括：(a)在提供物、设备、场所的情况下，有义务防止从物、设备、场所的危险中产生危害。关于这部分，可以说使用人对劳动者的安全关照义务，出卖人、出租人防止从标的物产生危险的义务具有相同性质。(b)与上不同，人必须控制其行为使其不侵害他人法益(完全性利益)(例如，出卖人在搬送家具时不得损坏买受人的墙壁、地板)。如果把此义务作为保护义务看待的话，那么其义务性质就和通常的侵权行为规范中的不可侵义务无异了，就不能说这种保护义务和使用人的安全关照义务相同了。后者的义务内容已经超越了单纯的保护义务。

该文除了以上说明以外，还在别处论述了安全关照义务和侵权行为规范的关系。在保护义务中，契约未缔结阶段的保护义务可以被认为是单纯的侵权责任义务，但是在契约履行过程中所产生的不得侵害对方的完全性利益的义务(违反此义务被认为是积极性债权侵害)却不仅仅是侵权责任义务，也可以认为是契约责任的安全关照义务，有时甚至会被赋予积极性保护措施义务（例如，在契约法规范上负有物品修缮义务的承包人负有在物品修理中该物不被盗窃和毁损的义务）。劳动关系中的安全关照义务更强调各种积极性保护措施义务。

坦率地说，此说明和前述的说明的关系并不明确。但是，如果综合全体进行合理理解的话，则该文的主旨如下："保护义务中也存在单纯的侵权责任义务，虽然基本上与通常的侵权规范中的不可侵义务无异，但是时而会被赋予侵权责任义务之上的积极性保护义务（此义务的违反属于积极性债权侵害问题），而在劳动关系中的安全关照义务要求更广范围的积极性保护义务。总之，只要承认如上的积极性保护义务（尤其是在后者的劳动关系中的安全关照义务），认清安全关照义务就具有其独特的意义（把作为单
348 纯的侵权义务看待的保护义务也看作契约责任的安全关照义务是不恰当的）[①]。

除此之外，该文还论述了"抽象安全关照义务和具体安全关照义务"、"安全关照义务和履行辅助人"以及"与侵权规范的关系"，但是笔者认为该文最有价值的部分是上面所述部分（上述部分在文章的量上也是其他三部分总和的两倍）。而且在该文发表大约一年前的1989年10月8日所召开的私法学会专题讨论会"安全关照义务的现状与课题"的总论中，奥田教授提出了一个最重要的问题意识，即思考安全关照义务时应区分紧贴、吸附于原本的给付义务的情况和作为民法上的保护义务讨论的情况（此区分法基本上符合上述的说明）。所以如上理解该文的重点并

---

① 为了理解该文，可以参考奥田昌道：《契约责任与侵权行为责任的关系（契约法规范与侵权行为法规范的关系）——兼及安全关照义务的法律性质》，《司法研修所论集》第85号，1991年，第1页以下。

无误。

该文的"与侵权规范的关系"部分，其结果只是停留在对以往研究的说明上，感觉尚未解决安全关照义务和侵权规范的关系。

(2) 在该文发表之前，下森定所编写的《安全关照义务法理的形成与发展》[①]中也收录了很多在此之前有助于安全关照义务法理的形成和展望的代表性作品。在此，简单介绍一下此书中与奥田教授该文中的观点有着特别深厚关系的论文。例如，在此书所收录的国井和郎教授所著的《从判例看安全关照义务》[②]一文中指出，雇佣契约中的保护义务和安全关照义务可以被同视。另外，宫本健藏教授在《雇佣、劳动契约中的安全关照义务——给付义务说试论》[③]一文中指出，应该把安全关照义务分为安全确保义务和保护义务两类，前者与积极性请求权相关，后者只与损害赔偿责任相关。下森定教授在《国家的安全关照义务》[④]一文中也基本支持了上述宫本教授的见解。

3. 其后学界之发展 349

对于如何考虑与安全关照义务有关的具体问题的适用，可以说随着判例的发展(虽然主旨并不一定与判例的发展方向一致)，在某种程度上已逐渐看到其结果方向。而对于如何考虑安全关照义务的本质，虽然学说上依然存在诸多分歧，还未知其结果[⑤]，

---

① 下森定编：《安全关照义务法理的形成与发展》，日本评论社，1988 年。

② 国井和郎：《从判例看安全关照义务》，同上书，第 22—23 页。

③ 宫本健藏：《雇佣、劳动契约中的安全关照义务——给付义务说试论》，同上书，第 285 页。

④ 下森定：《国家的安全关照义务》，同上书，第 233 页以下。

⑤ 对于现在的学说状况，请参见新美育文：《安全关照义务》，《新现代损害赔偿法讲座·第 1 卷总论》，日本评论社，1997 年，第 223 页以下。

但大体上可以概括如下：虽然主张安全关照义务的本质是契约责任的见解是多数说，但是安全关照义务中无契约关系而因某种特别的事实性接触所产生的当事人之间的保护义务，劳动契约以及前述的作为“契约履行过程中不得侵害对方完全性利益的义务”的保护义务，其本质都应该适用侵权规范的见解得到了越来越多的支持。

奥田教授本人也在某判例评论[①]中对安全关照义务的根据做了如下论述：“如果在诚实信用原则中寻求安全关照义务的基础的话，就意味着与当事人的意志及作为意志一致的合意、契约并无关系。也就是说，与当事人意志无关，只要求存在法规范所涉及的义务。（中略）不能考虑特定人之间的特别侵权规范吗？（中略）不能考虑成立对特定人的特别不可侵义务（通常，不可侵义务在特定人的关系中被个别化、强化）吗？（中略）如果把时效问题另行处理的话，是否就没有必要非将契约责任作为债务不履行规范来处理了呢？”

■ **作者介绍**

奥田昌道（参见本书 4－10）

① 奥田昌道：《船长窒息事件与受托海运公司的安全关照义务》，《评论》第 4 号，1992 年，第 32 页。

4-09 四宫和夫 350
《请求权竞合论》
(一粒社,1978年)*

评议人 加藤雅信(名古屋大学)

可以把该书定性为代表请求权竞合之学界转折点的研究性著作。

1. 该书出版前关于本课题之学界状况

(1)请求权竞合以处理同一当事人之间因同一事实关系产生的多个请求权为课题。当然,同一事实即使满足多条法规要件,根据法律适用的一般规则——“特别法优先于一般法”,“新法废除旧法”,“上位法优先于下位法”——可以解决问题时,并不产生特别问题。因此,其讨论的对象是法律适用的一般规则明显不能解决的问题。例如,仓库保管人因过失毁坏了寄存物时,基于债务不履行的损害赔偿请求权和基于侵权的损害赔偿请求权发生竞合的情况,租赁契约终止时基于契约的返还请求权和基于所有权的返还请求权竞合的情况。

(2)在该书出版之前,围绕此问题,学界主要存在两种见解:一种见解是把只要同一事件满足多条法规的要件产生多数请求权称为“请求权竞合论”。此见解认为当事人以何种请求权为根据来展开主张是其自由。另一种是即使从外观上看同一事实满足多条法规的要件,但是根据当事人之间的关系及其他条件判

* 原文文献为:四宫和夫『請求権競合論』(1978年·一粒社)。——译者

断，如果现实中只产生一个请求权的话，那么则称其为“法条竞合”。当然，并不存在将所有的请求权竞合问题区分为“请求权竞合论”和“法条竞合论”的主张，而是根据请求权竞合成为问题的个别问题来讨论是适用“请求权竞合论”比较合适，还是适用“法条竞合论”比较合适。如果要举出该书以前的先行研究中的有名作品的话，那么把侵权和债务不履行的关系作为“法条竞合”的川
351 岛武宜博士的《契约不履行与侵权行为的关系——关于请求权竞合论之考察》[①]便是其中之一。

2. 该书的内容及其在学界之意义

（1）如果用一句话概括该书内容的话，可以将四宫教授的主张称为所谓的“全规范统合”。即在请求权竞合成为问题的案件中，从要件及效果两方面对多条规范进行调整，以产生单一的请求权。这种全面进行规范统合的想法其结果便是多条规范的冲突本身消失了，但是重要的是如何进行规范调整。为了解答这个问题，该书对请求权竞合事例进行了个别讨论。尽管由于篇幅关系在此无法对这些个别讨论进行一一介绍，但是如果说该书的精髓在于转换了上述的理论结构和对分则进行了详细讨论的话，却也不算为过。

（2）不过，在这里有必要补充说明的是，这种理论性发展并非是在该书中突如其来的。在第1部分，为了清晰阐述学说史的发展，特意回避了一部分内容。即当请求权竞合成为问题时，基于其中一个请求权展开讨论时，也有必要对其他的请求权的要件及

① 川岛武宜：《契约不履行与侵权行为的关系——关于请求权竞合论之考察》，《民法解释学之诸问题》，弘文堂，1949年。

效果进行考虑。而这种观点在过去的学界也随处可见。从这个意义上来说,“四宫说”不仅为部分展开的观点发展成为全面展开的观点提供了理论框架,而且在分则中也尝试了全面展开,这一点具有一定的学术意义。

另外,在全面展开这一点上,也并非只有“四宫说”发挥了先驱作用。因为接下来要提及的“奥田说”和主张新实体法说的“上村说”都先于此书提出了类似的想法。从这个意义上来说,也许可以说“四宫说”和这些学说共同引导了学界的一个转折点。不过,由于并不存在如此全面地分别讨论请求权竞合的作品,因此“四宫说”在对实体法进行广泛考察这一点上是具有其特色的。

3. 其后学界之发展

(1) 该书出版之后的第二年,前述奥田教授的《请求权概念的生成与发展》一书也得以公开出版(关于其内容,在本书中也有另行介绍,故在此不提及)。此前,奥田教授就以杂志论稿的形式发 352
表了其学说,所以“奥田说”已被学界有所认知。不过,由于奥田教授的著作与该书同时期出版,所以关于“请求权竞合”这一主题,从正面主张规范统合论的观点与传统的“请求权竞合论”、“法条竞合论”一样,在我国学界占据了一定的位置。

(2) 如上,虽然该书在请求权竞合领域占据了的一定地位,但是并不能说这种规范统合论已经席卷其后的学界。关于规范统合论应该如何统合的问题,如果学说或者判例得出了明确的结论,有了一致的意见,那另当别论;但是如果没有,就有可能成为无定型的、无方向的、各抒己见的讨论。所以,如果从否定论来看此讨论的话,那么规范统合论在实务上就如同只是将一艘无舵的船放入了大海。“四宫说”进行了分论性讨论,提出了一定的结论，可以说是勾画了一幅航海图，但是并不能说这幅航海图已被学界所接受。虽然不能否认规范统合在某些事件中是必要的，但是即便如此，也无须什么都用上“全规范统合”，而只需要在必要的情况下采用“请求权竞合”的观点对一部分规范进行调整。现在的裁判实务对于请求权竞合问题是采用何种观点在判例上并不明确，但是在现实处理阶段，“请求权竞合论”及一部分规范的调整似乎更能反映实务界的现状。

（3）如果说规范统合论的问题在于无方向性、无定型性的话，那么努力在规范调整中导入原则性规则是再自然不过的事了。作为评论者本人的观点，虽然不足挂齿，但在此仍想提出统一请求权论。即以规范统合中存在规则无法导入的领域为前提，在规则可导入的领域，以物权请求权和债权请求权的竞合事例为中心确立规范调整的规则。具体说的话，就是在诉讼进行到请求、抗辩、再抗辩时，定义所有的（当初请求、抗辩、再抗辩）请求权，再以后顺位规范优先的形式进行规范调整。举个具体例子，如在（基
353 于物权性、租赁、终止）返还请求权、（基于物权性、买卖、无效的不当得利）返还请求权等中所见的，物权性请求权等针对的是最初的请求，而债权规范则多出现在抗辩、再抗辩中。作为规范调整的规则，在当事人之间后顺位规范优先于先顺位规范，而最初的请求作为物权规范就意味着其请求权具有对世效果。①

实际上，这个统一请求权论把请求权竞合与物权、债权的严格区别论等实体法上的问题，以及诉讼物论、争点效果论、举证责任论等民事诉讼法上的问题统合起来进行了讨论。事实上，“四

① 加藤雅信：《请求权竞合论、法条竞合论、统一请求权论》，《现代民法学的发展》，有斐阁，1993 年。

宫说"的讨论与诉讼物论尤其是其中的新实体法说紧密相连，但是"四宫说"存在未充分将诉讼法上的问题纳入讨论视野的问题。统一请求权论补充了这一点以及规范调整中规则欠缺的问题。但是，统一请求权论在现在的学界、实务中也还未被广泛接受。而且，统一请求权论虽然为发展为开始、请求、抗辩、再抗辩的请求权的竞合事件指出了明确的方向性，但是在未能足够构成请求权竞合的事件中，其与规范统合论还处于同一水平。从这个意义上来说，可以说尽管有"四宫说"等的努力，但是请求权竞合的问题依然处于混沌状态的说法最为贴切。

■ **作者介绍**

四宫和夫

主要著作：除该书外，还著有『信託法』(1958 年、有斐閣)、『信託の研究』(1965 年・有斐閣)、『民法総論』(1972 年・弘文堂)、『事務管理・不当利得・不法行為 上中下』(1981—1985 年・青林書院)、『四宮和夫民法論集』(1990 年・弘文堂)等。

简　　历：1914 年(大正三年)—1988 年(昭和六十三年)，毕业于东京帝国大学法学部，历任神奈川大学、立教大学、东京大学、新潟大学、成城大学教授[其著作、履历请详见四宫和夫先生古稀記念『民法・信託法理論の展開』(1986 年・弘文堂)]。

354 4-10 奥田昌道《请求权概念的生成与发展》

(创文社,1979 年)*

评议人 大久保邦彦(神户学院大学)

该书通过对请求权概念的形成与发展的缜密讨论,研究了从罗马法的诉权法到实体法、诉讼法的分化及实体法体系确立的宏大课题。

1. 该书出版前关于本课题之学界状况

(1) 该书在"致力于实体法和诉讼法的分化及实体法体系的确立与彻底化"的前提下,通过对在诉权法体系到实体法体系的转换过程中发挥重要作用的温德夏特(Windscheid)的《诉权法论》(1856 年)中的请求权概念的讨论,来探求应有的实体法体系之内容、构造和实体法、诉讼法之结合关系的理想状态。

(2) 从前虽然有诉讼法学者研究温德夏特的《诉权法论》,但是从民法学的观点来研究此书还为之甚少。关于请求权理论,把请求权理解为诉权的川岛武宜的裁判规范论的观点较受关注。

2. 该书的内容及其在学界之意义

(1) 该书首先讨论了温德夏特的《诉权法论》。温德夏特清算了德国普通法中的诉权法结构,为了确立以实体权为中心的实体

* 原文文献为:奥田昌道『請求権概念の生成と展開』(1979 年・創文社)。——译者

法体系，他从罗马法上的诉权概念中抽出纯实体法性要素，将其表达为“请求权”（Anspruch），使其成为即使脱离诉讼场合也能独立存在的概念。而且，他用请求权概念替换一直以来被理解为诉权法的实体法关系，通过重新构建从诉讼法诸要素中解放出来的实体法之诸关系，来试图连接罗马法诸制度和德国普通法学。但是，在诉权的把握上，他依然停留在从前的私法性诉权论阶段，其请求权理论对于权利和请求权的关系、请求权和诉权的关系还不够成熟。不过，他从诉权中去除了实体法的个别性和具体性，把 355
诉权作为个别权利的一般保护手段来把握，并把普通法学说中赋予诉权的个别性和具体性内容全部纳入请求权的概念中。这一方面促进了作为实体法概念的请求权概念的确立及实体法体系的构建，另一方面也成为促进诉权独立性（公法性诉权论）的契机。

《诉权法论》之后的普通法学的课题是，正确确立此请求权概念与实体权的关系，确定作为实体法概念的本质、功能和内容，并由此构建和确立以实体权为中心的实体法体系。而如今，在普通法学中，在与权利的关系中把握请求权的方法得以确立，私法意义上的诉权作为私权、请求权的贯彻可能性的契机朝着被私权、请求权吸收的方向发展了。问题是公法性诉权和私法性请求权具有何种联系呢？尽管这个问题经历了一定的理论性洗礼，但并未取得足够的成果。

在这种情况下，德国民法典（BGB）力图确立以实体权为中心的实体法体系。但是，由于从诉权法体系向实体法体系的再建是以请求权概念为中心进行的，所以实体法体系在以实体权为基础概念和中心轴的法律体系形成这一点上还不够彻底，反而存在停留在以请求权为中心的法律体系的倾向。德国民法典的实体法体系确实存在这种实体法体系的一面。因此，德国民法典制定之后的实体法学的请求权理论课题就在于承继普通法学的课题，克服德国民法典中以请求权为中心的体系，彻底纯化以物权、债权等权利为中心的实体法体系，并在与物权、债权等权利的关系中，正确定位请求权的概念、功能和内容，确立从物权、债权等角度把握应有的权利概念，建立体系基础。但是，现在请求权的问题还未得到充分解决，对于它在实体法体系中的位置及其与实体权（物权、债权等）的关系之理解也是各持己见，而且与强制履行、责任（Haftung）的关联也并不明朗。

奥田在第1—4章中批判性地论述了德国民法中请求权概念的形成和发展之后，对我国民法中的请求权进行了考察，提出了
356 应该区分债权和请求权的观点，并提出请求权包含两种意义的试论。

① 首先，债权作为实质权，与物权并列，是与物权相对立的财产权；而请求权是因债权而生，或者说是作为实现债权的权利内容的手段，向债务人请求（作为或不作为）某种行为的权利（权能）。两者应区别使用。而作为给付诉讼的对象的是这一层次的请求权。②其次，作为债权的效力、内容，存在与给付受领权能（给付保持力）、获取权能（获取力）相并列的请求权（请求权能、请求力）的用法。根据这种想法，就变成由实体法来判定强制实现可能性的有无了。

在第7章中，奥田使“规定债权强制履行的《民法》第414条第1项是宣布了债权包括强制力（强制实现可能性，使其强制履行的效力）的实体法规定”这一解释得到了复活。

在附录的“请求权和诉讼物”中，奥田尝试了从实体法学的角度来探讨新诉讼物理论，其后发表了被四宫和夫称为“请求权双

重结构说”的见解。

(2) 该书的最大意义在于，从民法学的观点出发，在“致力于实体法和诉讼法的分化及实体法体系的确立与彻底化”的前提下，对《诉权论》进行了真正意义上的讨论，发展了请求权理论，深度探讨了应有的实体法体系的内容、构造和实体法与诉讼法结合关系的存在方式。关于从罗马的诉权法到实体法、诉讼法的分化以及实体法体系的确立这一宏大课题的缜密研究，在实体法学领域至今也未出现能与此相匹敌的研究。

3. 其后学界之发展

在之后的《债权总论》中有所修改的奥田的请求权理论虽然其部分讨论的实际意义受到了怀疑，但是其基本部分还是被接受了。关于一般的请求权理论的成果，佐佐木典子的《债权及请求权概念之考察——以第三人利益契约中的要约人及第三人之权利为线索》[①]一文受到了一定的关注，而最近在奥田和椿寿夫之间也开始了激烈的讨论[②]。

对于奥田的“致力于实体法和诉讼法的分化及实体法体系的 357
确立与彻底化”的前提，基本上无异议，但是依然存在支持反对其意见的“川岛说”的见解[③]。另一方面，也存在学习英美法，提出实体法—救济法—诉讼法三分论构思的研究。[④]

---

① 佐佐木典子：《债权及请求权概念之考察——以第三人利益契约中的要约人及第三人之权利为线索》，《法学论丛》第 119 卷第 2 号、第 120 卷第 2 号，1986 年。

② 椿寿夫：《履行请求权》，《法律时报》第 69 卷第 1、2、3 合并号，1997 年。

③ 例如，有关债权撤销权有，佐藤岩昭：《试论诈害行为撤销权——以其效果论为中心》，《法学协会杂志》第 104 卷第 10、12 号，第 105 卷第 1、3 号，1987—1988 年。

④ 谷口安平：《权利概念的生成与诉讼利益》，“讲座”本《民事诉讼法 2 · 诉讼的提起》，弘文堂，1984 年。

而将《民法》第414条第1项理解为实体规定的学说保持了其权威性(星野、平井、前田、椿等)。

最后,“请求权双重构造说”虽然受到了四宫相对消极的评介,即“其承担着将请求权意合说过渡为请求权规范意合说的任务”,但是最近因为“认知请求权竞合问题的存在,在讨论其法律解决时忠实于法学家的思考顺序”的理由,该学说还是得到了权威性民事诉讼法学者的支持。[①]

■ **作者介绍**

奥田昌道

主要著作:除该书外,还著有『債権総論 上』(1982年·筑摩書房),『債権総論 下』(1987年·筑摩書房),『債権総論(増補版)』(1992年·悠々社)等。

简　　历:1932年(昭和七年)生,毕业于京都大学法学部,曾任京都大学、铃鹿国际大学教授等职,现任最高裁判所判事[其著作、履历请详见奥田昌道先生還暦記念『民事法理論の諸問題 上』(1993年·成文堂)]。

---

① 山本克己:《基于高阶规则的规范调整与规范统合方式——以请求权竞合问题为主线》,《法学家》第1096号,1996年。

4-11　松坂佐一《债权人代位权研究》 358

（有斐阁，1950年）*

评议人　工藤祐严（南山大学）

该书是就债权人代位权的所有论点对母法法国法和我国的学说、判例进行详细比较法论述的唯一著作。

1. 该书出版前关于本课题之学界状况

（1）《民法》第423条规定的债权人代位权，被理解为与《民法》第424条以下的债权人撤销权相并列的责任财产保全制度。但是，其条文题材过于简单，其主旨、要件、效果和行使方法都存在很多不明确的地方。例如，“为了保全自己的债权”是指什么？何种权利会成为代位行使的对象？一旦债权人行使代位权债务人的处分是否被禁止？行使代位权的债权人能否请求第三债务人直接向自己给付？代位诉讼的判决效力是否涉及债务人？等等。

（2）债权人代位权源自法国《民法》第1166条，在我国旧《民法·财产编》第339条中予以规定。旧民法和现行民法在规定体裁上有很大的不同，可以说是根本性的修改。而且，主张两者之间基本上无差异的起草者的说明并不充分，所以在债权人代位权的实际运用中必须追溯到法国法进行比较法方面的分析。但是，在该书出版之前，也许是由于学界更关注德国民法，所以除了冈

* 原文文献为：松坂佐一『債権者代位権の研究』(1950年・有斐閣)。——译者

松参太郎博士、中岛玉吉博士的作品之外基本上不存在债权人代位权的比较法研究。相反，可以说我国的债权人代位权处于适合脱离母法法国法、独自发展的环境中。例如，判例中已经确立了为了保全登记请求权的登记请求权的代位行使和为了保全租赁权的妨碍排除请求权的代位行使等所谓的"转用"的固有法理，学说上也大部分承认了此法理。

359 **2. 该书的内容及其在学界之意义**

(1) 该书是对收录于《京城帝国大学法学会论集第 8 册 · 判例与理论》[①]中的《债权人代位权——日法判例之回顾》一文(以下称"旧稿")进行修改之作。从它的副标题可以看出，该书对于债权人代位权的基础、起源、性质、要件、主体、客体、行使和效力等所有问题，不仅涉猎日本和法国的学说，也搜集了判例。不是简单地介绍法国法，而是明确了日本和法国在债权人代位权上的类似点和差异点，尤其突出日本判例法理独自的发展状况。可以说作者之后发表的债权人代位权的综合判例研究[②]的原型已在该书中完成。另外，把制度的起源追溯到罗马法、日耳曼法的研究方法也和作者初期的其他代表作，如履行辅助人的过失、债权人取消权的研究方法相同。

(2) 作者对个别争论点的见解，虽然是在比较法的背景下，但是也没什么标新立异的地方。对于处分禁止效果的问题，一边介绍了法国法通说的否定说，一边却赞成肯定说。对于代位诉讼的既判力是否波及未参加代位诉讼的债务人问题，在旧稿中说到了

---

① 《京城帝国大学法学会论集第 8 册 · 判例与理论》，刀江书院，1935 年。
② 松坂佐一：《民法》(7)，综合判例研究丛书，有斐阁，1957 年。

片面扩张说，之后由于判例转向了全面扩张说，于是又在该书中采用了全面扩张说。对于直接给付的问题，也和判例一样肯定了直接给付。

作者对于判例所进行的唯一明确的批判之处是其“转用”的问题。他严厉批判了为了保全租赁权、登记请求权等所谓的“特定债权”的“转用”脱离了责任财产保全这一代位权制度本身的精神。不过，与主张应将此类问题作为例如基于租赁权本身的排除妨碍来处理的旧稿相比，该书提出了对判例理论的实际重要性的理解。但不可否认其批判的基调有所下降。

从整体上来看，可以说该书并未对迄今为止的我国的通说和判例进行重新考察，而只是给它们增添了比较法的色彩。

3. 其后学界之发展 360

（1）该书出版后的20年，大概可以看到两种发展：一种主要是民事诉讼法学的发展。三ケ月博士主张所谓的片面扩张说[①]，主张即使是同一法定诉讼担当（《民事诉讼法》第115条第1项第2号），作为本人的债务人和作为诉讼担当的债权人的利益相对立情况下的代位诉讼的判决的既判力，不同于由破产管理人担当诉讼的管理人和本人的利益相对立的情况，只有对债务人有力的胜诉判决才对债务人产生效力；又以禁止处分效力的问题为契机，对主张同时设置收集诉讼和代位权诉讼而不关注两者功能分担的通说进行了批判，并从立法论的角度展开了债权人代位权的废

① 三ケ月章：《我国代位诉讼与三角债诉讼的特异性及其判决效力之主观范围》，《判例法诸问题》（中），有斐阁，1969年。

止论。[①]

关联问题的提起为代位权诉讼研究提供了程序保障论这一新的视角，引发了最近的构造论和功能论。其后，对于既判力，虽然主张应重视利益衡量上第三债务人之利益的全面扩张说得到了支持，但是主张其前提应是旨在贯彻债务人的程序保障的见解比较权威。构造论有池田辰夫的《债权人代位诉讼之构造》[②]，功能论有小林秀之的《债权人代位权》[③]。

（2）另一种是关于无财力要件的发展。天野教授在其一系列的论稿中，主张无财力要件违反公平，妨碍代位权制度的利用，应当排除此要件，并主张因债权人代位权无须债务名义即可接受优先偿还，所以应将债权人代位权理解为比收集诉讼更强有力的制度。[④] 对于这种完全的无财力要件排除论，也存在不少批判[⑤]。不过，虽然是为了保全金钱债权，但是在特殊的事件中无须无财力要件的最高裁判所昭和五十年（1975 年）3 月 6 日判决[⑥]，以及关于保险金请求权代位行使的最高裁判所昭和四十九年（1974 年）11 月 29 日判决[⑦]的接连出现也确实对这个问题提出了重要见
361 解。而对于重视债权回收功能这一点，也有不少积极的评价。

---

① 三ケ月章：《三角债诉讼与代位诉讼之解释论和立法论的调整》，《法学协会杂志》第 91 卷第 1 号，1974 年。

② 池田辰夫：《债权人代位诉讼之构造》，信山社，1995 年。

③ 小林秀之：《债权人代位权》，弘文堂，1993 年。

④ 天野弘：《债权人代位权中的无财力理论之再研讨》（上、下），《判例时代》第 280、282 号，1972 年。

⑤ 平井一雄：《债权人代位权》，后分别收录于《民法讲座》（4），有斐阁，1985 年，以及下森定：《注释民法》（10），有斐阁，1987 年。

⑥ 最高裁判所昭和五十年（1975 年）3 月 6 日判决，《最高裁判所民事判例集》第 29 卷第 3 号，第 203 页。

⑦ 最高裁判所昭和四十九年（1974 年）11 月 29 日判决，《最高裁判所民事判例集》第 28 卷第 8 号，第 1670 页。

（3）上述的两种发展趋势在以代位权的现实债权回收功能为前提这一点上是共通的。作为原本的责任财产保全制度的代位权，与债务人本人行使一样，其效果在于命令第三债务人向债务人给付，并为其后的债权人向债务人实施的强制执行作准备，而代位权本身并无债权回收功能，也没有必要在代位权行使之后禁止债务人的处分。但是，被代位权利属于金钱债权时的现实运用，因命令第三债务人直接向代位债权人给付，而使债务人对债权人的返还请求权作为被动债权与被保全债权相抵，这样有可能使债权人在事实上接受优先偿付权。不过，在该书中并未提及此种处理。

应该如何评价事实上的债权回收功能需要慎重的讨论。19世纪法国的债权人代位权实现了从债权回收制度向责任财产保全制度的纯粹化，与此同时，主张裁判上无须代位、债务名义、债务人的诉讼参加等要件的学说和判例也基本确立。可以说随着功能的变化，要件方面也发生了变化。[①] 尤其是通过该书的研究，受变迁后的法国法的影响，我国的债权人代位权的要件，也只是对应责任财产保全功能。姑且不论承认债权人代位权的债权回收功能本身，对于不顾及功能和要件（结构）的对抗关系、以事实上的债权回收功能的形式处理问题的现状也不禁令人产生疑问。

■ 作者介绍

松坂佐一

主要著作：除该书外，还著有『履行補助者の研究』（1939年・岩波書店）、『不当利得論』（1954年・有斐閣）、『事務管理・不当利得』

① 请参见工藤祐严：《法国法中的债权人代位权的功能与构造——针对我国民法中解释论之检讨》，《民商法杂志》第95卷第5号，第96卷第1、2号。

(1957年・有斐閣)、『債権者取消権の研究』(1962年・有斐閣)、『プラントンと法律』(1987年・名古屋大学出版会)、『民法提要(総則)(物権法)(債権総論)(債権各論)(親族法・相続法)』(1954—1962年・有斐閣)等。

简　　历:1898年(明治三十一年)生*,毕业于东京帝国大学法学部,曾任京城大学、爱知大学、名古屋大学教授,名古屋大学校长,现为律师[其著作、履历请详见『契約法大系 第1巻』(1962年・有斐閣)]。

* 松坂佐一已于2000年去世。——译者

4-12　下森定 《债权人撤销权之考察》(1—2) 362

(《法学志林》第 57 卷第 2 号,同卷第 3、4 合并号,1959—1960 年)*

评议人　片山直也(庆应义塾大学)

该文的意义在于,就民法上的诈害行为撤销制度,从与以往的判例和学说不同的角度,以“责任法无效”概念为理论基础,提出了无须实际取回即可执行已交付财产的实践性解释论(“责任说”)。

1. 序

众所周知,下森教授是二战后在我国学界长期引领有关诈害行为撤销权(债权人撤销权)研究的第一人。尤其是在法性质论、效果论领域,通过以在此介绍的论文为中心的一系列著作①,作为“责任说”的提倡者而闻名于世②。另外,在要件论领域,提出了应将诈害行为的对象及受益人是债权人一人的情况和非债权人一

---

* 原文文献为:下森定「債権者取消権に関する一考察(1)(2)」,法学志林 57 卷 2・3=4 号(1959—1960 年)。——译者

① 具体请参见下森定以下论著:《G. 保罗斯(G. Paulus)所著〈债权人撤销权的意义与诸形态〉(介绍)》,《法学志林》第 56 卷第 3 号,1959 年,第 203 页以下;《债权人撤销权之考察》,《私法》第 29 号,1967 年,第 281 页以下;《债权人代位权与债权人撤销权》,《新民法演习 3・债权总论》,有斐阁,1968 年,第 79 页以下;《债权人撤销权与不当得利》,《谷口知平先生还历纪念:不当得利与无因管理研究》(3),有斐阁,1971 年,171 页以下。

② 不过,在同一时期,诉讼法学家中野贞一郎教授也立足于责任说,发表了论文《债权人撤销诉讼与强制执行》,《民事诉讼杂志》第 6 号,1960 年,第 53 页以下(后收录于《诉讼关系与诉讼行为》,弘文堂,1961 年)。

人的情况区别考察的崭新的思考结构，[①]并越来越得到学界的支持[②]。

2. 该文发表前关于本课题之学界状况

围绕法律性质，虽然以大正时期为中心存在激烈的讨论[形成权说（“石坂说”等）、请求权说（“雉本说”等）、折中说（“鸠山说”、“加藤正治说”等）的对立]，但是判例从一开始就坚持折中说
363 的立场，即诈害行为撤销权是撤销诈害行为、请求返还已交付财产的权利。另外，有关其效果，自从明治四十四年（1911 年）的大审院联合部判决采用了撤销效果仅在诉讼当事人即债权人和对方之间产生这一“相对撤销”理论以来，就被称为形成了“相当坚固的判例法”[③]（概观了当时的判例与学说状况的作品，请参见广中俊雄的《债权人撤销权的性质（法律构成）》[④]）。

在这种状况下，受德国最新论文[⑤]的启示，“责任说”得到了提倡。

3. 该文的内容及其在学界之意义

(1) 该文（责任说）的概要

下森教授对以判例法理为首的以往的讨论提出了以下疑问，

---

① 下森定：《债权人撤销权成立要件之研究序说》，《川岛武宜教授还历纪念Ⅱ：民法学的现代课题》，岩波书店，1972 年，第 225 页以下。

② 作为教授研究的集大成，可以参见奥田昌道编：《注释民法（10）·债权（1）·债权的目的与效力》，有斐阁，1987 年，第 776 页以下。

③ 我妻荣：《新订债权总论》，《民法讲义》（Ⅳ），岩波书店，1964 年，第 176 页。

④ 广中俊雄：《债权人撤销权的性质（法律构成）》，《法学家》第 300 号，1964 年，第 150 页以下。

⑤ G. Paulus, Sinn und Formen der Gläubigeranfechtung, Archiv für die civilistische Praxis, 155, Bd., S. 277ff., 1956.

并在此基础上形成了责任说的基本构思:“……为了保护债权人,最终需要以某种形式将已交付财产现实地返还给债务人,果真如此吗?”“即使不特意返还已交付财产,该财产归第三人所有乃至是在第三人的名义之下,只要创造出该财产属于债权人的责任财产的法律状态,该制度的目的不就达成了吗?”①

接下来,作为归结其实践解释论的前提工作,他对制度的法律构造及其法律保护手段进行了理论性、本质性的分析。②

责任说的要点在于“责任之法无效”(haftungsrechtliche Unwirksamkeit)的概念。即债权人在因诈害行为所遭受的不利而导致财产流失的同时,也免除了对债权人的“责任”(责任之法反射效果)。因此,以维持责任秩序为目的的债权人撤销权制度中的“撤销”的效果在于阻止其“责任之法反射效果”的产生。基于撤销行为,即使已交付财产依然归第三人所有,由于形成了构成债权人责任财产的法律状态(即第三人处于债务人物上保证人的地位),所以债权人因取得“责任判决(执行容忍判决)”而可以强制执行。③

总而言之,虽然同样是“相对(性质上是一部分)无效论”的一 364
种,但相对于判例法理希望通过“人与人之间关系的相对化”来实现制度的合理化以及合乎目的性运用而言,责任说则转换了构思,从“财产归属和责任的分离”的角度来论述④。

(2) 该文(责任说)的意义及特征

---

① 下森定:《债权人撤销权之考察》,《私法》第29号,1967年,第282页。

② 《法学志林》第57卷第2号,1959年,第77页以下;第57卷第3、4合并号,1960年,第220页以下。

③ 包括若干解说请参见《私法》第29号,1967年,第287页以下。

④ 同旨,请参见奥田昌道:《债权总论》,悠悠社,1992年增补版,第284页。

首先，作为责任说的历史意义，它指出了判例法理（“相对撤销”理论）的问题点[①]，为一直处于闭塞化的法律性质论提供了新的讨论契机。之后，学界形成了“判例通说”和“责任说”对立的局面。尽管责任说的提议是具有如此的划时代意义，但是大家一致认为其最大的意义在于执行容忍这一结论的妥当性。[②]

其次，责任说尤其值得一提的是其作为“学说”的水平之高。它所提出的“责任之法无效”这一概念构思丰富，如同“哥白尼式革命”。而且，它所提出的实践性主张（执行容忍形态）与以此为基础的法理论之间牢固地结合在了一起。而最近，从“讨论”的视角来看，责任说被认为是明确提出自己观点的典范（“优质法律论”），也源于此吧！[③]

最后，作为下森论文的方法论特征，可以指出以下两点，即制度构造论中的近代法主义和学说形成中的德国法主义（尤其是导入了最新的权威学说这一点）。这些都显示了下森论文的历史性，今后有必要从学说史的角度确立其地位。

但是，对于责任说，当初有见解指出了其程序法上的难点。主要包括执行容忍形态未能在诉讼法上获得认可，以及因撤销（责任法的无效）而产生的责任的公示未能在登记法上获得认可这两点。不过，这两者都存在反论的余地，所以不能认为其有损

---

① 请参见下森定：《诈害行为撤销的效果》，《法学研讨会》第 161 号，1969 年，第 28 页以下；氏著：《诈害行为撤销权的法律构成》，《法学家》增刊《民法的论点Ⅱ（债权总论与债权各论）》，1985 年，第 48 页以下。

② 不过，准确地说，在责任说之前，川岛武宜的《债权总则讲义第一》（岩波书店，1949 年，第 72 页）和竹屋芳昭的《债权人撤销权之考察》（《法政研究》第 24 卷第 3 号，1957 年，第 76 页）也主张了同样的结论。

③ 参见平井宜雄：《法律学基础论备忘录》，有斐阁，1989 年，第 67 页以下；氏著：《法律学基础论备忘录（续）》，有斐阁，1991 年，第 36 页以下。

了责任说的价值。①

另外，关于附带抵押不动产让与作为诈害行为被撤销时的撤 365
销的范围及恢复原状的方法，下森教授对主张一般财产只包括从抵押不动产价格中扣除被担保债权额的余额部分的通说②提出了以下疑问，进一步发展了责任说的解释论（例如，作为责任之法无效的反射效果即“消灭了的抵押债权人的抵押债权一旦复活，抵押权也因此复活”等）③。然而，对于这一点，最近批判这种想法在理论上与责任说不协调的见解越来越得到了支持。④

4. 其后学界之发展

虽然责任说对学界产生了极大的影响，但是此后判例法理（“相对撤销”理论）依然不可动摇，可以说即将形成坚定的判例法。但这并不意味着学说就变得毫无意义了。

在该文之后，强调债权人撤销权在沿革上由诉讼行为构成的“诉权说”⑤受到了关注。该学说在主张导入执行容忍诉讼这一点上与责任说如出一辙，可以说是“有权威的流派之一”⑥。

不过，今后有必要从比较法的视角来进行研究。从这个意义

---

① 参见山野目章夫：《诈害行为撤销权的法律构成，未来应何去何从》，“讲座”本《现代契约与现代债权之展望》（第 1 卷），日本评论社，1990 年，第 101 页以下。

② 参见我妻荣：《新订债权总论》，《民法讲义》（Ⅳ），岩波书店，1964 年，第 196 页等。

③ 参见《谷口知平先生还历纪念：不当得利与无因管理研究》（3），有斐阁，1971 年，第 184 页以下；《注释民法（10）·债权（1）·债权的目的与效力》，有斐阁，1987 年，第 846 页以下。

④ 参见《民商法杂志》第 108 卷第 1 号，1993 年，第 70 页以下佐藤岩昭的论文内容。

⑤ 参见佐藤岩昭：《试论诈害行为撤销权——以其效果论为中心》（4），《法学协会杂志》第 105 卷第 3 号，1988 年，第 260 页以下等。

⑥ 矶村保：《日本民法的发展（4）·学说的作用》，《民法典的百年（全面性考察）》，有斐阁，1998 年，第 532 页。

上来说，除了德国法，也不能无视母法法国法的讨论。[①] 具体包括
366 将撤销效果的对人相对化进一步一般化了的"对抗不能"构成[②]，债权人撤销权的责任财产保全以外的目的的转用可能性[③]。另外，对应德国法的"责任"(Haftung)概念的法国法的"共同担保"(gage commun)或"一般担保"(gage général)概念的解释[④]及其两概念的对比也将成为课题。

■ 作者介绍

下森定

主要著作：除该文外，还著有『建売住宅・マンションの売買における売主の瑕疵修補義務について』(1984 年・(財)日本住宅総合センター)、『西ドイツ債務法改正鑑定意見の研究(法政大学現代法研究所叢書 9)』(共編)(1988 年・日本評論社)、『安全配慮義務法理の形成と展開』(編著)(1988 年・日本評論社)、『債権法論点ノート』(1990 年・日本評論社)、『物権法重要論点研究』(共監修)(1991 年・酒井書店)、『民法総則重要論点研究』(共監修)(1991 年・酒井書店)、『有料老人ホーム契約(トラスト 60 研究叢書』(1995 年・有斐閣)(編)、『ドイツ債務法改正委員会草案の研究(法政大学現代法研究所叢書 15)』(共編)(1996 年・法政大学出版局)等。

简　　历：1930 年(昭和五年)生，毕业于广岛大学政经学部，完成东京大学大学院博士课程，历任法政大学教授、校长等职(其著作、履历请详见上述『物権法重要論点研究』)。

---

① 参见松坂佐一：《债权人撤销权研究》，有斐阁，1962 年。

② 参见片山直也：《诈害行为撤销制度的基本构成》，《私法》第 55 号，1993 年，第 212 页以下。

③ 参见片山直也：《现行民法中的买回制度对租赁的保护与排除》，《法学研究》第 72 卷第 2 号，1999 年，第 38 页以下。

④ 参见佐藤岩昭：《债权人的责任财权保全》(1)，《法学教室》第 115 号，1990 年，第 53 页以下；栗山朗子：《法国法中的债权人平等与竞争之报酬》，《早稻田法学》第 71 卷第 2 号，1996 年，第 142 页以下等。

4-13　椿寿夫 367

①《连带债务论序说》

[收录于《民法研究》(Ⅰ),第一法规出版,1983 年;初次发表于《法学论丛》第 62 卷第 5 号,1956 年]

淡路刚久

②《连带债务研究》

(弘文堂,1975 年)*

评议人 寺田正春(大阪市立大学)

《连带债务论序说》以德国法研究为基础,明确了我国民法连带债务的立法特征,提出了连带二分论。而《连带债务之研究》则以法国法研究为基础。这两部作品深化发展了不真正连带债务论,是我国学界中有关连带债务研究的两大著作。

1. 两部论著刊发前关于本课题之学界状况

(1) 用人单位和工作人员、机动车所有人和使用人、共同侵权人等,在对于一个损害存在多个赔偿义务人且所有人均负有全部损害的赔偿义务的情况下,如果赔偿权利人免除了其中一个义务人的赔偿责任,那么此免除是否对其他义务人产生影响?履行了赔偿义务的债务人能否向其他的债务人求偿?对于这些问题,一般结合连带债务的相关规定,以不真正连带债务论的形式进行讨论。

---

* 原文文献为:椿寿夫「連帯債務論序説」,『民法研究Ⅰ』(1983 年・第一法規出版)所収,初出・法学論叢 62 巻 5 号(1956 年);淡路剛久『連帯債務の研究』(1975 年・弘文堂)。——译者

(2) 不真正连带债务是指，多个债务人对同一内容给付各自、独立负有全部给付义务时，基于其中一个债务人的偿还而免除其他债务人的债务。在这一点上，它与真正连带相同。但是，①除了目的达成事由（使债权人满足的事由）以外，对其中一个债务人所生之事由并不影响债权人和其他债务人的关系（相对效力）；②债务人相互之间的求偿关系并不当然发生，而是基于债务人相互之间存在的个别的内部法律关系。这就是一直以来通说的理解。而债务人相互之间不存在主观共同关系、否认债权担保力的削减作用所具有的绝对效力是利用此概念的理由所在（“我妻说”、“於保说”）。

368 **2. 两部论著的内容及其在学界之意义**

(1) 我国不真正连带债务的论点在于，是否应该贯彻上述①的相对效力，是否应该将上述②中的负担部分、求偿关系的缺乏视为其本质。1956 年椿教授的《连带债务论序说》以德国后期普通法学中的共同连带争论为中心，通过追求其解释学史的意义，致力于阐明作为我国人的担保的连带债务论和作为侵权连带中求偿问题之解决方法的不真正连带债务论这两大问题。从这一精密的比较法解释学史的分析出发，该文在讨论接近于共同连带的我国民法规定时指出：①我国学界的不真正连带债务论是单纯连带债务论的转化；②单纯连带或侵权连带的担保力反而更强。关于这一点，椿教授表达为“从广义的债权担保或债权强效的视角重构多数主体的债务时，不真正连带列于最后”[①]。另外，椿教授也指出，③在轻视内部关系的德国后期普通

① 椿寿夫：《注释民法》(11)，有斐阁，1965 年，第 65 页。

法学中不存在将求偿问题作为一般的单纯连带进行详细论述的作品。[①]

在此基础上，椿教授同样在1956年主张在以下情况下应积极利用不真正连带债务这一概念。①作为肯定一直以来被认为是委以内部关系的不真正连带债务人的求偿的概念，即“防止因无明文规定而产生赔偿负担关系中的不公平的全额单独责任竞合的发生，更加积极的过渡期的”概念；[②]②为了达到债权强效的目的而作为排除债权的绝对效力的工具时；[③]③作为概括侵权领域维持全额单独责任之诸情景的语言[④]。

（2）紧接着，淡路教授于1974年在《连带债务研究》中对共同连带的重新讨论和不真正连带债务展开了总论及各论的讨论。指出不真正连带债务概念只是因当事人的多数这一形态而产生的“虚像”，并不显示持有积极意义内容的统一法律关系。在此基础上，主张不真正连带债务的各领域及其效果应该如何规定，并以解释论进行了实践（原书第234—235页）。而且，就求偿问题 369
提出了认可求偿权的实质性根据，并且从决定各种情形下的求偿权范围即可的立场出发，批判了以不真正连带债务的属性为由所导出求偿权的“椿说”（原书第231—232页）。另一方面，对于债权的担保力、绝对效力事由，淡路教授也从“多数当事人的债权关系”应该作为人的担保被重建的基本立场出发（原书第235页），肯定了不真正连带债务各种情形的相对效原则。但是他也指出，

① 椿寿夫：《连带债务的问题点（旧题：连带债务论的若干问题点）》，《民法研究》（Ⅰ），第一法规出版，1983年，第74页。

② 同上。

③ 椿寿夫：《多数债权人与分割原则》，同上书，第126页。

④ 椿寿夫：《多数人的损害参与和赔偿责任》，同上书，第195页。

在共同侵权、使用人责任等情况下，考虑到赔偿义务人之间的最终负担人，为了协调受害人保护和赔偿义务人之间的公平，应该根据具体情况有限地、例外地承认绝对效力。例如，当受害人明知被免除人的负担部分明显大于其他债务人的负担部分时，应该肯定免除的绝对效力(有关免除，请参见原书第268页；有关时效完成，请参见原书第270页以下)。

由于以求偿权肯定为论述目的之一的椿研究[①]和为了赔偿义务人之间的公平而顾及绝对效力的淡路研究的出现，不真正连带债务论被学界大规模地讨论，并得到了进一步深化和发展。[②]

3. 其后学界之发展

(1) 有关不真正连带债务概念的有用性存在积极说和消极说。积极说主张在多个损害赔偿债务人并存且求偿关系的债务关系中使用此概念[③]，或者为了贯彻相对效力的法技术而使用此概念[④]。虽然类型论尚不完善，但是尾崎论文也属于积极说[⑤]。而"淡路说"和基本与此同旨的"前田说"[⑥]属于消极评价。另外，川井教授认为，规定了标准的连带债务的《民法》第432—435条原则上也适用于共同侵权债务，只要根据共同侵权的性质对适用条

① 椿寿夫:《共同侵权行为论之再探讨》,《民法研究》(Ⅰ),第一法规出版,第158—159页。

② 参见尾崎三芳:《连带债务与不真正连带债务》,《民法讲座4·债权总论》,有斐阁,1985年,第298页。

③ 水本浩:《债权总论》,一粒社,1976年,第136页。

④ 奥田昌道:《债权总论》,悠悠社,1992年增补版,第373页。

⑤ 尾崎三芳:《应如何评价不真正连带债务与不同主体请求权这一观念》,"讲座"本《现代契约与现代债权之展望》第2卷《债权总论》(2),有斐阁,1991年,第213、216页。

⑥ 前田达明:《口述债权总论》,成文堂,1990年第2版,第348页。

文作出修正理解即可，而不真正连带债务只是民法根据各种情形所作的修正结果的其中之一。[①] 潮见教授也主张鉴于行为共同和 370
责任共同的实体关系确立弹性解释和妥当的处理准则。[②]

然而，主张应将绝对效力、求偿权问题分类讨论的星野教授则提出应采用旧民法的全部义务概念来取代不真正连带债务概念。[③] 平井教授认为，在与求偿权规定的适用问题的关系上使用不真正连带债务概念的德国民法学和我国的问题状况不同，所以主张使用全部义务概念。[④]

诸学说的趋势在于以现行的连带债务规定为适用基础，一方面指向求偿权的肯定[⑤]，另一方面在绝对效力和相对效力的判断中留些伸缩余地而将其类型化。

(2) 虽然大审院避开了“不真正连带债务”这一用语[⑥]，但是最高裁判所使用了此概念，并在时效完成（雇主对雇员）、基于和解的免除（雇主对雇员、使用人对地方自治体）、因继承的混同（机动车所有人对机动车使用人）、抵消（机动车所有人对道路管理人）及请求（共同侵权人相互之间）等广泛领域宣告不真正连带具有相对效力。另一方面，肯定已经赔偿了雇员和第三人应负担的共同侵权债务的使用人可以根据过失比例在规定的两者各自负

---

① 川井健：《共同侵权行为之诸问题》，《现代侵权行为法研究》，日本评论社，1978年，第257—258页。

② 潮见佳男：《债权总论》，信山社，1994年，第521、543页。

③ 星野英一：《民法概论》(Ⅲ)《债权总论》，良书普及会，1978年，第171页。

④ 平井宜雄：《债权总论》，弘文堂，1985年，第266—267页。

⑤ 尾崎三芳：《应如何评价不真正连带债务与不同主体请求权这一观念》，“讲座”本《现代契约与现代债权之展望》第2卷《债权总论》(2)，有斐阁，1991年，第195页，对肯定求偿权无异议。

⑥ 椿寿夫：《连带债务》，《民法》(16)，综合判例研究丛书，有斐阁，1960年，第131页。

担部分的范围内，向第三人或该第三人的使用人求偿，[①]而且不真正连带债务论就其讨论对象的核心事例之一的共同侵权债务，认可了全额单独责任的内部清算，肯定了求偿权。这与 1962 年的椿构思[②]一致。

（3）如今，尽管关于不真正连带中债务人相互之间的求偿权的依据没有达成统一的理解，但是在以过失比例、贡献度划定负
371 担部分，在肯定求偿权的情况下，不真正连带债务论的焦点就从担保力强化的观点转移到应排除绝对效力规定使用的债务属于何种并存债务类型的类型论上了。不过需要注意的是，在主张不真正连带债务主要发生在数人对同一损害各自负担填补义务情况下的通说之下，[③]不真正连带债务的各情景之外延是广泛的，并且随着社会关系的变化而变动。但是如今最高裁判所认可的求偿权的情况并不多，而且也不存在以求偿权保护为由讨论绝对效力的最高裁判所判例。然而，在设定多数债务人之间的负担部分的求偿中，如果存在免除、时效完成等事由，就有必要使其效力与绝对效力联动。[④] 不真正连带债务争论的实质性论点并非其作为说明概念的有用性和相对效力的划一适用，而是在存在求偿关系的赔偿义务人中一人所发生的事由中，应以何种基准区分不能满足债权人事由的绝对效力和相对效力的问题。关于这一点，分别从对外效力和对内效力两方面进行全体讨论的淡路研究非常有意义。

---

① 前者请参见最高裁判所昭和四十一年（1966 年）11 月 18 日判决，《最高裁判所民事判例集》第 20 卷第 9 号，第 1886 页；后者请参见最高裁判所平成三年（1991 年）10 月 25 日判决，《最高裁判所民事判例集》第 45 卷第 7 号，第 1173 页。

② 椿寿夫：《不真正连带债务的观念》，《民法研究》（Ⅰ），第一法规出版，1983 年，第 99 页。

③ 请参见奥田昌道：《债权总论》，悠悠社，1992 年增补版，第 372 页。

④ 山口和男：《不真正连带债务》，《民法判例百选》，有斐阁，1989 年第 3 版，第 59 页。

■ 作者介绍

① **椿寿夫**(参见本书 3－08)

② **淡路刚久**

主要著作:除该书外,还著有『公害賠償の理論(増補版)』(1978 年・有斐閣),『環境権の法理と裁判』(1980 年・有斐閣),『公害・環境判例:重要判例の集大成(第 2 版)』(1980 年・有斐閣)、『スモン事件と法』(1981 年・有斐閣)、『不法行為法における権利保障と損害の評価』(1984 年・有斐閣)、『開発と環境:第一次産業の公害をめぐって』(1986 年・日本評論社)、『不法行為法の現代的課題と展開』(1995 年・日本評論社)、『公害環境法理論の新たな展開』(1997 年・日本評論社)、『環境法(第 2 版)』(1998 年・有斐閣)、『新・現代損害賠償法講座 第 6 巻損害と保険』(1998 年・日本評論社)等。

简　　历:1942 年(昭和十七年)生,毕业于东京大学法学部,现任立教大学教授。

372 4-14 **梅谦次郎**

①《连带保证论》

(《法学志林》第1号,1899年)

川名兼四郎

②《连带保证》(1—3完)

(《法学新报》第12卷第3、4、9号,1902年)*

评议人 执行秀幸(国士馆大学)

论文①是由(民法)起草者所撰写的关于连带保证的第一篇论文,它对当今的学说产生了很大的影响。而论文②是有关连带保证性质的首篇论文,但因其中的见解受到了批判,以至于作者后来改变了其见解。

1. 两文发表前关于本课题之学界状况

(1)连带保证不存在催告、检索的抗辩权(第454条)。而且一方所发生的事由的效力适用连带债务的规定(第458条)。从这些规定来看,其与连带债务、普通保证的关系,以及连带保证的法律性质就成为问题了。这与第458条的理解和具体解释也有关。第458条的有关连带债务的规定是否也适用于主债务人和连带保证人所生之事由的效力?是否全部适用?

(2)从有关连带保证的法典调查会的讨论来看,连带保证人具备保证人和连带债务人双重资格。[①] 因此,第458条有关连带

---

* 原文文献为:梅謙次郎「連帯保証論」,法学志林1号(1899年);川名兼四郎「連帯保証(1)—(3完)」,法学新報12卷3・4・9号(1902年)。——译者

① 商事法务研究会:《第六十九次法典调查会民法会议记录》,1983年,第440页(梅谦次郎发言)。

债务的规定也适用于连带保证。

但是，关于第 458 条，梅谦次郎在《民法要义》卷三《债权编》中明确提出，只适用于连带保证人所生之事由中对主债务人有影响的情况，而主债务人所生之事由中对保证人有影响的情况适用保证的相关规定。[①] 并指出，在适用第 458 条时，通常在连带债务人之间各债务人负担债务的一部分；但是当连带保证人无负担部分时，则由主债务人负担债务的全额。

松波仁一郎、仁保龟松、井田益太郎、长岛鹫太郎所编的《帝 373
国民法正解・债权》（第五卷）中也认为连带保证人具有保证人和连带债务人双重性质。[②] 而且，第 478 条在不损害保证债务性质的范围内适用连带债务规定的主旨下，和《民法要义》卷三《债权编》持同样的理由，第 458 条只适用于连带保证人所生之事由的主要债务人所波及的效力。[③]

冈松参太郎在《注释民法理由》中卷《债权编》中论述道，虽然连带保证人在负担从债务、适用从属性质所生结果这一点上与连带债务人不同，但是向债权人负担如唯一债务人的义务，[④]由于在与债权人的关系上与通常的连带债务不同，所以适用连带债务的一定规定。当然，也适用保证债务的性质上的原则及其规定。[⑤]

2. 两文的内容及其在学界之意义

“连带保证论”是我国关于连带保证的第一篇论文，它对《民

---

① 梅谦次郎：《民法要义》卷三《债权编》，私立法政大学，1897 年第 1 版，第 168 页。

② 松波仁一郎、仁保龟松、井田益太郎、长岛鹫太郎编：《帝国民法正解・债权》（第五卷），日本法律学校，1897 年，第 351 页。

③ 同上书，第 365—366 页。

④ 冈松参太郎：《注释民法理由》中卷《债权编》，有斐阁，1897 年，第 192 页。

⑤ 同上书，第 198—199 页。

法要义》的见解进行了详细讨论。不过，作为连带保证，它对现今所说的连带保证和共同保证两者都进行了讨论。在此主要介绍前者。

连带保证具有保证和连带双重性质。对于连带保证属于连带债务这一结果，作者指出以下几点：连带保证人无催告、检索的抗辩权，在有两人以上连带保证人的情况下，也不存在区分利益。基于第 458 条，虽然有关保证人的事项对主债务人发生效力（第 434 条、435 条、438 条），但是通常由于保证人无负担部分，所以第 436 条、437 条、439 条难以适用于连带保证人。然而，由于连带保证也是保证，因此只要不与连带性质相矛盾，则适用第 447 条第 1 项、448 条、450 条、457 条的保证的规定。另外，连带保证和普通的保证虽然在有关保证人事项的效力是否波及债务人这一点上不同，但是在有关主债务人事项的效力波及保证人这一点上并无差异。

《连带保证论》开展了较为具体的解释论，而《连带保证》致力于基于理论分析来阐明连带保证的性质。首先，根据许多德国文献阐明了保证债务及连带债务的性质。之后，就连带保证的性
374 质，提出连带债务和保证债务既独立又并存，以及连带保证人在负担连带债务的同时也负担保证债务（以下称“并存说”）。如果这样解释的话，必须明确当事人对何种债务产生法律上的事实。连带保证人发生第 435 条等规定的事项时，即使当事人不明确有关连带债务的意思，第 458 条也具有连带债务的意义，但并不意味着除此之外的有关连带债务的规定不适用于连带保证。《连带保证论》属于（民法）起草者开展的有关连带保证的具体解释论，尤其是第 458 条的解释对之后的学界产生了很大的影响。而《连带保证》虽然是我国有关连带保证性质的第一篇论文，并展开了缜密的

逻辑讨论，但是其结论基本上未得到支持，相反还受到了批判。

3. 其后学界之发展

（1）横田秀雄在《连带保证的性质》中全面批判了“并存说”，并主张连带保证是保证债务的一种，保证人和主债务人之间的连带属于不对保证的从属性质产生任何影响的保证债务形态，而由于连带保证附着于连带的形态，所以它属于效力受到了一些变更的保证债务。[①]

石坂音四郎在《日本民法·第三编债权》（第三卷）中指出，连带保证是放弃了催告、检索两抗辩权的保证，但并不丧失其从属性。[②]

川名教授接受了此批判，在《债权法要论》[③]一书中全面撤回了“并存说”，主张连带保证只是约定放弃催告、检索两抗辩权的保证契约。因保证契约而产生的履行他人债务的债务不能成为各债务独立的连带债务。因此，不可能就此债务与主债务人发生连带。倘若如此，如何理解第 458 条就成了问题，不过由于无催告、检索两抗辩权的保证债务和连带债务事实上相似，所以有关连带的部分规定也准用于这种情况。[④] 连带保证属于保证债务的一种的见解无论是在二战前还是二战后都占据了通说的地位，最近也看不到任何异议。准用说因鸠山秀夫的《连带保证与连带债务》[⑤]一文而受 375
到支持，成为了通说。

---

① 横田秀雄：《连带保证的性质》，《法学志林》第 9 卷第 4 号，1907 年，第 363 页。

② 石坂音四郎：《日本民法·第三编债权》（第三卷），有斐阁，1913 年，第 1056 页。

③ 川名兼四郎：《债权法要论》，金刺花流堂，1915 年。

④ 同上书，第 382—384 页。

⑤ 鸠山秀夫：《连带保证与连带债务》，《法学志林》第 19 卷第 6 号，1917 年，第 16 页。

(2) 对于主债务人所生之事由应由附从性理论决定的见解无论是在二战前还是二战后,都不存在异议。通常,由于保证人无负担部分,所以以此为前提的第436条第2项、第437条、第439条的规定难以适用于连带保证人。这与《连带保证论》的见解相同。但是,第438条存在被进一步限制解释的倾向。

上述的横田论文指出,连带在第434条和438条的情况下对主债务人的义务产生影响。[①] 而石坂也在其上述书中对只适用第434条和438条而无须适用第435条和436条的适用问题提出了疑问。[②] 另外,主张即使不准用第435条、436条第1项及440条,但由于保证债务的性质而产生同样的结果,因此仍需准用的是第434条和438条的学说占了多数。[③]

最近尽管持这种见解的很多,但是也存在主张应将第435条纳入准用条款的见解。另外,即使不否认第435条、436条第1项及440条的准用,但是和第438条的准用一样,主张其准用的意义并不大的见解也不少。

■ **作者介绍**

① **梅谦次郎**(参见本书2-08)

② **川名兼四郎**

主要著作:除上述论文外,还著有『民法総論』(1904年·金刺芳流堂)、『債権総論』(1904年·金刺芳流堂)、『日本民法総論』(1912年·金刺芳流堂)、『民法』(1913年·金刺芳流堂)。

---

① 横田秀雄:《连带保证的性质》,《法学志林》第9卷第4号,1907年,第56页。

② 石坂音四郎:《日本民法·第三编债权》(第三卷),有斐阁,1913年,第1092—1093页。

③ 鸠山秀夫:《日本债权法总论》,岩波书店,1925年修订版,第320页;胜本正晃:《债权总论》(中卷之一),严松堂,1934年,第522页等。

简　　历:1875年(明治八年)—1914年(大正三年),毕业于东京帝国大学法科大学,东京帝国大学教授[其履历请详见末弘厳太郎「嗚呼川名兼四郎先生」法学協会雑誌32巻12号(1914年)、同「民法学生成時代の回顧——特に川名兼四郎教授について」東京帝国大学学術大観法学部経済学部(1942年)]。

376 ## 4-15 西村信雄 ①《继续性保证研究》(有斐阁,1952年) ②《身份保证研究》(有斐阁,1965年)*

评议人 川地宏行(三重大学)

两书在提倡继续性保证概念的同时,探求了以身份保证法的类推适用来处理问题的可能性,提出了我国关于保证研究方面的新视角。

1. 两书出版前关于本课题之学界状况

《民法》在第446条以下对保证作出了规定,但是其适用对象仅限于以特定债务的履行确保为目的的附从性保证。另一方面,在现实社会中,继续性信用保证、租赁保证、身份保证等在日常生活中随处可见,这些保证在其期间、限度额无规定的情况下就有可能加重保证人的负担,因此一直以来被视为问题点。但是,对于这种形态的保证,民法中没有作出任何规定,所以从民法制定初开始就依靠判例来解决这个问题。在判例实务中,为了保护保证人,形成了承认保证人的中途节约权、减少保证金额、否认继承等各种判例法理。这些判例的积累促进了1933年"有关身份保证的法律"(《身份保证法》)的制定。

而学说从民法制定之初开始就认识到,对于基于继续性关系

* 原文文献为:西村信雄『継続的保証の研究』(1952年・有斐閣);『身元保証の研究』(1965年・有斐閣)。——译者

而产生的不特定多数的债务之保证，必须讨论其与特定债务的附从性保证所不同的救济措施（矶谷幸次郎、平野义太郎、末川博等）。但是，在理论分析方面并未取得进展。虽然一般学说倾向于把信用保证、身份保证等视为“将来债务的保证”，但是，由于“将来债务的保证”是与“既存债务的保证”相对立的概念，而且是由应在何等范围内承认保证债务附从性的例外这一问题而生的，因此它对于应如何保护将来发生的不特定多数的债务保证中的保证人以及其继承人这一问题的解决并无意义。故而，很多学说虽然对中途解约权、保证金额的减少和保证债务的继承等问题，根据具体事件提出了解决方法，但是只能从合理的意思解释、从诚实信用原则中寻求其法律根据。《身份保证法》制定之后，这种倾向也未有任何变化。虽然出现了很多有关该法本身的研究成果（吉川大二郎、胜本正晃等），但是没有作品对于“《身份保证法》对信用保证、租赁保证产生了何种影响”这一问题给出明确的 377
回答。

2. 两书的内容及其在学界之意义

两书首先对从前的一般学说将民法规定的“特定债务的附从性保证”作为保证的原则性形态、将其他保证作为例外这一点，以及把信用保证、身份保证的问题在将来债务的保证的范畴内进行分类这一点进行了批判。然后，在直视保证的社会实态、导出保证的共通原理的基础上，尝试从新视角对保证进行再分类，提出应确立各种类型固有的法理。

两书列举了利他性、人为责任性、无偿性、情义性、不确定性、轻率性等保证的特殊性，并且强调基于这些特殊性，关于保证问题，不仅应考虑“确保满足债权人”，也应最大程度地重视“对保证人的照顾”这一观点，开展使两者协调的解释论。这是两书在处理各种问题时的基本理念。

另外，两书将广义的保证分为一时保证和继续性保证。继续性保证是在两书中首次被提倡的概念，其产生受到了祁克的继续性债权关系理论的启发。根据祁克的分析，一时保证和继续性保证存在以下不同点：①前者因一次履行而终止，而后者因时间的经过而终止；②前者中的债务是既定的，而后者基本上基于债权关系而产生数个具体的债权；③作为一方当事人被赋予的解约权，前者被赋予溯及性地使债务消灭的解除权，而后者被赋予将来性地使债务消灭的解约告知权。两书将此反映到保证的领域，创造出了一时保证和继续性保证的概念。继续性保证被定义为：“从保证契约成立后到其终了时连续负担抽象、基本的保证责任，只要契约所规定的一定事由发生，就基于基本保证责任来负担作为分期债务的具体保证债务。”

然后，两书考虑到继续保证的特殊性，确立了固有的法理。将继续性保证的特殊性归纳为“责任的永久性”和“责任的广泛性”，并提出了从长期、广泛的责任出发应如何保护保证人的法
378 理。具体包括：为了使继续性保证的保证人从过重的负担中解放出来，承认无期限规定的保证中经过一定期间的解约权（任意解约权），承认有期限规定的保证中特别情况发生时的解约权（特别解约权），否定基本保证责任的继承，承认考虑诸多情况下的保证金额的减少等。虽然在以往的判例和学说中也存在与此同旨的内容，但是两书具有以下三个特征：第一，区别任意解约权和特别解约权，明确各自的成立要件和效果。第二，主张应尽可能地将《身份保证法》的规定尤其是该法第 5 条的规定类推适用于继续性保证，并对其可能性做了探讨。这是确立继续性保证概念以来

首次成为可能的法律构成。如果不将身份保证解释为继续性保证的典型,不将《身份保证法》解释为反映继续性保证特殊性的实体法,就不可能将该法的规定类推适用于其他的继续性保证。两书基于提倡继续性保证的概念,打开了类推适用《身份保证法》之路,并克服了以往的判例和学说必须从合理意思解释、从诚实信用原则中寻求法律根据的难点。第三,使债权人承担不使保证责任扩大的一般注意义务,同时主张在承认特别解约权、保证金额的减少时应考虑债权人的注意义务违反。作为债权人对保证人承担的义务,虽然现行法上存在《民法》第 504 条的担保保全义务,《身份保证法》第 3 条的通知义务、第 5 条的监督义务等,但是通说仅仅把这些作为例外来看待。而两书在考虑保证及继续性保证的特殊性的基础上,使债权人对保证人负有一般注意义务,并认为这些规定只是确认了债权人的应尽义务。两书的见解在决定保证金额的减少时广泛考虑了债权人的行为状态,并通过类推适用《身份保证法》,找到了解决继续性保证所有问题的具体、妥当的方法。

3. 其后学界之发展

继续性保证此概念本身被之后的学界普遍接受了。但是,最近,也有学说提出了对此概念的有用性及存在意义的疑问。随着 379
1971 年有关最高额抵押的规定在民法中的新设,主张应将金融交易中的继续性信用保证(最高额保证)统一于"最高额保证"这一上位概念之下的最高额抵押中,并尽可能地将最高额抵押的规定类推适用于最高额保证的见解变得越来越有权威(荒川重胜、石井真司等)。而给予其理论支持的是我妻荣、铃木禄弥所提倡的最高额保证论。此学说将最高额保证定义为于继续性保证关系终了时存在的对主债务的总括保证，并主张在保证关系继续期间不产生保证债务。作为其结论，否定了抽象保证责任和具体保证责任的两分论。此说使从法律构成来统一处理最高额保证和最高额抵押的做法正当化，并为最高额抵押的规定类推适用于最高额保证提供了理论层面的支持。

这种学说潮流正好与该书的立场相对立。如果有关最高额保证的问题可以通过类推适用最高额抵押的规定来处理的话，那么继续性保证概念存在的意义就失去了一大半。因为没有必要类推适用《身份保证法》的规定了。但是，不管怎么说，最高额抵押是物担保，在这一点上与人的担保的最高额保证存在根本性差异。而且，在最高额保证中承认最高额抵押中都无规定的“保证金额的减少”时，就需要类推适用《身份保证法》第5条。现在，在最高额抵押规定的类推适用的支持者中也有很多学者接受了类推适用《身份保证法》第5条的见解。从这些理由看来，即使在今天，继续性保证概念作为承认类推适用《身份保证法》的理论根据依旧有其存在意义。

■ 作者介绍

西村信雄

主要著作：除上述著作外，还著有『訂正債権法総論』(1958年・法律文化社)、『注釈民法(11)債権2』(編著)(1965年・有斐閣)、『戦後日本家族法の民主化 上下』(1978年・1990年・法律文化社)。

简　　历：1900年(明治三十三年)—1989年(平成元年)，毕业于东京帝国大学法学部，历任关西大学、台北帝国大学、立命馆大学、福冈大学、龙谷大学教授[其著作、履历请详见西村信雄先生傘寿・浅井清信先生喜寿記念『個人法と団体法』(1983年・法律文化社)]。

4-16　米仓明 380
《债权让与——禁止特约的第三人效力》

(学阳书房，1976 年)*

评议人 武川幸嗣(青山学院大学)

该书试图以债权让与自由的要求和特约所追求的利益的比较衡量这一新基准，来重构债权让与禁止特约的对外效力的应有状态，并明确提出了第三人保护制度应有的分析视角。

1. 该书出版前关于本课题之学界状况

我国《民法》第 466 条一方面强调债权让与自由的原则(第 1 项)，另一方面却承认可以通过当事人之间的特约限制、禁止债权让与的自由(第 2 款)、考虑对善意受让人的保护(同项但书)。围绕让与禁止特约，其适用范围及效力的法律性质一直以来都是讨论的焦点。

(1) 首先，关于让与禁止特约的适用范围，过去的判例和多数说认为特约的效力也波及强制执行，但是很快该认识受到了批判。即这种特约的承认会导致以个人合意所产生的扣押禁止财产，违反执行法的秩序。所以当今的判例和学说一致认为其适用对象只有任意让与。(民法)起草者的见解也一样。[①]

(2) 其次，有关特约效力的法律性质，众所周知，物权效力说

---

* 原文文献为：米倉明『債権譲渡——禁止特約の第三者効』(1976 年・学陽書房)。——译者

① 参见商事法务研究会：《法典调查会民法会议记录》，日本近代立法资料丛书，第 3516 页中梅谦次郎起草委员所做的主旨说明。

(由于债权人的债权处分权限因特约而被绝对限制或剥夺,所以受让人就成了与无权利人交易,但是根据第466条第2项但书规定,善意人受到特别保护)是通说,判例也以此观点为前提。而债权效力说(特约只是债权性地约束当事人,所以违反特约的让与只是招致让与人承担特约违反的责任,而并不影响受让人权利取得,但是对于恶意人,债务人可以行使一般恶意的抗辩权,拒绝偿还)也具有一定的权威性。

(3) 然而,对于受让人的保护要件,条文上虽然只要求善意,
381 但是从对表见事实的信赖保护的观点出发,主张要求善意无过失的见解[①]也具有一定的权威性。

如上所述,该书以前的讨论以"当事人可以通过特约,限制、禁止任意让与,但可以对抗恶意受让人"之一命题为理所当然的前提。

2. 该书的内容及其在学界之意义

有关该书的主题,米仓教授已于此前发表了《禁止债权让与特约的效力之疑问》(1—3)[②]等系列论文,该书是他对这些论文进行修改订正的成果。该书的主要意义在于,以确保作为财物的债权的流通性要求和特约所追求的利益的两大要素的实质性探讨为中心,根本性地促进了对上述命题的重新探讨。即其基本主张是,不应认定债务人总是可以以让与禁止特约对抗恶意人,所涉特约的对外效力的有无应根据包括其法律性质、债权流通的安全

---

① 我妻荣:《新订债权总论》,《民法讲义》(Ⅳ),岩波书店,1964年,第524页。

② 米仓明:《禁止债权让与特约的效力之疑问》(1—3),《北大法学论集》第22卷第3号,1971年,第26页以下;第23卷第1号,1972年,第1页以下;同卷第3号,1973年,第78页以下。

确保的必要性以及特约所追求的利益的比较衡量来个别、具体地作出决定。该书通过对特约目的的分类考察，展开了精密的论证。

(1) 若要概括其主要内容，首先在特约主要追求债务人的利益的情况下，特别是在金融机关为了(a)回避事务手续的繁杂化，(b)防止错误支付，(c)确保相抵利益等实务处理上的方便、安全，而有效利用特约，相对于债权让与中的债权人的金融确保的必要性和债权交易的确实性要求(事实上因格式条款的普及，几乎所有的受让人都可以避免成为恶意受让人)，债务人的利益处于劣势地位[(b)(c)等目的可以通过《民法》第 478 条以及立足于无限制说的相抵法理得以实现]，所以作为债务人的金融机构甚至不能以特约对抗恶意的受证人。该书把这种对第 466 条第 2 项的限制解释称为“特约的效力限制论”。相对于把作为“只保护不知道特约存在之人”的同条和其他的善意人保护制度作同义处理的以往的理解，该书的意义就一目了然了。这种解释虽然有违文理，但是该书分析了同条的立法过程，阐明了特约承认只是考虑到当时“对于我国自古以来重视债权关系人这一习惯之尊重，以 382
及对于因债权人交替而产生的强硬征收中的弱小债务人之保护”的政策而为的，而起草者自身基于强调债权让与自由的立场对于特约的承认也持消极态度，考证了“特约的效力限制论”并未违反同条的起草主旨，而是适合现代社会的。

根据该书，特约即使只是以期待确保偿还延缓为目的，债权让与自由的要求也是优先的，对于恶意的受让人，其对外效力会被否定。而如果为了打击倒卖而签订特约，“特约的效力限制论”也仍然有效。想要排除所涉及的倒卖活动，不能以特约来对抗，应根据特别法(《律师法》第 73 条、《信托法》第 11 条)的规定来主张让与无效。

(2) 不过该书认为，当特约以维持当事人之间的特殊关系为目的时，从以高度信赖关系为基础的债权关系的个性重视的观点出发，作为例外的第466条第2项但书规定是妥当的，债务人可以以特约对抗恶意人。

该书从是否需要受让人的无过失的视角，对所涉类型中同条的善意人保护的意义做了进一步探讨。该书从“不应因为是有关表见责任的规定而统一规定其要件，是否需要无过失也应比较衡量第三人情况、本人情况及其他情况等诸多情况而决定”的立场出发，明确提出了善意人保护制度应有的分析视角和考虑因素，这不仅仅是提倡“特约的效力限制论”，也是该书的第二意义之所在。而且通过其与民法上的其他善意人保护制度进行横向比较和讨论，着眼其与第94条第2项的类似性，提出了“无重过失必要说”。即重视债权的让与性作为法定大原则这一点，在不要求受让人承担有关特约存否的调查义务的意义上来说不需要无过失，但是当存在特约尤其是无须调查的情况下，作为重大过失的存在(债务人附有其举证责任)，需要否定其保护，以求得利益的均衡。

另外，该书也对第94条第2项及其类推适用中的善意要件，提出了无重大过失必要说(当事人负有重大过失的举证责任)，并对类推适用法理的判断基准做了试论。

383 **3. 其后学界之发展**

(1) 考虑到当今交易社会中债权交易重要性增大化的要求而提出的“特约的效力限制论”受到了之后学界的关注。尤其是在因债权的流动化、资金筹措确保的需要越来越高的今天，对应国际立法动向，对承认特约的对外效力本身的疑问越发强烈。[1] 从这个意义上来说，该书的主张不仅提出了决定有关第三人利益之合意的对外效力的新基准，也就立法当时和现代的利益状况的比较评价和解释论的应有状态提出了问题。

（2）关于第466条第2项但书的无重大过失必要说，在该书的旧稿（上述）之后，出现了明示排除重大过失的判例[2]，如今学说上的多数说也支持该书的观点[3]。在整理所谓的善意人保护的意义时，该书所提倡的无重大过失要件具有重大意义。根据该书所提出的考虑因素（①本人遭受的不利的程度、财产权丧失的有无及其内容；②作为信赖基础的外观是否存在；③本人对于外观的作出及存续是否存在归责事由及其程度；④表见人权限定型性的有无；⑤交易的迅速性要求、有关其他第三人调查的合理期待的有无；⑥根据是否需要登记以及举证责任的分配所进行的利益调整；⑦与其他制度和判例的均衡；⑧立法者意思的探求），对各制度进行精密分析是当今的重要课题。

■ 作者介绍

米仓明（参见本书3－09）

---

① 池田真朗：《存在禁止让与特约情况下的债权让与及基于其承诺之溯及力对第三人的效力——围绕最高裁判所平成九年（1997年）6月5日第一小法庭判决进行讨论》，《金融法务事情》第1499号，1997年，第21页。

② 最高裁判所昭和四十八年（1973年）7月19日判决，《最高裁判所民事判例集》第27卷第7号，第823页。

③ 林良平、石田喜久夫、高木多喜男：《债权总论》），青林书院，1982年修订版，第441页（高木多喜男）；奥田昌道：《债权总论》，悠悠社，1992年增补版，第430页；前田达明：《口述债权总论》，成文堂，1987年，第370页；甲斐道太郎编：《债权总论》，法律文化社，1987年，第265页等（池田真朗）。

384 4-17 池田真朗

①《〈民法〉第467条中有关博瓦索纳德的复权》

(《手冢丰教授退休纪念:明治法制史、政治史之诸问题》,庆应通信,1977年)

②《〈民法〉第467条中第1项与第2项的关系》

(《法学研究》第51卷第2号,1978年)

③《指名债权让与中的对抗要件之本质》

(《庆应义塾大学创立125周年纪念论文集》,1983年)

(上述论文之后均被收录于《债权让与研究》,弘文堂,1993年,1997年增补版)*

评议人 千叶惠美子(名古屋大学)

可以将上述论文定性为对规定了指名债权让与的对抗要件的第467条的立法过程进行了详细讨论,并试图阐明对抗要件制度结构的论文。

1. 该系列论文发表前关于本课题之学界状况

(1)《民法》第467条第1项规定,指名债权之让与,若非经让与人通知债务人或债务人之承诺,不得对抗债务人及其他第三人。同条第2项规定,指名债权之让与,若非经让与人以载明确定日期的证明文件通知债务人或债务人之承诺,不得对抗债务人以外的第三人。于是,第467条第1项和第2项之间的关系,

---

* 原文文献为:池田眞朗「民法467条におけるボワソナードの復権」,手塚豊教授退職記念『明治法制史政治史の諸問題』(1977年・慶應通信);「民法467条における1項と2項の関係」,法学研究51巻2号(1978年);「指名債権譲渡における対抗要件の本質」,慶応義塾大学創立125年記念論文集(1983年)。上記論文は、いずれも後に『債権譲渡の研究』(1993年・増補版1997年・弘文堂)に所収。——译者

以及债权让与的对抗要件制度的结构就成了问题。与此相关，事先约定省略作为对抗要件的通知、承诺的特约效力也成为了争论点。

(2) 在最高裁判所昭和四十九年(1974 年)3 月 7 日判决[①]之前，可以说第 467 条的意义、目的并未得到明确讨论。而此判决明确了债权让与对抗要件制度的成立以“经该债权的债务人对债权让与的有无的认识，并由上述债务人将其向第三人表明”为根本，对其后讨论的深化产生了重大影响。

即第 467 条第 1 项为了把债务人从双重偿还的危险中解救出来，要求将债权让与通知于债务人或得到债务人的承诺，同时，同条第 1 项把上述的通知和承诺也作为对抗债务人以外的第三人的对抗要件，这是因为通常第三人受让债权时会向债务 385
人确认债权的存否及其归属。因为即使该债权已被让与，只要债务人未收到让与通知或未作出承诺，就表示对于第三人该债权的归属未发生变动。不过，如果只是单纯地通知和承诺的话，那么受让人就有可能串通债务人，追溯通知和承诺的时间，从而侵害第三人的权利。因此，同条第 2 项要求对抗债务人以外的第三人，其通知或承诺必须是以载明确定日期的证明文件的方式。所以，借用上述的最高裁判所判决的表达，第 2 项并未对第 1 项所规定的债权让与的对抗要件制度的结构作任何变更，可以说就第 1 项和第 2 项的关系而言，与后述通说保持同一立场。

关于第 1 项和第 2 项的关系，在上述判决之前，学说上存在

① 最高裁判所昭和四十九年(1974 年)3 月 7 日判决，《最高裁判所民事判例集》第 28 卷第 2 号，第 174 页。

对立。通说认为，第 1 项是就债权让与，对包括债务人在内的广泛的让与当事人以外的第三人的对抗要件作出的原则性规定；而第 2 项是为了保护债务人以外的第三人，特别规定了在第 1 项的通知和承诺之上必须载明确定的时间。① 而少数说认为，第 1 项只是规定了取得债务人偿还的形式性资格，第 2 项规定了决定争夺债务人以外的不得两立地位的当事人之间的优劣的手续。② 不过，学说的对立只是说明的不同而已，实际结论的差异在于，判例③认为规定无须债权人和债务人之间的通知的特约是无效的，第 467 条整体都是强行性法规。而通说认为，第 2 项是有关交易的安全、公共秩序的规定，因此具有强行性；而第 1 项是为了将债务人从双重偿还的危险中解救出来，除了使债务人知道谁是新债权人以外没有任何意义，所以它是任意规定。④

2. 该系列论文的内容及其在学界之意义

发表于上述最高裁判所判决之后的这一系列论文对第 467 条的沿革和立法过程进行了详细的讨论，并试图阐明现行第 467 条的对抗要件之结构。即阐明了：①现行第 467 条虽然修改了旧
386 《民法·财产编》第 347 条第 1 项的规定，但其修改的核心回归到了继受了法国《民法》第 1690 条的“博瓦索纳德民法草案”第 367 条第 1 项的规定；②由于在“博瓦索纳德民法草案”阶段，规定无

① 舟桥谆一：《判例批判》，《民商法杂志》第 1 卷第 2 号，1935 年，第 89 页；《注释民法》(11)，有斐阁，1965 年，第 379 页（植林）等。

② 有泉亨：《债权让与的对抗要件——《民法》第 467 条第 2 项中所规定的第三人》，民事法判例研究会编：《判例民事法（昭和八年）》，有斐阁，1933 年，第 191 页。

③ 大审院大正十年（1921 年）2 月 9 日判决，《大审院民事判决录》第 27 辑，第 244 页等。

④ 我妻荣：《新订债权总论》，《民法讲义》(Ⅳ)，岩波书店，1964 年，第 541 页等。

论是对抗债务人还是对抗第三人，债权让与的对抗要件都需要载有确定日期的证明文件的通知、承诺，所以民法起草委员为了使在对债务人的关系上无须确定日期，将第 467 条分成了第 1 项和第 2 项；③对债务人和其他的第三人采用了不同对抗要件的第 467 条规定了在法国《民法》第 1690 条及“博瓦索纳德民法草案”第 367 条第 1 项中都未曾见到的制度。通过上述的沿革，池田教授认为，(a)第 467 条将载有确定日期的通知和承诺作为对债务人与第三人共同的对抗要件，而作为近代法中债权让与对抗要件制度的通知和承诺必须以日期的确实性为其不可缺少的要素，因此，第 2 项是原则性规定，第 1 项是例外规定；(b)关于在对债务人关系上无须确定日期这一点，由于除了方式的简略化以外不存在其他积极根据，所以第 1 项只应适用于第 2 项所规定的无第三人出现的情况；(c)通知和承诺不仅仅是通知债务人让与的事实，而且也是以债务人的认识为中心，通过不完全的第三人的询问及对其的回答实现公示功能，所以第 2 项和第 1 项都应理解为强行规定；(d)因为债务人的认识时间是对抗要件具备的基准时，所以必须以确定的日期证明通知的到达时间。

该系列论文的意义在于明确了第 467 条的系谱、立法主旨及制度本来的意义。可以说，其有关法制史的论述部分已经成为现今学界的共有财产。但是，以上述此点为根据所展开的解释论却并未全部被学界所接受。尤其是对于把第 2 项解释为原则性规定这一点，很难说其支持者的范围在扩大。如今，持一致见解的是，第 1 项是有关对第三人关系的规定，这部分是第 2 项的前提；而根据第 2 项的基准债权的归属一旦被确定，债务人的偿还对象也将随之确定。但是，只有在债务人收到数个债权人的偿还请求而不知应向谁偿还的情况下，才能根据载有确定日期的证明文件来决定谁是唯一的债权人。[①] 债务人向只是以单纯的通知接收了债权让与的第二受让人偿还了债务之后，即使第一受让人发出的载有确定日期的证明文件的通知到达了债务人处，债务人也没有
387 义务向第一受让人偿还债务。因此，只要具备第2项的对抗要件，那么债权人的地位不仅在对第三人的关系上，而且在对债务人的关系上也是确实的，不过这仅仅是大体意思。[②] 将第2项理解为原则性规定，而将第1项的适用范围仅限于第三人未登场的情况的"池田说"的支持范围未获得扩大的理由也在于此。关于上述(d)条，姑且不论其理论，即使是在现行法上也尚不存在以确定日期恰当地证明到达时间的制度，所以判例和学说认为必须有载有确定日期的证明文件的通知和承诺的行为。关于上述(c)条，最近把第478条整体都视为强行规定的见解有所增加。因为即使不把第2项视为原则性规定，但由于第1项不仅是为了保护债务人，也实现了公示功能，所以足以证明其强行规定性。

3. 其后学界之发展

进入90年代，批判第467条与现代交易不相协调的见解越来越明显。相比上述论文所论述的如何阐明第467条结构这一点，现今学界更关注的是，在为了担保的多数债权的总括性让与、债权的流动化和证券化的关系上，是否应该维持以债务人的认识为中心的现行第467条的对抗要件制度。也就是说，谋求债务人对抗要件和第三人对抗要件的分离，完备不以债务人的认识为中心的债权让与的新的公式制度是学界关心的中心之所在。作为

① 平井宜雄:《债权总论》，弘文堂，1994年第2版，第151页。

② 同上书，第139页。

第 467 条的特别法，于 1992 年所制定的《关于特定债权等事业的规制法》、1998 年所制定的《关于债权让与的对抗要件的民法的特例法》可以说就是试图解决上述问题的立法尝试。

■ 作者介绍

池田真朗

主要著作：除收录上述论文的『債権譲渡の研究』(1993 年・増補版 1997 年・弘文堂)外，还著有『スタートライン債権法』(1995 年・日本評論社)等。

简　　历：1949 年(昭和二十四年)生，毕业于庆应义塾大学经济学部，现任庆应义塾大学教授。

388 4-18 石坂音四郎

①《债务承担论》(1—3完)

(《法学协会杂志》第30卷第4—6号,1912年)

②《重叠的债务承担论》

(《法曹记事》第24卷第1、2号,1914年)

[上述论文之后均被收录于《改纂民法研究》(下),有斐阁,1920年]*

评议人 大窪诚(岩手县立大学)

上述论文讨论了免责、重叠的双重债务承担,为学界接受民法典中未规定的双重债务承担提供了契机。

1. 两文发表前关于本课题之学界状况

(1) 狭义的债务承担是指,债务维持同一性转移于第三人,原债务人脱离债务关系的免责的债务承担。而广义的债务承担不仅包括免责的债务承担,也包括第三人与原债务人共同成为债务人的重叠的(并存的)债务承担。债务承担虽然和债权让与一样都使债权关系的当事人发生变更,但是与债权让与不同,民法典中未对其作出规定。因此,其可能性就成了问题,若承认其可能性,其要件和效果就成了讨论的对象。

(2) 民法典规定了作为以契约变更债务人制度的"因债务人交替的变更"(第514条),但是起草者是如何考虑债务承担的可能性的呢?起草了相关修改规定的梅谦次郎博士在《民法要义》

* 原文文献为:石坂音四郎「債務引受論(1)—(3完)」,法学協会雑誌30巻4—6号(1912年);「重畳的債務引受論」,法曹記事24巻1・2号(1914年)。両論文とも『改纂民法研究 下』(1920年・有斐閣)に所収。——译者

卷三《债权编》[①]中提出了“债务承担并不频繁发生”的认识，在《论债权债务的继承》[②]一文中论述道：“若债务人发生变更，债权就失去了同一性，从纯粹的法理来说，理应产生债务承担。”但是，在上述论文以前，大审院就作出了以债务承担可能为前提的判决，学说中也存在承认债务承担可能性的见解。其中，里见隆次的《债务承担》[③] 389
一文受到了关注。他指出债务人自身并非一直是债务的要素，并提出债务承担可能的三种情况：①债权人和第三人之间的契约成立情况；②三方契约成立的情况；③债务人和第三人之间的契约、第三人和债权人之间的契约成立情况，而且指出了债务承担立法的必要性。另外，虽然也有有关债务承担的德国法的介绍，但是这一时期论述债务承担的学说很少。即使债务承担在教科书中出现也只是在“变更”这一块被简单提及，其可否并未得到充分说明。

2. 两文的内容及其在学界之影响

(1)“债务承担论”以免责的债务承担的可能性、方法(契约当事人)和效果的讨论为主要内容。首先，肯定了因继承而产生的债务转移其实是债务观念上的转移，以及不存在实际交易的必要和否定规定。其次，讨论其方法：①因为在第三人偿还、因债务人交替的变更、免除的情况下无需债务人的同意，所以债务承担可以根据债权人和第三人的契约而进行(但是，与基于第三人偿还或债务人交替的变更一样，不得违反债务人的意思而为之)；②债权人同意债务人和第三人之间的契约的债务承担在理论上、实际交易的必要性上、当事人的意思解释上不成立。然后，基于债务

① 梅谦次郎：《民法要义》卷三《债权编》，有斐阁，1899 年。

② 梅谦次郎：《论债权债务的继承》，《法学志林》第 11 卷第 4 号，1909 年。

③ 里见隆次：《债务承担》，《新闻》第 563 号，1990 年。

承担债务在内容、原因不发生变更的情况下转移，讨论了从债务、担保到抗辩的趋向。最后，作为“法律上的债务转移”，列举了营业让与等伴随财产转移的债务转移情况，主张这种情况下的债务承担需要是并存的债务承担，并指出了有关债务承担立法的必要性。

“重叠的债务承担论”在认可了免责的债务承担的基础上，认为重叠的债务承担在逻辑上也是可能的，并对其效果进行了讨论。为了使因重叠的债务承担而产生的债务在内容、目的、原因上和既存的债务保持一致，重叠的债务承担使连带债务成立，当事人的关系根据连带债务的规定而定(求偿例外)。此外，还就契约当事人进行了讨论，指出重叠的债务承担因债权人和第三人之间的契约、债务人和第三人之间的契约或者三方契约而成立，但是在债务人和第三人订立契约的情况下，若未向第三人表明由债权人取得债权的意思，就变成履行承担了。最后，提到了根据法律规定发生的重叠的债务承担。

390 (2) 两文是我国讨论债务承担的首批正式的论文。作者就还未十分明朗的免责的债务承担展开了详细的要件、效果论的讨论，完成了其相关理论，而且明确了重叠的债务承担论点，对后期讨论的方向及其理论的完成作出了巨大贡献。

而且，两文在讨论免责的与重叠的双重债务承担的可能性、契约当事人和效果时，详细地讨论了德国的学说，使之前仅停留于部分介绍中的德国学说得到了体系化介绍。这一点也是两文的意义所在。通过讨论德国学说而展开的两文的解释论受到了德国概念法学的强烈影响，理论分析十分到位。

3. 其后学界之发展

(1) 在两文之后，债务承担在教科书中逐渐作为与债权让与并列的、独立的内容被讨论，对债务承担进行讨论的论文也增多了。而且，关于免责的债务承担，添加了以契约自由的原则作为认可其可能性的主要根据、承认其可能性的“石坂说”成为了通说。有关重叠的债务承担的讨论也根据“石坂说”而发展起来。但是，从大正后期到昭和初期，就其中几个论点，开始出现了与“石坂说”不同的见解。其中最有争议的问题是，在债权人对债务人与第三人之间签订的契约给予同意的情况下，是否承认免责的债务承担。与“石坂说”不同，主张以债权人的同意为条件或者作为追认使其可能化的见解变得有权威性。尤其是我妻荣的《债权总论》[①]中“在债务承担中应考虑债权人地位的仅限于因责任（债务人的一般财产）的变换而使其免受经济上的损失这一点。倘若如此，对于其意思只要给予效力发生要件的地位就可以了吧”的主张受到了关注。除此之外，与“石坂说”不同，以免除可以以债权人单方意思表示而成立为根据，主张免责的债务承担即使违反债务人的意思也成立的见解逐渐变得有权威性。另一方面，关于重叠的债务承担，有学说主张，若债务人和第三人之间不存在连带意识的话，就仅仅只是产生了不真正连带债务。后来这种主张[②]成为了通说。

进入昭和中期，出现了两大体系化判例研究[③]以及西村信雄 391

① 我妻荣：《债权总论》，岩波书店，1941 年。

② 末川博：《并存的债务承担》，初次发表于《法学论丛》第 3 卷第 46 号，第 4 卷第 3、5 号，1920 年。

③ 椿寿夫：《判例债务承担法》（一），初次发表于《大阪府立大学经济研究》第 6、11 号，《近畿大学法学》第 2、3 卷，1957—1958 年；氏著：《判例债务承担法》（二），《近畿大学法学》第 6 卷第 2、3 合并号，1957 年；氏著：《判例债务承担法》（三），《大阪府立大学经济研究》第 11 号，1959 年；四宫和夫：《债务承担》，《民法》（14），综合判例研究丛书，有斐阁，1960 年。

所编的《注释民法》(11)[①],有关债务承担的研究得到了快速发展。尤其是在注释民法中,椿教授对债务承担所有问题的判例、学说和外国法都进行了详细的讨论,提出了其理论。迄今为止的我国的债务承担论也因此得到了完成。

另外,作为讨论的方向,债务承担被与契约上地位的转移联系起来讨论。契约上的地位的转移论萌芽于横田秀雄的《论债权债务的转移》。我妻博士认为,关于免责的债务承担,"踏上轻视债权人承认之旅是构筑契约上地位的转移、企业转移法理的捷径"[②],明确地将债务承担论和契约上地位的转移论联系起来。这种讨论的方向之后因椿教授的"契约上地位的转移在与原债务人的非免责的更换中无须对方承认"的解释论而越发被推进。[③] 现在,有关契约上地位的转移的立法案也已被提出[④],讨论的中心逐渐从债务承担论转移到契约上地位的转移论上了。

(2) 两文详述的债务承担的可能性在大正时期已经得到了肯定。如前所述,关于几个重要的论点,两文的主张在昭和中期以前已失去了支持。从这一点上可以说,两文已失去了意义。但是,在民法典施行后债务承担被学界接受的过程中,两文发挥的作用是巨大的,其历史性意义也将永存。

■ 作者介绍

石坂音四郎

主要著作:除上述论文外,还著有『日本民法債権総論 上中下』(1911—1916年·有斐閣)、『民法研究第1卷—第4卷』(1911—1917年·有斐

① 西村信雄编:《注释民法》(11),有斐阁,1965年。

② 我妻荣:《债权总论》,岩波书店,1941年。

③ 西村信雄编:《注释民法》(11),有斐阁,1965年。

④ 池田真朗:《契约当事人论》,《新商事法务》第51号,1998年。

閣)、『債権法大綱』(1917 年・有斐閣)等。

简　　历:1877 年(明治十年)—1917 年(大正六年),毕业于东京帝国大学法科大学德国法学科,历任京都帝国大学、东京帝国大学教授[其著作、履历请详见石田喜久夫「日本民法学者のプロフィール7 石坂音四郎」法学教室 181 号(1995 年)]。

392 ## 4-19 寺田正春
《清偿人代位制度论序说》(1—3)

(《大阪市立大学法学杂志》第 20 卷第 1—3 号,1973—1974 年)*

评议人 野泽正充(立教大学)

该文是首篇对代位清偿制度的罗马法、法国法和德国法的沿革进行精细追溯,并为法定代位权人的范围等解释论提供基本视角的论文。

1. 该文发表前关于本课题之学界状况

(1) 基于债务清偿之代位(代位清偿)是指,为了确保代替债务人清偿了债务的第三人或共同义务人(保证人、连带债务人)对债务人的求偿权,在此求偿权的范围内将债权人所享有的担保权及其他权利转移给清偿人的制度(第 501 条)。关于此制度,民法将它区分为对清偿享有"正当利益"的人所进行的清偿,即法定代位(第 500 条)和除此之外的第三人所进行的清偿,即任意代位,并规定在后者的情况下若无债权人的承诺便不产生代位效果(第 499 条第 1 项)。不过,若接受清偿的债权人不存在拒绝上述承诺的理由,那么任意代位中的此要件便缺乏了合理性。于是,有学说主张应推定债权人的承诺①或扩大法定代位的范围②。于是,学界主要对代位清偿及法定代位权人的范围进行了讨论。但是,作

* 原文文献为:寺田正春「弁済者代位制度論序説(1)—(3)」,大阪市立大学法学雑誌 20 巻 1—3 号(1973—1974 年)。——译者

① 石田喜久夫:《注释民法》(12),有斐阁,1970 年,第 339 页。

② 我妻荣:《新订债权总论》,岩波书店,1965 年,第 252 页。

为其前提，必须阐明此制度所发挥的功能，明确其制度史和学说史。

（2）关于代位清偿的沿革，在该文以前已经存在其由来于法国民法[①]的共识，而且也存在对法国民法的介绍[②]和包括罗马法、德国法沿革的简单介绍[③]。另外，法定代位权人的范围被分为以下两类：①保证人、连带债务人、物上保证人、担保标的物的第三取得人等“处于若不清偿就会受到债权人执行地位者”；②后顺位担保权人、一般债权人等“处于若不清偿就对债务人失去自己的权利地位者”。[④] 而该文对罗马法以来的代位清偿的沿革进行了 393
详细讨论，并从制度史的观点重新定位了法定代位权人的上述两种类型。

2. 该文的内容及其在学界之意义

该文对学界提出的问题大致集中在以下四点。

（1）法定代位权人的范围

首先，该文阐明了代位清偿在历史沿革上由以下两种罗马法中不同的制度融合而成。一种是“诉权让与的利益”。即作为求偿方法，受债权人请求的保证人仅仅在从债权人处承受了债权人对主债务人所享有的所有诉权及担保权的情况下，才得向债权人清偿的制度。这种情况下的保证人清偿由于其法律构成是债权人对债务人的债权买卖，所以可以认为诉权让与的利益是一种债权让与。另一种是关于质权的被称为“提供及继受的权利”、“债权人

---

① 我妻荣：《新订债权总论》，岩波书店，1965 年，第 248 页。

② 贞家克己：《基于清偿之代位》，《金融法务事情》第 500 号，1968 年，第 35 页以下。

③ 石田喜久夫：《注释民法》(12)，有斐阁，1970 年，第 335 页。

④ 我妻荣：《新订债权总论》，岩波书店，1965 年，第 251—252 页。

地位的继受”的制度。即在罗马法中，由于在先顺位质权因质物出售以外的方法而消灭的情况下，后顺位质权人可以承继先顺位质权人的地位，所以后顺位质权人可以向先顺位质权人提供其所拥有的债权额而承继先顺位的地位。

如上所述，这两种制度在法律主体及效果方面都有所不同。前者是把属于债权人的所有权利都给予保证人等共同义务人，而后者只是把担保权的顺位给予后顺位担保权人。而且，作为日本制度原型的法国民法中的代位清偿虽然现在是一元性构成，但它也是由这两种制度融合而成的，所以法定代位权人被分为以下两种：第一种是“义务履行型”。即保证人、连带债务人等共同义务人作为自己义务的履行进行清偿时，求偿权的确保便成了问题，为此承认代位清偿。而第二种“权利保全型”是以后顺位担保权人为对象。即法定代位权人自身并不负有清偿义务，而是以清偿作为手段来达到保全自己的后顺位被担保债权的目的。因此，为了确保求偿权的代位权也被称为“安全清偿”。这两种类型各自
394 与罗马法的两种制度相连，并与上述的通说的类型（①②）相对应。从这个意义上来说，从前的见解为该文打下了一定的历史基础。不过，通说对于包含在上述①中的物上保证人、抵押不动产的第三取得人，可以解释为权利保全型。如此解释的话，法定代位的要件就只限于任意清偿，“基于债权的强制执行的满足”就不包括在其中了。[①]

（2）债权人的担保保存义务

第504条为了保护法定代位权人而使债权人承担一种担保

---

① 林良平、石田喜久夫、高木多喜男：《债权总论》，青林书院，1996年第3版，第290页（石田喜久夫）持这种观点。

保存义务。而且，判例和通说都认可第 504 条适用于第 500 条所规定的所有法定代位权人。[1] 但是，从沿革上说，第 504 条是以法国法的“诉权让与之抗辩权”（其起源于罗马法的“金额出借之委托”）为依据，与“诉权让与的利益”共同发展而来。也就是说，清偿人因债权人的行为而无法受让诉权时，可以基于此抗辩权排斥债权人的请求。倘若如此，此制度的对象就变成享有诉权让与利益的保证人及连带债务人了，而上述的判例和通说也需要重新讨论了。

（3）求偿权和代位权

民法把求偿权的存在作为代位的要件（第 501 条正文）。而且，代位权和求偿权被解释为具有同一目的的两种债权，及所谓的请求权竞合的一种情形。[2] 但是，从沿革上说，诉权让与的利益并不确保保证人的求偿权，而是作为其求偿方法被认可，而且在比较法上也存在即使无求偿权也认可法定代位权的情况。倘若如此，以求偿权的存在为前提、使代位权从属于求偿权的日本民法的解释也就存在重新探讨的余地。

（4）任意代位及债权让与

民法起草者也认可了以债权人的承诺为要件的善意清偿人之代位（第 499 条），并试图通过确保其求偿权来促进第三人的清偿。也就是说任意代位是作为与债权让与无关系的制度被采用的。而从沿革上来讲，可以说诉权让与的利益的构成是债权买卖。在法国，关于保证人及连带债务人的代位，古法时代的以债权人的承诺为要件的不合理性受到了批判，在 395

① 石田喜久夫：《注释民法》(12)，有斐阁，1970 年，第 358 页以下。

② 关于保证人的代位，请参见星野英一：《中小渔业信用保证的法律性质》，《民法论集》(第 2 卷)，有斐阁，1970 年，第 252 页。

民法典中以法定代位构成。因此，任意代位一方面与债权让与相关，另一方面却存在被编入法定代位的倾向。而且这种历史认识不仅印证了把代位清偿的法律性质解释为法律上的债权转移的判例[①]和通说[②]，也符合扩大法定代位权人范围的学说倾向。

3. 其后学界之发展

（1）首先，关于法定代位权人的范围论，该文所提出的制度的沿革及比较法认识基本上被当今学界所认可。[③] 另外，关于任意代位和债权让与，该文从沿革和比较法的角度来印证通说而得出的结论，学界也不存在异议。

（2）另一方面，关于债权人的担保保存义务，该文所提出的问题至今尚未得到充分讨论，从第 504 条的表达来看，多数说认为其适用于所有的法定代位权人[④]。

（3）不过，如今，法定代位权人的范围论基本上得到了解决，代位清偿的中心论点已经转移到求偿权和代位权的关系上。[⑤] 从这个意义上来说，从沿革和比较法的角度来讨论两种债权关系的该文的视角才是今后需要进一步进行探讨的问题。

---

① 最高裁判所昭和五十九年（1984 年）5 月 29 日判决，《最高裁判所民事判例集》第 38 卷第 7 号，第 885 页。

② 石田喜久夫：《注释民法》（12），有斐阁，1970 年，第 335 页。

③ 星野英一：《民法概论》（Ⅲ），良书普及会，1978 年，第 258 页；石田喜久夫：《代位清偿制度的意义与功能》，《银行法务 21》别册《代位清偿》，1995 年，第 6 页。

④ 高桥真：《作为应承担担保保存义务方的法定代位权人之范围及注意义务程度变动之有无》，《银行法务 21》别册《代位清偿》，第 196 页。

⑤ 石田喜久夫：《代位清偿制度的意义与功能》，同刊，第 9 页提及此点。

■ 作者介绍

寺田正春

主要著作：除该文外，还有合著『民法Ⅲ』(1987 年・日本評論社)、『ドイツ債権法総論』(1988 年・日本評論社)、『基本問題セミナー民法 2』(1988 年・一粒社)、『ホーンブック民法Ⅳ』(1996 年・北樹出版)等。

简　　历：1945 年(昭和二十年)生，毕业于大阪市立大学法学部，现任大阪市立大学教授。

第 5 章

契约

398 第5章　契约

5-01　序论

山本敬三(京都大学)

1. 序

回顾契约法的学说史,大致可将其分为三个时期。第一个时期是二战前,也就是1945年之前,第二个时期是从二战后到80年代中叶,第三个时期是80年代末之后。以下概观各个时期的特征。

2. 第一个时期——二战前

第一个时期是二战前。按照一般学说史的划分,该时期又可以进一步区分为学说继受前、学说继受期以及之后的展开期三个阶段。如下所述,契约法上确实存在对应以上三个时期的动向。但是,除了体系书、概论书之类的介绍外,至少在二战前,有关契约法的学说发展本身并不活跃。正因如此,才将二战前称为第一个时期。

(1) 契约法上的学说继受及其发展。在这个时期,对于学说形成发挥主要作用的是体系书及概论书。例如,其中的代表作有鸠山秀夫的《日本债权法各论》以及末弘严太郎的《债权各论》等。[①] 可

---

① 鸠山秀夫:《日本债权法各论》,有斐阁,1922年;末弘严太郎:《债权各论》,有斐阁,1918年。从与契约总则、担保责任的关系上来说,石坂音四郎的《日本民法债权总论》(上、中、下)(有斐阁,1916—1924年)也是重要的著作。

以说，正是学说继受时期出版的体系书、概论书为以后契约法学的发展奠定了基础。在此背景下，例如关于风险负担、解除效果论及瑕疵担保责任的性质论，出现了参考并吸收德国法而形成的讨论。除了本书所涉及的著作外，末弘严太郎的《双务契约与履行不能》(1—4)[1]以及胜本正晃的《瑕疵担保责任的对价限制》[2]等也是具有代表性的作品。

(2) 围绕热点问题的讨论。除上述之外，在该时期，也出现了关于契约法上热点问题的讨论。讨论主要涉及以下三个问题。 399

第一，关于格式条款问题。1915 年大审院作出关于保险格式条款的拘束力的判决后，[3]该问题便开始受到关注。之后，以 1923 年关东大地震为契机，由于地震格式条款的社会问题化，学说上的讨论也日渐活跃。当时的学说参考了法国法上有关附合契约的研究，其中代表作有杉山直治郎的《附合契约之观念》[4]等。但是之后的重心便转向了以德国法，特别是以托马斯·莱塞尔(Thomas Raiser)的格式条款理论为基础的研究，本书所讨论的石井照久的《普通契约条款》[5]便是其中的代表作。

第二，关于情事变更问题。可以说该问题的展开受到了一战后德国判例及学说的影响。除本书讨论的胜本正晃的《民法中的

---

① 末弘严太郎：《双务契约与履行不能》(1—4)，《法学协会杂志》第 34 卷第 3 号第 1 页，同卷第 4 号第 47 页，同卷第 5 号第 37 页，同卷第 6 号第 116 页，1916 年。

② 胜本正晃：《瑕疵担保责任的对价限制》，《民法研究》(第 5 卷)，严松堂，1942 年(初次发表于 1939 年)，第 149 页。

③ 大审院大正四年(1915 年)12 月 24 日判决，《大审院民事判决录》第 21 辑，第 2182 页。

④ 杉山直治郎：《附合契约之观念》，《法源与解释》，有斐阁，1957 年(1924 年初版)，第 507 页。

⑤ 石井照久：《普通契约条款》，劲草书房，1957 年(1937—1940 年初版)。

情事变更原则》[1]之外，代表作还有小町谷操三的《货币价值的变动与契约》[2]、岩田新的《经济形势的变动与债权的效力》[3]等。

第三，关于租地、租房问题的讨论。根据各个时期不同的社会形势，可以进一步分为若干讨论。例如，日俄战争以后，在地震买卖的社会问题背景下，关于制定建筑物保护法的讨论；以城市化为背景，关于租地法、租房法的制定及解释的讨论，关于关东大地震所造成的废墟上的棚屋问题的讨论等。对于上述问题，除本书所介绍的论著之外，还有包括立法草案在内的诸多论述。

（3）围绕契约观的讨论。在二战前，特别是20世纪20年代到30年代以后，关于契约观的问题，尽管只有零星的讨论，但也出现了重新审视古典契约观的动向。该动向的产生背景是，学界意识到在过去的个人主义的契约观念下，已经不能解决前述所列举的问题。该书所讨论的平野义太郎的《民法中的罗马法思想与日耳曼法思想》[4]、石田文次郎《契约的基础理论》[5]等就是研究契约观念的著作。特别是后者，它以祁克的研究为基础，主张团体主义的契约观念，这与之后的纳粹法学研究形成了联系。与此相
400 关，我妻荣的《纳粹的契约理论》也很重要。[6]

3. 第二期——二战后到20世纪80年代中叶

第二期是从二战后到20世纪80年代中叶的时期。这个时

① 胜本正晃：《民法中的情事变更原则》，有斐阁，1926年。

② 小町谷操三：《货币价值的变动与契约》，有斐阁，1925年。

③ 岩田新：《经济形势的变动与债权的效力》，同文馆，1926年。

④ 平野义太郎：《民法中的罗马法思想与日耳曼法思想》，有斐阁，1924年。

⑤ 石田文次郎：《契约的基础理论》，有斐阁，1940年。

⑥ 我妻荣：《纳粹的契约理论》，《民法研究》（Ⅰ），有斐阁，1966年（初次发表于1942年），第389页。

期形成了目前契约法学的基本框架。当然,它的形成过程未必相同。具体来说,沿着如下四个主题,各相关研究相继出现,大致从60年代到70年代初,契约法学的基本框架得以形成。

(1)契约法中近代法理论的发展。第一个主题是契约法中近代法理论的发展。

(a)租地租房法。它产生的直接契机是二战后住宅难背景下的租地租房问题。特别是从50年代至60年代,作为契约法学的最大问题,引发了激烈讨论。当时,结合具体问题的展开,讨论较为激烈的是租地法与租房法的性质问题。究竟是将该法看作是保障承租人投资资本回收的"市民法",还是保护社会上、经济上处于劣势地位的承租人的"社会法"(对于这种问题的提出方法,重要的作品有川村泰启的《物权化的市民法构造与社会法构造》[①])。在本书所讨论的著作中,筱冢昭次的《租地租房法的基本问题》[②]认为租地法与租房法都属于"社会法",而铃木禄弥的《居住权论》[③]将二者进行区分,主张租房法属于"社会法"。对此,水本浩在其所著的《租地租房法的基础理论》[④]一书中,以英国资本主义的农业经营——资本家租赁土地所有权人的土地,然后雇佣劳动者进行经营——为模型,认为租地法具有市民法的性质,主张从该观点出发促进土地租赁权的物权化,而租房法则是兼具市民法和社会法的双重性质。与其观点相同的还有渡边洋三的《土

① 川村泰启:《物权化的市民法构造与社会法构造》,《民商法杂志》第36卷第3号,1957年,第14页。

② 筱冢昭次:《租地租房法的基本问题》,日本评论社,1962年。

③ 铃木禄弥:《居住权论》,有斐阁,1959年。

④ 水本浩:《租地租房法的基础理论》,一粒社,1966年。

地与建筑物的法律制度》(上、中)①。以上便是截止到60年代中叶的讨论状况。

之后关于租地租房法的讨论是围绕水本论文提出的观
401 点——近代土地所有权理论——而展开的。需要特别注意的是,该近代土地所有权理论以19世纪英国资本主义农业经营为“近代”的典型,以此为规范展开了具体的讨论。这里面临的问题是,究竟能否将英国视为“近代”的典型,可以说某个时期出现的某国现象是“近代”的典型,或者大致上是“近代”的典型吗?在这之后的许多法制史的研究、比较法的研究都是围绕该问题展开的。代表作有甲斐道太郎的《土地所有权的近代化》②、戒能通厚的《英国土地所有权法研究》③,还有本书讨论的原田纯孝的《近代土地租赁法研究——法国农地租赁法的构造与历史发展》④。这些研究使近代土地所有权变得相对化。与此同时,从历史认识推导出规范观点的过去的近代法理论的方法究竟能否成立,也受到了质疑。这是80年代之后的问题状况。⑤

(b)契约法总论。以上是关于租地租房法的讨论,在除此之外的领域,也出现了近代法理论的发展。最先引发学界讨论的是广中俊雄的《契约法研究》和《契约及其法律保护》。⑥ 广中更进一

① 渡边洋三:《土地与建筑物的法律制度》(上、中),东京大学出版会,1960—1962年。

② 甲斐道太郎:《土地所有权的近代化》,有斐阁,1967年。

③ 戒能通厚:《英国土地所有权法研究》,岩波书店,1980年。

④ 原田纯孝:《近代土地租赁法研究——法国农地租赁法的构造与历史发展》,东京大学出版会,1980年。

⑤ 对于上述问题的展开,可参见森田修:《战后民法学上的“近代”——以“近代土地所有权”的相关讨论为例》,《社会科学研究》第48卷第4号,第97页。

⑥ 广中俊雄:《契约法研究》,有斐阁,1958年;氏著:《契约及其法律保护》,创文社,1974年(1953—1954年初版)。

步通过《债权各论讲义》[1]等，提出了以近代法理论为基础的具体分析和建议。与川村泰启的《商品交换法的体系》[2]共同引导了当时的讨论。

原岛重义的《民法理论的古典体系与界限——一个杂记》[3]出现以后，上述观点逐渐与之后的市民法理论联系在一起。特别是出现了以格式条款法、消费者问题为素材，重塑市民法理论及其现代发展的尝试。这与上节(3)中所提及的意思主义的复权论逐渐联系在一起。

(2) 契约法解释学的发展。第二个主题是契约法解释学的发展。如上所述，二战前的契约法学总体上并不活跃。在战后不久，尽管出现了许多关于租地租房法的研究，但其他领域的研究却很少。进入60年代之后，基于以下两个契机，这种状况得以 402
改变。

一个契机就是1962年至1965年七卷本的《契约法大系》[4]的刊行。正如其序言所述："在我国的民事法学领域，契约法的研究稍显薄弱。"正是基于这种认识，该书收录了合计超过100个研究课题的论文。这些论文使学界认识到契约法解释的重要性，并为具体研究的展开提供了线索。

另外一个契机就是相继出现了正式研究契约责任的论著。本书介绍的北川善太郎的《契约责任研究——构造论》[5]就是该

---

① 广中俊雄：《债权各论讲义》，有斐阁，1961—1963年。

② 川村泰启：《商品交换法的体系》，劲草书房，1967年，上卷；1972年，第Ⅰ卷。

③ 原岛重义：《民法理论的古典体系及其界限——一个杂记》，《山中康雄教授退休纪念：近代法与现代法》，法律文化社，1973年，第119页。

④ 契约法大系刊行委员会编：《契约法大系》(全7卷)，有斐阁，1962—1965年。

⑤ 北川善太郎：《契约责任研究——构造论》，有斐阁，1963年(1960—1961年初版)。

方向的著作。其最大贡献是，在“契约责任”的框架下，总结了过去分散于债权总论、契约总则、买卖法的各种问题，并以契约双方当事人的义务构造分析为基础，对以上这些问题进行了统一把握。对于契约法而言，契约责任问题领域的形成具有非凡意义。

在这个时期，契约责任特别是其中关于瑕疵担保责任的研究也瞬间活跃起来。除北川之外，五十岚清的《瑕疵担保与比较法》[①]、星野英一的《瑕疵担保研究——日本》[②]都主张债务不履行责任说，而柚木馨的《出卖人瑕疵担保责任研究》[③]主张法定责任说，详细批判了债务不履行责任说。在这之后，围绕特定物教条主义适当与否的问题，也出现了许多论著，例如加藤雅信的《出卖人的瑕疵担保责任——风险负担型减价请求权之提倡》[④]等便是其中的代表作。

此外，关于契约责任整体的研究，其后相继出现了继受德国法的研究。代表作有奥田昌道的《契约法与侵权行为法的接点——以契约责任与侵权行为责任的关系及两义务的性质论为中心》[⑤]、中松缨子的《契约法再构成之杂谈》[⑥]。该方向的研究进一步受到1975年开始形成的关于安全保障义务的判例法理的影

① 五十岚清：《瑕疵担保与比较法》，《比较法学之诸问题》，一粒社，1976年（初次发表于1959—1960年），第80页。

② 星野英一：《瑕疵担保研究——日本》，《民法论集》（第3卷），有斐阁，1972年（初次发表于1963年），第171页。

③ 柚木馨：《出卖人瑕疵担保责任研究》，有斐阁，1963年。

④ 加藤雅信：《出卖人的瑕疵担保责任——风险负担型减价请求权之提倡》，《现代民法学的发展》，有斐阁，1993年（初次发表于1977年）。

⑤ 奥田昌道：《契约法与侵权行为法的接点——以契约责任与侵权行为责任的关系及两义务的性质论为中心》，《於保不二雄先生退休纪念：民法学的基础课题》（中），有斐阁，1974年，第207页。

⑥ 中松缨子：《契约法再构成之杂谈》，《判例时代》第341号，1977年，第22页。

响，一直到80年代中叶都较为活跃。代表作有下森定编《安全关照义务法理的形成与发展》[①]所收录的诸论文。

(3) 契约思想、契约原理的发展。第三个主题就是契约思想、 403
契约原理的展开。从时间上来说，这个方向的研究稍迟于之前的动向，直到60年代后半段才开始。

最先展开研究并激发了之后讨论热潮的是星野英一的《现代契约》。[②] 星野在论文中以契约思想与契约观为问题的出发点，认为私法自治原则与契约自由原则是不同层面的两个原则，主张有必要重新认识私法自治原则——后来被称为意思自治原则。这就迫使学界对战前鸠山秀夫、我妻荣以来一直坚持的表示主义的思想进行反思，呼吁学界关注契约法基础思想和原理。以此为契机，从70年代至80年代，关于私法自治、意思自治、契约自由的意义和界限的讨论日趋活跃。

当时，关于坚持意思还是理性、契约自由还是契约正义，学界出现了对立，该问题成为了讨论的焦点。星野在这之后明确表明了重视理性、契约正义的观点，[③]与此相对，也有学者坚持意思主义、契约自由，展开了所谓的意思主义的复权理论。其中代表作有：石田喜久夫的《现代法律行为论的课题——意思主义之复权及其界限》[④]、伊藤进的《法律行为的基础理论》[⑤]、原岛重义的《契

① 下森定编：《安全关照义务法理的形成与发展》，日本评论社，1988年。

② 星野英一：《现代契约》，《民法论集》(第3卷)，有斐阁，1972年(初次发表于1966年)，第1页。

③ 星野英一：《契约思想、契约法的历史与比较法》，《民法论集》(第6卷)，有斐阁，1986年(初次发表于1983年)，第201页。

④ 石田喜久夫：《现代法律行为论的课题——意思主义之复权及其界限》，《现代契约法》，日本评论社，1982年(初次发表于1979年)，第228页。

⑤ 伊藤进：《法律行为的基础理论》，《法律行为时效论》，信山社，1994年(初次发表于1981年)，第3页。

约的拘束力——以格式条款为主线》[①]、长尾治助的《消费者契约中的意思主义之复权》。[②]

另外，在这种问题意识下，相继出现了以法律行为理论、格式条款理论为核心的具体问题的研究。本书把这些讨论主要放在了民法总则部分进行介绍，但从与本章的关系上来说，这些研究也是非常重要的。当前对于格式条款理论，从安井宏的《普通格式条款拘束力之考察》[③]、山下友信的《普通保险格式条款论——法律性质与内容规制》(1—5)[④]、山本丰的《附随契约条款规制中
404 的自己责任与契约正义——西德格式条款规制论之考察》[⑤]开始，之后出现的论著不胜枚举。其中集大成者当属本书介绍的河上正二的《格式条款规制之法理》[⑥]。

(4) 对契约实务的关注。第四个主题是对契约实务的关注。这也是从 60 年代到 70 年代初才开始出现的现象。当然，大致区分为如下两个方向：

一是法社会学方向的研究。从川岛武宜的《日本人的法律意识》[⑦]可以看出这种萌芽，此书是关于契约意识的研究。当然，川

---

① 原岛重义：《契约的拘束力——以格式条款为主线》，《法学演习》(杂志日文名为“法学セミナー”——译者)第 345 号，1983 年，第 32 页。

② 长尾治助：《消费者契约中的意思主义之复权》，《判例时代》第 497 号，1983 年，第 12 页。

③ 安井宏：《普通格式条款拘束力之考察》，《法律行为：格式条款论的现代发展》，法律文化社，1995 年(初次发表于 1973 年)，第 3 页。

④ 山下友信：《普通保险格式条款论——法律性质与内容规制》(1—5)，《法学协会杂志》第 96 卷第 9 号第 61 页、第 10 号第 1 页、第 12 号第 67 页，第 97 卷第 1 号第 37 页、第 3 号第 53 页，1979—1980 年。

⑤ 山本丰：《附随契约条款规制中的自己责任与契约正义——西德格式条款规制论之考察》，《不当条款规制与自己责任、契约正义》，有斐阁，1997 年(初次发表于 1980 年)，第 3 页。

⑥ 河上正二：《格式条款规制之法理》，有斐阁，1988 年(1985 年初版)。

⑦ 川岛武宜：《日本人的法律意识》，岩波书店，1967 年。

岛是根据上述近代法理论，着重强调了日本的契约观念的前近代性，而真正研究日本社会实践中契约实际状态的是来栖三郎的《契约法》[①]。

二是更强调法解释学方向的研究。这个方向的研究出现的契机是本节(2)中提到的《契约法大系》。该书既讨论了非典型契约，也讨论了典型契约中贴近社会现实的具体契约类型。这是过去从未出现过的研究，具有划时代的意义。除此之外，这个时期出现的有关格式条款的具体研究也是很重要的。例如，星野英一、谷川久的《标准动产买卖格式条款研究》(1—10)[②]，谷川久的《商品的买卖》[③]，椿寿夫等人的《契约自由与银行交易》、《建筑承包格式条款研究》[④]便是其中的代表作。

其中，真正开始研究契约实务特别是交易社会中的契约实务、架起契约法理论与实务桥梁的是北川善太郎的《现代契约法》(Ⅰ、Ⅱ)[⑤]。北川认为，过去的契约法体系未能把握契约的现实状态。为此，北川首先直面这种现实，在此基础上提出了能够解决契约现实中的各种问题的新"现代契约法"体系——由问题和相应的法律对策构成的开放体系。

---

① 来栖三郎：《契约法》，有斐阁，1974年。

② 星野英一、谷川久：《标准动产买卖格式条款研究》(1—10)，《商事法务》第245号第16页，第249号第18页，第252号第18页，第253号第36页，第257号第6页，第272号第2页，第273号第6页，第283号第2页，第284号第6页，第289号第27页，1962—1963年。

③ 谷川久：《商品的买卖》，有斐阁，1964年。

④ 椿寿夫等：《契约自由与银行交易》，《法律时报》第41卷第7号第4页、第8号第109页，1969年；氏著《建设承包格式条款研究》，《法律时报》第42卷第9号，1970年，第8页。

⑤ 北川善太郎：《现代契约法》(Ⅰ、Ⅱ)，商事法务研究会，1973—1976年(1968—1973年初版)。

405 北川的问题意识指出了过去契约法学的根本问题所在，引起了强烈反响。实际上，受此影响，这之后的契约实务的研究日趋活跃。例如，谷川久、北川善太郎等人的《格式条款——法与现实》(1—4)[①]等便是代表作。除此之外，特别是随着从70年代向80年代的推进，实务家创作了许多优秀论著，极大丰富了所谓的交易法的研究。当然，这些研究是否与北川所构建的新契约体系以及理论的问题意识相同，仍存有疑问。将契约法的体系及理论框架体系作为未决问题予以保留，以各个时期的热点问题为核心，不断积累具体的分析和研究，这大概就是目前的研究现状吧！

4. 第三期——20世纪80年代以后

第三期是20世纪80年代之后的时期。该时期的特色在于重新构筑契约法的基本框架体系。当然，这种研究现在依然在进行，而且正处于“未完成”状态。

(1) 契约思想、契约原理的新发展。这个时期出现了契约思想、契约原理的新发展。如上所述，直到80年代中叶，学界在坚持意思还是理性、契约自由还是契约正义上出现了对立。对此，从80年代末至90年代，出现了不在该讨论框架内的观点。最初的研究有本书介绍的山本显治的《契约交涉关系法律构造之考察——私法自治的再生》(1—3)[②]和内田贵的《契约的再生》[③]。过

---

① 谷川久、北川善太郎等:《格式条款——法与现实》(1—4),《新商事法务》第239号第6页,第240号第13页,第241号第37页,第242号第73页,1981年。

② 山本显治:《契约交涉关系法律构造之考察——私法自治的再生》(1—3),《民商法杂志》第100卷第2号第22页,第3号第51页,第5号第88页,1989年。

③ 内田贵:《契约的再生》,弘文堂,1990年。

去的讨论主要是围绕实体层面展开的，而前者主要着眼于契约交涉的过程和程序，旨在通过支援当事人之间的对话以促进私法自治的活性化。而后者认为，正是基于契约双方当事人之间存在的历史、社会纽带—(关系)契约才得以成立，契约合理性的来源既不是偏离这种关系的“意思”，也非“理性”，而是共同体内在规范的“理解”[*]。

受上述动向的启发，进入90年代以后，出现了各种观点。其中代表作有：从自由主义出发，以宪法和私法的关系为视角，重新 406
构筑契约法的山本敬三的一系列论著[①]；以契约正义为出发点，探索能关注“个性与共性”的契约法的大村敦志的系列论文[②]；以市民法理论为出发点，意图构筑应对现代市民社会各领域——经济体系、市民生活、两者的对接面——的契约法的吉田克己的《现代市民社会与民法学》[③]；根据不同的语境，摸索各种批判法实践的吉田邦彦的系列论文[④]等。

(2) 具体问题的新发展。在讨论契约思想、契约原理的同时，也出现了具体问题的新讨论。特别是进入90年代以后，这方面的研究突增，不易概括。这里简要概述主要的问题领域。

(a)契约缔结过程。首先，关于契约缔结过程，存在许多关于

---

* 日文原文的表述为“納得”。——译者

① 山本敬三：《现代社会之自由主义与私法自治——私法关系中的宪法原理之冲突》(1—2)，《法学论丛》第133卷第4号第1页，第5号第1页，1993年。

② 大村敦志：《民法与民法典之思考》，《法典、教育与民法学》，有斐阁，1999年(初次发表于1996年)，第3页。

③ 吉田克己：《现代市民社会与民法学》，日本评论社，1999年(1996—1997年初版)。

④ 吉田邦彦：《美国批判法思想的发展与我国民法学的走向——民法解释学方法论的思想系谱》(1—2)，《民商法杂志》第119卷第2号第33页，第3号第22页，1998年。

合意瑕疵及交涉关系破裂等问题的讨论。其中，关于合意瑕疵，森田宏树的《“合意瑕疵”的构造及其扩张理论》(1—3)[1]作为最初的研究，规定了讨论的框架，直至现在该领域的讨论仍在继续。此外，对于交涉关系破裂，出现了与之前提到的契约思想、契约原理相结合的各种视角的研究。

(b)契约内容的规制。其次是关于契约内容的规制，特别是公序良俗理论的新发展。代表作有大村敦志的《公序良俗与契约正义》[2]和山本敬三的《公序良俗论之再构成》[3]。两者分别是上述契约思想、契约原理观点的具体展开。

407 (c)契约责任。关于契约责任，出现了结合契约具体内容、探求契约责任根据的新动向。代表作有潮见佳男的系列论著[4]、森田宏树的系列论著[5]。也有学者开始重视契约解释层面的契约——例如山本敬三的连载论文《补充的契约解释——契约解释与法律适用关系之考察》(1)—(5)。[6]

(d)现代型契约类型。再者，关于现代型的契约类型，出现了许多研究。特别是服务契约的研究较为显著。除了涉及具体问题的研究之外，也开始探究服务契约的本质。例如，中田裕康的

---

① 森田宏树:《“合意瑕疵”的构造及其扩张理论》(1—3),《新商事法务》第482号第22页,第483号第56页,第484号第56页,1991年。

② 大村敦志:《公序良俗与契约正义》,有斐阁,1995年(1987年初版)。

③ 山本敬三:《公序良俗论之再构成》,《奥田昌道先生还历纪念:民事法理论之诸问题》(下),成文堂,1995年。

④ 潮见佳男:《契约规范的构造与发展》,有斐阁,1991年。

⑤ 森田宏树:《结果债务、手段债务区分的意义——债务不履行中的“归责事由”》,《铃木禄弥先生古稀纪念:民事法学的新发展》,有斐阁,1993年,第109页。

⑥ 山本敬三:《补充的契约解释——契约解释与法律适用关系之考察》(1—5),《法学论丛》第119卷第2号第1页、第4号第1页,第120卷第1号第1页、第2号第1页、第3号第1页,1986年。

《继续性劳务提供契约之问题点》(上、中、下)[①]便是其中的代表作。这与大村敦志的《典型契约与性质决定》[②]开始的对典型契约的重新审视是存在关系的。

(e)继续性契约。除此之外,特别是进入90年代以来,继续性契约的研究逐渐活跃起来。这与契约思想、契约原理的发展有关。特别是受内田贵的关系契约理论与山本显治的再交涉义务理论的影响,从中田裕康的《继续性买卖的解消》[③]开始,陆续出现了许多这方面的研究论著。这个问题也与关于能否将契约法视为单一契约法的契约基本框架的问题形成了联系。[④]

(3) 展望。如上所述,进入第三期以来,契约法的研究不管是契约思想、契约原理的讨论,还是对契约具体问题的研究,在质和量上都变得充实起来。而且,以上提到的各种讨论都直接或间接地涉及了契约法的基本框架的重塑问题。也正因如此,才将80年代之后的时期区分为第三期。

当然,讨论仍未终结。而且以契约实务为对象的研究仍比较 408
单薄。传统的仅以判例法理为基础进行讨论的研究方法存在局限性。当然并不能因此说通过实践调查、总结其中的交易惯例并进行相应批判性的研究就万事俱备了,要理解契约实务并进行批判性的研究必须要具备相应的理论构造。[⑤] 这恰好与第二期提到

---

① 中田裕康:《继续性劳务提供契约之问题点》(上、中、下),《新商事法务》第599号第8页,第601号第30页,第602号第39页,1996年。

② 大村敦志:《典型契约与性质决定》,有斐阁,1997年(1993—1995年初版)。

③ 中田裕康:《继续性买卖的解消》,有斐阁,1994年(1991—1992年初版)。

④ 平井宜雄:《所谓继续性契约之考察——从〈"市场与组织"之法理论〉的观点出发》,《星野英一先生古稀祝贺论文集:日本民法学的形成与课题》(下),有斐阁,1996年,第697页。

⑤ 平井宜雄:《契约法学的重构——从法律家培养的视角出发》(1—3),《法学家》第1185号第96页,第1159号第135页,第1160号第99页,1999年。

的北川意欲探求的目标相契合。当然，前面提到的各种研究动向无疑为讨论契约法的理论框架奠定了基础。可以说在契约法学经过100年之后的21世纪，我们面临的课题就是进一步研究并扩展视野，重新构筑契约法的基本框架体系。

5-02 石田文次郎《契约的基础理论》

(有斐阁,1940年)*

409

评议人 圆谷峻(横滨国立大学)

该书认为,随着现实社会的变化,契约法也需要相应的改革,由此出发完成了理论上的大变革,对重新探讨现代契约法理论的今天来说,该书仍具有参考价值。

1. 该书出版前关于本课题之学界状况

(1)"如果改革已经大致形成的现代市民法原理,必须革新契约理论。只有革新所有权理论与契约理论,才能改革市民法原理。"正是在这种基本意识下,作者完成了该书的创作,它由四篇论文构成[①]。该书的研究课题是实现活着的法,重塑契约法理论。

(2)与该书提出的问题相关的先行研究有鸠山秀夫的《债权法中的诚实信用原则》[②]、胜本正晃的《民法中的情事变更原则》[③]。但是,相比于上述研究带来的影响,该书更多的是受到当时德国法学关于债权关系理论、事实的契约关系理论等的影响。因此从

---

* 原文文献为:石田文次郎『契約の基礎理論』(1940年·有斐閣)。——译者

① 石田文次郎的这四篇论文为:《债权契约的两大类型》,收录于昭和八年(1933年)11月3日《东北帝国大学法文学部十周年纪念:法学论集》;《债权契约的新基调》,收录于昭和十二年(1937年)11月30日《牧野教授还历祝贺法理论集》;《契约理论的转变》,收录于昭和十五年(1940年)8月10日《京都帝国大学·法学论丛起源两千六百年纪念号》;《法实效性之渊源——团体主义的法源理论》,收录于昭和十四年(1939年)1月10日《法学论丛》第40卷第2号。

② 鸠山秀夫:《债权法中的诚实信用原则》,有斐阁,1924年。

③ 胜本正晃:《民法中的情事变更原则》,有斐阁,1926年。

这种意义上说，要理解该书的内容，必须考察当时的社会思潮。现在，重新审视契约法的讨论等[①]，寻求现代契约法中的新契约法理的研究正如火如荼地进行着，可见重读该书是很有意义的。

2. 该书的内容及其在学界之发展

（1）该书是作者在已发表论文的基础上，经过完善修改所完成的。

410 （a）在第一篇论文《债权契约的两大类型》中，关于债权契约分类的各种观点，该书在介绍祁克提出的“一次性债权关系”、“继续性债权关系”分类及祁克本人观点的同时，也对这种观点进行了批判。即①“一次性”与“继续性”二者之间的不同点并不明确，只是一种直观上的区分；②根据祁克的观点，一次性债权关系的消灭原因是债务履行，而继续性债权关系的消灭原因是期间的经过，这种理解是存在疑问的（因期间的经过而消灭的只不过是履行请求权而已，将债务履行排除在继续性债权关系消灭原因之外是存在问题的）；③祁克是根据是否存在通知权对一次性债权关系和继续性债权关系进行区分的，但后者的有些契约也不成立通知权（例如普通保证）；④祁克将典型契约区分为一次性债权关系或者继续性债权关系，但一次性、继续性的差异并不是契约典型的差异，只不过是契约具体内容上的差异而已。作者从具体的功能出发对现代社会的债权契约进行了分类，并比较了各种契约类型。首先，作者比较了买卖契约和借贷契约（消费借贷、使用借贷、租赁）。根据作者的观点，买卖契约的功能在于“交换”，借贷

① 《债权法修改之课题与方向——以民法100周年为契机》，《新商事法务》别册第51号，1998年。

契约的功能在于“支配”。这种功能上的区分同样适用于承包契约与雇佣契约（承包与买卖类似，是交换性的；而以权力关系为前提的雇佣则具有支配性）。因此，应当根据债权契约的功能将契约区分为具有“支配功能”的债权契约和具有“交换功能”的债权契约。作者注意到现行债权法的总则规定主要适用于买卖契约，有必要恰当地按照这种功能分类对契约总则进行理解。

(b)在第二篇论文《债权契约的新基调》中，作为债权契约的新基调，作者对比了个人主义思想和团体主义思想。根据作者的论述，如果采取前者的观点，则①契约自由原则的根据是自然法理论；②从发生论上理解债权契约；③需要具体分析债权关系；④孤立地分析债权契约；⑤在债权关系中，合意是最高的规范；⑥契约的解释是为了探求当事人双方真实的意思表示。对此，后者的观点是：①根据团体主义思想的法律观念，为了社会整体的利益，人与人之间要相互合作；②必须系统地把握债权关系；③契约双方当事人不是利益对立方而是利益共同体；④合意并不是最高的规范；⑤关于团体主义思想和契约自由的关系，意思表示的解释 411
不是为了探求当事人的真实意思，而是为了追求社会合理性，被赋予法律效果的每个人的意思表示必须具备社会合理性。

在对比了两种观点之后，作者认为，“在现代实际生活关系中，如果修改、完善过去民法理论，必须以不同于过去考察的团体主义思想为新基调”，从中得出的主要原理有：①信赖关系是债权关系的基础，因此应当将诚实信用原则作为支配债权法的最高原则；②承认情事变更原则；③认可法官的形成权（法官的契约修改权）；④提倡客观主义的契约解释。为了更具有说服力，作者首先研究了德、日两国关于诚实信用原则的各种学说，并讨论了该原则的具体作用。如果仅指出篇幅上的要点，作者认为，仅通过诚实信用原则来解释说明的有如下情况：与信赖利益的赔偿及分期给付的认可、履行准备相关的大审院判决[①]；有关同时履行抗辩的大审院判决[②]；关于买回权行使的大审院判决[③]；将拒绝履行作为债务不履行的一种；承认债权人的协助义务；因忘恩行为的撤销赠予；合意解除契约侵害第三人权利或利益时对解除的限制；清偿额严重不足时不允许返还债权证明书及不得撤销抵押权；[④]关于担保物价值减少和保证人免责的大审院判决[⑤]；承认积极侵害债权的损害赔偿责任。关于情事变更原则、法官的形成权，作者讨论了德、日两国的学说及日本的判例，指出承认这些原则对现在的契约法来说是非常重要的。作者为了更好地说明主要被特别法承认的情事变更原则，以团体主义思想为债权法的新基调，指出应将债权契约看作是社会财产交换分配的法律手段。

(c)在第三篇论文《契约理论的转变》中，作者认为，在经过国民实践检验的契约中，如果不理解义务(sollen)和存在(sein)是一个有机整体，在契约中义务即存在、存在即义务的话，便不能充分理解国家对契约的监管功能，也就不能革新过去的契约理论。尽管结论与第二篇论文相同，但是在研究对象上，该文将契约分为
412 自由契约(以自由交易为基础的契约)、规制契约(其内容受法律规制、由法律确定)、强制契约(强制缔结契约获得承认时的契约)

---

① 大审院大正十年(1921年)11月8日判决，《大审院民事判决录》第27辑，第1950页。

② 大审院大正十年(1921年)11月9日判决，同上，第1912页。

③ 大审院大正九年(1920年)12月18日判决，《大审院民事判决录》第26辑，第1946页。

④ 大审院昭和九年(1934年)2月6日判决，《大审院民事判例集》第13卷，第366页。

⑤ 大审院昭和十年(1935年)12月28日判决，《大审院民事判例集》第14卷，第2189页。

和命令契约(由国家或国家机关命令缔结并履行一定内容的契约)并展开了论述。该文散发着浓厚的时代色彩。

(d)第四篇《法律实效性之渊源——团体主义的法源理论》是具有较强思辨性和哲学色彩的论文。作者讨论并批判了个人主义的法的观点,提出了共同体的理念与共同体的法的概念,表达了自己关于法理念与法制定、法解释的观点,得出如下结论:“法的进化要求”与法律稳定性之间乍一看互相矛盾,但是不能维持国民生活秩序的法不具有法律本该具有的实效性,另外无生命的法规也不具有法律本该具有的实效性,确保现实中活着的法是法理念的实现,同时也是法律稳定性的维持。

(2) 如上所述,该书具有浓厚的时代色彩。但是在第二篇论文中,根据诚实信用原则来说明的具体问题,即便是现在也是需要重新认识的。通过阅读该书,能认识到纳粹时期被提倡的德国法理论并未被全部否定的,不仅仅只有笔者。寻求符合现实的契约法的学问态度,也给予现在研究转型期的契约法的学者以激发。此外,从商品交换的视角来看,第一篇论文中的关于交换功能的论述具有理论上的先驱意义。

■ **作者介绍**

石田文次郎(参见本书2-25)

413 5-03 星野英一

《现代契约》

[收录于《民法论集》(第 3 卷),有斐阁,1972 年;初次发表于《岩波讲座·现代法》(8),岩波书店,1966 年]*

评议人 安井宏(关西学院大学)

该文掀起了重新审视私法自治原则和意思主义的潮流。

1. 该文发表前关于本课题之学界状况

(1) 随着资本主义的发展,企业逐渐大规模化、垄断化,正如从附合契约中所看到的那样,市民开始单方面从属于垄断大企业,而这种现象的出现使我们对近代市民法的前提命题即契约是对等的、平等的当事人自由交涉的结果产生了怀疑。伴随 19 世纪后半段附合契约的普遍化,这种疑问越来越明显。为此,当时的各国开始通过公权力介入使契约内容正当化。进入 20 世纪后半段以来,伴随着大宗宣传、大宗贩卖的日常化以及科学技术的突飞猛进,企业与消费者之间的信息差距逐渐扩大,公权力介入的必要性越发明显。那么,私法自治(意思自治)和意思主义这些市民法上的传统原则在现代是不是已然失去意义了呢?这是该文的核心问题意识。

(2) 过去,我国并不看重私法自治与意思主义。例如,私法自治在很多情况下被看作是契约自由原则,单独涉及私法自治的研

* 原文文献为:星野英一「現代における契約」,『民法論集 第 3 巻』(1972 年·有斐閣)所収,初出·『岩波講座·現代法 8』(1966 年·岩波書店)。——译者

究几乎没有。另外，对于意思主义，自从“从意思主义到表示主义”的观点被大家普遍接受之后，意思主义被认为是落后于时代的产物。之所以不重视私法自治和意思主义，是因为在二战中崇尚个人自由的近代市民法理论被认为是落后于时代的，提倡摒弃“个人主义法理”，向“社会团体主义法理”转换，主张“私法的社会化”[①]，即“超越市民法理论”。但战败以后，法西斯式的国家共同 414
体思想被否定之后，私法自治与意思主义仍然没有获得重视。这种状况终于在20世纪60年代前后出现了转机，学界逐渐意识到格式条款理论中契约意识及意思要素的重要性[②]，开始重新审视意思主义[③]。

2. 该文的内容及其在学界之意义

（1）该文从“契约思想、契约观念变迁”的视角对现代契约进行了考察。考察涉及多个方面，笔者认为主要有如下两个观点：①应当严格区分私法自治原则和契约自由原则；②特别是在我国，有必要重新认识私法自治和意思主义。

首先对于上述①的观点，作者认为私法自治是对“为什么人对人负有义务”这个问题的一个典型的近代式回答，应当说私法自治的“思想”明确了义务来源于意思，而契约自由原则是近代资本主义国家关于是否废弃过去封建束缚、将来是否采取自由放任主义的经济政策的问题，两者关注的角度不同。

---

① 对于这个时期日本民法学的动向，可参见川角由和：《现代民法学上的“关系型契约理论”之存在意义》(1)，《岛大法学》第37卷第4号，1994年，第171页以下。

② 戒能通孝：《格式条款与契约——契约观念的未成熟与格式条款的制度理论》，《法律时报》第31卷第3号，1959年。

③ 小桥一郎：《票据行为论》，有信堂，1964年。

此外，对于上述②的观点，作者认为，契约意识淡薄、契约法及其理论通常是强者支配弱者的手段等，是我国契约法和契约法思想所特有的问题。为了解决这个问题，我们需要重新定位并认识“为何人对人负有义务”这一问题意识下的私法自治原则(之所以说我国的契约法是强者支配弱者的道具，原因之一是我国的法学者“在空洞的‘契约自由’名义下，没有充分理解‘私法自治’”)。另外，对于意思主义，“我国学说因为继受德国学说，全面采用了表示主义，轻易抛弃了意思主义，是不是意味着由意思主义推导出的正确结论也被抛弃了呢，需要进一步考察”，因此有必要重新认识意思主义。

415 当然，该文并不认为私法自治和意思主义是绝对的。因为该文强调意思主义只是为了加深契约拘束力的问题意识[不是将私法自治作为契约拘束力整体上的根据，从根本上说，契约拘束力的根据在于“通过话语使他人信赖的人不能反悔”这一客观伦理及合理信赖理论(injurious-reliance theory)]，另外，对意思主义的评价也仅限于其“正确的结论”而已。于是，作者在之后的《契约思想、契约法的历史与比较法》[①]一文中更加明确了这种非意思主义的、重视契约内容的倾向，并表明了从“契约自由”向“契约正义”、从“意思”向“理性”、从“成立要件”向“效力内容”转变的倾向(此外，该文还进一步讨论了私法自治，在讨论德国法上私法自治和法国法上法的意思自律之间异同的同时，关于我国的契约意识问题，该文认为，从比较法来说，日本的契约观念并不特殊，“可以将我国的契约观念进一步推向世界”，提出了从“特殊论”、“落后

① 星野英一:《契约思想、契约法的历史与比较法》，收录于《岩波讲座 · 基本法学4 · 契约》，岩波书店，1983年。

论”的转型）。

（2）该文具有很深的影响力，例如现在已经基本上接受了上述①的观点。该文彻底颠覆了我国之前将两原则同等对待的做法。另外，关于上述②的观点，该文出现以前并不明显，且较分散，但通过该文的梳理、总结也被公之于众。该文作为一个导火索，引发了“意思主义复权”的论争，现在私法自治在民法学上已获得普遍认同，许多教科书将其作为一项基本原则而加以说明（在民法以外的领域，它也以自己决定权的形式被讨论，逐渐具有了极大意义）。另外，对于意思主义，姑且不论是否赞成，但它的地位提升了，不再像过去那样简单地认为它是落后于时代的产物了。

3. 其后学界之发展

该文发表前后，我国越来越多的观点继受德国法上重新评价私法自治和意思主义的动向（特别是弗鲁梅的观点），因此进入 20 世纪 70 年代后半段以后，人们一般将强调私法自治和意思主义的动向称呼为“意思主义复权”，这也成为了民法学的一大潮流（如上所述，最终私法自治被普遍接受）。当然，尽管这些观点对私法自治原则的评价没有什么不同，但是对意思主义的看法却未 416
必一致。也就是说，在各种观点中，既有对私法自治和意思主义两者进行评价的观点，也有像星野这样最终坚持表示主义、理性主义的立场。另外，对于重新评价之后的意思的概念、内容，也存在具有根本性差异的观点：①超越古典理论的“动机主义”的观点；②主张回归古典的萨维尼式概念；③排斥心理主义的意思，主张“合理的意思”的观点。[①]

---

① 对于日本强调私法自治和意思主义的各种学说介绍，可参见安井宏：《最近的所谓“意思主义复权论”》，《修道法学》第 8 卷第 1 号，1985 年。

进入20世纪90年代之后，情况变得更加复杂。因为，从这时开始，一方面，出现了标榜后现代主义、提出私法自治和意思主义这一契约的古典潘德克吞体系界限的内田贵教授的“关系契约理论”，以及继受星野教授重视理性观点的大村敦志教授的“契约正义理论”；另一方面，也出现了一些从意思主义之外的各种角度探求私法自治本质的研究（山本显治教授的“谈判促进规范论”、山本敬三教授从宪法上权利的角度来把握私法自治、山下末人教授的“民法的社会法化论”等）。另外，以原岛重义教授的弟子为核心，意思主义再次被推崇，近来在劳动法学领域也出现了重新评价市民法原理的动向。因此，今后仍需要进一步关注私法自治、意思主义讨论的动向。[①]

■ 作者介绍

星野英一（参见本书1－09）

① 对于近来契约法、劳动法的理论动向，可参见吉田克己：《现代市民社会的构造与民法学的课题》，《法律时报》第68卷第1号，1994年。

5-04 川村泰启 417

《商品交换法的体系》(上)

[劲草书房,1967 年;增订版名为《商品交换法的体系》(Ⅰ),1972 年]*

评议人 吉田丰(中央大学)

该书根据法律实践,对罗马法以来在物权和债权体系下构筑的民法,重塑为“私人所有与契约”体系下的民法。

1. 该书出版前关于本课题之学界状况

(1) 近代市民社会是以广泛的社会分工为基础、以货币为媒介的“商品交换”社会。货币与商品的交换即广义的买卖并不仅限于纯粹的买卖,雇佣也是劳动力商品的买卖,租赁也可被看作是对物的利用的买卖,这些都可称为买卖。因此,与前近代社会不同,在近代社会,因劳动力的商品化,经过生产、流通两个环节的商品交换得到普遍发展,社会关系的所有层面都以商品交换关系为基础。因此,在调整社会构成人员即个人与个人之间法律关系的民法中,调整财产交易关系的“财产法”被称为调整商品交换关系的法律,即商品交换法。商品交换的前提是具备与相对方交换的条件,这就意味着私人所有的相互承认。而且,对于一方当事人的所有物,只有该当事人才是该物的所有权人,包括相对方在内的其他人都不是该物的所有权人,因此只有该物的所有权人

* 原文文献为:川村泰啓『商品交換法の体系 上』[1967 年·增補版(『商品交換法の体系Ⅰ』)1972 年·勁草書房]。——译者

支配、处分该物才具备社会正当性，其他人处于所有权人的相对位置，不能妨碍所有权人对该物的支配、处分。也就是说，对于各自所有的交换对象（商品或金钱），商品交换的双方当事人分别变成所有权人和“非”所有权人，这种关系被叫作“私人所有”关系。这样，商品交换关系便可以被看作是以两个私人所有关系为前提的、私人所有与私人所有之间的交换关系。近代法上的商品交换关系是指双方当事人根据约定的交换条件，分别请求相对方交付其所有物，相对方负担交付自己所有物义务的权利义务关系，即“债权债务关系”。另一方面，因为债权债务的发生原因即合意——在法律上被称为契约，所以商品交换关系就变成了“契约
418 关系”。因此，商品交换就是由法律上的“私人所有”和“契约”两个要素构成。这样以商品交换法来诠释的民法（财产法）便在私人所有和契约体系下被重塑，并依据支配该体系的各种法现象的理论来理解实体法上的各种概念。

(2) 该书出版以前，学界已经存在川岛武宜博士的《所有权法的理论》[①]一书。此书也与《商品交换法的体系》（上）一样，认为资本主义社会财富的原始形态是商品，资本主义经济整体构造的基本单位是商品交换，因此资本主义社会法律的原始形态就是商品交换法律关系，该关系由三个要素构成，即私人所有、契约及法律人格（法的主体性）。之所以除私人所有、契约以外，在商品交换法的构成要素中加入法律人格，是因为川岛博士也考察了以资本主义社会中普遍独立、自由存在的法主体为构成人员的家族及各种团体（股份公司、劳动工会等）的法律关系，即家族法和团体法。在“理论”上，此书与超越物权、债权区分的《商品交换法的体系》

① 川岛武宜：《所有权法的理论》，岩波书店，1949年。

(上)不同,它根据由作为商品的私人所有的分析推导出的德国民法式的物权、债权的严格对立(严格区分)模式,具体分析了商品所有权的构造。

2. 该书的内容及其在学界之意义

(a)该书将财产法还原为其背后的社会关系,采取了"符合资本主义私法基础法本质的理论构造"(该书序言),作为商品交换法的财产法,其横向坐标是私人所有和契约,其纵向坐标是从法律上保障两者的"无"主体的法律保护和"主体的"责任。该书分"序论"及"第 1 编"两部分。序论分三章构成。作者首先分析了民法是商品交换法(第 1 章)。然后,作者得出了规制私人所有关系和契约关系的"全有或全无(all or nothing)理论"(私有性质的彻底贯彻)和"施与受(give and take)理论(对价的相互性)",分析了所有"权"和契约上的"权利"的性质。再列举了分别贯彻以上两种理论的权利类型,结论部分比较了传统物权、债权对立模式下的教条主义(第 2 章)。第 3 章讨论了"私人所有和契约的法律保护构造",即"无"主体的法律保护与"主体的"责任。

维持整体秩序所不可缺少的以上两个理论之贯彻,即一方面 419
"无条件保护私人所有与契约的要求"与另一方面"社会成员的权利主体性(自由意思的主体)"之间必然会产生矛盾,为了解决这一矛盾,近代法规定了上述二元法律保护体系。具体来说,"像所有权人付出经济上的代价取回所有物,以及契约当事人遵守约定的交换条件,贯彻'全有或全无'或'施与受'理论,无须考虑规范违反者的故意及过失。另一方面,'非'所有权人侵害他人的私人所有物,导致契约一方当事人违约,将所有权人或者契约相对方所造成的'损害'转嫁到加害人或违约方,通常需要考虑规范违反者的故意即过失”（“总论”）。这正是作者首创的法律保护的二元构造。

作者详细讨论了两种法律保护构造特别是“主体的”责任（第3章第1、2、3节——但是，关于损害赔偿责任中债务不履行责任的要件、效果的详细论述则是在后半部分的第1编，这里只是从理论层面讨论了类型化的法律构成）。作者还指出，应当认为损害赔偿责任的根据是加害行为的规范违反性，并据此划定损害赔偿责任的范围。即从“行为不法”的立场出发，批判了过去的民事责任理论（结果不法）。根据结果不法的观点，归责范围的划定是通过因果关系判断完成的。即从受害人的损害出发，溯及至加害人有故意或过失的行为。

该书后半部分的标题是“第1编诺成契约法——契约债权的法律保护构造”，分四章详细论述了作为商品交换契约的诺成契约的原理*以及主要契约类型的具体法律保护构造——买卖契约法（第2章），租赁契约法“总论”、“分论”（第3章），附利息的消费借贷（以及附利息的金钱借贷契约）法（第4章）。

(b)《商品交换法的体系》(Ⅰ)(1972年，1982年增订版)进行了大幅度修订[《商品交换法的体系》(上)最终被分成Ⅰ、Ⅱ(未出版)]。修订的内容主要涉及以下三个问题，根据作者的论述，此次修订是对《商品交换法的体系》(上)中的商品交换法体系的“内在展开”，即旧版出版之后作者观点的发展和深化，而“绝不是对《商品交换法的体系》(上)的修改”。

修订的第一处是根据债权债务关系的构造，理解诺成契约关
420 系中的“施与受”理论，“更彻底地分析了诺成契约体系”。第二处

* 即“第一章诺成契约法总论”。——译者

修订是“将契约关系从所有关系中分离”。通过对第一个问题的深入分析，作者指出，这种分离构造是诺成契约体系所不可缺少的构成要素，它反过来会影响第一个问题的讨论，成为“从体系上梳理诺成契约关系的法律保障措施(特别是所有权人主义和交付主义的功能分化)的有效手段”。第三处修订是“出卖人的担保责任制度”。通过附加各层面的过滤装置，将“原始不能＝契约无效”构成整合到诺成契约体系中。与此同时，将该制度置于契约“成立”层面考虑，构成该制度的“无”主体的法律保障措施变成了契约自治的补充制度。同样地，出卖人的信赖损害赔偿责任成为原始不能的契约劝诱的“主体的”责任。

这样，作者对《商品交换法的体系》(上)“第 1 编有偿契约法”* 中“第 1 章诺成契约法总论”部分进行了修改，并将之写进了《商品交换法之体系》(Ⅰ)中。

3. 其后学界之发展

距该书出版业已历经三十余年，但期间并未出现借鉴该书理论的法学体系书。其后，作者在完成商品交换法体系的过程中，以不当得利理论的研究为契机，开始从过去德国法式的契约关系理论及其法律保障理论向英美法转型，展开了一系列的比较法制度史研究。在该书及《商品交换法之体系》(Ⅰ)的写作前后，作者在《作为个人史的民法学——构筑思想体系的比较民法学》[①]一书中详细论述了“商品交换法体系的构思与难点”，以及向“以英美法文化为模型的比较法制度史研究”的转型。另外，关于该书研

* 原文如此，疑误。——译者

① 川村泰启：《作为个人史的民法学——构筑思想体系的比较民法学》，中央大学出版部，1995 年。

究方法论的分析，可参见筱原敏雄的《市民法学的基础理论——理论法学的轨迹》。[①]

■ 作者介绍

川村泰启

主要著作：除该书外，还著有『個人史としての民法学——思想の体系としての比較民法学をめざして』(1995年・中央大学出版部)等。

简　　历：1921年(大正十年)生，毕业于中央大学法学部，现任中央大学教授。

① 筱原敏雄：《市民法学的基础理论——理论法学的轨迹》，劲草书房，1995年。

5-05　内田贵 421

《契约的再生》

（弘文堂，1990 年）*

评议人　山本显治（九州大学）

该书认为，作为过去契约法解释学一直以来的默认前提的契约规范法体系正在动摇，该书是 90 年代之后研究“契约法理论”的先驱之作。

1．该书出版前关于本课题之学界状况

“契约是什么？”该问题乍一看很清楚，也很基础，可是为什么没有人去思考这个问题？通过灵活运用当时美国法上迅速发展的新规范理论，该书重新思考了这个问题。尽管该书出版于 1990 年，但它是在 80 年代末以前我国契约法的解释论、方法论的研究成果的基础上完成的。第一是法实践及解释论的研究积累，伴随着现代大宗消费社会的到来，对与日益明显的消费者问题直接相关的消费者契约问题、格式条款问题，司法、立法、行政采取了各种规制及内容正当化手段。第二是关于契约原理考察的积累，主要围绕有关格式条款、契约拘束力的根据、第三者介入的正当化根据，特别是“意思主义复权理论”及“契约正义理论”而展开。第三是方法论的理论研究积累，主要有如下成果：较早引入的“法与经济学”、民科法律分会**的一系列“现代法”研究，以及 70 年代之

* 原文文献为：内田貴『契約の再生』（1990 年・弘文堂）。——译者

** 民科法律分会，全称为“民主主义科学者协会法律分会”，其详情可参见 http://minka-japan.sakura.ne.jp/main，最后访问时间为 2017 年 1 月 5 日。——译者

后在各相邻领域展开的与“价值”、“社会”相关的规范理论研究。当然，80年代末之前的我国契约法学主要关心前两项的讨论，并未直接讨论契约本身的问题，主流的研究是通过分析格式条款、消费者契约等具体问题，探讨契约的一般理论。而且，这个时期的研究受到了来自德、法两个大陆法系国家的绝对影响，因此，对于美国出现的批判传统法律解释学的新理论动向则无人问津。

2. 该书的内容及其在学界之意义

422 (1)“人只受自我意思的拘束。”以立足于该思想的“约定必须遵守”的道德原理为核心，形成契约法思想上的一个基本范式的是“古典的契约法原理”。该原理规定了契约成立、契约内容形成过程中当事人意思的尊重、不受第三人干涉以及确保统一规则下的预测可能性等契约法解释学上的各种前提。但是，伴随着现代大宗消费社会的到来，出现了格式条款、各种消费者契约、形形色色的附随义务、从正义及公平视角来看第三者介入的必要性，以及一般条款等各种规范法概念的积极运用等，使我们开始怀疑契约拘束力根据之意思的核心地位，进而迫切需要我们重新审视古典契约法原理这一契约法的基本范式。

(2) 不断进行契约法基本模型转换实践的，正是该书研究的现代美国法学。在美国，70年代以后，为了构筑契约法的新框架，各种法规范理论相互之间展开了论争，形成了壮丽的“知识剧场”。

例如，面对因现代契约的各种现象、格式条款的增多而产生的古典思想的动摇问题，“约定的契约论”试图通过意思自治的道德原理来挽救契约法。但是因为太过于关注约定原理的纯粹性，出现了多种多样性质不同的原理，结果变成了对古典契约法原理的"讴歌"。

对此,"法与经济学"以效率及财富最大化为契约法的核心原理,认为只要具备效率性,契约破裂也是正当的,这与"约定必须遵守"的古典道德原理针锋相对。但是,尽管某种财产的变动会促进财富的积累,但却违背了我们的道德直观,况且并不能对财产转移之前的事前分配状态本身予以正当化,因此至少"财富最大化"理论缺乏伦理哲学根据。

而"批判法学"认为,古典契约法是近代思想传统之一的自由主义的原子论个人主义的具体化,从原理上来说其蕴含着矛盾。从现代契约法要求的"诚实信用原则"、"显失公平"等"规范"出发,在解释论上,产生了不同于原子论个人主义的"利他主义"的思考模式。因此,契约法已不再由单一原理构成,变成了个人主 423
义和利他主义这两种不同的思考模式、世界观的对抗。

最后,"关系契约论"认为,以古典契约法思想为前提的"契约"的基本观念切断了该契约与其背后的各种社会关系及规范的联系,使契约孤立地成为明确的可以定义的权利义务关系(不连续性),而且契约规则在契约缔结之时就一次性且最终确立了(现在化)。其更进一步批判了古典契约理论前提的原子论个人、合理预算者的当事人模型,指出所谓的契约当事人是"内在混乱、矛盾及缺乏一贯性的活生生的人"。契约是这种"具有多面性的人类"伙伴之间所缔结的,包含着连带、相互性、权力等社会共同体的各种规范而连续形成的一种动态"关系"。

该书在最后部分讨论了我国的继续保证、转包、委托等三个具体实例,指出围绕三者展开的解释原理属于古典契约法原理的例外,所以不得不对其边缘化,而依据关系契约理论,就能很好地定位上述解释原理。

(3) 如上所述，该书的意义在于，明确了契约法解释学与关于解释学基础的规范模型的各理论之间的结合关系，提出了今后契约法理论的发展方向，确立了新的解释论视角。除此之外，该书对契约法的基础——“价值”、“规范”及“思考模式”的社会学的、伦理哲学的考察开辟了法解释学的新天地，采用了与80年代末之前比较国内外判例、学说，总结判断考虑因素的一部分显著的研究方法所不同的方法论。而且，作为比较私法的尝试，该书从整体上介绍了70年代以后出现的批判传统法律学的美国法学。例如，“法与经济学”作为单一理论被引入我国，被认为与其他理论一起，共同发挥着革新传统法律解释学的作用。该书改变了过去对这一理论的模糊定位，将目光转向了过去比较法研究所忽视的其他理论。

424 **3. 其后学界之发展**

(1) 该书出版以后，内田在1991年召开的私法学研究会上做了题为“现代契约法思想基础”的报告，并以“现代契约法的新发展与一般条款”为题发表于1993年的《新商事法务》杂志上。[1] 之后又发表了刊载于《岩波讲座·社会科学的方法》中的论文《契约过程与法》[2]。内田发表在《新商事法务》上的这篇论文中指出，从我国裁判实务近来出现的新解释实践的正当性与今后解释论的问题发现两方面来说，“关系契约理论”都可以发挥作用。另外，这里所运用的方法论式的“解释主义”也暗含了战后我国唯显著的科学客观性为是的态度的转变。此外，该文特别指出，关系契

① 内田贵:《现代契约法的新发展与一般条款》,《新商事法务》第514—517号,1993年。

② 内田贵:《契约过程与法》,《岩波讲座·社会科学的方法》,岩波书店,1993年。

约法规范的基础是“理解”这一共同体所蕴含的道德直观，这种“共同体思想”的契约法理论引发了今后各方面的讨论。

（2）但是，该书出版之后，学界出现的最大变化莫过于私法学上“知识态度”的转变。其中一个特征就是，特别是以内田之后的一代学者为主，更加尊重自由的观点，运用多种跨学科的研究方法，以此来架起解释论与基础理论之间的桥梁。例如，认为现代契约法的发展是契约基本模型的动摇问题，并于 1989 年发表了与该书问题意识相同的论文的山本显治，其后又公开发表了相关论文，指出，契约法就是当事人在与契约进展过程中的相对方交涉的过程中产生疑惑时，“支援”其不断进行的自我解释及微小的自我决定的方法的汇集，关注契约交涉层面，连续地把握日常生活中的每个人为了形成各种关系所付出的努力与法律。另外，1990 年介绍贡塔托·依布纳（Gunther Teubner）的一般条款论的佐藤岩夫也发表了相关论文并指出，从象征现代法特征的一般条款理论的发展可以看出福利国家的介入主义倾向；关于法政策、法理论的对策，佐藤以租房法为例，从比较法的视角进行了讨论。还有依据新契约观念探究契约当事人的合作义务、信息提供义务根据的后藤卷则的论文，以及认识到现代契约法的发展是法的实质化过程，通过对自由主义的修正和重新提倡，即在解释论上考 425
虑规则的同时，也进行原理间的衡量判断，进而通过导入论证责任规则探究对策的山本敬三的一系列论文，还有继承“从契约自由向契约正义转变”理论、探讨其学科间的根据及具体解释论的大村敦志的一系列著作，都受到了该书问题意识的强烈影响。另外，引入交涉理论及游戏理论，着眼于当事人之间合理的契约行动构造，来解释和设计能激发一定的契约行动的森田修，其近来的研究也形成了新的学说潮流，值得关注。

(3) 但是,对该书提出的脱离历史与传统来探寻某种理论的跨学科领域研究的知识态度(日本人的弱项),目前在学者之间仍然存在很大的分歧。而且,我国的"跨学科研究"并未超出传统领域研究者的研究范围。而在英美国家,每个研究者都在不同的学科领域进行不同的思考,这种落差真实地呈现于具体研究内容的差异上。将目光转向70年代以后,把跨越法学、伦理学、政治学、经济学、医学等具体领域的问题作为一个独立的新研究领域,并得到迅速发展的美国,在加速推进知识结构的转型时,在即将迎来21世纪的我国,对于发端于该书学问挑战的民法学的知识跨界研究能开出怎样的花朵,正是我辈现在正在进行的课题。

■ **作者介绍**

内田贵(参见本书3-07)

5-06　广中俊雄　426

①《契约及其法律保护》

(创文社,1974 年)

②《契约法研究》

(有斐阁,1958 年)*

评议人　吉田克己(北海道大学)

两书通过历史的、法社会学的研究树立契约法基础理论的同时,提出了与该理论相吻合的解释理论,属于该领域的传统研究。

1. 两书出版之前关于本课题之学界状况

(1) 广中教授提出了契约法研究的三个课题:(a)从契约及其法律保护的历史沿革,明确其历史发展规则;(b)在此研究成果的基础上,明确当前日本契约的社会实际形态;(c)在这些成果的基础上,对日本现行法律(包括判例)进行说明、解释和批判。这种课题设定背后的问题意识是,如何结合"以服务实践为直接目的的法解释学"和"以对社会现象之一的法律现象的科学分析为目的"的法社会学这两种理论,践行这两种理论。《契约及其法律保护》(著作①)与课题(a)对应,《契约法研究》(著作②)与课题(c)对应。

(2) 关于契约法的基础理论,两书出版之前的讨论大多是关于契约自由限制的理论意义的研究。其实早在二战以前,这种讨

* 原文文献为:広中俊雄『契約とその法的保護』(1974 年・創文社);『契約法の研究』(1958 年・有斐閣)。——译者

论就在一定程度上展开了。当时的背景是，从租地法、租房法开始，特别法的制定、“附合契约”现象的发展以及二战时统制经济下国家对契约介入的正式展开。但是，这些讨论与探究契约及其法律保护的历史发展规则的两书（特别是著作①）在基本的问题意识上是不同的。

关于致力于对私法现象的法社会学研究的先行成果，绝不能遗漏我妻荣的《债权在近代法中的优越地位》与川岛武宜的《所有权的理论》。[①] 但是，前者主要是从财产的债权优越性出发，对资
427 本主义社会的发展过程中私人所有的形态变化进行把握，并未涉及以财产转移为媒介的契约的基础理论。而后者则讨论了近代社会中所有权的基础理论，其中涉及了以商品所有权的流通为媒介的物权交易法的理论研究，但是考察的对象主要是物权变动理论，并非契约法的基础理论。两书就是上述状况下出现的先驱之作。

2. 两书的内容及其在学界之意义

（1）在著作①中，广中教授分析了契约的历史发展规律，但是主要关注如下两个视角：一是区分共同体的内部与外部这两种社会关系的视角（“市场—共同体”视角）；二是探究经济发展、社会变化过程中契约法律保护变革的历史视角。具体来说，在交换的原始形态中，①部族间（intertribal）——在共同体外部进行的市场交易，与②部族内（intratribal）——以共同体内部的财产流通为媒介的“义务性的赠予”和“有偿赠予”，①②的性质明

① 我妻荣：《债权在近代法中的优越地位》，有斐阁，1953年；川岛武宜：《所有权的理论》，岩波书店，1949年。

显不同。

上述①是纯经济性的交换，是以买卖契约为首的有偿契约的起源。对此，上述②可被看作是无偿契约的最原始形态。②是以共同体内部的财产流通为媒介，因为伴随着强制返还，所以它绝不是无偿性的。但是，在共同体之间开始的纯经济性的交换反作用于共同体内部的共同生活，逐渐切断了共同体的纽带，一种有规则的社会过程即商品交换逐渐得到发展。其中，②的功能范围缩小的同时，逐渐变成了纯粹“出于好意”的契约。

上述两种性质各异的契约形态，早在罗马法时代就呈现出了不同的发展轨迹。即为了适应经济的发展，有偿契约逐渐摆脱了问答契约的严格方式的羁绊，开始向诺成契约方向发展。对此，无偿契约也同样摆脱了问答契约的羁绊，与新形态的形式主义——书面主义密切结合而逐渐发展。

(2) 从这种历史认识推导出的最重要的解释论上的结论是，在契约分类上，有偿契约与无偿契约的区分具有重要的意义(著 428
作②)。具体来说，以下两点比较重要。

第一，有偿契约与无偿契约的契约拘束力的存在形态不同。也就是说，被认为是近代契约法原则的契约拘束力只来源于双方合意之原则(诺成契约的原则)是以有偿契约为基础形成的，未必适用于无偿契约。对无偿契约进行法律保护并不意味着积极主张请求尚未完成的给付，而是对已完成的给付消极地保护受让人免于给付人的物权请求权的追究。

在近代法上，赠予契约的拘束力在一定方式下发生，赠予履行后，即使不具备该方式，也对受赠人予以保护(日本《民法》第550条)，以及将使用借贷契约作为要物契约等，都是以上述为根据的。另一方面，可以当作要物契约来看到的消费者借贷契约

(日本《民法》第 587 条)只有无利息消费借贷。对于有偿性的附利息消费借贷,应当承认预约的效力,而且应当承认诺成契约的消费借贷。

第二,有偿契约与无偿契约关于支配契约当事人的"伦理"因素在性质上也是不同的。在无偿契约中,共同体的社会习俗支配着契约当事人,而在共同体之间成立的市场中产生的有偿契约是共同体关系的对立物,"市场伦理"是支配契约当事人的伦理因素。

判断不动产租赁契约关系中信赖关系破坏时,从信赖关系中排除人的因素进行客观(sachlich)判断的"客观信赖关系理论"是具体展开上述判断的理论。在解决纠纷时,国家(裁判所)限定可能成为法律评价对象的要素范围(法律空间的限定),限制国家的介入。

另外,无偿契约的背后通常伴随着好意与感谢等非物质因素,但法律并不考虑这些因素,而将这种行为作为无偿契约来对待。因为对这些要素进行法律上的操作本身就是不可能的。因此,从结论上说,无偿契约的法律空间也是受到限制的。

(3) 在两书出版之前,也并不是不存在依据"市场—共同体"
429 视角对有偿契约与无偿契约进行本质区分的观点。[①] 另外,也存在与两书各具体观点有关的先行研究。例如,学界围绕不动产租赁展开了信赖关系理论,其中,将不动产租赁关系看作是近代市民之间的合理契约关系的观点(戒能通孝)是研究该理论的先驱。但是,这些先行研究并没有像两书这样,根据正式的历史研究,提出契约法的基础理论。两书可谓是通过架起法社会学研究与法

① 来栖三郎:《契约法的历史与解释》,《法学协会杂志》第 64 卷第 8 号,1946 年。

解释学的桥梁来确立契约法基础理论的先驱之作。

3. 其后学界之发展

两书所提出的关于有偿契约与无偿契约本质区分的基本观点可以说是之后学界的共同财富吧！另一方面，根据该观点，在这之后也出现了围绕各种具体问题的讨论。

特别是对于不动产租赁中信赖关系的把握，广中理论引发了激烈的论争。总体来看，对于客观信赖关系理论，尽管不同学者的论据不同，但是，在现行民法的理解下，认为完全排除人的因素也是太过极端（例如，可以考虑近代人的信赖关系等观点）的批判观点占多数。另一方面，在无偿契约领域，结合“原因”理论，对无偿行为背后的各种情况进行法律上操作的观点被极力提倡。这主要是为了扩张法律空间。广中教授在之后的研究中也主张，与有偿契约相比，可在一定限度内考虑无偿契约中的人的因素，但这种考虑仍是受到限制的。

广中理论的根本问题意识是社会变化的历史观点以及限制国家（裁判所）对市民社会的介入。从对无偿契约的各种背景情况的考虑稍显矛盾的态度背后，可以看出这种问题意识。但是，限制国家介入并不只是为了确保市民社会的自律性。正如租赁契约中客观信赖关系理论所表明的那样，限制国家介入也能够保护承租人的隐私等人格利益。笔者认为，应当从这种观点出发重新评价客观信赖关系理论。根据这种观点，同样也可得出这样的
判断，即应当承认为确保人格利益（例如周边的生活环境）的国家 430
介入——例如，在判断信赖关系破坏时，有时也要考虑人的因素（例如承租人的行为方式）。

■ 作者介绍

广中俊雄

主要著作：除该书外，还著有『民法論集』(1971年・東京大学出版会)、『警備公安警察の研究』(1973年・岩波書店)、『法社会学論集』(1976年・東京大学出版会)、『農地立法史研究 上』(1977年・創文社)、『借地借家判例の研究1(補訂2版)』(1978年・一粒社)、『物権法(第2版増補)』(1987年・青林書院)、『民法綱要・第1巻総論 上』(1989年・創文社)、『債権各論講義(第6版)』(1994年・有斐閣)、『広中俊雄著作集1—4』(1992—1994年・創文社)、『民法解釈方法に関する十二講』(1997年・有斐閣)等。①『広中俊雄教授還暦記念論集・法と法過程』(1986年・創文社)、②『国家への関心と人間への関心』(1991年・日本評論社)、③広中俊雄先生古稀記念論集『民事法秩序の生成と展開』(1996年・創文社)收录了其著作目录。其中，②只收录了其主要著作；①收录了1986年之前的著作；③不仅收录了其之后的著作，还对之前的著作进行了补充，是最详细的。

简　　历：1926年(大正十五年)生，毕业于东京大学法学部，曾任千叶大学、东北大学教授，现任创价大学教授。

5-07　北川善太郎 《现代契约法》(Ⅰ、Ⅱ) 431

(商事法务研究会,1973年,1976年)*

评议人　中田裕康(一桥大学)

该书以社会现实的契约为对象,通过讨论企业交易上的具体问题,探究对法体系及理论的启示,进行了理论联系实践的新尝试。

1. 该书出版前关于本课题之学界状况

(1) 民法典规定的契约法与现实的交易之间存在"偏差"。这种"偏差"是契约自由原则所能预料到的,但是只关注前者并不能知晓后者。后者的发展对前者有无影响?实际上为什么会产生"偏差"?对这些问题束之高阁可以吗?原本规定在民法典中的契约法究竟是什么?等等,各种问题相继出现。

(2) 对于制定的契约法与现实交易之间的关系,大正时期的学说之混合契约理论展开了非常有趣的讨论,但只停留在抽象的论说上。二战后,一方面随着法社会学研究的发展,另一方面学者们为了从法律解释学的角度理解契约,尝试把握契约的实际形态,进入20世纪60年代以后,关注现实交易的研究取得了较大进展。其中,有学者指出了前近代法律意识下的日本契约观,[①]也

---

* 原文文献为:北川善太郎『現代契約法 Ⅰ Ⅱ』(1973・1976年・商事法務研究会)。——译者

① 其中有川岛武宜博士从较早便开始研究的各成果,特别是《日本人的法律意识》(岩波书店,1967年)具有广泛的影响力。

有学者研究存在于社会各领域的各种“特殊契约”[①]；还有学者通过分析企业交易中实际运用的格式条款，尝试作成标准格式的格式条款。[②]

2. 该书的内容及其在学界之意义

（1）在这样的学界状况下，该书以1968年至1973年发表于
杂志上的论文为基础，“以现代生活中的契约为对象”，考察了“法
432 律与社会现实之间的关系”问题。该书由Ⅰ、Ⅱ两卷构成，但两部
分的风格稍有不同。

Ⅰ卷讨论了在广泛的企业交易中所出现的各种问题。共计15章，其中前3章是总论部分。首先，作者讨论了我国法律规范与交易社会现实之间出现偏差的原因。第一，指出了“民法规范中的两种二重构造”，即民法典的规范构造与以德国民法理论为基础构筑的解释论的二重构造和我国传统的社会规范与继受法规范的二重构造。第二，指出过去以裁判规范为核心的私法理论不能解决交易社会中出现的各种问题。第三，指出抽象的“债权”概念忽视了契约的个性及契约的背景。其次，指出了现行民法典存在的问题。因为我国的民商法典采用了潘德克吞体系，关于契约法的各种规定分散于法典的各个部分，很难从整体上进行把握。应当从法典中“寻找潜在的契约”。基于以上问题意识，作者认为应运用现实的行为规范和社会规范构筑新的契约法体系，为此有必要对社会现实进行分析。作者具体提出了“现代契约法的

---

① 《松坂佐一、西村信雄、舟桥谆一、柚木馨、石本雅男还历纪念：契约法大系Ⅵ·特殊契约②》，有斐阁，1963年；《契约法大系Ⅶ·补卷》，有斐阁，1965年。

② 星野英一、谷川久：《标准动产买卖格式条款研究》，《商事法务》第245—289号，1962—1963年；谷川久：《商品的买卖》，有斐阁，1964年。

体系概要”。它是在契约的基础理论、契约法的体系、契约的关联制度、契约纠纷的解决四个支柱下，由多个具体项目系统构成的。其中第二个支柱包括契约的成立、契约类型、契约当事人、交易条件、契约的履行/不履行、契约债权担保、契约变更等内容。在上述总论部分的基础上，剩余 12 章展开了具体部分的讨论。具体讨论了契约的“统一功能”与“分工功能”（以捆绑销售、物流业务、代理付款契约为素材）、契约“实际类型”之消费者契约、契约的“经济当事人”与“法律当事人”之间的关系、价款结算的条件、期间、方式等“交易条件”、退货的交易惯例、在契约的“不同时履行”实务中的日常交易形态、实务上的债权担保（相同银行的抵消*、生产资料的所有权保留）等问题。在大量介绍了实践中使用的契约书后，具体讨论了现实交易中的各种问题，明确了它们在上述“现代契约法体系”中的定位。

Ⅱ卷的统一课题就是“质量保证”。作者将其定位成“契约类型论中的质量保证交易之实际类型的研究”。从发表的时间来看，Ⅱ卷的核心之“企業取引と品質——その現実と法（企业交易与质量——现实与法律）”以及“Quälitatssicherung（Quality Assurance）in der Vertragspraxis—Zum Verhältnis des Rechts zur sozialen Wirklichkeit”（“契约实务中的品质保证—法与社会现实之间的关系”）（两者都是杂志中的原题目）在Ⅰ、Ⅱ卷中是最 433
早发表的，将其收录该书时，明确了它们在体系中的定位。这两篇论文以“质量”这一商学上的概念为线索，探讨了企业交易中的质量问题，并将讨论的结果反映到瑕疵担保及性能错误等法律理

* 日文原文为“同行相殺”。它是指银行以优惠的价格取得票据债权时，对票据的签票人享有债权，如果该签票人恰好在自家银行设立了银行账户，那么票据债权和存款债权就能够相互抵消。——译者

论中。另外，两文还广泛讨论了实务上的质量保证，提出了“事后的质量保证与事前的质量保证”两种类型。这两篇文章都在探索社会现实与法律之间的关系，是该书Ⅰ、Ⅱ两卷整体上的出发点。这种作者运用了商学及工学的研究方法，但同时也补充完善了作者之前的研究成果，[①]从这种意义上说，该书保持了与过去研究的连贯性。对此，Ⅱ卷的其他部分（讨论了生产过程、流通过程中的质量保证、质量保证与契约责任法、质量保证与契约法等标题下的各研究主题）与Ⅰ卷有诸多共通之处。除上述两文之外，Ⅰ、Ⅱ两卷中的其他论文都以“现代契约论”（“現代契約のはなし”）为题连载于新杂志《新商事法务》创刊号之后的各期中。

(2) 该书进行了契约理论联系实践的尝试，具有如下特点：第一，从正面研究了社会现实生活中的契约，并对此进行了积极评价。作者认为民法典的契约规范与现实之间的不同绝不应该单纯地被评价为“前近代的问题”，这种立场与过去日本的法律意识论不同。第二，确立了从现实到理论的视角。如果仅从被细分的各法律领域内部发展的理论来思考现实问题，不仅不能充分解决现实问题，还有可能忽视理论本身存在的问题。通过转换视角，便能明确过去契约理论的不完整性及失衡。第三，作者非常敏锐地选定了现实中的具体问题。这些问题在当时不仅是“现代的”问题，而且之后通过立法、学说和判例进一步展开的问题也不在少数。敏锐地发现法律现象中的新问题，并走在时代的前面，这是该研究的杰出之所在。此外，令人耳目一新的还有该书有效地结合了法学以外的学科领域。以上的各个特征宣告了交易法研究新时代的到来。当然，重要的还是该研究的最终目的在于构筑

① 北川善太郎：《契约责任研究——构造论》，有斐阁，1963年。

契约法的新体系。也就是说，尽管该书研究现实问题，但这并不是目的，只是作者强烈地意识到现实问题与契约体系之间的密切联系。从这层意义上来说，该书从理论联系实践，又从实践回归 434
到了理论。

3. 其后学界之发展

关注契约实际形态的研究得到进一步发展。体系书层面的代表作有来栖三郎的《契约法》与江头宪治郎的《商事交易法》。[①] 具体研究的集大成者是《现代契约法大系》(全9卷)[②]。其次，理论联系实践的视角都或多或少地运用在了诸如消费者契约中格式条款交易、继续性交易、服务交易、电子商务交易等具体领域的研究中。如上所述，对该书讨论的具体问题的研究较少。例如契约类型、契约当事人、消费者契约、退货问题、不同时履行及契约危险的问题、非典型担保、卖主保证等问题。在与其他学科领域的结合方面，法与经济学的理论得到了发展。在作者晚年所编写的教科书中，涉及了契约法新体系的问题[北川善太郎的《债权各论》[③]，也涉及了国际商事契约通则(1994年)]及欧洲契约法原则(full text，1996年)。以上学说的展开并不完全是受到了该书的直接影响，但至少说该书为上述学说的展开作出了铺垫，这也是其先见性之所在。

另一方面，也有关注契约的实际形态，与该书“体系化”的问题意识不同的视角所展开的讨论。特别是关于契约思想、契约观

① 来栖三郎：《契约法》，有斐阁，1974年；江头宪治郎：《商事交易法》，弘文堂，1990年初版(上)，1992年初版(下)，1996年合订本第2版。

② 《现代契约法大系》(全9卷)，有斐阁，1983—1985年。

③ 北川善太郎：《债权各论》，有斐阁，1993年初版，1995年第2版。

念的研究,可以说是该书研究的相对化。[①]

■ 作者介绍

北川善太郎(参见本书 5－13)

① 星野英一:《日本契约法的变迁》,《日本与法国的契约观》,有斐阁,1982 年;氏著:《契约思想、契约法的历史与比较法》,《岩波讲座·基本法学 4·契约》,岩波书店,1983 年[以上两文均收录于《民法论集》(第 6 卷),有斐阁,1986 年];内田贵:《现代契约法的新发展与一般条款》(1—5),《新商事法务》第 514—517 号,1993 年。

5-08 胜本正晃 435

①《民法中的情事变更原则》

（有斐阁，1926年）

五十岚清

②《契约与情事变更》

（有斐阁，1969年）*

评议人　和田安夫（姬路独协大学）

著作①是对情事变更原则的概括性研究，不仅确立了该原则的名称，也在我国确立了该原则；著作②对情事变更的法理展开了正式的比较法研究，进一步明确了该原则的定位。

1. 两书出版前关于本课题之学界状况

（1）当契约的成立与最终履行之间存在时间间隔时，如果在这期间情况（这些情况尽管不构成契约内容，但对契约来说是重要的客观情况。契约环境）发生了变化，受此影响，继续按照当初的约定实现契约的内容有时会变得非常困难。但是，根据约定必须被遵守（pacta sunt servanda）的契约法的基本原则，即便在这种情况下，从法律上说契约并未受到任何影响，所以就应该按照当初的约定履行契约（契约的拘束力）。从形式上可以这样说，但从实质上来说结果已经十分不合理时，可以根据诚实信用原则，遵守严格的要件，例外地修改契约的内容或解除契约（解除、解约

* 原文文献为：勝本正晃『民法に於ける事情変更の原則』(1926年・有斐閣)；五十嵐清『契約と事情変更』(1969年・有斐閣)。——译者

等)，这种理论就是情事变更原则。该理论来源于后期注释法学派从中世纪教会法总结出的“情势不变条款”(Clausula rebus sic stantibus)理论。

(2) 我国的民法典并没有关于情事变更原则的一般规定(只是在具体情况下承认某种情事变更的效力)。最初的学说一般也没有讨论这个问题。之后，受到一战后德国学说及判例的影响，历经大正末年小町谷、胜本、岩田三人的著作[1]，首先在学说上确
436 立了该法理。其中，胜本的学说对以后的学说、判例影响较大，有学者曾说我国的情事变更原则是由胜本的学说一举确立的。[2] 以后的学说基本上是受胜本学说的影响，结合各个时期实际出现的问题不断进行研究(关于通货膨胀及不动产交易等。另外，重视对该法理的历史的、社会的基础的分析，可参见福地俊雄的《情事变更原则》[3])。其中，被认为“昭和三十年代之后的情事变更原则的研究，乃是五十岚清教授的专场”[4]。代表了五十岚所著该书之前时代特征的，正是五十岚教授的一系列研究。另外，大审院昭和十九年(1944 年)12 月 6 日承认以情事变更原则为由的土地买卖契约解除的判决[5]是关于该原则的先例。

2. 两书的内容及其在学界之意义

(1) 胜本的《民法中的情事变更原则》对情事变更原则进行了

① 小町谷操三:《货币价值的变动与契约》，有斐阁，1925 年；胜本正晃:《民法中的情事变更原则》，有斐阁，1926 年；岩田新:《经济形势的变动与债权的效力》，同文馆，1926 年。

② 五十岚清:《契约与情事变更原则》，《契约法大系》(Ⅰ)，有斐阁，1962 年，第 27 页。

③ 福地俊雄:《情事变更原则》，《民法演习》(Ⅲ)，有斐阁，1958 年，第65 页。

④ 久保宏之:《经济变动与契约理论》，成文堂，1992 年。

⑤ 大审院昭和十九年(1944 年)12 月 6 日判决，《大审院民事判例集》第 23 卷，第 613 页。

法制史的、法理论的和比较法的概括研究，特别是通过对一战后德国学说及判例的详细讨论，对该原则定义如下："该原则主要是指，产生债权关系的法律行为作出之时，该法律行为的环境即情况在法律行为作出之后、效果完成之前，因不可归责于当事人的事由发生了不可预见的变化，如果发生最初意义上的法律效果或使该法律效果继续存在，从诚实信用原则的观点来看已然不正当时，可基于诚实信用公平原则变更法律效果。"（原书第567页）该原则的首要效果是改变给付的内容，次要效果是解约、契约解除、撤回或撤销意思表示等使债权关系消灭（原书第598页）。该书出版时，情事变更原则在我国尚未被当作一般制度而被认知，该书也讨论了这个课题。以下简要介绍"情事变更原则的基本观念"，即该书的理论考察部分。即①民法中相对的价值判断问题；②潜在的行为意思；③法规的合目的性；④诚实信用和公平原则（原书第444—562页）。在①中，作者批判了现行法未将情事变更作为原则对待的做法，强调具体案件整体上的固有价值，提倡可对其进行法律评价的规范——"环境考量原则"。②是效果意思（所欲实现的愿望）的基础，应当从整体上对两者进行法律评 437
价。②与法律行为的环境构成一个整体，随着环境的改变（通过②），愿望的内容（效果意思）也会随之变化。主张应当从动态意义上确定行为的价值。[①] 在③中，作者指出该原则同样适用于法律行为之外的原因形成的债权关系。在④中，通过"公平"这一表述，强调客观化的诚实信用原则。"公平与诚实信用未必是同一个概念。前者从外部制约着后者，该制约具有规则上必然性。与

① 中山充：《情事变更原则》，《现代契约法大系》（第1卷），有斐阁，1983年，第70页；古轴隆介：《情事变更原则》，《法学教室》第87号，1987年，第22页。

公平原则不同,诚实信用原则具有规范性。当诚实信用原则以具体的现象被具体化时,为了使具体的诚实信用的判断具有客观妥当性,就必然要借助公平原则。诚实信用和公平统称为诚实信用公平*。”

胜本的学说将诚实信用原则适用到独自构筑的情事变更原则上,指出这在现行法的解释上是可行的,通过在相当程度上明确该原则的要件及效果,预先防止了该原则的滥用。这样,实务上也可以运用该原则了,也为日后该原则被确立为判例法上的制度奠定了基础。

(2) 五十岚清的《契约与情事变更》从比较法上讨论了对该原则,比较了英美法(契约的愿望得不到满足的法理**)、法国法(不可预见理论)、德国法(行为基础理论)的功能,得出如下结论:胜本关于我国情事变更原则的研究经得起比较法上的考验,即使现在也应当获得支持。在此基础上,他指出,从比较法来看,具体适用胜本理论的要件时,它可适用的范围是非常广泛的,而且现在可以将情事变更原则运用到意思表示的客观解释中。

我国关于情事变更原则的研究并不多。在这种情况下,五十岚清教授通过该书及之后的诸研究,从比较法角度明确了情事变更原则的各个问题,促进了该理论在我国的发展,进一步明确了该原则的定位。

3. 其后学界之发展

(1) 结合各个时期实际出现的重要问题,不断对该原则进行

---

* 日文原文为“信義衡平”。——译者

** 即英美法上的“frustration”法理。——译者

研究的基本方向没有发生变化[参见 1(2)],特别是因 1973 年的石油危机及由此引发的物价暴涨的经济混乱,在建筑承包领域, 438
该原则的研究取得了一定的进展。但是,除此之外的领域并没有进展。学者们察觉到具有严格适用要件的情事变更原则的功能上的局限性,开始结合民法的其他相关制度、契约条款等解决办法对该原则进行考察。另一方面,伴随着国际化的发展,国民经济越来越受到国际变动的影响,这也成为情事变更的潜在因素。比较法研究越发重要,而且国际交易法领域的研究正逐步发展。[①]另外,最近出现了对该问题类型化考察的动向。

(2) 从 1990 年前后开始,在契约法的新理论中,将情事变更原则作为再交涉义务发生的一种情况,讨论该原则效果的研究正在增加。[②] 情事变更原则的首要效果是对契约的事后变更(契约调整),而在这个过程中,就会面临契约再谈判的问题。如何在情事变更原则下定位再谈判义务是一个尚未解决的课题。当然,并不是只有在情事变更原则下才会出现契约的再谈判问题,两者是领域各异的不同制度,而两者要解决的问题又部分交叉。笔者认为这种讨论不仅会涉及情事变更原则的效果,也会涉及其要件。

■ 作者介绍

① 胜本正晃

主要著作:除上述著作外,还著有『債権総論(上、中の1、2、3)』(1930—1936 年・厳松堂)、『民法研究 1—5』(1932—1942 年・厳松堂)等。

---

① 可参见进行美国比较法研究的久保宏之所著《经济变动与契约理论》(成文堂,1992 年)中的“学界动向”部分。

② 例如内田贵的《关系契约论》、山本显治的《交涉促进规范论》等,还有五十岚清的《情事变更、契约调整、再交涉义务》(《札大企业法务》第 2 号,1997 年,第 47 页)。

简　　历：1895 年（明治二十八年）—1993 年（平成五年），毕业于东京帝国大学法科大学，历任东北帝国大学、京都大学、中央大学、专修大学、爱知学院大学教授［其著作、履历请详见法学研究（愛知学院大学論叢）26 卷 2 号（1983 年）］。

② **五十岚清**（参见本书 1－06）

5-09 山本敬三

《补充的契约解释(1—5完)——关于契约解释与法律适用关系之考察》

（《法学论丛》第119卷第2、4号，第120卷第1—3号，1986年）*

评议人 鹿野菜穗子(立命馆大学)

该文对过去契约解释中从未正面讨论的补充解释，最先进行了正式的研究。

1. 该文发表前关于本课题之学界状况

(1) 在私法自治原则下，如果当事人作出法律行为，原则上就会产生相应的法律效果。因此，在法律行为特别是契约的当事人之间产生纠纷时，契约便成为解决纠纷的出发点，所以首先必须要确定契约的内容(广义契约解释)。在日本，早已指出并论证了契约解释的重要性，但是补充解释并未成为讨论的核心，它与狭义解释的关系及与其他法律渊源的关系也不明确，处于被搁置的状态。

(2) 过去在我国，认为法律行为的解释就是探求表示行为具有的客观意思的观点(法律行为解释中的表示主义)曾一度成为通说，但却没有明确区分表示意思的确定及补充，且它与被当作解释基准的"当事人意欲达成的目的、习惯、任意性规范、诚实信

* 原文文献为：山本敬三「補充的契約解釈(1)—(5完)——契約解釈と法の適用との関係に関する一考察」，法学論叢119巻2・4号、120巻1—3号(1986年)。——译者

用原则”等之间的关系也不明确。

在昭和三十年代，说到广义上的契约解释，主要涉及如下两个问题：一是“意思的确定”；二是与“意思确定”不同的“意思的导入”。对于后者，一般认为包括两种解释：一为以解释名义对约定内容进行修改的修正解释；二是补充当事人合意的补充解释。但是学界并未具体分析“意思的导入”问题的基准。

其后，进入昭和四十年代以后，学界围绕狭义的契约解释问题展开了讨论。首先，现在的多数观点认为，契约双方当事人之意思表示的主观意思一致时，该意思就应当被确定为表示意思。
440 而对于当事人主观意思不一致时，如何进行解释（所谓的规范解释），学界进一步展开了讨论。但是，对于补充解释未进行详细研究，与过去几乎一样，只是将其当作客观规范的适用问题。这样，在未对补充解释展开讨论的情况下，该文发表了。

2. 该文的内容及其在学界之意义

（1）该文的研究课题——补充的契约解释是作者的重要研究课题——法与契约的关系——的一环，但作者从私人间的法律关系形成手段——契约——的性质出发，指出契约解释存在局限性，应当通过法律适用来解决的问题就应该通过法律适用来解决，基于该问题意识，作者讨论了契约的补充解释问题。

（2）该文首先对很早就围绕补充的契约解释展开激烈讨论的德国法上的研究进行了分析和讨论。在德国，一般会区分法律行为的意思确定之解释与事实关系在制定法中的内涵，以此为当然的前提，对于是否应当在两者之间承认契约的补充解释产生了争议。因为通说在结论上虽然承认了补充解释，但还是认为根据私法自治原则的要求，应当贯彻双方当事人在契约作出的评价（契约的尊重)。即使承认了补充解释,也并不意味着任意性法规失去了意义。任意性法规是制定法预先对所能预料到的典型情况作出应有评价的规范,因此对于典型情况,首先应当适用任意性法规,只有当问题具有特殊性时,才会进行补充解释。

该文更进一步分析了补充解释的界限、方法、基准等,并指出以下几点:首先,包括具体讨论在内,德国贯彻契约补充解释的观点是“契约的尊重”,该观点所关注的焦点不在于根据当事人的“意思”达成的契约,而是双方当事人利益调整结果的契约。其次,许多观点认为,不仅要在补充契约解释中考虑契约目的及与契约相关的具体因素,还应当考虑契约类型及交易惯例等传统因素,该讨论充分意识到了特殊与传统的紧张关系。

(3) 受到以上德国讨论,特别是尊重双方当事人达成的契约这一观点的启发,该文对我国的学说提出了质疑。长期以来占据 441
我国通说地位的法律行为解释的表示主义旨在客观地综合判断事实关系,其中也会考虑补充解释,但是如果认为法律行为是私人之间法律关系形成手段的话,那么在法律行为的解释中,首先应当确定私人之间形成的法律关系。此外,现在的通说认为当事人的意思、主观意思一致时,应该在该意思下对契约进行解释,倘若如此,那么在补充解释的问题上,就不应该直接适用脱离当事人的基准,而应当从双方当事人作出评价的结果——契约中寻找根据。

(4) 该文最先从正面讨论了补充解释的问题,并分析了契约补充解释中契约尊重的要求与具体问题之间的关系,但其意义不止于此。该文更大的意义在于,它指出,契约补充解释原本就是契约解释与法律适用的连接点,是与处理法与契约关系的基本视角相关的重要问题。该文还指出,包括过去法律行为解释的主流即意思主义与表示主义的争论在内，特殊与传统的视角即应当根据当事人的具体情况进行解释，还是采取更传统的、类型化的解释方法的视角是非常重要的，通过上述视角，可以展望过去的讨论模式下所不能完成的更缜密的讨论。

3. 其后学界之发展

（1）该文的发表极大地影响了契约解释论。在该文发表后的数年间，相继出现了一系列有关契约解释的论文。例如除讨论直接补充契约解释的论文[①]外，还有从规范解释与补充解释的界分及规范解释与补充解释的方法、基准的关系出发，讨论规范解释的论文[②]，重新强调契约解释中当事人达成一致的意思的重要性的论文[③]，转而研究客观因素的重要性的论文[④]等。这些论文的出现足以说明该文极大地影响了契约解释的讨论。

（2）另一方面，该文提出的特殊与传统的视角以及典型契约
442 中任意性法规的作用之观点也与学界关于典型契约的讨论联系在了一起。上述冲野的论文支持该文的观点，认为作为契约解释的基准，特殊与传统的视角非常重要；此外，还有在研究会上出现了对典型契约具有的意义进行积极评价的动向[⑤]，以及从整体上

① 冈林伸幸：《补充的契约解释与行为基础论》，《名城法学》第43卷第3、4号，1993年。

② 冲野真已：《契约解释之考察》，《法学协会杂志》第109卷第3号以下，1992年。

③ 鹿野菜穗子：《契约解释中的当事人意思之探究》，《九大法学》第56号，1988年。

④ 泷泽昌彦：《意思表示之归责》，《一桥大学研究年报·法学研究》第19号，1989年。

⑤ 汤浅道男：《混合契约及典型契约的解释中必须注意哪几点》，“讲座”本《现代契约与现代债权之展望》（第5卷），日本评论社，1990年；河上正二：《契约的法律性质决定与典型契约》，《加藤一郎先生古稀纪念：现代社会与民法学的动向》（下），有斐阁，1992年。

重新讨论典型契约的大村论文[①]。大村教授以典型契约类型的形成与适用为核心，从更广泛的视角展开了分析，指出典型契约类型是社会为契约这种法律行为提供的范畴，其中加入了从经验和历史中孕育的合理内容，在支援个人活动的同时也实现了正义，兼具分析标准功能、内容调整功能、创造辅助功能。可以说，这种分析与山本教授该文的问题意识具有密切联系。

（3）该文向学界抛出了契约与法律应具有怎样关系的问题。在这之后，从1992年的私法学会开始，关于契约基础理论的研究重新活跃起来，可以说与该文不无关系。

■ 作者介绍

山本敬三

主要著作：除该文外，还著有「現代社会におけるリベラリズムと私的自治」法律論叢133巻4・5号(1993年)、「公序良俗論の再構成」奥田昌道還歴『民事法理論の諸問題 下』(1995年・成文堂)、「民法における動的システム論の検討」法学論叢138巻1＝2＝3号(1996年)、「法的思考の構造と特質」岩波講座・現代の法15(1997年・岩波書店)等。

简　　历：1960年(昭和三十五年)生，毕业于京都大学法学部，现任京都大学教授。

---

① 大村敦志：《典型契约论——契约中的个人与社会》，《法学协会杂志》第110卷第9号以下，1993—1995年；后收录于《典型契约与性质决定》，有斐阁，1997年。

443 ## 5-10 石井照久
《普通契约条款》
(劲草书房,1957年)*

评议人 池田清治(北海道大学)

该书收录的原论文发表于1937年(昭和十二年)与1940年(昭和十五年),是之后格式条款法学研究的奠基之作。

1. 该书(原论文)出版前关于本课题之学界状况

(1) 以19世纪至20世纪的技术革新为契机,格式条款迅速得到普及,本世纪前半段,各国致力于从法学角度对格式条款进行研究,这其中包括法国以萨莱耶(Raymond Saleilles)为首的"附合契约"的研究,德国的托马斯·莱塞尔(Thomas Raiser)的"格式条款法"研究,以及在英美法国家,受托马斯·莱塞尔研究的影响,出现了普劳斯尼茨(Prausnitz)的《商事契约的定型化》研究。在格式条款的讨论发展过程中,日本的学说受到了这些研究的极大影响,但学说真正开始关注格式条款是在相关判例出现以后。

(2) 1911年因森林火灾而失去家园的原告向保险公司请求支付保险金,但被告保险公司的普通保险格式条款中存在相应的免责条款,双方就该格式条款的效力产生了争议,原审判决以被告保险公司未向原告交付并告知格式条款为由,否定了其免责要求,[①]但上诉审判决认为,即便保险契约当事人不理解格式条款的

---

* 原文文献为:石井照久『普通契約条款』(1957年・勁草書房)。——译者

① 东京上诉院大正四年(1915年)3月17日判决,《法律新闻》第1011号,第21页。

内容，但他终究是在该格式条款的基础上签订的契约，如果没有作出与格式条款相反的意思表示，只要没有反证，就应当推定原告根据格式条款作出了意思表示并签订了契约。另外，原告签署的保险契约请求书也记载了“依据格式条款”的内容，因此承认了免责条款的效力。[1]

（3）学界对该判决既有赞成意见也有反对意见，但以关东大地震为契机，火灾保险契约中的地震免责格式条款的效力引起了争议，成为社会关注的焦点，更进一步加深了学界对格式条款的关注，[2]学界不再单纯关注单一格式条款的效力，开始从整体上把握格式条款。[3] 444

2. 该书的内容及其在学界之意义

（1）该书是由1937年发表的《普通契约条款——特别是关于其解释》（以下简称第1论文）与1940年发表的《普通契约条款与国家规制》（以下简称第2论文）两部分构成，以下按顺序分别对其大致内容进行介绍、讨论。

（2）正如第1论文副标题所言，该文旨在探究格式条款的解释原理，探讨其与法律解释、一般契约解释的不同。作为前提工作，作者追溯了格式条款的历史，指出格式条款是在交易的简易化、迅速化、合理化要求及面对新型、复杂的交易形态时立法的局

---

① 大审院大正四年（1915年）12月24日判决，《大审院民事判决录》第21辑，第2182页。

② 此外，大审院大正十五年（1926年）6月12日判决（《大审院民事判例集》第5卷，第495页）认为该条款有效。

③ 杉山直治郎：《附合契约之观念》，《法学协会杂志》第42卷第7号以下，1924年；水口吉藏：《商业格式条款》，《法律及政治》第4卷第6号以下，1925年；田中耕太郎：《商法中的法律关系及其定型化》，《法学协会杂志》第51卷第1号以下，1933—1937年。

限性中产生的。从交易的简易化及法律状态的清晰化方面来说，根式条款的出现有利于企业及其交易相对方的双方利益，但它原本就是以企业利益为目的，与以正义为目的的国家法律不同，它是以企业经济优势地位的维持与强化为目的的“私的条款”（企业单方设定条款的情况当然如此，企业与顾客双方协商设定的情况下，因为能反映双方的力量对比关系，另外由第三人设定的情况下，只有不违背企业利益才能被适用，所以并没有改变其私的性质，在服从行政监督的情况下，也不可能具有像国家法律那般的权威和价值），不能与法律同等对待。但是，因为它是面向全体顾客定型使用的条款，有必要进行相应的处理，在解释时，会出现接近“法律解释”的一面与不同于“法律解释”的一面。也就是说，对不特定多数的顾客，格式条款都应具有相同的意义，所以考虑具体情况进行的解释就会使格式条款的制度失去意义，应该进行客观的、统一的解释（因原书第 41 页遗失，本处是查找原论文之后的补充）。但是格式条款毕竟与国家法律不同，它只不过是企业的便利、合理化的产物，绝不容许格式条款牺牲顾客的一般利益，所以顾客的合理理解构成了上述客观解释的标准，对于意思不明确的条款，应当作出对顾客有利的解释。此外，为了不助长经济优势地位的维持与强化，应当慎重考虑条款的类推、扩张解释，特别是尽管不能对免责条款冷眼相对，但如果它的内容极其不公平，应当解释为无效。顾客是外行的情况下，这种情况时常发生。

如上所述，第 1 论文概括讨论了格式条款解释的特殊性——而不只是针对某一具体条款，从此意义上说，它成为学说研究的出发点。对于格式条款的性质，该文否定了自治法规说的观点，
445 指出了适用格式条款的事实即习惯、习惯法成立的可能性，但应当注意，采取何种学说不会对解释原理产生影响，因此未展开详

细论述(原书第33页)。

(3)从作者认为格式条款的目的是企业经济优势地位的维持与强化,强调其私的性质的问题意识来看,为防止其滥用采取必要的规制则不言自明,这也符合自由主义批判、进行经济管制的时代背景。由此产生了讨论格式条款的国家规制(立法的、司法的、行政的规制)的第2论文。

立法的规制:尽管格式条款是契约自由原则的产物,但相对方只有全盘接受格式条款或不签订契约的自由,所以要对其进行立法上的规制。但是,只要承认私有财产、企业主导权、自由竞争、市场经济规则等,便不能否定格式条款的存在,目前它的存在有助于交易的合理化、迅速化,即使通过立法取代格式条款,也会因实际情况的多样性、复杂性,不可避免地面临混乱及僵硬化的问题。然而,如果只存在任意性法规的话,那么将其作为格式条款的补充以及滥用的判断基准则具有一定的意义,但仍不能避免格式条款滥用的危险,为了保护经济上的弱者以及国家为了指导经济的发展,在充分考虑交易的复杂性、技术性、专业性的前提下,制定强制性法规是必要的。

司法的规制:因为过去立法和行政的干预比较消极,这种规制方法经常被运用(例如以公序良俗为媒介),尽管也取得了一定的成果,但也有其局限性,失败的情况亦不在少数。因为缺乏对欠缺专业知识以及经济知识的法官的信任,仲裁条款(逃避裁判所)被频繁运用,也不免会对该法官作出的判决的正当性产生怀疑(要么对格式条款表示单纯的反感,要么盲目遵从格式条款),即便是作出了适当的判决,其效力所及的范围也倍受限定,还有就是事后救济的局限性问题(格式条款的存在本身给相对方造成了心理上的负担,因担心诉讼时间过长,相对方通常索性盲目信任无效的格式条款；另一方面，对于企业来说，即使格式条款无效，仍然可以进行补充解释，主张其有效而胜诉）。

行政的规制：为了避免官员无视实际情况的规制，过去行政方面的规制比较保守，但是在特定的领域也发挥了一定的作用。许可制可以事先对格式条款进行切合实际的规制，同时也可以参考国家的政策目标（但是，不能因官僚主义而牺牲了经济创造力及活力，并为了避免工作的迟延及形式化，许可制很难被普及）。另外，如果格式条款是企业与顾客的代表人通过谈判作成的，与
446 企业单方作成的情况相比，更具备正当性，但是从力量对比关系来看，也很难说它是完备的，况且也不存在符合国家要求的保障措施，但是如果行政机关作为第三方介入，便能弥补这种缺陷，在自由主义经济下这是最好的方案。另一方面，在由国家指导的管制经济下，如果能以更理想的形式进行积极的规制，就能消除这种弊端（如果这样，可以承认满足一定程序要件的格式条款的一般约束力），但这能否实现却备受质疑，因为经济主体的自治、灵活性的确保也是很重要的，因此该方案很难适用于所有领域。

如上所述，第 2 论文最先就“自由主义国家娇惯的宠儿”——格式条款（原书第 129 页）的规制进行了综合性、概括性的研究，指出行政规制不仅可以保护顾客的利益，也可兼顾国家政策目标（有效）的实现。在国家的管制经济下，寻求合适的格式条款的积极规制，行政规制是最符合实际的选择，但该文却极少受以后学说的青睐。

3. 其后学界之发展

（1）学界曾对格式条款拘束力的根据进行了争论，最初自治

法规说和习惯(法)说占据有力地位,但伴随着契约说的提倡[1],逐渐被学界所认同[2],因为它优先考虑具体的合意等,影响了契约的解释方法。另外,二战以后,实务方面的研究取得了进展[3],另一方面,由于格式条款的广泛普及逐渐被世人认知,加之消费者问题的出现,学界强烈意识到对格式条款进行规制的必要性[4],出现了对包括拘束力根据的问题在内的格式条款的综合考察(例如河上正二的著作)。此外,受到有关契约拘束力根据的研究[5]之启发,一方面出现了从私法自治的视角对格式条款进行批判研究的著作[6],另一方面,契约正义视角下的公序良俗理论的研究[7]也在不断影响着格式条款的讨论[8]。

(2) 在学界之外,对格式条款的规制也在进行着。最受作者
期待的行政规制,也通过各种行业法或者行政指导,并因国民生 447
活审议会的活跃,取得了大幅进展。在立法规制方面,尽管缺乏统一的立法,但以消费者保护基本法的制定为契机,许多具体立法相继出炉[9],消费者契约法也正在酝酿之中。当然也不能忽视通过标准的格式条款,行业之间进行自主规制。但这样并不能解

① 大冢龙儿:《普通交易格式条款的拘束力》,《法学教室》第 2 期第 8 号,1975 年;山下友信:《普通保险格式条款论——法律性质与内容规制》,《法学协会杂志》第 96 卷第 9 号以下,1979—1980 年;河上正二:《格式条款规制之法理》,有斐阁,1988 年。

② 石原全:《格式条款法的基础理论》,有斐阁,1995 年。

③ 川岛武宜、渡边洋三:《建设工程承包契约论》,日本评论社,1950 年。

④ 山本丰:《不当条款规制与自己责任、契约正义》,有斐阁,1977 年。

⑤ 星野英一:《现代契约》,《现代法》(8),岩波书店,1966 年。

⑥ 原岛重义:《格式条款与契约自由》,《现代契约法大系》(1),有斐阁,1983 年。

⑦ 大村敦志:《公序良俗与契约正义》,有斐阁,1995 年。

⑧ 有关条款论的庞大文献及其趋势,可参见河上正二的著作;对于之后的趋势,可参见潮见佳男:《普通交易格式条款》,《新版注释民法》(13),有斐阁,1996 年。

⑨ 关于这方面立法的介绍,可参见大村敦志:《判例、法令 消费者法》,有斐阁,1994 年。

决所有问题。尽管如作者所述，司法规制存在很大的局限性，但是学界更青睐这个最后的堡垒。讨论与裁判直接相关的解释方法的第1论文比第2论文更受关注，不知是不是因为第1论文没有讨论格式条款规制的缘故，学界通常会对第1论文作出如下评价："从第1论文中找不到'托马斯·莱塞尔理论'中旨在保护顾客利益的最后章节的'内在制约论'的部分。"但在该章节主要是——正是发现了司法规制的诸多局限，作者才未展开详细论述——关于司法规制的问题，在经济管制过程中，在作者眼中什么才是最切实际的规制手段，只有考虑到这一点，才不会在评价作者观点时出现谬误。

（3）转过来看，如果不去考虑作者观点中关于管制经济下国家政策目标的有效实现，作者苦心研究格式条款这种新兴事物的规制方法的态度，现在也能引起学界共鸣。例如，构建有活力的社会，必须别出心裁；如果实现充分的保护，事先规制是必要的；因为别出心裁，事先规制显得比较困难；因此有必要进行事后规制，既然是事后规制，就一定存在许多局限性等。是第1论文受到关注较多，还是第2论文更引起学界的兴趣，或许由此可以了解所处时代的不同。

■ 作者介绍

石井照久

主要著作：除该书外，还著有『株主総会の研究』（1958年·有斐閣）等。

简　　历：1906年（明治三十九年）—1973年（昭和四十八年），毕业于东京帝国大学法学部，历任东京（帝国）大学、成蹊大学教授，成蹊大学校长［其著作、履历请详见石井照久先生追悼『商事法の諸問題』（1974年·有斐閣）］。

5-11 河上正二 448

《格式条款规制之法理》

（有斐阁，1988年）*

评议人 中田邦博（龙谷大学）

该书的研究课题是如何保护顾客免受不公平格式条款的约束，实现格式条款的正当利用，从论点的罗列、学说的妥善梳理以及客观、翔实的文献利用来看，该书堪称格式条款法学的大百科全书式的高水准的研究著作。

1. 该书出版前关于本课题之学界状况

（1）格式条款规制的问题之所以越发显著，是因为在19世纪至20世纪的产业发展过程中，近代市民法所未预想到的定型化大宗交易迅速普及，人们开始考察使契约定型化的普通交易格式条款，并开始广泛利用这种格式条款。

格式条款的存在一方面在明确交易条件、预防纠纷、有效地节约交易时间上发挥了有效作用，但另一方面也产生了格式条款使用者（企业）单方面迫使相对方接受对己方有利条件的弊端。特别是消费者交易经验不丰富，而且缺乏法律知识，常常在不了解格式条款的情况下就接受了格式条款中的条件，即便是认识到格式条款内容不当，很多情况下也不能拒绝这种格式条款（从双方的经济力量关系来看，有时企业也会被置于这种境地）。因此，

* 原文文献为：河上正二『約款規制の法理』（1988年・有斐閣）。——译者

格式条款的出现使得契约自由原则转化为“格式条款使用方对支配相对方的手段”。

但是，通过压迫相对方来实现契约自由，向来不被社会所认可。于是，学界开始意识到国家介入格式条款契约监管的必要性，展开了格式条款的法律拘束力及其法律规制的讨论。

（2）该书之前的有关格式条款的讨论主要以保险格式条款这种标准的格式条款为对象展开的。最初讨论的问题是如何对一方当事人没有认识到的格式条款的拘束力进行说明，之后开始关注如何确保格式条款内容的合理性的问题，进而结合消费者交易过程中消费者保护的问题，对格式条款进行研究。其中，比较法
449 的研究以及外国的相应立法促进了我国的研究。与此同时，学界积累了许多针对实践中出现的各种格式条款的研究，另一方面，随着契约法理论研究的不断深化，出现了从私法自治、契约自由等基础原理出发的讨论，以及关于契约拘束力的讨论、法律行为理论之再讨论、法律意识的讨论和契约意识的研究等。

（3）根据河上的论述，在这种学界动向中，因过去的格式条款法学没有充分认识到格式条款与法律行为理论的关系，产生了如下问题：①格式条款概念不明确；②格式条款的基础理论与具体论点的关系不明确；③混淆了格式条款拘束力的根据与格式条款规制的问题；④格式条款法与一般契约法的关系非常模糊；⑤关于格式条款内容合理性的判断基准的研究不充分；⑥我国格式条款法学缺乏独立性——继受德国法研究的倾向；⑦格式条款司法规制的滞后等。这样的现状就要求我们不应将格式条款法学的研究对象局限于标准格式条款，应该广泛结合契约法的基础理论。

2. 该书的内容及其在学界之意义

（1）在这样的学术环境下，该书以如何处理格式条款法学与现代契约法的关系为问题意识，结合契约法研究的视角，以格式条款的研究为核心，回顾了过去日本关于格式条款规制的讨论，而且从整体上介绍了德国法上的讨论，从这一点上来说，该书具有过去研究所不具有的概括性与独创性。

（2）该书内容上的特征可简单概括如下。河上受德国法的影响，设定了讨论格式条款的三个关键点，即①“格式条款的采用（拘束力）”、②“格式条款的解释”、③“格式条款的内容规制”。首先对“格式条款”定义如下：以统一处理包括契约格式、标准契约书在内的各种契约为目的作成的定型化的契约条款（区分具体合意与格式条款）。其次，河上将格式条款契约的内容区分为“核心的合意部分”与“附随的合意（条件）部分（这一点是河上理论最有特点之处）”。两者的区分影响着交易的类型，以买卖为例，前者是关于标的物的种类、质量、数量及价格的部分；后者是关于交付时间、方法、价款支付方式等技术条件以及不能完成原来的正常交易关系时的处理、解决纠纷所需要的附随条件等（典型的如免 450
责条款）。“附随的合意（条件）部分”以核心的交易部分为依据，并与核心的交易部分有机结合共同构成了契约内容（“机械的契约观”）。因此，如果以顾客的意思及责任性为依据规定附随的合意部分，就会与核心的合意部分相矛盾，或者与核心的合意部分毫不相关的条款因当事人具体意思的存在，变得从一开始就与核心的合意部分格格不入。另一方面，为了追究顾客的责任，必须创造一种能使顾客预先知道格式条款的存在并理解其内容的交易环境。如果格式条款的使用者没有创造这样的交易环境，那么格式条款就不具有拘束力。

因此，对符合传统意义上的“合意＝双方当事人意思一致”规则的格式条款采用层面的规制之着眼点是包括具体约定在内的核心的合意部分所对应的相关事项(一定的技术条款)，除此之外的附随的条件部分则交由直接的内容规制。

(3) 如上所述，河上将格式条款契约划分为“主体部分”与“附属部分”，又将两者再度结合，以此来讨论契约与格式条款的关系。对于附属部分，使格式条款使用者负担保障义务，如果违反该义务，就可以进行积极的司法介入；而对主体部分，只要适用采用层面的规制即可，并不需要特别的介入，只消极应对便足矣。也就是说，主体部分与符合传统合意规则(意思表示错误、欺诈、公序良俗等)的普通合意无异，不能对其进行直接的内容规制。正是意识到了这个问题，河上才坚持选择了格式条款的研究路径。

3. 其后学界之发展

(1) 该书出版之后，出现了格式条款讨论的新发展。特别是近来“消费者契约法”的讨论日渐活跃，迫使格式条款法学对此采取相应对策。在学界，对于格式条款(不公平的契约条款)问题，除格式条款的研究进路外，出现了着眼点不同的各种研究方法，例如契约交涉力的研究进路、消费者契约的研究进路、不公平交易规制的研究进路等。但是，从整体的趋势来看，这些研究都明确意识到了格式条款问题与契约法的关系，契约法的研究进路正逐渐增加。在这样的理论发展过程中，河上的格式条款规制理论
451 具有怎样的意义呢？

第一，有学者批判到，河上提出的核心的合意部分与附随的

合意(条件)部分的区分并不是一成不变的。河上根据是否在当事人的主观认识所及的范围作出了上述区分,前者的部分由传统的意思规则来规制。的确,当事人的主观认识的范围没有统一的确定标准,可以根据每个契约的实际情况灵活处理,但另一方面,我们不得不承认这种标准的模糊性。在这样的理论框架下,该书对当时将所有的格式条款轻易地引入契约内容的状况进行了批判,认为格式条款在当事人认识所及范围之外,主张强化对通常脱离于当事人认识范围的"合意内容"之外的后者部分的司法上的内容规制,这对于尚未对格式条款进行充分司法规制的我国来说,更具有积极的意义,今后也不能忽视这种积极意义。

第二,倘若学界不再仅仅关注格式条款,而将问题意识扩展到契约的话,尽管根据河上的观点,核心的合意部分属于契约自由原则发挥作用的空间,但是仍不能解决核心的合意部分的内容规制问题。最近的理论发展,特别是公序良俗理论的重塑及合意瑕疵的扩张理论等已经指出了上述问题,主张应当对核心的合意部分积极地进行内容上的规制。

第三,更进一步说,①我国消费者契约中不当条款(包括构成核心部分的条款)已成为一个重要问题,需要对此采取对策;②德国将规制对象限定在格式条款,开辟了将停止侵害请求权灵活适用在格式条款的路径,但我国并未这样做;③即便是在将具体合意和核心的核心部分排除在格式条款规制法对象之外的德国,也强调必须对这些部分进行内容上的规制[欧盟(EU)关于不当条款的指令因受到德国的反对,将给付的主要部分及对价的规制排除在外,但是各国的实务考虑到对价不均衡的问题,依然将这些部分纳入不当性的判断框架中]等情况的出现,使格式条款的研究路径前途渺茫。

(2) 对于特别对待格式条款这种现象，并加以讨论的格式条款的研究路径，有学者提出了为什么一定要坚持这种研究路径的
452 疑问。[①] 该观点的根本出发点是，虽然承认核心的合意部分与附随部分具有本质上的不同，但也不能将主体部分作为例外（不公平交易型的研究思路）。

将格式条款规制重组进契约规制框架的观点，存在如下优势：首先，可以将规制对象扩展到主体部分，实现契约风险的转移，直截了当地把握免责的不合理性。其次，通过将规制的对象扩张到契约成立前的阶段，开始关注对准备过程（特别是劝诱过程）的规制，而且如果也考虑契约存续层面的规制，那么既关乎契约的缔结过程又关乎契约履行过程的交涉过程也成为规制的对象。

这样，我们就能够采取必要的手段，使附随条件部分和主体部分（契约缔结本身）的成立过程正当化，而且还能很好地把握企业的劝诱行为规制的问题（违反反垄断法、不公平交易方法、不正当竞争等竞争秩序的问题）。如果这样理解的话，在国家对契约进行保护（规制、援助）的问题上，尊重双方当事人的意思决定（双方当事人的契约自由）与社会的援助、环境（契约监管保护的界限、支援企业经济活动的界限）的整顿就成为了一枚硬币的正反两面。只有两者都正当化，社会经济活动的基础——契约制度才能充分的发挥其作用。

(3) 但是，契约被认为是双方当事人利益调整的结果，但这种利益调整并不容易，有时候调整脱离本质流于形式。因此考虑多

---

① 潮见佳男：《普通交易格式条款》，《新版注释民法》(13)，有斐阁，1996 年，第 215 页以下。

种因素，从社会层面构成契约内容便显得尤为重要。考虑这些因素的手段有行政规制、司法规制、事后规制等多种途径。因此，在对契约利益进行社会调整时，如果注重自我决定及意思尊重，那么对于主体部分，也应运用各种法律规制，实现“实质上的自我决定”。另一方面，契约受到国家的保护所必不可少的一点是，作为契约可以被通用的社会一般性的认同（司法规制的介入）。因此，在这种理解的前提下，如果格式条款的研究路径仅通过“意思”对契约的主体内容进行规制，而不去考虑规制的依据，是存在问题 453
的吧？

当然也不能说格式条款的研究思路没有未来。几乎所有的现代契约都是格式条款契约，由此来看，即便是将规制对象限定在“格式条款”，也会自然而然地涉及对“契约”的规制。即使将讨论的焦点集中在格式条款，也不会错失规制对象吧？另外，如果将目光转向格式条款研究路径下的德国法[①]，可以看到德国《格式条款规制法》第 9 条的一般条款不仅规定了格式条款的内容，而且规定了契约缔结过程中的行为方式，已经形成了一套综合判断不正当性的框架。加之如果以格式条款研究思路为核心，像德国那样灵活对待“格式条款”，那么从制度上构筑不当条款停止侵害请求等契约劝诱层面的规制体系（但是也存在团体诉权的问题）就变得比较容易。为了有效地规制格式条款、契约，就不能忽视这种制度构筑的视角。

结合契约法的视角，如何实现规制对象的扩张和救济手段的多样化，以及应当考虑哪些因素判断格式条款的不合理性，如何

① 关于最近德国法的状况，可参见石田喜久夫编：《注释德国格式条款规制法》，同文馆，1998 年。

使判断基准具体化，成为今后格式条款法学的研究课题。

■ 作者介绍

河上正二

主要著作：除该书外（关于格式条款契约法关系），还著有「約款の適正化と消費者保護」岩波講座・現代の法 13（1997 年・岩波書店）、「契約の成否と同意の範囲についての序論的考察」NBL469—472 号（1991 年）、「『契約の成立』をめぐって——現代契約論への一考察」判例タイムズ655・657 号（1988 年）、「英法における免責条項の個別契約への『組み入れ』と『通知』の法理」千葉大学法経研究 17 号・千葉大学法学論集 1 巻 1 号（1986 年）等。

简　　历：1953 年（昭和二十八年）生，毕业于金泽大学法文学部，东京大学博士课程结业，曾任千叶大学助教授，现任东北大学教授。

5-12　山本显治 《契约交涉关系法律构造之考察——私法自治的再生》(1—3 完)

454

(《民商法杂志》第 100 卷第 2、3、5 号,1989 年)*

评议人　河上正二(东北大学)

该文从动态视角把握了契约的交涉、履行和纠纷解决等一连串过程,主张与其将契约规范看作是由国家设定的实体法秩序,不如将其视为当事人之间的"交涉促进规范",目的是要恢复交涉主体即当事人的"私法自治"。该文是在契约法领域讨论"法的过程化"的先驱之作。

1. 该文发表前关于本课题之学界状况

(1) 毋庸置疑,契约法的一个基本原理是私法自治,但是当无法维持当事人之间的对等性及地位的互换性时,以自由合意为基础的契约往往不能很好地发挥其功能,这时便需要一定的国家干预。另外,伴随着契约责任向契约周边领域的扩张,出现了多种契约关系,维持传统契约法设想的契约已非常困难,这就迫使我们反省契约中"意思"的作用及契约法的完善。

(2) 对此课题,学界已经从多角度展开了讨论。例如,既承认"意思理论"原理的正当性,又反省将其作为说明原理的局限性,

* 原文文献为:山本顯治「契約交渉関係の法的構造についての一考察——私的自治の再生に向けて(1)—(3 完)」,民商法雑誌 100 巻 2・3・5 号(1989 年)。——译者

尝试修正及重塑该理论；也有强调"意思"之外的原理及理论（"信赖理论"、"关系理论"等）的研究等。从正面分析契约缔结之前双方当事人交涉过程的论文[①]出现以后，这方面的研究逐渐增多。另外，也有学者从契约发挥功能的"场所"（例如对"生活世界"的关注）、解决纠纷时所期待的"法官态度"的不同、"契约自由"与"契约正义"的对立等视角展开了讨论。

（3）还应当关注被称作民事诉讼法学程序保障的"第三波浪"的讨论。按照这种讨论，民事诉讼法关注的焦点不是当事人之间的攻击与防御，而是当事人根据自我决定、相互理解，协商解决纠纷。民事诉讼法应搭建双方当事人对话的平台，实现当事人广泛
455 的对话，为解决纠纷，发掘相应的问题点及具体的规范。这种讨论背后的社会思想是，面对社会结构的不稳定及动荡，超越近代的、被称为"后现代艺术"的法思想与社会哲学潮流。该思想取代了依据一定的价值、理念对社会进行设计、管理的近代合理主义的观点及确实证据的思考模式，认为事物是个人之间自由活动的相互联系及各部分系统的自我调整作用的结果，将关注的焦点由"结果"转向了"过程"。

2. 该文的内容及其在学说上之意义

（1）作者的问题意识及问题的提出。在解决契约纠纷的过程时，讲到双方当事人的主体性及自律性尊重时，不应仅局限于诉讼这种被限定的法律空间，有必要考虑诉讼前、中、后期的双方当事人连续的交涉关系，尊重双方当事人共识的形成过程，构筑相

① 河上正二：《"契约的成立"——现代契约论之考察》，《判例时代》第655、657号，1988年。

应的法律框架使其恰当地发挥其功能,保障双方当事人在契约关系中的自律性,这难道不是契约法中尊重双方当事人私法自治原本具有的意义吗？基于以上问题意识,作者认为契约义务的新作用在于它形成了双方当事人的“交涉促进规范”,一方面,“契约义务”为当事人的“交涉材料”即各种要求提供了正当性根据,另一方面,创造了交涉关系的法律空间,当交涉关系出现扭曲时,它负责予以纠正。

(2) 论文的内容。在第 1 章中,作者将指向“了解”的当事人之间的相互行为称为“交流行为”,效仿哈贝马斯(Jürgen Habermas),探索能够理想发声的对话空间,通过相互讨论实现自主生活领域的活力,在现代社会法制化的状况下,寻找通过语言交流使当事人相互了解的手段。在契约交涉关系中,双方当事人一方面遵守既有的各种规范,同时又自律地形成特有的契约规范。在交涉关系中,双方当事人为了寻找各自规范主张的根据,创设并援引契约义务,契约义务也被当作是双方当事人各自核对对方主张、相互调整的基准,成为当事人讨论的主题,具备了正当性。于是,“契约义务”的存在便是为了尽可能地实现契约交涉关系中“理想的对话状况”,保障双方当事人作为交涉主体的程序平等性。

在第 2 章,作者认为,作为形成契约关系框架的“交涉促进规 456
范”,其中的一种契约义务就叫作“继续交涉义务”,讨论了继承施密特·林普勒(Walter Schmidt-Rimpler)“契约构造说”的两种观点[施密泽·薛尔泽(Schmidt-Salzer)、曼弗雷德·沃尔夫(Manfred Wolf)],该学说认为,契约内容的正当性是由缔约双方当事人的契约交涉来保障的。特别是曼弗雷德·沃尔夫,他主张双方当事人享有任意法规内容的缔约权,为了改善在交涉关系中知识、经济处于劣势的当事人的地位，有效发挥双方当事人之间契约交涉关系的功能，以此最大限度地保障双方当事人之间的私法自治，作者认为如果为了促进契约交涉关系而承认任意法规内容的缔约权的话，就应该积极地承认“契约的继续交涉义务”。

在第3章中，作者讨论了罗伯特·霍恩(Norbert Horn)的“再交涉义务理论”。霍恩认为，应当重新审视在缔约时的契约交涉关系中，已经进行大致调整的各当事人的契约利益，因为当事人的各种期待或要求会不断发生变化，需要对双方当事人的利益重新作出调整，这时就需要讨论“再交涉义务”。作者把霍恩的再交涉义务理论看作是形成契约交涉法律关系框架的一种情况，进一步设定了涉及更广问题领域的“继续交涉义务”。该义务是使缔约前到履行完成阶段的契约交涉关系成立并使其活性化的契约义务。也就是说，通过继续交涉关系理论，使双方当事人成立交涉关系，并根据需要使各当事人履行信息提供义务或说明义务，从程序上保障交涉关系中双方当事人的对等地位，使当事人自主寻求妥善的解决对策。

最后，作者讨论了托马斯·莱塞尔(Thomas Raiser)的“法的程序化”理论，认为不可能脱离法制化现象来讨论生活世界自律性的保障、活力的问题，或者被称作契约法学中私法自治的保障、活力的问题。在契约交涉关系中引入程序规则，正是在法制化现象下保障私法自治的一种策略。

(3) 该文的学术意义。代之以实体法秩序的静态视角，该文将契约交涉这一动态视角引入契约法的世界，契约规则不再只是契约成立时的固定的文字表达，它通常是在双方当事人的相互交
457 涉过程中形成并不断发生变化。作者从正面承认了缔约时规则

的不确定性，这种不确定性是双方当事人不断关注缔约后的情况变化，在相互的交涉过程中逐渐被确定，因此要求我们构造积极承认并促进这一过程的契约法理论。从一方面来说，该文是对古典契约理论的大胆挑战，但更为重要的是，它着眼于契约实践的具体“存在形态”，不是从作为制度的契约法（或者说不再仅仅关注作为制度的契约法），而是从以言语沟通为媒介的当事人交涉的视角，重塑了契约法，从而架起了契约的社会学与法解释学之间的桥梁。

3. 其后学界之发展

该文发表前后，出现了“关系契约理论”（内田贵），与此同时，学界也围绕契约过程化展开了激烈的讨论，[①]特别是关于以“继续契约关系”为核心的“契约修改”及“再交涉”的可能性，也展开了诸多讨论。[②] 根据情况的变化，更好地读取当事人的目的，为当事人新的交涉开辟道路的契约法的理论本身就应当受到欢迎。但是另一方面，说到作为制度的契约法时，应当强烈地意识到，当事人当初负责任作出的决定与在尊重该决定的基础上构建的法律关系可能会被埋没于支配契约过程或契约关系的模糊力量之中。

---

① 《特集：现代契约法理论研究》，《法律时报》第68卷第8号，1994年；川角由和：《现代民法学上的“关系型契约理论”之存在意义》，《岛大法学》第37卷第4号以下，1994年。

② 北山修悟：《契约改订》，《法学协会杂志》第112卷第1号，1995年；氏著：《契约改订过程之若干考察》，《法政理论》第31卷第2号，1998年；森田修：《美国的“再交涉义务”论与债务转型论》，《星野英一先生古稀祝贺论文集：日本民法学的形成与课题》（上），有斐阁，1996年。

■ 作者介绍

山本显治

主要著作:除该文外,还著有「契約規範の獲得とその正当化」谷口知平先生追悼論文集2契約法(1991年・信山社)、「契約と交渉」田中成明編著・現代理論法学入門(1993年・法律文化社)等。

简　　历:1959年(昭和三十四年)生,毕业于京都大学法学部,曾任滋贺大学助教授,现任九州大学助教授。

5-13　北川善太郎《契约责任研究——构造论》 458

(有斐阁,1963 年)*

评议人　田中宏治(大阪大学)

该书通过讨论基本契约责任与补充契约责任这一契约责任的阶段构造,成功地提出了比过去以给付义务为中心的债权法理论更广泛的契约责任根据。

1. 该书出版前关于本课题之学界状况

(1) 该书具体讨论了积极侵害债权(例如,家具商向买受人运送家具并进行安装时,损坏了买受人地毯的情况)、瑕疵担保责任(例如,所买的房屋地板腐烂)、原始不能及缔约过失(例如,本来可以买到的房屋在买卖契约缔结前一天被烧毁)等问题。

(2) 对上述这些问题,在该书出版以前,学界已经对德国民法典的问题以及应对过程进行了相当程度的介绍,主流观点认为这些情况下契约责任成立,不过其理论根据仍然局限在诚实信用原则上。

最先提出积极侵害债权问题的德国学者史韬布(Staub)认为,关于债务不履行的类型,德国民法典只明文规定了履行不能与履行迟延,因作出了本不应该作出的行为,或者给付的履行存在瑕疵等积极侵害债权的情形,德国民法典并未作出规定。支配

* 原文文献为:北川善太郎『契約責任の研究——構造論』(1963 年・有斐閣)。——译者

观点认为，我国民法典大体上也存在上述问题，应该在履行不能与履行迟延之外承认积极的债权侵害、不完全履行等债务不履行的第三种类型(所谓的三分体系)。[①]

另外，对于瑕疵担保责任，围绕是否可以适用于种类物买卖以及损害赔偿的范围，法定责任说认为即便特定物存在瑕疵，出卖人如果交付了特定物便尽到了履行义务，即主张所谓的“特定物教条主义”(交付有瑕疵的特定物是无瑕疵的履行)[②]，但之后随
459 着债务不履行责任说的提倡[③]，法定责任说丧失了其通说地位。

而对于缔约过失，在各种学说中较为有力的学说是将其区分为“契约缔结上的过失”与“契约缔结准备阶段的过失”，分别承认各自的过失责任的“我妻说”[④]。

2. 该书的内容及其在学界之意义

该书认为，过去以给付义务为核心的债权法理论不能解决这些问题，应当通过契约责任的阶段构造理论寻找解决对策。

要理解这里所说的契约责任阶段构造论，就必须要理解扩张契约责任的“债权关系”概念。所谓的“债权关系”就是以契约前、中、后期因特殊法律关系(当事人一定的法律态度)的存在从而发

---

① 冈松参太郎:《论所谓“积极侵害债权”》,《法学新报》第 16 卷第 1 号第 57—84 页,同卷第 2 号第 12—48 页,同卷第 3 号第 15—33 页,同卷第 4 号第 35—50 页,1906 年。

② 鸠山秀夫:《增订日本债权法各论》(上),岩波书店,1924 年,第 301—311 页、337—339 页。

③ 五十岚清:《瑕疵担保与比较法》(1—2 完),《民商法杂志》第 41 卷第 3 号,1959 年,第 45—61 页,同卷第 6 号,1960 年,第 24—44 页;后收录于《比较法学之诸问题》,一粒社,1976 年,第 80—124 页。星野英一:《瑕疵担保研究——日本》,《比较法研究》第 23 号,1962 年,第 3—53 页;后收录于《民法论集》(第 3 卷),有斐阁,1972 年,第 171—238 页。

④ 我妻荣:《债权讲义》(Ⅵ),岩波书店,1954 年,第 38—42 页、80—81 页。

生契约责任的原因。首先，给付义务处于契约责任体系的核心位置（基本的契约责任），与其在内容上、时间上均存在一定距离的第二位的契约责任相对应的是“附随义务”与“注意义务”。“附随义务”是从给付义务之外对以给付义务为对象的契约利益进行保护与调整的义务；而“注意义务”是通过形成契约责任的外部框架来保全契约，具有间接维持契约责任的功能。借助于债权关系的概念，违反附随义务与注意义务（以这些义务也包含于债权关系为由）同样构成契约责任（补充的契约责任）。

该书认为，通过在给付义务周围配置这些义务，便可以解决各种问题。

具体来说，①积极侵害债权因违反了附随义务或注意义务，债务人要承担补充的契约责任；②对于瑕疵担保责任，作者批判“特定物的教条主义”是“概念法学尚未成熟的果实”，把瑕疵给付归入“不完全给付”的范畴即给付义务的不完全履行，从而将瑕疵担保责任整合到契约责任中；③对于契约缔结上的过失，作者认 460
为应当承认原始不能时的履行请求权，它与嗣后不能同样都违反了给付义务的要求，试图将契约责任扩张到契约缔结前的阶段。

3. 其后学界之发展

（1）这样，该书借助“债权关系”的概念成功地将这些义务引入契约责任，受到很高的评价。

但实际上，作为使契约与这些义务产生联系的概念，很难说以后的学界讨论将“债权关系”作为实用概念加以了活用。

该书被称为划时代的著作。作为民法学的单行书，该书之所以会例外地多次出版，原因在于它将各种问题整合到“契约责任”中来解决。积极侵害债权、瑕疵担保责任、缔约过失等不同沿革的制度，在被德国普通法学引入“债权法”(Obligationenrecht)的过程中，单纯通过债权法的核心——给付义务并不能统一解决上述问题。换句话说，这些制度不能被整合到债权法中。在这之前，债权总论的理论前提是可以独立于债权发生原因讨论债权的法律性质，而该书将由债权是什么的一般理论演绎而来并加以解决的各种问题转换为由契约本身所产生的问题。

该书的主要观点在于，由契约所产生的义务不仅仅只有给付义务这一富含说服力的论述——接下来——将给付义务之外的各种义务纳入“债权关系”中，并且必须对债权作上述理解的部分——对其赞成与否暂且不论——是该书不可或缺的内容。之所以这么说，是因为“债权(关系)”一词只不过是使契约与各义务之间产生联系的一个说明道具而已。

(2) 从这种意义上说，以下看法是恰当的：如果通过契约解释才能决定义务的内容，则无须借助债权(关系)概念，直接通过契
461 约解释便可使问题得到解决。①

另一方面，对于给付义务之外的各种义务，新的契约上的义务逐渐获得承认(信息提供义务、契约继续交涉义务、契约关系继续义务、安全保障义务、减少损害义务、再交涉义务等)，如何对这些义务进行理论上的整理成为当前面临的课题。有一种趋势是，不借助于“债权(关系)”概念，直接从契约(契约的解释)本身寻求各义务的根据，这与该书的观点同出一辙。

(3) 如此来看，该书是从解决债权总论问题的方法向关注具体契约(契约的解释)的方法转变的转折点。从这种意义说，该书

---

① 平井宜雄：《债权总论》，弘文堂，1985年，第44—45页；1994年第2版，第48—50页。也可参见潮见佳男：《契约规范的构造与发展》，有斐阁，1991年。

的"契约责任研究"这个题目很好地体现了它的历史使命。

该书是学界从债权法学向契约法学迈进的领军之作。

■ 作者介绍

北川善太郎

主要著作:除该书外,还著有『日本法学の歴史と理論』(1968年・日本評論社)、『現代契約法 Ⅰ Ⅱ』(1973年・1976年・商事法務研究会)、『消費者法のシステム』(1980年・岩波書店)、『民法の理論と体系』(1987年・一粒社)、『レクチャー民法入門』(1988年・有斐閣)、『技術革新と知的財産法制』(1992年・有斐閣)、『民法講要 Ⅰ—Ⅵ』(1993—1995年・有斐閣)等。

简　　历:1932年(昭和七年)生,毕业于京都大学法学部,曾任京都大学教授,现任名城大学教授[其著作、履历请详见北川善太郎先生還暦記念『契約責任の現代的諸相 上』(1996年・東京布井出版)]。

462 5-14 潮见佳男

①《债务履行构造之考察》(1—2)

(《民商法杂志》第 90 卷第 3—4 号,1984 年)

②《债务履行过程中的完全性利益之保护构造》(1—3 完)

(《民商法杂志》第 100 卷第 4 号、第 101 卷第 1 号,1986 年)

(上述论文之后均被收录于《契约规范的构造与发展》,有斐阁,1991 年)[*]

评议人 平野裕之(明治大学)

该书[**]从附随义务与给付义务的关系,考察了附随义务在债务不履行体系中的定位,通过详细介绍德国法上的讨论,对我国目前附随义务不充分的研究现状进行了梳理和讨论。

1. 该书出版前关于本课题之学界状况

(1) 讨论的导入。对于《民法》第 415 条的债务不履行责任,特别是对扩大损害的适用及限制,隶属法国法模式的我国民法最初的讨论并不活跃。但是冈松博士介绍德国民法学上关于积极侵害契约理论之后,积极侵害契约、侵害债权以及债务不完全履行逐渐成为主要的讨论对象。不仅关注既非履行迟延也非履行

---

* 原文文献为:潮見佳男「債務履行構造に関する一考察(1)(2)」,民商法雜誌 90 巻 3—4 号(1984 年);「債務履行過程における完全性利益の保護構造(1)—(3 完)」,民商法雜誌 100 巻 4 号・101 巻 1 号(1986 年)。上記二論文は、後に『契約規範の構造と展開』(1981 年・有斐閣)に所収。——译者

** "该书"指的是收录标题两篇论文的《契约规范的构造与发展》一书,下同。——译者

不能的消极面，也关注不仅未获得履行利益反而产生了扩大损害的积极面。这样，对于债务不履行，我国民法与法国民法分道扬镳，确立了不完全履行等特殊类型。

（2）二战后义务论的研究路径。随后，德国提出了附随义务的理论。另一方面，姑且不论法国是否引入了积极侵害债权的特殊类型，但通过附随义务的发现及扩张，逐渐扩张了债务不履行责任（法国将其称为契约责任）的适用范围。所以从某种程度上来说，附随义务是世界范围内共同面临的问题，而不再是德国特有的讨论。

但是，在德国，纳粹时期的法学极端地扩大了附随义务的范围，通过契约之外的根据，即便在契约成立前，以及与契约毫无关系的第三人，也可追究其债务不履行责任。二战后最早介绍上述 463
德国讨论的是松坂博士的论文，之后北川教授于昭和三十年代也发表了相关论文，我国的讨论开始沿着德国特殊的方向发展。进入昭和五十年代，受学说的影响，判例上也承认了安全保障义务、契约缔结前违反诚实信用原则上的义务所产生的债务不履行责任等。

（3）对过去讨论的质疑。但是，作者对继受德国讨论的债务不履行责任理论提出了质疑。

（a）债务不履行的定位。首先，川岛武宜、平井宜雄的《契约责任》[①]一文摆脱了德国式的特殊讨论，认为债务不履行是未按照债务的目的完成履行，最重要的是分析债务内容。这种研究思路被平井宜雄的《债权总论》[②]所继承。20 世纪 90 年代以

① 川岛武宜、平井宜雄：《契约责任》，《经营法学全集》（18），ダイヤモンド社，1968 年。

② 平井宜雄：《债权总论》，弘文堂，1985 年。

后，学界开始向法国法上关于债务不履行与归责事由的观点靠拢。

(b) 债务不履行责任的实际意义。另一方面，围绕医疗过错，关于债务不履行责任的意义——过失证明责任，学者对适用债务不履行责任的实际意义提出了质疑[中野、铃木(俊)]。对此，学说上关心如何想方设法维持债务不履行责任的实际意义，但讨论仍不充分。

2. 该书的内容及其在学界之意义

(1) 以附随义务为视角的研究路径。在这样的讨论状况下，收录于该书的论文于1984年至1989年间发表，该书对其进行了详细的补充与更正。

作者在详细介绍德国讨论的基础上(这是该书的最大成果)，对目前继受德国路线，扩张过去的债务不履行责任过程中一直有意使用的附随义务概念进行了讨论，关注它与给付义务的关系，对其进行了梳理。另外，从该视角出发，探索债务不履行责任扩张界限的基准来阻止其无限扩张，明确了防止其扩张的基准。

(2) 附随义务的梳理与定位。以下就该书对附随义务的分析进行简要概括。

464 (a)附随义务的二分法。作者首先将德国附随义务理论的成果一分为二。①第一个成果是区分给付义务与履行过程中的具体行为义务，后者意义上的附随义务是对给付义务内涵的扩张。②还有一种附随义务是为了扩大保护法益，把给付结果之外的债权人利益(附随利益)也作为契约规范的保护对象。

(b)具体的行为义务。首先，从债务不履行的视角，可以对前者的具体行为义务，指出如下几点：①在债务不履行之前的危险化阶段，赋予债权人采取一定预防措施的权利；②具体行为义务的违反体现了违法性的本质，同时也成为判断过失的注意义务的客观标准；③确定损害赔偿范围时，如果采取规范保护目的说或义务范围说，判断该损害是否属于义务射程范围时，也会考虑具体的行为义务的违反。

(c)保障给付结果周边利益的从给付义务。对于扩张保护法益的附随义务，从具体的行为义务是为实现给付结果的、与具体行为相关的义务这一点上来说，它是从属于给付义务的；而从保障从属于给付结果的附随利益这一点上来说，即从利益层面来说，它也是从属于给付义务的。

因此，给付义务是“实现债权人给付结果的义务(给付结果实现义务)”，与该给付义务相对立的是债权人的请求权。另外，这种意义上的给付义务，“也可以将性质上必然与给付结果相联系的一定的附随利益(关于给付标的物的充分利用、受益可能性、安全性等利益)的保障义务包括在内”。

(3) 债务不履行责任向完全性利益侵害的扩张适用。在上述分析的基础上，关于能否成立侵害完全性利益的债务不履行责任，作者通过如下四种类型进行了考察。

① 完全性利益的保护义务是主给付义务的情况。如保安契约、保管契约等。

② 当事人约定的给付结果并不是为了保护完全性利益，但是为了按照契约目的，保持、利用给付结果，必须要保护完全性利益的情况。如运输契约、住宿契约、在校契约等。这时的保护义务被认为是从给付义务。

③保护完全性利益并不是达成契约目的的必要条件，但是为 465

了保护相对方免于“交易的磋商”即为实现给付结果作出具体行为时，可能会发生的完全性利益的侵害情况。在这种情况下，为了承认其从给付义务的地位，就必须要向债务人公开债权人的完全性利益，使债务人对利益的保持与管理尽必要注意。此外，完全性利益的侵害必须发生在为达成给付目的或实现给付结果的行为中，而且这种完全性利益的侵害需对给付结果或契约目的的达成带来特殊的危险。

④ 只是存在特殊的事实上接触的情况。在这种情况下可能会产生的完全性性利益侵害“与契约并无关系，实质上属于侵权责任的问题”。

3. 其后学界之发展

(1) 关于附随义务理论。首先，关于附随义务特别是具体行为义务，受到了 20 世纪 90 年代法国法研究者的反击。他们没有采取德国法式的、债务不履行与过失的判断模式(而且他们反对将债务限定在给付义务的思考模式)，而是采取了债务不履行与不存在免责事由的构造。对于这种讨论，学界仍未展开正式的再批判。但是可以看出，围绕债务不履行，学说研究的方向突然发生了变化，开始从德国法转向法国法以及英美法，因此需要进一步关注我国今后的理论动向。

(2) 关于完全性利益的侵害。对于这个领域，在这之后并未有特别的进展，而且出现了停滞。这个问题与责任竞合的讨论存在关系，创造了或者说等同于创造了一个特殊的责任领域，它是否可以与本来的债务不履行责任一样，都归属于债务不履行体系，还需进一步的讨论。

■ 作者介绍

潮见佳男

主要著作：除该书外，还著有『債権総論』(1994年・信山社)、『民事過失の帰責構造』(1995年・信山社)、『不法行為法』(1999年・信山社)。

简　　历：1959年(昭和三十四年)生，毕业于京都大学法学部，曾任大阪大学教授，现任京都大学教授。

466 5-15 浅井清信

《债权法中的风险负担研究》

（立命馆出版部，1942 年）*

评议人 小野秀诚（一桥大学）

该书是 20 世纪初关于风险负担的比较法研究的集大成之作，为以后学说的发展奠定了基础。

1. 该书出版前关于本课题之学界状况

（1）风险负担是当双务契约中发生一方给付不能的情况时，决定相对方是否继续履行给付义务的法理。我国民法典一般承认双务契约中给付的相互依存关系（第 536 条第 1 项）。也就是说，当一方给付不能时，从公平角度考虑，相对方的给付义务也当然归于消灭。《民法》第 533 条规定的同时履行抗辩权是对履行上的牵连关系的承认，风险负担法理则肯定了存续上的给付牵连关系。但是，像买卖这种特定物的给付契约，否定了这种牵连关系，即便出卖人给付不能，买受人也必须支付相应的价款（第 534 条第 1 项）。

从两方面说，第 534 条第 1 项的存在是有问题的。第一，为什么只有在特定物买卖契约中才否定双方给付的牵连关系；第二，是它在比较法中的定位。最初学说的批判主要以第二个问题为出发点。该书也主要关心这个问题。

---

* 原文文献为：浅井清信『債権法に於ける危険負担の研究』（1942 年・立命館出版部）。——译者

（2）关于买卖契约的风险负担，我国民法的起草者采取债权人主义（第534条第1项），但从比较法上来看，采取所有权人主义（法国民法典）或交付主义（德国民法典）的居多，从明治末期开始特别是进入大正时期以后，在德国法的影响下，债权人主义逐渐受到批判。但是，尽管从立法论上提出了一定的方向，但在解释论上，因存在明文规定，除了采取具体的限定解释别无他法。

2. 该书的内容及其在学界之意义

（1）该书由第1章“风险及风险负担的概念”、第2章“风险负
担的构造与基本原理的研究”、第3章“英美法中的风险负担理 467
论”、第4章“双务契约的本质与债务人风险负担主义”、第5章“所有权人风险负担主义及其发展”、第6章“债权人风险负担主义的合理性及其适用”及第7章“种类物买卖中的风险负担”这七章构成。该书是浅井博士以发表于立命馆大学纪要《法与经济》（从第5卷至第14卷）的论文为核心写作完成的。

从以上的章节构成来看，该书的核心与特色在于它详细的比较法研究。例如，第3章是关于“合同目的落空”（frustration）的研究；第5章是关于德国买卖法的研究，作者认为这是所有权人主义的发展；第6章讨论了债权人主义，详细介绍了与此相关的罗马法和英美法上的学说。该书表明了其比较法上的立场，积极评价了德国法上的交付主义（原书第384页）。另外，从第1、2章的标题可知，该书也在相当程度上讨论了“风险”的概念、风险负担与无过失责任主义的关系等关乎制度基础的问题。

（2）该书是具体的、长期以来的论文的总结，贯穿于整体的博士观点并不明确。但是，可以明确的是，作者写作该书的目的是为了确立具有买卖契约中给付牵连关系意义的债务人主义，以及

完成相应的前提工作。

此外，博士并未将讨论的重心置于具体的解释论上，但可以从浅井博士对债权人主义的定位中得知他的上述问题意识。即通过大胆的限缩解释，排除债权人主义对一般民事买卖的适用。债权人主义仅适用于商事交易（原书第 434 页以下）。

除浅井博士外，平野义太郎的《民法中的罗马法思想与日耳曼法思想》第 463 页、山中康雄的《契约总论》第 215 页等也都表达了第 534 条第 1 项仅适用于商事交易的观点，[①]现在还有观点主张债权人主义适用于某些投机交易。而且关于远距离的商事交易，最近的立法文献设置不同于交付主义的特殊规定的也不在少数。

（3）第 4 章是关于双务契约和债务人主义的研究，但应该说它受到了时代制约，很遗憾这部分未能有机地结合买卖法展开讨论。另外，从整体上来说，因为该章主要参考了 20 世纪初之前德国法上的著作，所以对历史的研究与法解释学的研究的区分并不
468 明显。而且因为主要是以买卖中的风险负担为研究对象，反映出牵连关系的整体上研究的匮乏以及过去德国法研究的特点，所以关于牵连关系（例如，与风险负担实质上相关的契约解除、风险负担与契约消灭理论在功能上的比较、历史研究等）的研究，只能交由后世来完成。

3. 其后学界之发展

（1）之后的学说并未根据交易的类别，一律否定第 534 条第 1 项的适用，而是将目光转向了以契约合理解释为手段的所有权

---

① 平野义太郎：《民法中的罗马法思想与日耳曼法思想》，有斐阁，1924 年，1940 年第 5 版，第 463 页；山中康雄：《契约总论》，弘文堂，1949 年，第 215 页。

人主义和交付主义。最开始学说认为应当从当事人的意思表示出发，限制债权人主义的适用；也有观点认为如果约定了价款支付或交付的期限，在该期限到来时，风险发生转移。实务上，设置明文规定排斥债权人主义的也不在少数。

在这之后，有观点认为，可不必借助于当事人的意思，直接从一般意义上承认风险转移发生在价款支付、标的物交付或移转登记之时（即认为所有权的变动发生在价款支付、标的物交付或移转登记之时的所有权人主义）。现在，所有权人主义的解释非常有市场。

另一方面，许多学说采用交付主义。即为了更实际地寻找危险负担的根据，将交付完成的时间作为风险转移的时间。这种观点不仅符合了过去德国法式的解释，也与最近的国际法动向步调一致。

（2）另外，最近的学说不仅关注风险负担问题，也开始讨论与风险负担相关的问题。例如，清算关系中的风险负担问题（承认双务契约无效、撤销、解除时双方当事人之间的不当得利返还请求权以及原状恢复请求权之间的牵连关系。关于后者，《民法》第546条作出了相应规定）。除此之外，还有履行迟延、目的不达时的风险负担，以及牵涉第三人关系时的风险负担问题（赔偿请求及代位）。此外，我国的契约解除是以债务人的有责性为前提，通过解除契约关系消灭相对方的给付义务，但如果对无归责事由的债务不履行也承认契约解除，那么契约解除与风险负担在使相对方的给付义务消灭这一点上就具有了相同的功能（两者的不同只在于是否以意思表示为要件，是否承认损害赔偿的效果）。因此，两者功能的比较也成为讨论的课题。

这些讨论结合近来给付障碍论的再构造问题，提出了风险负 469

担理论的新动向。风险负担是给付不能时相对方的给付之命运何去何从的问题，但是给付障碍并不仅限于“履行不能”，需要从更广泛的视角（如给付迟延、积极侵害债权、部分履行不能、目的不能等）出发，解决双方给付的调整问题。

(3) 该书是浅井博士关于风险负担研究的集大成之作，从其之后的著作可知，二战后博士的研究方向转向了劳动法领域。另外，该书的1942年版只发行了500册，极难获得，不过该书于1996年又重新再版发行（新青出版，其中有中井美雄教授的解读）。

此外，概括研究风险负担的著作出现于距该书出版的大约半个世纪之后。①

■ 作者介绍

浅井清信

主要著作：除该书外，还著有『危険負担——その基本的考察と労働契約への展開』（1952年・日本評論社）、『物権法論』（1965年・法律文化社）、『日本債権法総論』（1942年・立命館出版部）、《労働契約の基本問題》（1967年・法律文化社）、『集団的労働法理の展開』（1968年・法律文化社）、『労働法の現代的課題』（1975年・労働旬報社）、『ロックアウト法理の再検討』（1985年・法律文化社）、『日本労働法原理』（1987年・有斐閣）等。

简　　历：1902年（明治三十五年）—1992年（平成四年），毕业于京都帝国大学法学部，历任立命馆大学、龙谷大学教授[其著作、履历请详见西村信雄先生傘寿・浅井清信先生喜寿記念『個人法と団体法』（1983年・法律文化社）]。

---

① 小野秀诚：《风险负担研究》，日本评论社，1995年；氏著：《对待给付论的发展》，《给付障碍与风险之法理》，信山社，1996年；氏著：《风险负担》，《民法综合判例研究》，一粒社，1999年。

5-16　神户寅次郎《契约解除论》（严松堂，1922年）* 470

评议人　须永知彦（滋贺大学）

关于契约解除的效果，该书并未受德国法上讨论的拘束，而是从独特视角论述了溯及效力的正当性，最终确立了直接效果说的通说地位，作出了巨大贡献。

1. 该书出版前关于本课题之学界状况

（1）众所周知，关于契约解除的效果，许多学说都会根据我国讨论的历史沿革，从直接效果说、间接效果说、折中说三说对立的局面出发展开说明。这种对立的局面早在民法制定之后就已经形成，进入大正时期以后，通过德国的学说继受，逐渐确立为解释我国解除规定时的框架体系。①

（2）民法制定当时就已经讨论了溯及效力的有无、原状恢复的意义、契约解除与损害赔偿并存的意义等关于解除效果的问题。现在一般认为起草者以及民法制定之后的学说采取了折中说的观点。即否定解除效果的溯及效力，原状恢复只是在当事人之间产生债权效果，以此来保护第三人的利益，因此第545条第1项的但书规定只是一条注意性的规定。

（3）对此，进入大正时期以后，石坂音四郎、末弘严太郎、鸠山

* 原文文献为：神戸寅次郎『契約解除論』(1922年・厳松堂)。——译者

① 关于这个时期讨论的分析有，北川善太郎：《日本法学的历史与理论》，日本评论社，1968年，第86页以下；北村实：《解除的效果》，《民法讲座》(5)，有斐阁，1985年。

秀夫等学者开始继受德国的学说,提倡我国的民法解释应采取直接效果说。与德国法一样,他们采取了物权行为无因性理论,认为契约解除具有溯及效力,但是他们认为契约解除只产生债权效果,也就是说只在当事人之间产生原状恢复义务。因此,契约解除不可能侵害第三人的利益,第 545 条第 1 项的但书规定原本就是"无用的多余表达"。关于第 545 条第 3 项规定的损害赔偿的内容,存在因契约解除而产生的损害即信赖利益赔偿说("石坂说")和履行利益赔偿说("末弘说"、"鸠山说")的对立。

471 **2. 该书的内容及其在学界之意义**

(1) 在上述理论状况下,作为一本理论研究著作,该书从正面讨论了契约解除的效果。该书在结论上承认了契约解除的溯及效力,因此可以说神户博士采用了直接效果说。但是,该书明确地引用了作为多数说的石坂、末弘、鸠山的观点[一般被普遍引用的鸠山观点是其在《日本债权法各论》(岩波书店,1922 年)中的观点。但是该书所引用的是之前的分册版本,不过两书在内容是相同的],对此进行批判,展开了独自的理论构成。以下简要介绍该书的内容。括号内是该书的页数。

(2) 该书的基本态度是不能严格照搬德国法上的讨论(第 25—26 页、171 页)。也就是说,不能从解除规定的构造出发,直接采用间接效果说以及折中说(第 19—20 页),但也不能严格照搬德国法上的直接效果说。第 545 条第 1 项的但书规定并不是多数说所主张的"无用的多余表达",既然存在但书规定,就说明该条预料到契约解除会侵害第三人利益的情况(第 46—50 页)。该书的观点与多数说的不同之处在于如何把握物权行为。该书认为,作为日本民法学的前提,应当采取与德国不同的有因性理论，不能采用主张无因性的多数说观点（第156—171页）。

从以上前提认识出发，作者提出了自己的观点（第178页以下）。通过解除的意思表示，产生（必然会发生）的任意法律效果，是以物权行为的有因性为前提，使债权债务及清偿行为效力消灭的物权效果，该效果具有溯及效力。同时也会产生法定的法律效果即原状恢复的债权效果，这种法律效果没有溯及效力。因为看起来第545条第1项像是只明文规定了后者，所以多数说错误地认为只发生债权效果（第179页）。通过上述理解，第545条第1项的但书规定具有了限制物权效果溯及效力的功能（第216—217页、226页以下）。关于第545条第3项规定的损害赔偿的内容，因为存在“不能妨碍”的表述，所以不能将其理解为因解除产生的信赖利益的赔偿，而应当解释为因债务不履行产生的损害赔偿（第256—257页）。因此545条第3项将解除的任意法律效果以及溯及效力限定在了双方当事人之间（第258、262页）。

（3）这样，该书一方面肯定了解除具有物权效果及溯及效力，472
又以物权行为的有因性为前提，对第545条第1项的但书规定进行了恰当定位。这种理论构成明显区别于多数说的德国式的直接效果说。二战前的文献对神户博士的问题意识也有一定程度的考虑。但是，之后该书和鸠山说一样，都被当作直接效果说即通说、多数说而被引用，不再关注其独到的问题意识。即便如此，先抛开两种学说意义上的不同，至少在承认溯及效力这一点上，神户博士的学说与直接效果说一起，共同为学说主流观点的形成作出了贡献。

从整体上来说，神户博士没有无视我国民法的规定照搬德国的讨论，在仔细分析德国与日本学说的基础上，结合解除规定的构造（特别是第545条）以及物权行为有因性的日本民法特有的前提，构筑了自己的解释理论。后来一般认为神户博士的研究方法属于概念法学式的研究方法，但我想这未必是德国法式的概念法学。

3. 其后学界之发展

（1）在这之后，从我国关于物权行为理论的讨论来看，无因性理论并未成为学界的主流。因此有观点认为，以无因性为前提的直接效果说不能成为我国的民法解释。[①] 另一方面，直接效果说被我妻博士、柚木博士所继承，在二战后也一直占据着通说的地位。这里所说的直接效果说是以物权行为有因性为前提的日本式的直接效果说。这无疑是神户博士曾经试图构造的理论框架。但是通说并没有明确引用该书的观点，因此应当如何评价神户博士所提出的以有因性为前提的直接效果说，尚不明确。

（2）而且，“山中说”[②]从接近于间接效果说的立场对通说观点进行了批判：关于①在采用物权行为有因性的我国主张溯及消灭及承认溯及效果、②恢复原状义务的根据及其内容、③第 545 条第 3 项的损害赔偿与因解除契约关系消灭的并存这三点，直接
473 效果说未提出有说服力的根据。于是他认为，通过否定溯及效力，即使解除契约，过去的契约关系发生了变化但依然存在，这样可以为原状恢复义务和第 545 条第 3 项的损害赔偿提供恰当的理论根据。山中的观点获得了学界的一定支持。原因是他对无视德国法与日本法在构造和前提上的不同、继受德国法讨论的做法进行了批判。不过，他联系德国法上的讨论，介绍了在德国法

---

① 末弘严太郎：《解除的性质》，《法律时报》第 8 卷第 3 号，1936 年，第 19 页。

② 山中康雄：《解除论》，《法学志林》第 48 卷第 2、3 号，第 49 卷第 2 号，1950—1951 年；氏著：《解除的效果》，《民法》(10)，综合判例研究丛书，有斐阁，1958 年。

学界直接效果说正在失去其绝对地位，影响了批判直接效果说的观点。

（3）截至目前，判例上也采用了直接效果说，直接效果说的地位并未发生动摇。关于解除的效果，尽管学界还未形成一致观点，但是各学说在解决具体问题的结论上并没有太大差别。而且学界也开始怀疑现在是否应该继续维持直接效果说、间接效果说、折中说这一过去的德国法式的对立模式。现在在我国，从大正时期的讨论出发，实现独自发展的直接效果说与以“山中说”为代表的“原契约变革说”，在是否承认溯及效力、如何定位原状恢复义务的问题上，依然存在着理论上的对立。但是，很难说两种学说能从各自的原理出发，统一解决与解除效果相关的所有问题（例如，如何保护第三人的利益）。在这之后，虽然学界提出了相对的溯及效力说等新学说，但讨论仍未停止。可以说现状为是否有必要统一解决与解除效果相关的所有问题。

■ 作者介绍

神户寅次郎

主要著作：除该书外，还著有『契約総則』（1916年・巌松堂）、收录其主要论文的『民法論纂』（1927年・巌松堂）等。

简　　历：1864年（元治元年）—1939年（昭和十四年），庆应义塾大学部法律学首届毕业生，庆应义塾大学教授[其著作、履历详见法学研究（慶応）38卷1号（1965年）]。

474 5-17 山中康雄

①《解除的溯及效力》(1—3完)

(《法学协会杂志》第55卷第1—3号,1937年)

②《解除论》

(《法学志林》第48卷第2、3号,第49卷第2号,1950—1951年)*

评议人 高桥真(大阪市立大学)

两文在明确了关于解除效果的直接效果说、间接效果说、折中说之对立的历史及理论意义的基础上,提出了契约解除使契约债权关系转变为原状恢复的债权关系之观点。

1. 两文发表前关于本课题之学界状况

关于契约解除的效果,学界存在主张契约的溯及消灭是解除的本质效果的直接效果说、否定契约溯及消灭的间接效果说、折中说三种对立学说。在民法制定后的初期阶段,许多观点都否定契约的溯及消灭。[①] 在两文发表时,直接效果说占据了有力地位,折中说的支持者较少,几乎没有学者支持间接效果说。根据直接效果说的观点,因契约解除,未履行的债务当然消灭,已履行的债务变成不当得利的返还问题,而返还的范围并不限于现存利益,应及于原状恢复。间接效果说认为,对于未履行的债务产生抗辩

---

* 原文文献为:山中康雄「解除の遡及効(1)—(3完)」,法学協会雑誌55巻1—3号(1937年);「解除論」,法学志林48巻2・3号・49巻2号(1950—1951年)。——译者

① 北村实:《解除的效果》,《民法讲座》(5),有斐阁,1985年,第125页以下。

权,已履行的债务产生新的返还请求权。折中说认为未履行的债务当然消灭,但对于已履行的债务则产生新的返还请求权,契约解除一般是面向将来发生效力。但是学说的对立仅仅是理论构成上的对立,对于因契约解除产生原状恢复的债权关系、对已给付的标的物及孳息等利益以及在解除的意思表示之前已经取得的利益也会产生返还义务的问题,并未有所争议。

2. 两文的内容及其在学界之意义

(1)两文首先对直接效果说、间接效果说及折中说提出了质疑。两文指出,在对直接效果说进行的一些批判中,如下的批判很重要,即①如果契约溯及消灭,便不会发生债务不履行问题,这
与《民法》第545条第3项基于债务不履行的损害赔偿请求权规 475
定相矛盾。正如采取直接效果说的日本大多数学者所主张的那样,承认契约解除时的债权不履行的损害赔偿请求权,这直接有力地证明了解除的本质效果并不是契约的溯及消灭。另外,②不当得利的返还与原状恢复并不相同,承认契约解除的溯及效力未必能够说明原状恢复债权关系的发生根据。这是有的放矢的批判。而且,③《民法》第545条第1项的但书规定契约解除不得损害第三人的利益,契约解除仅在当事人之间发生效力。将因嗣后的债务不履行的契约解除与因意思表示瑕疵或无行为能力的契约撤销等同视之是不恰当的,这会使我们产生该但书规定决定了解除的本质就是契约的溯及消灭的疑问。

但是,间接效果说也同样存在上述问题。在德国,关于间接效果说,存在如下批判:如果认为未履行的债务不消灭而产生抗辩权,那么为此而设定的担保权也不会消灭,如果在契约解除前债权已经被让与,不能对受让人主张上述抗辩权(德国《民法》第

404条),这是不合理的。这是对间接效果说的致命批判。而且,为什么契约解除会产生原状恢复关系,直接效果说通过不当得利进行了说明(从结果上来说,这种说明是失败的),而间接效果说直接没有对这个问题作出说明。

对于折中说,作者指出,它没有说明原状恢复的根据,另外,如果契约解除仅面向将来发生效力,那么为什么要溯及至契约解除前,对已给付的果实、费用等进行清算,折中说也没有进行充分的说明。

所以作者指出,笼统地认为契约解除使契约溯及消灭,产生原状恢复的债权关系,原状恢复义务是不当得利返还义务的扩张(但是仍存在上述疑问)的直接效果说现在取得了通说的地位也并不奇怪。

(2)尽管支持者甚少,理论上也存在致命的缺陷,间接效果说依然具有其重要的历史意义。在德国民法制定前,普通法上规定了一些特殊的解除条件。在原来的解除条件下,契约解除并没有溯及效力,但却有物权效力、绝对效力。对此,普通法上通过特殊的解除条件完成的契约解除规定,条件成就前的物权变动效力也
476 会溯及消灭。因为不符合交易安全的要求,所以否定了其物权的、绝对效力,而且为了确立产生原状恢复关系的解除制度,德国民法第一草案放弃了普通法上的解除条件的形式,采取了间接效果说。因契约解除债权不消灭等不合理因素的存在,间接效果说受到了强烈的批判,制定的规定也未触及解除的本质,但德国民法摆脱条件构成的束缚,使解除成为独立的范畴,却是间接效果说的重要功绩。因此,通常将间接效果说与直接效果说、折中说置于同一层面进行对比的做法,无视了间接效果说所确立的有别于普通法上之解除条件的解除概念,并规定解除的原状恢复的债

权效力，不只单纯介绍该理论的错误面，而且忽视了间接效果说所提出的——为何债权效力与原状恢复符合解除的本质等理论问题，仅从是否使契约溯及消灭这一点上探求解除的本质，未把握解除本质的问题之所在。

(3) 另外，不能采取间接效果说并不意味着直接效果说主张的契约溯及消灭的观点具有了正当性。与采用物权行为无因性的德国不同，在采用物权行为有因性的日本法上，契约的溯及消灭从理论上必然会影响物权效力，另外契约的溯及消灭也不能解释为什么对超出不当得利返还范围的返还义务适用同时履行抗辩(《民法》第546条)。

关于契约解除的本质最根本的问题点是否定物权效力，为原状恢复关系提供根据。山中博士认为，契约解除使之前的契约债权关系转变为与其保持同一性的原状恢复的债权关系。契约债权关系的等价均衡也应当在原状恢复关系上得到维持。因为契约债权关系不消灭，所以在原状恢复关系上，双方的给付依然存在牵连关系，同时也可以提出债务不履行的损害赔偿请求。因为转变为原状恢复关系，所以已履行的债务成为返还债务，返还债务履行债务即消灭。未履行的债务也变为返还债务，但是给付标的物已经在应当被偿还者手中，标的到达相对方债务即消灭。因此，契约解除的意思表示绝不会使债权关系消灭。在上述分析的基础上，两文还讨论了契约解除与原状恢复不能时的处理、解约通知的关系，但核心观点还是如上所述的内容。

(4) 两文把学说的历史沿革作为分析问题的过程，明确了克 477
服旧理论范畴的困难、打破旧范畴的间接效果说的作用及意义，以及现在尚未解决的问题。两文讨论了理论发展的历史沿革，保持了与之前讨论的连续性，实现了理论的进一步发展。

3. 其后学界之发展

正如两文所介绍的那样，直接效果说以及契约溯及消灭的观点不能说明解除的全部效果，这成为今后学界共通的理解。在这种共识的前提下，究竟是继续维持溯及消灭的观点，对它的适用范围附加各种限制，或者设置特殊规定，还是从整体上采用两文所提出的内容变革说的观点，就成为了问题。[①] 但是像两文这样致力于探究解除之本质的研究却很少。目前的现状是，围绕物权变动理论及第三人保护要件的问题，以及契约解除与契约撤销在效果上的权衡问题等与解除的效果具有密切联系的各个领域的讨论不断发生变化，因此关于解除，学界会分解为当事人间的原状恢复（原状恢复范围与风险负担）、与第三人的关系、债务不履行的损害赔偿效果等具体问题，讨论解除的功能。在整理上述这些讨论以及进一步分析外国法状况的阶段，在取得这些具体成果的基础上，还需要参考两文的讨论模式，明确解除效果的构造及全貌。

■ **作者介绍**

山中康雄

主要著作：除上述论文外，还著有『市民社会と民法』(1947 年・日本評論社)、『市民社会と親族身分法』(1949 年・日本評論社)、『契約総論』(1949 年・弘文堂)、『占有の理論』(1951 年・日本評論新社)、『供託論』(1952 年・勁草書房)、『共同所有論』(1953 年・日本評論新社)、『英米財産法の特質』(1954 年・日本評論新社)等。

简　　历：1908 年（明治四十一年）—1998 年（平成十年），毕业于东京帝国大学法学部，历任京城帝国大学、九州大学、名古屋大学、爱知大学教授［其著作、履历请详见山中康雄教授還暦記念『近代法と現代法』(1973 年・法律文化社)］。

---

① 北村实：《解除的效果》，《民法讲座》(5)，有斐阁，1985 年，第 143 页。

5-18 富井政章 《出卖人权论》(1—2完) 478

(《法学协会杂志》第3、4号,1884年)*

评议人 藤原明久(神户大学)

富井通过对罗马法、旧法国民法、法国民法的考察,讨论了买卖契约中出卖人权利保护的历史沿革,提出了立法上的建议。

1. 该书出版前关于本课题之学界状况

在富井发表《出卖人权论》两个月前的《法学协会杂志》第1号(1884年3月)上刊载了菊池武夫的《买卖法比较论》[①]一文。菊池[1854年(嘉永七年)—1912年(明治四十五年)]留学美国波士顿大学,取得法学学士学位后于1880年回国,当时任东京大学讲师。为了研究英美的买卖法,菊池比较了英美法、罗马法、法国法。罗马法上的买卖是使出卖人负担标的物的交付义务、买受人负担支付对价义务的合意。买卖是标的物所有权的转移,罗马法将买卖作为占有权转移的契约是不恰当的,因此法国法规定买卖契约成立的同时,买受人便成为标的物的所权有人。这使买卖看起来像是所有权的转移,但在理论说明上却不明确。菊池主要参考的法国法的文献资料是穆尔隆(Mourlon)所著的《法国民法覆义》[②]日文版。英美法规定出卖人、买受人对标的物及其对价达成

---

* 原文文献为:富井政章「売主権論(1)(2完)」,法学協会雑誌3・4号(1884年)。——译者

① 菊池武夫:《买卖法比较论》,《法学协会杂志》第1号,1884年。

② 穆尔隆:《法国民法覆义》,司法省内藏版,1882年。

合意,买卖成立,所有权发生转移,这在"法理上十分明确"。但菊池认为英美法规定买卖仅适用于动产的做法是"非常没有道理的"。

另外,更早的关于英美买卖法的概论书有相马永胤的《英美买卖法》[①],还有博瓦索纳德关于法国买卖法的讲义笔记,即《法国民法买卖篇讲义》[②]。

2. 该书的内容及其在学界之意义

(1)内容。买卖是"国家财富的必要工具",为使买卖变得容易,法律必须保护当事人在契约范围内的活动。必须保护卖出财产、从买受人手中取得对价的出卖人的权利。出卖人权利保护的
479 历史可以追溯到罗马法、旧法国民法、法国民法。

A. 罗马法。在双务契约的买卖中,出卖人、买受人应当同时履行义务,所以在买受人支付对价前,出卖人享有"标的物的留置权"。出卖人在交付标的物以后,如果没有取得相应的对价,可以行使从买受人手中买回标的物的权利。如果出卖人允许买受人可在一定期间经过后支付对价,即使没有获得相应对价,出卖人也不能取回标的物的所有权,而只可以请求买受人履行清偿义务,这对于出卖人来说是一个巨大损失。为了消除这种弊端,罗马法上规定了出卖人的契约解除权,但这只不过是对特定人的诉权(actio in personam),并不能充分保护出卖人的权利。即使买受人将标的物转卖他人,或在标的物上设定物权,出卖人也不能行使对物诉权(actio in rem)主张上述行为无效。但到了罗马后

① 相马永胤:《英美买卖法》,金刚阁,1881年。

② 博瓦索纳德:《法国民法买卖篇讲义》,博闻社,1883年。

期，查士丁尼大帝明文规定了出卖人的对物诉权。如果买受人未支付对价而将标的物转让他人，受让人随时可能会被买受人取回所有权，这种对出卖人的保护反而牺牲了第三人的利益。

B. 旧法国民法。旧法国民法继承了罗马买卖法，但逐渐规定了出卖人的优先权（先取特权）、解除权，强化了对出卖人权利的保护。所谓优先权是指买受人未支付对价时，出卖人可以出卖标的物，优先于其他债权人取得价款，在封建制度下的法国，存在各种优先权的惯例。在法国北部的习惯法地区，当买受人未支付对价时，出卖人无须继续履行义务，可解除契约重新获得标的物的所有权。承认双务契约的解除权是法律的一大进步。法律是否进步的标准是否尊重契约双方当事人的意思。立法者的主要目标是顺应社会进步潮流，保障每个人的自由意志，使其负担相应责任。个人自由不得侵害他人的权利以及公共安全，这种制约并未妨碍各人的自由意志，而是保护了每个人的自由。

C. 法国民法。法国民法改变了罗马法及旧法国民法中有关买卖契约的原则。法国民法规定，买卖契约的成立只以双方当事人的承诺为要件，不论是否支付对价，所有权都转移到买受人（第1583条）。规定买受人通过买卖契约取得所有权，使买卖变得容易。但是，即使没有取得相应对价，出卖人也不享有标的物所有权的取回权。在这种情况下，出卖人可以变卖买受人的财产，从获得的价款获得受偿（第1092条、1093条）。为了保护出卖人，法国民法规定出卖人享有如下四种权利。后两种权利最为“重要”，
作者已经在“旧法国民法”部分讨论了这两种权利的由来。①“标 480
的物留置权”（第1612条）；②“特别取回权”（第2102条第4项第2节），指的是取回“标的物留置权”的权利；③“优先权”（第2102条第4项、第2103条第1项）；④解除权（第1654条）。契约解除

具有溯及效力,承认出卖人从一开始就是所有权人(第1183条)。买受人转卖标的物,或在标的物上设定物权时,出卖人可以主张此行为无效。立法者必须制约出卖人的权利,保护第三人的利益。在动产买卖中,不知该物为他人所有而占有该物者,可因占有免于所有权人的取回(第2279条)。在不动产买卖中,有观点认为应当废除对第三人的解除权或向第三人公示解除权。关于公示,法国民法规定了优先权的公示(第2106条),所以1855年3月23日的法律规定,优先权被公示时,解除权也当然获得了公示。作者还提到了法国不动产登记法的不完善。法国的登记簿上只记载了何人转移了不动产、何人设定了物权,不是证明不动产所有权是否存在的有效手段。而普鲁士登记法的做法值得借鉴。它为不动产设置了特殊的登记簿,公示所有权变动的原因、不动产的价格及担保等,使他人很容易调查这些信息,从而保护了第三人的利益。作者提议法国法应当效仿普鲁士登记法修改登记法。

(2)意义。富井留学法国里昂大学,于1883年取得法学博士学位回国。博士论文的课题是"罗马法上未获得对价的出卖人权利"与"法国法上未获得对价的出卖人的解除权"。[①] 回国第二年,富井就任东京大学法学部讲师后发表的《出卖人权论》就是博士论文的日文版。菊池的《买卖法比较论》是从英美法的视角出发,讨论了罗马、法国的买卖法;而富井的《出卖人权论》是从法国法的视角,对罗马法以来直至法国法时代的买卖法的历史沿革展开了详细论述。可以看出富井在日本民法公布前还未成为立法者

① 原文文献为:「ローマ法—弁済なき売主の権利」と「フランス法—弁済なき売主の解除権」。——译者

时的抱负。

A. 买卖法制定中立法者的目标。富井认为，立法者必须使各人自由活动，并使其对这种自由负责。这样才可以使具有明确的目的意思的独立的个人自由地缔结契约，实现相应的法律效果。保障契约自由符合资本主义的发展，富井的立法理念来自于其自由主义的法律观。这样来看，富井似乎与明治二十年代的民法典论争中的立即改良派、博瓦索纳德处在同一阵营。但是，他却是民法强有力的延期论者。

B. 登记法的构造。富井认为，采取人的编成主义的法国登 481
记法不适合不动产公示，法国应当采取普鲁士的物的编成主义的登记法。制定登记法成为明治十五年（1882 年）之后日本重要的立法课题。与此同时，从登记簿可以检索不动产物权变动信息这一点，博瓦索纳德也说明了物的编成主义的实用性。[①] 日本的《登记法》[明治十九年（1886 年）法律第 1 号]最终引入了普鲁士式的物的编成主义模式。所以说，富井的观点在立法上得到了实现。

3. 其后学界之发展

富井于 1891 年发表了《买卖的本义》[②]一文。文章篇幅较短，主要讨论了法国民法上的买卖定义，并对采取这种定义的日本旧民法（1890 年公布）作出如下批判。法国民法规定，“买卖是双方当事人就标的物之交付以及支付对价达成的合意”（第 1582 条），只通过双方的合意便当然地发生所有权的变动（第 1138 条、1583 条）。法国民法并没有规定买卖契约直接使所有权发生转移。但

---

① Projet，t，2，2ed.，1883，n°204。

② 富井政章：《买卖的本义》，《法学协会杂志》第 9 卷第 1、2 号，1891 年。

是日本旧民法却在“财产取得编”规定买卖是使所有权发生转移的契约(第24条)。将买卖看作是使所有权发生转移的契约,混淆了物权的取得方法与债权的取得方法。应当像德国法那样,严格区分物权的取得方法与债权的取得方法。旧民法不仅规定买卖使所有权发生转移,而且将其作为所有权发生变动的契约,有失妥当。这明显表明富井向德国法的倾斜。另外,梅谦次郎于1891年出版了详细比较日本旧民法与法国民法之买卖法的巨著《日本买卖法》①。

■ **作者介绍**

富井政章

主要著作:除该书外,还著有『民法原論 第1巻総論 上下』(1903—1904年·有斐閣)、『同 第2巻物権 上下』(1906—1914年·有斐閣)等。

简　　历:1858年(安政五年)—1935年(昭和十年),毕业于里昂法科大学,东京帝国大学教授[其著作、履历请详见大村敦志「日本民法学者のプロフィール12 富井政章」法律教室186号(1996年)]。

---

① 梅谦次郎:《日本买卖法》,八尾书店,1891年。

5-19　柚木馨 482

《出卖人瑕疵担保责任研究》

（有斐阁，1963 年）*

评议人　潮见佳男（京都大学）

该书对瑕疵担保责任进行了法制史的考察和解释学的讨论，是所谓的法定责任说的代表作。

1. 该书出版前关于本课题之学界状况

柚木曾经在 20 世纪 30 年代发表了瑕疵担保责任的法制史研究论文（该书的前半部分）之后，对我国的瑕疵担保责任，根据法定责任说的观点，提出了信赖利益赔偿理论，但是之后一方面受到了对价限制说对信赖利益赔偿理论的批判，另一方面也受到契约责任说——"无瑕疵特定物的交付义务"之肯定、履行利益赔偿理论——的攻击，而且判例及学说都积极主张瑕疵担保责任的规定也适用于种类物买卖，柚木针对这些动向进行了批判性研究，完善了自己的观点。这是该书的写作背景，同时也是其核心思想。对该书之前的学说及判例的发展进行简单的介绍并不是一件容易的事。关于学说的理论发展的正式介绍，可参见圆谷峻的《瑕疵担保》[①]，关于判例的发展，可参见潮见佳男《出卖人的担保责任》[②]。

---

* 原文文献为：柚木馨『売主瑕疵担保責任の研究』（1963 年・有斐閣）。——译者

① 圆谷峻：《瑕疵担保》，《民法讲座》（5），有斐阁，1985 年。

② 潮见佳男：《出卖人的担保责任》，《民法典的百年》（Ⅲ），有斐阁，1998 年。

2. 该书的内容及其在学界之意义

鉴于上述柚木写作该书的动机，以下主要就其在该书后半部分所展开的《民法》第 570 条的解释进行简要概括。

(1) 柚木认为，在特定物买卖中，即便标的物存在瑕疵，出卖人交付该有瑕疵的特定物也完成了债务履行，但是因买受人的不知情，所产生的出卖人、买受人之间的利益不均衡不符合买卖的有偿性原则，为了弥补这种不均衡，民法规定了法定的瑕疵担保责任（原书第 201 页）。具体展开了如下论述。

(2) 关于瑕疵担保责任的适用对象——特定物买卖。民法所
483 说的特定物，不应该像通说主张的那样，只根据主观标准确定，还需具备客观上的不可替代性。对于通常客观上不能由他物代替的物，当事人具体地、主观上关注其个性，选择进行交易的物才是民法所规定的特定物。至少在担保责任领域，特定物是以不可替代性为前提的。既然是关注物的个性完成的不可替代物的买卖，那出卖人自然而然地不该负担代物清偿义务或完全给付义务（原书第 168 页以下）。

(3) 关于瑕疵担保责任的法律性质。特定物买卖中出卖人的义务仅限于将标的物的所有权转移到买受人手中，即使标的物存在瑕疵，出卖人也不应负担交付无瑕疵物的义务，因此特定物买卖中出卖人的担保责任不是出卖人债务不履行的效果，而是法律为了保护买受人的信赖而特别使出卖人承担的法定责任（原书第 173 页以下）。但是，对于法定责任理论的正当性，主张信赖利益赔偿的大部分学者都采用了“原始的部分不能→契约的部分无效→瑕疵担保责任”的理论构造，与此不同，柚木采用了“瑕疵给付＝债务的完全履行→当事人利益的不均衡→瑕疵担保责任”的理

论构造。原始的部分不能与瑕疵担保责任不存在不可分的关系（原书第201页以下）。在回应北川善太郎对其批判的过程中，柚木依据齐特尔曼（Zitelmann）以后的德国“通说”，积极主张性质错误原则上是动机错误，特定物买卖中的瑕疵担保责任属于动机错误的问题，同时以在孕期中的奶牛买卖为例，提出了如下观点：“意思表示是意欲发生一定法律效果的意思表示，只有使该法律效果具体化的意思才能成为意思表示的内容，在法律效果具体化之后，希望附加某些内容，即使它已经在意思表示中表达出来，这些附加的内容也不能成为意思表示的内容。如果从物的性质来考虑，在种类物买卖中，物的性质发挥着使标的物区别于其他种类的物的功能，因此它属于使出卖人的义务具体化的意思表示的内容（例如12支4B铅笔），但是特定物买卖中出卖人给付义务的对象是通过‘这个’这一指示代词被特定的，因此‘这头奶牛’‘在孕期中’的这一性质，只是出卖人的给付义务被特定之后，对标的物的陈述而已，即使在买受人的内心深处相信该奶牛已在孕期中，所以才选择了这头奶牛，并且出卖人的言语中也透露这头奶牛已在孕期中，但买卖契约是就‘这头’奶牛而订立的，‘在孕期 484
中’只不过是买受人选择这头奶牛的动机而已。”（原书第187页）

（4）关于瑕疵担保责任的内容。瑕疵担保责任的根据在于“买受人对瑕疵的不知情”。所以保护买受人对瑕疵不存在的信赖是瑕疵担保责任的内容。这就是柚木所主张的信赖利益理论。如上所述，主张对价限制理论的学说、判例出现以后，又出现了履行利益的理论，受此影响，柚木重新对自己的观点进行了梳理。特别是为了回应来自星野英一的批判，即信赖利益的内容与履行利益的范围是一致的，特别是在被认为是信赖利益之一的“因拒绝来自第三人的对己方有利的要约而产生的损害”与履行利益没有什么不同方面，柚木是下了一番功夫的。柚木认为，瑕疵担保责任“通常是保护买受人信赖的制度，不是出卖人的债务不履行责任”，“如果没有特别规定，就不能认为该责任是以出卖人债务不履行为前提的履行利益的赔偿责任，只能认为它是以买受人不知情为前提的信赖利益的赔偿责任”（原书第215页），对于“因拒绝来自第三人的对己方有利的要约而产生的损害”，如果采取履行利益说的观点，这种损害被认为是通常损害；如果采取信赖利益说的观点，即使买受人知道瑕疵的存在，他也一定不会选择替代物交易，所以只能通过《民法》第416条第2项的类推适用，将这种损害归入损害赔偿的范围，通过信赖利益的观点实现双方利益上的衡量（原书第200页以下）。

（5）为了反驳契约责任说的批判，特别是为了反驳北川、星野的特定物教条主义批判，柚木进一步坚定了完全否定瑕疵担保责任可适用于不特定物买卖的立场。首先，柚木从利益衡量角度，对瑕疵担保适用说（债务不履行说）依据的短期期间制约进行了批判，如果对不特定物买卖适用瑕疵担保责任规定的话，那就可以适用民法第566条第3项规定的1年的短期期间，但是该规定不符合不特定物买卖提前支付的要求，它所依据的是“非现代的时间观念”——即使在买卖契约缔结、获得标的物的数年后，只要买受人对瑕疵存在不知情，买受人的权利就一直存在，而且在发现瑕疵后的1年内还可以自由行使权利——会导致不恰当的后果（原书第247页以下、253页以下）。而且柚木也认为，使不特定物买卖中出卖人承担无过失的履行利益赔偿
485 理论，也是不恰当的（原书第258页以下）。另外，在理论构造上，为了迎合特定物买卖中“特定物教条主义”的否定性批判，柚木提出交付有瑕疵的不特定物属于不按照债务本来目的的债务

不履行。

（6）对于30年后写作的该书后半部分而言，该书前半部分的分析具有怎样的意义呢？关于这一点，柚木进行了如下阐述："关于特定物买卖中善意、无担保的出卖人义务及使其承担的瑕疵担保责任的性质，比较法研究没有给出太多启示。……除德国（以及瑞士）外，几乎没有任何一部民法典或学说、判例对这个问题作出了明确的回答，到处充斥着混淆特定物与不特定物，无视契约责任与法定责任之间差异的讨论。契约责任说的主张者都一致认为我国应当采取契约责任说，这符合世界范围内的趋势，特别是认为旧民法、现行民法起草者所持的上述观点具有远见卓识，但是，这些法律制度是在误解法律渊源、缺乏理论分析力、偏好自然法传统、尊重各民族特性的背景下，立法者为寻找这些理论的共通之处，付出一定的努力所制定的，但是对这些法律制度以及我国立法者的态度表达那样的溢美之词，我觉得应当慎重。从比较法上来说，我认为德国法上激烈的论争为我国民法的解释提供了许多启发。"（原书第177页以下）

另外，在该书的其他部分，为了回答星野的批判，柚木进行了如下阐述："民法第570条受到了法国法的影响，这一点从比较法研究中可以得知。与此同时，它也传承了法国法的简约。星野也是主张应该像法国民法一样，保持规定的简约进行解释吗？如果是那样的话，岂不是会陷入立法者意思说的误区了吗？即使规定本身历经一个世纪甚至一个半世纪之后显得很陈旧，但是我们不应为了使其适应现代社会、构筑完善的理论体系而努力吗？如果在立法之后，其他国家提出了优秀的理论成果，我们可以毫不客气的借鉴，通过理论的重塑以及解释将它引入我国民法，这正是制定法学者的一大任务。"（原书第206页）

486 ### 3. 其后学界之发展

关于其后学界之发展，与上述1中所阐述的理由相同，可参照上述相关文献。[①] 柚木的理论地位与其在《注释民法》中对第570条的注释相互结合，共同指导着裁判实务（特别是下级裁判所），同时他也是主张法定责任说的核心人物。在这之后，加藤雅信在《出卖人的瑕疵担保责任——风险负担型减价请求权之提倡》[②]中指出，瑕疵担保责任的特殊性在于它是无过失责任，并提出了减价型损害赔偿的构想；森田宏树在《瑕疵担保责任之基础考察》[③]中指出，瑕疵担保责任是买卖契约中，与对价支付义务处在双务有偿关系的出卖人财产权转移义务在质的层面的债务不履行，相对于一般的债务不履行，瑕疵担保责任的特殊性在于"隐藏的"瑕疵以及1年的期间制约。

■ 作者介绍

柚木馨

主要著作：除该书外，还著有『独逸民法総則』（1988年・有斐閣）、『独逸民法債務法』（1940年・有斐閣）、『判例債権法総論 上下』（1950年・有斐閣）、『判例民法総論 上下』（1951—1952年・有斐閣）、『判例相続法論』（1953年・有斐閣）、『判例物権法総論』（1955年・有斐閣）、『債権各論(1)』（1956年・青林書院）、『親族法』（1950

① 关于之后学说状况的整理，可参见下森定：《瑕疵担保责任论的新发展与研讨》，《山畠正男、五十岚清、薮重夫先生古稀纪念论文集：民法学与比较法学之诸相》，信山社，1993年。

② 加藤雅信：《出卖人的瑕疵担保责任——风险负担型减价请求权之提倡》，《现代民法学的发展》，有斐阁，1993年。

③ 森田宏树：《瑕疵担保责任之基础考察》，《私法》第51号，1989年，第129页以下（尽管剩余的论文没有刊行，但同名的其他论文可参见《法学协会杂志》第107卷第2、6号，第108卷第5号，1990—1991年）。

年・有斐閣)、『担保物権法』(1958年・有斐閣)、『注釈民法(9)(15)』(1966年・1972年・有斐閣)等。

简　历:1902年(明治三十五年)—1965年(昭和四十年),毕业于京都大学法学部,历任神户商业大学、新京法政大学、神户经济大学、神户大学教授,神户大学校长[其著作、履历请详见『契約法大系 第4卷』(1963年・有斐閣)]。

487 ## 5-20 平野义太郎《继续性债权契约的特征与租赁及雇佣》

(《民法中的罗马法思想与日耳曼法思想》,有斐阁,1924年,1970年增补新版)*

评议人 池田恒本 杉本好央(东京都立大学)

该文从罗马法思想与日耳曼法思想之间的对抗与矛盾的视角出发,明确了继续性债权契约的性质,并在此基础上详细讨论了关于雇佣及租赁等具体解释学上的问题。

1. 该文发表前关于本课题之学界状况

(1) 继续性债权契约是一次性债权契约的相对概念。关注时间因素的这种概念上的区分,是(债权)契约众多分类方法中的一种,从典型契约来说,属于前者的代表例有租赁与雇佣,属于后者的有买卖。乍一看这种分类一目了然,但按照这种标准对社会现实中的各种契约进行分类却实非易事(也存在既不属于一次性债权契约也不属于继续性债权契约的“回归的债权关系”)。另外,单纯关注时间因素对契约关系进行分类,并没有特殊的法律意义。问题是被称为继续性债权契约的契约与一次性契约在法律性质上有无本质上的不同,以及如何看待继续性债权契约的法律性质,这将影响这种分类的实用性。

(2) 该文出现以前,单纯从分类方法上来说,博瓦索纳德提出

* 原文文献为:平野義太郎「継続的債権契約の特質と賃貸借および雇用」,『民法に於けるローマ思想とゲルマン思想』(1924年・増補新版1970年・有斐閣)。——译者

了“继续性给付”的法律概念，当然存在讨论租赁及雇佣的论文。另外，对于继续性债权契约中最特殊的制度即解约通知制度，石坂音四郎已经介绍了德国法的相关学说并进行了讨论。[①] 但是还未曾有学者从罗马法思想与日耳曼法思想之间的对抗与矛盾的关系出发，严格区分一次性债权关系和继续性债权关系，探索适合这种区分的一般原理。

2. 该文的内容及其在学界之意义

(1) 该文[②]写作时的日本经历了日俄战争后资本主义的迅速 488
腾飞及大正时期的民主主义运动、一战后前所未有的经济好转及其反弹所造成的经济不景气、工人运动的高涨等政治、社会、经济的全面动荡，这些当然对法律制度造成影响。关于继续性契约问题，1916 年（大正五年）日本制定了有关雇佣契约的工厂法，以及在该文写作之前的 1921 年（大正十年）制定了有关租地、租房契约的租地法、租房法及其他重要的特别法。

末弘严太郎从美国留学归来之后，一直热心于劳动者保护法制的建设，于 1921 年（大正十年）高举“批判概念法学”的大旗，创立了民法判例研究会，给法学界带来了新风气。平野从学生时代开始就深受恩师末弘的熏陶，年轻的平野与恩师末弘一样，都认为这种二战前日本的巨大变化是“社会化”的预兆。多年以后，平野在回忆自己为什么会以日耳曼法思想为理论依据时说道，之所以将日耳曼思想作为解释论的基础（不仅如此，不久成为了一般的法律认识），是因为“日耳曼法思想对罗马法的原则——个人主

① 石坂音四郎：《解约通知的性质》，《民法研究》（第 3 卷），有斐阁，1914 年。

② 最初发表于《法学志林》第 25 卷第 1—4 号，1923 年。

义、权利万能、‘弱肉强食’的权利观、私法自治、过失责任主义、经济的自由放任主义、自由竞争造成的无产阶级压迫——进行了批判”，而且日耳曼法思想“相对于抽象的罗马法，更尊重社会现实解决法律问题，根据社会现实分类法律问题，对许多问题的解决都十分符合社会现实的要求……起到了架起社会现实问题与法社会学桥梁的作用”。①

这样，平野以日耳曼法思想作为方法论的核心，致力于当时的法制及法学的革新，写出了一系列实用的法学论文，该文便是其中的一篇杰作。

（2）该文在序章部分明确了一次性债权契约与继续性债权契约的不同，进而讨论了诸如租赁及雇佣等解释学上亟待解决的各种问题。

首先，该文的总论部分指出以罗马法为基础的一次性债权契约和以日耳曼法为基础的继续性债权契约存在显著差异，主张应当将后者从前者中解放出来，形成独立的理论体系。罗马法主要是动产买卖法，而日耳曼法的核心是不动产用益、继续性劳务提供契约，前者以一次性给付为重点，而后者主要为了确立渗透进社会现实生活的继续性契约关系。继续性债权契约通常以继续
489 性关系为基础，在该关系存续的整个期间内，全部债务得以履行，虽然会定期反复地派生出各种分支债权，并因一次性履行而消灭，但是继续性债权的基础即基本债权、总债权通常是在经过契约的整个存续过程之后才得以实现。这样，平野指出继续性契约与一次性契约在本质上是完全不同的，并明确了继续性债权契约的性质与法律构成。

① 平野义太郎：《日本法学》，日本评论社，1950年，第86页以下。

关于具体的解释学上的问题，平野讨论了从继续性债权契约成立到结束的整个过程，涉及多个方面。从整体上来说，平野从日耳曼法思想、继续性契约的特殊性等视角出发，展开了对上述问题的分析，其中非常明显的是他关于契约关系结束的讨论。关于契约关系的终结，平野发现了罗马法与日耳曼法的根本对立。关于继续性债权契约的关系总结，他认为不应该依据罗马法原理适用具有溯及效力的解除制度，而应该适用日耳曼法原理的产物，即不具有溯及效力的解约通知制度。但是，我国民法不存在关于解约通知的详细规定。关于租赁契约，根据我国《民法》第541条的规定，"根据社会实际情况规定催告期间"进行催告，只有在此期间内没有按照债务的目的履行债务时，才会适用面向将来发生效力的"解除"。另外，关于《民法》第628条规定的解约事由之"不得已的事由"，平野认为这种抽象的表达无益于任何问题的解决，应当根据不同契约具体确定上述事由的存在与否。

除此之外，该文也讨论了继续性契约、雇佣、租赁契约的一般理论和具体问题等涉及多方面的问题。尽管距发表已过了75年，但从现在来看，其中的许多观点仍不失其新颖性。不过由于篇幅的关系，以下主要围绕继续性契约的一般理论，探讨该文在民法学史上的意义。

3. "继续性契约"论之后的学说发展

该文发表之后，石田文次郎同样也参考了祁克的著作，从整体主义法学的视角出发，跳出一次性、继续性的债权契约分类，提出了有交换功能的契约和有支配功能的契约分类。[①] 但是，石田

① 石田文次郎：《债权契约的两大类型》，《契约的基础理论》，有斐阁，1930年。

的理论并没有受到平野理论的影响。

在之后的学说发展中，应当引起关注的是《民法》第 541 条对继续性契约的不适用说，即“信赖关系破坏的法理”。如果从时间的先后追溯该理论的形成过程，首先川岛武宜对继续性契约仅适
490 用解约通知而不适用解除的学说表示了赞同①，然后经由戒能通孝、末弘严太郎等学者的讨论②，最后由广中俊雄以二战后日本下级裁判所的判例为素材实现了该理论的一般化③。但是，该理论的根据不是“日耳曼法思想”，而是以等价交换为基础的近代法原理。根据该理论的观点，继续性契约不适用以“债务不履行”为原因的解除，而是适用“不得已的事由”即以“当事人‘信赖关系’的破坏”为由的解约通知。尽管如此，最先提出这个理论的川岛积极地参考了该文的观点。虽然两者在是否适用《民法》第 541 条上存在分歧，但从实质上来说，该理论是对平野观点的升华，很明显该文极大地影响了川岛的观点乃至“信赖关系法理”的形成。

当然也有学者对继续性债权关系概念的实际意义提出了质疑④，但经过之后的经济高度成长期，“信赖关系破坏的法理”逐渐成为通说，有学者开始主张应当对一次性契约的代表——买卖契约的继续契约版即继续供应契约适用解约通知，⑤在适用范围扩大的同时，理论上也逐渐成熟。而且最近有学者从全球化背景下

---

① 川岛武宜:《判例批评》,《法学协会杂志》第 52 卷第 10 号,1934 年。

② 戒能通孝:《判例批评》,《法学协会杂志》第 54 卷第 11 号,1936 年;末弘严太郎:《雇佣与〈民法〉第 541 条》,《法律时报》第 11 卷第 7 号,1939 年。

③ 广中俊雄:《租赁中的“信赖关系”之破坏与“解除”》,《法学家》第 126 号,1957 年;氏著:《租赁与〈民法〉第 541 条》,《法律时报》第 29 卷第 10 号,1957 年。

④ 田中实:《所谓继续性债权(契约)关系之考察》,《法学研究》第 26 卷第 12 号,1953 年。

⑤ 饭岛纪昭:《继续性供给契约之“解除”的性质》,《东京都立大学法学会杂志》第 15 卷第 1 号,1974 年。

资本主义社会关系与法律的重新塑造的视角出发，认为从以一次性契约为模型构筑的古典契约法的体系来看，契约法已濒临“死亡”，应当在“关系契约”的概念下重新把握契约法使其获得“重生”，展开了结合我国特有的法律文化的研究；[①]以商业交易关系为核心重塑继续性契约之全貌的研究；[②]还有学者依据新制度学派经济学的基本概念，从“市场”与“组织”的对抗关系出发，分析各种类型的继续性契约，总结出“共同事业”型和“转包”型的契约类型，明确了错综复杂的现代型契约的各种概念以及理论，[③]这些研究成果掀起了风靡20世纪末的法学后现代主义的思潮。

这里需要注意如下两点：第一，平野根据“日耳曼法思想”，提
出的原本水火不容的一次性契约与继续性契约，在平野理论的克 491
服对象即罗马法上，后者被前者所包含。但是，内田认为，应当提出法理论使后者包含前者，来挽救“契约”概念，从这种意义说，内田的理论是对平野理论的发展和延伸。第二，但是关于理论背后的资本主义市场经济体制的基本态度，平野与其恩师末弘明确表明该体制的恶性，主张改变这种体制；而川岛、戒能及广中等所谓的近代主义法学的代表（法学的近代主义）在与“近代法”和“近代社会”模型的关系上，对资本主义市场经济体制怀有矛盾的情感；内田、中田及平井则反过来将它作为法理论的当然前提，不再对该体制持任何怀疑成为毋庸置疑的对象，全面将其作为法技术的手段。

在上述学说的发展中，自川岛的判例评析之后，探讨本课题

① 内田贵：《契约的再生》，弘文堂，1990年。

② 中田裕康：《继续性买卖的解消》，有斐阁，1994年。

③ 平井宜雄：《所谓继续性契约之考察——从〈“市场与组织”之法理论〉的观点出发》，《星野英一先生古稀祝贺论文集：日本民法学的形成与课题》（下），有斐阁，1996年。

的学术论文极少提及具有划时代意义的平野论文，近来甚至有逐渐被遗忘的趋势，这不仅是对平野，更是对学术的健全发展来说，是一种遗憾。

4. 该文在平野的学说形成史及我国马克思主义法学形成史中的地位

众所周知，平野在发表该文之后，转向了马克思的国家理论、法学理论的研究，成为我国马克思主义法学的创始人。他与山田盛太郎一起被称作讲座派的权威，成为《日本资本主义发展史讲座》的核心编辑。二战以后，他以马克思主义法学作为方法论的基础，一直致力于拥护和平主义和民主主义。[①]

从平野的经历及“日本马克思主义法学”的成立过程来看，该文及同时期写作的其他民法学论文（主要论文被收录于《民法中的罗马法思想与日耳曼法思想》）都不是平野从马克思主义法学视角出发完成的论文，但是对于“日本马克思主义法学”来说，这些都是马克思主义法学发展前史上具有里程碑意义的重要论文。

492 这个时期的平野受到了“新康德学派的影响”，[②]但是更为重要的是，为了革新法学理论，他选择了与“罗马法思想”对立的“日耳曼法思想”为其理论根据。

与其观点相似的还有其恩师末弘。末弘作为美国法学的介绍者，给法学界带去了新风气，但是他所创立的法社会学并没有

① 许多学者都指出了这一点，例如天野和夫等编：《马克思主义法学讲座》第1卷《马克思主义法学的成立与发展（日本）》（日本评论社，1976年）的第2章第3节及第3章（森英树）。

② 守屋典郎：《平野先生之马克思主义法学的形成与发展——代解说》，《平野义太郎选集》（第1卷），白石书店，1990年。

以尤根·埃利希(Eugen Ehrlich)的“活着的法”理论为核心,明确主张国家权力的政治权力性,而是采用了与这种美国法社会学不同的中欧的理论。

在作为国立大学的学术中心、始终引导日本近代法学发展的东京大学法学部,在堪称时代分界线的大正时期,同时造就了像石坂、鸠山这样的日本概念法学的大家和主张批判概念法学,力求法学革新的有影响力的教授们。后者即主张批判概念法学的学者们的观点也不尽相同,既存在像牧野那样担心如果坚守超保守主义立场,会造成资本主义过度发展之弊端的法学“革新”派,[①]也存在像末弘及平野那样热心于保护劳动者、佃户等当时深受资本主义剥削阶层的法学革新派。如果把这种立场称为左翼,那当时国立大学法学左翼共同的理论根据就是平野所主张的“日耳曼法思想”,即从反个人主义(集团主义或者协同主义)的视角出发,批判资本主义的法律现状。

从二战前平野的马克思主义充满苦涩饱含心酸的形成过程以及战时的理论变革[②]来看,毋庸置疑,作为平野理论出发点的“日耳曼法思想”依然是他研究马克思主义法学的理论基础。不仅如此,二战后认真反省这段痛苦经历的平野也没有抛弃“日耳曼法思想”这一理论研究的基础,继续把它当作二战后研究民主主义法学的理论基础,这一点从对该书的再版进行修订、写出的新作《现代法学的方向、发展与课题》中可以看出。[③]

---

① 利谷信义:《战前的“法社会学”》,《法社会学讲座2·法社会之现状》,岩波书店,1972年,第197页。

② 平野义太郎:《民族政治学理论》,日本评论社,1943年。

③ 平野义太郎:《现代法学的方向、发展与课题》,有斐阁,1970年增补新版,第389页以下。

如上所述，平野认为，二战以后，“日耳曼法思想”可以把握资本主义发展出现的新的社会现实，“架起社会现实与法社会学的桥梁”。但是认识社会现实并不一定要依据“日耳曼法思想”。如果说只是为了反省“新的社会现实”，选择了“日耳曼法思想”，并
493 使它与象征旧法的“罗马法”对立，来解决法律现象的矛盾与冲突有意义的话，那么我们不得不认为“日耳曼法思想”是罗马法的特殊近代个人主义（不只是平野，当时的学界普遍认为这是资本主义）的反命题。如果普遍认为“日耳曼法思想”是反个人主义（集团主义或协同主义）的话，那么需要引起注意的是，二战后马克思主义法学乃至一部分的“左翼”法学主流都具有这种认识。①

平野在《民法中的罗马法思想与日耳曼法思想》中，以“日耳曼法思想”为核心开辟法学新天地的步调正好与以森林盗窃案件为契机展开“市民社会剖析学”的马克思和恩格斯的步调重合。两者都是依据过去的共同体权利，拥护为了发展“落后国家”的“自上而下”的资本主义路线而被舍弃的农民与直接生产者的权利。但是，在马克思与恩格斯的理论中，文艺复兴以来的人文主义与封建制度的解体、市民革命所形成的近代社会、国家原理等西欧世界的文化传统依然存在，因此他们对资本主义社会法律的批判也并未完全否定依据近代社会、国家原理所确立的人文主义意识形态基础。正是因为资本主义经济体制与其上层建筑——国家都是以近代的合理精神为依据，不能将两者一分为二，所以他们才通过艰苦探索，确立了“市民社会剖析学”即经济学批判体

① 例如以沼田稻次郎的《市民法与社会法（法学理论篇 116）》（法律学体系第二部，日本评论社，1953 年）为主的“左翼劳动法学者”的劳动法理论对“市民法”的批判。

系。他们并没有留下国家理论及法学方法理论等系统的方法论，但是作为研究马克思主义的先知，平野通过非比寻常的努力试图完成重塑的马克思和恩格斯的研究方法，至少从马克思和恩格斯庞大的理论著作的片段可以看出，他们并没有天真地依据与“日耳曼法思想”相对立的“罗马法原理”，重塑其理论的克服对象——近代国家。

不是从马克思主义的视角出发完成的平野的著作和该文共同的缺点是设定了权利斗争这一非辩证法的视角。该文最大的问题点是，它在继续性契约原理的对立物即“罗马法”的思考模式下设想的一次性债权契约概念。一次性契约，例如买卖契约中的解除真像平野所说的那样，是一次性“契约”固有的制度吗？难道它不是资本主义商品交换关系发展普及的历史过程中双务有偿 494
契约(英美法称为债务不履行的双务契约)的产物吗？这个问题也使我们产生如下疑问：一次性契约与继续性契约是分属不同范畴、独立的两种契约吗？

与马克思和恩格斯不同，平野以及二战前的马克思主义法学(也包括二战后马克思主义法学有影响力的观点)为什么在“从根本上批判”资本主义体制必然会发生的法律异化与扭曲现象之前，未能在“全面肯定”人与生俱来的对生命、身体以及其他固有生产资料的固有权(property)、幸福追求权等自然权利为人类原始权利的基础上，全面展开解析“资本主义必然衰败”的法理论——权利理论，实际上这个问题并不是作为日本马克思主义法学创始人的平野一个人的问题。在此不予详述，但笔者想指出，从根本上来说，规定在我国近代路线中的、德国也曾出现的相同条件，即这种扭曲的近代是单纯的一般近代的发现，在二战之前的日本就已经充分具备。

尽管改革很不充分，但是在经过二战后经济改革以及经济的高速成长期之后，日本实现了村落共同体原理的解体，不过当时的法律环境受不健全的传统权利意识以及二战后资本主义扩大再生产的集团主义的制约，为了马上摆脱“日本的近代”现状，当时的日本已经具备了与欧美相同的潜在条件。

延续平野呕心沥血的努力，不断提高由其发展丰富的法科学的认识，重新构筑因受到时代制约、平野未能充分展开的理论，这对于即将迎来21世纪的我们而言，只要不满足日本的现状，是一个不能逃避的课题。

从上述视角重新拜读该文，现在很容易被人们遗忘的各种观点及重新审视社会整体状况的平野理论的作用又浮现在我们眼前，绽放出与近年盛行的“新理论”所不同的光彩。

■ 作者介绍

平野义太郎

主要著作：除上述著作外，还著有『法律における階級闘争』(1925年・改造
社)、『史的唯物論と法律』(1933年・大畑書店)、『日本資本主義
社会の機構』(1934年・岩波書店)、『日本資本主義の機構と法
495 律』(1948年・明善書房)、『観念論法学の批判——マルキシズム
法学への途』(1950年・法律文化社)、『法の変革の理論』(1962
年・法律文化社)、『レーニン国家・法律と革命』(1967年・大月
書店)、『ブルジョア民主主義革命』(1968年・法政大学出版局)、
『マルクス＝エンゲルス国家と法』(1970年・大月書店)、『国
家——その現実と変革』(1973年・法律文化社)、『国家の機構と
民主的変革』(1974年・新日本出版社)、『マルクス主義法学』
(1974年・大月書店)等涉及多个领域的多篇著作、论文。此外，
还有著作集『平野義太郎論文集 全3巻』(1948—1949年・日本
評論社)、『平野義太郎新著作集 全4巻』(1954年・理論社)、守
屋典郎编『平野義太郎選集 全6巻』(1991年・白石書店)等。

简　　历：1897年（明治三十年）—1980年（昭和五十五年），毕业于东京帝国大学法学部，历任东京帝国大学助教授、龙谷大学教授等职[其著作、履历请详见平野先生の社会科学50年を記念する会編『平野義太郎著作目録』（1997年）、平野文庫编『平野義太郎についての書評集』（1991年・白石書店）]。

496 5-21 三潴信三

①《土地租赁法问题》

(《法学协会杂志》第 30 卷第 2 号,1912 年)

②《土地租赁法案批评》

(《法学协会杂志》第 36 卷第 5 号,1918 年)

③《租地与租房两法案及其社会政策价值》

(《国家学会杂志》第 34 卷第 6 号,1920 年)

④《租地法租房法的现在与将来》(1—2 完)

(《法学协会杂志》第 39 卷第 11、12 号,1921 年)*

评议人 藤井俊二(山梨学院大学)

作者是明治、大正时期研究租地租房法问题最活跃的学者。有学者从住宅问题的视角出发展开了租地租房法的研究,而作者坚持物权与债权严格区分的观点,一直围绕立法展开讨论。

1. 该系列论文发表前关于本课题之学界状况

在二战后住宅难的背景下,某个时期的租地租房法学被称为民法学的"女主角"。[①] 而明治、大正时期的租地租房法学的讨论并不活跃。其中,上述论文的作者三潴信三在每次公布租地法、租房法草案后就会积极展开批判,是当时最活跃的租地租房法的

---

* 原文文献为:三潴信三「借地法問題」,法学協会雑誌 30 巻 2 号(1912 年);「借地法案批評」,法学協会雑誌 36 巻 5 号(1918 年);「借地及び借家両法案と其社会政策的価値」,国家学会雑誌 34 巻 6 号(1920 年);「借家法借地法ノ現在及ビ将来(1)(2 完)」法学協会雑誌 39 巻 11・12 号(1921 年)。——译者

① 铃木禄弥:《租地、租房法研究》,创文社,1984 年。

研究学者。众所周知，日俄战争以后地震买卖盛行，为了防止地震买卖，日本于1909年制定了建筑物保护法。当时有学者认为地震买卖契约本身是有效的，租地人不能拒绝从房屋搬走的请求。[1] 关于建筑物保护法草案[2]，鸠山秀夫认为，特别法不能改变普通法的体系，虽然以建筑物登记作为租地权的对抗要件没有对体系造成破坏，但租地权的存续保护规定违反了契约自由原则。[3]在贵族院，富井政章也对该草案违反契约自由原则提出了强烈的批判。

2. 该系列论文的内容及学界之讨论 497

建筑物保护法的制定防止了地震买卖，但之后地主通过签订短期租地契约来抬高地价。裁判所认为这种特殊约定属于"例文"[*]，通过把它看成是地租的缓期缴纳期间，实现了租地权的存续，[4]而另一方面，明治时期的议员立法以及大正时期的政府提案都屡次提出了旨在使租地权存续的租地法草案。该系列论文主要是对这些法案的批判。

(1) 首先关于"租地法问题"，作者认为，虽然需要及时制止地震买卖，但建筑物保护法规定建筑物登记是土地物权发生变动的

---

① 池田寅二郎:《所谓地震买卖》,《法学协会杂志》第25卷第12号,1907年。

② 关于草案的详细介绍,参见渡边洋三:《土地与建筑物的法律制度》(上),东京大学出版会,1960年。

③ 鸠山秀夫:《土地租赁权保护问题》,《法学协会杂志》第27卷第4号,1909年。

* "例文"是裁判用语,裁判所可以通过"例文解释"否定这种内容十分不合理的条款之效力。例如在租房契约等契约书中,对于一些单纯的具有决定性质的表达,裁判所会认定这种条款对当事人来说太苛刻,"它只是一种举例说明,不能发生法律效果",从而否定具备这种性质的条款之法律效力。——译者

④ 作者认为,"例文解释"缺乏法理依据,参见三潴信三:《最近土地租赁法问题二则》,《法学协会杂志》第32卷第7号,1914年。

对抗要件，这是“令人吃惊的做法”。另外，1910 年的“与租地有关的法律草案”将地上权和租赁权统称为租地权，从物权与债权严格区分的观点来看，这种做法是存在问题的，特别是规定了租地权的最短期间，存在“过度干涉”的嫌疑，违反了契约自由原则。

而且，该法律草案意图规定租赁权的可让与性，混淆了物权与债权，是不恰当的，一方面禁止地震买卖，另一方面又规定租赁权的可让与性，有偏袒租地人之嫌。

(2) 明治时期的租地法草案是在租地人阶层的租地法制定运动的推动下制定的，但进入大正时期以后，政府也逐渐意识到制定租地法的必要性，于 1918 年提出了第一次租地法草案。《土地租赁法案批评》还是从物权与债权严格区分的观点出发，批判了将地上权、租赁权都规定为租地权的做法，主张应该像德国那样，规定制限役权的居住权。在德国，短期的租地被当作租赁，长期的租地被当作地上权，两者在对抗力上存在差别。关于存续期间，该草案规定，原则上租地权一直存在直至建筑物腐朽老化，如果约定了租地权的存续期间，则对于结实牢固的建筑物来说，最短期间是 50 年，其他的建筑物是 20 年。作者认为这样虽然可以保护租地人的权益，但是当租地权期限到来时，一直在忍让的土地所有权人在契约更新时，会提出更为苛刻的条件，有可能在将来很长一段时间内，租地人都会受到复仇的所有权人的折磨。

(3) 第一次租地法案试图调和土地所有权人及租地人双方的利益，但不仅面临复杂的法技术难题，还招致了土地所有权人与
498 租地人双方的不满，最终未能成立。在这之后，政府于 1920 年提出了 1921 年《租地法》的前身即“第二次租地法草案”，同时还在没有发生立法运动的情况下突然提出了“租房法草案”，即 1921 年《租房法》的前身。另外，这个时期终于出现了除作者以外研究

租地租房法的学者，如中岛玉吉、末弘严太郎、我妻荣等。

作者首次在《租地与租房两法案及其社会政策价值》、《租地租房法的现在与将来》两篇论文中，提出了自己的租房法理论。首先，“租房法草案”规定未登记的租房权具有对抗力，作者认为，使没有完成登记的租赁权具有物权效力缺乏法律依据，应该规定像居住权这样的物权化的人役权。因为作者担心如果规定了对抗力，可能会导致出租房源的减少，甚至造成住宅难的问题，还主张应当将附合物买取请求权限定在有形附合物上。另外，关于租地权的法定更新制度，作者认为，既然租地权已经消灭，租地人就不能再继续利用土地，法定更新制度是本末倒置。

最后，作者认为，两个法案虽然是保护租地人、租房人的社会政策立法，但它混淆了物权与债权的区分，造成了根本性的错误。特别是规定土地租赁权的长期存续期间会导致租地的供给减少，会促使人们取得土地的所有权。另外，社会上出现了高额的权利金交易的惯例，可以说试图通过租地法解决住宅难问题的政府政策是失败的。

上述论文从物权与债权严格区分的视角出发，展开了演绎考察，逐条研究立法条文，所以也有学者认为这只不过是对租地租房法的立法技术的事后评论而已。[①]

3. 其后学界之发展

(1) 1921年租房法制定以后，租地租房法的讨论日趋活跃。首先，中岛玉吉在《评租地租房两法案》[②]一文中指出了租地租房

① 水本浩:《民法学的转折与新发展》,《日本民法学说史·通史》,信山社,1997年。

② 中岛玉吉:《评租地租房两法案》,《法律论丛》第4卷,1920年。

法问题之所在，认为租地问题终归是土地出租与承租的问题，只规定存续期间还远远不够，但他只是认为规定未登记的租房权具备对抗力会侵害第三人的利益，偏离了问题的本质。

499 (2) 对此，末弘严太郎在《住宅问题与新房屋租赁法案》(1—2完)[①]一文中，摆脱了之前概念法学式的讨论模式，展开了法社会学的研究。他明确提出了住宅政策中的租房法的观点，展开了住宅立法的比较法研究，认为应当利用科学的调查方法以及设立特殊的审判机关解决房租问题。关于租房法草案规定未登记的土地租赁权具有对抗力的做法，与之前的学说不同，末弘对此表示了支持。他一方面批判了中岛的观点，另一方面表达了出于生活需要可以牺牲建筑物交易安全的生存权的观点。他认为，租赁权的物权化不是关于租赁权是物权还是债权的概念性的讨论，而是"斟酌社会的各种情况"，是否有必要进行物权上的保护的讨论，主张有必要对租赁权物权化。末弘还指出了尚未解决的重要问题。其中一个问题就是附合物购买请求权中的装修应当包括无形装修，第二个问题是对商业店铺和民用住宅适用相同标准是不合理的。年轻的我妻荣通过分析判例完善了末弘的观点，他写作的《判例中出现的房屋租赁问题与房屋租赁法案》[②]是值得关注的。

(3) 但是，租地租房法理论正式开始发展是在战争灾害引发严峻的住宅问题之后。这场论争可以说是"民法学上最高水准的

① 末弘严太郎:《住宅问题与新房屋租赁法案》(1—2完),《法学协会杂志》第39卷第2、3号,1921年。

② 我妻荣:《判例中出现的房屋租赁问题与房屋租赁法案》,《中央法律新法》第1年第4—6号,1921年;后收录于氏著:《民法研究》(Ⅵ),有斐阁,1979年。

论争”[①]，例如“近代所有权理论”、“租赁权的物权化理论”等，二战后民法学的代表都参与了这场论争（例如，星野英一、渡边洋三、水本浩、川村泰启、铃木禄弥、广中俊雄、筱冢昭次等），它被称为民法学的“女主角”。

■ **作者介绍**

三潴信三

主要著作：除上述论文外，还著有『借家法及借地法』（1922年・有斐閣）、『全訂担保物権法』（1925年・有斐閣）、『全訂物権法提要 上下』（1927—1928年・有斐閣）、『全訂民法総則提要 上下』（1931年・有斐閣）、『独逸法律類語異同弁』（1935年・有斐閣）。

简　　历：1879年（明治十二年）—1937年（昭和十二年），毕业于东京帝国大学法学部，东京帝国大学教授。

① 筱冢昭次：《租地租房法的基本问题》，日本评论社，1962年。

500 *5-22* **筱冢昭次**

①《租地租房法的基本问题》

（日本评论社，1962 年）

水本浩

②《租地租房法的基础理论》

（一粒社，1966 年）*

评议人　吉冈祥充（奈良产业大学）

书①根据独立的社会法理论，分析了租赁权的物权化现象，展望了应当被作为"社会居住法"的租地租房法。

书②以英国农地租赁法的历史发展为研究对象，分析了对应近代土地私有化的近代土地所有权的规范构造，提出了"租赁权的物权化"理论。

1. 两书出版前关于本课题之学界状况

（1）以租地租房法为核心的不动产租赁的法制建设问题，与反映我国社会经济构造特点的土地问题密切相关，所以学界在 90 年代围绕租地租房法的"修改"展开了讨论，直至现在它仍然是民法学上的一个重要课题。这里所要讨论的两本书所收录的论文发表之时，正值日本经济在经过战后复兴期之后进入高速成长阶段，为了发展生产力，支持经济建设，大量人口涌向城市，在这种背景下，企业活动的基础即土地利用的稳定化、投资回收的保障

---

* 原文文献为：篠塚昭次『借地借家法の基本問題』（1962 年・日本評論社）；水本浩『借地借家法の基礎理論』（1966 年・一粒社）。——译者

以及确保城市劳动者的居住权等问题的解决，成为不动产租赁法制建设，特别是构成城市法制建设核心的租地法、租房法的课题。

从法理论上说，因为民法的特别法即租地租房法改变了民法上的不动产租赁关系，所以要求我们不仅要弄清楚具体条文的解释问题，还需要明确批判分析租地租房法的基准即不动产租赁法制度的规范构造（当然租地关系与租房关系在性质上是不同的）。

（2）当然，关于租地租房法，从末弘严太郎开始，二战前学界
就已经展开了诸多研究，但当时并没有解决上述课题的理论，另 501
外，从理论上引导战后财产法学的发展，对之后所有权理论的基本框架的形成产生重大影响的川岛武宜的《所有权法的理论》也不能直接适用于上述问题，理由如下[①]：

（i）第一，川岛的理论没有直接分析“近代土地所有权”的规范构造。

在不动产租赁关系中，不动产所有权和不动产使用权的对立关系是主干，所以为了明确不动产租赁关系的法律构造，必须首先弄清楚适合资本主义生产关系的所有权和使用权的关系（“近代土地所有权”的应有形态）。但是，川岛为了消除日本社会中的非近代化的各种关系，选择了近代化的“近代所有权”为其理论研究课题。所以他以资本主义社会的固定生产模式为前提，指出资本主义财富的原始形态是商品，商品交换是资本主义经济整体构造的基本单位，与此相对应，商品交换的法律规范关系构成了资本主义社会法律的原始形态。根据以上观点，川岛首先总结出商品交换法律规范关系的三个基本要素——私人所有、契约、法律人格。他认为，构成私人所有核心之所有权的支配客体是商品，

① 川岛武宜：《所有权法的理论》，岩波书店，1949年。

所有权具有“私有性”、“观念性”、“绝对性”等性质。在上述理解的基础上，他认为，在资本主义社会中，劳动生产物即动产和土地都是商品，土地所有权和商品所有权即动产所有权具有相同的属性。

因此，川岛认为，土地所有权和劳动生产物即动产的所有权一样，具备近代化的性质，但是在资本主义社会中，土地本来就不属于劳动生产物，本身不具有价值属性，想要把它作为一种商品，需具备如下前提：土地所有权人分得一部分土地使用的剩余资本价值（资本制地租），土地价格被作为地租的资本还原价格而被设定。因此，这种意义上的近代土地的私有应当以上述作为商品所有权的土地所有权之成立为前提。但是，如何从法规范层面分析近代土地所有关系的成立，川岛没有进行具体的分析。

502 (ii) 还有一个理由是社会法的问题。如上所述，川岛理论所要解决的现实课题是日本社会的近代化，所以肯定会选择以工业资本主义阶段资本主义的生产关系为历史形态的财产法模型作为其主要的理论课题。因此，关于社会法，川岛认为，自己所构筑的财产法模型属于以资本主义经济的原始形态即商品交换关系为媒介的法规范形态，区别于初期资本主义社会即中产阶级支配的社会的法——“古典市民法”（意思自治等古典法原理），社会法是对“古典市民法”的修正。但是也有学者认为这种社会法终归是“资本主义社会法律内部的法”[①]，川岛并没有直接讨论像租房法这样的社会法本身的具体规范构造。

从以上理由来看，虽然受到了川岛理论的强烈影响，但是从50年代后半段开始，结合租地、租房法的修改问题，包括水本、筱

---

① 沼田稻次郎：《市民法与社会法》，《法律时报》第30卷第4号，1958年。

家在内,渡边洋三、铃木禄弥、川村泰启、广中俊雄等众多学者开始讨论不动产租赁的法律构造问题。

2. 两书的内容及其在学界之意义

(1) 从与上述川岛理论的关系上来说,水本主要围绕问题(i),而筱冢则主要围绕问题(ii)展开了讨论。两书都主张采取"租赁权的物权化"的不动产租赁关系的法规范构造,但是关于物权化的社会意义的理解以及理论根据,两者存在很大的不同。

(2) 首先,筱冢批判了川岛所提出的涵盖社会法的"抽象市民法"的概念,认为应当承认社会法的积极意义,重点分析了既属于劳动问题又是重要的法学课题的住宅问题(包括土地、建筑物两者的利用关系),展开了关乎民法体系的"租赁权的物权化"的讨论,认为"理想的租地租房法"应当被体系化为"社会居住法"。

筱冢认为,市民法就是市民社会的法。在早期阶段,市民社会是一个整体社会,但因社会的高度分化,出现了明显的阶级对立,生产资料的非所有权人即意欲从根本上改变市民社会生活体系的人们意识到市民社会与市民法的局限性,于是将市民社会及市民法转化成了部分社会及部分社会的法。如果把具有这种变 503
革的集团意识的人们看作是一个部分社会,如何克服市民社会与市民法就成为了问题。他们追求的社会是没有阶级对立、保障实质平等的人类社会,从经济体制上来说,就是社会主义社会。以这种人类社会为基础的法就是社会法。在从市民社会向社会主义社会过渡的阶段,法律变成了市民法与社会法的"规范复合体",例如劳动法与居住法。住宅的租赁权正是属于市民法秩序的债权因素和属于社会法秩序的物权因素的复合体,即"物权化的租赁权",受规范复合体的规制。随着物权要素的强化,住宅的租赁法就从整体上变成了社会法。因此，促进上述发展，构建整合租地、租房的"社会居住法"的学术研究体系，并完成相应的立法，才是租地法、租房法应有的归宿。

川岛理论以日本社会的近代化为研究课题，而筱冢则从正面讨论了经济近代化产生的问题，积极推进立法("社会居住法")，以解决经济高速成长期城市人口集中的问题，保障城市劳动者阶层的居住，以及确保小产业者稳定地使用建筑物，并提出了如何从资本主义的生产关系和潜伏在其中的阶级矛盾出发，构建财产法模型的问题。从这两点上来说，筱冢的理论具有积极的意义。

但与此同时，筱冢的理论在研究方法上也是存在问题的，他没有深入分析资本主义社会的经济法则与资本主义社会中国家与法的功能之间的关系，直接依据市民法和社会法这一相对概念，从法律的角度来理解潜伏在资本主义社会的阶级矛盾，作为分析租地、租房法的理论框架体系，该理论还需进一步完善。

(3) 不管怎么说，相对于从现代的、实践的视角提出问题的筱冢，水本则与川岛一样，认为应当遵循并保障资本主义的价值规律，构建资本主义社会不动产租赁的法制体系，从理论上阐明不能还原为一般近代所有权的近代土地所有权的形态。

504 水本认为，近代土地所有权的成立，不仅需要使其具备商品所有权的属性，而且还必须确立土地使用的资本主义生产关系。即在以地主—资本家—雇佣劳动者三阶层下的近代市民社会中，必须要形成如下关系——资本家租赁土地，通过使用劳动者创造剩余价值，一部分的剩余价值作为地租支付给土地所有权人，实现商品的再生产(资本制地租)。因此，在法律层面上，"地主的土地所有权不能凌驾于资本家的土地使用权之上。保障商品再生产过程的顺利进行”，即必须强化土地使用权，促进农业资本的投资，将土地有权的权限限定在收取资本家的地租上（土地所有权的地租收取权化），这是近代不动产租赁法制的理想形态。

从以上观点出发，水本认为，正是在19世纪先进的、传统的资本主义国家英国，构建了相应的近代化的不动产租赁法律制度。通过分析与农业资本主义相对应的英国农地租赁法制的发展，并具体研究了农地租赁权长期化的法律构造的近代化过程，总结出了英国关于不动产租赁的、“正常贯彻资本主义价值规律（近代化的正常形态）的制定法构造”。

通过这种历史分析，水本总结出的英国近代不动产租赁法制的具体制定法内容如下：①迟延地租收取方式的近代化（地租收取权的救济方式），即动产抵押的合法程序；②修改土地附合原则，从法律上承认农地附着物的收取权；③限定土地侵害禁止的范围（土地改良的自由化）；④租赁契约的书面化；⑤农地租赁期间的稳定化；⑥租赁权的自由让与和转租。他将这种与农业资本主义相对应的土地租赁权的强化（相比于土地所有权）概括地、形象地表达为“土地租赁权的物权化”。这不仅是事实上存在的适合资本主义的土地所有权的理想形态，而且也是近代土地所有权的应有形态，反过来看包括我国在内的近代大陆法国家，它们采取了所有权绝对原则、土地租赁权的债权构成，这是农业资本主义发展不健全所导致的“近代不动产法的畸形形态”，是“寄生地主阶段的反映”。

如上所述，水本最先从理论与历史的角度明确了近代土地所 505
有权的规范构造，深刻地影响了不动产租赁法的立法论和解释论。水本之后关于租地、租房法等不动产租赁法制基础理论的讨论，都是围绕水本理论展开的。

3. 其后学界之发展

（1）渡边洋三从如下视角出发，完善了上述水平的理论，他认为不能还原为一般所有权的土地所有权之所以具有特殊性，是因为其客体即非劳动生产物的土地具有特殊性。他进一步指出，土地所有权的近代化过程是“从法律承认具有交换价值支配权地位的自由的、绝对的土地所有权开始，到法律承认土地用益权优越于土地所有权结束的一连串过程”，并从理论上整合了川岛的近代土地所有权理论和水本的物权化理论，前者是土地所有权近代化的基础、起点，后者是土地所有权的完成形态。[①] 通常将水本和渡边的理论称为“租赁权的物权化理论”（但是，与川岛一样，渡边也认为，抽象地讨论租赁权的物权化是不是近代化的问题没有意义，他并没有采取“租赁权的物权化”的近代土地所有权的规范构造）。

（2）在这之后，学界展开了租赁权的物权化的法制史上的讨论，如甲斐道太郎完成了理论上的梳理，稻本洋之助提出了资本主义法律的历史分析方法，戒能通厚根据英国的土地所有权法的历史，展开了批判性研究，认为过度强调英国农地租赁权的法律构造是近代土地所有权的模型，以及无视经济层面的近代土地的私有化和法律层面的近代土地所有权（及其物权化的法律构造）在法律上的相对独立性，僵硬地将两者结合在一起，这些都是过去的研究方法存在的问题。[②]

---

① 渡边洋三：《土地与建筑物的法律制度》（上），东京大学出版会，1960 年，第 3 页以下。

② 戒能通厚：《英国土地所有权法的总体把握》，《社会科学的方法》第 39 号，1972 年，第 11 页以下。

但是，对租赁权物权化的规范理论正式展开批判，是土地租赁权的“价值权限化”这一“现代的物权化现象”出现以后。租赁权的物权化是通过强化、稳定土地租赁权，避免因购买土地，使更多的资本固定为非生产资本，从而保障生产活动的有效投资，但因这种租赁权在法律上的强化和稳定，导致在城市，出现了“土地 506
租赁权价格”现象，在农村，作为农地耕作权人权利放弃的对价*，出现了“耕作权价格”现象，这使得租赁权物权化试图避免的对土地本身的投资，又因租赁权的价值权限化，再次复活于“租赁权本身”。① 从这种现实状况出发，同时结合前面所提到的对物权化理论的方法论的批判，稻本洋之助认为，不应将近代土地所有权理解为物权性质的用益物权，应当将其理解为债权性质的使用权的强化与稳定。② 原田纯孝从同样的方法论出发，通过对法国农地租赁法的实证研究，从理论上更缜密地分析了近代农地租赁权的法律构造，指出在农地租赁中，对于资本的回收来说，土地改良实施权与改良费用偿还请求权等“内部构造”比过去物权化理论所重视的对抗力、让与、转租、存续期间等租赁权的“外部构造”更重要，因此关于利用农地的权利，“没有必要预先设定物权性质的地上权，只需要从法律上规定债权性质的租赁权，确保农业经营就可以了”。③

这样，随着租赁权物权化理论不能实际有效地调整不动

---

* 日文原文为“離作料”。——译者

① 原田纯孝：《“租赁权的物权化”之现代意义》，《不动产研究》第 20 卷第 4 号，1978 年，第 42 页以下。

② 稻本洋之助：《“租赁权的物权化”》，《土地租赁制度之再研讨》，日本评论社，1986 年，第 213 页以下。

③ 原田纯孝：《近代土地租赁法研究——法国农地租赁法的构造与历史发展》，东京大学出版会，1980 年，第 10 页以下。

产租赁关系，一方面，近代土地所有权理论逐渐成为历史，另一方面，作为解决现代土地问题的实践对应型的理论，强调公权力介入土地利用秩序的现代土地法理论逐渐成为学说讨论的核心。

（3）但是，在这样的理论状况下，近年来又有学者开始重新研究近代土地所有权的规范理论，例如池田恒男。池田对物权化理论以及反对物权化理论都将讨论的视角限定在农业部门的地租理论框架（也即以土地所有权和土地用益权的对抗关系为核心，构筑不动产租赁法的视角）的做法进行了批判，评价了结合资本主义再生产关系的整体构造解读财产法理论构成的川岛理论，指出以土地所有权为基础的土地法并不是简单地对应着经济过程，它还发挥着实现近代社会政治国家形成过程中阶级统一的功能，
507 提出了立足于控制国家的、具有文明史价值内涵的“市民社会”理论的土地所有权理论。①

如上所述，我国关于土地所有权的讨论是围绕实际发生的土地问题展开的，因此观点在实践中是否切实可行，需要看该观点能否有效解决我国实际发生的土地问题。但是，这不仅需要我们展望我国现实发生的土地问题的解决方向，探寻物权化批判理论所主张的实践对应型的现代土地法的理论根据，还需要重新讨论近代土地所有权的基础理论。②

---

① 池田恒男：《“近代土地所有”与“近代土地所有权”》，《土地法理论的发展》，法律文化社，1990 年，第 28 页以下。

② 关于研究史的梳理，可参见池田恒男：《战后现代土地所有权论的到达点与问题点》（1—2），《东京都立大学法学会杂志》第 35 卷第 3、4 号，第 36 卷第 2 号，1989 年；铃木龙也：《农地法制与土地所有权论之系谱》，《城市扩张与土地问题》，日本评论社，1993 年。

■ 作者介绍

① 篠冢昭次

主要著作：除上述著作外，还著有『不動産法の常識 上下』(1970 年・1971 年・日本評論社)、『土地所有権と現代』(1974 年・日本放送出版会)、『論争民法学 1—5』(1970—1981 年・成文堂)、『民法よみかたとしくみ』(1982 年・有斐閣)、『民法口話 1—4』(1985—1989 年・有斐閣)等。

简　　历：1928 年(昭和三年)生*，毕业于早稻田大学法学部，早稻田大学教授[其著作、履历请详见早稲田法学 74 卷 3 号(1999 年)]。

② 水本浩

主要著作：除上述著作外，还著有『借地借家法の現代的課題』(1971 年・一粒社)、『土地政策と住宅政策』(1979 年・有斐閣)、『土地問題と所有権』(1980 年・有斐閣)、『不動産利用権の新しい展開』(1985 年・有斐閣)、『転換期の借地・借家法』(1988 年・日本評論社)、『現代民法学の方法と体系』(1996 年・創文社)等。

简　　历：1920 年(大正九年)生**，毕业于东京帝国大学法学部，曾任熊本商科大学助教授，神奈川大学、立教大学、独协大学教授[其著作、履历等详见沢野順彦＝丸山英気＝内田勝一編『借地借家法の理論と実務』(1997 年・有斐閣)]。

---

* 篠冢昭次已于 2016 年去世。——译者

** 水本浩已于 1999 年去世。——译者

508 *5-23* 铃木禄弥

《居住权论》

（有斐阁，1959年，1981年新版）*

评议人 内田胜一（早稻田大学）

该书认为，“居住权”是特定的承租人就特定的房屋，要求租赁关系的相对方即特定的房屋所有权人在作出一定牺牲的基础上保障自己居住的权利，并讨论了正当事由等租房法上的重要问题。

1. 该书出版时关于本课题之学界状况

（1）在二战后的日本社会，严重的住宅难问题一直存在。战败之后更是出现了420万户居民无家可归的严峻局面。尽管如此，日本却参考英国和德国的公共住宅、社会住宅政策，出台了相应的产业复兴政策，结果导致了新住宅供应的停滞。围绕现在的房屋利用关系，房屋所有权人与承租人之间矛盾不断激化，诉讼案件激增。裁判所引用1941年《租房法》修改时导入的正当事由规定，维护承租人稳定的居住。关于正当事由，出现了很多判决，租房法问题实际上也是民法学上最重要的问题之一。学者对生活在住宅难困境中的国民产生了共鸣，以《日本国宪法》第25条的生存权规定为理论基础，展开了具有社会法性质的居住者保护理论。

---

* 原文文献为：鈴木禄弥『居住権論』[1959年（新版1981年）・有斐閣]。——译者

(2) 昭和三十年代以后，学界正式展开了基于租地、租房法的历史与本质的立法论和解释论。

最先考察租房法的原理及历史的是川村泰启教授的《日本房屋租赁法的构造》、《解约“自由”原则及其“限制”》、《物权化的市民法构造与社会法构造》等一系列研究。① 川村认为，日本的租房关系是非近代化的、半封建的、在没有对军用资本进行利润制约的情况下而于1941年通过法律修改导入的正当事由制度，只是补充完善了作为战时经济统制法的资金统制令、地租房租统制令，不是一种社会政策立法，并考察了二战后租房法的变化过程。另外，渡边洋三的《土地与建筑物的法律制度》(上、中)认为，土地租赁权的物权化与建筑物租赁权的物权化有本质上的不同，通过详细分析日本租地法、租房法的立法史，得出了与川村教授相同 509
的历史认识。② 但是，二战后租房法的保护理论获得了社会上劳动运动及法律上生存权理念的支持，渡边洋三指出应该从租房法的社会法构造出发，来说明施加在房屋所有权人资本上的各种制约。

对此，勾勒出租赁权应有的形态以及理想的租地租房法，提出实践对应型解释论建议的是总结一系列研究的筱冢昭次的《租地租房法的基本问题》③，它以房屋承租人的“老家观”为核心，将租地租房法定位成具有社会法性质的居住权保护法。

---

① 川村泰启：《日本房屋租赁法的构造》，《法学新报》第63卷第4、5号，1955年；氏著：《解约“自由”原则及其“限制”》，《法学家》第118号，1956年；氏著：《物权化的市民法构造与社会法构造》，《民商法杂志》第36卷第3号，1957年。

② 渡边洋三：《土地与建筑物的法律制度》(上、中)，东京大学出版会，1960—1961年。

③ 筱冢昭次：《租地租房法的基本问题》，日本评论社，1962年。

2. 该书的内容及其在学界之意义

（1）被称作“居住权”的房屋承租人的权利在许多方面与市民法上一般的财产权具有本质上的不同，该书通过明确居住权的概念及法律构成，提出了解决租房法各种问题的、具有一贯性的理论根据。另外，该书所说的居住权不是指宪法意义上的生存权，而是指市民法上的契约关系结束后，房屋承租人仍然拥有可以请求房屋所有权人使其继续居住在该房屋的权利。

该书首先概括了涉及租房法性质的各种观点。在讨论了二战前的社会政策立法说以及“我妻说”，即从“所有到利用”的指导原理来理解资本主义的发展所造成的房屋承租人权利的强化之后，又讨论了为促进过去半封建租房关系的解体、主张广泛制约房屋所有权人解约申请权的“渡边（旧说）说”租房法即法西斯法说，主张战时的租房为法西斯法、战后的租房法为社会法的“渡边（新说）说”。

在这之后，作者认为租房法是“以契约关系为媒介，牺牲房屋所有权人的社会住宅性质的立法”。作者认为，社会法是为了防止劳动力的减少及缓和受压迫阶层的反抗，对自由放任主义原则进行修正的法，租房法就是为自由放任主义经济中没有人类本该享有的居住设施的人提供该居住条件的法律，它同与公共住宅制度相关的法规都属于社会住宅立法。另外，作者从契约关系视角
510 诠释了本应该由国家承担的为所有国民提供居住环境的任务如何转嫁到房屋所有权人，即在双方当事人缔结的租赁契约中，使房屋所有权人承担允许现在的房屋承租人继续居住在该房屋的义务。而且，为了保障房屋承租人的居住权，租房法不是由国家来承担相应费用，而是通过限制房屋所有权人的所有权来实现

的，对房屋所有权人解约的制约就是对控制着房租的房屋所有权人的房屋所有权自由的否定，是以牺牲房屋所有权人的权利为前提的。

根据上述定义，基本的实践态度是，从现在的住宅状况以及为解决住宅难问题国家预算的分配现状来看，应当肯定租房法的解约制约的宗旨，但是租房法并不是解决住宅难问题的永恒手段，还应该积极促进一般的住宅立法。

在第2章中，作者根据法定租赁关系的观点，讨论了居住权的法律构成，采取了如下思考方式。即比较房屋所有权人解约前以及租赁期间到来前的约定租赁关系与之后的法定租赁关系，严格区分市民法秩序与社会法秩序。于是，关于"契约解除"的制约以及"正当事由"，作者展开了详细的判例分析，总结了判例理论，从居住权的观点对判例理论进行了评析。在第3章中，作者比较了居住用建筑物与商业用建筑物。在第4章中，比较了租房与租地。所有的章节都是以德国法为基础，详细地分析了日本的判例。

(2) 二战后租地租房法学的最高成就是水本浩的《租地租房法的基础理论》[①]。该书分析了典型的资本主义国家即英国资本主义农业经营的发展过程，认为这个历史过程是由资本主义的佃农完成的，土地所有权近代化的标志不是地主的土地所有权，而是资本主义佃农的土地租赁权的优越性。水本认为，一定的规模、价格以下的住宅是社会法性质的租房法的适用对象，租房法应当以保障居住利益为核心，使租房法对租赁权的保护和房租法对房租的限制成为一个规范整体。水本又分析了日本的租地、租

① 水本浩：《租地租房法的基础理论》，一粒社，1966年。

房法的本质及构造，指出现在的租房关系存在居住用房屋所有权人阶层的初期性、公共住宅建设的贫乏、合租房较多等问题，认为日本的租房法要同时完成近代法化和社会法化。

如果将该书的观点与“水本说”以及前述各种学说进行对比的话，就可以发现，该书并未拘泥于租房法的原理或其历史理论根据，而是以解释论为关注重点，指出租房法与近代市民法在原
511 理上的不同，并不是永恒的法，因此它可能会因住宅状况的变化而改变，并以日本的判例法为前提展开了说明。当然，根据作者的观点，本该由国家完成的为没有住宅的人提供住宅的任务，不再由国家来承担，而是通过租房法及房租管控限制房屋所有权人的所有权，保障租赁关系中房屋承租人的居住权来完成上述任务的，在这种意义上，作者提出了“牺牲房屋所有权人权利”的定义，它不是为了拥护房屋所有权人的利益，而是为了强调租房法的社会住宅立法绝不是解决住宅难的正确路径（在 1997 年以后的定期租房权的讨论中，推进派对该书所主张的“牺牲房屋所有权人权利”概念进行恣意的、政治意义上的引用，企图废止正当事由制度）。另外，作者关于租地租房法的论文都收录于《租地、租房法研究》（Ⅰ、Ⅱ）①中。

3. 其后学界之发展

作者认为，如果将租房法各种问题的解决看作是应对住宅难问题的一环，那么也应当关注其他的住宅立法，确立广义上的、作为一种生存权的“居住权”概念，并高举“居住权”大旗，为所有国民提供健康文化的居住环境而不懈努力，这是今后的课题。在这

① 铃木禄弥：《租地、租房法研究》（Ⅰ、Ⅱ），创文社，1984 年。

之后的租地租房法的研究中，通常会区分租地与租房、居住用建筑物与营业用建筑物，从都市、住宅问题以及政策的视角，讨论居住用建筑物的租房关系和居住权。另外，在这之后的租地租房法的理论研究逐渐将研究重心从土地法研究[①]转向城市法研究[②]。

■ 作者介绍

铃木禄弥（参见本书 2－06）

① 稻本洋之助、渡边洋三编著：《现代土地法研究》（上、下），岩波书店，1983 年；稻本洋之助等：《欧洲的土地法制》，东京大学出版会，1983 年。

② 代表性作品有，原田纯孝、广渡清吾等编著：《现代城市法——德国、法国、英国、美国》，东京大学出版会，1993 年。

512 ## 5-24 原田纯孝

《近代土地租赁法研究——法国农地租赁法的构造与历史发展》

（东京大学出版会，1980年）*

评议人 广渡清吾（东京大学）

该书对拿破仑法典颁布以前法国近代农地租赁法制的确立过程进行了历史法社会学的实证分析，在此基础上，划时代地提出了日本民法学上一个重要的理论课题，即土地租赁权理论、近代土地所有权理论。

1. 该书出版前关于本课题之学界状况

（1）土地租赁法研究的核心问题是如何理解土地租赁权的法律性质以及土地所有权与土地利用权（租赁权）的法律关系，二战后民法学从法理论上讨论了何为“近代化”的问题。他们都对二战以前日本的法律体制，特别是寄生虫地主制的土地租赁法制展开了批判，试图实现土地租赁权的近代化。

（2）在该书出版之前，关于土地租赁法的问题，大致存在如下具有支配地位的观点：第一，近代所有权的一般特征是私有性、观念性及绝对性，保障作为商品的土地所有权的自由流通是确立近代所有权的必备条件。① 第二，近代土地所有权的确立意味着土

* 原文文献为：原田純孝『近代土地賃貸借法の研究——フランス農地賃貸借法の構造と史的展開』（1980年・東京大学出版会）。——译者

① 川岛武宜：《所有权法的理论》，岩波书店，1949年。

地从属于资本，也就是地主的土地所有权从属于企业家即租地农业者的土地利用权，这种意义上的近代土地所有权、近代土地租赁权形成于 19 世纪中叶的英国，这种近代土地的租赁权采取的不是债权构成，而是物权构成，因此有学者认为“土地租赁权的物权化”就是土地租赁权（还有土地所有权）近代化的方向。[①] 第三，对于第一与第二的关系，有学者将近代土地所有权的成立划分为两个阶段，第一个阶段是土地所有权的商品化，第二个阶段是土地所有权逐渐从属于土地租赁权。[②]

（3）围绕上述观点，学界进一步展开了如下讨论。首先，学 513
界对土地租赁权的物权构成是近代化的土地租赁权，而债权构成（法国民法典、德国民法典、日本民法典）是非近代化的土地租赁权的观点（水本的观点）提出了质疑。[③] 第二，与此相关，有学者认为经济社会关系的“土地所有”与规范层面的土地所有权（土地所有权的法律构成）并不是直接对应的，应从方法论上对两者进行区分，并从历史角度分析了所有权的法律构造在调整土地所有关系上所具有的功能意义。[④] 还有学者认为不应将英国作为近代土地所有权确立的典型，它只不过是土地所有权历史上的一种具体类型，应该从整体上进行分析。[⑤] 该书充分讨论了以上这些观点。

---

① 水本浩：《租地租房法的基础理论》，一粒社，1966 年。

② 渡边洋三：《近代土地所有权的法律构造》，《社会科学研究》第 12 卷第 1 号，1960 年。

③ 川岛武宜：《所有权法的理论》，岩波书店，1949 年；渡边洋三：《土地与建筑物的法律制度》（上），东京大学出版会，1960 年。

④ 甲斐道太郎：《土地所有权的近代化》，有斐阁，1967 年。

⑤ 紧接该书出版的是，戒能通厚：《英国土地所有权法研究》，岩波书店，1980 年。

2. 该书的内容及其在学界之意义

（1）如果用一句话来概括该书的内容和意义的话，就是它批判了以英国为典型所推导出的“土地租赁权的物权化＝土地所有权的近代化”的命题，展开了独自的方法论上的、理论上的讨论和历史实证分析。共计500页篇幅的该书首先在“序论”中，对土地租赁权理论及近代土地所有权理论进行了方法论上的梳理，可以看出其理论背后的资本主义法比较研究的方法意识。紧接着进入了历史的实证分析，在第1部分讨论了“旧体制（法国1789年革命前的旧封建社会制度）末期的农地租赁法的发展”，第2部分分析了“法国大革命及拿破仑法典中农地租赁法的形成”。

（2）该书提出了如下的独特方法论视角。“土地租赁权的物权化＝土地所有权的近代化”命题是以英国作为资本主义的典型国家并且以资本主义农业的理想型（农业部门的地主、资本家、劳动者的三阶层及资本制地租的成立）为前提的理论模型而推导出的，作者对此予以了批判，认为各国的资本主义农业的发展都有其各自特殊的土地所有权与土地租赁权的关系，不应当认为英国的模式就是典型即近代型，而其他国家的法律构造偏离了英国模
514 式，应当分别讨论各国特殊的近代化形态。而正是在该书实证分析的法国，拿破仑法典一方面创造了近代私人所有权，另一方面，采取了土地租赁权的债权构成，在所创造的近代所有权的基础上，农民阶层出现了解体，促进了资本主义农业的发展。而且关于如何理解“土地租赁权的物权化”，该书从概念上区分了物权构成的“外部构造”（对抗力、让与与转租，权利的存续期间的长短等）和“内部构造”（保障资本投资自由的改良实施权及改良费用偿还请求权），对于适合资本主义农业发展的土地利用权来说，其

内部构造具有决定性的意义，虽然对英国的经济史学的历史实证分析也指出了这一点，但过去的土地租赁权物权化理论主要讨论了前者，而未对后者作出明确定位。

(3) 该书划时代的贡献在于，它根据上述方法论视角，通过缜密地收集并分析法国北部习惯法、旧体制下的判例、公证人证书及大革命时期的立法史料，实证分析了法国农地租赁法的近代形成过程。其历史的实证分析明确了如下内容。

第一，在旧体制下的租赁普通法中，农地承租人的租赁权明显从属于土地所有权，但其中也出现了土地承租人地位在一定程度上强化的趋势，另外在北部习惯法中，也出现了许多对农地承租人有利的规定，而且在一部分地区，伴随着农村共同体关系的形成，承认事实上的永久更新权的“mauvais gré”惯例也保护了农地承租人的利益。* 第二，正如法国北部苏瓦松 (Soissons)** 地区约一百件公证人证书以及向1789年“三级会议”提出的农民请愿书等所表明的那样，1760年以后富农阶层逐渐形成，农民阶层出现两极分化，开启了近代农业发展的进程。在这个过程中，出现了来自农地承租人的上、中、下层的多种多样的土地权利要求。上层农地承租人希望土地所有权自由化及农地租赁权近代化(保护)，而下层农地承租人强烈坚持共同体权利的存续，中层农地承租人在两种观点上出现了分裂。第三，作为封建关系框架外的问题，法国大革命并没有解决农地租赁关系的问题，但是通过土地改革，摆脱从封建束缚，确立自由的土地所有权，实际上就确立了农地租赁权的形态，在自由所有权的法律观念下，农地租赁权的

---

* 关于“mauvais gré”惯例可参见原田纯孝:《近代土地租赁法研究——法国农地租赁法的构造与历史发展》，东京大学出版会，1980年，第127页。——译者

** 苏瓦松(Soissons)，法国皮卡第大区埃纳省的一个城市。——译者

515 债权构成具有了历史的规定性。第四，拿破仑法典以“热月政变”后处于支配地位的上层农地承租人的法律观念为背景，规定了以自由的土地所有权、农地租赁权的债权构成以及承认租赁权的对抗力为内容的法律制度。表面上这是对旧体制下的租赁法制的“继承”，但实际上它是对旧法律制度的历史上的、理论上的再构筑，具有使法国社会向资本主义转型的特殊的、近代化意义。

如上所述，该书成功地对二战后日本法经常作为普遍模式讨论的“近代”，从一个侧面真实再现了其历史的特殊性。

3. 其后学界之发展

20 世纪 80 年代以后，围绕土地所有权的法律讨论逐渐从近代土地所有权（由此而来的土地租赁权的近代化构成）转向对现代土地问题中的所有权和使用权的关系（现代土地法理论）。二战后，持续快速的经济增长加快了日本社会的工业化与城市化进程，必然会改变原有的土地利用关系，与此同时，由此引发的地价大幅上涨导致了所谓的“土地问题”。因此如何看待近代所有权中的“所有权自由”与重新编制土地利用关系的公共规划具有怎样的关系，以及如何看待所谓的开发利益的归属（非因所有权人投资的土地价值的增加部分能否还原为公共利益），就成为了问题。另外，关于“物权化”的土地租赁权（受建筑物保护法、土地租赁法＝现行租地租房法保护的土地租赁权），学界指出了它的“亚所有权”属性，并在与近代所有权讨论不同的语境下，分析了土地所有权和土地使用权的对抗性质。总之，学界开始从近代土地所有权的“私的性质”与土地空间（特别是城市空间）形成的公共性之间的矛盾出发，讨论近代土地所有权的私的性质（研究重点从“具体的私有土地所有权转向公共土地空间”）。

如何结合近代所有权的理论上、历史上的研究对上述问题进行说明，由于篇幅的关系，仅介绍一下包括该书作者研究在内的诸多相关研究成果；稻本洋之助的《土地租赁制度之再研讨》①，水本浩的《转型期的租地、租房法》②，五十岚敬喜、原田纯孝等人的《读土地基本法》③，原田纯孝、广渡清吾等编著的《现代城市法——德国、法国、英国、美国》④等。还出现了非常有趣的学说史 516
的梳理——森田修的《战后民法学上的"近代"——以"近代土地所有权"的相关讨论为例》⑤。

■ 作者介绍

原田纯孝

主要著作：除该书及本评议论文所涉及的编著书外，还著有『ヨーロッパの土地法制』(共編著)(1983・東京大学出版会)、『民法Ⅱ—物権』(共著)(1987・有斐閣)、『農地制度を考える——わが国農地制度の沿革・現状と展望』(1997・全国農業会議所)。另外，该书获得了"第一届日本农业法学奖"。

简　　历：1946年(昭和二十一年)生，毕业于东京大学法学部，曾任东京经济大学助教授，现任东京大学社会科学研究所教授。

① 稻本洋之助：《土地租赁制度之再研讨》，日本评论社，1986年。

② 水本浩：《转型期的租地、租房法》，日本评论社，1988年。

③ 五十岚敬喜、原田纯孝等：《读土地基本法》，日本经济评论社，1990年。

④ 原田纯孝、广渡清吾等编著：《现代城市法——德国、法国、英国、美国》，东京大学出版会，1993年。

⑤ 森田修：《战后民法学上的"近代"——以"近代土地所有权"的相关讨论为例》，《社会科学研究》第48卷第4号，1997年。

517 ## 5-25 梅谦次郎
《日本民法和解论》(完)
(攻法会,1892年)*

评议人 田村耀郎(岛根大学)

作者于1889年写作《和解论》(法文版),讨论了和解的意义、要件及效果。通过这一部我国最初的正式法律文献,不仅可以理解《民法》第695条、696条的宗旨,而且还能了解民法典编纂当时的法律、司法制度及法理论状况。

1. 该书出版前关于本课题之学界状况

(1) 和解就是"双方当事人通过相互让步,约定终止双方之间的争议"(《民法》第695条)的契约,"如果通过和解,确定一方当事人享有争议之目的的权利,或相对方无此权利,如果有确切证据证明其中一方当事人过去享有此权利或者另一方当事人不享有此权利时,那么该权利会因和解而转移到另一方当事人或归于消灭"(《民法》第696条)。

(2) 该书写作时(19世纪末),法国《民法》第2044条至2058条、德国《民法草案》第666条(现行《民法》第779条)、意大利民法等均对和解作出了规定。法国法的规定因有诸多不完善之处[有人说立法主导者波蒂埃(Pothier)没有留下任何有关和解的论述便去世了,也有人说他很早就停止了立法工作]而备受批判,学说上也未形成一致的观点。梅谦次郎于1885年赴法国留学,为

* 原文文献为:梅謙次郎『日本民法和解論 完』(1892年·攻法会)。——译者

了批判阿卡里亚斯(Accarias)的"和解理论"(1863年),写作了共计650页篇幅的巨著《和解论》(法文版),让"欧洲人大为震惊"(高木丰三的评议)。即便现在,《和解论》(法文版)依然作为23编的参考文献之一,被收录进法国法学大事纪(法律学百科辞典)。《和解论》(法文版)讨论了罗马法、旧法国民法以及法国现行民法中和解的性质、要件及效果等所有问题,凝聚了当时刚过25岁的留学生——梅谦次郎关于民法学的整体研究成果。德国民法在这之后放弃了将和解作为一种独立的契约类型,仅保留了一条(第779条)与意思表示错误相关的规定,日本旧民法("博瓦索纳德民法")继受了法国法的讨论,在"财产取得编"规定了从第110条至第114条共计5条的内容。

2. 该书的内容及其在学界之意义 518

(1) 该书是由总论、和解的证据、和解的标的物、和解当事人、和解的效果、和解的范围及无效和解构成的长达320页篇幅的著作。"本书讨论了上至罗马法下至旧体制下的法国法,并转而参照意大利的法律,结语部分分析了我国的新民法(这里指'博瓦索纳德民法典'——评议人)",以预定于1893年1月1日实施的"新民法为纵轴,以罗马法、法国法、意大利法为横轴",讨论了和解(以上引文来自于该书"序言"。保留了1890年写作时的表述)。

和解是以"定纷止争"为目的的"契约",是"通过双方相互的妥协"达成的。根据这个标准(准则)区分和解与类似和解的其他契约,"绝不会出现错误"。"对于所有的和解而言,这三个要件缺一不可"(原书第16页)。

对和解作出上述定义的基础上,该书详细讨论了其性质、效果。当然,该书是以《和解论》(法文版)为基础写作的,但应该说它是按照“序言”所提出的目的写作的另外一部著作。以下仅就和解的效果问题展开讨论。

（2）对和解的标的物，也即对“诉争权利”达成和解时，会产生怎样的效果呢？旧《民法·财产取得编》第114条规定：“如果双方当事人相互追认的权利或利益成为已经发生或预见到的争议之目的，有效地和解在双方当事人之间产生与确定判决相同的认定效力。在这种情况下，该权利或利益被看作是因为过去的原因而存在。但是，当双方当事人变更意思表示时，不在此限。反之，如果双方当事人相互提供或者承诺的权利或利益的全部或10%成为争议的目的，和解应当遵守产生物权或债权请求权并使之变动或消灭的有偿合意的规则。”从一方放弃“诉争权利”而另一方获得该权利来看，和解无疑是“授予性（转移性）的”（第114条的后半段）。问题在关于“诉争权利”的前半段。在该条文中，尽管提到“追认”，但这只是单纯的“被认可”（reconnue）的含义，不同于以“存在”为前提的“追认”，没有必要再规定“预见到的争议”，只
519 规定“争议”就可以。另外，“产生与确定判决相同的认定效力”让人难以理解，“简直就是法律用语的疏忽”。正确的表述应当是，“有效的和解……产生与不可撤销的判决相同的完全的认定效力”。虽然存在这样的不完善，但最大的问题还在于条文采用了“认定说＝宣示说”，我（梅）不赞成这一点（原书227页）。

所谓“认定说”，就是确定（认定）、宣示和解是争议双方当事人通过相互让步放弃各自的权利主张，终结纷争，以后永不再重复争议的一种构造（契约），在当时以及现在的法国，“认定说”是通说。对此，也出现了主张“授予说”的少数观点。

“梅说”应当是介于两者之间的折中说，他指出：“如上所述，说到和解具有怎样的性质，其性质还并未完全确定，从一方放弃

权利而另一方成为真正的权利人来说，和解是授予性的，从使其获得全部权利来说，和解是认定性的，而如果达成和解，约定通过和解确定权利的归属，那么在和解之初可能就已经了解了该和解的性质。”（原书第222页）于是根据梅的观点，制定了现行《民法》的第695条、696条。立法当时，如何理解第696条确实存在“难度”，招致了许多反对声音，但尽管如此，都被梅的《和解论》一一攻破。参见笔者的论文《和解的“确定效力”》[①]。

3. 其后学界之发展

真正遗憾的是，在这之后我国“和解”的讨论中，很少提及该书，《和解论》（法文版）也是一样。就连著名的我妻荣的论文《和解与错误的关系》[②]也没有参考该书的观点，与梅“和解论”之间不存在任何关系。虽然不知道为什么会出现这种状况，但与法国学界的态度相比，不得不说这是一段遗憾的经历。

实际上，即使在目前的法国，关于梅所主张的“确定效力”说，也未形成一致意见。目前的通说是上述的“认定（宣示）说”，即双方当事人通过和解约定停止纷争。通过确定（认定）具有争议的法律关系（诉争权利）的存在与否、范围、形态，宣示消灭纷争。因此，即使当事人在日后提出了不同的证据，也不能再提起诉讼。
如此一来，通过确认法律关系消灭争议成为和解的本质效果便只 520
是针对有争议的权利关系而言的。此效力便是“确定效力＝认定效力”。作为例外，如果作为“让步”交付了与争议之对象不同的

① 田村耀郎：《和解的“确定效力”》，《岛大法学》第35卷第4号，1992年，第35页。

② 我妻荣：《和解与错误的关系》，《法学协会杂志》第56卷第4号，1938年，第726页。

其他物或权利时，它就具有了“（权利的）转移”、“债务创设”的性质，而在这种情况下，“确定效力”是不发挥作用的。在一般的“相互让步”，即双方当事人相互放弃主张达成和解的情况下，所放弃的并不是实体权利，而是“诉权”（droit d'action），只是在所放弃的诉权限度内，“放弃（让位、退位）”将要主张的东西而已。一方当事人从“诉权”中退位，便丧失了“实体权”，对于诉争权利，另一方当事人也没有获得新权利。原来的实体关系依然继续存在。而且，这种意义上的“确定效力”，作为契约的一般效力，原则上仅作用于双方当事人之间。在与第三人的关系上，不同于和解“确定效力”的、独立的“权利根据”就成为了问题。

对此进行批判的“梅说”，并没有关注和解的“相对性”，而是从实体权的角度对此展开了分析，他最关心的是之后出现相反证据，可能会使“认定说”陷入“循环论”的困境。例如，对所有权存在争议的 A、B 达成和解，B 支付给 A 金钱，B 获得所有权。这时 C 出现，并且在与 B 的诉讼中获胜。接着 A 起诉 C，A 胜诉。B 援用最初的和解，从 A 处取回所有权。C 援用判决从 B 处取回所有权，A 也援用判决从 C 处取回所有权，但是 B……，等等。

实际上这只是“课堂上的假设”，但梅认为如果让 A 取回所有权，就会产生“不劳所获”的不合理现象。为了保护 B 的利益，《民法》第 696 条采取了如下复杂的解决方式，即如果曾经被认为拥有的某物失去的情况下，则该物的所有权必须转移到 B；相反，如果本来不具有所有权而后来具有所有权时，则该所有权必须归于“消灭”。

■ **作者介绍**

梅谦次郎（参见本书 2－08）

5-26 四宫和夫 《信托研究》

（有斐阁，1965年）*

评议人 樋口范雄（东京大学）

该书与作者的另一本著作《信托法》（1958年初版，1989年最新版）是我国研究信托法的基础。

1. 该书出版前关于本课题之学界状况

首先，“该书之前”所指何时。该书收录了四宫教授在信托领域发表的主要论文，涵盖了从1941年《信托行为与信托》开始到收录于该书的《〈信托法〉第九条之内涵》为止25年间的论文。

在1941年以前，1922年信托法制定以后，首先关于如何将英美法上孕育的信托制度引入日本法，学界展开了讨论，最终债权说成为了通说。该说认为，受托人取得委托人信托财产的完整权利，[①]受益人仅享有请求受托人按照信托目的对该财产进行管理处分的债权。这种观点照搬了德国法上的信托行为概念。关于信托，还存在通说不能解释的法律效果，例如受益人的撤销权（《信托法》第31条）、信托财产的独立性（《信托法》第16条）、物上代位性（《信托法》第14条）等。认真、积极地解决这一矛盾的正是占该书主要部分的——划时代的论文《信托行为与信托》。

---

* 原文文献为：四宫和夫『信託の研究』（1965年・有斐閣）。——译者

① 青木彻二：《信托法论》，财政经济时报社，1926年；入江真太郎：《全订信托法原论》，严松堂、大同书院，1933年。

该文推翻了通说的绝对权威，引发了如何在日本法上重新定位信托的讨论。但是在这之后，四宫教授提出的“信托财产的实质法律主体说”在1965年没有成为通说，归宿不明。

2. 该书的内容及其在学界之意义

除了三个判例评释，该书收录了以下四篇论文，即《信托行为与信托》(1941年)、《信托法上受托人违反信托之赔偿责任的性
522 质》(1957年)、《受托人的忠实义务》(1963年)及《〈信托法〉第九条之内涵》(1965年)。*

在《信托行为与信托》一文中，作者认为，根据我国当时的理论构成，罗马法及德国法上规定的信托行为(具体的实例有让与担保及以取回为目的的债权让与)与英美法上的信托是相同的(债权说一元论)，但却有不同的法律效果(例如信托上承认的受益人的追索权在债权让与中不被承认)，该文通过“研究各国的法制及前人理论”，试图解决上述矛盾。作者认为，通过信托，信托行为已经衍化为“法律行为的信托关系”这一上位概念，提出了如下两个建议：第一，信托受益人的权利不是债权，应当把它作为一种所有权；第二，应当使属于信托行为的法律关系具有与信托相同的法律效果而努力。

学界对上述结论既有赞成也有反对，但是非常重要的是，在昭和十年(1935年)，该文并未单纯引用德国或英美的学说并据此推导出结论。该文并未安于信托的学说现状，而是在学说现状的基础上，积极讨论应当如何定位日本信托法与信托关系的发展。

* 以上四篇论文的日文原文为:「信託行為と信託」、「信託法における信託違反受託者の賠償責任の性質」、「受託者の忠実義務」、「信託法第九条の意味内容」。——译者

即便是在今日，该文也值得一读。

其他论文，例如《受托人的忠实义务》也是如此。关于信托关系的基础——忠实义务，我国的信托法存在两个课题：第一，我国不存在概括性的规定；第二，只涵盖一部分忠实义务的(《信托法》)第 22 条从字面表述上极易被解读为强行性规定。四宫的论文首先确认了英美信托法中忠实义务的重要性，认为只设置第 22 条的规定并不是忠实义务，应当尽可能地对忠实义务进行扩张解释。最终，四宫教授总结出了三个有名的原则。即利益相反的禁止、自己利益的禁止和第三人利益的禁止。但是，另一方面，如果从第 22 条字面含义来看，姑且不谈立法论，在我国，忠实义务的一部分属于强行性规定，违反该规定即归绝对无效。在此基础上，四宫教授认为忠实义务存在两种情况：第一种情况就是违反该义务即归无效，还有一种情况是违反该义务仅发生不当得利返还请求权或损害赔偿请求权。而且，对忠实义务进行扩张解释，
实际上是承认信托财产的独立性，并举例说明了没有必要把它作 523
为一种忠实义务的情况，或者说按照我国的实际情况，把它作为法定义务存在疑问。

从这里可以看出，四宫教授与那些依靠英美法的研究积累，并认为只靠英美法研究就万事大吉的学者在学术研究的态度上存在明显的不同。

3. 其后学界之发展

以该书收录的论文为基础，创作并不断再版的是四宫教授的《信托法》[①]。可以说该书是日本信托法的经典著作。说到美国有

① 四宫和夫：《信托法》，有斐阁，1958 年初版，1979 年增补版，1989 年新版。

代表性的信托法的概论书，当然是斯科特（Scott）的《论信托》（*On Trusts*，1939年初版，现在是第四版），可以说四宫教授的功绩堪称日本的“斯科特”。

但是，四宫教授与斯科特之间还存在很大的距离。首先，斯科特的教科书密切联系了判例。因为是英美法，当然需要联系判例，但是斯科特很巧妙地对信托判例进行梳理，在展开具体论述时也频繁引用判例。斯科特的教科书出版后，引用该教科书观点的判例更是不胜枚举。而我国信托法的发展几乎没有依靠判例研究，只是依靠少数的学说讨论。这对四宫教授的观点来说，是件不容乐观的事情。

其次，我国出现了与英美法不同的信托发展轨迹。日本并没有展开以家族间财产转移为目的的民事信托，而是信托银行作为受托人，提供各种各样的商事信托。信托承担着一部分行业间规制的任务，展开了与信托本质毫无关系的讨论，因此信托业务的范围时而窄时而宽。行业间的规制也不像英美那样主要依靠裁判所，而是由主管行政机关出面，通过通告等很难看到的形式对其进行实际的监督。直到最近，在金融缓和的趋势下，这种动向才发生了变化。

不过，近年来研究信托法的论文及专著正在不断增加。一些大学也开设了信托法课程，投资信托、退休金信托及其他信托制度逐渐被大家所熟知。为了反映这种动向，学说上也出现了实践性更强，从使其更好地发挥作用的视角出发，讨论信托法各种问题的趋势。

例如，关于受益权的性质，四宫教授积极主张信托财产的独立性，而学界也出现了区分金钱信托与不动产信托，展开讨论的

学说，[①]以及将信托区分为他益信托与自益信托，完善四宫教授观 524
点的讨论。[②] 但是上述这些讨论在英美法上并没有出现。当然，不存在本身并不是问题，但是未必能够充分说明为什么这是我国特有的讨论。

另外，与四宫教授整合了信托行为与信托一样，学界也出现了整合信托及与信托类似的制度的著作。[③] 关于信托关系的意义以及是否承认信托财产的独立性，今后还需进一步地讨论。

从我国的信托主要是关于商事信托的现实情况来看，如何解决信托法规定与商事信托法理之间的偏离成为最大课题。[④] 但是应当注意，英美法上并不存在民事信托与商事信托的区分。因此，根据商事信托法理构筑信托法，是我国特有的观点。从第22条的忠实义务的规定来看，我国的信托法与英美不同，存在许多强制性规定，形成了我国特有的发展模式，所以摆在现代我国信托法研究面前的一个重要课题不是形成上述我国特有的发展模式，而是应否基于更普遍的说理，发展并明确商事信托法理，以及明确商事信托法理的研究会对信托法本身的发展造成何种影响。毋庸置疑，这些科研工作的出发点正是四宫教授写作的该书及教科书。

另外，关于信托及由信托所产生的信托法（fiduciary law）的现代意义，可参照拙著《"信任"受托人的时代——信托与契约》[⑤]。因为是自己写的书，所以感觉很不好意思。此书不是关于债权说

---

① 田中实：《信托法讲义》(1—12)，《信托》第107—118号，1976—1979年。

② 新井诚：《财产管理制度与民法、信托法》，有斐阁，1990年，第46页。

③ 道垣内弘人：《信托法理与私法体系》，有斐阁，1996年。

④ 神田秀树：《商事信托之法理》，《信托法研究》第22号，1998年，第49页。

⑤ 樋口范雄：《"信任"受托人的时代——信托与契约》，有斐阁，1999年。

与物权说对立的讨论，而是认为现在重要的是如何区分、比较由契约关系产生的义务和由信托关系产生的义务。

■ **作者介绍**

四宫和夫(参见本书 4－09)

第 6 章

无因管理、不当得利与侵权行为

526 第6章　无因管理、不当得利与侵权行为

6-01　序论

加藤雅信（名古屋大学）

1. 序

在第7章中，作为契约以外的债权发生原因，列出了其各自不同的数目，即有关无因管理，1个；有关不当得利，4个；有关侵权行为，16个。当然即使这些数字没有绝对的意义，也可以说其数字之差委婉地表达着各个领域之重要性的差别吧！

以下，拟试概括民法制定以后在各个领域中的学说发展情况（关于在此所提及的学说出处，以一般性文献中的所述内容为主。另外，关于不当得利的学说，请参见平田教授介绍的拙稿）。

2. 无因管理

无因管理是比较朴素的法领域，虽然有若干杰出的作品，但遗憾的是无论哪个时代都未出现过使学界的关注度集中于此领域并引发激烈论战的情况。另外，将民法典制定之后的无因管理学说史以一个完整的流程展现在读者面前也是很困难的，这主要是因为学术论文数量过少，以至于尚未形成一个完整的体系。

然而在这种情况下，也恰恰使无因管理方面的研究没有受到

当时社会或学界动向等因素的影响，而是从纯粹学术的观点出发进行的个别研究。本书中采纳的已故小池隆一教授的研究自不必说，从初期的鸠山论稿开始，到近期的平田、副田论稿为止，在这个领域的论文大多贯彻了纯粹做学问的精神。至于如何思考无因管理的功能，在纳粹等团体主义思想盛行的时代，经常开展社会连带、人类扶助等高姿态的讨论，但是在我国，对于无因管理论政治方面的影响还是比较薄弱的。

3. 不当得利 527

如果把民法制定以来关于不当得利的讨论情况除去枝叶只保留主干的话，那么围绕《民法》第 703 条之“法律上的原因”的讨论则应该能构筑起不当得利法学的中流砥柱。将此“法律上的原因”之内容规定既作为要件论展开讨论，又从不当得利制度本质论的立场出发展开讨论。从这个意义上讲，“法律上的原因”可以说是不当得利法学领域的雅典卫城。

《民法》第 703 条规定中有作为不当得利法核心要件的“法律上的原因”这样的文字表述，因此给此文字表述赋予某些实体内容，从某种意义上讲是很自然的事情。作为日本民法的典范，与其同年公布却晚两年施行的德国民法，在对不当得利的规定中也有同样的文字表述，并且德国在赋予这些文字表达统一理论根据的方面也做了若干努力，由此提出了大量关于不当得利的统一的把握说。此后，这些学说中的一部分也影响了日本的学说，所以不当得利的统一的把握说一定程度上也存在于我国。

但是，不管在德国还是在日本，所提倡的各种不当得利的统一的把握说，无论哪一个都没有完全的说服力。因此，沿用罗马法的格言，把“法律上的原因”的内容认为是“衡平”，即衡平说，无论在德国还是在日本都将其作为通说。持衡平这样模棱两可的观点为“法律上的原因”提供理论依据，即便是没有实质性的内容，但也难以招致破绽。正是基于这种衡平说，不当得利制度乃至“法律上的原因”尽管内容贫乏，却也保持了统一的理论根据的外形。

然而，在解决案件的时候，仅仅衡平也不会成为在某种意义上束缚法官判断的因素。在这个意义上讲，首先，衡平说是对“法律上的原因”进行空白规定化的学说。其次，“衡平”这个概念所持有的道德色彩，使不当得利法道德法化，正如“松坂说”等，把不当得利称作法和道德相互交错的法领域。无论如何，根据衡平说，不当得利法与权利滥用或公序良俗一样，被赋予了作为一般条款的一个例子的性质。

但是一般条款的适用容易招致法的不安定性、法官的随意性
528 等是显而易见的道理。以此为背景，在主张一般条款应该被具体化的一般论的基础上，德国的克默雷尔(Caemmerer)提出了不当得利的类型论，并在德国受到了广泛支持。在日本，克默雷尔的类型论也迅速出现在矶村教授的介绍中。在此之后，“川村说”从个人立场出发，“松坂说”从结合了衡平说的立场出发，另外“广中说”、“铃木说”、“四宫说”、“好美说”等众多学说也展开了各式各样的类型论。由此，不当得利类型化的趋向为学界所广泛接受。然而尽管学界状况如此，但在司法实务中，衡平说仍占据有力地位。

与此相对，考虑到“无法律上的原因”的内容即财物转移所依据的法律关系并不存在，不当得利中的“法律上的原因”其实是被财产法体系投影下的产物，并成为财产法体系的箱庭(如庭院式

的盆景），这种所谓的“箱庭说”乃至法体系投影理论都是笔者所提倡的。由此，不仅实现了曾经被德国和日本放弃的“法律上的原因”，乃至对不当得利法进行统一把握的努力目标，还吸收了包含类型论在内的先进学说成果。

在这样的学说史中，对衡平说的发展有着巨大推动作用的“我妻说”等，由于已在教科书中展开讨论，这里就不赘述了，本书主要收录了以专题论文形式发表的谷口、松坂、加藤等人的著作。

最后还想提及的是，虽作为特例，但研究领域既涉及不当得利又涉及无因管理的矶村论文。已故矶村哲教授在此领域于《法学论丛》等刊物上发表过众多论文，其中关于无因管理、不当得利、转用物诉权等内容，以其精辟的法学史、法思想史的知识和洞察力作后盾，展开了高水准的讨论。但是我们在肯定这些高水平论文的同时，也并没有打算否定其费解性。个人衷心希望受过矶村教授熏陶的各位能把这些总结成一本书，正如在矶村教授去世后，把错误论总结成一本书一样。因为如果只是针对研究者来说的话，不管是书还是杂志论文，其理解难易度并没有差别，但是会令一般读者望而却步，再加上矶村的论文原本就很难理解，那么即便矶村教授在这个领域已达到了极高的水平，其研究成果恐怕也会被埋没。

4. 侵权行为 529

关于不当得利的叙述相当于是去除了枝叶、把焦点聚集在主干上展开，可是若对研究涉及领域极其复杂的侵权行为展开叙述，其实际状况则是，若不把几根主干砍掉的话就不能展开总论式的叙述。侵权行为法学既有与社会现象共同发展的一面，又有单纯理论发展的一面。因此，在这里，我们打算从社会层面和理论层面，将《民法》第709条，以及处于其核心地位的故意、过失和权利侵害（乃至违法性）等进行概括总结，在此基础上展开总论式的叙述。

首先，从社会层面来说，侵权行为法学像如今这样被评价为民法学的中心领域之一，并不是老生常谈。明治、大正，然后到昭和三十年（1955年）左右为止，侵权行为事件并没有得到社会的持续关注。而这种状况发生急剧变化是在昭和三十年代之后的事情。进入昭和三十年代，由于交通事故激增，在大的地方裁判所设置了交通部。进入昭和四十年代，四大公害诉讼的提起，以判决全部原告胜诉告终。昭和四十年代末以后，围绕大规模的药害、食品受害等方面的产品责任诉讼陆续得到和解，并下达了判决。接下来，在由水污染、道路管理等问题而引起的损害中，追究国家或公共团体等的公共设施责任的诉讼也受到关注。在本书中，针对这样的交通事故、公害、产品责任和公共设施责任等，在侵权行为各论的专题部分都有相当数量的涉及（但是正如序言中所说，从采纳学界中已有定论的观点出发，本书所采用的文献时间仅止于1990年，有关产品责任的专题等虽然在其后数量繁多，但在本书中并没有涉及）。

顺便提及一下，刻画了二战后侵权行为法学一个时期的加藤一郎的《侵权行为》于1957年公开出版。与以往以债权法为主的体系书相比，其内容有相当重的分量。可以说该书象征了侵权行为法社会重要性的演变。

其次，从理论层面考虑，在作为侵权行为原则性规定的《民法》第709条中，故意与过失和权利侵害成为处于对立位置的构成要件。大审院对权利侵害要件进行了严格解释，并在“云右卫

门事件”* 中认为，像不构成音乐著作权那样的“旋律”是不能作为 530
“权利”的，因此其侵害不能构成侵权行为。但即使是没有被权利构成赋予的利益也很难否定其有要保护性利益的存在。在之后的“大学汤事件”** 中，作为没有被权利构成赋予利益的“老铺”也得到了侵权行为法的保护，从而导致了判例的实质性变更。由此，《民法》第709条的权利侵害要件也应该被称为违法性，本书中末川的论文也体现了这一点。此要件也可被替换称为违法性的立场的说法得到了“我妻说”、“加藤（一郎）说”等的支持。他们所主张的从被侵害利益的种类、性质和侵害行为状态的相关关系来判断有无违法性的相关关系说成为了通说。

相关关系说又加入了柳泽弘士教授等人的批判，即是否在加害行为的状态中加入所谓的故意、过失这种加害人的主观状态，并得到了一定的赞同。《民法》第709条把作为要件的故意、过失和权利侵害放在对立位置上，其分别被理解为主观要件和客观要件是有可能的。然而，如果综合考虑与末川、我妻、加藤（一郎）、柳泽等并列的学说潮流，对作为现在通说的相关关系说中

* 云右卫门事件：著名的浪曲师云右卫门的浪曲登记了著作权后，出让给某德国人，该德国人将曲子录制成唱片。之后，侵权人将该唱片加以复制出售，被以侵害著作权为由进行刑事追诉，德国人附带提起损害赔偿请求。原审裁判所在判决被告有罪的同时，认定其行为还构成民事侵权，判决其承担损害赔偿责任。被告上诉，大审院撤销原判，指出，浪曲的品位低下，属于瞬间创作，不应受著作权法的保护。既然没有著作权，那么被告的行为就不构成侵权。——译者

** 大学汤事件：受害人购买了“大学汤”字号并租用该建筑用于经营浴室。后来双方解除了建筑物的租赁合同，将建筑物归还给出租人。然而出租人在没有对受害人进行补偿的情况下，就将建筑物出租给了第三人，该第三人仍以“大学汤”为字号经营浴室业务。为此，受害人将原出租人诉至裁判所请求损害赔偿。大阪控诉院以“大学汤”不是权利为由，认为原出租人的行为不构成侵权。其后大审院作出了撤销原判重新审理的判决，指出，作为老字号，“大学汤”可以成为交易的对象，出租人的行为影响了“大学汤”的交易权利，所以构成侵权。——译者

的违法性这一要件而言，由于混入了主观性要素，可以说接近于过失要件。

一方面，关于过失，在“我妻说”、“加藤（一郎）说”等通说中采纳了意味着疏忽的这种心理状态的主观过失论；另一方面，最近的“泽井说”、“前田说”、“平井说”等则主张，只要做了社会所禁止的事即意味着违反行为义务的客观过失论。像这样把过失认为是义务违反的情况，其内容是客观的，接近于违法性。

《民法》第709条规定采取了将故意、过失和权利侵害这两个要件相对立的形式。在通说中，故意、过失和违法性被理解为是对立的。但是，如果对以上内容进行总结的话，那么根据相关关系说，在违法性的要件里混入主观性要素，就会使违法性要件接近于故意与过失要件。相反，站在义务违反说的立场来看，若在故意与过失要件中混入客观性要素，那么故意与过失要件就会接近于违法性要件。无论如何，都发生了两个要件相融合的情况，令两者的关系变得不明确。

531 倘若如此，把两要件放在对立的位置所产生的疑问不得不说是自然的趋势。在这样的学说状况中，涌现出了应该把侵权行为的要件一元化的讨论。如果把学者讨论的意图抽象成图像来表示的话，那么则有以下两种立场：分别是把侵权行为的要件应该一元化成过失的“平井说”和应该一元化成违法性的“前田说”。

在本书中，被称为通说的“我妻说”、“加藤（一郎）说”等已在教科书中有所展现，因此这里没有提及，而是采纳了作为少数说的、代表另一立场的“平井说”和“前田说”。其次，过失是什么，不是追究过失责任而是追究无过失责任到底有没有必要。另外，包括过失、无过失的问题，不仅于民法，还在特别法的制定中，将不断变化的侵权行为法进行综合性再探讨，是否应该考虑构筑关于人身损害的新制度等，围绕侵权行为提出了各种各样的问题。本书吸收了上述讨论，现在的侵权行为法学的状况，借用泽井教授的话来说就是“侵权行为法学的混乱”，并以此作为结束语。

532 *6-02* 小池隆一
《准契约及无因管理研究》

（清水书店，1935年）*

评议人　山崎敏彦（青山学院大学）

该书关于无因管理的研究追溯到了自罗马法以来的沿革，进行了法国法、德国法和瑞士法的比较法研究，认为其带有基于社会连带理念的制度和性质，是展开了解释论以及立法论的经典性文献。

1. 该书出版前关于本课题之学界状况

（1）关于不存在义务却为他人管理事务，即无因管理应具备的功能，一种立场理解为是为保护个人（本人）的利益而服务的制度，另一种立场则理解为强调社会的利益或社会连带。如何思考要站在怎样的立场上才应该行使无因管理的义务，如何处理作为成立要件的本人、管理人的意思，以及是否应认同作为效果的针对管理人本人的损害赔偿请求权、报酬请求权等，关于这些问题的解释论都有所不同。小池博士的《准契约及无因管理研究》即与以上课题有关。

（2）如果纵观在该书出现之前关于这个课题的文献几乎都是"债权各论"的教科书和体系书，那么作为专题的研究也只有鸠山秀夫博士的《无因管理的起源与本质》和《无因管理的要件

---

* 原文文献名为：小池隆一『準契約及事務管理の研究』（1935年・清水書店）。——译者

与效果》[①]（原书第 264 页）。

鸠山博士在此研究中主要以德国的学说为线索，探讨了被看作无因管理起源的罗马法中的无因管理的本质，以及这种制度的社会作用等问题。之后，关于无因管理的本质和法律上的构成，他认为无因管理是基于法律规定的法律要件，对法律为何把无因管理作为一个法律要件这一问题有研究的必要，而且只有据此才能研究基本观念。也就是在对他人事务进行干涉时，作为认定无因管理的理由在于道德的意思这种观点，是为了保护本人利益的制度的观点，也有为了社会利益而存在的观点。立足于其中任何一种观点，关于其 533
要件、效果的结论应该有所不同。在这一点上，我国民法所采用的主义是，在无因管理中为了他人的意思是必要的，但没有涉及道德的意思。不过，也可理解为保护本人的利益是其中一个主要的目的。关于为了社会的目的而认定无因管理的观念，“在我国的法典中几乎没有任何记载”。然而，所有的私法制度都是为了社会的维持及发展而将适当的事物赋予其存在理由。从这点来看，这种制度在保护本人利益的同时，必须要有适应社会利益的社会性作用。基于这种见解，有必要具体展开关于要件、效果的解释论。[②]

2. 该书的内容及其在学界之意义

（1）如之前已经提及的，该书关于无因管理，按照从古代法到

---

① 鸠山秀夫：《无因管理的起源与本质》、《无因管理的要件与效果》，两文均被收录于《民法研究》（Ⅳ），岩波书店，1930 年；初次发表于《土方教授在职 25 年纪念：私法论集》，1917 年，后被收录于《法学协会杂志》第 38 卷第 5、9 号，1920 年。另外，关于准契约的研究，收录于守屋善辉博士的《关于英美准契约法之素描》（《法学协会杂志》第 51 卷第 7、8 号，1933 年）中。

② 论文未完，理论的完整体系在鸠山秀夫的《增订日本债权法各论》（下）（岩波书店，1927 年）中有所展现。

现代法的变迁，以法国法、德国法和瑞士法为比较对象，加入了各法制的理念，详尽且批判性地参照了关于要件和效果的法解释论，在此基础上对我国无因管理法的要件和效果展开详细的解释论，进而对现行规定的批判及立法论进行研究。其主要内容分为两大部分。

(2) 首先在第1部分中，小池博士以“关于准契约研究”为题，对理解无因管理本质有必要性的“准契约”概念进行了探讨。即主要参照法国学说，研究探索了罗马法、法国古代法和法国民法中的准契约概念。在罗马法的基础上，从实际生活中有必要性的几个种类中总结形成的准契约概念后来逐渐发展，直到被认同为独立的债务发生原因。此后，这个概念，尤其是被注释学派、后期注释学派和人文主义法学派扩展，在波蒂埃(Pothier)的影响下，为法国民法所沿用。但是现在准契约概念却作为有害而无益且不明确的概念一直遭到排斥，博士认为这是合理的，然而却也不能忽略此概念对无因管理及不当得利等相关法理的发展有很大的贡献。

(3) 接下来在第2部分中，关于无因管理，首先，对作为其起源的罗马法以及作为比较对象的法国法、德国法和瑞士法中的制
534 度及其理念，围绕要件、效果的解释学说等进行了详尽且具批判性的探讨。根据这些探讨，博士找出了满足以下解释的可能性，即无因管理立足于社会连带、相互依存的事实及其理论和思想，在保护增进正当的本人利益的同时，还应该立足于谋求社会利益，从立法和解释例来看，把管理人的管理意思从要件中除去，就会出现如下可能的解释，即对于客观的他人事务，没有必要具备为他人管理之意思。接下来对我国无因管理法的要件和效果展开了详细的解释论，进而涉及了对现行规定的批判和立法论。如果列举几个立足于社会连带主义的博士观点之特点的话，首先是

关于无因管理的要件。他认为对事务的他人性，应以接受管理行为的事实上的结果之人为基准来考虑。其次，关于主观上的对他人事务的无因管理能否成立，通说认为若有为他人之意思便可成立；而与此相对，博士则认为无因管理的成立只限于在本人追认的场合。再次，在为了他人这一点上，有必要理解为一般也包含客观上为他人事务的场合中为了他人而进行管理的意思。但是博士认为，"为了他人"作为在社会一般观念上给予本人利益的事实，具有他人性的、客观的他人事务当然与主观的他人事务的情况不同，管理人不必有为了他人事务进行管理的意思。另外，像是否是关于"为了他人"的理解，准无因管理概念是没有必要的。最后，作为无因管理的效力，限定性地考虑管理人的继续管理义务，关于对无因管理的受益人本人的损害赔偿义务和报酬支付义务，与支配性学说不同，而是对此有积极的解释等。总之，无论如何都应该从"在保护、增进正当的本人利益的同时，也要达到保护社会利益的目的"的立场对无因管理法进行解释，并在此基础上对民法进行修订。

（4）博士的以上研究在包含了对法国法介绍探讨的意义上，除了对无因管理制度的沿革有丰富的理解之外，在强调社会连带方面的制度宗旨论、针对通说中有争论性的解释论等内容上也给予学界以强烈的影响。特别是在强调无因管理的社会连带和相互扶助的思想上，尽管鸠山博士、我妻博士[1]和末川博士[2]等学者
也提到了，但是小池博士所强调的程度要大得多。可以说在关于 535
客观的他人事务（管理人没有管理意思的场合）中无因管理能否

① 我妻荣:《无因管理、不当得利与侵权行为》，日本评论社，1937 年。

② 末川博:《债权各论》（第二部），岩波书店，1941 年。

成立，对管理人本人的损害赔偿请求权和报酬请求权的认定等，从具体方面更直接、更积极的反应是在解释论中。不过，和小池博士一样强调社会连带的冈村玄治博士[①]、石田文次郎博士[②]所主张的各种解释论当然也与小池博士不尽相同。总之，应该注意到即使强调社会连带的思想，但是由此引出何种解释论，每个论者都有不同的见解。

3. 其后学界之发展

之后，此领域的研究有了很大进展。例如，作为详细的体系书，出现了松坂佐一博士[③]、我妻博士[④]、四宫和夫博士[⑤]的著作。作为注释书有我妻博士所编的《判例注释》(Ⅵ)[⑥]、谷口知平所编的《注释民法》(18)[⑦]等。其次作为论文，除了由《谷口知平教授还历纪念：不当得利与无因管理研究》(1—3)[⑧]中所收录的论文之外，还出现了若干优秀文章。像最近的副田隆重的《无因管理法的功能及其适用范围》(上、下)[⑨]、平田健治的《无因管理法的构造与功能之再检讨》(1—3)[⑩]，这些文章都介绍了最近有关德国无因

---

① 冈村玄治：《债权法各论》，严松堂，1929年。

② 石田文次郎：《债权各论》，早稻田大学出版部，1947年。

③ 松坂佐一：《无因管理与不当得利》，有斐阁，1957年，1973年新版。

④ 我妻荣：《债权各论》(下卷一)，岩波书店，1972年。

⑤ 四宫和夫：《无因管理、不当得利与侵权行为》(上)，青林书院，1981年。

⑥ 我妻荣编：《判例注释》(Ⅵ)，日本评论社，1963年。

⑦ 谷口知平编：《注释民法》(18)，有斐阁，1976年。

⑧ 《谷口知平教授还历纪念：不当得利与无因管理研究》(1—3)，有斐阁，1970年，1972年。

⑨ 副田隆重：《无因管理法的功能及其适用范围》(上、下)，《判例时代》第514、522号，1984年。

⑩ 平田健治：《无因管理法的构造与功能之再检讨》(1—3)，《民商法杂志》第89卷第5、6号，第90卷第1号，1984年。

管理法的发展。

在这些论文中也能看到除小池博士之外的对传统理论的研究。另一方面，通过判例实现把无因管理实际上所达到的功能类型化。① 四宫指出，无因管理的理念应该分类型讨论，这是不能用社会连带和人类扶助作概括性说明的。② 不仅如此，他还指出在现实中不只是人类扶助，也有很大部分是作为授权补充或亲属扶助的功能。③ 其次，也应注意那些在原理上具有对抗性的立场且成为有力说的见解④，即近代法没有否定在无因管理领域中个人的“自由意思”的规定性作用，无因管理制度被整合包含在近代市 536
民法的体系中，并成为为保护个人利益服务的制度。

如此，在关于无因管理的广泛的理论探讨中，小池博士的主张对制度宗旨以及对各个论点的解释，直到今天仍被参考。在此意义上，《准契约及无因管理研究》一书被评价为针对这个课题的传统且具有代表性的文献。

■ 作者介绍

小池隆一

主要著作：除该书之外，还著有『日本民法総論』(1931年·清水書店)、『民法研究』(1944年·慶應出版社)、『債権法総論』(1954年·泉文社)等。

简　　历：1898年(明治三十一年)—1977年(昭和五十二年)，毕业于庆应义塾大学法学部，庆应义塾大学教授。

---

① 参见谷口知平编：《注释民法》(18)，有斐阁，1976年，高木多喜男执笔部分；四宫和夫：《无因管理、不当得利与侵权行为》(上)，青林书院，1981年。

② 四宫和夫：《无因管理、不当得利与侵权行为》(上)，青林书院，1981年，第7页以下。

③ 加藤雅信：《财产法的体系与不当得利法的构造》，有斐阁，1986年，第824页以下。

④ 广中俊雄：《债权各论讲义》，有斐阁，1994年第6版，第369页以下。

537 ## 6-03 谷口知平《不当得利研究》

(有斐阁,1949年)*

评议人 藤原正则(北海道大学)

该书是我国首部关于不当得利的专题著作,是不仅包括德国,还包括英美法及法国法的比较法研究,并成为之后我国不当得利研究的基础性著作。

1. 该书出版前关于本课题之学界状况

(1) 在我国,受到德国影响的新学说(类型论)主张有必要对不当得利进行类型化考察,对于应把不当得利以一元化的衡平为基础的衡平说的批判由来已久。主张衡平说的代表有我妻荣、松坂佐一以及该书的作者谷口。的确,我国的民法和德国法一样(在比较法上未必是普遍的),有不当得利的一般条款,《民法》第703条规定无法律上的原因的获利要返还。然而,此消极要件实际上包含了种类繁多的案例类型。因此,要把不当得利的要件和效果类型化而需要体系化的视角,从某种意义上说是很显然的。但是另一方面,德国学界经常指出,不当得利法随着时代的推移,其所涉及的问题(和解决办法)几乎没有变化,只是其理论说明的方法有所变化(完全不能预测),这个道理并不十分适合我国也是事实。

(2) 评价该书时,应该铭记诸如上述不当得利法的性质与该书在书写时的时代状况(在不当得利领域即使现在也应如此,并

* 原文文献为:谷口知平『不当利得の研究』(1949年・有斐閣)。——译者

且有充足的理由）。二战之前，我国的民法学处于德国法学的强大影响之下。对德国的学说继受即反映了我国民法学的历史。然而，当时即使在德国，围绕不当得利制度的基础本身是否也追求衡平的原理，或基于侵害而获利的违法性，以及多元化的说明等讨论也是错综复杂的。而且，我国在不当得利这一领域的学说继受也不能说是很完整的。的确，尽管有像《无因管理、不当得利和转用物诉权的关系与分化》[①]这样的以历史研究为重点的矶村哲的一系列高水平论文，但是在实用法学领域却只有一些教科书 538
（鸠山、我妻等）和几篇零星的论文，像该书这样涉及不当得利整体的专题著作尚不存在。

2. 该书的内容及其在学界之意义

（1）该书把谷口在各种杂志上发表的单行论文汇集成了一册。关于不当得利的制度宗旨和要件、效果论等全部内容，不仅是在参照了德国法，而且是在参照了英美法和法国法的基础上有所言及的。在第1章“不当得利制度的存在理由”中，以不当得利的补充性为中心进行了讨论。不当得利的补充性是为了给一般的不当得利诉讼（action de in rem verso）设置界限的、主要带有法国法意义的理论。谷口主张，通常不当得利和其他的请求权虽有请求权竞合的关系，但为了使其不回避其他法制度的意义，应该限制不当得利返还请求权。而同时他也主张，私法秩序在经历重大变革时，为了建设新秩序而给予不当得利活动的空间，从补充性变为主导性，但是在以契约和所有权为支柱的资本制社会中有

① 矶村哲：《无因管理、不当得利和转用物诉权的关系与分化》，《法律论丛》第50卷第3、4、5号，1944年。

其自身内在的制约。在如此混杂了实用法学和其他观察的论述中，可以看出当时法社会学压倒法解释学的状况，进而可以看出将资本主义相对化的二战后的社会背景。[①] 在第2章“关于得利的不当性”中，作者认为，“与意思自治、确保私人所有权的近代法基础原理不相容的得利是不当的”，展示了从目前看也应被称为类型论体系方针的视角。同时，民法基本原理也应避免下不能主张当今绝对性的结论，并介绍了德国的学说。在第3章“关于不当得利的因果关系”中，作者导出了以下结论，即因果关系并不是决定不当得利返还请求的决定因素，应根据对得利的不当性判断和应该返还的得利的认定来进行妥善地处理。在第4章“得利返还义务的范围”中，作者认为，不当得利返还要求返还全部不当得利，将返还范围限定在现存利益上，需要具体考察其根据之所在。在此基础上，再加上经过对比较法的探讨之后，不是抽象地而是应该考虑返还义务人和请求权人双方的态度、权衡过失责任来决定返还义务的内容。在此意义上，“谷口说”主张把获得得利前后的得利债务人财产状况的差额视为得利，即与所谓的衡平说的主
539 张划清界线。在第5章介绍美国虚拟信托(constructive trust)的同时，作者也提及了若干不当得利法的话题。如此，就使得该书的内容非常丰富。对于在该书中提到的全部事项，尽管以现今我国的学说是否能对此进行充分的探讨还有所怀疑，但更应该指出的是，可以说“谷口说”像“我妻说”那样，并不有意识地主张作为不当得利根据的衡平说，反而通过英美法使德国法的影响相对化。但是，英美法的不当得利基本上只不过是个别法制度的集

---

① 谷口知平：《苏维埃民法理论——斯塔卡民法理论概观》，东京大学协同组合，1950年。

合，还没有像德国法那样从一般不当得利发展到类型化的体系性概括。也正是由于这样的情况，谷口的不当得利论给予我们的是缺乏体系性的预测而只记入了解决问题的个别性视角的印象。

(2) 然而，如上述“谷口说”的特点，从某一方面来说，上述谷口学说的性质是不是起因于不当得利法本身的特殊性呢？不当得利法是在契约和私人所有制所代表的私法制度受挫之时（这是法律上的原因的缺乏），给予其补充的权利保护的法律制度。因此不当得利所补充的法制度涉及许多方面的问题，其解决方法需带有判例法的性质。而且，抑制这种法素材的预测在整理中的体系性是必要的。从这个意义上讲，不当得利是优秀的体系性的判例法。可以说谷口的不当得利论是通过广泛的比较法和对我国判例的探讨，并反映当时的比较法学说状况而被赋予的理论。发行于该书之前的我妻荣的《无因管理、不当得利与侵权行为》（新法律学全集）[①]在秉承了鸠山之后，有意识地采用德国的衡平说，并提供了在此限度内归纳出的裁判规范，由此对于实务影响巨大。而“谷口说”与之不同的是为之后的不当得利研究作出了巨大贡献，应该说更具实用法学意义的是谷口知平的《不法原因给付研究》[②]。作为单纯的拒绝权利保护这种定式化也不能充分说明的不法原因给付，换句话说，关于《民法》第 708 条条文适用的例外，是谷口以英美法为素材阐明的几个观点。

① 我妻荣：《无因管理、不当得利与侵权行为》（新法律学全集），日本评论社，1937 年。

② 谷口知平：《不法原因给付研究》，有斐阁，1949 年。

3. 其后学界之发展

(1) 该书公开出版时正值德国不当得利学说迎来大转化期。于1954年,对谷口已介绍过的(在德国已被忽视的)瓦尔特·威尔伯格(Walter Wilburg)进行了再评价,提倡由恩斯特·冯·克
540 默雷尔(Ernst von Caemmerer)所倡导的不当得利类型论,且此流派已扎根于现在的德国。在此意义上,德国的衡平说被称作已经被克服的学说。在我国,除了最早由矶村对克默雷尔所进行的介绍外,又经过川村泰启的一系列工作,已奠定了类型论的基本框架。进而此后的四宫和夫、加藤雅信、广中俊雄、好美清光等人的权威学说,以及在批判"我妻说"、"谷口说"、"松坂说"的基础上所主张的类型论,可以说如今我国的研究是在类型论的成果基础上,又向以专题性的研究为重点进行了转移。

(2) 在此就不详细叙述类型论以及上述学说是否在该书的其他项目中有所涉及,仅确认以下几点:第一,一般的不当得利制度虽然是从历史上的个别诉讼(不当得利返还请求权)中发展起来的,但诉讼并非涵盖了不当得利的全部领域。因此从诉讼的积累中还没有直接出现类型论的体系性视角。在一般不当得利法的形成中作为其前一阶段是必要的,例如此时的不当得利在衡平上是否很难避开一元化过程。第二,类型论以补充契约的给付得利、私人所有以侵害得利的形式将不当得利类型化,根据各种应补充的法制度将要件和效果进行个别化,为具体问题的解决提供了体系性和一贯性。因此,类型论推动了不当得利的发展。但是,个别问题的解决不一定导致结论上大的变更。例如,得利的获得不仅在涉及两个当事人间,而且在涉及多个当事人的场合,即便像衡平说那样有因果关系的直接性,根据类型

论所说的给付关系，即使做了有关不当得利返还请求权的当事人（原告/被告）的规定（显然后者相比前者在评价基准上更加明确化），不让给付关系中的第三人负担不当得利返还义务的结论仍然没有变化。其次，典型的衡平说认为现存收益是不当得利，但是不认同根据节约费用等理论而最终对获利债务人主张消灭获利、留下命令返还所获利东西本身的可能性。因此，对类型论不作过多评价。第三，在实质问题的解决上，是否更应该重视（不当得利法体系的地位即是类型论的成果）在所谓不当得利法的补充契约与所有权的私法制度的各国法中体系性构造的差别。对不当得利法的理论分析，虽然德国法在比较法上比较出色，但与我国法体系的差异也应该受到重视。"我妻说"有关占有的不当得利论之观点，在谷口与我妻的不当得利因果关系论中即有所体现。作为类型论的代表性提倡者——"四宫说"也是 541
如此。例如，"四宫说"认为，在解决基于骗取金钱而清偿的不当得利问题中，向被骗者（不是骗取者，而是从骗取者处）的清偿领受人，一方面提供根据被骗者金钱（不是物的所有权）的价值所有权（价值的返还之诉）进行追究的事项，另一方面重视与我国物权变动有关的有因主义，同时也认同基于被骗者的侵害得利的请求。从这个角度看，即使在德国法的比较法上的相对化这一点上，"谷口说"传达给现在的内容也是十分丰富的（文中敬称略）。

■ **作者介绍**

谷口知平

主要著作：除该书外，还著有『英米契約法原理』（1932年・有斐閣）、『日本親族法』（1935年・弘文堂）、『親子法の研究』（1956年・有斐閣）等。

简　　历：1906年（明治三十九年）—1988年（平成元年），毕业于京都帝国大学法学部，历任大阪市立大学、龙谷大学教授［其著作、履历请详见『谷口知平先生追悼記念論文集1—3』（1992—1993年・信山社）］。

542

6-04　松坂佐一
《不当得利论》
(有斐阁,1953 年)*

评议人　广濑克巨(中央大学)

该书以国内外不当得利法的研究为基础,追溯了自罗马法到第二次世界大战之前的发展史,对此领域今后的发展也有很大启发。

1. 该书出版前关于本课题之学界状况

不当得利法起源于由罗马法完善的各种单个的不当得利返还请求诉权,是经过时代变迁发展到近代各立法基于一般原则所订立的统一的规定。在此基础上,虽然国内外的判例与学说致力于受益、损失、因果关系的直接性和法律上原因的欠缺这四个要件论,以及所谓应返还的获利范围的效果论的具体化,但是既不存在一般意义上的不当得利,也不存在一般意义上的不当得利法,并已在二战前加深了其混乱程度(我妻荣的《无因管理、不当得利与侵权行为》[①]的第 25 页以下对这种情况描述得非常明确)。当然,该书的主题也在于确立统一的不当得利制度,并将其具体化。

2. 该书的内容及其在学界之意义

(1) 从第 1 章开始到第 4 章为止叙述了自罗马法到近代诸立

* 原文文献为:松坂佐一『不當利得論』(1953 年・有斐閣)。——译者

① 我妻荣:《无因管理、不当得利与侵权行为》,日本评论社,1937 年。

法的发展史和围绕对其内容的学说探讨。以上研究可以说是重要的，它们具有集二战前为止国内外研究之大成的意义，故基于此二战后（F. Schwarz 等）也没有再写的必要，重要的还是提供基本素材，并对此加入详细的批判性的检讨便非常有说服力了。在衡平观念之下，形成了日本《民法》第 703 条和德国《民法》（BGB）第 812 条中所规定的统一制度，但也不能忽视潜在的、类型化的个别不当得利制度，要从字里行间仔细领会。

（2）在以上法史、法比较研究成果的基础上，第 5 章作为现行法解释从对不当得利制度进行统一把握的视角，对上述四个一般成立要件分别进行了详细的论述。作为从现今视角看理应被重视的话题包括：①损失要件的必要与否；②作为因果关系直接性
543 的具体化的“目的的关联论”，运用此理论对转用物诉权的解释；③法律上的原因的欠缺论，列举了三点与此有关的占有的不当得利论的适用。

对于话题①，作者认为，“根据受益人的获利，返还请求人不论其财产状态受何影响，承认返还这些则脱离了不当得利制度的宗旨”，返还请求人一方损失的存在是获利返还的前提。近来提倡类型论的大多数人认为，姑且不论其他的场合，在给付获利中不需要损失要件，而由给付关系的确定和目的性给付概念来代替。但是即使在给付得利返还的领域，也不能断言若设想受益人获利的存在和返还请求人损失的欠缺这样不合规则的情形是不可能的，这需要更进一步地探讨。

对于话题②，在发生 X→M→Y 与获利的连锁场合，基于间接获利的返还请求或为了禁止转用物诉权，德国《民法》第 816 条第 1 项和第 822 条作为例外要求因果关系的直接性，因而 X 对 Y 的请求原则上不被认同。类型论作为结论也采取同样的立场，而该

书则提出了更为灵活的解释，即取代所谓因果关系直接性的标识，把法律上原因的欠缺及其他要件作为问题解决的基准。把X与M间和M与Y之间两行为的结合作为“目的的关联”，即使两行为是个别或独立的，但若通过统一的目的以及经济上效果的达成而成为有用的因素，则能将其放在统一的考察基础之上。Y的获利从客观上看是在最初X与M之间行为的“组织的展开”(planmäßige Abwicklung)结果的这种场合中，认同两行为之间“基于目的的关联”的，X对Y的直接请求可以被肯定。转用物诉权一般也不应被承认，在使Y发生获利的X与M之间的行为中能预计Y获得利益的场合。例如M从X处购入化肥并用于耕种，但由于缺乏资金在没有支付费用的情况下M就死亡的场合，认为“获利在其性质上归土地所有权人(Y)的时候”有认同对X的Y的请求的余地。最高裁判所认为[最高裁判所平成七年(1995年)9月19日判决]对M与Y之间行为的有偿或无偿作为转用物诉权承诺与否的分歧点太过僵硬和形式化，除了对Y的无偿取得体现了法的保护的脆弱性之外，对于M与Y之间的行为是有偿的情况，该书所提及的观点有重大意义。其次，当M用从X处诈取的金钱清偿对Y的债务的场合，当时的判例根据金钱所有权的归属判定，金钱一旦归于M的时候，X与Y之间将没有直 544
接的因果关系。但现在按社会一般看法，只要用X的金钱谋求Y的利益之间被认为有关联，则被看作存在因果关系[最高裁判所昭和四十九年(1974年)9月26日判决]。关于这个案例，该书已经提出要根据X与M和M与Y的两个行为之间的“目的的关联”的存否来解决问题的主张，而且认为“目的的关联”是与法律上原因的欠缺要件有关的因素，我们可以评价其预见了近年来学说的动向。

对于话题③，有关“无法律上的原因”的要件，作者认为其有必要“具体明确关于各种不当得利中法律上的原因的意思”，“鉴于应该通过所有的不当得利寻求其统一的基础，关于无法律上的意义也要规定统一的意义”。一方面，在无给付的不当得利中原因的欠缺只不过是消极地意味着受益人获利的不当性，这种获利的不当性是基于给付的不当得利及其之外的不当得利相结合而成的。但是在另一方面，“获利的不当性——关于对规定无法律上的原因这种具体的意义，要对两种情况区别考察”，仅在类型论中以法律上原因的欠缺这种类型化作为立论的出发点就存在颇有意思的话题。关于获利是基于给付的案例，该书直接从捐献行为的原因，将有效的债权行为的存在作为法律上的原因。而且捐献行为在无因的场合，其效力当然不受影响，对有获利残存的受益人产生不当得利返还请求权。但是在有因的场合，该书依据我妻博士的占有之不当得利论，认为不当得利成立。基于有因行为使对方产生获利，但是在无效或被撤销的场合不发生所有权转移。其结果就是相对方对所有权不能获利，而且尽管在事实上保持或占有目的物，但占有也是有经济价值的一个法益，也可能成为返还请求的对象。所谓占有型不当得利的构成，作为有因性的归结，其自身基于坚实的理论；与此相对，来自类型论（川村教授）的批判实质上只停留在效果水平。原本受益人的占有是基于给付的获利，如果原物返还可能的话，则服从给付得利返还请求权即可。反之（限于给付人的所有权也消灭），只要返还其价值即可。所以关于双务合同可以考虑对给付人的反对给付[适用差额说（Saldotheorie）或采取类型论的清算说]。

545 （3）关于得利返还义务的范围（第7章），参照图尔（Tuhr）或威尔伯格的学说，关于现存得利、得利消灭与得利的原因相同的事实产生的损害以及受益人坚信已经完成的财产变动不会“发生变化”而遭受的损害可以从得利中扣除，但是因受益人自身所引起的对方给付的场合则不可以去除，基于给付以外的事由的不当得利也是妥当的。例如在买卖无效的场合以及只在财产的不适当变动是由于买受人引起的例外场合适用差额说，通常认为目的物的灭失等危险应该由买受人负担（以差额说的存在为前提，不应该忽略超越此说的观点）。

3. 其后学界之发展

在该书之后的学说上的发展以类型论为主。从二战中到二战后，谷口博士和矶村博士的讨论表明了类型论的萌芽，但正式发展是在 1963 年以后顺次发表的川村教授的各项成果中。以威尔伯格和克默雷尔的学说为线索，以对给付得利和从他人的财产中得到的获利的严格区别为基准单独构成要件与效果。之后，加藤（雅信）教授也在考虑到我国解释学的固有性和实务的同时，展开了有个性的类型论。在作为原则采取统一的不当得利论的同时，积极吸收类型论成果的四宫博士等人的诸学说也是很重要的。松坂博士自身则对类型论，进而围绕给付目的概念整理了德国的诸学说，并进行了再探讨[《无因管理与不当得利》（新版）[①]、《最近德国不当得利法之概况》[②]]。在这样的情况下，作为该书出发点的统一的不当得利论的形象好像变得薄弱了。暂且不说对学界的影响，即便与德国的情况相对比，也很难说类型论在实务上产生了大的影响（在条文上，德国《民法》第 812 条比日本《民

① 松坂佐一：《无因管理与不当利得》，有斐阁，1973 年新版。
② 松坂佐一：《最近德国不当得利法之概况》，有斐阁，1992 年。

法》第 703 条更接近类型论，德国类型论比起我国更符合实务案例。近年来，在德国也强烈主张统一的不当得利论）。该书的内容即是问题的类型化的处理本身。把类型论的具体成果运用到以往的框架中也是一种方法，该书是否也暗示了这个可能性呢？

■ **作者介绍**

松坂佐一（参见本书 4－11）

6-05　加藤雅信 546

《财产法的体系与不当得利法的构造》

（有斐阁，1986 年）*

评议人　平田健治（大阪大学）

该书在对既存的判例与学说进行概括的基础上，尽力从外国法的讨论中独立出来，并最大限度地考虑到日本法的前后法逻辑性，可以说是对日本不当得利法的构筑进行了大胆尝试的研究。

1. 该书出版前关于本课题之学界状况

（1）不当得利法不仅在理论上包含了很多有意思的问题，而且与作为债务不履行、侵权行为之效果的损害赔偿法相比，从在实务方面其必要性的缺乏与判例的少量化中可以看出其研究领域较为狭窄。这种状况反映了学说本身在不当得利法所处的位置，属于稍微倾向于理论探讨的外国法研究，尚未形成将外国法相对化并为实务提供参考的态度，而且对与日本法相关的问题点的研究也不够深化。其问题在于，即使有若干优秀作品或应受到关注的判例，仍然成为不了共通的理解与贯穿法秩序全体的考察或对理论化的刺激。

（2）在学说上，虽然可以看出二战后继承了德国的类型论（来栖、矶村、川村、广中、好美等），但总体来说，在二战前已得到确立的二元衡平（公平）说（典型的为“我妻说”）仍是权威学说。这个

---

* 原文文献为：加藤雅信『財産法の体系と不当利得法の構造』（1986 年・有斐閣）。——译者

立场在形式上或一般情况下被视为正当的财产性价值的转移,但在实质上或相对情况下却不被视为正当的场合。通过公平的理想尝试对矛盾进行调整,由此看作不当得利的本质。即既存的法律制度将业已认同的财产转移,从衡平的观点出发,使其返还这一点上引出不当得利的课题,把衡平引入法律上的原因之欠缺或不当得利的概念中。根据这样的理解,不当得利法一般会带有伦理或道德色彩。

2. 该书的内容及其在学界之意义

(1) 该书的基础是作者原本在《法学协会杂志》上发表并经15次连载的题为“基于类型化的一般不当得利法之再构成”的论
547 文,后来又经过修改订正最终才形成了该书。对仅仅正文就有883页(末尾还有年表、索引)的大作进行归纳是很困难的,因此其要点在于对既存的判例和学说进行概述的基础上形成了独立的不当得利论,并为此后不当得利法的展开提供了坚实的基础。可以说关于全局的观点及各个问题点的分析等,该书对于先前的学术成果进行了有说服力的、批判性的吸收和扬弃。虽然学说中的一部分已经自觉吸取了德国类型论,然而作为学说探讨的方法,以个别学说在学说史的发展中如何被继承或被否定为视角来理解对于个别学说的解释学的批判,也就是被命名为学说史内在的学说批判的独特手法(原书第131页),或者在类型上区分为法体系型(在与新的生活现象中展开的事件并列的)和事例型的观点,对日本法前后关系的考虑(有因主义等)等方面,“加藤说”批判地撷取了国内外先进的成果。

(2) 作为“加藤说”的独立性,有认为不当得利法是由全部实定法秩序反映的箱庭(庭院式的盆景)的观点。通过将不当得利的成立与否还原为对财物转移所依据的法律关系是否存在的判断，即根据实体法上的和形式逻辑上的判断，有助于“法律上的原因”的精致化。在这个存在与否的判断上反映了各种法律关系的特殊性（例如关于扶养义务顺位的这种亲属法问题）。从这个意义上讲，不当得利并不是孤立的法律制度，而应该被理解为是各种法律制度的投影体。作为相反的一面，主张在不对这样的判断进行还原的场合，应该在不当得利法领域之外进行处理。也就是通过把骗取金钱、目的未达到、转用物诉权等问题从不当得利法的适用领域中去除，以达到一般不当得利法的纯化。对后一种情况，在这种能否调整的判断中，不单纯是形式逻辑的适用，余下的是实质性的利益衡量，应该在不当得利法领域外单独提出这种分析。正如以往的衡平说，在能避免提出作为整体的衡平性的同时，根据该问题的特殊性来解决也是可能的。关于转用物诉权应被承认的范围和根据，一方面应该在详细的比较法研究和功能分析的基础上提出独特见解。即将不当得利法在“法律上的原因”之存否这种形式逻辑的判断上贯彻到底。另一方面，将转用物诉权在其框架外通过利益衡量判断加以承认。作为要件，要求其发生在被告的所得利益与中间人的关系欠缺对价正当化的场合（原书第 727 页）。

（3）作为对类型论进行了批判性撷取的成果，“加藤说”认同 548
了不当得利法中的两种功能和三种发现形态，并对以下两种功能相重叠而出现的两种性质的不当得利进行了区分，即以财产归属的恢复作为问题的归属法的不当得利；以基于有瑕疵的财产转移秩序的财产转移的矫正作为问题的矫正法的不当得利。这可以理解为，所谓与给付得利、侵害得利这样的德国类型论流派的对比，是在考虑了日本法的有因主义后进而发展起来的理论。作为其展开，“加藤说”主张，在推进对请求权竞合论探讨的同时，以由四宫和夫的《请求权竞合论》所提倡的全规范竞合方式为样本，把诉讼法上的问题也加入其中，提倡统一的请求权论。在此，首先就像租赁结束时的返还关系那样，对物权法的规范和债权法的规范，在理论的先后关系上对纵向的统一的请求权进行构想，请求、抗辩、再抗辩等规范内容分别决定了最终的请求权的属性。与此相对，正如债务不履行责任和侵权行为责任，规范在于理论上的并列关系，区分出根据辩论的展开或基于如何构成而存在导致最终结论不同的可能性的横向的统一请求权。两者的复合型（原书第 617 页末尾）或同时履行与留置权的关系，作为统一的抗辩（原书第 618 页）所提倡的主张也受到了关注。

（4）作为“加藤说”的特色，以上分析强调的是对方法论的论证。从对判例和学说概括性地探讨中引出自己的见解，即对从素材中归纳的经验性方法和箱庭论等所得出的各制度体系的意义（相互关联、功能的异同）进行理论分析的态度，以及形式理论的、实证主义的真理与实践等真知灼见的区别等。

3. 其后学界之发展

（1）可以推测出该书给予了学界以巨大冲击。但在对制度整体理解的基础上所进行的讨论并没有那么多，原因也许就是“加藤说”的强大吧！即无论批判还是不批判，必须完全理解“加藤说”的体系，这需要相当大的精力。笔者希望从今以后对“加藤说”的诸多见解能进行更为活跃的讨论。特别应该提出的是，最高裁判所采用了“加藤说”的转用物诉权限定承认说①，这是“加藤

① 参见最高裁判所昭和四十五年（1970 年）7 月 16 日判决（《最高裁判所民事判例集》第 24 卷第 7 号，第 909 页）中对于最高裁判所平成七年（1995 年）9 月 19 日判决（《最高裁判所民事判例集》第 49 卷第 8 号，第 2805 页）的修正。

说"之说服力运用于实务中的很好例证。不过,实务是以"我妻说"为基础的,前面提到的对转用物诉权的承认也只处于不当得利法 549
的框架中。今后,"加藤说"代替"我妻说"能发展到何种程度是很有意思的问题。

(2) 关于个别的论点,作为其留下的问题,也包含已提及的方面,虽然研究从多方面展开(侵害得利、转用物诉权、骗取金钱等),但对于"加藤说"在整体上所进行的批判性探讨仍不够充分,特别是应如何评价"加藤说"和其他类型论者见解之间的差别也是相当困难的。而且应该对"加藤说"所提到的诸多判断框架进行个别探讨[例如,转用物诉权和骗取金钱、赋予债权人撤销权界限(原书第725页)等]。在一般的不当得利法中,被"加藤说"以作为比较法的素材在制度上有很大的不同因此不适当为由,从考察的对象中排除的英美法(特别是英国)的讨论,最近开始盛行起来,所以此领域的研究也值得期待。另外,同样被"加藤说"排除的(原书第502页注3)多数当事人问题,在德国类型论框架内的介绍与探讨也盛行起来,其讨论也有一定进展。虽然"加藤说"本身在这个领域提出了关于物权和债权之关系理解的新视角的连锁抗辩(原书第789页以下),但是最近,最高裁判所首次采纳了三当事人的问题[①],由此可以预想到今后在此领域会有活跃的讨论。那时,对"加藤说"没有采用的德国类型论流派的"给付"概念意义的再探讨将变得迫在眉睫。

---

① 最高裁判所平成十年(1998年)5月26日判决,《最高裁判所民事判例集》第52卷第4号,第985页。

■ 作者介绍

加藤雅信

主要著作:除该书外,还著有『民法講義 6　不法行為等』(共著)(1977 年・有斐閣)、『国際取引と法』(共編著)(1988 年・名古屋大学出版会)、『JAPAN BUSINESS LAW GUIDE』(Joint Author)(CCH International,1988)、『損害賠償から社会保障へ』(編著)(1989 年・三省堂)、『製造物責任法総覧』(編著)(1989 年・商事法務研究会)、『現代不法行為法学の展開』(1991 年・有斐閣)、『現代民法学の展開』(1993 年・有斐閣)、『民法ゼミナール』(1997 年・有斐閣)、『現代中国法入門』(共編著)(1997 年・勁草書房)、『製造物責任の現在』(編著)(1999 年・商事法務研究会)、『事務管理・不当利得』(1999 年・三省堂)等。

简　　历:1946 年(昭和二十一年)生,毕业于东京大学法学部,现任名古屋大学教授。

6-06　有泉亨 550
《不法原因给付》(1—3 完)

(《法学协会杂志》第 53 卷第 2、3、4 号，1935 年)*

评议人　难波让治(国学院大学)

该文对于不法原因给付，以英美法、法国法、德国法的比较法研究为基础，对诸论点进行了统一地论证，可以定位为我国首个正式的研究。

1. 该文发表前关于本课题之学界状况

(1) 关于不法原因给付，究竟要不要设置《民法》第 708 条，当初在起草者之间就有争论。法典调查会的梅委员认为，设置该条拒绝返还反而会助长违法。但是穗积委员认为禁止返还可杜绝违法的根源，因此予以赞成。与立法理由相关的富井博士的发言也受到瞩目，即"不管是谁参与的、哪一方不对，仅仅提出这些因素便会干扰裁判所的判断，从有必要防止裁判所受干扰的角度设立了这项规定"。此后，至该文之前，学说上主要讨论的是关于"不法"的意义以及与物权请求权的关系等的解释。

(2) 第一，关于该条的立法理由，多数学说仅限于叙述了"无论谁都不能通过主张自己的违法行为来受到法律的保护"的原则，却没有相当程度的讨论，其本质未必明确。

第二，关于"不法"的意义，当时的通说(鸠山、末弘)认为其不

* 原文文献为：有泉亨「不法原因給付について(1)—(3 完)」，法学協会雑誌 53 卷 2・3・4 号(1935 年)。——译者

仅包括违反公序良俗，还包括违反强行性法规；与此相对，有力说（我妻、冈村）则仅限于违反公序良俗。

第三，关于该条的适用：①通说认为物权请求权的行使基于第708条不受妨碍，但也有主张反对说的，这个主要与接受物所有权之所在有关，区分为是在接收者一方（梅）还是在给付者一方（判例）。②关于“给付”的意义，即违法的契约发展到什么阶段会使给付的恢复变得不可能的问题，几乎没有被论及。

551 **2. 该文的内容及其在学界之意义**

该文基于详细的比较法研究，对第708条要件效果中的几个方面展开解释论，介绍了以下四点重要内容。

第一点，主张第708条的基础与第90条的一部分（违反善良风俗）具有相同的起源。即第708条的根据是对于人格的法的反作用。换句话说就是刑罚。在“所谓裁判的本质（裁判所的神圣与证据法上的精神）”、“当事人之间的衡平”和“公益政策的立场”中的任何一个都不是本质，而是附随的。这种本质论对以后的学说产生了很大的影响，并一直被传承下去。

第二点，和第一点有关，该文把“不法”限定于“违反善良风俗”。这是当时将“不法”的意义限定在“违反公序良俗”上的有力说进一步发展的结果。这种见解强化了当时有力说的方向，并似乎成为推翻通说地位的原动力。但是，在之后的学说中，该文也汲取了“不法＝违反公序良俗说”的一部分[①]，该文把“公序”和“良俗”分开，“不法”＝“违反良俗”未必会得到支持。

第三点，关于具体的解释：①第708条是与法律行为总则中

① 松坂佐一：《无因管理与不当得利》，有斐阁，1973年新版，第193页。

的第 90 条有同等地位的债权法的大原则，因此也阻断了物权请求权的行使。其结果是，适用第 708 条的效果即成为最终对方的所有权归属。虽然这同当时的有力说一样，但其意义在于巩固了有力说的基础。②关于“给付”。作为对给付内容的限制，不包含债务的负担。另外，由于在利用权设定契约中使其使用收益为给付，所以尽管不能对已过时限却还未支付的对价进行请求，但对将来期间的返还请求是有可能的。从给付的形式来看，不动产的所有权转移基于登记，动产则应是以占有为标准。虽然这些结论未必会得到多数支持，但却指出了“给付”的意义这个问题点，从而引发了之后的讨论。

第四点，关于第 708 条但书，暗示了将“只关于受益人”解释为“更多的关于受益人”。

如上所述，该文是关于第 708 条解释论的基本文献。在它发
表后不久，即在我妻荣的《无因管理、不当得利与侵权行为》[①]中被 552
评价为在比较法研究和解释论方面有多重价值的著作，是关于这个课题的“几乎唯一的论文”，并对其内容做了介绍，直到现在也是必须参考的论文。

3. 其后学界之发展

第一，首先从不法原因给付论全体来看。如我妻博士所说，该文采取了通过为“不法”、“给付”等进行严密的定义来实现制度公平的立场；与此相对，谷口知平的《不法原因给付研究》[②]则参考了英美法，把基于法秩序而受到否定评价的行为全部加入适用范

① 我妻荣：《无因管理、不当得利与侵权行为》，日本评论社，1937 年。
② 谷口知平：《不法原因给付研究》，有斐阁，1949 年初版，1970 年第 3 版。

围中，根据各事件中诸种实质性的判断标准得出适当的解释。现在具有代表性的体系书[①]在承继了该文的同时，也采纳了“谷口说”的观点。其次，从不当得利类型论的角度考虑，尽管其内容是在川村泰启的《不法原因给付制度与类型论》[②]之后发表的，但是关于从类型论看第708条的地位，现阶段还在研究当中。作为其他重要的文献，还有中川毅的《不法原因给付与诚实信用原则》[③]，以及谷口教授还历纪念的《不当得利与无因管理研究》(1—3)[④]中所收录的诸篇论文等。

第二，关于该条中的本质论，在该文之后并没有很大进展，也几乎没有对此进行讨论。大多数是同该文一样从制裁的观点进行的论述，也有少数将第708条从诚实信用原则所进行的论述[⑤]，以及从裁判所这种特殊的国家机关所设的界限[⑥]来进行的论述等。

第三，关于“不法”的意义。在该文发表后，“不法＝违反公序良俗说”成为多数说，违反强行法规包含说也在继续发展。最近，公序良俗论正在重建[⑦]，在这个关系上也有必要进行重新研究。即“不法＝违反公序良俗说”把违反公序良俗作为违反社会道德，
553 再联系与违反强行法规相区别的学说，从“公序”中包含了违反强

① 我妻荣：《债权各论》(下卷一)，岩波书店，1972年；四宫和夫：《无因管理、不当得利与侵权行为》(上)，青林书院，1981年。

② 川村泰启：《不法原因给付制度与类型论》，《片山金章先生古稀纪念：民事法学之诸相》，劲草书房，1970年。

③ 中川毅：《不法原因给付与诚实信用原则》，有斐阁，1968年。

④ 《谷口知平先生还历纪念：不当得利与无因管理研究》(1—3)，有斐阁，1970—1972年。

⑤ 中川毅：《不法原因给付制度与诚实信用原则》，有斐阁，1968年，第3页。

⑥ 星野英一：《民法Ⅱ：无因管理、不当得利与侵权行为》，东京大学出版会，1979年，第29页；内田贵：《民法》(Ⅱ)，东京大学出版会，1997年，第564页。

⑦ 详见椿寿夫、伊藤进编：《公序良俗违反研究》，日本评论社，1993年。

行法规的学说立场出发,“不法=违反公序良俗说”则成为非限定说。在这种场合,如果要去除违反强行法规,将公序和良俗分开,那么主张“不法=违反良俗说”(“有泉说”)是一个方法。不过,关于限定说,是限于“违反良俗”,还是“人品上的应该受到谴责的恶行为”[①],对此方面并未进行充分的讨论。如何看“不法”的内容虽与立法理由有关,但是若重视秩序的维持则倾向于广义说[②];若重视对被夺去给付物的给付人之财产权的保护[③],则倾向于限定说。

第四,关于“给付”。大概是将一定的财产利益从给付人交付给受领人即可的广义说(若是不动产的话,则为登记或交付说),与给予受领人终局性利益的狭义说相对立。另外,也有主张在消费租赁契约中把“本金的利用利益”作为给付内容的说法。

第五,关于所有权之所在。如最高裁判所的判决[④]所述,作为反射的效果归属于受领人后,多数学说认为所有权在受领人处,不能行使物权请求权。但是,从不当得利类型论的立场出发,在给付得利的问题上,有原本基于所有权的返还请求权不应作为问题的主张,还有不归属于任何一方而是处于相互对峙状态的主张。

第六,关于对但书的解释,由“有泉说”所提出的,应该从比较给付人与受领人双方的违法性来决定拒绝返还请求的说法成为了通说的立场。

---

① 四宫和夫:《无因管理、不当得利与侵权行为》(上),青林书院,1981年,第162页。

② 椿寿夫、伊藤进编:《违反公序良俗研究》,日本评论社,1993年,第351页。

③ 山本敬三:《公序良俗论之再构成》,《奥田昌道先生还历纪念:民事法理论之诸问题》(下),1995年,成文堂,第80、96页。

④ 最高裁判所昭和四十五年(1970年)10月21日判决,《最高裁判所民事判例集》第24卷第11号,第1560页。

■ 作者介绍

有泉亨

主要著作:除该文外,还著有『労働争議の法理』(1948年・白日書院)、『労働争議の研究』(1957年・お茶の水書房)、『労働基準法』(1963年・有斐閣)等。

简　　历:1906年(明治三十九年)生*,1932年毕业于东京帝国大学法学部,历任京城帝国大学、法政大学、东京大学社会科学研究所、上智大学教授[其著作、履历请详见有泉亨先生古稀記念『労働法の解釈理論』(1976年・有斐閣)]。

* 有泉亨已于1999年去世。——译者

6-07 原田庆吉 554

《论〈民法〉第709条的成立》

(《日本民法典之历史素描》,创文社,1954年)*

评议人 新关辉夫(福冈大学)

该文对以日本《民法》第709条的过失责任主义为根据的一般侵权行为经历了怎样的过程才得以成立这一问题,追溯到罗马法,进行了历史性的考察。该文也是对我国侵权行为法体系结构的解释,能从历史变迁中得到启示的研究论著。

1. 该文发表前关于本课题之学界状况

在该文以前,例如,对罗马法中的阿奎利亚法诉权的内容及其体系都进行了研究,当然,从这个角度出发,不是完全没有加入现行民法典的规定,但像该文这样以阐明第709条成立的历史过程为直接目的而书写的论著却没有。为了明确第709条在法制史上的位置而进行的研究是以该文为开端的。在这个意义上可以说是重要的研究。用法制史的方法尝试解释第709条虽然不是直接目的,但限于继续沿用带有沿革理由的解释也是有效的解释技术之一,免不了对这种研究的解释有所影响,只不过对这样的学术史方面的调查并没有完结。

2. 该文的内容及其在学界之意义

(1)该书是对第709条的成立过程追溯到罗马法为止而进行

---

* 原文文献为:原田慶吉「民法七〇九条の成立する迄」,『日本民法典の史的素描』(1954年·創文社)。——译者

探讨的论著。采取了以下三个视角：首先，以决疑论（casuistique）的研究方法为生命的罗马法学中的侵权行为，经历了怎样的过程才像《民法》第709条那样作为一般原则而成立？其次，罗马法中民事责任和刑事责任并没有分化，侵权行为诉权的目的是追讨罚金，而不是请求赔偿。因此，接下来从民事责任和刑事责任的分化过程中进行探讨。最后，作为《民法》第709条基本原理的过失主义，究竟是罗马法哪个发展阶段的产物？关于这一问题，现在的罗马法学者之间仍有争论，让我们来探索一下这种教条形成的发展轨迹吧！

（2）关于侵权行为一般原则的成立过程，探讨的出发点放在阿奎利亚法诉权上。阿奎利亚法在侵权损害方面废止了当时的
555 一部分法律，对关于物的损害的侵权行为进行了统一整理。作为阿奎利亚法诉权的责任发生要件，作为身体活动的直接效果要求对物的实质施加损害。但是，即便在古典法时代，不属于身体活动的直接结果的损害，或基于单纯的不作为的损害，已经通过法务官的救济给予了保护。接下来在查士丁尼法时代，根据事实诉权的功能，对物所产生的损害广泛包括在违法损害的观念中，直到成为了统一的观念。此外，在这个时代重大的质的变化不只是对物所产生的侵害，对自由人产生的损伤也被包括在违法损害中。只是杀害自由人的情况还没有受到私法的保护，这需要注释学派以后的研究。

（3）和古典法一样，即使在犹太法中，阿奎利亚法诉权也被算入罚金诉权，在多数人的加害行为中，各行为人的责任重复竞合，并不是他们中的一人支付了罚金其他人就被免责了事，而是认同受害人以复仇为目的的加害人委付（noxae dation），对于加害人的继承人不转移诉权，在表面上残存了即使人格减等（capitis deminutio)诉权也不会消灭的罚金诉权的属性。在犹太法中,罚金诉权的属性也受到了新的限制,关于罚金诉权的基础也出现了与在古典法中未发现的惩罚思想相距甚远的理论,使惩罚的性质开始薄弱化。尽管如此,阿奎利亚法诉权也没能从其惩罚的性质中完全摆脱出来。注释学派及后期注释学派虽然也对阿奎利亚法诉权罚金性的薄弱化上做了努力,但基本上维持了现状。然而,在后期注释学派之后,阿奎利亚法诉权的惩罚性质却变得难以忍受,作为其根据的若否认则加倍支付或最高价格赔偿已经不成为问题,在从惩罚的性质所生出的诸原则中,加害人委付已经消亡,并发展到了共同加害行为责任的重叠竞合也基于其中一人的清偿而使他人获得免责的连带责任化,加害人责任的可继承性也得到了承认。

(4) 自从把侵权损害(damnum iniuria datum)中的侵辱(iniuria)置换成过失(culpa)以来,过失便成为阿奎利亚法诉权的发生要件。问题之一是过失的意思。在古典法中只有因果关系和归责可能性的意思,尚不存在可预见的因素因疏忽而没有预见的这种意思的说法,或者不能说是疏忽而是过失(Verschulden)的说法虽 556
然存在,但是原田博士认为:"加害人的责任基础是基于社会的判断认定行为人行动的是非,行为人有过错成为了重要的因素,像'过失'这个词采用过错犯罪意思的用法,或像基于配偶一方的过失而离婚的情况一样的用法,是不能否认之处。"若存在像被过失责难的错误的这种道义的意思,不妨碍称其为过失。过失成为能预见却没有预见的这种语言表达形式,是否已在古典法时代出现则是另一个问题。

(5) 如上所述,在以阿奎利亚法诉权为中心把过失作为要素的统一的侵权行为观念形成过程中,最终没有越过实定法源的障碍。确立统一的侵权行为观念的是专门致力于基于理性而树立法体系、法原则的自然法学派。在自然法学者的影响下,以过失主义为基础,一直到以追求损害赔偿为目的的一般的概括性规定在19世纪初的立法中被确立起来。

旧民法学习法国民法,规定"由于过失或懈怠对他人造成损害应负赔偿责任"。现行《民法》第709条规定:"由于故意或过失而侵害了他人权利之人,应该对产生的损害负赔偿责任。"其中新加入了权利侵害的要件。

3. 其后学界之发展

(1) 从民法学说史的观点来看,关于该书之后的学界动向在这里只提两点。其一就是石本雅男博士的一系列研究。首先,石本博士在罗马法认定的三个阶段,即重过失(culpa lata)、轻过失(culpa levis)以及最轻过失(culpa levissima,中世纪以来给予的学术上的意义)中认为,近代法一般把具有轻过失作为责任的界限,而且在近代法中,与罗马法最轻过失相当的过失不被看作过失,假如要认定其责任则为无过失责任。① 其次,石本博士认为,罗马法的过失概念中包含了最轻过失,虽然原田博士认为有过失存在
557 不妨碍其称作过失,但罗马法的过失主义与近代法的过失主义是不同的。② 石本博士对于罗马法中具有通常注意力的家父的注意义务违反即轻过失,带有最高注意力的家父的注意义务违反的最轻过失的发生和其历史的展开,以及对近代法的影响等进行了论证。并认为,在我国过失依然限定于轻过失,若今后社会生活上

① 石本雅男:《无过失损害赔偿责任原因论》(第1卷),法律文化社,1983年。

② 石本雅男:《过失理论与历史》,《民事责任的基础理论》,有斐阁,1979年。

的危险要素在多方面增大的话，则不能避免损害回避注意义务的相对增大，承认最轻过失只是时间问题。的确，以近年来法国的过错概念的变化过程来看也难以否定这种倾向。

(2) 其二，是关于第 709 条的谱系论。第 709 条是以法国民法为母法的旧民法而来的，还是以德国民法为母法而来的，在近几年的争论中也与过失概念和违法性概念的构成相关，在这个意义上作为解释学的问题被提出来。关于这一点，第 709 条与旧民法不同，加上权利侵害这个客观要件而成为在体裁上与法国民法不同的形式，然而该书对主张这个规定的实质与法国法相近似的"来栖说"也持赞同态度是颇有意思的。

■ 作者介绍

原田庆吉

主要著作：除该书外，还著有『羅馬私法綱要（総則）』（1933 年・廣文社）、『羅馬私法綱要（総則・親族）』（1935 年・精興社）、『羅馬法制史序説』（1935 年・精興社）、『羅馬法講義案（物権）（債権）』（1938 年・精興社）、『羅馬私法綱要（相続・法律行為）』（1939 年・精興社）、『ローマ法 上下』（1949 年・有斐閣）、『楔形文字法の研究』（1949 年・弘文堂）、『ローマ法』（1950 年・法政大学通信教育部）、『ローマ法の原理』（1950 年・弘文堂）等。

简　　历：1903 年（明治三十六年）—1950 年（昭和二十五年），毕业于东京帝国大学法学部，东京（帝国）大学教授。

558 6-08 冈松参太郎
《无过失损害赔偿责任论》
(有斐阁,1916年)*

评议人 平野克明(关东学院大学)

该书作为我国无过失责任理论研究的开端,对此后无过失责任论的发展有显著的影响,是可以称为名著的精致不朽的学术成果。

1. 该书出版前关于本课题之学界状况

(1) 所谓过失责任是指在发生损害的场合,以故意、过失为要件的侵权行为责任。无过失损害赔偿责任是指不论故意、过失存在与否,都要追究加害人的侵权行为责任。制定民法典之时(1896年),随着近代社会的进步和化学、机械工业的显著发展,民法起草者对采用过失责任主义已经进行了充分的研究,但对无过失损害赔偿责任的观点是怎样考虑的呢?

(2) 在该书公开出版前,民法起草者认为,在"对个人活动的最小限度的过失"的范围内原则上采用过失责任主义,但对追究无过失责任并没有表示出反对的态度,对于运营危险设施的化学企业,如有必要的话应用特别法来规制。[①] 在文明开化的时代,关于无过失责任的法律讨论会的举行已受到关注(议长、穗积陈重博士)。提到无过失损害赔偿责任的研究,从虽然明确侵权行为

* 原文文献为:岡松参太郎『無過失損害賠償責任論』(1916年·有斐閣)。——译者

① 收录于商事法务研究会:《法典调查会民法会议记录》(第5卷)。

的原则是过失责任，可为何不需要过失的存在就可以追究赔偿责任这一问题出发，那时所采用的方法是，要求对明治时期在先进的工业国家（德国、奥地利等）所展开的无过失责任论进行介绍。此类论文中有牧野英一的《作为民事责任基础的过失之观念》（1905年）、石坂音四郎的《对他人过失的责任》（一、二）（1910年）、末弘严太郎的《无过失侵权行为》（1912年）等。在这些论稿中主张了以下具有代表性的见解："过失主义不适合现在的经济形势，在虽没有过失却要承担损害赔偿责任的场合，有必要认定为无过失责任，特别是……伴随在大企业发生的损害赔偿的场合。"（石坂论文）在强调采用无过失责任的必要性的学说逐渐登场之时，我们来考察一下以往学界的状况。

2. 该书的内容及其在学界之意义 559

（1）对本课题执笔的动机在于，随着明治时期我国近代企业的发展，根据过失责任逐渐引导不出合理妥当的结论（实际上有以下传闻，冈松博士会见了在工厂生产事故中没有过失却失去手臂而导致穷困的青年，由此对过失责任主义原则产生了怀疑）。此课题是博士的志愿，部分刊登在1915年的《京都法学会杂志》上，次年总结成为一本书。

关于该书的构成，第1章是过失主义（过失责任之再探讨、妥当性的明析、损害赔偿作为制裁。损害赔偿制度的目的是预防损害和填补损害，但应以前者为主等），第2章是结果责任的情况及范围，第3章是与结果责任的根据有关的主义（原因、公平、中间主义等），第4章是结论。大略概括一下，该书在网罗了前面提到的欧洲诸国的学说、立法并进行综合介绍与论述之时，以过失责任为原则作为学说上的通说进行了充分探讨，但并非把重点只放在依据过失责任构不成合理结果情况的研究上，而是尝试对广泛的损害赔偿责任统一基础的探究。

在该书四部分的构成中特别应该提到的是，作为对过失责任认同其例外并肯定结果责任的场合，关于各国法制中的结果责任，加入了详细且精致的论证部分（区分为“法律性交易以外的结果责任”、“主要作为侵权行为上的责任构成”、“法律性交易上的结果责任”和“契约义务违反之责任＝债权人与债务人之间的责任构成”）（第 2 章）。列举了认同各国法制的结果责任的主要情况，网罗了所有的学说和立法例并进行了仔细的分析论述。这也是占超过该书大半内容的部分，而该书的特色就是从理论上探明结果责任的统一性原理。

最后一章在严格讨论了有关过失责任的妥当性及其对界限性的探明、与各国法制中结果责任主要场合的根据有关的诸学说以及适用的范围之后，以过失责任为原则，主张应把结果责任作为特殊行为场合的例外，认定后者是最合理的想法也各不相同，最终作出了不应该统一的结论。关于例外，对各种特殊的行为，只有把多数主义通过进行类型化来满足。关于此方面的资料也进行了详尽的收集和讨论。

（2）明治时期，关于我国无过失责任的研究所采用的方法是，介绍当时在先进工业国展开的无过失责任论，这些已在前有所叙述。该书公开出版后，这部名著被认为是：“博士网罗了广泛的学
560 说和立法例，整理了关于这个问题的资料，首先这点是没有遗憾的。”学界引用的内容多在于当时学界对该书的评价（牧野博士）。这是为悼念冈松博士逝世，以“作为改造论原理之一的无过失责任”为题所写论稿的其中一节。当时，无过失责任论在各国学界被看作是热门的研究对象，而在世界范围的学界共同研究中，该

书作为承担了重要一环的作品，把公开发表的主要论著作为检讨的对象进行了列举，并加进了细致的理论分析和批判，不仅对缺乏如此整理研究的我国学界予以了强烈的刺激，而且还被评价为对世界上此方面理论的发展作出了巨大的贡献，[①]由此可以看出该书在学界中的意义。同时，在我国也随之产生了很多重要的成果，从这个意义上看，也可以说“该书正是一部珍贵的经典”。

3. 其后学界之发展

(1) 该书公开出版后，与无过失损害赔偿责任论和民事责任论有关的多项研究也陆续发表。其中令人瞩目的是牧野英一的《无过失责任》[②]、平野义太郎的《损害赔偿理论的发展》[③]、石本雅男的《民事责任研究》[④](其他还有小野清一郎博士等的成果)。诸篇论文讨论了对以往损害赔偿责任根据的统一性理解，并“明确了该书在我国学界的地位”。的确，在诸篇论文中得到很多启示，可以说是以该书的理论而构筑与发展起来的。石本博士的研究成果在于将冈松博士所遗留的课题(对两责任的统一性原理的阐明)进行了充分探讨，并有了显著的进展。至昭和初期，无过失责任的见解已逐渐趋于稳定，我妻博士的研究也对之后的无过失责任论(侵权行为责任二元论)影响巨大。

(2) 其后，到该书再版(1953 年)为止，在我妻博士的“序”中

---

① 我妻荣:《无过失损害赔偿责任论——冈松博士值得继承之处》,《民法研究》(Ⅵ),有斐阁,1969 年再版,序文。

② 牧野英一:《无过失责任》,《关于法律的进化与进步》,有斐阁,1924 年。

③ 平野义太郎:《损害赔偿理论的发展》,《关于法律的思想与理论》,有斐阁,1924 年。

④ 石本雅男:《民事责任研究》,日本评论社,1948 年。

精确地论述了该书公开出版以后到再版这段期间的学界发展。再版当时，博士指出，“应该研究的地方还很多”；“后来人若研究
561 这个问题，该书是必须通过的关口”；“该书再版的意义是实实在在存在的”。甚至直到今天仍具有重大意义。该书再版后，在无过失损害赔偿责任的研究发展过程中，石本博士的《民事责任的基础理论》①以及《无过失损害赔偿责任原因论》(1—4)②被公开刊登发表。可惜当时除了上述成果，并没有出现超越该书的研究。后者被森岛昭夫教授评价道，掌握了被冈松博士介绍时期之后的欧洲无过失责任论的动向，有很高的价值。可以说冈松博士所遗留课题的一部分在这里得以完善。

(3) 之后，无过失责任立法及关于民事责任理论的研究都有所进步。作为重要的研究成果有浦川道太郎的《无过失损害赔偿责任论》③，对今天学界的状况进行了严格的理论论证。关于该书最开始提到的“制裁的赔偿说”(赔偿费的性质在于制裁)，学者和实务家(戒能通孝博士、三岛宗彦教授、后藤孝典律师等)对这个问题也进行了探讨。伴随着民法典制定迎来一百周年之际，其中也涉及了在编纂过程中导入无过失责任的讨论[收录于《民法典的百年》(Ⅰ—Ⅲ)④]。如今的学说中也有不承认无过失责任存在意义的倾向(事故受害人的救济问题)。在现代无过失损害赔偿责任论发展的今天，需要对侵权行为法理论(侵权行为责任一元论与二元论)的展开等进行更深层次的研究。

---

① 石本雅男：《民事责任的基础理论》，有斐阁，1974年。

② 石本雅男：《无过失损害赔偿责任原因论》(1—4)，法律文化社，1983—1993年，后被收录于《侵权行为法讲义》一书中。

③ 浦川道太郎：《无过失损害赔偿责任论》，《民法讲座》(6)，有斐阁，1985年。

④ 《民法典的百年》(Ⅰ—Ⅲ)，有斐阁，1998年。

■ 作者介绍

冈松参太郎

主要著作：除该书外，还著有『注釈民法理由 全3巻「債権編」』(1899年・有斐閣書房)、『法律行為論』(1912年・有斐閣)等。

简　　历：1871年(明治四年)—1921年(大正十年)，毕业于东京帝国大学法科大学英法科，京都帝国大学教授[其著作、履历请详见和仁陽「日本民法学者のプロフィール9　岡松参太郎」法学教室183号(1995年)]。

562 6-09 石本雅男
《无过失损害赔偿责任原因论》(全4卷)

(法律文化社,1983—1993年)*

评议人 浦川道太郎(早稻田大学)

该书是在对罗马法学以来的“过失(culpa)论”进行探讨,对最轻过失(culpa levissima)进行再评价的过程中,明确了无过失责任的归责原理,并尝试在“过失”责任之下将民事责任一元化的著作。

1. 该书出版前关于本课题之学界状况

(1)《民法》中侵权行为法的原则性规定——第709条,采用了过失责任主义。因此,如果加害人有故意或者过失的话,那么其损害赔偿责任是可以被肯定的。但是在另一方面,“每个人尽到了充分的注意,在应该万无一失的情况下发生或者引起事故时,受到损害就如同受到天灾一样”(《法典调查会民法会议记录》),我们不得不接受,也就是说会得出在加害人无过失的情况下受害人的损害就无法得到全部赔偿的结论。因为这种过失责任主义的想法仅限于在尽到充分注意的行动才不会被追究责任,所以作为保障人的自由行动领域的规定是适合于近代社会的责任原理的。但随着产业技术的高度化、能源的利用以及高速交通工具的极速发展,出现了过失证明困难的事故损害不断增加的现象,其界限是显而易见的。而作为该书研究领域的无过失损

---

* 原文文献为:石本雅男『無過失損害賠償責任原因論 全4巻』(1983—1993年·法律文化社)。——译者

害赔偿责任(以下称之为“无过失责任”),就是针对在过失责任主义之下得不到事故受害救济的受害人的保护这样的大型法律课题而提出的解决对策,并且是在学说和立法的实践性搭配中生成的。

(2) 在我国,对无过失责任的研究是在明治后期之后,由石坂音四郎、牧野英一、末弘严太郎教授等人开始的,直到 1916 年(大正五年),冈松参太郎教授发表了名著《无过失损害赔偿责任论》。此著作在无过失责任研究领域被评价为“必须通过的关口”(我妻荣),到现在这个意义仍然存在。不过,冈村教授把不论契约中还是契约外的不基于过失责任而课以损害赔偿责任的事例都收集起来,从中探求无过失责任的统一性原理,结果得出统一性的归责原理并不存在的结论。因此,尽管作为学理性研究是伟大的成果,但是在对事故受害人救济的实践用途上并没有起到 563
多大作用。

(3) 二战后,属于因公害或产品责任的食品事故、药害令市民深受其害的案例不断增加,受害人救济成为社会性问题,即便在过失责任主义之下,也开始寻求对事故受害人尽可能保护的相对应学说,这成为了对作为责任要素的“过失”进行再检讨的契机。对于此过失论的再探讨,产生了与过失和违法性有关的多种多样的见解,引起了“侵权行为法学的混乱”(泽井裕)现象。不过,在对过失概念进行再考察的过程中,对“基于预见可能性的结果回避义务违反”以及被通说和判例所定义的过失,通过消除预见可能性要素,或者缩小此功能,出现了将无过失责任领域也纳入过失责任中的学说。以上学说即是,以往的侵权行为法将归责原理二元化为过失责任以及不从属于过失责任的无过失责任,在过失责任下试图进行一元化的结果,理论上应该得到关注。在应被称为“侵权行为责任一元论”的见解中,石本教授是最先驱的,而且是以最体系化的形式追求并提倡一元论的学者。[①]

2. 该书的内容及其在学界之意义

(1) 该书的意义用一句话概括如下:将作者所著另一本著作《民事责任研究》作为最初的成果,可以说是一直探究民事责任统一归责原理的石本理论的集大成之作。然而该书的内容不仅仅停留在对当今的研究成果的重复上,关于教授所主张的民事责任统一归责原理中的过失,特别是聚焦于被近代法舍弃的最轻过失,从罗马法到近代为止对附加资料的详细探索方面也是卓越的。石本教授所提倡的对侵权行为法归责原理一元化的理解,即使有出现疑问的可能,但是该书对最轻过失所做的周到细致的研究,对于学界的贡献是任何人都无法否定的。

(2) 石本教授的研究动机正如前所述,是对民事责任统一归责原理的探索。具体来说,就是过失责任主义和无过失责任主义的统一。支撑这个研究主题的是黑格尔(Hegel)所提倡的辩证法的方法论,以及现行法中对过失责任主义的基本认识。

564 关于前者中辩证法方法论的采用,石本教授在回顾研究生活时曾这样说过:“法的解释以及如何在研究上将辩证法的理论进行活用是我的兴趣之一。”作为石本理论的特色之一的思辨方式也是由此而来的。这种辩证法的方法论指的是,在民事责任的归责原理研究中,将过失责任主义和无过失责任主义这两个相互对立的原则通过一个统一的原理进行说明,以此来设定研究目标。

---

① 浦川道太郎:《无过失损害赔偿责任》,《民法讲座》(6),有斐阁,1985年。

另一方面对支持石本理论的过失责任主义的基本认识，也同辩证法的方法论一样是有一贯性的。也就是说，石本教授认为侵权行为法的目的通常在于对无责任的受害人之救济。在民法典制定当时单纯的生活关系中，如果加害人无过失的话，那么受害人一方就存在过失，因此将轻过失作为界限的过失责任，对上述无责任的受害人的救济是有可能的。不过，在如今产业社会的事故中，加害人和受害人都不存在过失的情况也很多。因为主观主义的过失，如果加害人被认为无过失而被免责的话，那么无过失的受害人就不得不负担损害，从而无法达到救济受害人的目的，以往的过失责任主义就会转化为不公平的理论。所以，有人提出面对已变化的历史现实，有必要越过轻过失的阶段，扩展加害人负担责任的范围。

(3) 通说的立场可以理解为在此产生了无过失责任之存在意义，超过作为《民法》第709条归责原理——过失责任的责任领域的无过失责任，在何领域中以及用何种手段能够达成，也是要考察的内容。但是石本理论认为，对此通说所依据的所谓过失责任和无过失责任并存的侵权行为责任二元论的理解，在理论上还是有些不足。理由有两点：第一，在责任的成立上如果必须存在归责原因（非难原因）的话，那么在无过失责任的基础中也必须确认某种非难原因，必须追究归责原理。第二，过失责任和“无”过失责任双方相互对立，相互否定，所以也就无法达到安定的理论统一，因此就必须在双方都可以被肯定的更高层次的立场上构筑责任论。由此，石本教授得出了下列结论：作为过失责任和无过失责任的二元性责任论的统一立场，“在不可能预见结果的场合，根据自己的决定（不是他人强加于自己的）而行动的结果，假如对他 565
人造成了损害也是有过失”，通过认可这样的最轻过失，就会得出所有的民事责任都会统一在过失责任中的结论。

3. 其后学界之发展

(1) 石本理论确立的"方向"也被之后的学说所继承。例如,在排除预见可能性的过失概念中,追求民事责任统一性归责的想法,与淡路教授的新忍受限度论等所主张的思想一致。此外,把民事责任归责原理的基础假定为过失,将《民法》第 709 条与《民法》第 717 条(土地工作物责任)以及《国家赔偿法》第 2 条(公共设施责任)的责任本质上都认同为一致的国井和郎与植木哲教授的见解,可以说是在石本理论的影响下所展开的。但是,如果把这样的部分性影响转换一下来看,立足于"非常生硬的哲学分析"(植木哲)的石本理论,无法找到其追随者也是事实。

(2) 根据最轻过失的重新发现,试图将过失概念扩展到极限,成为民事责任的统一性归责原理的石本教授的观点,除去不可抗力的情况,对于由自发状态所引发的加害全部肯定其责任之结论的妥当性还是存在一定的疑点。这样看来,石本教授一直在挑战的关于民事责任统一性归责原理的发现,虽然是重大课题,但是由复杂社会中发生的法益侵害所造成的损害的适当性归责,能否用单一的原理进行说明,在此根本问题上,可以说仍是民法学者未能实现的理想之一吧!

■ **作者介绍**

石本雅男

主要著作:除该书之外,还著有『民事責任の研究』(1948 年·日本評論社)、『不法行為論』(1950 年·日本評論社)、『民事責任の基礎理論』(1979 年·有斐閣)等。

简　　历：1902 年(明治三十五年)生*，毕业于京都帝国大学法学部，历任关西学院大学、大阪大学、关西大学、神户学院大学教授，1984 年(昭和五十九年)获日本学士院奖[其著作、履历请详见『契約法大系 第 5 巻』(1963 年・有斐閣)]。

* 石本雅男已于 2003 年去世。——译者

566 6-10　平井宜雄
《损害赔偿法的理论》

(东京大学出版会,1971 年)*

评议人　手嶋丰(神户大学)

该书以与债务不履行、侵权行为作为理由的损害赔偿范围决定相关的相当因果关系和侵权行为的要件论等为中心,突出通说的问题点,对此领域的理论发展作出了杰出的贡献,对于我国民法学而言是最为重要的研究著作之一。

1. 该书出版前关于本课题之学界状况

(1) 损害赔偿的范围,以债务不履行或者侵权行为为起点,有无限扩展的可能性,但是《民法》第 416 条虽然是关于债务不履行的规定,但其对侵权行为却没有特别规定。此问题在当事人利害关系的最对立之处需要有一个公正的标准,在与效果论的关联中也涉及对侵权行为要件的分析。

(2) 关于该书发行以前的学界状况,与民法立法当初的理解不同,在德国民法学的绝对影响之下,第 416 条第 1 项中规定了相当因果关系原则,第 2 项则列出了成为相当性判断基础的特别事由,这种理解在判例学说中被确立起来。另外,自"富喜

* 原文文献为:平井宜雄『損害賠償法の理論』(1971 年 · 東京大学出版会)。——译者

丸事件”* 以来，普遍认为不只是债务不履行，在侵权行为中也适用相当因果关系原则，到了开始出现指出《民法》第 416 条的结构与德国不同的学术成果的阶段。[①] 这个时期，汽车事故多发等社会焦点问题堆积如山，然而学说却陷入了相当因果关系中的通常损害、预见可能性等抽象的标准中，对具体标准的检讨很少。即便是关于侵权行为的要件论，《民法》第 709 条中的权利侵害要件以“大学汤事件”为契机，转换成作为客观性要件的违法性，此违法性以侵害行为的形态与受侵害利益种类的相关关系中决定的过失为主观要件，作为心理状态分别处于对立的位置。另外，不管是故意还是过失，在负担损害赔偿义务这个意义上应被同等对待。

2. 该书的内容及其在学界之意义 567

（1）该书不只涉及与损害赔偿相关的各种问题论述的详细展开，还包括法学方法论在内的非常厚重的内容，因此，将其进行简短地概括是非常困难的。所以在此，以“平井说”（或者保护范围说、过失一元论）中被频繁介绍的部分作为中心进行概括，从该书的目的来看是可以被允许的吧！

---

* 富喜丸事件：该事件是关于与商船相撞而沉没的富喜丸轮船的损害额算定问题。由于当时受一战影响，该事故发生之后，同样船舶的评估价急剧上升，然而在一战结束后原审判决之时，评估价又急剧回落。裁判所判决认为，首先，原则上损害额的算定应以侵权行为发生之时的价格为基准。那么，侵权行为发生后到请求损害赔偿的这段期间，若物的价格发生了变动，灭失物的价格则可以采取从上升到回落之间的中间最高价格，从而类推适用《民法》第 416 条关于债务不履行的规定请求损害赔偿。——译者

① 山田晟、来栖三郎：《日德两法关于损害赔偿范围与方法之比较研究》，《我妻荣还历纪念：损害赔偿责任研究》（上），有斐阁，1957 年，第 169 页以下。北川善太郎：《损害赔偿论序说（1—2 完）——关于契约责任》，《法律论丛》第 73 卷第 1 号，1963 年，第 1 页以下；同卷第 3 号，1963 年，第 17 页以下等。

(2)损害赔偿的范围由相当因果关系决定,第416条即规定了相当因果关系,这种被债务不履行和侵权行为两者皆适用的上述通说判例的格式,是将从德国民法学中传入的相当因果关系概念与日本民法相协调,形成了日本式的解释成果。但是在德国民法中,如果有充足的责任原因,必须赔偿发生的全部损害(完全赔偿的原则),不管损害发起人的行为状态、故意过失以及预见可能性的有无等,损害的范围都不会受到影响。为了不发生赔偿所有损害的结果才提出了相当因果关系说[其中心为载体(Trager)]。然而,日本《民法》第416条根据当事人的预见可能性决定赔偿范围的结构,也就是责任原因和赔偿范围相结合的构造,与德国民法正好相反,这一点从判例分析和源流上可以显示出来。所以,此处预见可能性的判断就由所谓的契约解释的安排来决定(预见的当事人为债权人与债务人,预见的时期成为契约之时),可是损害赔偿的范围由因果关系决定的命题,实际上没有理论上的意义,相当因果关系概念只是发挥了正当化的功能,却使不同性质的各个问题变得不甚透明,即使作为措辞法也是非常不确切的。于是为了按照日本民法的构造构筑理论,以在美国侵权行为法中所提出的崭新的理论框架,并带来极大影响的格林(Green)的方法论为基础,做了以下解释:①被告的行为事实与被评价为损害的事实之间存在的、作为原则不包含法的价值判断的、如果没有……就不会发生……的关系所指的事实的因果关系。②立足于事实的因果关系的损害之中,决定赔偿到何种程度才妥当的政策性价值判断,以及作为考虑的保护范围(关于决定保护范围的标准,存在与债务不履行相关的《民法》第416条)。③被保护范围所包含的因素如何置换成金钱的——损害的金钱性评价。如此,确立了三个分析道具概念,将以往作为相当因果关系论述的问

题这样区别并讨论，意味着思路的清晰化以及对实务的帮助。基 568
于契约不履行的损害赔偿，第416条被定位于限制赔偿范围的政策性价值判断，也就是作为保护范围画定的基准。在此基础之上，计算损害赔偿额的基准时的问题探讨，通过包含“富喜丸事件”在内的多个判例进行分析，作为结论，判决并不是对基准时采用统一的理由，而是应该以在辩论主义的框架内对于债权人尽可能地使其恢复到与本来的给付相接近的经济地位为价值判断（全额评价的原则）进行处理。在基于侵权行为的损害赔偿中，与侵权行为有关的第416条的适用、过失与第416条预见可能性的理论的关联性，以及过失与违法性的关系等概念的功能得到验证，在日本民法中违法性概念以通过对权利侵害要件的扩大的承认及确立发挥了作用而告终。相关关系理论在现实中也无理论上的意义，第709条的要件只要具备“过失”行为、损害的发生以及两者之间的事实性的因果关系等要素就足够了。而且，作为主观性要件被定义为心理状态的一种形态的过失在判例中也发挥了限定侵权行为成立的功能。所谓过失即作为前提在对行为人结果发生的预见可能性的存在，或者被要求为预见义务的结果回避，或者违反防止义务的行为中，①从被告的行为中产生的损害发生的危险程度或概率的大小、②被侵害利益的重大性、③通过使其承担损害回避义务而被牺牲的利益与①②中因素的比较衡量，以上作为赋予过失具体标准的操作是有用的。而且对故意和过失应区别对待。根据上述理论决定侵权行为的保护范围时，在故意侵权行为的情况下，保护范围是指与故意行为具有事实因果关系的损害范围；在过失侵权行为的情况下，保护范围由加害人是否承担损害回避义务来决定，如果在回避义务范围内，则负担赔偿义务，而如何对义务射程范围内的损害事实进行金钱评价则依赖法官的自由裁量。

（3）自成为该书基础的论文公开发表后，其内容在学界中得到了极高的评价，特别是该书所提出的作为替代相当因果关系框架的事实因果关系、保护范围与损害的金钱性评价来说明损害赔偿的范围，得到了广泛的接受。即使在侵权行为的要件论中，过失即行为义务违反等成为共同的财产，围绕违法性与过失的关系，作为通说给予的前提的“违法性＝客观要件、过失＝主观要件的基础”产生了动摇，违法性概念的存在意义重新成为问题而浮
569 现出来，再加上以前的二元论、违法一元论以及新过失论等诸学说的纷纷出现[①]，导致了所谓的“侵权行为法的混乱”状况，并一直持续到现在。给判例以合理说明的该书的方向性或通过展示沿革的问题，关于比较法的手法虽然有赞同和否定两种论调，但是对该书之后研究的影响却不仅仅停留在损害赔偿的领域，其他方面的影响也是非常深远的。这样看来，该书对学界的贡献可以说给予怎样的高度评价都不为过了。

3. 其后学界之发展

关于该书所提出的解释提案，对不将损害赔偿的基准时或金钱评价作为实体法上的问题而是非诉讼化的反对特别强烈。而且有批判指出，对于保护范围和相当因果关系终归不过是用语的差别而已，在具体解决方法上并无差。关于损害赔偿的范围，有不能否认相当因果关系已被使用了相当长的一段时期的主张。[②]

---

① 关于现状，请参见前田达明：《权利侵害与违法性》，《新现代损害赔偿法讲座》（2），日本评论社，1998年，第2、17页。

② 详见国井和郎：《债务不履行的损害赔偿范围》，《民法讲座》（4），有斐阁，1985年，第499、558页。

另外最近，该书在方法论方面也并非受到学界的充分理解和讨论，有人指出以保护范围说的命名与内容相异的德国保护范围说相混同的主张[①]，还有指出以过失一元论为前提的判例在意身体、财物的物理性侵害[②]。不只是这样的批判，关于迄今为止的通说的解体，该书成为“导火索”的这一点也是毋庸置疑的。对于民法研究者来说，特别是在损害赔偿法的研究上，该书是必不可少的。

■ **作者介绍**

平井宜雄（参见本书1－10）。

① 山本隆司：《所谓“保护范围说”》，《现代侵权行为法学之分析》，有信堂高文社，1997年，第40页以下。

② 濑川信久：《〈民法〉第709条——侵权行为的一般成立要件》，《民法典的百年》（Ⅲ），有斐阁，1998年，第559、626页。

570 ## 6-11 前田达明

《侵权行为归责论》

（创文社，1978 年）*

评议人 水野谦（青山学院大学）

该书以侵权行为的归责原理为题，汇集了多种讨论，是成为今天侵权行为法学一个重要出发点的研究著作。

1. 该书出版前关于本课题之学界状况

（1）该书以德国法为起点进行了比较法的考察，对①关于侵权行为的归责根据、②违法性概念的意义、③赔偿范围的标准，以及④共同侵权行为理论等进行了论述。其中的①②是关于如何认识故意和过失的内涵，与违法性概念有怎样的关联等涉及归责论基础的问题。其次，在③④中包括基于后续侵害产生的损害的赔偿标准、对“关联共同性”的认识等诸论点。以下由于篇幅的限制，以①②为重点讨论该书的意义。

（2）在该书（首次发表于 1967—1976 年）之前的加藤一郎的《侵权行为》[①]中，代表性通说对问题①至④采取了以下观点：首先，①在过失责任主义的基础中有行为人的意思，与故意相同，过失也是心理状态（本应知道结果的发生，却因为不注意而不能得知，并为一定行为）。②违法性是客观的成立要件，根据被侵害利益的种类与侵害行为的方式之相关关系进行判断。权利侵害仅

* 原文文献为：前田達明『不法行為帰責論』(1978 年・創文社)。——译者

① 加藤一郎：《侵权行为》，有斐阁，1957 年初版，第 588 页。

是违法性的表现特征(《从权利侵害到违法性》)。其次,③第 416 条表示的是相当因果关系,在侵权行为中也可以被类推适用。再次,④第 719 条第 1 项前段应该理解为,共同侵权行为人各自的行为中若存在客观的关联共同性即可(客观的共同说)。

(3) 但是以上观点未必没有异议。例如赞成第 416 条类推[(2)③]的加藤在其《侵权行为》一书中同时表明了"相当的疑问"[①],并指出,客观共同说[(2)④]也从共同侵权行为的制度宗旨只是要求排除分割责任的观点(A 说)转变到了不再严格要求每个人的行为和结果间的个别因果关系的立场(B 说)[②]。另外,通 571
说在承认过失为心理状态的同时[(2)①],对标准人要求此基准,甚至以"社会性的注意义务"[③]的违反为观念。这意味着从心理主义的过失论中脱离和过失的规范化[④],也动摇了过失和违法性的二元化理解。

2. 该书的内容及其在学界之意义

(1) 根据该书(第 1 章)所述,首先,所谓主观有责性和客观违法性(＝权利侵害)的区别论仅限于 19 世纪后期德国民法学中特有的想法。罗马法以来,作为以标准人为基准的结果回避义务违反被认为是过失的观点得到广泛认同。特别是在现代技术社会中,行为人在背叛了所谓的遵守标准人的行为基准——法律命令将权利侵害的危险性抑制在社会相当的程度中——而为某行为的法律关系间的信赖方面,应该要求过失责任的根据(信赖原

---

① 加藤一郎:《侵权行为》,有斐阁,1957 年初版,第 156 页。

② 神田孝夫:《共同侵权行为》,《民法讲座》(6),有斐阁,1985 年。

③ 加藤一郎:《侵权行为》,有斐阁,1957 年初版,第 8 页。

④ 潮见佳男:《民事过失的归责构造》,信山社,1995 年,第 242—243 页。

则)。这样考虑的话,过失同客观的违法性相交错,之前的区别论是不成立的。另一方面,故意责任是意思责任,在这里有责性原则也起到了作用。

(2)在以上理解的根源中,行为可看作客观方和主观方的结合体,在违法性判断上,不仅仅要考虑行为的因果性结果,也要重视行为的方式(作为目的活动的方面)。“前田说”认为,在认定过失时要考虑:①该危险在谁的行为支配之下;②该危险的程度;③受害法益的重大性;④衡量基于行为义务的设定而受到限制的利益(原书第213页)。以上各种因素也是同着眼于行为的方式的目的行为论以及信赖原则所进行的整合,是在过失行为的时间点上被判断的行为无价值的要素。其次,该书认为,侵害客体的重要性——也可以说是结果无价值的要素——同所谓故意或过失归责的轻重并列(也和其他违法性阻却或过失相抵之问题并列),在所谓的“违法性”大小的法感觉上汇集,使赔偿范围和金额的算定受到影响(原书第218页)。这种想法也是对于同把行为作为客观方和主观方之结合体的目的行为论进行的整合。如此“前田说”在以目的行为论为出发点的基础上,通过对德国区别论的批判性探讨与提倡信赖原则来克服关于过失和违法性通说的暧昧性[1(3)],而且通过把行为无价值与结果无价值放在同一立场中
572 进行考虑,对相关关系理论[1(2)②]进行了再评价。

(3)在该书前后围绕侵权行为法的体系化出现了多种学说,在此总结三种主要的学说,并与“前田说”进行比较。

首先,柳泽弘士的《关于侵权行为法的违法性》①一书的观点为,在违法性的层次上采取行为不法论,以有责性的立场在过失

① 柳泽弘士:《关于侵权行为的违法性》,《私法》第28号,1966年。

侵权行为的情况下要斟酌具体的过失，贯彻违法性和有责性的二元论。这也是排除通说暧昧性的重要尝试。但是在当今的社会中采取具体的过失说已经比较困难。在这个意义上，该书从正面认识到关于过失责任的有责性原则之空洞化，并明示将其取代的所谓信赖原则的归责根据，给予了学界以巨大的冲击。

其次，平井宜雄的《损害赔偿法的理论》①认为，我国的违法性概念在扩大权利侵害要件之时，其作用已终止，扩张的权利侵害要件丧失了侵权行为的成立限定功能，该功能被委托于过失概念中(过失一元论)。如此“平井说”不认同权利侵害要件独立的意义，因此在过失的规定因素中混杂了所谓的受侵害利益的重大性这种结果无价值的要素。② 与此相对，“前田说”认为，过失不过是在对行为无价值的理解之上[2(2)③的因素从事前的立场进行抽象的判断]，把结果无价值的要素放在权利侵害要件中考虑。该书关于将诸利益集中在所谓的“违法性”大小的法感觉这点上，质疑其积极意义的见解不在少数。③ 但是“前田说”认为，行为无价值和结果无价值在过失和权利侵害这种相区别的要件中被推测出来，这样综合考虑的方面不应被忽略。这种判断构造的实质本身很少被否定，第709条的条文也是如此。

关于最后一点，星野英一在其《故意、过失、权利侵害与违法性》④中鲜明地采取了故意过失和权利侵害的二元性理解。“星野

---

① 平井宜雄：《损害赔偿法的理论》，东京大学出版会，1971年。

② 另外，吉田邦彦的《“债权侵害与法解释论”再论》(下)(《法律时报》第64卷第13号，1992年，第240页)中也是把关于“平井说”的过失评价为结果方向的。

③ 泽井裕：《侵权行为法学的混沌与展望》，《法学研讨会》第269号，1979年，第87—88页等。不过，前田达明的《侵权行为法理论的发展》[成文堂，1984年(1979年初版)，第188页]中所采取的正是罗马法的侵害行为(injuria)学说被确认以来的用法。

④ 星野英一：《故意、过失、权利侵害与违法性》，《民法论集》(第6卷)，有斐阁，1986年(1979年初版)，第318—319页。

说”以法国法的过错(faute)概念为线索,有志于针对日本民法的
573 构造进行解释论,因此其结论与“前田说”存在共通性。[①]

(4) 另外,该书认为,关于后续侵害在赞成德国的危险范围说的同时(原书第 222—229 页),对由侵害所造成的损害,即①消极的财产损害是具体的受害人取得的确实性(原书第 234 页),②积极的财产损害对受害人来说是否为必不可少且不可避免发生的损害(原书第 237 页),由此成为赔偿的基准。尽管危险范围说对所有类型的后续侵害是否有效还是问题,[②]但至少前面①②的基准本身可以说是从对我国判例的分析中得出的有说服力的基准。[③] 其次,关于以公害诉讼为契机受到注目的共同侵权,该书(第 3 章)把视角立足于客观共同说[1(3),以 A 说为准]中将第 719 条第 1 项之意义的薄弱化上。然后,关于同项前段的意义被理解为,限于主观性共同关系所涉及的范围之内,行为人对自己的行为以及没有因果关系的权利侵害负责任,对判例进行了类型化的整理。这种想法的基础也有目的行为论,在目的的行为对共同行为的人的意思要求归责根据这点上具有特点。但是关于这些,在意思以外,要对任何客观共同性的要素进行规范评价的学说也不在少数[④]。

---

① 星野英一在《权利侵害——日本侵权行为法重述》[《民法论集》(第 9 卷),有斐阁,1999 年(1987 年初版),第 183 页]中指出,“权利的侵害”被认为是“判例上已经不具有作为积极要件的意思”。

② 参见水野谦:《侵权行为归责论的再构成·序说》(10 完),《北大法学论集》第 49 卷第 4 号,1998 年,第 858—864 页;另外,也可参见水野谦:《因果关系概念的意义与界限》,有斐阁,2000 年。

③ 四宫和夫:《侵权行为》,青林书院,1987 年,第 460—462 页也大致赞成此观点。

④ 淡路刚久:《公害赔偿理论》,有斐阁,1978 年增补版,第 164 页以下。对此,前田达明的《侵权行为法理论的发展》[成文堂,1984 年(1980 年初版),第 198 页]中对意思教条的重要性进行了反驳。

3. 其后学界之发展

（1）限定于过失和违法性的问题来着眼于之后的学说。关于此问题如何进行体系化的讨论并没有终结。但是在近期的学说中，超越了在何种要件中分成何种要素的讨论框架，或者加入此种讨论，如下所述致力于类型分析的研究有所增加。

（2）例如，大冢直的《关于侵权行为的结果回避义务》中提到
了七个标志，即在认定关于过失的结果回避义务违反之时，设定
通过使加害人承担损害是否应该考虑到被牺牲的利益问题；加害 574
者的活动涉及健康受害的可能性是否在一定程度上比较高；损害
的发生是否是受害人选择的结果，等等[①]。泽井裕的《无因管理、
不当得利与侵权行为（教科书）》（第2版）中把违法性（事后评价）
区分为三种类型，即绝对权类型、行为类型、斟酌受害的程度或侵
害行为方式的类型。[②] 其次，将过失（作为事前评价的有责性的问
题）分为四种类型，例如在驾驶汽车或医疗行为中成为问题的“作
为行为类型的过失”指的是“之前的过失”。[③] 濑川信久在其《〈民
法〉第709条——侵权行为的一般成立要件》[④]一文中分析道，如
果判例从有形利益的有形侵害中扩大到有形利益的无形侵害或
无形利益的无形侵害与保护的话，那么有必要确定保护领域，以
及衡量其他法益，判例中的“违法性”就是在相对地确定保护范围

① 大冢直：《关于侵权行为的结果回避义务》，《加藤一郎先生古稀纪念：现代社会与民法学的动向》（上），有斐阁，1992年。

② 泽井裕：《无因管理、不当得利与侵权行为（教科书）》，有斐阁，1996年第2版，第136页以下。

③ 同上书，第168页以下。

④ 濑川信久：《〈民法〉第709条——侵权行为的一般成立要件》，《民法典的百年》（Ⅲ），有斐阁，1998年，第627—628页。

及利益衡量。

(3) 在侵权行为多样化的今天,如此类型化的、分析性的方法的重要性毋庸置疑。但是,也不能否定这样研究的成果在体系论中之反馈的必要性。如前所述,“前田说”在“违法性”中所进行的判断实质范围广泛,相对的强制较少[2(3)],而且维持这种判断框架,是在其中进行类型考察即可,还是把“前田说”本体化或多元化?以及该书的意义是否应从正面重新认识等,都是留给将来的问题。

■ **作者介绍**

前田达明

主要著作:除该书外,还著有『判例不法行為法』(1978 年·青林書院新社)、『民法Ⅳ2(不法行為法)』(1980 年·青林書院新社)、『不法行為法理論の展開』(1984 年·成文堂)、『愛と家庭と不貞行為に基づく損害賠償請求』(1985 年·成文堂)、『民法随筆』(1989 年·成文堂)、『口述債権総論(第 3 版)』(1993 年·成文堂)等。

简　　历:1940 年(昭和十五年)生,毕业于京都大学法学部,有司法实习生等经历,现任京都大学教授。

6-12 石田穣 《损害赔偿法之再构成》 575

(东京大学出版会,1977年)*

评议人 副田隆重(爱知大学)

(该书)倡导意思责任的侵权行为、客观责任的侵权行为以及结果责任的侵权行为这三种责任类型,提出新的侵权行为体系,同时作为赔偿范围的划定基准,主张危险性关联的概念。

1. 该书出版前关于本课题之学界状况

(1)《民法》第709条作为囊括了广大领域的规定,在侵权行为中是否包含应被明确区别处理的不同性质的多数因素,并不是社会现象中的所谓横向的类型化(财产权侵害、失火责任、交通事故、企业灾害、产品责任等),而是从侵权行为的责任根据等的理论体系化即纵向的类型化问题。

(2)针对二战后经济的高速增长以及之后的社会剧变所导致的侵权行为受害范围的增大与事故类型的扩大,学说和判例努力用第709条对此进行囊括。在以对应此事故类型领域的个别解释论的展开为主的当时学界中,作为有志于涉及侵权行为法全体的理论性的分析,该书接续平井宜雄的《损害赔偿法的理论》①,并与前田达明的《侵权行为归责论》②一起,对理论的再构筑进行了

---

* 原文文献为:石田穣『損害賠償法の再構成』(1977年·東京大学出版会)。——译者

① 平井宜雄:《损害赔偿法的理论》,东京大学出版会,1971年。

② 前田达明:《侵权行为归责论》,创文社,1987年。

尝试。在该书出现之前，前田教授已经在德国侵权行为法学的影响下将侵权行为区分为故意侵权行为和过失侵权行为，提出故意责任即意思责任、过失责任即信赖责任的二分论（《侵权行为归责论》所收，已发表杂志论文）。另外，平井教授把故意侵权行为（意思的侵权行为）和过失侵权行为作为个别的侵权行为类型，关于"平井说"中的应该赔偿的"保护范围"，前者姑且包含立足于事实的因果关系的全部损害；与此相对，后者包含加害人负有应该防止损害发生的义务（义务射程的范围内）之时的保护范围。

2．该书的内容及其在学界之意义

（1）首先，该书作为解释方法，把立法者的意思作为该法律的解释标准，并提出在立法者意思不能成为解释标准之处，作为法
576 律的缺陷应由习惯法、法理和判例进行补充的观点。

（2）其次，来看对侵权行为法学说的批判。即学说为了把范围极广的侵权行为法在第709条的包容下进行说明而致力于故意、过失、违法性和因果关系等概念的技巧性构成，这种做法在法律解释方法论上，把解释者的主观判断作为制定法的判断进行说明，在隐藏了"解释者＝法官的恣意或权利滥用"之危险性的同时，也产生了各种问题点——学说上认为被称为第709条的侵权行为包含了归责根据不同的性质不一的复数侵权行为。在学说所认为的过失是由抽象的过失构成的同时，作为过失的前提还要求责任能力这点上存在矛盾。学说对过失、权利侵害和因果关系等概念无限制地扩大（意义的持有），导致了这些概念的意义与相互关系的不透明。

（3）最后，在如此批判下，该书按照归责的根据，把侵权行为区分为：以对行为人个人的非难可能性为根据的"意思责任的侵

权行为”；以行为人的行为的危险性为归责根据的“行为责任的侵权行为”。又把后者进一步区分为：行为人为了防止损害发生，若不为客观的相当行为就不能被免责的“客观责任的侵权行为”和即使行使了相当的行为也不能免责的“结果责任的侵权行为”。其次，立法者对《民法》第 709 条所进行的预想只是“意思责任的侵权行为”，因此同条只在“意思责任的侵权行为”中适用，“行为责任的侵权行为”在同条的适用范围之外，作为法律的缺陷由其他制定法或条例进行规范。

①在“意思责任的侵权行为”中，故意责任和具体的过失责任相对应，以市民间的日常生活中偶然发生的损害为对象，在该书中也是被第 709 条（712 条、713 条）所适用的类型，对此类型的成立要件进行如下说明：第一，关于故意过失，侵权行为法对违反侵权行为规范（在具体的状况中，对该行为人为了防止损害发生而应为一定的行为或令其必须为一定行为的意思表示）给他人造成损失之人加以损害赔偿的制裁，在意思责任的侵权行为中，侵权行为规范是从对行为人的个人非难可能性的观点出发所订立的。首先，所谓故意，是在认识到侵权行为规范要防止的损害发生并承认的同时却做了违反这个规范的行为。所谓过失，是能认识到侵权行为规范要防止的损害发生却未认识到，或即使认识到了却没有接受就做了违反此规范的行为。再者，侵权行为规范的订立是在对行为人的非难可能性的观点，也就是行为人意思的形式和 577
损害之间的评价关系即有责性关联的基础上实行的，因此在行为人对损害的发生没有认识可能性的场合和在正当防卫或紧急避险等场合，由于欠缺此有责性关联，所以不能订立侵权行为规范。其次，责任能力作为这个行为是否与侵权行为规范相抵触的判断能力，是意思责任的侵权行为要件。第二，关于权利侵害，认为没

有必要替换违法性，不需要违法性概念，违法性阻却事由是有责性关联的问题。第三，关于损害，权利侵害和损害是不可分割的整体，所谓损害被理解为对值得法律保护的利益的侵害。成为故意、过失对象的损害只是从行为中第一次产生的损害（第一次损害、对应权利侵害），不以从此损害中派生的损害（后续损害）为对象，而是损害赔偿的范围问题。第四，关于因果关系，区别作为成立要件的因果关系与赔偿范围的因果关系，前者即行为与第一次损害（权利侵害）间的因果关系在条件关系上即足够，其附加界限是根据不属于《民法》第416条的故意、过失（有责性关联）所进行的。

另一方面，关于赔偿范围的问题，立法者认为完全赔偿妥当的同时，将其具体的内容委托于判例学说，作为与损害赔偿的范围有关的标准，提出了“危险性关联”的概念。即首先当后续损害被看作第一次损害具有的危险性的现实化之时就进入了赔偿范围，与第一次损害的关联，除了偶然的场合或介于受害人自身的危险行为的场合，一般来说危险性关联是被认同的。其次，将这种危险性关联的想法包含于第416条是可能的（通常损害是，不以行为人的认识可能性作为问题，在与第一次损害之间认同危险性关联的后续侵害。特别侵害是，以认识可能性作为问题之初在与第一次损害之间认同危险性关联的后续侵害），因此可以把该条导入侵权行为。

②在“行为责任的侵权行为”中不存在对第709条的适用。客观责任的侵权行为是，在涉及社会生活上有用的却在某种程度不可避免地施加损害的活动中，损害比较轻微或即使重大其范围却以狭小性的因素为对象，驾驶汽车、医疗行为、律师业等即是如此（对应抽象的过失责任）。在此类型中，对从事该活动的一般人

要求的不实行损害防止行为不能免责，这种类型的侵权行为的要件是，不适当行为（前述的不实行损害防止行为的行为人的行为）、损害的发生以及两者间的因果关系。另一方面，结果责任的侵权行为在同样的业务行为中，涉及比较广范围的重大损害，即 578
大气或水质污染、原子能、铁路、航空企业、产品责任等的类型（对应危险责任或无过失责任）。其成立要件有：引起损害的特别的危险行为（特别危险行为）、损害的发生以及因果关系，行为人即使进行了防止损害发生的相当的行为也不能免责。

除了关于客观责任类型要件的不适当行为、结果责任类型要件的特别危险行为、对与意思责任的类型有关的有责性关联，以及在危险性关联的意义上所订立侵权行为规范外，其他要件（连同责任能力都不是要件）或赔偿范围与意思责任的类型是相同的。

3. 其后学界之发展

首先对于该书中所谓的意思责任的、客观责任的和结果责任的侵权行为之侵权行为法的体系化和类型化，一方面有很高的评价，另一方面也存在强烈的抵抗。该书除了被评价为理论上的产物之外，对于限定第 709 条的适用范围，许多侵权行为在该条的适用范围之外，通过条理进行解决这一点，受到了如下批判，即立法者原本的意思是第 709 条的适用范围很广，限定制定法的适用范围反而会滋生法官恣意的裁量和权力滥用，使得解释上的无过失责任范围变得漫无边际。

其次，关于作为赔偿范围标准的危险性关联，在平井教授之后，把“相当因果关系”分解为事实的因果关系，以及适合于侵权行为之责任限制标准问题而进行考虑的倾向已被固定。对于平井教授提出的义务射程说，该书提出了危险性关联说。之后，基本上赞同这些的有力说也登场了（前田、四宫）。另一方面，对所谓的危险性关联概念本身不能成为责任限制的判断标准的批判也很强烈，其结果就是对于代替“相当因果关系”的后续损害的划定标准仍然处于混沌局面中。

■ **作者介绍**

石田穣

主要著作：除该书外，还著有『法解釈学の方法』(1976 年・青林書院新社)、『民法学の基礎』(1976 年・有斐閣)、『証拠法の再構成』(1980 年・東京大学出版会)、『契約法』(1982 年・青林書院)、『民法総則』(1992 年・悠々社)等。

简　　历：1940 年(昭和十五年)生，毕业于东京大学法学部，有司法实习生、候补判事等经历，现任东京大学助教授。

6-13　加藤一郎 579

《作为过失判断标准的“普通人”——以美国法中的“理性人”为中心》

(《我妻荣追悼纪念:私法学的新发展》,有斐阁,1975 年)*

评议人　宇佐见大司(爱知学院大学)

在该文中,把侵权行为的过失作为抽象的过失进行判断的根据,以美国法的“理性人”概念为素材进行了说明。

1. 该文发表前关于本课题之学界状况

民法采用过失责任主义,那么过失的有无,要基于何种标准进行判断呢？关于这一点,在民法起草阶段的讨论中,在起草旧《民法》第 719 条(现行《民法》第 709 条)时穗积委员认为,过失的判断标准并不是指在具体的状况下,该加害人是否尽到了应尽的注意(即具体的过失),而是指更客观的,人在社会生活中是否尽到了应尽的注意(即抽象的过失)。① 也就是今天所说的客观性过失的观点。

民法制定后的学说也认同过失判断应采取客观性标准。例如鸠山秀夫把过失作为侵权行为的“主观性要件”,并且认为所谓过失是因不注意而没有预见到结果的心理状态,这个不注意是指缺乏善

* 原文文献为:加藤一郎「過失判断の基準としての『通常人』——アメリカ法における『合理人』をめぐって」,我妻追悼『私法学の新たな展開』(1975 年・有斐閣)。——译者

①　参见商事法务研究会:《法典调查会民法会议记录》(第 5 卷),第 297、322 页。

良管理人的注意，[①]可以说并非以具体加害人的非难可能性作为问题。我妻荣也认为，过失是不注意即注意的欠缺，其标准不是“行为人自身的平常的注意程度，而是在法律上对作为社会共同生活的一员所要求的程度的注意”[②]，在此过失的判断标准也被要求为客观性的。末弘严太郎也认为，作为侵权行为过失标准的注意是指善良管理人的注意，是普通人处在此场合时应尽的注意。[③]

二战后，通过继受这些学说而形成了侵权行为法通说的该文的作者加藤一郎认为，关于过失的判断标准，“过失责任的原则
580 是，此人本应该能防止损害的发生却没有防止，对这一点要求责任的根据”，因此，作为其责任的根据，“本来怠于主观的注意，也就是应该考虑具体的过失”。[④] 与以往的学说相比，加藤更侧重于过失的主观方面。但是加藤也认同结论上把抽象的过失作为过失来考虑。根据加藤的主张：“作为受害人，在加害人一方尽到作为普通人的标准的注意而行动，偶尔由于加害人注意力略差而被认为没有具体的过失，故不采取损害赔偿，对受害人的保护是不充分的，会产生不公正的结果。”即加藤在此把侵权行为的过失看作抽象的过失，是为了救济受害人的政策性措施。该文以美国法的“理性人”为素材，对于过失的判断标准，尝试分析采用抽象的过失的理论根据。

2. 该文的内容及其在学界之意义

把判断过失的标准放在理性人的场合，其意味着客观的、外

---

① 鸠山秀夫：《日本债权法各论》，岩波书店，1924年，第901页。

② 我妻荣：《无因管理、不当得利与侵权行为》，日本评论社，1937年，第105页。

③ 末弘严太郎：《债权各论》，有斐阁，1921年，第1069—1070页。

④ 加藤一郎：《侵权行为法》，有斐阁，1957年初版，第69—70页。

部的标准，说起为什么根据客观的标准，是因为根据主观的标准存在举证上的困难，以及所谓救济受害人的观点。但是此处所说的理性人是指，把作为人应具备的义务拟人化，成为拟制的人；另外，是“在同样状况下的理性人”，针对不同的状况要求弹性的判断。从此观点出发，在具体的美国法中，对于儿童、精神异常以及有身体残疾的人、职业人这三种人，作为理性人的判断应该如何进行？将此问题以侵权行为法重述或判例、学说为素材，同日本的问题状况进行了比较分析。

首先，关于儿童。在第二次重述第283条A中规定，“有相同的年龄，智力以及经验的理性人在相同状况下的行为的标准”，与成人的理性人标准是不同的。但不是以单个儿童为标准，而是以作为有相同年龄或智力、经验的理性人的儿童为问题，并非根据具体的过失。

其次，关于精神异常以及身体残疾。对于精神异常在美国是 581
以和正常人不加区分的理性人的标准进行判断（第二次重述第283条B）的，但是对于有身体残疾的人，则承认理性人的一般标准的变化（第二次重述第283条C）。这是因为精神的异常在举证上是非常困难的，存在于超出正常社会生活所引起的损害应该赔偿的这种观点等的背景中。另一方面关于身体残疾者，例如盲人以眼睛看不见的理性人为标准进行判断那样，应该对不同的状况适用不同的标准。

最后，对职业人进行探讨。此处的职业人是指医生、律师、建筑师等作为专家的职业人。第二次重述中设置了关于职业人过失标准的特别条文（第299条A）。例如以被讨论最多的医生为例，其被要求的标准是，作为一般的医生来看，应具有资格、能力的医生所必要的最低限度的技能和知识，在作为专门医生进行治疗的场合则要求更高度的注意。

通过以上分析，加藤认为，在美国法中过失的判断标准是“在同样的状况下”根据理性人的行为，对各种各样的事件，在使具备具体的妥当性的处理成为可能的同时，用所谓“理性人”的客观标准寻求对受害人的保护。美国法的这种灵活的主张，对日本的过失判断标准给予了有益的启发。

如上所述，按照以往过失责任主义的立场，过失的标准应该是具体的过失；而从救济受害人的观点出发则需依据客观的标准。加藤在该文中通过采用美国法的“理性人”观点为桥梁将以上两点联系起来。

3. 其后学界之发展

在今天，对客观化的普通人要求过失的判断基准基本上是定论。在此基础上，主要从两个方面看此问题在今天的发展。第一，是围绕过失构造的问题。过失是违反预见义务，还是违反结果回避义务？而且以与此相关联的过失和违法性的关系为问题。
582 如果过失判断是基于客观的标准，则与违法性的判断标准重合。如此一来，侵权行为的要件是否应该把过失和违法性作为一体化要件进行组织则成为问题。在此除了有过失一元化论①和违法性一元化论②的对立之外，还有以过失和违法性作为二元性要件的学说，并处于“混乱”的状况。③ 另外，关于这个问题，锦织成史④、

① 平井宜雄：《损害赔偿法的理论》，东京大学出版会，1971年。

② 前田达明：《侵权行为归责论》，创文社，1978年。

③ 泽井裕：《侵权行为法学的混沌与展望》，《法学研讨会》第296号，1979年。

④ 锦织成史：《过失与违法性》，《民法讲座》(6)，有斐阁，1985年。

森岛昭夫[①]的著作中也有详细介绍。作为分析德国民事责任论展开的同时导入此问题的最近专著，有潮见佳男的《民事过失的归责构造》[②]。

第二，在以过失判断的标准为具体问题的场合，进行了与专家责任有关的讨论，也是在作为本文对象的加藤论文中作为问题之一被采用的职业人的过失标准问题的一环。尤其是关于医生的责任，加藤一郎已经有了显著的研究成果[③]，而且之后积蓄了很多判例[④]，已成为侵权行为法的一个领域。关于律师等其他的专家责任，有作为1994年私法学会的专题讨论课题[⑤]。另外，在川井健所编《专家的责任》[⑥]中也有更深层次的讨论。

■ 作者介绍

加藤一郎（参见本书1－07）

---

① 森岛昭夫：《侵权行为法讲义》，有斐阁，1987年，第246页以下。

② 潮见佳男：《民事过失的归责构造》，信山社，1995年。

③ 加藤一郎：《医生的责任》，《我妻荣还历纪念：损害赔偿责任研究》（上），有斐阁，1957年。

④ 作为最近的最高裁判所判例，请参见最高裁判所平成七年（1995年）6月9日判决，《最高裁判所民事判例集》第49卷第6号，第1499页；最高裁判所平成八年（1996年）1月23日判决，《最高裁判所民事判例集》第50卷第1号，第1页。

⑤ 《私法》第57号，1995年。

⑥ 川井健编：《专家的责任》，日本评论社，1993年。

583 6-14 末川博

《权利侵害论》

[弘文堂,1930年;日本评论社,1944年。后收录于《末川博法律论文集》(Ⅱ),岩波书店,1970年]*

评议人 中村哲也(新潟大学)

该书通过提出《民法》第709条的权利侵害要件是违法性表现形式的解释论,从而对一般侵权行为法的形成产生了很大影响。

1. 该书出版前关于本课题之学界状况

(1)法典调查会关于旧《民法》第719条(现行《民法》第709条)的审议,起草委员穗积陈重对权利侵害要件的说明如下:"一般的损害是因故意或过失对他人造成直接或间接的损害,在达不到侵害其权利的程度时不产生债权。"并认为,"既成法典虽如此……但说非常不完全还不明确",此处的"权利"具有"广泛意义的那个意思",但是,"损害的生成未必伴随着权利的侵害","对生活在社会中的人,并不认同其具有不蒙受任何损害的权利",侵权行为法"是保护已存在的权利的法律,并不创设新的权利"。① 如此,权利侵害要件并非与旧民法不同,而其对侵权行为责任功能

---

* 原文文献为:末川博『権利侵害論』[1930年・弘文堂、1944年・日本評論社,後に『末川博法律論文集Ⅱ』(1970年・岩波書店)に所収)]。——译者

① 《学振版民法议事》第40卷,第147页以下、155页、176页以下。审议的情况可参见平井宜雄:《损害赔偿的理论》,东京大学出版会,1971年,第356页以下;濑川信久:《〈民法〉第709条——侵权行为的一般成立要件》,《民法典的百年》(Ⅲ),有斐阁,1998年,第562页以下。

的限定仍被期待。

(2)民法典施行后，裁判所对权利侵害要件区分了以下场合，即使用所谓“财产权”、“根据债务人的总财产而受到清偿的权利”这样的权利概念的场合，以及正如因行使欺诈、强迫、证书伪造等引起损害那样没有言及权利侵害要件的场合(原书第407[499]页以下。该书的引用是根据第1版的页码，其第3版的页码用[]表示，下同)。[①] 但是，在“云右卫门事件”的判决[②]中，对在录制唱片中的古曲的复制行为，通过否定补充权利侵害要件，使此要件的限定性 584
运用的问题点明确化。大审院在“大学汤事件”的判决[③]中叙述道，此要件有“出现违反法规的行为侵害了他人”的广义的意思，与具体的权利相并列，“法律上受保护的利益”也可成为保护对象。

学说上，在“云右卫门事件”的判决后出现了广泛采用“权利”意思的学说，[④]此学说被叫作违反公序良俗的学说[⑤]；以及把“权利侵害”解释为“违背法律上的禁止性规定、违法的侵害他人利益”的学说[⑥](原书第368[477]页以下)。与扩大“权利”乃至“权利侵害”概念的方向相反，通过缩小权利概念，为在“大学汤事

① 关于裁判所的态度，请参见濑川信久:《〈民法〉第709条——侵权行为的一般成立要件》，《民法典的百年》(Ⅲ)，有斐阁，1998年，第586页以下、598页以下。

② 大审院大正三年(1914年)7月3日判决，《大审院刑事判决录》第20辑，第1360页。

③ 大审院大正十四年(1925年)11月28日判决，《大审院民事判例集》第4卷，第670页。

④ 鸠山秀夫:《日本债权法各论》(下)，岩波书店，1924年，第858页以下。在此之前，作为财产不可侵权的理论，可参见松本烝治:《基于债务人与第三人共同行为所生损害的赔偿责任》，《法学志林》第15卷第12号，1913年；后收录于《私法论文集》(第二卷)，严松堂，1916年，第263页以下。

⑤ 牧野英一:《权利观念之转折》，《法学志林》第26卷第7、8号，1924年；收录于《关于法律状态的妥当性》，有斐阁，1925年，第347页以下。

⑥ 末弘严太郎:《民法讲话》(上)，岩波书店，1926年，第112页以下。

件”的判决中表示的扩大第709条功能领域的方向提供根据的则是该书。

2. 该书的内容及其在学界之意义

(1) 作者在该书中认为,“在与权利有关的看法上脱离了从个人本位观点而来的以往一般性的见解,以更加客观化的形式把权利解释为法律秩序的部分性表现,而且权利侵害在破坏法律秩序的意义上成为违法性的象征”,所谓权利侵害意味着违法性的象征是指在学说判例的一部分中已被认同的事情,这叫作“尝试赋予历史的或伦理的根据”(原书第2版序,第6页)。该书的内容使用了以上说法,接下来笔者尝试作更进一步的分析。

违反法律秩序(通过法律的实现所给与的秩序)也就是违法的行为,在采取权利侵害形式之外也可能存在提出这种第709条解释论即为该书的结论,将其“赋予历史的或理论的根据”有其方法的特色。在“历史的”部分中指出,自罗马法以来,把能称为权利侵害的事实作为要件,认同侵权行为责任。关于“理论”部分,
585 将其主张大致进行如下说明:人们在通过共同生活达到共同目的的场合中被要求遵守秩序,为了保障这个秩序而存在法律。但是,法律在要求一定形式的规定中,必须成为要求“理论上的”形式的评价。在此,作为法律规范的功能,与命令的功能相比,评价的功能成为首要因素(原书第215[390]页以下)。从如此秩序与法律的关系中导出了以下看法,即不是把“违法”判断的对象看作与命令对象相对应的主观形式,而是将其看作被评价为违反秩序的形式,这种意义上的客观的违法(原书第219[392]页),不是实定的法律规范,而是在是否危害社会的共同生活上作为违法判断的评价标准意义上的实质的违法(原书第234[400]页)。在所谓

法律秩序的部分形态的意义上显现的法规，其形式分为给予权利的容许性法规和课以义务的命令性法规(也提到了法规不只有这两种。见原书第253[411]页)。另外，表示法律秩序整体的公序良俗在“根据显现的法规，部分法律秩序很难被清晰认同的场合……发挥意义”(原书第260[415]页)。而且，所谓“权利”是“容许性法规为具体的或在主体上被主观化之时被认同”的事物，其内容在法律确立之前已被赋予，法律只是给予了其形式。

在此前提之下，违法即成为违反法律秩序的行为，不仅是权利侵害即容许的法规违反，而且命令的法规违反、违反公序良俗的行为也是违法的。在《民法》第709条中，“法律是为了表现基于得不到认可的行为，即破坏法律秩序的原因而应评价为违法的行为，举出了权利侵害。在此意义上，我认为此处所谓的权利侵害仅限于违法行为的表现”(原书第362[473]页)。选择这个表现，权利侵害占据了更大的部分，所以是为了表现广泛的违法性。该书的“权利侵害论”的标题是以对涉及不到权利侵害要件的场合保护的可能性、必要性为根据的内容。在该书中不仅是这样的历史及伦理的叙述，而且在接下来的裁判中也表示了实际上侵权行为法的保护不限于存在权利侵害的场合(原书第407[499]页以下)。但是，该书的特色在于历史的及理论的叙述，直接赋予解释论的根据属于其中理论的部分。在此有作为法解释方法的客观性解释中的体系性解释。

(2) 随着社会的发展，侵权行为法为了达到作为救济规范的 586
功能，其具有要求法律保护的要件成为必要条件。表现出对此要求对应的裁判所立场是“大学汤事件”的判决。[①] 该书以将权利侵害要件的作用从法律保护的限定功能到表现功能通过解释变更的方式对此方向赋予根据。由于这种变更，《民法》第709条的功能领域被扩大了。该书以成为社会共同生活秩序的侵权行为法功能的基础之见解为出发点，伴随着深刻的理论，正是有必要在学说水平上有所对应的时期登场的。

违法性概念伴随着侵权行为法之保护利益的扩大，在审判实务中被应用于各种各样的情况，[②]在立法上也多被采用（《国家赔偿法》第1条）。在学说中，违法性概念本身伴随着后叙的“我妻说”内容的替换被广泛接受，但是对容许法规违反、命令法规违反、公序良俗违反这样的该书中的违法性概念的发展却没有受到影响。作者在立法论上将法国法或瑞士法的侵权行为责任之一般规则作为合适的因素（原书第374[480]页），目的是通过构筑理论的体系，将作为现行法的解释论进行提示，此外的违法性之三类型被认为是德国民法典的侵权行为法规定。但是，很难说德国法的规定表现出了违法性的实质性功能类型，况且这些规定是通过补充缺陷的一般侵权行为法所形成的，尚待后续内容的展开。总之，该书是从将第709条一般条款化，打破权利侵害要件的保护限定功能方面，而并非是从所谓的一般条款的内容确定方面入手的。

---

① 广中俊雄的《债权各论讲义》（有斐阁，1994年第6版）一书第445页对此判决做了补充说明。

② 濑川信久：《〈民法〉第709条——侵权行为的一般成立要件》，《民法典的百年》（Ⅲ），有斐阁，1998年，第624页以下。

3. 其后在学界之发展

在维持该书所主张的违法性概念大框架的同时，主张将此内容进行更加功能性的确定即为相关关系说的立场。[①] 在“我妻说”中已经像该书这样，开展了逆转权利侵害要件功能理论，也不存在将此理论在违法性概念的内容确定上贯彻到底的方法性制约。尽管对于“我妻说”的内容在实际的裁判及学说上有怎样的影响力尚有讨论的余地，但该书所提及的违法论，经过“我妻说”成为 587
我国侵权行为法的重要构成要素则是确定的。然而，出现了针对持有被过失要件置于对立场合的违法性概念的客观性要件方面的批判。危险的控制，困难领域的扩大，同以德国民法学行为不法论的兴起为背景一样，在我国也出现了针对社会生活中的危险状况的变化把违法性和过失这两个要件一元化的主张。从这种立场来看，关于该书及“我妻说”中所提到的违法性概念，在判例学说中通过权利侵害要件的扩大而确立，也出现“达成了作用”[②]的看法。

虽然难以判断违法性概念在今后的侵权行为法裁判实务与学说中有何种作用，但是作者从以下几点认可了这种概念的有用性：首先，侵权行为法在涉及市民社会广泛的问题领域中，从社会中形成的规则成为其实体。对这些（若使用该书的语言则为）“社会的共同生活”中的“法律秩序”（但是在该书中，这些概念不是社会学的规定所接受的因素，它们具有作为理论性前提而被设置的性质）的内容进行适当的把握，并加以表现即为侵权行为法学的

---

① 我妻荣：《债权法（侵权行为法）》，《现代法学全集》（第37卷），日本评论社，1931年，第447页以下。

② 平井宜雄：《损害赔偿的理论》，东京大学出版会，1971年，第382页。

任务。在此，与行为方式的关系中也具有多样评价内容的各规则、秩序以及例外规则的作为表现阻却事由意义的理论相比，违法性概念是有用的。除此之外，笔者认为，对过失责任与危险责任的关联，基于侵权行为法上的救济与基于停止侵害的救济之关系等这些重要性逐渐增加的问题之研究来说，“社会共同生活”规则的功能类型也具有基本的意义，违法性概念成为了有用的基础概念。

■ **作者介绍**

末川博（参见本书 1－04）

6-15　吉田邦彦 588

《关于“第三人的债权侵害”之基础性考察——基于侵权行为法之契约的对第三人保护》(1—9完)

(《法学协会杂志》第102卷第9、11、12号,第103卷第1、2、3、7号,第104卷第1、7号,1985—1987年;后收录于《债权侵害论再考》,有斐阁,1991年)*

评议人　窪田充见(神户大学)

该文给予了以往关于侵权侵害通说的改正契机,可将其定位于形成了关于交易的侵权行为研究之转折点。

1. 该文发表前关于本课题之学界状况

如果按照传统理解来表现围绕债权侵害讨论之变迁的话,那么首先,根据债权相对性的原理,经过了理论上否定基于第三人的债权侵害之成立的时期,以大审院1915年判决为契机可以得出对债权第三人进行保护的原则性认同,以及根据学说形成的各种类型的债权侵害。也就是说,形成了(Ⅰ)债权归属的侵害,(Ⅱ)相当于债权目的的支付的侵害[(i)支付的侵害导致债权消灭的场合;(ii)没有导致债权消灭的场合]的债权侵害的基本类型。例如,双重让与案件,可以定位为由第三人(第二受让人)所造成

* 原文文献为:吉田邦彦「『第三者の債権侵害』に関する基礎的考察——不法行為法による契約の対第三者保護(1)—(9完)」,法学協会雑誌102巻9・11・12号・103巻1・2・3・7号・104巻1・7号(1985—1987年),後に『債権侵害論再考』(1991年・有斐閣)に所収。——译者

（对第一受让人）的债权侵害。在上述类型中，其要件属于最严格的（Ⅱ）（ii）类型。既然不承认债权的排他性，以双重契约原则上是有效的判断为背景，根据通说，为了成立侵权行为而设定了以下要件：作为主观性要件，积极参与了与债务人的共谋、通谋等，作为客观性要件，其行为在整体上是违反公共秩序良俗的。在该文发表之时，一般也是按照这样的框架进行说明的。

2. 该文的内容及其在学界之意义

作者针对之前的状况，提出了作为《民法》第709条的解释为何必须如此限定性地考虑债权侵害要件，以及侵权行为法上救济的限定在现今社会中的契约保护观点来看是否合理等问题。而且指出，对双重让与案件中关于债权排他性的欠缺、自由竞争、债
589 务人的主体性、自由意思的尊重等，以往的说明都是一般的和抽象的，在伦理上也有飞跃。另外，对债权侵害要件论理论的整合也不是很充分，各个场合所需要件的差距很大，也没有阐明其根据。

以此问题意识为出发点，该文依据对我国学说进行的系统考察（第1章）和比较法分析（第2章“英国法”、第3章“大陆法”），对日本法进行了再探讨，提出了关于作者自身的债权侵害解释论（崭新的类型）。

首先，在对日本法的渊源考察中提出，在以前的理解中基本上没有回顾立法时的讨论状况。在英国法的影响下，承认债权（契约）侵害的侵权行为之成立可能性的见解是比较有说服力的，并主张有必要对作为我国讨论之出发点的英国法进行再评价。

其次，在比较法的研究中，特别加入了关于对英国法的详细分析。具体来说，已被我国立法担当者周知的拉姆利诉盖伊

(*Lumbley v. Gye*)的判决,作为契约违反诱致法理被一般化,而且通过判例描绘出若干类型的形成过程。在英国法中,有意图的侵权行为(inerntional tort)与过失侵权行为(negligence)有着不同的基本构成要件,在此基础上列举出以下类型:①作为有意图的侵权行为的(a)有不动产、动产二重让与交易型;(b)附条件诱导违反交易型;(c)争夺型;(d)劳动争议型。②作为过失侵权行为的有(a)违反特殊交易义务型。作为使英国法相对化的的因素,将其定位为大陆法,随之而来的是关于对法国法、德国法的展开。特别是在与类型的关系上,上述的①(a)(b)(c)在法国法中也得到承认,并且提出了作为法国法类型的②(b)间接损害型。在此比较法的分析中,在不区分绝对权与相对权的英国法中关于侵权行为责任的原则性的成立(从传统的自由主义由来的契约侵害之侵权行为成立)、在有相对性原则的大陆法中作为对古典原则的修正原理的由第三人所引发的债权侵害之法律发展,以及被最终形成的关于以上两者的具体原则的近似性,都被鲜明地描绘了出来。

经过以上基础性的研究,作者指出,在通过承认双重契约原则上合法、轻视契约对第三人保护之通说形成的背景中,有德国法的影响,还有围绕将绝对权侵害作为构成要件的德国《民法》第823 条第 1 项的讨论的影响。然后提出将上述①(a)(b)(c)(d)与 590
②(a)(b)类型作为我国的解释论。

因为篇幅的关系,关于对个别类型以及与之相对应的解释论的概况不可能一一介绍,其中特别是作为与有意图的契约侵害相关的判断框架,按照(i)契约上的利益保护、(ii)确保第三人交易自由、(iii)各种类型特殊的要求的优先顺序所表示的内容进行确认。因此,作为有意图的侵权行为类型之一的双重让与型,与以前的讨论不同，采取原则上成立侵权行为责任的基本立场，从确保第三人自由交易活动的视角引入了作为(ii)中所指的第二种的因素。

该文的意义至少应该从以下两个观点论述。

首先，是作为在第三人的债权侵害这样具体的问题领域中的关于解释论研究成果的意义。债权为财产权，在对第三人的关系上也应被保护的原则，因债权没有排他性，所以双重契约原则上是合法的说明，调整这两者之间的难度，以及对与《民法》第709条构成要件关系上的各类型所分别设定的要件进行说明的难度，都如笔者所指出的那样。如此，对之前的状况采取果断措施，运用庞大的比较法资料具体地明示出新方向这一意义是重大的。

其次，在与一般侵权行为理论的关系上，该文的研究也具有重要的意义。可以看出侵权行为法学在二战后有着显著的发展，其中交通事故等事实性的侵权行为，以及事实的损害、过失责任占据了压倒性的比例。反过来，对于交易型侵权行为、没有事实上损害(权利损害)的纯粹的财产损害、故意责任(有意图的侵权行为)，可以说基本上都没有着手研究。以不同的归责原理来说明故意和过失比较有说服力，不过将故意责任本身作为具体研讨对象的研究基本上不存在。按照这样的状况，该文可以被评价为正是对之前的侵权行为法学的间隙部分进行的研究。而且在关于这个问题领域中有意图的侵权行为责任，应该强调如上所述的判断框架所具体显示出来的意义。

3. 其后学界之发展

对于该文也造成影响的问题意识已经由星野英一教授所提
591 及。另外，在该文连载之时，关于契约的对第三人保护，也发表了具有共同基本立场的矶村保教授的研究成果。该文的问题意识，以及对扮演着重要角色的契约保护的价值判断，在学界中处于有足够共鸣的状态。这样，存在具有如此说服力的出发点的该文，对之后的学界有着巨大影响也是理所当然。这些影响通过与上述该文的意义相对应的形式显示出来。

首先，关于第三人的债权侵害，本该所提出的解释论在之后的债权总论教科书中成为具体的反映形式。此影响的程度（被提出类型的采用与否）虽然不一定相同，但在该文以后的教科书中，都以某种形式参与到了该文所提出的问题意识与具体的解释论之中。

其次，自从进入 20 世纪 90 年代后，关于交易性侵权行为讨论的活跃化，即受到该文直接和间接的影响。或者可以评价为作者在早期具体意识到的问题，在学界也被广泛地意识到了，形成了以过失为中心的非常活跃的讨论。侵权行为法学给人的感觉是已经达到某种高度了。将焦点放至交易型侵权行为上的二战后第二期侵权行为法学，说是由该文揭开帷幕的也不为过。

■ **作者介绍**

吉田邦彦

主要著作：除将该文收录其中的『債権侵害論再考』外，还著有「『債権侵害と法解釈論』再論」法律時報 64 巻 12・13 号（1992 年）、「法的思考・実践的推論と不法行為『訴訟』」ジュリスト 997—999 号（1992 年）、「アメリカにおける批判法思想の展開とわが民法学の行方」民商法雑誌 119 巻 2・3 号（1998 年）、「リアリズム法学と利益考量論に関する『基礎理論』的考察」私法学の再構築（1999 年・北海道大学図書刊行会）等。

简　　历：1958 年（昭和三十三年）生，毕业于东京大学法学部，曾任法政大学助教授，现任北海道大学教授。

592 ## 6-16 滨上则雄

《损害赔偿法中的“保证理论”与“部分因果关系理论”》(1—2 完)

(《民商法杂志》第 66 卷第 4、5 号,1972 年)*

评议人 加贺山茂(名古屋大学)

该文是在参考法国的部分因果关系(la causalite partielle)理论的同时,在我国最先提出了作为能对应多数原因竞合情况的新因果关系理论,即部分因果关系理论的著作。

1. 该文发表前关于本课题之学界状况

(1) 民法中的因果关系论是关于针对已经发生的损害发现应对此损害负责任之人的行为,以及决定此人在什么范围内负责任的问题。直到部分因果关系理论出现为止,我国的学说都认为,关于因果关系问题仅涉及某人的行为是否能成为结果(损害)发生的原因。即全有或全无(all or nothing)的见解。但是,这种见解在多数关系人的行为对结果都有所贡献的场合涉及很大的问题。因为,在以往的理论中,如果认同多数关系人中一人之因果关系,即使认同此人负担全部的责任,但仍不能解决在求偿关系中涉及其他人的责任要在何种范围内进行分担的问题,只不过使理论滞后而已。

(2) 我们先来看作为事实因果关系的判断标准而确立的理

* 原文文献为:浜上則雄「損害賠償法における『保証理論』と『部分的因果関係の理論』(1)(2 完)」,民商法雑誌 66 巻 4・5 号(1972 年)。——译者

论，即“如果没有……就不会发生……”(sine qua non)。

在将原因限定为一个的场合中，“如果没有……就不会发生……”的理论是有说服力的。例如，从奎诺仿被禁止使用以来，就没有出现斯蒙病患者，由此看来，奎诺仿是斯蒙病之原因的推测是有说服力的。但是，在多数原因交错而发生某种结果的场合，“如果没有……就不会发生……”的理论不仅起不到什么作用，还有非常危险的一面。

例如，A 工厂排出的污水在没有超过标准值的范围内，仅有这些污水是不会引发损害的；另外，B 工厂排出的污水在不超过标准值的范围内，仅有这些污水也不会引发损害。但是考虑一下这种情况：当 A 工厂的污水和 B 工厂的污水合在一起，就超过了 593
标准值，因此引发了损害。根据“如果没有……就不会发生……”的理论，没有 A 的污水就不会发生损害，所以 A 对于损害的发生具有因果关系。其次，如果没有 B 工厂的污水也不会发生损害，所以 B 对于损害的发生也具有因果关系。这个结论也许是合理的。然而，单单有 A 则损害不会发生，单单有 B 损害也不会发生(A＜B→R)，即不仅以《民法》第 709 条不被适用为前提，而且根据“如果没有……就不会发生……”的理论，会导出 A 和 B 都对损害具有全部因果关系的结论。即根据该理论，与讨论的前提相反，导出不论 A 还是 B 都要单独负侵权责任(适用《民法》第 709 条)，因为 A 和 B 对于全部损害负因果关系，所以具有使求偿关系敷衍了事这样危险的一面(责任加重的错误)。

该理论起决定作用的危险性在于 A 将污水排放量增加并超过标准值、B 也将污水排出量增加并超过标准值时的情况下变得明显。此时，即使不存在 A，仅仅因 B 也会发生损害，所以根据“如果没有……就不会发生……”的理论，A 对损害的发生不具有因果关系。同样,即使不存在B,仅仅因A发生损害,所以B对损害的发生也不具有因果关系。也就是说,在只有A或只有B才发生损害的场合,若使用该理论,那么就会导出A和B对损害都不具有因果关系这样明显的错误结论(责任减免的错误)。

(3) 尽管A在标准值以内排污,可是若B参与进来,也在相同的标准值之内排污的话,A和B对于全部损害则都具有因果关系。相反,若A和B超过标准值大量排出污水,此时却由于完全不存在因果关系,"如果没有……就不会发生……"的理论在牵涉到多数原因的事件中就明显成了完全无用武之地的理论。然而不可思议的是,直到现在,"如果没有……就不会发生……"的理论作为判断因果关系而确立起的标准,在事实因果关系方面,奠定了其通说的地位。

594 **2. 该文的内容及其在学界之意义**

该文批判了"如果没有……就不会发生……"的理论,明确指出因果关系不仅仅是全有或全无(all or nothing)的问题,在牵涉到多数原因的场合,各种各样的多数原因对损害后果具有部分因果关系。这也是我国在此理论领域的第一篇论文。根据部分因果关系理论,将以往分散考虑的诸多问题系统性的整合于部分因果关系理论之下。根据部分因果关系理论,把存在多数原因的因果关系问题分为加害人与受害人的竞合(过失相抵=责任分割)、加害人的多数竞合(共同侵权行为=连带责任)、加害人与自然力的竞合(责任分割)等问题,并针对各类问题,从以下统一的观点出发进行综合讨论。

(1) 加害人与受害人的竞合(过失相抵=责任分割)。不只是加害人,在受害人本人也对损害发生有贡献的场合,关于受害人本人的部分因果关系，不能追究他人的责任。而且，责任被分割，受害人只能针对与加害人的部分因果关系相应的金额请求损害赔偿。被称为过失相抵现象的本质实际上无非是加害人与受害人本人之间的部分因果关系问题。只是根据这种见解就能明确说明，即使在无过失责任的场合，“过失”相抵也存在其可能性。

（2）多数加害人的竞合（共同侵权行为＝连带责任）。在加害人为多数的场合，原本各个加害人对结果（损害）的发生只具有部分因果关系，但是为了救济受害人，根据《民法》第719条，则各自连带负担全部责任。即个人对超过部分因果关系相应的负担部分也负连带责任。而且，在其中之一的加害人向受害人进行了全额赔偿的场合，对于其他加害人，可以按照其各自负担的部分进行求偿，最终各个加害人只负担与部分因果关系相对应的责任。

（3）加害人与自然力的竞合（不可抗力＝责任分割）。不可抗力是免责事由的典型例子，加害人的行为与自然力竞合所发生的损害也大量存在。前所未有的大雨引发的泥石流与道路管理人的过失相竞合而造成汽车被埋、基于台风造成的河水暴涨与地基维修的过失相竞合而发生的水灾即是典型的例子。根据以往的 595
见解，作为基于自然灾害的不可抗力，是加害人完全免责，还是在加害人有过失的基础上，即使加上自然力也使加害人负全部责任，不管怎样，只能导出全有或全无的理论。根据部分因果关系理论，正是在这种场合，认同加害人的部分因果关系，只对其中一部分负损害赔偿责任；而关于与自然力相关的部分，加害人是免责的。

3. 其后学界之发展

（1）部分因果关系理论在滨上本人的研究成果《现代共同侵

权行为研究》[1]中得到更为深入的发展。该书将共同侵权行为重新分类构建并进行体系化，作为支撑性理论，提倡取代"如果没有……就不会发生……"理论之充分条件的因果关系论，将部分因果关系与连带责任相结合的相互保证理论进行重新构建。如下所述，通过此研究，可以说关于部分因果关系的滨上理论已大功告成。

(2) 即使在法国，部分因果关系理论也未必得到了确认。在数量上，支持部分因果关系的学说(J. Bore，J. Mestre，G. Marty，P. Raynaud，F. Terre 等)为数很多，也损害到了具有强大基础的反对论。理由在于，关于事实因果关系，舍弃不了"如果没有……就不会发生……"理论的学者人数众多，这些人(F. Chabas，B. Starck)一致反对与该理论不相容的部分因果关系。但是，该理论作为事实因果关系，特别是牵涉多数原因的因果关系的判断标准，很明显完全发挥不了作用，将来应该避免不了该理论的支持者归于消失的结果吧。根据其后的研究，"滨上说"在彻底批判与因果关系有关的"如果没有……就不会发生……"理论、提倡新的因果关系理论这一点上是值得关注的。

(3) 在提倡部分因果关系理论之时，除了强调责任分割方面，"滨上说"关于竞合的共同侵权行为是否认同分割责任也产生了疑问。在之后的研究中，滨上为了解释这样的误解，从相互保证
596 理论的立场将与共同侵权行为有关的连带责任的意思进行阐明，提出把关于和部分因果关系与共同侵权行为有关的连带责任一致化的理论。

(4) 部分因果关系理论如公害那样，对于由繁多且复杂的受

① 滨上则雄：《现代共同侵权行为研究》，信山社，1993 年。

害原因所结合生成的现代型的侵权行为提出了新的解决对策，成为了论及多数原因的因果关系时所不可或缺的理论。与以往的因果关系论只要求“有或无”的单纯思考相比，部分因果关系理论要求认定基于多数原因的因果关系的比例。因此，多数人对此理论能否应用于现实有所怀疑。部分因果关系理论最终是根据因果关系不可分的推定和部分因果关系等分的推定这两种推定规则进行补充完善而成的。在诉讼上的证明不属于真伪不明的场合，部分因果关系作为百分比需要能明确的认定。然而，在以往的实务中，在公害诉讼中已确定了多数企业对损害的贡献比例，对于交通事故中过失相抵的比例也设定了相当明确的标准。根据部分因果关系理论，共同侵权（多数加害人的竞合）的连带责任，基于过失相抵（受害人的竞合）的减额，基于自然力（不可抗力的竞合）的部分免责，全部都有可能对其进行统一的理解，所以，关于部分因果关系的比例认定，可以通过应用过失相抵中比例认定的方法论使其明确化。关于共同侵权行为中加害人的求偿比例，同自然力交错场合的部分免责的比例，通过应用过失相抵的方法论，使明确的部分因果关系认定成为可能则是今后的课题。

■ 作者介绍

滨上则雄

主要著作：除该文外，还著有『現代共同不法行為の研究』（1993 年・信山社）等。

简　　历：1927 年（昭和二年）生，毕业于大阪大学法经学部，大阪大学教授［其著作、履历请详见阪大法学 40 卷 3＝4 号（1991 年）］。

597
6-17 西原道雄《关于生命侵害、伤害的损害赔偿额》

(《私法》第27号,1965年)*

评议人 樫见由美子(金泽大学)

该书作为人身伤害方面的法律救济,在实现与损害赔偿有关的当事人间的损害公平分担的同时,致力于构筑人身伤害固有的损害赔偿理论,给予了学界之后新观点的出发点。

1. 该书出版前关于本课题之学界状况——昭和四十年(1965年)以前

在因侵权行为造成人员死伤的场合中,围绕损害赔偿的理论框架大多从二战前开始已通过学说和判例被建立起来,此时期的损害赔偿实务也已在其延长线上形成。在主要的论点当中,如果基于该书的问题意识来进行概括的话,即为如下说明。

(1) 关于侵害生命场合中的损害赔偿请求权之权利主体。在侵害生命中关于财产的损害,主张首先已死亡的受害人会成为以自己死亡原因的损害赔偿请求权主体,接着由其继承人所继承的"继承肯定说"业已在学说和判例上确立起来。但是,关于赔偿金请求权,以其为仅发生或专属于受害人的一身专属权为根据,只有在受害人生前有行使该请求权的意思表示的情况下,才能认同其继承人得以继承的立场("附条件的继承肯定说")也得到了维

* 原文文献为:西原道雄「生命侵害・傷害における損害賠償額」,私法27号(1965年)。——译者

持。然而，对继承肯定说中却存在如下批判，即在受害人当场死亡的场合，为了将受害人自身认定为一次权利主体的理论性说明是很困难的。另外，关于赔偿金请求权，也有适用附条件的继承肯定说、认同继承人的赔偿请求而随意认定请求权行使的意思表示的事件。①

（2）关于损害赔偿的算定。关于人死伤的损害，通常分为三种损害项目，即关于治疗费等的积极的损害、基于丧失所得的逸失利益等的消极的损害以及赔偿金。计算各项目的损害金额，将三种合算额看作损害（个别积累的方式），如此算定的损害金额在相当因果关系的范围之内，全部为损害赔偿的对象。在这种场合，算出的损害金额不能基于加害人的故意、过失等有责性程度进行增减。根据人身损害沿袭下来的算定方式，基本上以被继承 598
人（受害人）在生存期间内会给继承人带来怎样的财产性利益的损害观为背景，实际包含了与关于物的毁损的物品所有权人损害场合相共通之处。而且，关于当前得不到财产性利益的无职业者（幼儿、专职主妇、高龄者、残疾人等）的死伤事例，还存在逸失利益的算定可能为零的问题。

（3）关于过失相抵制度。对《民法》第722条第2项所规定的过失相抵的适用，以往把对受害人的非难可能性作为论据以减少损害赔偿额的观点处于支配地位，以受害人本人具有责任能力作为条件，即使对该损害的发生，有像认同加害人减责是合理的这样的受害人的参与，但是只要受害人不具备责任能力，则不能适用过失相抵。对此，一方面主张即使受害人缺乏责任能力，但如

① 大审院昭和二年（1927年）5月30日判决，《新闻》第3717号，第5页（“遗憾事件”等）。

果其具备辨识事理的能力，则允许适用过失相抵的立场；[①]另一方面则主张，即使受害人欠缺适用过失相抵的能力，在受害人的父母或其他监督义务人的过失作为“受害人一方的过失”行使过失相抵的立场。[②] 对扩大过失相抵适用范围的努力主要是通过学说和判例来实现的。

2. 该书的内容及其在学界之意义

进入昭和三十年代后，在我国，随着汽车持有台数的急速增加，因交通事故所造成的人身伤害逐年增加，仅 1970 年死者就有 16 000 人，负伤人数达近百万。因此，对人身伤害的救济成为当务之急。同时，关于交通事故的损害赔偿请求诉讼的数量也急剧增加，围绕人身伤害的损害赔偿理论所起的社会作用日益重要，但是另一方面也导致了如前所述的各种问题点的显著化。该书便出现在这样的时期。

该书所主张的第一点是，对由侵害生命而产生的财产损害及精神损害，不仅采用了以死亡的受害人为起点来考虑损害发生的继承肯定说，还将对于受害人亲属（不一定和受害人的继承人一致）发生的损害也作此理解，确立了认同他们固有的损害赔偿请求权的继承否定说。其根据就是，通过采用继承否定说，解除了
599 因认同对死者的损害赔偿请求权而产生的理论难点。然后，作为对受害人的财产处分，在损害赔偿请求权被继承人继承的场合，根据受害人的遗言等，无关系的第三人也被赠与损害赔偿给付

① 最高裁判所昭和三十九年（1964 年）6 月 24 日判决，《最高裁判所民事判例集》第 18 卷第 5 号，第 854 页。

② 最高裁判所昭和三十四年（1959 年）11 月 26 日，《最高裁判所民事判例集》第 13 卷第 12 号，第 1573 页。

金，成为基于受害人的债权人的债权人代位权行使对象等，那么有必要救济的亲属权利恐怕会受到不当的威胁，继承否定说则可以回避这种风险。

第二点主张指出，关于人身损害，即综合所有的财产的或精神的损害，应成为对关于生命的价值或因负伤引起的损害的评价（“死伤损害说”）。在这种情况下，由于个人收入的多寡等而产生的极端个人差别并不令人满意，因此在某种意义上的损害的类型化和赔偿额的定额化是必要的，并且应根据加害人一方有责性的程度来认定赔偿额的增减。作为其根据，西原教授做了以下价值判断，即人的生命是没有交换价值的，因此为了换算成客观的金钱的标准本应不存在。以此为前提，基于死伤的损害是在该侵权行为与相当因果关系中的全部的损害，而且，所谓像可以精密地看作为个别的损害项目的积累而得出的合算额那样，客观且具体地能把握的概念是与人的生命价值不相容的，因此，对如此所得出的损害即损害额的以往的认识是错误的。

第三种主张提到了过失相抵的功能。即在完全赔偿的原则下，不认同根据加害人有责性程度的赔偿额的增减。因此，从损害公平分担的观点来看，在受害人一方有“过失”的场合，通过适用《民法》第722条第2项的过失相抵来认定赔偿额的减免。作为结果，缓和完全赔偿原则缺陷的作用便通过过失相抵制度实现了。这种场合中的“过失”并不限定于受害者本人的过失，还包含在其之外的受害人的监督义务人等的过失。另外，不是像作为侵权行为成立要件的过失那样进行严格的解释，而是有帮助那些由于不注意而发生损害的程度的意思，从公平的观点来看，指的是即使减少损害赔偿额也不得不做的事情。然后指出，过失相抵的适用没有必要具备责任能力。

如上述西原教授的观点，随着交通事故的急剧增加与之后公害纷争的激化，围绕陷入混乱状况的人身损害，给损害赔偿的理
600 论和实务以重要的启示。尤其准确地指出了从以往的算定方式中看出的极端的实费主义与被受害人个人的各种事项所左右的个别主义中产生的问题点，可以说意义重大。然后，把各种费用的合算额作为损害促使对实务应有的发展方向进行再探讨，为实现逸失利益或赔偿金等费用的定型化、定额化提供理论基础，以应对迅速处理日益增多的交通事故诉讼的要求和公平解决纷争当事人之间关系的要求。并且，在西原教授对死伤损害说的主张中，以新潟水俣病判决为起点，被一系列的公害诉讼所采用的一揽子赔偿方式、综合请求方式等，与被具体化的人身伤害进行综合把握的损害概念的构筑相对应，与物损场合的想法不同，可以说是为了树立事故中作为起因的人身伤害所固有的损害概念而形成的理论。①

3. 其后学界之发展

围绕人身伤害的损害赔偿理论与实务，其后的展开未必是按照西原教授所主张的意图发展的。作为西原教授第一种主张，即关于损害赔偿请求权的继承否定说的采用，在财产性损害的场合，由于继承肯定说仍被最高裁判所所维持，因此在判例上尚未实现。另一方面，关于赔偿金请求权，昭和四十二年(1967 年)1 月 11 日的最高裁判所大法庭判决②从以往的以行使受害人请求

---

① 淡路刚久:《对侵权行为中的权利保障与损害之评价》,有斐阁,1984 年;吉村良一:《人身损害赔偿研究》,日本评论社,1990 年。

② 最高裁判所大法庭昭和四十二年(1967 年)1 月 11 日判决,《最高裁判所民事判例集》第 21 卷第 9 号,第 2249 页。

权的意思表示为条件的继承肯定说中，对无条件的继承肯定说进行了变更，在判例上实行了与财产性损害的情况相同的法律处理。但是，关于赔偿金请求权，通过认定其一身专属的性质，以及《民法》第711条中规定的亲属所固有的赔偿金请求权等，继承否定说在学说方面也开始有权威性了。另外，从下级审判例中也可以看出有这种倾向。

对作为第二种主张的损害赔偿额算定方式的问题点的指摘，与人身损害固有的综合性损害的把握方式，也被氯喹(chloroquine)诉讼所继承，但是实务的基本立场是仍维持了所谓损害额的个别费用估算的这种结构和个别主义。诚然，关于一部分损害经费项目已实现了某种程度的定型化、定额化，但现实是成为其计算方式背景的价值判断仍未得到贯彻。其次，在实务上，对于将来所发 601
生的尚不确定的逸失利益计算的困难。为了计算要对证明度进行极度减轻，从这种反省中出发，作为解决的方向，并不是简单地促进损害的类型化、定型化，而是作为为了恢复其严格性的方式，应由法官积极倡导定期金赔偿方式的采用。[①]

关于第三种主张——过失相抵制度。最高裁判所在昭和四十二年(1967年)6月27日的判决中指出："所谓受害人一方的过失，也就是例如像对于受害人来说，作为其监督义务人的父母，以及作为被雇佣者的用人等那样，与受害人在身份上乃至生活关系上被看作一体关系之人的过失。"过失相抵不是受害人本人的过失，例如未成年人父母的过失，乘坐丈夫驾驶的汽车而令妻子受伤的场合中丈夫的过失，被斟酌为受害人一方的过失。其次，过

① 仓田卓次：《试论定期金赔偿》，《民事交通诉讼之课题》，日本评论社，1970年，第99页。

失相抵中不需要受害人的主观判断能力的见解也尚未被最高裁判所所采用，但是其在学说上是有权威性的，而且即使在下级审判的案例中，也在绝大多数情况下认同对于幼儿自身的过失相抵。

■ 作者介绍

西原道雄

主要著作：除该书外，还著有『相続 上下』（共著）（1956年・河出書房）、『諸外国における交通事故による人身損害賠償の研究』（共著）（1966年・日本国有鉄道）、『公害対策第1・2』（佐藤竺と共編）（1969年・有斐閣）、『社会保障法（第3版）』（編）（1987年・有斐閣）、「公害・生活妨害」（澤井裕と共編）『現代損害賠償法講座Ⅴ』（1976年・日本評論社）等。

简　　历：1929年（昭和四年）生，毕业于东京大学法学部，曾任神户大学教授，现任近畿大学教授［其著作、履历请详见石田喜久夫＝西原道雄＝高木多喜男先生還暦記念・中巻『損害賠償法の課題と展望』（1990年・日本評論社）］。

6-18　国井和郎 602

①《道路设置与管理的瑕疵——试论义务违反的构成》(1—16完)

(《判例时代》第326—481号,1975—1983年)

植木哲

②《灾害与法——公共设施责任研究》

(一粒社,1982年,1991年第2版)*

评议人　饭冢和之(茨城大学)

两部论著将《国家赔偿法》第2条(公共设施责任)成立要件之一的"瑕疵"概念,作为义务违反之构成或者义务违反进行重构,成为引起"瑕疵"论争的研究。

1. 两部论著刊发前关于本课题之学界状况

(1) 从《国家赔偿法》第2条规定的形式看,被认为是在《民法》第717条土地工作物责任之规定的延长线上。但是现今,已形成以庞大的裁判例积蓄为背景的单独的法领域。在该法第2条(公共设施责任)的成立要件中,最重要的事项是"公共设施的设置与管理的瑕疵"。在所介绍的两项研究出现之前的学说中,瑕疵概念分为以下三部分:第一,承担应当使公共设施保持安全良好状态的作为或不作为义务的管理人,若违反此作为或不作为

* 原文文献为:國井和郎「道路の設置・管理の瑕疵について——義務違反的構成の試み(1)—(16完)」[判例タイムズ326—481号(1975—1983年)];植木哲『災害と法——営造物責任の研究』(1982年・第2版1991年・一粒社)。——译者

义务即为瑕疵的主观说。第二，在导致公共设施内在的物的瑕疵或者公共设施缺乏安全性的场合，即为瑕疵，对这种瑕疵进行客观的判断，公共设施责任属于无过失责任的客观说。第三，不仅是公共设施本身的客观瑕疵，同时也应考虑到附随性的人的举措以认定瑕疵的折中说。最高裁判所在“高知落石事故”的判决中采用了客观说，即：“所谓《国家赔偿法》第 2 条第 1 项中公共设施的设置或者管理的瑕疵，是指公共设施缺乏通常情况下应该具有的安全性，据此关于国家以及公共团体的赔偿责任，应理解为不以过失的存在为必要。”①

（2）针对上述瑕疵概念，国井、植木两位教授几乎在同一时期对涉及道路以及河川的《国家赔偿法》第 2 条的判例进行了细致
603 的分析，并提出了关于公共设施的设置与管理的瑕疵的“义务违反的构成说”（国井）和“义务违反说”（植木）（为方便起见，将两说合并称为义务违反说）。

2. 两部论著的内容及其在学界之意义

（1）论文①为判例时代中连载的长篇论文，其问题的开端为，在名古屋高等裁判所对“飞弹川公交车翻落事故”的判决中②提及的瑕疵概念，与相当于通说的客观说立场不同。作者的意图在下面的文字中表述得十分明显：“所谓设置或者管理的瑕疵，就是指设置与管理行为的不充分甚至缺陷，设置管理人没有尽到应确保交通安全的义务，这就是本文的主张。……我的问题意识与名古

---

① 最高裁判所昭和四十五年（1970 年）8 月 20 日判决，《最高裁判所民事判例集》第 24 卷第 9 号，第 1268 页。

② 名古屋高等裁判所昭和四十九年（1974 年）11 月 20 日判决，《判例时报》第 761 号，第 18 页；《判例时代》第 18 号，第 121 页。

屋高等裁判所判决对客观说提出的问题如出一辙。”[①]以此问题意识为出发点所得出的结论如下，即“瑕疵的义务违反的构成”由三个主张构成：“①设置与管理的瑕疵，如其字面意思，即设置与管理作用的不充分或缺陷，应定义为在防止事故发生的危险性方面，不采取必要的且可能的事故防止措施之设置与管理人的不作为（瑕疵定义上的主张）。”“②瑕疵以及上述不作为，在理论构成上将其认为是违背了安全保障义务，应该将瑕疵概念的法律性质规定为义务违反（理论构成上的主张）。”“③瑕疵的有无应该根据公共设施危险状况的相关考量来决定（判断基准上的主张）。”“关于义务违反论，考虑到法条整合性与体系的调和，虽涉及瑕疵的义务违反的构成，不过其更基本的目的是对过失责任主义的意义进行再评价，并尝试修正侵权行为论。”[②]

（2）著作②是以《灾害与公共设施责任——以加治川水害诉讼判决为契机》（1—9）[③]和《公共设施责任再论》[④]这两篇论文为基础，增添、修正总结而成的一部书。论文①是从与道路瑕疵有关的“飞弹川公交车翻落事故”以及名古屋高等裁判所的判决中受到启发的，从而导出了“义务违反的构成”；与此相对，著作②除以道路的瑕疵之外，还以与一系列的水害诉讼有关的河川的设置、管理的瑕疵论为立论的基础。其次，该书超越了狭义上的“公共设施责任论”，还涉及了“灾害与损害赔偿”（第6章）、“灾害与停止侵害”（第7章），对应了“灾害与法”这一主题。正如作者所说：“本书是从公共设施设置与管理人的损害赔偿责任的视角阐述自

① 《判例时代》第326号，第20页。

② 《判例时代》第481号，第30页。

③ 植木哲：《灾害与公共设施责任——以加治川水害诉讼判决为契机》（1—9），《判例评论》第208—226号，1976—1977年。

④ 植木哲：《公共设施责任再论》，《判例时代》第366号，1978年。

604 然灾害与法的关系的首部著作。”(原书第 389 页)而且,该书对学界的最大贡献在于植木教授所提及的“义务违反说”。接下来介绍一下“义务违反说”的要点:“①关于判例,不论是在认同公共设施责任的场合,抑或是否定公共设施责任的场合,作为其理论构成,应伴随公共设施设置与管理人防止损害(危险)的措施是否存在,在违反损害回避义务中寻求归责的根据。因此,是否承认公共设施责任,关键在于公共设施管理人是否采取了相应的防止损害(危险)的措施。②上述公共设施设置与管理人的损害回避义务,同各个设置与管理人的主观事由完全无关,而是在公共设施的危险性程度和被侵害利益的重大性程度的相关关系上的作为被客观的决定为违法性要素的注意义务,是客观的注意义务。在其本身的意义上,公共设施责任的本质就是义务违反说以及客观说。③上述义务违反说将依据于损害回避可能性的公共设施设置与管理人的损害回避义务为依据,同时也以损害的预见可能性为依据的预见义务作为前提,其意义在于,义务违反说立足于注意义务二元说。④与义务违反说相对立的概念是公共设施瑕疵说,其本质是结果(责任)说。”(原书第 8—9 页、162—163 页)。

(3)对于在一定时代中形成的学说进行说明时不能忽略其时代背景。义务违反说,并不处于把以客观说为前提的性状瑕疵作为问题即可的时代,而是围绕道路安全性与河川的管理把设置与管理人的行为状态作为是否立案的时代的产物。两学说将公共设施责任的本质认为是过失责任,同将无过失责任看成本质的传统学说(客观说)[①]之间展开了“瑕疵”争论。产生如此争论在学界

---

① 以古崎庆长法官为代表,参见氏著《道路管理上的责任》,《法学家》(综合特集)第 8 号,1976 年,第 123 页。

的意义自不待言，从本质上讲，在追究管理人责任的裁判例之中把握住时代的前兆，提出了把瑕疵的本质解释为“安全确保义务的违背”（国井）和“损害回避义务违反”（植木）这样崭新的法解释理论，也是具有重大意义的。

3. 其后学界之发展

关于“瑕疵”的争论，虽然多数学者对其进行了概括①，但是义 605
务违反说并没有取代传统的客观说。也有学者认为：“在瑕疵的多元性被认知的今天，形式上的抽象的瑕疵争论已经不是公共设施责任论的主要论点了。”②至于其后在学界之展开，与其说注重瑕疵概念的性质，还不如说有通过“瑕疵”的类型化对不论什么场合都应认定“瑕疵”的实质进行论证的倾向。③

■ 作者介绍

① 国井和郎

主要著作：除上述论文外，还著有『民法講義6』（共著）（1977年・有斐閣）、『損害賠償法入門』（共著）（1977年・有斐閣）、『民法講義ノート6（第2版）』（共著）（1996年・有斐閣）、『新民法概説』（1996年・有

---

① 远藤博也：《国家补偿法》（上），青林书院新社，1981年，第130页以下。“古崎说”适用于内在的瑕疵类型的说明，而“植木说”则适用于外在的瑕疵类型的说明。另外，森岛昭夫所著《侵权行为法讲义》（有斐阁，1987年，第60页以下）对义务违反说的问题意识有所评价，同时也赞同客观说。

② 内田胜一：《公共设施责任》，《新现代损害赔偿法讲座》（4），日本评论社，1997年，第369页。

③ 例如，下山宪治：《灾害与〈国家赔偿法〉第2条之瑕疵责任》（1—2），《早稻田大学大学院法研论集》第64卷，1992年，第29页；第65卷，1993年，第83页。小幡纯子：《〈国家赔偿法〉第2条之再构成》（上、下），《上智法学论集》第37卷第1、2号，1994年，第83页；第38卷第2号，1995年，第1页。宇贺克也：《国家补偿法》，有斐阁，1997年，第269页以下。森宏司：《从〈国家赔偿法〉第2条看“瑕疵”》，《新现代损害赔偿法讲座》（4），日本评论社，1997年，第169页等。

斐閣)等。

简　　历:1941 年(昭和十六年)生,毕业于大阪大学法学部,现任大阪大学教授。

② 植木哲

主要著作:除上述著作外,还著有『消費者信用法の研究』(1986 年・日本評論社)、『環境汚染への対応』(1995 年・新日本法規出版社)、『医療の法律学』(1998 年・有斐閣)等。

简　　历:1944 年(昭和十九年)生,毕业于香川大学经济学部,神户大学大学院硕士课程履修完毕,历任滋贺大学、京都府立大学、关西大学教授。

6-19　能见善久　606

《共同侵权行为责任之基础性考察》(1—8完)

(《法学协会杂志》第94卷第2号—第102卷第12号，1977—1986年)*

评议人　吉村良一(立命馆大学)

该文在错综复杂的共同侵权行为论中，以《民法》第719条的功能分析和丰富的比较法研究为基础，对共同侵权行为固有的意义进行了探究，同时多视角地提出了“贡献度减责”的原因竞合问题。

1. 该文发表前关于本课题之学界状况

(1) 随着社会关系的复杂化，损害的发生与多数侵权行为人有关的的案例不断增加。针对多数人侵权行为的竞合事例，在我国民法典中有第719条这样的规定，可是此规定在多数侵权行为人问题上能涵盖多少范围？另外，与作为侵权行为一般规定的第709条相比，又存在在哪些不同？对于这些问题有各种各样的讨论。

民法典的起草者对于什么是“共同的侵权行为”，在认为不需要“共谋”的基础上并没有进行明确的说明。但是在其后的学说中，多数人的侵权行为只要有客观上的关联即可的这种学说(客观说)成为通说，判例也采取了客观说的立场。[①] 然而，通说是把

* 原文文献为：能見善久「共同不法行為責任の基礎的考察(1)—(8完)」，法学協会雑誌94巻2号—102巻12号(1977—1986年)。——译者

① 最高裁判所昭和四十三年(1968年)4月23日判决，《最高裁判所民事判例集》第22卷第4号，第964页。

《民法》第719条的意义建立在所谓连带责任的效果之上，加入关联共同性，使每个人都独立的满足侵权行为的要件，这样的要件并非不存在问题。这是因为，如果满足此要件的话，对每个人本应该成立第709条的侵权行为责任，再要求存在关联共同性，共同侵权行为成立与否的问题则变得没有意义。对此，加藤一郎教授在早期认为："如果当每个人的行为和直接的加害行为之间存在因果关系才承认有共同性的话，那么通过共同的行为这个中间项，就可以说和损害的发生有因果关系。"提出了以共同行为为媒介、以缓和每个人的行为和损害结果之间的因果关系为要件的见解。[①] 但对此也有如下疑问，即在对关联共同性进行宽泛解释的判例和通说的基础上引出这样的效果是否有些过度？

（2）昭和四十年代以后，以众多公害事件为契机，围绕共同侵
607 权行为论进行了非常广泛的讨论，在这其中有以下学说，例如成立共同侵权行为需要某些意思起作用的学说[②]；还有主张，当对与自己的行为没有因果关系（或不能证明）的损害也要负责任的时候，追求共同侵权行为的意义，要尝试对关联共同性进行类型化理解的学说[③]。这些学说中无论哪一个都有要把关联共同性同与因果关系要件在某种意义上相结合的共同倾向。

2. 该文的内容及其在学界之意义

（1）该文围绕上述共同侵权行为的讨论状况，以此为背景分析了我国判例和学说中《民法》第719条的功能（同条"能实现什

---

① 加藤一郎：《侵权行为》，有斐阁，1957年。

② 前田达明：《侵权行为归责论》，创文社，1978年。

③ 平井宜雄：《共同侵权行为之考察》，《川岛武宜教授还历纪念：民法学的现代课题》，岩波书店，1972年；淡路刚久：《公害赔偿理论》，有斐阁，1975年。

么样的功能?”“能赋予何种功能?”),通过与(作为具有和我国第719条相类似规定的法体系的)德国法,(作为没有关于共同侵权行为特别规定的例子的)法国法,(从没有必要归结到一般的侵权行为原则这点上,在能更容易对问题进行实质性解决的意义上对于日本法之再构成有很多可以参考的地方的)英美法相比较,把能适用同条的场合类型化,明确与各类型有关的要件和效果,在这个意义上,同前面叙述的昭和四十年代之后的权威学说与构思相同。也就是说,通过对我国判例和学说的详细探讨,以及广泛的比较法研究,得出更深层次的理论根据。但同时,之前的讨论是把问题以从共同侵权行为方面即第719条究竟涉及哪些范围的形式进行研究的。与此相对,在这里则首先广泛涉及多数加害人的问题(包含自然力或受害者因素等的“原因竞合”),对其中如何明确共同侵权行为的位置进行了研究。

(2) 虽然不可能详细介绍基于以上视角的研究内容但在该文中作为结论,认为共同侵权行为规定加入了引出连带责任这种债务性质的功能,还具有阻止作为竞合原因之一的以其他侵权行为人的贡献度为理由来减少责任数额的功能,关联共同性也应在这样的视角下进行整理和类型化。即在第1项前段的共同侵权行为包括意思的共同或有主观参与的场合(在这种场合,假设了每 608
个人的行为与损害发生之间的因果关系),以及虽没有主观参与却有社会一体性,并否定根据贡献度减责的客观的共同侵权行为(这种场合只限于推定的因果关系)。除此之外,单纯竞合的侵权行为虽不属于共同侵权行为,但在此情况下也具有根据第1项后段推定因果关系的功能。

(3) 该文到最后(8完)为止,全篇展开了如下探讨:即使前述(主观的与客观的)共同侵权行为成立,那么,当其中一人的贡献度仅限于很微小的场合时是否能减责。但是，既然共同侵权行为的功能在于阻止贡献度减责，那么当然这种责任减免与共同侵权行为论不同。也就是说应该依据侵权行为的一般理论进行分析。然后，若把问题置于此，则不仅限于多数加害人，还应扩展到包括自然力或受害人因素在内的原因竞合的一般问题。但同时教授认为，贡献度是规范的概念，若与其他原因竞合通常是不涉及责任减免的，在此基于公平的法的价值判断是有必要的。倘若如此，问题则成为与共同侵权行为论相分离的"贡献度减责的一般规则"会如何发展。由此可见该文所揭示的观点仍是一般论。

3. 其后学界之发展

（1）如该文所示，共同侵权行为采取这种功能进行类型化，各类型的要件和效果，以及条文的根据等已由前文所述的平井论文等所提及，可以说该文的贡献在于按照这个方向为已很丰富的研究加上根据。但能见教授提到的，关于"主观的共同侵权行为（因果关系的假设）"、"客观的共同侵权行为（因果关系的推定）"类型，在之后的学说中不一定会得到广泛的支持[①]。作为该文之后的作品，四宫和夫博士的观点也受到了关注。即随着社会生活的复杂化，为了对应出现的各种纷争形态，共同侵权的要件应该是富有弹性的，除了"意思共通"的场合与"因果关系复杂以及发生的损害具有一体性"的场合之外，通过综合主观因素和客观因素，使两者相
609 互补充来充实关联共同性要件。[②] 笔者自身认为，按照"四宫说"的主张，灵活地对应多样性的多数加害人形态，而且到现在为止的判

① 作为支持能见说的有，田口文夫：《共同侵权行为要件论及其再构成》，《专修法学论集》第33号，1981年。

② 四宫和夫：《无因管理、不当得利与侵权行为》，青林书院，1981年。

例都是通过在广义上认同共同侵权行为来达到不损害救济受害人的功能，对能肯定共同性的情况进行整理会是今后的方向。[①]

（2）与此相对，该文提出的原因竞合和贡献度减责的问题，于今具有重要的意义。因为最高裁判所已肯定了关于受害人的所谓的原因，用《民法》第 722 条过失相抵的类推适用之理论进行减额，[②]并围绕此内容进行了广泛的讨论。此时，能见教授的"贡献度减责论"并不是关于事实的因果关系的比例分割论，也不与因存在竞和原因而直接减责相关。在这一点上，相当于为同比例的因果关系论画了一条明确的线。但其与判例采用的过失相抵法理的类推适用论相比，属于更加广泛且灵活的减责理论，也是在考虑原因竞合的法的处理的基础上展示了另一个方向的理论。然而，像该文这样规范的采用贡献度，并且在处理超越了多数加害人问题的原因竞合时采用了道具概念，在此情况下为了不随意作出判断，对其标准的提示将成为更加重要的课题，有必要继续研究。

■ **作者介绍**

能见善久

主要著作：『民法講義 6 不法行為等』（共著）（1977 年・有斐閣）。作为其主要论文，除上述该文外，还著有「寄与度減責」四宮和夫先生古稀記念・民法・信託法理論の展開（1986 年・弘文堂）、「法律学・法解釈の基礎研究」星野英一先生古稀記念・日本民法学の形成と展開 上（1996 年・有斐閣）等。

简　　历：1948 年（昭和二十三年）生，毕业于东京大学法学部，现任东京大学教授。

---

① 吉村良一：《大气污染公害与共同侵权行为》，《奥田昌道先生还历纪念：民事法理论之诸问题》（下），成文堂，1995 年。

② 最高裁判所平成四年（1992 年）6 月 25 日判决，《最高裁判所民事判例集》第 46 卷第 4 号，第 400 页。

610 ## 6-20 宗宫信次《名誉权论》

（有斐阁，1939 年）*

评议人 藤冈康宏（早稻田大学）

该书是我国在关于名誉的本质与名誉毁损的私法救济方面的第一部正式研究著作，也是作为人格权研究方面的一项重要成果。

1. 该书出版前关于本课题之学界状况

关于名誉毁损的侵权行为，民法中有明文规定（第 710 条）。而且，名誉作为“最重要的生存要件”要采取适当的方法进行保护（《民法修正案理由书》中所述），但关于名誉毁损的研究，以刑法的研究在先，在此领域中民法学研究的滞后是很明显的。当然，并非没有关于名誉损毁的民法研究，也有积极的肯定人格权的先驱性成果。① 但是在侵权行为的一般理论中，以“大学汤事件”为转机，在学说中渗透进了违法性论，②因此，为了保护人格的利益而不必拘泥于权利概念的学说也变得具有权威性。

该书就是作者在这样的时期，通过阐明名誉权的本质，以确立名誉权保护的理论基础为目标所著的我国第一部正式的著作。说起该书的学术价值，在出版前的二战后社会，关于名誉毁损事件飞速增多，业已受到广泛关注，毫无疑问，该书的出现刻画出了

* 原文文献为：宗宫信次『名譽權論』(1939 年・有斐閣)。——译者

① 栗生武夫：《人格权法的发展》，弘文堂，1929 年。

② 末川博：《权利侵害论》，弘文堂，1930 年。

我国名誉毁损法的发展。

2. 该书的内容及其在学界之意义

(1) 关于该书的特色在于首先在理论层面对名誉权的本质进行了研究,并对名誉毁损的违法判断进行了理论性的探讨;在实践层面,列举了与名誉毁损有关的具体问题,与(当时的)实务的要求相适应,具有相当大的价值。其次,当论及名誉毁损的私法救济,在考虑与侵权行为一般理论的关系的同时,对法制史的研究和法哲学的洞察也存在于该书之中,并成为提升其学术价值的 611
因素。因此,由 6 编 23 章所组成的该书可以称作是名副其实的杰作。

(2) 该书指出,名誉虽然在我国国民道德方面受到很高的尊重,但名誉毁损原本是从维持治安的观点来进行处罚的,从保护个人法益的立场出发的损害赔偿请求于江户末期开始形成,而在法律中正式作为规定则是在继受了欧洲法的明治时代以后的事情。

然而,对于进入近代法体系的我国来说,名誉应理解为何种权利?该书将其作为名誉权的本质问题,认为“名誉权是以人格利益为目的的权利,因此属于人格权的范畴”。如此一来,为了明确名誉权的本质,首先有必要探究人格权的本质。这是贯穿该书全篇的线索,通过解决这个问题来巩固该书的理论基础。

那么,在何处寻求人格权的基础呢?该书认为,法律是认同人的权利能力并使人享有各种权利,以此全面保护人格的方式手段。因此,作为当然的道理,推论为是为了完全保障权利主体本身的肉体、精神性存在的这种法律的存在。如此一来,作为事实,必然理解为保障权利主体完整的一般的人格权是被允许的(参见《民法》第1条第3项)。法律没有设立关于人格权的规定而是委托于学说,是为了顺应社会的变化推移,此立法者的精神,通过认同一般的人格权、保护随时必要的利益便可以达到其目的。一般的人格权若是母权的话,那么由此派生而成的一个独立的分支权就是个别的人格权,名誉在这个意义上就属于个别的人格权。

以上人格权的基础当然是以比较法研究作为基础的。但更要注意的是,此时提到的条理的问题。关于条理,若是在违法判断的形势中有所涉及的话,那么则可将名誉权论理解为与法律的基本问题有关的问题。

612 根据该书,法律可以区分为内在法(实质法)和成文法(形式法)。判决即使必须依据理论,但在判决中发现理论是很困难的,仅限于根据成文法预先显示的轨道表现内在法。因此,为了顺应社会的需要,对成文法进行扩张、限制和类推解释,必须提取内在法。如果成文法没有依据,也不妨碍直接适用作为其根本的内在法即理论。在该书中,如上所述,该书认为人格权的根据在于人具有权利能力,所以理所当然被赋予的与此密切相关的是条理上的问题,这正是该书的理论精髓之所在。

(3) 然而,若提到名誉权论与侵权行为一般理论的关系,则《民法》第709条的权利侵害要件应被违法性所取代的违法性理论早在该书之前就已经确立了。根据违法性理论,提出了即使不认同一般的人格权,是否也可以保护"各种人的利益"的批判。

关于这一点,作者认为,首先,若认同一般的人格权,那么所有侵害作为权利侵害则当然违法,在不认同其为权利的时候,特别是行为违法的时候，只要不举出发生的损害是所违反法规的保护内容，则不成立侵权行为。其次，若不认同一般的人格权为权利的话，则不能提起不作为诉讼。从这个角度来看很明显的是，在该书中是将权利在其绝对性的意义上进行理解的，如果不认同一般的人格权，“人格的保护则是不完全的”。日本民法同德国民法（第 823 条 2 项、第 826 条）等相比较，为了完善侵权行为的规定，需要认同一般的人格权，以期待保护的落实。

在作者预先准备的反驳中值得注意的是，作为对名誉毁损的救济（第 5 编），不作为诉讼得到了积极的肯定。关于这一点，该书指出，不作为诉讼根据可以要求权利的不可侵性，不作为诉讼的根本在于要求从权利的排外性中产生的不作为义务的履行。如此一来，权利都有不可侵性，名誉权及其他的人格权在权利的性质上也具有排外性和妨害禁止性。根据这样的论证，既然名誉权是以人格权作为基础的权利，那么应认同不作为诉讼则成为必然的结果。更进一步讲，该书的研究不仅限于侵害人格权的场合，还提出了应该认同与一般侵权行为法有关的不作为诉讼的立 613
法提案（第 6 编），这是值得注意的。

（4）该书对关于名誉毁损的违法判断进行了详细周密的考察，有很多应被继承之处。原告若对外形上的权利侵害的事实进行证明，则当然推定为违法的事实。因此，违法的要件不是作为责任发生的积极要件，而是从违法阻却的消极方面被探究的。违法阻却的问题是与一般侵权行为共通的问题，名誉毁损在任何时候都会经常发生，但有正当事由的场合却比较少，所以成为特别有意思的问题。基于这样的理解，在探讨违法判断的标准时，该书认为，对违法的认识应该以法律秩序全体为观念来作判断，法律秩序是在日常生活条理的基础上建立起来的，违反条理就是违反法律秩序,即是违法。如此一来,在什么是条理这个问题上,该书认为:“对当时的正义感、道德、风俗、习惯,尤其是关系的利益……的轻重进行比较量化,以尊重其利益为条理,应该根据理性来判断。”像这样的条理问题,同人格权的基础一样,因在此被赋予了重要的作用而值得关注。

基于以上思考,对违法阻却进行个别具体的探讨。例如,在新宪法中作为与调整人格权和表现的自由相关联的问题,可以列举出根据报刊法、出版法名誉毁损的免责或真实的事实和名誉毁损的问题。特别是关于后者,在指出真实的事实是为了保护正当利益之时,希望在民法或刑法中重新设立使其免责的条文规定。若考虑到继承了二战后新设《刑法》第230条之2(与公共利害相关的场合的特例)及其宗旨的民事判例理论[①]的出现,则不由得再次回想起该书的意义,即意图对名誉毁损进行彻底详尽的论述。

3. 其后学界之发展

在我国二战后高度大众社会到来的同时,与媒体有关的名誉毁损事件急剧增加,对名誉或隐私等人格权的研究也成为民法学的重要课题。积蓄了对(西)德国一般人格权的详细探讨等人格
614 权研究的重要成果,[②]有很多以比较法作为开端进行的研究。但作为我国民法学上的问题,如何对此进行理论的说明可以说还不是很充分。在这个意义上,对追溯到条理问题为止尝试探究理论

① 最高裁判所昭和四十一年(1966年)6月23日判决,《最高裁判所民事判例集》第20卷第5号,第1118页等。

② 三岛宗彦:《人格权的保护》,有斐阁,1965年;齐藤博:《人格权法研究》,一粒社,1979年;五十岚清:《人格权论》,一粒社,1989年。

性根据的该书来讲，我们能重新体会到其有若干新问题的提出。关于违法判断的理解也同样可以说是突显了这一问题的本质。像这样对早已在二战前就被提起的问题进行更具体的探讨可以说会成为今后学界的课题，所以此时该书参照了很多法制史的研究成果。

无须赘言，成为该书线索的就是把名誉权放在人格权范畴内的构想，基于此，针对不作为诉讼有明确的肯定立场。最高裁判所针对“北方编辑事件”* 所作出的大法庭的判决中提到“作为人格权的名誉权”，并作出以此作为停止侵害请求权的根据这样的划时代的判断。① 这是沿袭了该书的主张，并且是作者的目标在半个世纪后结出果实的体现。与名誉毁损有关的今后的课题是对人格权的保护和表达自由之调整，在明确民法观点和刑法及宪法观点之关系的同时，还应对民法学固有的问题进行探讨，即诸如人格权的保护在同财产权保护的关系上究竟处于怎样的位置这样的围绕民法基本秩序的根本问题。② 此后像这样基于丰富构想的研究会变得越来越有必要，确实为该书所揭示的问题也不为过。另外，由该书所展开的人格权的构想在生活妨害领域涉及怎样的程度也是需要探讨的问题。

---

* 北方编辑事件：即指日本公职选举的候选人以名誉毁损为由请求刊物在出版前停止刊发，并向出版社请求损害赔偿的事件。20世纪80年代，前日本旭川市某市长欲参选北海道知事，在竞选期间，该候选人得知长久以来一直对其采批判态度的北方编辑杂志将刊发毁损其名誉的报道，因而以北方编辑杂志为被告提起诉讼，要求裁判所对上述杂志发出禁止命令，禁止该杂志出版刊发前述报道的刊物。——译者

① 最高裁判所昭和六十一年(1986年)6月11日大法庭判决，《最高裁判所民事判例集》第40卷第4号，第872页。

② 广中俊雄：《新版民法纲要·第1卷总论(上)·民法的意义与权利》，创文社，1989年。

■ 作者介绍

宗宫信次

主要著作:除该书外,还著有『不法行為論』(1935 年・有斐閣)、『改訂民法総論』(1949 年・有斐閣)、『物権法論』(1950 年・有斐閣)、『債権各論』(1952 年・有斐閣)等。

简　　历:1894 年(明治二十七年)—1980 年(昭和五十五年),毕业于日本大学法学部,历任判事,中央大学、日本大学、帝京大学教授等职。

6-21　泽井裕 615

①《公害的私法研究》

（一粒社，1969年）

德本镇

②《企业侵权行为责任研究》

（一粒社，1974年）

淡路刚久

③《公害赔偿理论》

（有斐阁，1975年）

牛山积

④《公害审判的发展与法理论》

（日本评论社，1976年）*

评议人　大冢直（学习院大学）

这四部著作是针对民法制定时尚未预想到的问题——公害民事救济从保护受害人的立场出发，开创出新法理的杰出论文集。

1. 四部著作出版前关于本课题之学界状况

(1) 从昭和四十年代以后到这些书被公开出版为止，对公害民事救济的研究并不很充分。以大正时期“大阪碱事

* 原文文献为：澤井裕『公害の私法的研究』(1969年・一粒社)；徳本鎮『企業の不法行為責任の研究』(1974年・一粒社)；淡路剛久『公害賠償の理論』(1975年・有斐閣)；牛山積『公害裁判の展開と法理論』(1976年・日本評論社)。——译者

件”[*]、“信玄公旗挂松事件”[**]中的大审院判决为契机，学说上也讨论了与权利滥用论的关系，以及所谓的“基于适法行为的侵权行为”问题。但作为素材的是针对农作物或树木损害问题的案例，并没有考虑到除企业活动以外的其他原因，因此讨论并不活跃。作为昭和三十年代的理论成果，只有1957年加藤一郎的《侵权行为》①中认为的，“按照当时的技术水平没有做相应的防止设备”即是过失，而且，即使在这点上没有过失，“设置了没有适当的
616 防止措施而使他人受害的工厂其本身”也有过失，以及关于违法性应该以考虑社会生活上忍受限度的范围为基准等见解。

（2）从昭和三十年代后半期开始提起的四大公害诉讼令周边居民健康受害的事件，企业能否预测且回避这样的结果，原本并不十分明确，企业活动和损害之间的因果关系也不明确等，如何对应这些以往没有的问题变得非常有必要。而且，在被告为多数企业的场合，如何适用与共同侵权行为相关的第719条、关于公害的停止侵害在何种法律的根据下需要何种要件等新问题随之

---

* 大阪碱事件：被告大阪制碱公司是一家生产硫酸、肥料的厂家，其工厂排出的硫烟对附近的农作物造成了损害，被该地农民起诉。一审以该公司的生产不符合法定要求而具有违法性为由，判决被告承担赔偿责任。其后被告上诉，大审院将判决驳回重新审理。原审裁判所最终认定该公司存在故意过失，应承担侵权责任。在大阪碱事件的终审判决中，遵从大审院判决的逻辑思路，将企业是否“建有与其行业性质相适应的污染处理设备”来判断其过失责任的有无，考虑到当时的防止污染技术水平，该公司并未设置相当的防止设备，即违反了结果回避的义务，因此得出应予赔偿的结论。——译者

** 信玄公旗挂松事件：日本国有铁路中央线日野春站附近有棵著名的松树，因曾经的战国名将武田信玄把旗帜挂在上面而被命名为“信玄公旗挂松”。此处铁道开始运营后，火车的煤烟、振动造成松树枯萎，于是松树的所有权人向铁路的所有权人（国家）请求损害赔偿。大审院认为，无论被告铁路所有权人是否知道煤烟会不会对铁路线附近的松树造成损害，或即使由于不知道而没有研究相当的预防措施，放任煤烟损害而导致松树枯死，虽然是经营公共事业所产生的结果，但其超过了社会观念上一般容忍的范围，属于过失而造成的违法行为，对原告的赔偿请求予以支持。——译者

① 加藤一郎：《侵权行为》，《法律学全集》，有斐阁，1957年。

产生，要求学说针对这些问题在参照判例和外国法的同时进行进一步的讨论。

四部著作在此领域起到了开拓者的作用，每部都采取了将杂志论文汇总成论文集的体裁，对判例的分析也占据了相当的页数。学说在判例的基础上展开讨论，裁判所以此为参考作出判决，这些又作为反馈回授的形式，可以看出两者犹如车的两个轮子一样在摸索中构筑起法理论。

在这四部著作即将出版之前，加藤一郎所编《公害法的生成与发展》[①]与戒能通孝所编《公害法研究》[②]已经出版，四位教授也分担执笔。

2. 四部著作的内容及其在学界之意义

可以说这四部都是从保护受害人的角度出发，并致力于如何修正以往的侵权行为理论的著作。其中较早开始进行探讨的泽井和德本两教授的著作包含了对外国法的分析，以及在侵权行为法整体上或与其他制度（矿害赔偿制度）的关系上强烈主张对公害进行民事救济的观点。与此相对，淡路和牛山两教授的著作则以四大公害判决的分析与评价为基础，进行了更详细的探讨，带有更具实践色彩的特点。因为都是论文集，将各书在学界的意义作为一个主张来论述是比较困难的，所以以下分别就其各自应受注目的几个方面进行介绍。

（1）泽井的《公害的私法研究》在仔细探讨德国法及英国法（特别是前者）的基础上，对我国侵权行为理论与公害的关系进行

① 加藤一郎编：《公害法的生成与发展》，岩波书店，1968年。

② 戒能通孝编：《公害法研究》，日本评论社，1969年。

617 了重新分析,有很强的理论性。其涉及了侵权行为的全部论点,中心在于公害赔偿的过失与违法性论。该书中关于过失与违法性论的特色有以下两点:

第一,是关于防止措施的过失与违法性二元论的采用。泽井教授认为,首先"过失"中包括"作为归责原因的过失"("预见可能性即终极意义上的违反损害回避义务")和"作为违法要素的过失"(加害行为的形态)。其次,他把关于自"大阪碱事件"大审院判决以来作为问题的违反防止措施,看作是"作为归责原因的过失"问题,与此同时,将故意、过失作为"违法性"的一个要素,将同样的违反防止措施的问题放在违法性的相关关系论中探讨。在此背景之下,泽井教授对"何种行为才会被追究赔偿责任"即所谓的"违法性"的问题,与"由谁来负赔偿责任"即所谓的"责任"的问题采取了区别对待的态度。最后,充分理解违反防止措施不仅作为过失,还作为违法性的问题,对即使在技术上、经济上实施了相当的防止措施,若发生重大损害也有可能被认定为违法的这方面是有意义的。

第二,是在统合第 709 条和第 719 条后对"损害回避义务阶段说"的采用。泽井教授认为,把"违反损害回避义务"作为过失的核心,第 717 条的瑕疵也是"客观的违反损害回避义务",第 717 条中所有权人的责任规定的是作为"广义上的认识可能性即高度的损害回避义务违反"的过失责任(占有人的责任是第 709 条一般原则的注意规定,作为危险性认识的推定规定)。其次,像这样把第 709 条和第 719 条统合之后,是否属于违反损害回避义务,要"从人的关系以及加害人与在其支配下的物的关系中进行综合判断"。具体指的是,通常在市民相互之间有相当的防止措施已足够,但是在加害人和受害人之间不存在互换性的场合,或在即使有互换性，但加害者持有像建筑物那样的高度危险性物品的场合，要被课以高度的损害回避义务。可以说是在广泛采用预见可能性的基础上，在公害的场合中课以高度的损害回避义务。

另外还指出，关于事实因果关系采用了事实上的推定说（后述的“德本说”）；关于停止侵害，我国民法重视作为侵权行为效果的金钱赔偿原则，并接受“加藤（一郎）说”，认同以物权请求权和人格权为根据，关于将来的损害金额，在有不确定因素的场合中代替停止侵害的补偿的主张。

（2）德本的《企业侵权行为责任研究》分别提出了对过失、因 618
果关系和停止侵害等的看法。

第一，在过失责任中存在带有“损害填补”和“赋予个人自由活动的界限”意思的“本来的过失责任”，以及只有助于“损害填补”的“穿着过失外衣的无过失责任”，公害赔偿责任属于即使注意了也会发生的对后果有回避困难的损害。所以在后者，无论是以预见性的义务违反为问题，还是以高度的结果回避义务之违反为问题，都有必要追求其结果的妥当性。

第二，关于公害民事救济的因果关系，为了避免因举证困难而对受害人产生的不利后果，采用了盖然性说。即关于公害原因和损害之间的因果关系，原告受害人只需出示“相当程度的盖然性”即可；假如被告企业不能证明其因果关系不存在，则可以认定存在因果关系。作为其根据，从“原告受害人一方存在对被告企业的生产活动了解生疏、缺乏公害知识、诉讼资金短缺等方面的情况，而另一方被告企业则精通企业业务，还拥有具备高度专业知识和技能的技术人员，诉讼经费也很充足等情况”来看，这种理解有助于进行公平的权利侵害之保护。即为了对基于企业危险责任进行公平的损害分担，不仅仅是在主观方面进行从过失到无过失的修正,还必须从客观方面对因果关系进行修正。其次,盖然性说实质上是谋求证明责任转换的学说,是事实上推定的一个应用情况,即只要被告方证明不了因果关系不存在就不会彻底改变。它与事实上的推定是不同的,显示有“相当程度的盖然性”的举证,超越了辩解的标准,却还是尚未达到证明标准程度的举证。

第三,关于公害的停止侵害,受英美法中非法妨害法理的影响,认为其根据在于权利侵害的继续性(继续的权利侵害说)。与此同时,即使在超过(关于损害赔偿的)忍受限度的场合,也有从侵害行为人的社会利益性出发,否定停止侵害,对此欠缺公平的情形,因此应该认同代替了停止侵害的补偿(在相邻关系上赔偿金请求权的准用或类推)和赔偿(以侵权行为为根据,要求将来损害发生的确实性和赔偿内容的确定性)。

619 (3) 淡路的《公害赔偿理论》一书基本收集了与公害有关的论点,并揭示了应该发展的方向。其重要的主张分别在公害赔偿的过失、因果关系、共同侵权行为以及停止侵害等方面。

第一,关于公害赔偿的过失,在与法国的近邻妨害有关的判例法理的影响下,采用了在损害超过“忍受限度”的场合,不论预见可能性存在与否,都要认定为过失的“新忍受限度论”。这是把在判例上的违法性论中所论及的“忍受限度论”,根据过失违法性一元论进行了再构成,从而确定了其在过失论中的位置(因而不需要违法性)。在这种立场下有以下看法,即预见可能性作为决定过失成立与否的实质性判断框架并没有起到作用,也不应该起作用,对于过失的判断,“被侵害利益的重大性”才是最重要的因素。

第二,关于公害赔偿的因果关系,在继续延用盖然性说的同时，证明责任的角度有所欠缺，受新潟水俣病第一次诉讼判决[①]的影响，把所谓因果关系的要件事实分解成三个事实（病因论、污染路径、原因物质的生成与流出），把这些通过间接反证论进行再构成。原告只要能证明其中的两个事实，对于剩下的一个事实只要被告证明不了其不存在，就不能否定因果关系。关于疫学的因果关系，与法律上的因果关系不同，但是在证明了基于疫学的因果关系的病因论的基础上，也能同其他的证据一起证明污染路径等。

第三，关于共同侵权行为的要件，以往的通说要求每个人的行为需独立具备侵权行为的要件，如此一来，规定与第709条相区别的第719条就变得没有意义了，因此淡路主张，把关联共同性要件从不需要证明每个人的行为和损害之间的个别因果关系观点出发进行再构成[②]，在此基础上，受四日市公害诉讼判决的影响而作出修正，区分作为"因果关系的假定规定"的第719条第1项前段的情况（强关联共同性），与作为"因果关系的推定规定"的第719条第1项后段的情况（弱关联共同性）。为了认同"弱关联共同性"，在"作为社会观念上的全体被看作一个行为的加害行为"中有多数人参加即可。与此相对，"强关联共同性"是"更紧密 620
的关联共同性"（存在"强的主观关联"的情况和"强的客观关联"的情况）。在"弱的关联共同性"的场合中认同贡献度减额这一点也很重要。此外，他还另有建议"共同诉讼的共同侵权行为"论，即设想存在多数原因企业，但对全体企业提起诉讼非常困难，与

① 新潟地方裁判所昭和四十六年（1971年）9月29日判决，《民事判例集》第22卷9、10合并号别册，第1页。

② 平井宜雄：《共同侵权行为之考察》，《川岛武宜教授还历纪念：民法学的现代课题》，岩波书店，1972年，第289页以下。

多数企业满足了“弱关联共同性”要件，却满足不了“强关联共同性”要件，此时只要多数企业排出量的总和在损害发生的最大容许限度以上，由此选择被告企业，就能使每个企业赔偿全部损害。

第四，关于停止侵害，指出不论在权利构成上还是在侵权行为构成上，在小规模公害的场合中忍受限度的利益衡量论是不可回避的，与此同时把环境权说和以往见解的不同之处进行相对化。这里说的忍受限度论又叫作相关衡量论。

(4) 牛山的《公害审判的发展与法理论》一书由详细的判例分析和论文构成，并指出公害是与资本主义或加害人和受害人的阶级差别密切相关的产物，具有比较强烈的保护受害人的意识。

第一，关于公害赔偿的过失，虽然采用了以预见可能性为中心的古典过失论，但是并没有采取作为预见可能性前提要求原因物质特定的看法，而是高度评价了“污恶水论”，也就是若能证明损害的发生是由作为从工厂排出的总体的煤烟或排水等造成的即可。

第二，关于公害赔偿的事实因果关系（自然的因果关系），指出只有间接反证论还不充分，保留盖然性说，在证明了疫学的因果关系的场合，即是有超过盖然性的充分的因果关系证明。在此基础上虽采取相当因果关系说，但对于公害，其强烈的倾向于无过失责任，并建议不要把预见可能性作为要素。

第三，关于共同侵权行为，认为四日市判决在多数企业间只有“弱关联共同性”的场合中“推定”有因果关系，反对一部分企业免责。即使损害是轻微的，若能证明到达了受害区域，则不能说因果关系不存在，不如应该认定这些企业间的“强关联共同性”。

第四，关于公害的停止侵害，采用了环境权说，认为不仅仅是
生命、健康，即使对不可能恢复的自然环境的破坏，也没有考虑公
共性抗辩的余地。对于多数污染源公害的停止侵害，以被起诉的
企业的排出量为限度，认同基于第719条的类推的连带停止 621
侵害。

3. 其后学界之发展

关于对以上四部著作之后在学界中的展开，即是意味着要论述与公害有关的主要论点及其学说的展开，因篇幅有限，在此就只叙述各项目的要点。

(1) 关于过失，首先，不只是像"淡路说"和"牛山说"那样对公害进行特有的考察，可以说学界的关注点转移到了应如何对在整个侵权行为法体系的讨论上。其次，关于将结果回避义务作为过失中心的看法，具有权威性的是以预见可能性为前提的立场（例如平井）。

把过失放在整个侵权行为法中进行论述的是这四部著作中泽井教授的论著。虽然有关上述第一点的讨论直到现在仍在继续，但可以说该书出版后，在学说上有明显地把防止措施作为"过失"或"违法性"的任何一个问题去涉及的倾向（平井、前田达明、淡路等）。在第二点中，关于"过失"，根据行为的危险性等，阶段性地采取"损害回避义务"的立场，现在也得到不少支持（潮见佳男、大冢直）。只是，在将第717条和第709条进行统合并采取过失责任的这一点上，虽然有之后的有力说（国井、植木），但依然限于少数。

(2) 关于因果关系的"德本说"（盖然性说）曾一时在民法学界占据了多数说的地位，之后在评价其意图的同时，如果只是证明

盖然性即可，那么就会经过法官的自由心证而结束诉讼。从此观点出发，有必要分析究竟其与一般诉讼法上的证明有何种程度的差异。将与民事诉讼有关的间接反证论援用于公害因果关系的证明，以减轻受害人的证明负担（间接反证说）的立场成为了有力说。[①] 再次，在诉讼法学者间展开了间接反证论本身是否恰当的讨论，并有以下观点，即如今倒不如把这个问题作为法解释的问题（新堂幸司），应该从诉讼程序中当事人的实质平衡的要求中，单纯地转换证明责任（井上治典）等。

另外，关于疫学的因果关系，主要与大气污染有关，并主要区分为集团层面的因果关系和属于集团的个人层面的因果关系。
622 有力说认为，在针对特异性病患的场合也可以认定个别的因果关系。对于非特异性病患及受到污染物质侵害的人，其所属集团的相对危险度若不是在相对程度较高的情况下，则不能推定为个别的因果关系（森岛、新美）。

(3) 关于共同侵权行为，在学说上，不必证明每个人的行为和损害之间的因果关系的立场（上述淡路说、平井说等）占据了多数。在此基础上，一方面这样的共同侵权行为加重了责任，另一方面对于关联共同的范围如何进行分析则呈现出各种各样的见解。大致区分的话有以下几种，例如近期主张的适用第 719 条第 1 项前段规定时要求“主观的共同”的立场（新主观说。前田达明、森岛昭夫、几代通）；与此相对立的主张认为若把关联共同性限定在“主观的共同”的场合，那么则会使共同侵权行为的现代意义丧失，因此应包含“主观的共同”和“客观的共同”场合（主观、客观并

① 见“淡路说”。其他可参见好美清光、竹下守夫：《骨痛病第一次诉讼第一审判决之法律研讨》，《判例时报》第 646 号，1971 年，第 108 页。

用说）（淡路、平井、四宫和夫、能见善久）。上述的“淡路说”也被采用在此后的下级审判案例中[①]，可以说是主观、客观并用说中最有力的见解。

关于所谓的贡献度减额，相对于认为其只在第1项后段的场合适用的“淡路说”，还有以下主张，即把起草者所认为的第1项后段是关于择一的竞合规定的见解作为根据之一反对“淡路说”的见解（平井）；关于第1项后段，在支持“平井说”的同时，只在第1项前段的适用中认同贡献度减额的见解（能见）；无论在第1项前段还是在第1项后段的适用中都认同贡献度减额的见解（四宫）等。

另外，对于淡路教授所提出的“共同诉讼的共同侵权行为论”，应以基于贡献度的赔偿额为限对全体被告企业课以分割责任，在这其中也出现了以各个企业的共同侵权行为作为问题的立场（西淀川公害第一次诉讼判决等）。

（4）关于停止侵害，其后出版了泽井的《公害停止侵害之法理》[②]、淡路的《环境权的法理与审判》[③]等著作，进展是有目共睹的。在学说中，可以说人格权说最为权威，在此基础上又侧重关注于对具体性的要件论的构筑[④]，或对抽象的不作为请求的适法性等问题。关于有多数污染源的公害之停止侵害，虽然认同以作为污染源的多数企业为被告，将污染定在停止侵害基准以下的请求，但如果每个企业能主张举证自己的贡献度，则限于根 623

① 有关西淀川公害第一次诉讼判决，请参见大阪地方裁判所平成三年（1991年）3月29日判决，《判例时报》第1383号，第22页。

② 泽井裕：《公害停止侵害之法理》，日本评论社，1976年。

③ 淡路刚久：《环境权的法理与审判》，有斐阁，1980年。

④ 大冢直：《生活妨害之停止侵害的基础考察——基于物权之妨害排除请求与基于侵权行为之请求的交错》（8），《法学协会杂志》第107卷第4号，1990年。

据这个比例负担责任的分割的停止侵害说(泽井)也被多数所采用。

(5) 综上所述,这四部著作在公害民事救济法理的形成上所起的作用是非常大的,侵权行为的问题一般也是如此,而且这个问题的研究依然处于混乱的状况。

■ **作者介绍**

① **泽井裕**

主要著作:除上述著作外,还著有『隣地通行権裁判例の研究』(1971 年・一粒社)、『大阪空港裁判の展開 上』(1974 年・ミネラヴァ書房)、『公害差止の法理』(1976 年・日本評論社)、『隣地通行権(叢書民法総合判例研究第 4 巻)』(1978 年・一粒社)、『テキストブック債権総論(補訂版)』(1985 年・有斐閣)、『失火責任の法理と裁判』(1989 年・有斐閣)、『テキストブック事務管理・不当利得・不法行為(第 2 版)』(1996 年・有斐閣)等。

简　　历:1930 年(昭和五年)生,毕业于大阪大学法学部,曾任关西大学教授,现任福山平成大学教授[其著作、履历请详见関西大学法学論集第 39 巻第 4=5 号(1990 年)]。

② **德本镇**

主要著作:除上述著作外,还著有『農地の鉱害賠償』(1956 年・日本評論社)、『公害法の研究』(共著)(1969 年・日本評論社)、『債権法』(共著)(1977 年・一粒社)、『不法行為法の基礎』(共編)(1977 年・青林書院)、『金融事故の民事責任』(共編)(1981 年・一粒社)、『新版注釈民法(6) 物権総則』(共編)(1997 年・有斐閣)等。

简　　历:1928 年(昭和三年)生,毕业于九州大学法学部,历任九州大学教授、福冈女子大学校长[其著作、履历请详见法政研究 55 巻第 2=3=4 号(1989 年)]。

③ **淡路刚久**(参见本书 4-13)

④ **牛山积**

主要著作:除上述著作外,还著有『公害法の研究』(共著)(1969 年・日本評論社)、『公害と人権』(共著)(1974 年・法律文化社)、『現代の公

害法(第2版)』(1991年・勁草書房)、『スモンと損害賠償』(共著)(1986年・勁草書房)、『公害法の課題と理論』(1987年・日本評論社)等。

简　　历:1934年(昭和九年)生,毕业于早稻田大学法学部,现任早稻田大学教授。

624 ## 6-22 加藤雅信
《侵权行为法之将来构想——从损害赔偿到社会保障型救济》

(收录于《从损害赔偿到社会保障》,三省堂,1989年)*

评议人 加藤新太郎(东京地方裁判所)

该文为了消除现行侵权行为制度(人身损害)的问题点,提出了可将其代替的综合救济体系构想,是给学界以巨大震撼的研究。

1. 该文发表前关于本课题之学界状况

(1) 该文是加藤雅信在其《现行侵权行为受害人救济体系及其问题——侵权行为法之将来构想》[①]一文的基础上删改订正而成的。关于当时的侵权行为法、人身事故律制度,学术界存在如下述2(1)的问题意识,这在一定程度上是共通的。

(2) 作为与"综合救济体系论"有着基本共通构思的制度,在新西兰有一部1972年事故赔偿法,在澳大利亚也有一部1974年联邦赔偿法案(但没有形成立法)。该文正是基于对此方面的研究以及1(1)的问题意识而创作的。

2. 该文的内容及其在学界之意义

(1) 关于人身损害,该文为了消除现行侵权行为制度的问题

* 原文文献为:加藤雅信「不法行為法の将来構想——損害賠償から社会保障的救済へ」,『損害賠償から社会保障へ』(1989年·三省堂)所収。——译者

① 加藤雅信:《现行侵权行为受害人救济体系及其问题——侵权行为法之将来构想》,《法学家》第691号,1979年,第52页。

点，提出了作为侵权行为法代替品的综合救济体系构想。如果发生了人身损害，那么此损害可以由以下任一方式解决：加害人负担（加害人赔偿）、潜在的加害人集团负担（从责任保险而来的支付）、一般社会负担（根据生活保护法的医疗扶助、生活扶助）、潜在的受害人集团负担（用自己加入的伤害保险进行支付）、受害人自己负担。作为与损害负担有关的法制，除了侵权行为法，还有其他的特别法（自赔法等）、社会保障关系法（劳动者灾害保障保险法、健康保险法等）、私保险，等等，对侵权行为中受害的救济通过多样化体系的复合体实行。然而，现行制度仍存在如下问题点：①在受害救济的实效性上存在难点（受到加害人的赔偿能力左右等问题）；②产生社会中的负面对应现象（萎缩诊疗等）；③在审判中也表现出后退现象；④伴随着多数个别救济体系的并存而
出现的给付不均衡、重复填补、制度间调整等问题；⑤得不到定期 625
金赔偿，等等。因此，为了一举克服这些问题，使补偿、救济制度合理化，提出将社会保险制度与损害赔偿制度合为单一的综合人身损害救济体系。也就是说，①在综合救济体系中创立一个基金，对所有的人身损害受害人都由基金进行支付。②基金来源由现行的自赔责任保险金、劳动保险金等由潜在的加害人集团所出的资金，以及危险行为征收金、医疗保险、人身保险等由潜在的受害人集团筹集的资金作为自卫的保险金，再加上由基金向侵权行为加害人（故意引起的情况以及没有征收金制度的领域）请求的求偿金所构成。③支付标准是以平均所得为上限占以往收入的六成。④现行制度是以个人责任为原型的个别民事救济体系，相对于具备制裁加害人和救济受害人的这两个要素，综合救济体系是以社会集团责任为基础的社会保障救济体系，焦点集中于对受害人的救济。此体系具有救济的迅速性、确实性、公平一致性、效

率性和社会保障性的五个特征，可以一举解决所有问题。⑤此体系如果建立的话，那么关于人身损害的侵权行为诉权原则上将会予以废除。

(2) 综合救济体系作为对侵权行为制度、人身事故法制根本性的改革构想，聚集了来自学术界的关注。其意义在于：第一，综合救济体系论是真正的民事立法政策论（制度论），加之透彻的现状认识和尖锐的分析、周密的思索策划而成的大型制度设计。第二，综合救济体系论不为侵权行为法的现行体制所局限，并将最近的裁判实务动向和基于特别法对社会变动的立法手段收入视野之中，是追求侵权行为法的终极目标，并将侵权行为的权利体系进行抽象重组的尝试。在这个意义上，作者自认为是对围绕现今损害赔偿问题的历史性展开的终极到达点之所在进行的考察。[1] 第三，综合救济体系论即使从比较法的视点来看，也可以评价其为划时代的论说吧。例如，S. 休格曼（S. Sugarman）教授在其著作《取消个人损害赔偿》[2]中，也提出关于人身损害赔偿方面应废除侵权行为法，由社会保险来替代。[3] 由此可以说，其与作为
626 综合救济体系论基础的事实认识有共通之处。

3. 其后学界之发展

(1) 在刊登作为该文基础的《法学家》杂志论文的同一期中，也刊登了以加藤一郎教授为主持人的讨论会纪要《受害人救济体

① 加藤雅信：《损害赔偿制度的发展与“综合救济体系”论》，《现代侵权行为法》，有斐阁，1994 年，第 197 页。

② 休格曼：《取消个人损害赔偿》（*Doing Away with Personal Injury Law*），1989 年。

③ 对于该书的评论，可参见山下丈：《美国法》（第二卷），1991 年，第 207 页。

系的展望》[①]，其中指出了以下问题：①伴随着综合救济体系的实施，虽然有必要考虑支付标准的均衡，但是资金来源的调配方法不妥；②有增加制度运用成本的担忧；③侵权行为法所具有的事故抑制功能有丧失的危险等。另外，对于作为该文基础的《法学家》杂志论文，吉村良一教授指出，综合救济体系有导致①加害人责任的淡化、②使救济水平低水准化的危险，所以对侵权行为的解除论构想有所批判也是必然的。[②]

（2）棚濑孝雄教授则指出了以下问题点：①综合救济体系论虽然是脱侵权行为化现象行动的一环，但这种动向却会导致侵权行为法基础所在的道德性基础的歪曲。②相对于传统的侵权行为是以个人正义为基础的，综合救济体系论则是以全体正义的理念为基础。在现代，应该思考立足于考虑人与人连带的共同体正义理念的侵权行为的制度化。③综合救济体系论会导致加害人责任意识的淡化，以及受害人与加害人共鸣的丧失，会破坏地方自治团体。[③] 樋口范雄教授也指出：①综合救济体系论无法充分发挥对事故的抑制功能；②受害人有找出加害人以及事故原因的积极性和愿望，利用这一点，应该将抑制事故与维持责任原则的这种社会目的连接起来；③有必要将停止侵权行为的请求简单化，受害人的过失对事故发生有影响的情况下应该有减少赔偿的措施。[④] 宇佐见大司教授也对综合救济体系的构想就是将受害人

---

① 《受害人救济体系的展望》，《法学家》第691号，第237页。

② 吉村良一：《侵权行为法与"市民法"》，《法的科学》第12号，1984年，第43页。

③ 棚濑孝雄：《侵权行为责任的道德基础》，《现代侵权行为法》，有斐阁，1994年，第15页。

④ 樋口范雄：《侵权行为法的"危机"与"改革"的意义》，同上书，第237页。

的心情埋没到基金这个体系中的观点进行了批判。[①] 以上批判可以概括为，要维持侵权行为诉权＝个别责任追究制度，不应该淡化加害人的责任。

627 (3) 内田贵教授指出，①侵权行为责任的内容不是对加害人的道德非难，而是将重点转移到对受害人的救济，因此形成无过失责任制度＝侵权行为责任的脱道德化，而向社会保障的转移则是其极限形态。②是否导入脱道德化的责任原理是政策选择的问题，不是单纯的正确与否的问题。③综合救济体系论是关于侵权行为的有充分选择可能的政策性选择项，对其妥当性的探讨应主要在制度论层面进行。[②] 另外，也有修正提案指出，认同潜在的加害人与潜在的受害人加入综合救济体系的事先选择，使此体系任意保险化的同时，根据市场原理寻求设定合适的征收金和自卫性的保险金标准。[③]

(4) 作者针对这些批判指出，责任的淡化是由责任保险的导入所致的，不是由综合救济体系所产生的，相当于把批判说所畏惧的将有害加害人蒙上面纱的功能丧失了。因此提出下列修正案：①不仅是故意，在重大过失的场合，对于超过基金支付的部分，应保留人身损害的侵权行为诉权（双轨型体系）。②对于无危险行为征收金制度而时常由基金求偿的领域，认可由基金进行的简易迅速的救济与根据侵权行为诉讼向加害人追究责任和全额

---

① 宇佐见大司：《"综合救济体系"论》，《法律时报》第65卷第10号，1994年，第96页。

② 内田贵：《现代侵权行为法的道德化与去道德化》，棚濑孝雄编：《现代侵权行为法》，有斐阁，1994年，第143页。

③ 石原治：《侵权行为改革》，劲草书房，1996年，第255页。

赔偿的事后选择。[①]

综上所述，综合救济体系论是对应了讨论者的批判并不断进行修改的理论。作为人身事故法制的综合性制度论，在加入比较法观点的基础上，可以期待它有更进一步地完善与发展。

■ 作者介绍

加藤雅信（参见本书6－05）

① 加藤雅信：《损害赔偿制度之将来构想》，《新现代损害赔偿法讲座》(1)，日本评论社，1997年，第317页。

第 7 章

亲属与继承

630 # 第7章　亲属与继承

7-01　序论

水野纪子(东北大学)

1. 家族法与财产法相比较之不同领域特色

明治民法*立法后,日本家族法学的发展史大致可分为以下三个时期:第一时期,是以立法者、冈村司博士,尤其是穗积重远博士为代表的黎明期;第二时期,是以中川善之助博士为代表的通说形成期,以及直至二战后改革后的现代为第三时期。第一时期和第二时期家族法发展的基调是与家族制度的斗争。此外,研究家族法学的学者少之甚少,不得不说家族法学在民法学中处于支流地位。在此种学界状况下,以学界巨匠中川善之助教授的观点形成的通说认为,应依据法理对民法明文确立的家族制度进行从宽解释。中川教授是通过解释论与家族制度展开斗争的。二战后,最高裁判所的判例多采用"中川说"。时至今日,"中川说"仍保持着通说地位,从未被动摇。二战后,家族制度废除不久,家族法学的发展经历了前所未有的兴盛时期。但是,令人遗憾的是,现如今家族法学领域的研究已不再具有当时的发展势头,远远赶不上财产法学的发展。因此,在第三时期,学说状况有种分散的感觉。这一时期出现了批判中川学说、试图超越该学说的种

* 明治民法:即指明治政府在"旧民法"的基础上编纂而成的新民法典。该民法典经多次修正,至今仍在使用。——译者

种尝试。即以改变中川理论为目标构筑一般论的尝试，以及创立与中川理论不同的个别解释论的尝试和研究家族带来的现代问题的尝试。学界还出现了批判导致非婚生子女差别对待的婚姻制度本身的观点。

此外，即便是学说的内容，亲属法和继承法领域的学说状况与第 7 章之前的财产法领域的学说状况也大不相同。也就是说，家族法学的解释学积淀远不如财产法学丰富。所谓的家族法领域的学术成果也多是家族社会学、家族史和民俗学等方面的研究。例如，二战后，反映家族法学之兴盛的福岛正夫的《日本资本主义与“家”制度》等论文作为学术积累，具有重要意义和较高的学术水准。此外，在家族学领域研究基础理论的必要性远大于财产法。但是，这并不能代替家族法解释学。 631

在家族法学领域，学者的研究多集中于家族社会学等方面，而非解释学。其具体原因如下：在财产法领域，为解释继受法——日本民法的法律条文——有必要研究母法的解释论。这成为直接连结日本法解释学的一个桥梁。无论是解释日本的民法条文，还是基于社会之需要，研究母法的解释学都是不可避免的。但是，在家族法领域，民法条文几乎对母法的规定进行了脱胎换骨式的改造。此外，保守派的醇风美俗论者也不允许引进母法的解释学。明治民法作为规定“家”制度这一家族模式的法律，在意识形态领域坚强而有力。与之对抗的学说、条文的解释论更加注重家族“应有状态”多样性的实证研究。这些研究不正意图使“家”制度相对化吗？从本文所列举的梅谦次郎博士和冈村司博士的研究成果中可以看出，明治民法立法后，学界为“家”制度的废除付出了不懈的努力。第一时期，以穗积重远博士为代表的学者仅仅在立法论的层面上对“家”制度进行了批判；第二时期，以中川善之助教授为代表的学者开始从解释论的角度批判“家”制度，在实定法的解释论中导入了小家庭。但是，该时期与其说是在引进母法的民法学，倒不如说是以中川教授的信念和家族进化主义的发展论作为理论根据，即一般认为家族法与财产法不同，当然适用与财产法不同的法理。

与“家”制度的对抗是日本家族法学发展的一大障碍。但是，明治民法立法时的争论，尤其是在法典调查会的讨论中，质疑、答辩多集中在“家”制度及醇风美俗的争论上。但即便如此，至少在起草者的争论中也参考借鉴了母法——婚姻法和亲子法的诸多研究成果。与财产法领域相比，家族法学并没有对这些争论进行过多的关注，中川理论成为通说时也未论及其与法典调查会的讨论之间的关系。如果当时对立法者的讨论进行深入研究的话，那么家族法解释学的发展一定优于现在。

二战后，日本解释学的状况几乎没有发生变化。二战后，民法的修正在日本宪法男女平等等规定的基础上，废除了“家”制度。在男女平等问题上，西欧各国民法尚存在相当数量的男女不平等的规定。与此相对，修正后的日本民法在男女平等方面做得非常彻底。因此，可以说日本民法在价值理念上发生了很大的转
632 变。西欧民法对权利义务的内容作出了规定，在赋予夫或父权利的同时，又对其权利进行限制。这是日本民法原本所欠缺的。正因如此，民法修正时彻底贯彻了男女平等原则。此外，必须决定的内容委以当事人的协商和裁判所的自由裁量。

即便在同一民法中，家族法的条文与财产法的条文明显不同。家族法中多为一般条款，对很多事项都未作出具体规定，而财产法的条文多以要件事实构成。家族法和财产法之间原本是否存在这样的差异，这个问题暂且不谈，至少在西欧诸国的家族

法与财产法之间不存在日本民法那样的差异。也正因为家族法的条文具有这样的特征，即便在二战后，意识形态的障碍消除后，家族法也不能像财产法那样，直接将母法的研究成果运用到日本法的解释学上。此外，"家"制度被废除后，小家庭中同样存在着诸多必须由法律规制的问题。所以，即便在现行法制度下，家族法解释学应为现实问题的解决作出更大的努力。

2. 家族法解释学的特征

在解释学领域，家族法取得的研究成果远不及财产法。但不可否认的是，家族法领域的确进行了比较法研究与民法解释学研究。财产法的有力学说多在对母法解释论的研究中产生，而家族法中有力说却不是这样，多是作为日本独立的解释学被提出。特别是中川善之助教授提出的身份法学，它建立了日本现代家族法学的通说。有关中川理论身份行为的概念，请关注本文的介绍。

不仅仅局限于中川理论，学说对身份行为领域也给予了充分的关注。婚姻、协议离婚、收养关系和协议解除收养关系四类身份行为构成了亲属法的主要领域。或许这一分类是理所当然的结果。但是这些讨论多集中在能否将上述四类行为一并作为身份行为处理的问题上。相比而言，对本来性质不同的四类行为分别处理的讨论显得不够充分。在日本法上，上述行为偶尔在户籍申请的技术方面有共通之处。我个人不赞成继续维持统一身份行为的概念。但不管怎么说，围绕身份行为的概念及其意思和无效展开的解释论，是家族法解释学发展的主要领域。我国的家族法易转向所谓的事实主义。换言之，与其说我国家族法是保障基 633
于婚姻和亲子等身份关系而发生的法律效果的法律，倒不如说，除继承这一效果外，容易沦为规定户籍登录基准的法律。

本文采用了教科书并不采用的方针。作为亲属法解释学的研究成果，我妻荣的《亲属法》[1]一书具有划时代意义。我妻荣博士在该书序言中指出了亲属法研究与财产法研究之不同。亲属法研究具有如下特征："不涉及理论构成"；"其结果，或者沦落为没有一贯性的人情论，或者易变成仅局限于解决当前问题的理论"。在这种问题意识下，该书成为一举提升亲属法解释学水平的体系书。但是，就其结论而言，在没有充分论证的情况下采纳了中川教授的通说的叙述也为数不少。此后，以铃木禄弥、呗孝一合著的《人事法》（Ⅰ）[2]和星野英一所著的《家族法》[3]为代表的优秀教科书也相继问世。但是，与财产法领域浩若烟海的体系书相比还是显得不够丰富。

在继承法领域，以法律学全集形式出版的中川善之助的《继承法》[4]可与我妻荣的《亲属法》相媲美，并通过之后合著者泉久雄教授的努力修订成为学界通说。该书关于日本判例理论的内容详尽充实，但作为应对新问题的解释学体系书来讲，今后的研究课题还很艰巨。继承法领域的研究与亲属法领域的研究相比，学术积累显得很单薄。此外，继承法研究的集大成之作也有其局限性。二战前，近藤荣吉教授努力尝试以法解释学构筑日本继承法，但后来的学者并没有很好的继承和发展。本文所列举的继承法领域的诸多研究成果和铃木禄弥的《继承法讲义》[5]等法解释学方面的研究，或多或少存在一些孤独感。令人遗憾的是，在继承

① 我妻荣：《亲属法》，有斐阁，1961年。

② 铃木禄弥、呗孝一：《人事法》（Ⅰ），有斐阁，1980年。

③ 星野英一：《家族法》，放送大学教育振兴会，1994年。

④ 中川善之助：《继承法》，有斐阁，1964年初版，1974年第2版，1988年第3版。

⑤ 铃木禄弥：《继承法讲义》，创文社，1966年，1996年修订版。

法领域至今并未看到像财产法学那样的学说发展，解释学的水平依然不高。

在家族法领域，被称为“讲座”[*]的出版物显得尤为重要。以编纂论文集为契机，各制度的研究取得了一定的进步。与此同时，当时的学术观点和学术水平在“讲座”中也有所体现。例如，在二战后的“讲座”中，中川教授基于对重新审视战后改革的反路线的担心而组织编写的《家族问题与家族法》[1]就是最初的代表 634
作。该书在内容上对各项制度进行了基础性研究，并取得了许多卓有成效的研究成果。这正反映了当时家族法研究的隆盛。此外，民法学界年轻有为的学者也参与了该书的编写。福岛正夫教授等创办的“家”制度研究会经过一段时间的发展，也出版了《家族——政策与法》[2]。家族制度复活的危机感已经不复存在，上述研究成果中也呈现出解决现在家族带来的各种难题的姿态。与其说是法解释学研究，倒不如说是从社会学和政策学等角度进行研究。这体现了日本亲属法学传统的一面。

关于解释学，“讲座”出版物中《家族法体系》[3]、《现代家族法大系》[4]、“讲座”本《现代家族法》[5]等的编写提高了学界的研究水平。值得注意的是，近年来出现了这样一种发展趋势，即出自家庭裁判所法官之手的论文不断增多。这种倾向不仅局限于“讲

---

* 讲座，丛书之一种，将学者的论文分门别类地编辑出版，读者一般为相关领域研究人员。——译者

① 中川善之助编：《家族问题与家族法》，酒井书店，1957—1961年。

② 福岛正夫编：《家族——政策与法》（全7卷），东京大学出版会，1975—1984年。

③ 家族法体系刊行委员会：《中川善之助教授还历纪念：家族法体系》，有斐阁，1959—1960年。

④ 现代家族法大系编集委员会编：《现代家族法大系》，有斐阁，1979—1980年。

⑤ 川井健等编：“讲座”本《现代家族法》，日本评论社，1992年。

座”系列，在家族法领域的出版物中也有所体现。家族法研究人员比二战后一段时期少也是其中的一个原因，但更为重要的是学说与实务的脱节。换言之，学说对实务的影响力丧失，司法实务界开始独自探索解决问题的方法和对策。家庭裁判所设立不久，对家庭裁判所的运营，学者和司法实务人员的共同研究曾一度很活跃，但此后两者之间的交流日渐减少。学说有必要认识实务，重构作为提案、批判之实学的家族法解释学。

3. 家族法学的体系化

在家族法学领域，学界曾多次尝试通过构筑家族法的基础理论，重构家族法学的体系。这一现象在财产法领域很少见。其典型案例当属中川善之助教授的身份法理论。继中川教授以后，学界也曾进行过各种各样的尝试，但遗憾的是，直到现在通过构筑家族法的基础理论进而取代中川理论的尝试均以失败而告终。本文所列举的来栖三郎的《民法上的财产法与身份法》一书就是努力的结果之一。此外，沼正也教授通过其一系列的研究成果创立了自己的理论，在一定程度上获得了学界的认同。

同中川理论一样，这些尝试都有将法社会学上的家族认识与
635 家族法的原理论直接结合的倾向。与把家族法作为规范家族成员关系、解决家族内部纷争的法律规范把握的观点相比，在家族法与资本主义社会关系方面，家族法的理念性功能多被抽象地加以定义。其结果是学界用法律用语对家族这一社会现象加以说明，日本人的想法也被无意识地添加进去。对于家族法学中的这一倾向，家族法站在了围绕家族模型的意识形态的对立立场上。此外，日本家族法学也受到了马克思主义思想的影响。

财产法领域的体系化与家族法不同。为构建民法体系——

近代社会的基础法律体系，广中俊雄等学者作出了不懈的努力，出版了《民法纲要》一书。但是，即使这样也并不是在家族法领域进行的单纯化研究。即便是在追求一般原理，但这也不是学界的主流，对各项具体制度的研究才是学界的主流。学界倾向于研究各项具体制度的功能及其存在意义。例如，时效制度是财产法的一般原理，仅在财产法领域才有其存在的意义，故学界未将其适用于家族法。

追求家族法的一般理论的尝试归根结底是家族历史学、家族社会学或者家族法哲学等方面的研究。此等从基础理论出发而进行的体系化的尝试可否评价为作为实学的家族法解释学的成果，本人对此持怀疑态度。能否发现统一的法原理，这一点也是值得怀疑的。即使发现了统一的法原理，那么该法原理的正确性同样也存在疑问，甚至可以说也有可能没有多大的意义。本文认为在探索实定法学的统一法原理时，至少应在法律条文、制度特征及理念上的积累之基础上，寻找建设性的法原理。家族法学不是由抽象的、简短的语言和概念构成的，在理解各个条文和制度的立法宗旨的同时，也要注意协调其与现代社会需求之间的关系，通过文章构建规范的积累的工作是必不可少的。

636 7-02 梅谦次郎

①《论家族制度的将来》

（《法学志林》第 33 号，1902 年）

冈村司

②《家制的变迁》

（《内外论丛》第 4 卷第 1 号，1905 年；后题目改为“家族制度的变迁”，收录于《民法与社会主义》，弘文堂，1922 年）[*]

评议人 许末惠（青山学院大学）

户主制度和家督继承[**]制度是日本家族制度的主要特征。明治民法明文规定了家族制度，但在民法施行不久，就有学者认为家族制度系封建社会的残余，没有必要继续采用，应予以废除。

1. 两文发表前关于本课题之学界状况

无论如何理解民法典争论的意义和旧民法的性质，围绕旧民法人事编，延期派和断行派处于对立立场，这一点是毋庸置疑的。旧民法草案人事编（第一草案）尽可能地消除了封建社会旧习惯的影响，确立了以夫妻、亲子为中心的婚姻家族。在此后的立法

---

* 原文文献为：梅謙次郎「家族制ノ將来ヲ論ス」，法学志林 33 号（1902 年）。岡村司「家制ノ変遷」，内外論叢 4 卷 1 号，1905 年；後に「家族制度の変遷」と改題し『民法と社会主義』（1922 年・弘文堂）に所収。——译者

** 家督继承：是日本旧法上的继承形态。1947 年，民法全面修正时废除了该制度。修正前的民法承认了家督继承与遗产继承这两种继承形态。遗产继承因户籍上的“户主”以外之人的死亡而开始，子女不问男女共同继承。与此相对，家督继承因户籍上的“户主”的死亡、隐居等而开始，通常由长子继承户主的地位以及全部遗产。遗产继承是近代的继承制度，而家督继承则具有封建主义色彩，是封建大家族制的遗制。——译者

过程中还出现了重视家和户主、强化家族制度的法律条文，但是仍无法避免延期派提出的旧民法“破坏伦常”的批判。①

其结果是旧民法被延期施行。1898 年民法是在旧民法的基础上编纂而成的。审议过程中充分地考虑了延期派的主张（例如，旧民法中财产取得编中的继承部分独立成编，人事编第 13 章的“户主及家族”放在亲属编第 2 章，法典在形式上重视户主制度和家督继承制度）。既不承认家为法人，也不承认家产。除夫妻关系和亲子关系外，还对户主与户主以外的家族之间的关系通过权利义务关系进行规制。单从这点来看，1898 年民法（以下称为明治民法）第四编亲属和第五编继承已经根据近代法的原理确立了家族制度。

因此，明治民法成立之初便饱受家族制度论者的诟病。例如，身为法典调查会委员的穗积八束对明治民法的规定极为不满，他认为日本固有民法以家为中心，家是法律关系的主体（法人），家根源于祖先崇拜，国体也应遵循家制。因此，他在明治民 637
法公布前夕对其进行了强烈批判。②

有观点认为“家”是日本所固有的，是国体不可欠缺的，因此家族制度是不能被改变乃至废除的。梅谦次郎在日法法律学校以“论家族制度的将来”为题做了一场学术报告，对上述观点进行了批判。

2. 两文的内容及其在学界之意义

（1）梅谦次郎认为家族制度并非日本所固有，伴随着强大户

① 入江久太郎：《法典实施延期意见》，《法学新报》第 14 号，1892 年，社论。

② 穗积八束：《“家”的法理学观念》，《法学新报》第 85 号，1898 年。

主权的家族制度是武家家禄制度的产物，明治维新废除封建制度后，家族制度已经没有存在的必要。再者，从社会的发展变化来看，不久的将来将不再继续维持现行民法所规定的家族制度。具体而言，对家督继承中的单独继承和推定家督继承人的去家禁止*、废家**的限制以及户主权等进行了批判。家族制度会逐渐崩溃，“向以亲权、父权或夫妻为基本元素组成的家族新观念的转变”风潮已经势不可当，逆时代潮流而行是不可能的，即便仅限于尝试，也必会弊病百出。

梅谦次郎并非对家族制度没有任何好感。在民法立法过程中，尽管家族制度是“封建社会的残余”，但如果对已经确立起来的习惯或者制度进行激进式改革，恐怕会困难重重，弊病百出。因此，他认为应暂且维持现有的家族制度，并因应社会的发展变化对其适时加以修正。① 随着时代的变迁和社会的发展，如果个人制度得以确立的话，那么家族制度所依据的旧习惯也将不复存在，家族制度也不可能继续存在，终究会被废除。隐居制度最后也会被废除，养子制度也会减少。②

(2)梅谦次郎的家族制度废除论是渐进式的废除论，是“现实的立法家的妥协”。与此相对，冈村司的家族制度废除论继承和发展了梅谦次郎的学说，彻底反对“家族制度论”，主张应立即废

* 去家禁止：依日本以前的家族制度，因加入其他家的户籍、分家等原因，户主或者家族须脱离其所属的户籍。——译者

** 废家：依日本旧民法规定，即户主加入他家，荒废自己的家。——译者

① 参见梅谦次郎等：《法典实施意见》，《明法志丛》1892 年第 3 号；氏著：《养子论》，《法学志林》第 7 卷第 2 号，1905 年。

② 《20 世纪的法律》，《读卖新闻》，1900 年 1 月 5 日、6 日。

除家族制度。[①] 梅谦次郎发表演讲的第二年，冈村司在《理想的亲属》[②]一文中提出，户主制度是封建时代的残余，现如今没有任何存在的理由，作为户主制度应有之义的养子制度、隐居制度、继亲子关系及家督继承也应该被废除。对于家族制度，冈村司在其他论文中也对其上述论点进行了更为翔实的论证。[③] 638

作者在《家制的变迁》一文中，通过比较法或者比较法制史的研究方法证实了他的主张。该文主要论述了古印度、希腊、罗马等家族制度（家制）的变迁，最后才涉及日本的家族制度。日本的家族制度在德川幕府时代达到最高潮，随着明治维新后以个人制度为基础的西洋制度的导入开始崩溃。民法明文规定了家族制度，但其规定的户主权只不过是一项惹人可怜的权利。民法承认亲权，侵蚀户主权的范围，这一点是法制史上前所未有的特例。日本的家族制度是在罗马家族制度行将就木之时形成的。罗马家族制度在共和制末期灭亡，其主要原因是由于宗教信仰的减退，国家权力对家族内部实务的干涉，家族参与国家政治，家族财产所有以及普通法和自然法的产生。

值得注意的是，作者在批判家族制度的同时，也承认个人制度本身的缺陷。他主张根据社会的实际情况对家族制度加以完善。在《亲属的将来》[④]一文中，他指出，日本的亲属制度在由家族制度向个人制度转变，这是社会的一种进步，应该促进这种转变。虽然家族制度必要走向灭亡，但从已经确立个人制度的西方诸国

---

① 手冢丰：《家族制度否认论的先驱》，《手冢丰著作集》(8)，庆应通信，1994年3月。

② 冈村司：《理想的亲属》，《法学》第57号，1903年。

③ 参见前述手冢丰相关论文及我妻荣：《家族制度法律论的变迁》(中)，《法律时报》第18卷第11号，1946年。

④ 冈村司：《亲属的将来》，《内外论丛》第4卷第6号，1905年。

的实际情况来看，个人制度尚存在诸多缺陷。因此，应取之所长（女性社会地位的提高，对子女的人格与父母的保护义务的承认，婚后亲子分居等），矫之所短（偏重婚姻，歧视私生子）。明治末期，冈村司从对社会法制关心的角度出发，对近代家族法进行了批判性的考察。他所做的开创性研究在学界获得了较高的评价。[①]

3. 其后学界之发展

梅谦次郎于 1910 年去世。翌年，冈村司在岐阜县教育会主办的演讲会上公开批判家族制度，为此他受到文部大臣的谴责处分，于 1914 年辞去京都帝国大学的教职。

但是，随着资本主义经济的发展，农村的共同体秩序开始出现动摇，农村人口也大量涌向城市。由此产生的夫妻独立家庭化及小家族化的现象已经与民法的规定出现了隔阂，并且有不断发展的趋势。劳动争议和租种争议也不断发生，心存危机感的保守派意图通过强化家族制度思想观念来解决这些问题。早在 1902 年，奥田义人就认为明治民法中的“家”只不过是一个抽象的概
639 念，户主权、家督继承有名无实，家族制度已形式化。为培养国民的社会道义心、维持家族的秩序，家族制度不应由法律规定，而应以教育的形式维持其存在。[②] 政府接受临时教育会议提出“维持我国固有之淳风美俗，修正与此不相适应的法律制度”的建议，设立临时法制审议会，开始对民法的修正进行审议（1919 年）。尽管，《民法亲属编中修正纲要》（1925 年）和《民法继承编中修正纲

① 参见熊谷开作：《冈村司》，《日本法律学者》，日本评论社，1975 年。

② 奥田义人：《论我国家族制度的命运》，《法学新报》第 12 卷第 3 号，1902 年。

要》(1927 年)体现了对保守派的妥协,但在实现家与家族共同生活的一致性,整理、缩小户主权和提高女性地位等方面具有进步意义。虽然两部《修正纲要》最终并未被立法化,但是其主要内容被 1947 年的民法修正所继承,最终废除了家族制度。

正如梅谦次郎和冈村司所言,从近代法典规定家族制度的那一刻起,家族制度就无法摆脱被废除的命运。明治民法规定的家族制度对日本资本主义的发展作出了贡献,同时也对个人主义化的产生起到了催化剂的作用,最终动摇了该制度的根基。重视家族制度秩序维持的功能,保守派为强化家族制度进行了负隅顽抗,但仍无法改变家族制度被废除的命运。现行亲属法、继承法虽然肃清了明治民法的封建性,但是否真正实现了个人尊严和两性的实质平等,这些问题值得学界认真地反思和检讨。现在,婚姻家族本身也成为批判和检讨的对象,即便时代的文脉不同,但冈村教授从彻底的自由主义观点批判家族制度的见解仍具有重要的现实意义,值得学习与借鉴。

■ **作者介绍**

① **梅谦次郎**(参见本书 2－08)

② **冈村司**

主要著作:除上述著作外,还著有『法学通論』(1899 年・和仏法律学校・書肆明法堂)、『思想小史』(1908 年・有斐閣)、『民法親族編講義』(発行年・発行所不詳)、『親族法講義要領』(1922 年・金刺芳流堂)、『民法と社会主義』(1922 年・弘文堂)等。

简　　历:1866 年(庆应二年)—1922 年(大正十一年),毕业于帝国大学法科大学法国法科,历任东京帝国大学法科大学讲师、京都帝国大学教授,后从事律师职业[其著作、履历请详见中川淳「日本民法学者のプロフィール10　岡村司」法学教室 184 号(1996 年)]。

640 ## 7-03 末弘严太郎

《作为私法关系当事人的家族团体》

[收录于《家族制度全集·法律篇》(4),河出书房,1938 年;初次发表于《法学协会杂志》第 47 卷第 4、12 号,1929 年]*

评议人 高桥朋子(东海大学)

该文区分了民法上的"家"制度与现实中的经济共同生活体(家庭)。后者作为家族团体构成了作为私法关系之主体的一个方面,对后续的学说产生了影响。

1. 该文发表前关于本课题之学界状况

(1) 明治民法确立了"家"制度,赋予户主家族身份行为的统一管理权、住所指定权对家庭成员的统制权。同时,通过家督继承制将财产集中于户主之手。明治民法中的"家"具有以户主作为尊长的团体性。但是,民法并不承认"家"具有独立的法律主体地位。其结果是,集中在户主手中的财产不受制于必须为了家使用的团体制约,而是被作为户主的个人财产。明治民法制定以后,围绕非法律主体的"家",出现了将其作为团体来理解的家族团体论。

(2) 家族团体论就其目的而言可分为以下两个分支:①试图强化"家"的权能;②通过课以户主其作为一家之长应当承担的责

* 原文文献为:末弘厳太郎「私法関係の当事者としての家団」,『家族制度全集法律篇 4』(1938 年·河出書房)所収,初出·法学協会雑誌 47 巻 4·12 号(1929 年)。——译者

任，来保护家族成员的利益。属于前者的学者有穗积八束[①]和美浓部达吉[②]。“穗积说”反对明治民法的制定，认为所谓的“家”应以户主为代表，拥有固定的财产，由祖先及其子孙组成，是永久的法律关系主体。另一方面，美浓部达吉在大正民主主义时期发表了以天皇作为国家机关的天皇机关说（国家法人说），他主张皇室拥有法人格的前提是民法上的“家”也被认为是法人。

后者的代表人物是中川善之助[③]。从创作时间来看，末弘氏的这篇论文创作在先，但是两人相关联的诸多论文几乎是在同一
时期发表的，而且都以一战后社会形势的变化为写作背景。“中 641
川说”认为身份法是统一团体法，统一团体的代表人（户主）的权能须为统一团体的利益而行使，还意图限制户主对家族所享有的身份统制权。

2. 该文的内容及其在学界之意义

（1）以往的学说将民法上的“家”解释为团体。与此相对，末弘严太郎所倡导的家族团体论试图将现实的生活共同体解释为团体。[④]

以一战为契机，日本资本主义取得了突飞猛进的发展。其结

---

① 穗积八束：《“家”的法理学观念》，《法学新报》第85号，1898年。

② 美浓部达吉：《皇室之大权》，《国家法学杂志》第32卷第1号，1924年。

③ 中川善之助：《略说身份法学》，岩波书店，1930年；氏著：《身份法之一般课题》，岩波书店，1941年；氏著：《日本亲属法（昭和十七年）》，日本评论社，1942年等。

④ 除该文外，还有《家与家族团体》，《法律时报》第6卷第5号，1934年，第23页；《三种团体类型》，《民法杂记账》（下），日本评论社，1981年第2版（初次发表于1939年），第83页；《作为受害人的家族团体》，同上书（初次发表于1940年），第176页；《家族团体的侵权行为》，同上书（初次发表于1940年），第169页；《家族团体、家与家庭》，同上书（初次发表于1944年），第200页；《家族团体财产研究》，《法律时报》第15卷第8、9号，1943年。

果是农民的家处于濒临崩溃的边缘；另一方面，城市出现了贫困的劳动者家庭。当时，无论在农村还是城市，家庭都由夫妻和子女组成的，而且家庭成员人数也很少。民法规定的“家”制度与社会实践严重脱节，故而饱受学者批判。在此背景下，末弘严太郎主张应当消除民法上的“家”同实际家庭生活不一致的现象，作为私法关系主体的家族团体应由现实的经济共同生活体构成。“末弘说”认为民法上的“家”与团体共同生活体无关，它是一种以祭祀祖先为中心思想纵向相连的思想存在。另一方面，家族团体是具有内部规律的团体，在同一生活共同体中，家庭成员共同居住，共同维持生计。

(2) 家族团体的性质可总结如下：①人类自然而然形成的共同社会；②组成人员的人格被家族团体吸收，团体利益高于个人利益，维系“实质意义上的团体生活”。

家族团体的财产关系的构成如下：组成人员对共同生活负有出资的义务，组成人员共同出资的财产用于家族开支。在家族团体经营农业和中小工商业的情况下，当然存在企业财产，但此时家族团体成员个人对企业财产并不享有产权份额。企业资产是家族团体不可分割的财产。家族团体生活中的必要交易行为，即使行为主体是仆婢或者儿童，在一定程度上也承认其具有代表家族团体进行法律行为的权限。为家族团体的利益而实施的
642 行为，家族团体应承担责任。此外，为家族团体的利益而实施的行为若损害第三人的利益，家族团体也应承担相应的侵权责任。家族团体论的目的是让家族团体负担作为现实的经济共同生活体的消费家族以及作为经营体的家族在交易上的义务和侵权责任。

(3) 置民法这一国家法于不顾，根据社会的实际情况构建民

法理论是末弘法学的基本特征。家族团体论就充分地体现了这一点。重视家族团体对社会承担的责任，轻视组成人员对家族团体所享有的权利也是当时末弘法学的一大特点。[①] 即便如此，家族团体论构思新颖、理论缜密，对学界产生了不小的影响。

3. 其后学界之发展

（1）家族团体论发表不久，受其影响，学界相继发表了诸多论文。[②] 例如，戒能通孝主张通过慰问金的请求权人组建家族团体，从保护家族团体组成人员利益的出发处理问题。对于这一点，“末弘说”并未有所涉及。此外，来栖三郎认为末弘严太郎的家族团体构成并不十分完备，为完善该理论，他努力探求财产法与身份法之间的关系。

（2）1947 年民法亲属编和继承编修正时，废除了“家”制度，确立了均分继承制和夫妻平等原则。从此，“穗积说”和“美浓部说”在民法上的存立根基也不复存在。再者，随着家族制度的废除，民法上的“家”制度与现实中家族的隔阂也不存在，以此背景的“中川说”和“末弘说”也失去了有力地位。对“家”制度批判的影响也波及家族团体论，在民法框架内的构筑家族团体的声音在二战后不断减弱。

二战后也有学说支持家族团体论，如家庭共同体说。该学说在战后住房难的特定社会背景下产生，认为承租人死亡时，与其

---

① 参见《末弘法学与二十一世纪法学之展望》，《法律时报》第 70 卷第 12 号，1998 年。

② 戒能通孝：《侵权行为中的无形损害之赔偿请求权》，《法学协会杂志》第 50 卷第 2、3 号，1932 年；来栖三郎：《民法上的财产法与身份法》，《法学协会杂志》第 60 卷第 11 号，1942 年，第 61 卷第 2、3 号，1943 年。

共同生活的同居人可以继承租赁权。按照这种学说，占有该房屋的共同生活体的家庭团体是租赁契约的一方当事人。这一观点最早由古山宏裁判官提出[1]，之后，星野英一教授[2]、高翔龙教授[3]
643 继承和发展了这一观点。

此外，“我妻说”认为，家族成员因遭受不法侵害受到的损害应视为家族共同生活体的损害。[4] “加藤雅信说”认为，在与不当得利的关系方面，应承认家族共同体的法律主体地位。[5]

(3) 20 世纪 80 年代以后，家族关系变得松散(未婚、晚婚、离婚率的上升和少子化)，并有不断发展的趋势。在家族关系发生深刻变化的历史背景下，90 年代后，对个人尊严的尊重成为民法的基本理念。社会的最小单位不再是家族而是个人，从个人主义出发的学说也相继出现。[6] 此外，近年来还出现了下面一些学说。例如，以夫妻和未成熟子女* 所组成的家族为中心制定家族法的学说[7]；认为以纯粹的个人主义的观点看待家族是不现实的学说[8]；主张应该从共同生活体的团体角度审视家族的学说[9]。但

---

① 古山宏：《房屋租赁权的继承》，《判例时代》第 1 号，1950 年。

② 星野英一：《租地、租房法》，有斐阁，1969 年，第 580 页以后。

③ 高翔龙：《房屋租赁权的继承》，《法学协会杂志》第 96 卷第 3、4、7 号，1979 年；第 101 卷第 8 号，1984 年。

④ 我妻荣：《判例漫步》，有斐阁，1955 年。

⑤ 加藤雅信：《财产法的体系与不当得利法的构造》，有斐阁，1986 年，第 831 页以后。

⑥ 榊原富士子：《夫妇别姓与户籍》，《法学家》第 1004 号，1992 年；二宫周平：《对作为身份登记、公证制度之户籍的研讨》，《法学研讨会》第 475 号，1994 年。

* 未成熟子女：是指在经济上尚不能独立的子女。——译者

⑦ 水野纪子：《作为团体之家族》，《法学家》第 1126 号，1994 年。

⑧ 大村敦志：《法国法中的契约与制度》，《现代欧洲法之展望》，东京大学出版会，1998 年。

⑨ 星野英一：《家族法是个人关系的法律，还是团体的法律》，《家族“社会与法”》第 14 号，1998 年。

是，上述学说都未上升到家族是法律主体的层面。

虽然残留着有关“家”的旧习俗和意识，但近代家族在数量上占绝对多数。在大都市家族的功能也在不断缩小（现代家族化）。在这种复杂的现代日本家族背景下，如何在法律层面上把握末弘严太郎所提及的家族团体性，成为一个悬而未决的问题。

■ **作者介绍**

末弘严太郎（参见本书1－13）

644 ## 7-04 中川善之助《身份法的基础理论》

(河出书房,1939 年)*

评议人 神谷游(广岛大学)

该书从理论的角度阐释了家族的关系以及家族法的性质,是我国家族法学的经典著作。

1. 该书出版前关于本课题之学界状况

为了加深对该书意义的理解,有必要明确明治民法中家族法的性质。明治民法经过所谓的民法典争论,于明治三十一年(1898 年)公布施行。本文以学界最近的研究成果为基础,对该书的特征总结如下:

第一,对于家族之间权利义务的变动,当时的家族法重视当事人之间的协议,因此,对很多问题都未作出具体规定。立法当时,主张把家族关系置换成法律上的权利义务关系的观点,遭到强烈反对。即便在二战后修改了家族法,但不可否认这仍是我国家族法的一大特色。第二,婚姻关系和亲子关系是家族法的调整对象。此外,还承认作为亲属集团的"家"具有独立的法律意义。"家"共同体秩序的维持关系到国家的统治根基。在这种意识形态下,在法律上肯定了户主对家族的优越性、丈夫对妻子的优越性、父母对子女的优越性。总之,与由个人权利义务体系构建的

* 原文文献为:中川善之助『身分法の基礎理論』(1939 年・河出書房)。——译者

财产法相比，家族法在出发点上具有许多性质不同的要素。

家族法的理论体系化始于该书的作者中川善之助博士。中川理论的精髓早在昭和初期已经形成。尽管当时的我国经历了产业结构的剧烈变化，在社会形态上“家”已经被形式化，但从正面否定“家”制度的做法仍然不被允许。中川博士继承和发展了穗积重远博士的学术观点，从社会学的视角出发，提出了自己的观点。他认为，家族形态应沿着“氏族→超世代的大家族（家）→小家族”逐渐演变，大家族及其规制大家族的法律制度终归会消
亡。中川博士早在《略说身份法学》[①]一书中就提出了家族法的基 645
础理论。在此基础上，他又在《身份法之一般课题》[②]一书中明确了解释论的原理。

2. 该书的内容及其在学界之意义

（1）该书的特色是阐述了家族关系的非合理性，强调家族法具有不同于财产法的独立性。该书主要从以下两个角度进行了分析。

① 第一，家族关系被看作是人类性情在本质上的结合。换言之，家族关系是自然而然形成的。因此，在必然结合的同时，全部家族成员的人格也结合在了一起（原书第 30 页以后）。

首先，家族关系是自然而然形成的。在家族法的世界里，“只有存在的事物才具有法律性，具有法律性的事物必定存在”。例如，就婚姻达成合意的一方当事人在婚前一旦丧失婚姻意思，婚姻关系就不能被强迫成立。这意味着，家族法也必须遵循意思主

① 中川善之助：《略说身份法学》，岩波书店，1930 年。

② 中川善之助：《身份法之一般课题》，岩波书店，1941 年。

义原则（"身份法关系是自然而然形成的关系"，参见原书第80页）。此外，家族关系是自然的、非合理性的，因此法律不可能对所有的家族关系都作出规定。诚然，家族关系主要由风俗习惯加以规范，而家族法只不过是对家族关系的一部分进行规制。即①有关公共秩序的部分；②违反善良风俗的部分；③作为立法者的指导性政策技术所产生的部分（"身份法关系是自然关系的一部分"，参见原书第98页）。

其次，由于家族关系是全人格关系，家族法上的活动不允许附条件。在进行活动时，应寻求自律性主权的决定，不能被强制执行，也不得代理（"身份法关系是全人格的关系"，参见原书第132页）。

最后，家族关系是超成文法的。"无论法律存在与否，或者不管其内容是甲还是乙，社会的生活形式都沿着自己的道路前行，多数情况下法律只不过是一个劲儿地追赶。"这一点在家族关系上表现得尤为明显。因此，无视社会实际生活、风俗习惯或者无视这种潮流的家族法立法和解释是不被允许的（"身份法关系是超成文法的"，参见原书第156页）。

② 第二，该书中组成一体关系的统制组织的法律规范被称为
646 统体法*（原书第20页）。在本质上属于社会结合产物的家族关系通常组成一体关系，因此以此为规范对象的家族法具有统体法的性质，被认为是"盲目的、本性的、自然的基本控制规范"（原书第40页）。从这一点出发，继续从以下几点明确家族法的性质。

---

* 依中川理论，统体法是一个外延极为广泛的概念，是契约自由原则支配外的领域，如物权法、不当得利法、侵权行为法和公司法，乃至公法领域的宪法和刑法都属于统体法的范畴。——译者

首先，作为统体法的家族法是特定的“着眼于组织维持的立法”。作为组织，抽象出婚姻关系、亲子关系、家庭关系和亲属关系四种基本的家族关系。原则上“严格地固守形式，人只有选择进入该形式或者不进入该形式的的自由……不享有创造或者改变形式的权利和自由”（“身份法关系是统制组织”，参见原书第 191 页）。

其次，家族法“通常是状态保全的法。因此，可以说身份法上的权利义务是法律为保全有关状态，赋予该状态、地位本身的权利义务。……进入该状态的同时必然会产生一定的权利义务关系，但有关权利义务的获得并不需要当事人作出意思表示”（“身份权是状态权”，参见原书第 200 页）。

此外，作为统体法的家族法具有支配的性质。家族关系“通常不以个体利益为中心，而是将焦点聚焦在个体构成的统体本身的利益上”。因此有必要承认其对一定的个体具有支配权能。但是，由于家族法的支配性质是本来社会结合意义上的支配，所以“在一定程度上可以认为该支配也支配着支配者自身，同时其范围也受到统体法严格的制约。无论法律有无明文规定，都极其接近权利滥用法理”（“身份法关系具有支配性”，参见原书第 216 页）。

(2) 在家的实态逐渐形式化的当时情况下，学界出现了以特定的政治意识形态为背景，企图通过家族法的立法和解释强化“家”制度的倾向。中川理论对这一动向起到了牵制作用。之后，由于中川理论普遍性的缘故，奠定了我国家族法的理论基础。中川博士以该书所展开的理论为基础，强调家族法中的“事实的先行性”、“探求当事人的真实意思”，倡导同居的准婚理论、身份行为的意思理论、事实上的养子理论和认领的事实主义理论等。这些理论对日本后来的判例和学说都产生了很大的影响。

647 **3. 其后学界之发展**

二战后，我国从基本理念上对家族法进行了根本性修正。家族法从“家”制度中完全解放出来。但是，对于家族之间权利义务的变动，还是先由当事人自由协商，发生纠纷时再通过法律解释填补法律漏洞。以我国家族法的特殊性质为背景，于旧法时期形成的中川理论也受到各种各样的批判。即便如此，中川理论依然是家族法学的理论支柱。中川理论以“习俗”规定的家族关系为基准，即便发生个别纠纷，完全有可能找到符合国民情感的“妥当的解决方案”。我国家族法具有容许这种方案实现的柔软性。

但是，中川理论依照其所处时代的“习俗”，得出如下结论：如果存在应有的家族关系，且该关系中体现了当事人的“真实意思”，即便欠缺法律上的要件，也应该赋予一定的法律效果。相反，如果不存在家族关系的实态，即使具备法律上的要件，也不应该赋予一定的法律效果。换言之，中川理论孕育着导致家族法空洞化的极大危险。再加上社会家族观和家族关系实态日趋多样化，应有的家族关系形态也不是绝对的。这恰恰动摇了中川理论的前提，意味着中川理论丧失了说服力。因此，有学者认为重新检讨中川理论的时期到来了。[①]

---

① 近期批判中川理论的学说，可参见水野纪子：《对中川理论——身份法学体系与身份行为理论——之考察》，《山畠正男、五十岚清、薮重夫先生古稀纪念论文集：民法学与比较法学之诸相》（Ⅲ），信山社，1998 年，第 10 页。

■ 作者介绍

中川善之助

主要著作：除本文介绍的著作外，还著有『親族相続判例総評 全 3 巻』(1936—1940 年・岩波書店)、『日本親族法』(1942 年・日本評論社)等多部论著。

简　　历：1897 年(明治三十年)—1957 年(昭和五十年)，毕业于东京帝国大学法学部，历任东北帝国大学、东北大学、金泽大学、学习院大学教授，金泽大学校长等职［其著作、履历请详见中川善之助教授還暦記念『家族法大系 第 1 巻』(1959 年・有斐閣)、泉久雄「日本民法学者のプロフィール1 中川善之助」法学教室 175 号(1995 年)］。

648 ## 7-05 来栖三郎
《民法上的财产法与身份法》(1—3)

(《法学协会杂志》第60卷第11号,第61卷第2、3号,1942—1943年)*

评议人 河内宏(九州大学)

该文明确了财产法的体系。

1. 该文发表前关于本课题之学界状况

(1) 众所周知,中川善之助教授对民法上财产法与身份法的关系做过深入的研究。该文原本打算针对此问题详细介绍“来栖说”,但遗憾的是没能顺利完成。所以,该文也仅仅明确了财产法的体系。但是,考虑到该文属于亲属法和继承法的范畴,应作为有关财产法与身份法的文献来使用。如此说来,作为与本课题相关的该文发表之前的研究,中川教授的文献最为重要。

(2) 中川教授对财产法与身份法做了专门研究,出版了许多著作。这一研究课题可以说是中川教授毕生的事业。要想简单地总结中川学说是非常困难的,在此仅介绍与来栖论文相关的内容。按照中川教授的观点,人类的生活可以分为经济生活和保族生活**。即以财富的生产、再生产为目的的活动和以生殖、保育为目的的活动。经济生活在法律层面上表现为财产法,保族生活在

* 原文文献为:来栖三郎「民法における財産法と身分法(1)—(3)」,法学協会雑誌60巻11号·61巻2·3号(1942—1943年)。——译者

** 中川教授把人类的生活分为经济生活和保族生活。保族生活,即以生殖、保育为目的的活动。——译者

法律层面上则表现为身份法。财产法上的关系有打算、有熟虑，是由意思决定形成的关系。与此相对，身份关系是超打算的，并非由意思决定形成，而是自然而然形成的。[①]

2. 该文的内容及其在学界之意义

（1）“中川说”认为财产法与身份法是对立，但对于两者间的关系，它并未涉及。“来栖说”也认为财产法与身份法是对立的。在经济生活中，允许人们站在个人主义的立场上追求自己利益和幸福。但是，在保族生活中不允许个人主义的存在。在保族生活中，子女不能独自成长。在经济生活中人与人之间是对立的，如果以这种思维方式理解父母与子女的关系的话，就意味着社会即 649
将走向灭亡。因此，社会必然要求父母承担对子女的扶养义务，在保族生活中连带意识处于支配地位。总之，人在保族生活和经济生活中扮演的是两种不同的角色。“来栖说”也承认作为财产法之基础的经济生活与作为身份法之基础的保族生活的对立。但来栖教授认为这种对立并非简单的对立，经济生活中的个人主义决定了保族生活中的连带感。若无后者，前者也无法维系。换言之，经济生活与保族生活适用完全不同的民法理论，但两种生活相互结合，形成了近代社会这一完整的社会。近代社会的特征也表现为经济生活与保族生活特殊的对立与统一。民法中财产法与身份法对立与统一，是近代社会中的经济社会和保族社会的对立与统一在法律上的具体表现。此外，“人生来权利能力平等，具有财产能力”，在这一命题下，人不是一种孤立的存在，首先要与家族结合，精神和肉体上的缺陷由家族弥补。根据情况不同，

① 参见中川善之助：《日本亲属法（昭和十七年）》，日本评论社，1942 年，第 3—7 页。

也有受社会监护的人。身份法中的连带，特别是父母对子女的关爱使财产法得以成立。这一点与中川理论不同，是来栖理论所独有的。此后，该观点受到了沼正也教授的高度评价。

（2）来栖教授对本课题的见解是极为零碎的，该文的意义主要体现在财产法部分。但是，即使这样也并不能说没有与课题相关的论述。例如，在财产法上将所有的人都承认为“人”，承认的理由是商品交换时彼此之间必须承认对方是商品的所有权人。从这样的说明中不难发现，只有等价交换，即有偿行为才是合理的，礼义人情以及对他人的宽容等都是不合理的，甚至会遭到排斥。所以，在民法上必须导入“人”这一概念。民法上“人”的概念给人的感觉是只有等价交换才是合理的，但事实上，等价交换和追求利润等不是“人”的本质属性。从民法把无偿契约作为典型契约的规定来看，这一点是毋庸置疑的。从财产法与身份法的对立的角度来看，更为重要的难道不是财产法上的契约仅作为有偿契约来对待的吗？

650 （3）此外，来栖教授对权利、私法自治、无因管理、不当得利、物权请求权和侵权行为等也做了深入的研究。权利人基于意思表示订立之契约服务于财产的转移，是私法自治原则的积极表现（无因管理也是如此），而物权请求权、不当得利制度和侵权责任制度以保护权利人的静态安全为目的，是私法自治的消极表现。

3. 其后学界之发展

（1）如前所述，沼正也教授继承和发展了“来栖说”。沼正也教授围绕这一课题做了专门研究，并取得了许多卓有成效的研究成果。要想简单地概括沼正也教授的研究成果是非常困难的，在此仅引用沼正也教授对其自身观点的介绍来说明“沼学说”。“为了使万人在现实中作为市民独立、平等、自由地生存，必须建构作为市民社会所谓的内部装置，即对现实中无法独立、平等、自由地生存的人提供优先的、无条件的保护。这是市民社会合乎逻辑的、必然的构造。'沼学说'将这一构造理解为民法的基本构造，并以此为出发点。若人在现实社会中能够独立、平等和自由的生活的话，那么相互间的对抗关系则由财产法调整（达成阶段机构）；与此相对，现实的独立、平等和自由若是不可能的，那么家族法则为其提供优先、无条件的保护（仅限于亲属法，生产阶段机构）"[①]。此外，沼正也教授在对要保护人的保护内容中提到事实监护、要保护人的财产管理及行为监护和要保护人的扶养等经济监护。[②]

(2) 但是，有学者指出了来栖理论与沼理论的不同。例如，利谷信义教授认为两种理论存在差异。具体而言，来栖理论将行为能力置于问题的中心。与此相对，沼理论把"补完"概念扩大至行为监护之外的事实监护和经济监护。此外，还强调作为经济监护的私人扶养就是"让老人不在路途迷失"。因此，利谷信义认为，沼理论阻碍了社会保障制度的发展。[③] 有关对沼理论的批判姑且不论，所谓二者之间的差异未必能得到学界的赞同。关于人人平等的权利能力，人精神和肉体的欠缺由家庭弥补，其实是行为能 651
力的问题。来栖教授也主张父母对子女的扶养义务以及家族之间的连带感。那么，事实监护与财产监护不也可以作为"补完"的内容来考虑吗？

(3) 中川、来栖理论认为财产法与身份法（沼理论则认为财产

---

① 青山道夫、有地亨编：《新版注释民法》(21)，有斐阁，1989 年，第 48 页。

② 参见沼正也：《亲属法之一般课题》，三和书房，1960 年，第 241—242 页。

③ 参见渡边洋三、利谷信义编：《现代日本之法律思想》，日本评论社，1972 年，第 105 页以下。

法与亲属法)是对立的。与此相对,也有学者主张身份法(家族法)是财产法的一个特殊领域。例如,渡边洋三教授认为,家族法的规定基本上都是用来规范家族的财产关系的,这意味着家族法也可以被称为家族财产法。[①]

(4) 对于本课题,时至今日尚无定论。渡边理论重视家族法之财产性的一面,但无视与财产无关的人伦秩序的一面是否妥当呢?[②] 将亲属法视为家族财产法的观点,主张把夫妻之间的关系、父母与未成熟子女之间的关系——人与人之间关系中最具有精神性的关系——统统视为财产关系,即物质关系。后来,这一观点受到有关学者的批判。[③] 此外,还有的学者认为,家族法虽然与财产法不同,但家族成员之间的权利义务并不必然是对立的(有地亨)。家族法在全人格范围内调整夫妻关系以及父母子女关系(广中俊雄)。财产法在财产归属上的利害或者给付中调整人与人之间的关系。因此,两者之间有本质的差异,目前的有力说也承认两者之间的差异。

■ 作者介绍

来栖三郎

主要著作:除该文外,还著有『契約法』(1974 年・有斐阁)、『法とフィクション』(1999 年・東京大学出版会)等。

简　　历:1912 年(明治四十五年)—1998 年(平成十年),毕业于东京帝国大学法学部,东京大学教授[其著作、履历请详见来栖三郎教授古稀記念『民法学の歴史と課題』(1982 年・東京大学出版会)]。

---

① 参见《山中康雄教授还历纪念:近代法与现代法》,法律文化社,1973 年,第 283 页。

② 有地亨:《家族法概论》,法律文化社,1990 年,第 26 页。

③ 广中俊雄:《所谓"家族法与财产法的关系"》,《法律时报》第 50 卷第 9 号,1978 年,第 119 页。

7-06　川岛武宜 652
《作为意识形态的家族制度》

（岩波书店，1957年）*

评议人　海老原明夫（东京大学）

该书是从明治时期直至日本战败，以规定日本国家体制的家族制度意识形态的构造和功能为研究中心的论文集。

1. 该书出版前关于本课题之学界状况

（1）家乃至家族的应有状态是由时代、社会、地域和生产关系等因素决定的，具有相对性和多样性的特征。但是，一国的法律秩序和政治体制不可能不关心家和家族的应有状态。特定的家族的应有状态由法律规定，并在政治和道德层面上进行推崇，一定程度上还会被强制推行。如此一来，在一定情况下，现实社会中的家族形态与法秩序、政治体制所公开承认的家族制度之间有时会出现隔阂。此时，官方所承认的"家族制度"通过权力得以维系，同时化为背离现实的"意识形态"。明治以来的日本，以旧武士阶层的家族秩序的样式为范本的"家父长制度"的"家族制度"，作为国家正式的家族的应有状态在法律上得以确立，并被作为道德教育的目标、国家统合的要求。川岛武宜常年致力于以下两方面的研究：一方面明确日本特有的"家族制度意识形态"的思想构

* 原文文献为：川島武宜『イデオロギーとしての家族制度』（1957年・岩波書店）。——译者

造和政治功能；另一方面探求日本各地现存家族之应有状态的社会经济成因。

（2）《作为意识形态的家族制度》中的诸多论文被《川岛武宜著作集》（第 10 卷）[①]所收录。作者对此还专门做了较为详细的“内容介绍”。此外，川岛武宜还在《某法学者的轨迹》[②]一书中叙述了自己对“家族制度”研究的感想。从这些论述中可以得知，穗积重远、中川善之助和我妻荣等学者的“封建家父长制的家族制度”随着日本经济、社会、政治和思想的变化，不久将走向衰亡的命运，是川岛家族制度研究的一个出发点。[③] 川岛为了探求家族
653 实态与“家族制度”的背离，自战争中期便进行实证调查研究。二战后，日本宪法实施后，保守政治势力主张“家族制度”复活的呼声越来越高涨，对此，川岛也竭尽全力作出了回应。他偶尔以过激的言论应对，还相继发表了许多批判性的论文。早在《作为意识形态的家族制度》出版之前，他于 1948 年便公开出版了《日本社会的家族式构成》[④]。川岛武宜在同名论文（1946 年）中指出，日本社会的特征就是家族外的人类结合也仿照家族关系，并指出了其问题点。

2. 该书的内容及其在学界之意义

（1）该书由序论“家族与法”、第一部分“家族制度意识形态与

---

① 参见《川岛武宜著作集》（第 10 卷），岩波书店，1983 年。

② 川岛武宜：《某法学者的轨迹》，有斐阁，1978 年。

③ 例如，我妻荣：《资本主义社会中的家族制度之命运》，《民法研究Ⅶ·亲属与继承》，1983 年。

④ 川岛武宜：《日本社会的家族式构成》，学生书房，1949 年；日本评论社，1950 年。

法”、第二部分“志摩渔村的寝屋婚*和入赘婚**”和第三部分“家元制度”***四部分构成。第二部分在二战开始的实证调查的基础上，介绍了家父长制家族制度背景下的自由婚姻之风俗，提出了存在自由婚姻之社会条件的理论性假说。第三部分中的“日本社会的家族构成”一节，以日本舞蹈流派为例，对作为“疑似家族关系”之具体例的家元制度进行了分析。与上述实证研究相对，第一部分主要停留在理论层面，围绕“家族制度”进行了若干考察，总共收录了以下六篇论文：第1章《家族制度意识形态的构造与功能》、第2章《作为意识形态的孝》、第3章《民法典的“亲属”概念》、第4章《临时法制审议会中家族制度论争的一个缩影——以穗积重远博士为中心》、第5章《最近的家族制度复活论》、第6章《近代婚姻的意识形态——康德(Immanuel Kant)的婚姻法理论》。其中，第1章和第2章是川岛武宜有关“家族制度意识形态”研究的核心部分。本文主要介绍这两章。此外，第3章围绕民法的“亲属”概念，介绍了民法制定过程中及民法修正中的争论，论证了“亲属”概念是以个人为出发点的“近代”家族法原理与从“家”角度出发的保守理论妥协的产物。从1925年后临时法制审议会会议记录中可以推知，身为审议委员的穗积重远，为了尽可能地

---

* 寝屋婚：日本三重县鸟羽市答志岛答志镇自古传承至今的风俗。初中毕业的男子在被称为“寝屋亲”的家中共同生活，该共同生活的场所被称为“寝屋子”。寝屋子的男子达到结婚年龄时，一同前往女孩家中做客，选取自己中意的女孩。有结婚意向的，由寝屋亲担当媒人，正式缔结婚姻。——译者

** 入赘婚：婚姻结合形式之一种，即指男女结婚后，男到女家成亲落户的情形。——译者

*** 家元制度是日本特有的一种社会制度，也是日本文化兴国的一个重要组成部分，并对日本民族性格及价值取向产生了重要的影响。家元是指那些在传统技艺领域中传承正统技艺、管理一个流派事务、发放有关该流派技艺许可证的家庭或家族。以这样的家庭或家族为核心所形成的组织即家元组织。——译者

采用近代家族理念而向保守派作出了妥协，提出了《修正纲要》。面对保守阵营的攻击，穗积重远是如何坚守《修正纲要》的立场的呢？第4章对此做了详细介绍，并阐明了穗积重远的家族法观。第5章反驳了家族制度复活论。第6章对康德的婚姻论给予高
654 度评价，认为该婚姻论是近代婚姻最纯粹的定式。

(2) 第1章内容于1955年刊登在了《世界》杂志上，原来的题目是“作为意识形态的家族制度”。作为对抗自由民权运动、维系政府权力之对策的一环，以及基于儒家的家族道德的教育政策的“家族制度意识形态”，最终得以形成。因此，建立了以“忠于君国，孝敬父母”(以下简称“忠孝”)为至高无上的价值体系，并将这一价值体系直接灌输给日本国民。其目的是培养出顺从政府的人格。此时，如同忠孝一样，报“恩”也是一种法律义务。此种教义于1890年落实到了《教育敕语》上。“一方面，赋予父母超出寻常的尊贵‘身份’；另一方面，把天皇拟制或者类推为父或本家，使忠孝的同一性乃至类似性正当化。即便是天皇，其在家族关系中的情感表达也是附条件的。”这就是当时的教育目标。由此，“权威主义的旧武士阶层的道德”沦为“新权力支配的工具”。但是，一战后，伴随着资本主义的迅速发展，旧秩序逐渐解体和阶级斗争日益激化。“家族制度意识形态”最初作为阶级斗争缓和的工具而被利用。进入战争状态后，“家族制度意识形态”沦为使体制得以正当化和对国家无条件服从的工具。现如今，旧武士阶层的“封建性”支配构造已经不复存在，但仍有学者主张恭顺、对家父长制度绝对服从的学说。该说通过强调绝对服从的“和”的精神，排除个人的主张。

(3) 第2章内容于1948年发表，同年被《日本社会的家族式构成》一书收录。后因其与该书的第1章有着密切的联系，又被

该书所收录。作者在这部分论及了日本特有的孝观念，即孝以恩情为基础，因恩情被附有一定条件。换言之，首先阐明了父母恩情的深厚，为报答父母的恩情，子女须对父母恭顺，应为父母、家族之名望而努力，赡养父母，繁衍后代。把孝和报恩作为条件关系、交换关系。这一点与中国古典儒家的孝不同，日本的孝具有“特殊的封建性”。由此可以看出，日本“附报恩条件地承认子女人格的主体性”。在某种意义上，服从者如同支配者一样具备法律主体地位，可以说具有“封建性”契约关系的特征。以恩情为媒介的关系就其本质而言并非平等的关系，不可避免地会产生优劣
关系。此外，恩情是无限的、无法度量的。与此对应的是，报恩的 655
义务也是无限的、不可测的。既然已经蒙受恩情，那么受恩者将承担无限的、不可预知的义务。川岛武宜对“孝”提出质疑，他认为“恩”具有纯粹的“封建性”。他援用马克斯·韦伯（Max Weber）的概念，认为它具有“家父长制、家产制”的性质。在此，无独立主体者意识的人容易追随权力和权威。这是把握日本人的一般倾向的关键。此外，川岛武宜还指出这种“孝”和“恩”的说教早已与普通民众的生活信条大相径庭。

3. 其后学界之发展

该书奠定了此后从历史的、思想的和社会学的角度研究家族法的基础。此后，家族研究的问题意识萌芽全部源于该书，这样说也不为过。在此举几个代表性的例子。同年（1957 年）川岛武宜、中川善之助等六名责任编辑联合出版的“讲座”出版物《家族问题与家族法》①，从比较法和历史的角度对有关问题进行了深入

① 中川善之助：《家族问题与家族法》，酒井书店，1957 年。

研究(第1卷《家族》与该书的联系最为紧密)。福岛正夫所编的《家族——政策与法》(全7卷)[①]中也收录了于1952年成立的"家"制度研究会经过长年的研究而取得的多方面的、跨学科的研究成果。此外,还有资料集《日本妇女问题资料集成》第5卷《家族制度》[②]。1980年创刊的《家族史研究》[③]进一步提高了家族法的研究水平(尤其是第1集所收录的由江守五夫所撰写的《近代市民社会的婚姻与法》一文富有启发性)。

当时川岛果敢反对的"家族制度复活论",时至今日已经销声匿迹了。但是,日本家族并没有完全肃清前近代的影响。现在家族面临着新的挑战,道德复古主义抬头的根基依然存在。这意味着,今后仍需继承和发展川岛武宜的鲜明强烈的问题意识。

■ **作者介绍**

川岛武宜(参见本书2-02)

① 福岛正夫编:《家族——政策与法》(全7卷),东京大学出版社,1975—1984年。

② 汤泽雍彦编辑、解说:《日本妇女问题资料集成》第5卷《家族制度》,家庭生活出版股份有限公司,1976年。

③ 家族史研究编集委员会:《家族史研究》,大月书店,1980年。

7-07　利谷信义 656

《“家”制度的构造与功能——以“家”为中心的财产关系之考察》(1—2)

(《社会科学研究》第13卷第2、3合并号,同卷第4号,1961年)*

评议人　石井美智子(东京都立大学)

明治维新后以户籍法为基础成立、展开的“户主法”的重构,形成了“家”制度的财产法体系。该文根据有关历史资料,阐明了这一体系的形成过程。

1. 该文发表前关于本课题之学界状况

该文发表之前,就有许多专门研究家族制度的论文。家族制度为家父长制提供了法律保障,构成了社会关系的基础,在一定程度上促进了日本资本主义的发展。此外,还形成了天皇制这一支配体制的意识形态的基础。但以往的论文大多在政治、思想和经济等层面研究家族制度,对家族制度的法律构造及功能并没有进行深入的研究。该文发表前,分析家族制度法律规定本身的性质与功能的先行研究主要有:作者与福岛正夫合著的论文《明治以后户籍制度之发达》①、《明治前期户籍制度的发展》②,以及福岛

* 原文文献为:利谷信義「『家』制度の構造と機能——『家』をめぐる財産関係の考察(1)(2)」,社会科学研究13卷2=3・4号(1961年)。——译者

① 福岛正夫、利谷信义:《明治以后户籍制度之发达》,《家族问题与家族法》(Ⅶ),酒井书店,1957年。

② 福岛正夫、利谷信义:《明治前期户籍制度的发展》,《“家”制度研究(资料编一)》,东京大学出版会,1959年。

正夫所著的《日本资本主义与“家”制度》[①]等。

2. 该文的内容及其在学界之意义

该文与其续篇《明治民法中的“家”与继承》[②]为一体，明确了明治民法所规定的“家”制度的法律构造和功能。明治维新后以户籍法为基础成立、展开的“户主法”的重构，形成了“家”制度的体系。该文根据有关历史资料，阐明了这一体系化的过程。同时，“淳风美俗”的身份法与“泰西主义”的财产法形成了日本近代民法典的体系。“户主法”是过渡时期的法律体系，以有关户主的身份规制为媒介，规制“家”背后的家产——财产关系。这
657 与当时的产业大都由家族经营有关。该法将零散资本集中于户主，防止了资本的分散。同时，还为作为交易主体的户主的财力提供了担保。该文详细介绍了自 1871 年户籍法实施后、旧民法成立前的过程。对作为近代所有权法的前提的一切人的权利能力、完全所有权的承认与家产的维持是一对矛盾命题。在这一历史时期，日本试图通过“户主”解决这一矛盾命题。

第 1 章，“户主法”的成立与展开。1871 年的户籍法是“户主法”的前提，第 1 节主要分析了户籍法。户主法与先前户籍法的不同之处主要体现以下几点：①一般以户把握国民，形成了私法关系上一般平等当事人之间的法律关系展开的前提；②大致切断了与家产的关系。作为“户”的人的一面，以家产为媒介的“户主”出现在前面。以一定的标准把握“户”的人的一面，并将其固定在户籍上，这被称为“家”。无论家族成员如何变动，“家”永远具有

---

① 福岛正夫：《日本资本主义与“家”制度》，东京大学出版会，1967 年。

② 利谷信义：《明治民法中的“家”与继承》，《社会科学研究》第 23 卷第 1 号，1971 年。

同一性，且永久存在。户主作为“家”的代表人对家产享有所有权。以户主为媒介，“家”与家产有机地结合在一起。从这里引出以下两个命题：一是户主地位的得失与家产的得失并未分开；二是“家”内部成员的财产，至少从外部来看，被家产所吸收。

第 2 节以上述两个命题为中心，研究了地方官的请示书及太政官、司法省的指令等资料，概观了“户主法”。对于第一个命题，隐居、养子户主的离婚和废户主等都可以导致户主地位的变动。新户主原则上继承前户主的所有财产，同时也继承前户主的交易关系。归根结底，“家”既是财产主体，也是交易主体。第二个命题，探讨了户主的身代限*的涉及范围，“编入户籍之人”的财产全部是户主的身代限的对象。

第 2 章主要阐述了“户主法”的解体与再构成。第 1 节主要 658
介绍了因“公证记名财产”的出现而导致的“户主法”的解体。维新政府对全部私有土地发行地券（壬申地券）的制度与“户主法”存有矛盾。首先，依地券制度，除了基于死亡的继承外，即使身份关系发生变动，如不及时重新更换地券，土地所有权也不发生转移。其次，户主以外的家庭成员也可以持有地券，户主的身代限不及于家族的地券。最后，家族之特有财产的承认及于各种公债证书、全部建筑物的“公证记名财产”，以及后来的记名债券。

第 2 节检讨了为解决上述矛盾而对“户主法”进行再构成的尝试：①身份关系与财产关系之间矛盾的再构成；②户主对户籍内的财产享有之权利的变化。“户主法”的解体与重构最终导致了法律体系的混乱，没有任何价值。

第 3 章是对前述诸矛盾进行了整理。民法典的编纂是“户主

* 身代限：近世日本在强制执行中所采取的债务清偿制度。——译者

法”的体系化过程。可以通过如下两条途径解决这种混乱。第一条途径，完全承认家族成员的权利能力和行为能力。与此同时，根据分割、继承、分解家产，将其转化为个人财产。这是解决问题的根本途径。第二条途径，承认家族成员的权利能力、行为能力与维持家产本身二者并行。在现实的法规制的延长线上寻求解决问题的方法。两条途径的分歧体现在如何分割家产上。如何选择这两条途径是民法典编纂时所面临的基本问题。在博瓦索纳德的指导下，1880 年正式启动了民法典的编纂工作，原则上采用的是第一条途径，起草了身份法第一草案。但是，第一草案遭到强烈反对，后进行了修改，转而采纳第二条途径。最终，旧民法得以诞生。

第 1 节介绍了身份法第一草案的内容。该草案在表面上宣称尊重先前的习惯，但就其结果而言还是采纳了第一条途径，完全承认所有人的权利能力和一般家族成员的行为能力。但是，限制了未成年子女和妻子的行为能力。虽然对“户主与家族”也做了规定，但是户主与家族之间并不存在特别的法律关系。继承以分割继承为原则，家督继承的特权局限于家谱、祖坟、主宅与住宅用地等方面。户主不再是“家”的代表人，而是作为个人持有财产。

第 2 节探讨了第一草案的系谱及意义。第一草案与现实法规制的动向及当时政府的立法方针相悖。在这种背景下仍得以制定，足见博瓦索纳德继承论的影响力。同时，明治政府的地租改正和殖产兴业政策的构想是一致的。

第 3 节检讨了对第一草案的批判。批判的焦点是分割继承。批判分割继承的理由如下：①与国体的关系，即家督继承形成了社会秩序的基础；②与习惯、道德不符；③经济上也不相融，即给家族经营的工农商业带来了致命性的影响。第三个理由最具冲击力。

第 4 节介绍了第一草案修正、再调查案的成立过程及其内 659
容。这是“户主法”以第一草案为媒介自我体系化的过程。导入长子单独继承制，完善其配套制度。此外，还在法律上明文规定了作为户主家族关系的“家”。将“家”明文化的民法典以户籍为必要，户籍法与民法典并行。起初，对于重要的论点，制定了修正方针，起草了其他草案，后来修改后成立了再调查案。再调查案彻底贯彻了长子单独继承制，将户主的地位绝对化。户主的财产是户主个人的财产，户主享有完全的权利能力和行为能力。身份法中的“淳风美俗”与财产法中的“泰西主义”在民法典体系中完美地结合在一起。再调查案也未从正面规定“家”，而是从户主与家族成员之间的关系中把握“家”，“家”只不过是与扶养关系相结合的身份关系。户主的财产转化为个人财产，户主不再受“家”的制约。扶养义务也不能直接约束户主的财产所有权。完全承认成年的一般家族成员的权利能力。但是，户主对家产独占所有，对妻子与未成年子女的财产享有管理权，并与自己的财产统一支配。“家”以户主、妻子及其未成年子女为中心代代相续。旁系亲属即使受其扶养，也可随时脱离“家”的范围。诸如此类的家族规定可以说是直系亲属在法律上的反映。

第 5 节明确了旧民法中“家”制度成立前的变化及其意义。再调查案经过若干修改提交至元老院附议。元老院附议时删除违反旧道德习惯的规定，尽可能减少法——权利义务关系——的支配领域。内阁对元老院议定案进行了修改，使被删除的规定复活，对修改部分进行再修改。“户主法”基本上以近代法的体系为前提，在不完全破坏其基本线的前提下得以体系化。所谓坚守的基本线，从人的资格方面来讲，就是承认所有人的权利能力；从所有权性质来讲，就是财产作为个人的财产具有自由处分的性质。

就这样，采用了长子单独继承制，财产集中于户主。此外，还承认所有人的权利能力。最终形成了旧民法“家”制度的基本构造。“家”制度将“家”的财产集中于户主之手，继而保障了户主在交易关系上的活动自由。换言之，保障了集中于户主之手的财产的自由流通。在现有经营的维持、存续的延长线上，符合以资本
660 主义诸关系的发展为目标的政策。尽管旧民法在民法典论争中被废除，但是之后所制定的明治民法也没有从根本上改变旧民法的基本构造。

3. 其后学界之发展

经民法典论争，最终制定了明治民法。作者所著的《明治民法中的“家”与继承》[①]着重探讨了明治民法中的“家”制度。此文发表后，近藤佳代子对于“废户主制度”和“夫妻财产关系”等问题进行了研究，其研究成果分别总结在《明治民法施行前的废户主制度与“家”》[②]和《民法典编纂过程中的夫妻财产关系》[③]中。此外，近藤氏在《近代的“家”》[④]等论文中对明治民法规定的“家族”的构造进行了再讨论，详细说明了“丈夫”作为家长的“近代”家族的诞生过程。

---

① 利谷信义：《明治民法中的“家”与继承》，《社会科学研究》第 23 卷第 1 号，1971 年。

② 近藤佳代子：《明治民法施行前的废户主制度与“家”》，《阪大法学》第 113 号，1980 年。

③ 近藤佳代子：《民法典编纂过程中的夫妻财产关系》，《法制史研究》第 39 号，1990 年。

④ 近藤佳代子：《近代的“家”》，《法律制度上的近代与现代》，日本评论社，1993 年。

此后,作者及“家”制度研究会关心的问题扩展至法政策研究、比较法研究领域,这一点在《家族——政策与法》(全7卷)[①]中有所体现。

■ 作者介绍

利谷信义

主要著作:除该文外,还著有(含共同编著)『現代日本の法思想』(1972年・日本評論社)、『法と裁判』(1972年・学陽書房)、『地方体制と戸籍制度』(1981年・橘書院)、『日本の法を考える』(1985年・東京大学出版会)、『家族と国家』(1987年・筑摩書房)、『離婚の法社会学』(1988年・東京大学出版会)、『家族の法』(1996年・有斐阁)、『現代家族法学』(1999年・法律文化社)等。

简　　历:1932年(昭和七年)生,毕业于东京大学法学部,曾任东京都立大学助教授,东京大学社会科学研究所、御茶水女子大学教授,现任东京经济大学教授[其著作、履历请详见社会科学研究44卷6号(1993年)]。

---

① 福岛正夫编:《家族——政策与法》(全7卷),东京大学出版会,1975—1984年。

661 7-08 福岛正夫《日本资本主义与“家”制度》

（东京大学出版会，1967 年）*

评议人 犬伏由子（庆应义塾大学）

该书明确了在日本近代国家形成的过程中，资本主义的发达与“家”制度的意义之间的相互关联性。

1. 该书出版前关于本课题之学界状况

（1）该书选取的时间段是明治维新至二战后不久，以这段时期的家族和家族法为研究对象，致力于阐明维新政权孕育发展的资本主义与“家”制度的相互关系。

二战后的民法修正（1947 年）废除的明治民法（1898 年）中明文规定的“家”制度具有前近代的家族构造。明治以后的维新政权为了迅速追赶欧美资本主义诸国，加快近代化进程，制定了明治民法。因此，明治民法具有保障资本主义经济形成和发展的法律属性。作为资本主义社会的法律，明治民法采纳了近代法的法律原则，但这与具有前近代性质的“家”制度的基本构造具有不可调和的矛盾与冲突。但是，这种矛盾与冲突在明治民法中并存共生。这是日本近代法与民法的一大特色。阐明这一点是一项重大研究课题，对理解日本近代化的意义有很大的帮助。

（2）该书于 1967 年出版，作为其主干的大部分论文是在以福

* 原文文献为：福島正夫『日本資本主義と「家」制度』（1967・東京大学出版会）。——译者

岛教授为代表的“家”制度研究会(1952年成立)共同研究的基础
上,作为福岛教授的研究成果已经公开发表的,因此可以说“家”
制度研究会对该书的完成产生了很大影响。学界受福岛教授在
户籍制度方面研究成果《明治初年户籍研究——以地方法令为素
材》[①]的启发,成立了“家”制度研究会。该研究会创立的目的是阐
明户籍与“家”制度的密切关系。以往的研究容易陷入抽象的概
念,为克服这一缺点,该研究会以户籍制度为切入点,具体研究家 662
族制度,收集和整理立法关系、地方法令等资料,进行实证调查研
究。除私法学者外,政治、历史和经济等领域的专家学者也加入
了研究会。该研究会引领着二战后家族制度研究的发展方向,是
一个规模空前庞大的研究会。福岛教授在“家”制度研究会中发
挥了主要作用。该书整理了研究会的研究成果,其中包括其他学
者的开拓性研究成果和同研究会的其他研究人员的研究成果。
该书对在日本资本主义的形成及发展过程中,“家”制度所起的作
用及其所具有的多样性内容等进行了综合研究,是日本家族法研
究最初的研究成果。

2. 该书的内容及其在学界之意义

(1) 明治维新政权为资本主义经济的形成进行了地租改正。福岛教授在对地租改正的研究中发现,土地所有与家族制度具有紧密的联系,从此致力于家族制度的研究。该书对家族制度研究中已公开发表的诸论文进行了全面的再检讨,并新增了部分内容,最终形成了作者的研究体系。从作者家族制度研究的出发点

① 福岛正夫:《明治初年户籍研究——以地方法令为素材》,《家族法之诸问题》,有斐阁,1952年。

来看,该书并不仅仅局限于家族制度,对其他问题也进行了研究。明治政府为了强力推进日本资本主义化和近代化,专门建立了法律体制。法律与经济之间存在着某种特殊的关系,明治政府在推进基本政策的过程中,不断与家族制度发生碰撞。这种冲突是通过各种各样的措施调和的。以"家"制度为切入点进行分析,最终明确了"明治以后权力机构的发展及其功能的发挥与社会经济有相当程度的关联性"。日本近代法中的法与经济的相互关系的阐明,是该书预先设定的课题。

(2) 该书由序言和其他四部分构成。第 1 部分至第 3 部分分别明确了"家"制度与户籍制度、地租改正、国家机构之间的关联性,资本主义的形成和发展时期的"家"制度的形成过程与国家基本政策推行过程的关联性。第 4 部分为资本主义与"家"。以历史上的、现实社会存在的"家"为研究对象。飞騨白川村的大家族制、巨大财阀和二战后都市家族等诸多家族随着资本主义的发展,"家"的结构发生了什么样的变化,该部分对此进行了实证研究。

663 正如该书的序言所言,以社会现实存在的"家"为基础,作为国家法规范化的"家"制度与"家"并不完全相同。"家"的内涵非常广泛,随着时代的变迁也会发生变化。"家"制度形成之前,就存在"家","家"制度被废除后,"家"依然存在。但是,"家"制度对"家"产生了影响,这一点是毋庸置疑的。该书主要从"家"制度的方面进行了研究,以社会现实中的"家"和家族为分析对象是理所当然的。

(3) 该书以更广阔的视野在公私法层面上对"家"制度与明治政府所推行的基本政策之间的关联性进行了研究。户籍制度是明治政权基本政策中的重点,与"家"制度的形成具有直接关联性。下面主要介绍户籍制度。

户籍制度以 1871 年的户籍法为出发点。虽然“家”制度已经不复存在，但户籍制度依然存在。以家族为单位管理个人，这在世界上是史无前例的。对于户籍制度得以形成以及维持的理由，取决于国家权力将户籍置于何种位置。户籍制度始于明治初年，其形成与发展所具有的意义是现在的户籍制度所无法比拟的，具有极为重要的作用。该书以明治以后的户籍制度，尤其是 1871 年的户籍法为中心，基于地方法令、请示书和指令等资料进行了细致分析，充分说明了户籍制度的重要性。以资本主义经济的形成、发展以及近代化为目标，推行富国强兵政策的明治政府对明治维新后的治安维持费了很大脑筋，作为政治的基础最先采取的措施是制定户籍法和编纂户籍。由此，中央政府就可以管理全体国民。此后，征税、征兵事业的顺利进行以及地方行政组织化都得益于户籍制度。由此可见，当初的户籍制度具有浓厚的行政主义色彩。另一方面，以“家”为单位编成户籍，就这一点而言，现实社会中的各种各样的“家”被标准化，成为户籍上的“家”。一“家”之长被冠以户主之名，赋予户主广泛的权限和义务，户主权的范围被具体化。婚姻、离婚、收养子女等身份行为都要记载在户籍上，户籍开始具有民法上的意义，直至作为明治民法上的“家”制度被明文化。正如明治民法的起草者梅谦次郎博士所言，非以户籍为视角，无法准确阐释民法上的“家”。

该书明确了“家”制度形成过程中户籍制度所起的作用，与以 664
户籍制度为基础推行的国家政策的关系。该书虽呈现了“家”制度和家族法研究的新视角，但该书研究的中心是明治初年的资本主义形成时期。日本资本主义发展过程中“家”制度的功能，特别是明治民法下的有关问题的解决、这个时期以后法与经济的关系，还有待继续研究。

3. 其后学界之发展

（1）该书是福岛教授的研究课题，从家族制度的方面致力于“探求从明治维新至现代日本资本主义之发达与法的相关关系”的研究。对于该研究课题，福岛教授采用了综合研究法。福岛教授的问题意识、方法论和研究方法是法史学和法社会学研究的共同财产，对学界产生了重大影响。[①] 此后，包括福岛教授在内的众多学者对该书未尽部分进行了研究。尤其是在明治民法这一近代法律体系中，财产集中于户主的具有前近代性质的“家”制度为何能够存在，利谷教授对这一问题进行了一系列的研究。[②]

（2）对现行家族法的研究者而言，明确家族与家族法的关系，及其背后的国家政策的内核依然是一项重大研究课题。尤其是从近代家族向现代家族转变的过程中讨论家族法修正的现在，国家正在描绘什么样的家族景象，以及家族规制的限度如何等都是迫切需要解决的问题。福岛教授提出的厘清国家、社会、经济与家族法之间相互关系的课题具有重大的现实意义。

■ **作者介绍**

福岛正夫（参见本书 2－15）

---

① 福岛先生对学界的贡献，可参见《福岛正夫著作集》（全 9 卷），劲草书房，1993—1996 年。

② 利谷信义：《“家”制度的构造与功能——以“家”为中心的财产关系之考察》，《社会科学研究》第 13 卷第 2、3 合并号，同卷第 4 号，1961—1962；氏著：《明治民法中的“家”与继承》，《社会科学研究》第 23 卷第 1 号，1971 年。

7-09　青山道夫　665

《身份行为与〈民法〉第 90 条》

[收录于《近代家族法研究(续)》,有斐阁,1971 年增补版;初次发表于《法政研究》第 22 卷第 2、3、4 合并号,1957 年]*

评议人 前田阳一(立教大学)

青山博士对家族的本质及历史进行了深入的考察,同时在制度批判及解释论上以(1)“个人尊严与两性实质平等的原理”为基础,反对(2)“严格区别法与道德”。在其集大成的论文集中,该文主要从(2)的方面加以分析。

1. 该文发表前关于本课题之学界状况

(1) 以中川善之助博士为代表的学者主张婚姻、收养和认领等所谓的身份行为不能适用《民法》第 90 条。然而,该观点是否恰当,该文主要从以下几个方面进行了探讨:①民法总则是否仅仅是财产法的总则,对于亲属继承编是否也具有总则性(财产法与身份法对立与否);②身份行为可否采用“事实主义”(关于身份法,与基本法规相比是否更重视“传统习俗”);③《民法》第 742 条、802 条规定了婚姻与收养无效的原因,对无效原因可否做文义解释,将其解释为“仅限于民法明文规定的情形”**。

---

* 原文文献为:青山道夫「身分行為と民法第九十条」,『続近代家族法の研究(増補版)』(1971 年・有斐閣)所収,初出・法政研究 22 巻 2＝3＝4 号(1957 年)。——译者

** 《民法》第 742 条:“婚姻限于下列各项情形为无效:1. 因错认人或其他事由,当事人之间无结婚意思时;2. 当事人不进行结婚申报时。但是,申报只欠缺第 739 条第 2 项规定的方式时,婚姻不因此妨碍其效力。”《民法》第 802 条:“收养限于下列各项情形为无效:1. 因错认人或其他事由,当事人之间无收养之意思时;2. 当事人不进行收养申报时。”但是,其申报仅欠缺第 739 条第 2 项所规定的方式时,收养不因此妨碍其效力。——译者

(2) 从明治时期到大正时期的有力说承认民法总则对亲属、继承编的通则性，对于身份行为若无特别规定均适用民法总则无效撤销的规定。[①]

但是，大审院大正十一年(1922 年)2 月 25 日判决认为，假离婚不适用《民法》第 94 条。[②] 据此，认为身份行为不适用民法总则无效撤销之规定的学说成为有力说。否认民法总则对亲属、继承编之通则性的学说开始抬头。

最初，学界对身份行为和《民法》第 90 条的讨论并不多。部分学者主张适用《民法》第 90 条。此后，法律明文限定了婚姻、收养的无效原因。否定《民法》第 90 条适用于婚姻、收养的学说(外
666 冈茂十郎、长沼宏有和野上久幸)，公序的内容以重婚撤销等形式明确规定在家族法中，对认领等身份行为否定适用《民法》第 90 条的学说(谷口知平、近藤英吉)成为有力说。肯定说一时处于稍劣势地位，大审院判决将艺伎养子作为收养意思的问题看待。我妻荣博士对该判决进行了批判，他认为艺娼妓契约同样适用《民法》第 90 条。广滨嘉雄博士原则上否定民法总则对亲属编、继承编的通则性，但他认为《民法》第 90 条是个例外。

在上述背景下，中川博士的身份行为论最终形成。大审院判决认为，对于不正当肉体关系当事人之间的收养关系，既然当事人有设定亲子关系的意思，就不宜判定无效。中川善之助博士对此作出如下评论[③]：(a)婚姻、收养仅在以民法所列的具体情形下

① 由于篇幅有限，对学说的介绍和引用止于最小限度，详请参见前田阳一：《身份行为与公序良俗》，《违反公序良俗研究》，日本评论社，1995 年。

② 大审院大正十一年(1922 年)2 月 25 日判决，《大审院民事判例集》第 1 卷第 2 号，第 69 页。

③ 中川善之助：《亲属继承判例综合评论》(第 1 卷)，岩波书店，1935 年，第 150 页。

为无效，判决不适用《民法》第 90 条显然是妥当的，因不适用《民法》第 90 条产生的问题应作为婚姻意思和收养意思的问题处理。(b)收养关系有一定的“型”(合理限定)，如该案件与这种形式矛盾时，根据一般习俗决定，欠缺“应该具有的意思”，“建立养子、养母关系之意思”的，应认定为无效。另一方面，丈夫认领其与妻子带来的女儿之间所生的子女，并不违反公序良俗。(c)承认事实本身通常不会产生违反公序良俗的问题，当然也没有适用《民法》第 90 条的余地，无非是将事实作为事实登记。由上可知，中川善之助博士是支持该判决的。从上述(b)中可知实质意思说的起源。此外，几乎同时期的《民法》(Ⅲ)[①]也认为财产法与身份法在本质上是对立的，进而否定民法总则对身份法的适用。《身份法的基础理论》[②]和《身份法之一般课题》[③]是这些观点(“习俗”、“法理”优先适用的身份法的“超成文法性质”，身份行为的“事实先行性”与“宣言的性质”，身份行为意思的“非合理性”，与身份事实的“不可分性”等)的集大成之作，对于开头的① ② ③均采用前者即肯定的立场，由此否定《民法》第 90 条适用于身份行为的“中川说”得以确立。

与此相对，药师寺志光在《日本亲属法论》(上)[④]一书中指出，公序良俗是贯彻整个私法的大原则，除法律明文规定的几项婚姻无效的情形外，对于违反法律目的乃至婚姻本质的情形，也应适用《民法》第 90 条，认定为无效。重婚等违反善良风俗的婚姻是撤 667
销的对象；相反，不能据此推定其他违反善良风俗的婚姻一定有效

① 中川善之助：《民法》(Ⅲ)，岩波书店，1933 年，第 7 页。
② 中川善之助：《身份法的基础理论》，河出书房，1939 年。
③ 中川善之助：《身份法之一般课题》，岩波书店，1941 年。
④ 药师寺志光：《日本亲属法论》(上)，南郊社，1939 年。

(但他却认为承认父亲与女儿所生之子女不违反公序良俗)。

二战后,起初否定民法总则适用于亲属、继承编的学说成为有力说。身份法与财产法的对立是有力说的理论根基,但后来有学者开始批判这一理论根基(川岛武宜和沼正也)。另一方面,我妻荣博士认为公序良俗支配着所有的法律秩序,《民法》第 90 条也应适用于身份行为。[①]

2. 该文的内容及其在学界之意义

(1) 青山博士认为,中川博士从"事实的先行性"、"宣言的性质"出发所作的如同前述(c)的论述是值得商榷的。此外,还有学说认为,对于身份关系,比起法律,更多是受人伦、道德等规范,法律不应过多干涉。青山博士对该观点也进行了批判。身份关系是作为社会法律秩序一端的制度而存在的关系,不能将仅仅作为事实的身份关系看作法律上的概念。通过认领产生法律上的亲子关系,断然认为在法律上承认混乱的亲属关系不违反公序良俗的观点是值得商榷的。另外,公开承认违反伦理道德的亲子关系也会给孩子带来困扰。

对于前述(b)做了如下阐述:一定的"型"作为收养制度获得了法律上的正当性。就其反面含义而言,因不违反公序良俗而被承认。因此,违反一定"型"的收养关系违反公序良俗,应被认定为无效。收养无效的规定"仅限于民法明文规定的情形",民法没有预先规定,即使违反公序良俗也不应认定无效。其实这样解释是有问题的。

此外,青山博士的观点与药师寺学说、我妻学说一样,都认为

---

① 我妻荣:《民法大意》(下),岩波书店,1954 年,第 442 页。

《民法》第90条作为全私法秩序的理念，也适用于身份行为。以否定说为前提，把亲属法和继承法作为身份法统一把握，与财产法区别开来，这在新法上尤为困难。

（2）批判深陷身份行为意思的中川身份行为论的学说登场，青山博士的观点与这些学说的出现有一定的联系。青山博士认为，中川的身份法学尚不能作为立足于事实主义，使习俗与法理 668
优先于法规，为使法律成为弱者的武器，运用条文和制度介入家庭的解释论。青山博士的这一问题意识与近来的法学家水野纪子教授的批判有相通之处。[①]

3. 其后学界之发展

使财产法与身份法对立，否定民法总则适用于亲属继承编的观点逐渐丧失其影响力（铃木禄弥教授对主张财产法与身份法对立的观点提出了尖锐的批判）。另一方面，中川高男在《身份行为意思之考察》[②]一文中指出，依照有关观点《民法》第90条不适用于身份行为，身份行为意思如同社会习俗上的意思一样遵从非法律的判断，并以此批判了中川的身份行为论。他认为身份行为意思只要具有创设民法上诸效果之意思，即可认定为有效，除此之外，皆为《民法》第90条和91条的问题。该观点基本上得到了佐藤义彦的《身份行为论管见》[③]、拙著《所谓假装身份行为效力之考

① 水野纪子：《对中川理论——身份法学体系与身份行为理论——之考察》，《山畠正男、五十岚清、薮重夫先生古稀纪念论文集：民法学与比较法学之诸相》（Ⅲ），信山社，1998年。

② 中川高男：《身份行为意思之考察》，《家庭裁判月报》第17卷第2号，1965年。

③ 佐藤义彦：《身份行为论管见》，《太田武男教授还历纪念：现代家族法的课题与展望》，有斐阁，1982年。

察》[①]、有地亨的《家族法概论》(修订版)[②]、二宫周平《家族法》[③]等的支持。对实质意思说和多元说进行批评的学说成为有力说。如前所述,水野教授对身份行为论以及中川善之助博士的身份法学进行了彻底的批判,但达到婚姻意思的内容等具体层面之解释论的全貌仍不明晰,今后的理论进展值得关注。

■ 作者介绍

青山道夫

主要著作:除该文外,还著有『近代家族法の研究』(1952年・有斐閣)、『民族法学序説』(1955年・酒井書店)、『市民社会と家族法』(1970年・法律文化社)、『改訂家族法論ⅠⅡ』(1971年・法律文化社)等。

简　　历:1902年(明治三十五年)—1978年(昭和五十三年),毕业于东京帝国大学法学部,历任九州大学、熊本大学、东京经济大学、西南学院大学教授等职[其著作、履历请详见青山道夫博士追悼『家族の法と歴史』(1981年・法律文化社)]。

---

① 前田阳一:《所谓假装身份行为效力之考察》,《法学研究》第34号,1990年。

② 有地亨:《家族法概论》,法律文化社,1994年修订版。

③ 二宫周平:《家族法》,新世社,1999年。

7-10　太田武男 669

《彩礼研究》

（一粒社，1985 年）*

评议人　田中通裕（关西学院大学）

该书介绍了我国的彩礼习俗，同时还论及彩礼的法律性质以及其他有关彩礼的诸多法律问题，是以法律学为视角研究彩礼的专著。

1. 该书出版前关于本课题之学界状况

（1）我国自古以来在婚约缔结之时，就有一方向另一方（通常为男方向女方）赠送或者双方互赠金银和布匹等的习俗，并一直流传至今。但是民法典中并没有对彩礼作出任何规定。彩礼究竟具有怎样的法律性质，学界颇有争议。授受彩礼后但又要解除婚约时，彩礼给付方能否行使彩礼返还请求权，这是实际生活中亟待解决的问题。婚约发展到同居或者结婚准备阶段，解除同居关系或者婚姻关系的情况下，同样存在彩礼返还的问题。此外，为了缔结值得法律保护的婚约，是否必须给付彩礼，成为法律上的一个论点。对于这个问题，学说和判例一致认为彩礼的给付不是必须的。

（2）自旧法时代以来，学说就试图阐明的彩礼的法律性质。最初的观点认为，为了证明婚约的成立，须给予对方一部分类似证约定金的金钱。[①] 此后，有观点认为，彩礼系一种赠予。该观点

---

* 原文文献为：太田武男『結納の研究』（1985・一粒社）。——译者

① 中岛玉吉：《民法释义》（卷四），金刺芳流堂，1937 年，第 255 页。

在学界占据主导地位。其中,有学者把彩礼的法律性质解释为以婚姻的不成立为解除条件的赠予,[①]该观点曾一度占据通说地位。同样是持赠予说,希望婚姻成立,并且以婚姻成立为最终目的而收受彩礼的目的赠予说逐渐成为有力说。[②] 除此之外,还有学者认为彩礼兼有证约定金的性质与作为婚姻准备资金而预定婚姻
670 成立的赠予性质。[③]

(3) 解除婚约时(尤其是因可归责于彩礼给付方的事由所导致婚约解除的情形),对于彩礼的返还请求,存在积极说与消极说(司法实践中有分别采纳这两种观点的判例)。积极说站在目的赠予说的立场上,在婚约解除、结婚目的无法达成时,可基于不当得利的法理,支持彩礼给付方的彩礼返还请求。[④] 消极说若站在附解除条件赠予说的立场上,主张类推适用《民法》第130条,不支持有责任的彩礼给付方对无责任的接收方的返还请求;[⑤]若站在目的赠予说的立场上,则主张有责任的彩礼给付方因违反诚实信用原则,其彩礼返还请求不能获得支持。[⑥] 此外,同居关系和婚姻关系解除的情形,原则上也不支持彩礼给付方的返还请求。在这一点上,学界达成了共识。

2. 该书的内容及其在学界之意义

(1) 该书由五章和附录"彩礼判例集成"构成。其中,第2章"地域社会中的彩礼习俗"花费笔墨颇多。作者对《全国民事惯例

---

① 中川善之助:《日本亲属法(昭和十七年)》,日本评论社,1942年,第186页。
② 岛津一郎:《家族法入门》,有斐阁,1964年,第59页。
③ 山主政幸:《婚约、同居与彩礼》,《民法演习》(V),有斐阁,1959年。
④ 参见中川淳在《判例评论》第122号(1969年)第39页的相关论述。
⑤ 中川善之助:《日本亲属法(昭和十七年)》,日本评论社,1942年,第187页。
⑥ 岛津一郎:《家族法入门》,有斐阁,1964年,第60页。

类集》以及都府道县史、郡史、市町村史等记载的彩礼习俗做了详细介绍。此外，作者还进行了实证调查。亲身调查最近（截至 1985 年）的彩礼事情，详细介绍了彩礼习俗的实际情况。从中可以看出：①随着时代的推移，彩礼呈现出向简单化方向发展的趋势，即由先前的给付物品向给付金钱转变（金钱多以布料钱的名义赠予）。②彩礼确认（确证）婚约的成立，向一定范围内的亲朋好友公示，期待以后成立社会乃至法律意义上的婚姻，并以此为最终目的。此外，还具有加深关系当事人情谊的目的。③解除婚约时如何处理彩礼。对于这个问题，通常由双方当事人协商解决，未必会呈现出地域特色。值得注意的是，东京及北九州地区普遍采用双倍返还的方法解决彩礼返还问题。以上是该书作者在第 5 章所做的总结。该书对社会现实中的彩礼进行了精心的文献调查和问卷调查，对准确把握彩礼的现状具有重要意义。

（2）第 3 章“彩礼的法律性质”和第 4 章“与彩礼有关的诸多 671
法律问题”以对先前学说和判例的分析为中心，在法律层面上分析了彩礼的法律性质。在第 5 章的“结语”部分，作者阐述了自己的观点。他认为，彩礼“既有作为证约定金的一面，又有作为目的性赠予的一面（彩礼具有多重目的，尤其是预想婚姻的成立，乃至把婚姻的成立作为最终目的）”。最高裁判所的判决认为：“彩礼是对婚姻成立的确证，在婚姻成立的情况下，以加深当事人乃至当事人两家之间的情谊为目的而作出的一种赠予。”[①]这种理解也符合上述彩礼的实际情况和当事人的真实意思。此外，对于附解除条件赠予说，“是否要求存在如下的明示或默示的意识，即授受

① 最高裁判所昭和三十九年（1964 年）9 月 4 日判决，《最高裁判所民事判例集》第 18 卷第 7 号，第 1394 页。

彩礼时，如当事人之间未成立婚姻的话，应当返还财产，或者可以请求返还彩礼；以及是否要求存在以此为内容的习俗”，这是对附解除条件赠予说提出的疑问。折中说特别强调婚姻准备金的要素，这一点并非没有问题。

对于彩礼的返还请求，若站在目的赠予说的立场上分析彩礼的法律性质，可以得出如下结论。也就是说，在婚约被解除的情况下，婚姻之目的没有达成，可以依据不当得利法理处理彩礼的返还请求问题（参见日本《民法》第703条）。但是，有责给付方以自己招致的婚姻关系撤销为由请求返还彩礼时，其请求作为违反诚实信用原则的彩礼返还请求权的行使，基于权利滥用的法理不被允许。婚姻成立时，才可以说彩礼的目的达成。对于婚姻的成立时间，该书认为是社会传统习惯意义上的婚姻成立时，即事实婚姻乃至同居关系发生时。但是，“即便举行了婚礼且同居，如果同居时日尚短，当初也没有打算延续婚姻的意思，再加上纠纷不断，当事人之间连亲人之间最起码的情谊都没有，邻居也说三道四，议论纷纷”，这种情况，很难说达到了婚姻目的（即使办理了婚姻手续，也有可能存在婚约目的未达成的情况）。此外，上述理论只适用于当事人之间没有特别约定、社会习俗不明了的情况。

该书明确了有关彩礼的学说和判例的到达点，同时，对于附解除条件赠予说与目的赠予说的对立，从理论和实证研究的角度强化了后者的说服力，对其通说化起到了很大的作用。

672 **3. 其后学界之发展**

时至今日，围绕彩礼的争论没有被充分地展开（也未出现新的判例）。关于彩礼的法律性质，现在该书所主张的目的赠予说逐渐替代附解除条件赠予说，成为学界通说。但是，彩礼的法律性质的阐明未必与有责给付方的返还请求的结论有直接联系。对于这一点,学说的对立依然存在。并且,近年来积极说的观点逐渐变得有力。从彩礼返还的问题中抽象出有责性,在损害赔偿问题上若能适当处理的话,则不违反诚实信用原则。此外,围绕婚姻破弃的全部争论中,有观点以能够处理彩礼返还问题为限,承认积极说的妥当性。① 可以说这一观点正中要害。此后,对彩礼的国民意识和习俗是否发生了变化(或者今后发生变化),这是一个饶有兴致的问题。

■ 作者介绍

太田武男

主要著作:除该书外,还著有『離婚原因の研究』(1956年・有斐閣)、『内縁の研究』(1965年・有斐閣)、『家族法の歴史と展望』(1986年・一粒社)、『家族法の理論と展望』(1988年・一粒社)、『家族法の判例と法理』(1993年・一粒社)、『現代の内縁問題』(1996年・有斐閣)等。

简　　历:1917年(大正六年)生*,毕业于京都帝国大学法学院,京都大学人文科学研究所教授[其著作、履历请详见太田先生遠暦記念『現代家族法の課題と展望』(1982年・有斐閣)]。

---

① 镰田薰、田山辉明、右近健男:《民法》,《法学研讨会》第353号,1984年,第132页(右近健男执笔部分);田村五郎:《家庭之裁判(夫妇)》,日本评论社,1985年增补版;松嶋由纪子:《彩礼的法律性质》,《民法基本论集》(Ⅶ),法学书院,1993年,第53页。

* 太田武男已于2010年去世。——译者

673 7-11 久贵忠彦

《父母之婚姻同意——比较法的批判与检讨》

（《民商法杂志》第 53 卷第 3 号，1965 年）*

评议人 山胁贞司（静冈大学）

对于父母的婚姻同意问题，该文首次研究了法国法及德国法，并以比较法的视角对我国的问题展开了批判与检讨。此外，还对通说的观点加以批判，展开了同意废止说，对学界产生了深远的影响。

1. 该文发表前关于本课题之学界状况

（1）该文对达到结婚年龄的未成年子女结婚时需要父母同意这一问题的妥当性进行了研究。从历史的角度看，父母对子女婚姻的同意权本质上是一种承诺权。现如今，为了避免思想尚不成熟的未成年子女草率地缔结婚姻，继而演变为父母的辅佐同意制度。

（2）明治民法规定，男子不满 30 岁、女子不满 25 岁，在缔结婚姻时须征得父母的同意（旧《民法》第 772 条）。此外，还承认父母的婚姻撤销权（旧《民法》第 783 条）。此后，1925 年的临时法制审议会决议，即《民法亲属编中修正纲要》规定，男女缔结婚姻时，不论年龄大小都须征得父母的同意（父母双方都不在的，须征得祖父母的同意）。这无疑是在强化父母的同意权（违反婚姻的会受到相应的制裁。另一方面，父母不同意子女结婚的须有正当理

* 原文文献为：久貴忠彦「父母の婚姻同意——その比較法的・批判的検討」，民商法雑誌 53 巻 3 号(1965)。——译者

由，将取消的对象限定在未成年人的婚姻）。时任临时法制审议会委员的穗积重远博士主张严格区分法与道德，父母对婚姻的同意权应限定在保护未成年人范围内。[①] 旧法时期，也有学说主张父母的同意权应止于对未成年人的保护。[②] 1947 年，日本大幅度地修改了民法，父母的婚姻同意仅局限于未成年子女，同时删除了父母的撤销权，无法征得父母之一方同意时只要另一方同意即可（《民法》第 737 条）。只要征得父母一方同意，婚姻就有效（《民法》第 737 条）。同条规定有违背《宪法》第 24 条，即"婚姻基于两性的合理而成立"的宗旨，且内容极为模糊，所以一直以来就饱受学者批判。学说出现了以下五种立场：第一，父母的婚姻同意不是婚姻登记的受理要件，而是注意要件［父母不同意，经户籍官提 674
醒仍申请登记的，应予以受理（旧《民法》第 776 条）］。[③] 第二，主张子女结婚无须征得父母同意的观点在理论上也符合宪法的实质精神，即把父母的婚姻同意看作父母的监护作用。[④] 第三，将父母的婚姻同意看作父母的监护作用，由此展开立法论的立场。[⑤] 第四，父母对婚姻的同意不是婚姻登记的受理要件，而是注意要件。子女结婚无须征得父母同意的观点和做法也符合婚姻自由的精神（《宪法》第 24 条）。[⑥] 第五，父亲的婚姻承诺有着充分的社

---

① 穗积重远：《亲属法》，岩波书店，1933 年第 290 页。

② 青山道夫：《婚姻同意》，《家族制度全集・法律篇（1）・婚姻》，河出书房，1937 年，第 83 页。

③ 於保不二雄：《亲子》，《法学理论篇》（81），日本评论社，1950 年，第 73 页。

④ 小出廉二：《父母之婚姻同意权》，《亲属法大系Ⅱ・婚姻》，有斐阁，1959 年，第 61 页。

⑤ 我妻荣：《亲属法》，有斐阁，1961 年，第 33 页。

⑥ 福岛四郎：《两性合意、父母同意与婚姻登记》，《私法学论集》，有斐阁，1959 年，第 121 页；氏著：《父母之婚姻同意权及其滥用》（下），有斐阁，1962 年，第 12 页；穗积重远：《民法五十年》，《法律时报》第 20 卷第 1 号，1948 年，第 7 页。

会经济基础。[①] 第三学说的立场与1959年法制审议会民法部会身份法小委员会暂行决定(六)(同意权人由父母变更为法定代理人,因没有法定代理人等事由无法征得同意的,则由家庭裁判所作出代替同意的审判)的立场是一致的。

2. 该文的内容及其在学界之意义

该文是新进气锐的作者从正面批判前述暂行决定的通说立场、试图展开父母婚姻同意废止论的作品。该文首先介绍了法国和德国同一制度的历史和现状,然后从比较法的角度进行探讨,指出了我国这一制度的问题点。法国法中婚姻同意的目的有二:一是未成年人的保护;二是家族的保护,终究是在尊亲属中寻求同意权人。此外,婚姻同意权是绝对至高无上的,与我国相比,法国倾向于为父母的利益构建婚姻同意制度。在德国法中,法定代理人和监护人享有婚姻同意权。德国联邦最高法院判例认为:"无正当理由拒绝同意未成年子女结婚的,未成年人可以请求监护法院代为行使婚姻同意权。此时不仅考虑未成年人的利益,也应该考虑家族的利益。"该判例受到多数学说的支持。另一方面,也介绍了仅从未成年人利益出发的反对说(有力说)。但是,当父
675 母意见不一致时,德国倾向于由监护法院作出裁定。夫妻意见不一致时由法院裁断,作者对此给予了充分关注。他认为德国式解决方式的真正目的并不是保护未成年人的利益,审查的机会越多越有利于保护父母的利益。相反,采取"分歧即同意"原则的我国和法国式的解决方式更为妥当。父母无正当理由拒绝同意的,未成年子女可以寻求法律救济。此时,判断的基准成为一个问题,

① 高梨公之:《日本婚姻法论》,有斐阁,1957年,第164页。

而且还有拖延婚姻的可能。此外,婚姻登记手续的复杂化有助长同居化的倾向,考虑到今后早婚现象的减少,有关婚姻同意的规定已没有多大的意义。作者对婚姻同意进行了比较研究,最终发现利用婚姻同意这一手段维护父母权威或者父母利益的观点并非我国立法者所独有,法国和德国的立法者、学者、法官中至今仍有人主张该观点。最后,作者重新检讨了婚姻适龄,认为民法修正废除婚姻同意制度是最好的解决方案。

首先,该文以当时学界开始倡导的同意废止说为根据,并进一步发展了同意废止说,批判了暂行决定所展示的当时半官方的见解,具有重大意义。[①]

其次,该文首次对法国法及德国法进行了详细的介绍和研究,具有重要的借鉴意义。父母之婚姻同意的问题,在未成年人的婚姻自由与保障家庭成员自律性问题的调整中被描绘出来,该成果对学界具有重要意义。尤其是通过对德国联邦最高法院判例的研究,指出"判决取代同意作出决定的"制度,与其说是在保护未成年人的利益,倒不如说是在维护父母或者家族的利益。比较法上的研究使作者的同意废止说更具有说服力,广受学界好评。[②]

3. 其后学界之发展

此后,同意废止说被有力地展开。[③] 其中,人见康子在其论文

---

① 椿寿夫:《民法学的进展》,《法律时报》第 38 卷第 12 号,1966 年,第 88 页。

② 同上。

③ 人见康子:《婚姻同意权》,"讲座"本《家族》(3),弘文堂,1973 年,第 80 页;高野竹三郎:《父母对未成年人婚姻之同意权》,《婚姻法研究》(下),有斐阁,1976 年,第 118 页;久贵忠彦:《对"父母之婚姻同意权"的疑问》,《家族法与户籍》,帝范出版有限公司(Teihan),1986 年,第 39 页;米仓明:《未成年人的婚姻是否以父母同意为必要》,《新家族》第 22 号,1993 年,第 38 页等。

中指出，现行法在旧法的基础上提高了结婚年龄，故在现行法下基本不存在婚姻同意权继续存在的理由。此外，他还指出，在现行程序中婚姻同意制度所具有的婚姻抑制功能几乎不能发挥。
676 久贵论文(1986 年)追踪了旧民法至现行规定成立的立法过程，并对学说进行了探讨。在此基础上，他还立足于与《宪法》第 24 条及身份行为只要具备意思能力即可这一原则的关系，以及不当同意拒绝不能付诸裁判所的现状，完善了其在 1965 年论文中所提出的同意废止说。米仓论文对久贵论文(1986 年)进行了补充，并检讨、否定了将父母婚姻同意权看作成年拟制程序的观点，继而支持同意废止说。对于同意废止说，有学说认为将其称为注意要件说更为恰当。锻冶良坚论文在前述高梨论文的基础上，继承和发展了“於保说”。[①] 锻冶教授提出了如下主张：既然支撑父母婚姻同意权的社会基础仍然存在，就不应该采用同意废止说。此外，婚姻同意的功能应该局限于非经同意不得进入现实的婚姻关系(包括同居)的目的范围内，未经父母同意的婚姻应当被撤销，自不言待，更应该止于户籍官的注意要件；对于未成年子女的婚姻，父母婚姻同意制度委以无法回避社会责任的父母婚姻同意的判断，是一项自治制度。另外，承认亲权人和家庭裁判所之同意权的理论，以未成年子女对婚姻判断能力不成熟的形式，抽象出婚姻困难化的现实，掩盖了问题的本质，发挥着体制维持的作用，父母之婚姻同意向将来展开。

除了上述观点外，保护彻底说(与暂行决定的内容大体相同)被教科书等采用，成为多数说。批判同意废止说与注意要件说的

① 锻冶良坚：《小出博士“父母之婚姻同意权”论》，《法律论丛》第 41 卷 4、5、6 合并号，1968 年。

学说也不复存在。1994年出台的《关于婚姻制度等的民法修正纲要试案及试案的说明》[①]维持了现行制度。由于保护彻底说在妥当性和实效性上存在问题而未被采用，赋予处于应该监护养育子女立场上的父母以婚姻同意权仍有其意义，所以同意废止说也未被采纳。此外，1992年年末，学界受《婚姻与离婚制度改革审议中间报告》[②]的影响，围绕本课题公开发表了几篇论文。家永登讲师持注意要件说，他认为《民法》第737条作为保障家族自律性的制度尚有存在的意义。[③] 相反，田中通裕教授持同意废止说。[④] 在 677
1968年论文中持注意要件说的锻冶良坚教授以男女结婚年龄均为18岁为前提，改采同意废止说。其理由是，在高度产业化的现代社会，与未成年子女选择能力的不成熟相比，婚姻适应能力不成熟的问题更加突出，因此，父母左右未成年子女婚姻的正当性越来越薄弱。[⑤] 上述研究加快了向同意废止说转变的进程，同时注意要件说也拥有其难以割舍的魅力。

■ 作者介绍

久贵忠彦

主要著作：除该文外，还著有『婚姻の届出——届出婚主義の現状と内縁問題』(共著)(1971年・有斐閣)、『判例特別縁故者法』(1977年・有斐閣)、『民法講義7　親族』(共著)(1977年・有斐閣)、『民法講

① 法务省民事局参事官室：《关于婚姻制度等的民法修正纲要试案及试案的说明》，《法学家》第1050号，1994年，第214页。

② 法务省民事局参事官室：《婚姻与离婚制度改革审议中间报告》，《法学家》第1015号，1993年，第305页。

③ 家永登：《父母之婚姻同意权》，《判例时代》第813号，1993年，第46页。

④ 田中通裕：《婚姻适龄与未成年人婚姻之父母同意权》，《法学研讨会》第455号，1992年，第85页。

⑤ 锻冶良坚：《“中间报告”之我见》，《法学家》第1019号，1993年，第71页。

義8　相続』(共著)(1978年・有斐阁)、『親子の法律(新版)』(共著)(1980年・有斐阁)、『親族法』(1984年・日本評論社)、『現代家族法の展開』(1990年・一粒社)、『民法の基礎(増補版)』(共著)(1990年・法律文化社)等。

简　　历:1931年(昭和六年)生,毕业于大阪大学法学部,大阪大学教授[其著作、履历请详见阪大法学44卷2=3号下卷(1994年)]。

7-12　呗孝一 678

《“婚姻预约有效判决”之再检讨》(1—2完)

(《法律时报》第31卷第3、4号,1959年)*

评议人　南方晓(新潟大学)

该文和《“婚姻预约有效判决”之再检讨(续)》[①]一起详细分析了依据婚姻预约理论保护同居的大审院大正四年(1915年)1月26日的判决。同时,通过对案件事实的调查,对通说提出了质疑。

1. 该文发表前关于本课题之学界状况

大审院大正四年(1915年)1月26日判决[②]将同居假托构成为婚姻预约。该判决被看作是保护受到不当破弃的当事人的判决,并作为先例被引用。[③] 此外,也有学者将同居看作准婚,继而对其加以保护。1958年最高裁判所判决开创了把同居作为准婚进行保护的先河。[④] 通说也认为同居是值得法律保护的法律关系。而同居获得法律保护的出发点正是该判决。该文从根本上

---

* 原文文献为:唄孝一「『婚姻予約有効判決』の再検討(1)(2完)」,法律時報31卷3・4号(1959年)。——译者

① 呗孝一、佐藤良雄:《“婚姻预约有效判决”之再检讨(续)》,《法律时报》第31卷第10、11号,1959年。

② 大审院大正四年(1915年)1月26日判决,《大审院民事判决录》第21辑,第49页。

③ 穗积重远:《婚姻预约有效判决的真正意义》,《法学士林》第19卷第9号,1917年。

④ 最高裁判所第二小法庭昭和三十一年(1958年)10月17日判决,《最高裁判所民事判例集》第12卷第5号,第789页。

颠覆了通说，具有重要意义。同时，对研究时应该重视的视角与研究的基本方法提出了宝贵的见解。

2. 该文的内容及其在学界之意义

(1) 当事人举行“婚姻仪式”后，因男女关系的解除产生的纠纷是该文所探讨的对象。女方认为男女关系的不当解除系侵权行为，遂提出损害赔偿请求。一审判决认为，对于男女关系的解除，男方既无故意，也无过失；二审判决也认为，男方既无故意，也无重大过失，彼此之间不承担侵权责任；但上诉审（东京上诉院）判决认为，男方对关系存在过失，有成立侵权之可能，故将案件发回重审。重审认定，男方存有过失，应承担侵权责任。男方不服提起上诉。该文明确了以下三点：①学界一直认为判决经历了三个阶段，其实不然，判决实际上经历了五个阶段；②围绕事实婚姻解除的论点，由因故意致使名誉受损向因过失导致名誉受损转变；③婚姻预约的主张在
679 第二次上诉审之前并没有成为讨论的焦点。上诉审中，男方认为，婚姻登记前的婚姻关系无效，婚姻预约也无效，因此不发生权利侵害，侵权行为也不成立。从此，婚姻预约的效力问题成为争论的焦点。对于男方的上诉理由，大审院认为婚姻预约有效，但是否定以侵权行为为由的事实上婚姻的不当撤销责任，因而判决男方胜诉（此处不涉及有关程序法的论点）。该文详细分析、探讨了判决的整个过程，并指出将该判决理解为依据婚姻预约理论保护同居的判决之通说并不正确。此外，对于该案是否应该作为同居事件来理解也提出了疑问。

(2) 通说观点认为该判决保护同居，但该文对此提出了不同的见解。该文的意义主要体现在以下几个方面。

第一，该判决在上诉审之前经历了迂回曲折的过程，就其结

论而言并没有保护"同居"，重申了这一点。[①] 这与主张该判决保护同居的通说正好相反。有论者指出，判决中的"附带意见"(Obiterdictum)为追求其内容的划时代性，完全脱离了"案件和裁判过程，是高度抽象化的意见"，并批判了在未明确判决理由和"附带意见"的前提下将该判决理解为保护同居的具有划时代意义的判决(出于何种目的姑且不论)之通说。但是，通说对"该判决产生了误解"。归根结底不能从学者和法官个人观点上寻找原因，而应从"社会关系与法技术发展史中，社会性、历史性"地去分析。

第二，对判决研究中正确区别先例价值性判决规范与先例功能性判决规范的重要性进行了实证研究。在该判决中，"婚姻预约(事实上的婚姻)不当解除理应由违约导致，而不应由侵权行为导致"是具有先例价值的部分(但是，该判决在哪部分具有先例价值规范尚有争议)。作为先例发挥功能的婚姻预约有效的部分，是裁判所在"附带意见"、上诉理由中对"在侵权行为论的框架内作为否定其成立的论理而被提起的婚姻"预约无效论"的对应。论者(呗孝一)通过详细分析判决书明确了这一点。基于上述分析，该文指出理解判决时，一定要留意现实中以文字作成的判决 680
理由、真正的判决理由以及作为先例发挥功能的判决理由。发现上述三种判决理由并非易事，不仅要对判决文书进行详细的"文理分析"，而且要从"案件与结论的对应关系"中归纳总结。

第三，为正确理解判决，应当重视判决相关当事人间的相互作用。也就是说，判决过程中"为了对抗甲的论理而生成乙的论理，为对抗乙的论理而生成丙的论理"。应该着眼于当事人与裁

① 此外，还可参见中川善之助：《婚姻预约有效判决》，《法学研讨会》第 5 号，1957 年。

判所之间的连续性语言交流。换句话说,判决是由当事人和裁判官这些活生生的人所经营的,明确这一点有很大意义。例如,该案件直至终审判决一共经过了五个阶段,“事实上的婚姻”这一表达,从当事人的行为(举行了婚礼等)中微妙地变为提示状态(同居生活等)的内容。当事人为驳倒对方所主张的理由也孕育出与之对抗的理由。该文通过分析判决书明确了裁判官导出案件结论的过程。

第四,再次明确表示,为正确地理解判决,必须重视判决中的法论理构成以及结论与事实之间的关系。学界普遍认为该判决保护同居。但该文在对判决书内容的详细分析以及与相关人员直接交谈等事实调查基础上,对该案件中所谓同居的理解提出了质疑。围绕婚姻的男女关系包括非婚、试婚、未完成婚、纯粹的婚约、事实上的夫妻(同居、准婚)等。以往的学说将上述男女关系统称为“同居”,而该文认为该判决案件中所提出的“同居”并非通常意义上的“同居”(太田武男、川井健持不同见解)。此外,给我们的启示是,大审院没有支持女方以侵权行为为由的损害赔偿请求的真正判决理由可能受到了该案事实关系的影响。

第五,清楚地展现了社会规范与国家规范之间的复杂的动态关系。该案是因事实关系的不当解除产生的纠纷。通过该判决可以发现,社会规范承认的夫妻关系也会受国家法律的保护(国家法对社会规范的让步、追随)。试婚或者未完成婚等社会规范
681 并不保护的男女关系也有可能获得国家法的保护(国家法对社会规范的否定与克服)。

第六,法学研究的通常做法是带着疑问展开研究。该文重申了这一研究方法的重要性。该文通过详细地分析使通说完全没有疑问的该判决的评价发生了 180 度的大转弯。作者这种持怀

疑态度的姿态，在今后展开的医事法研究，如《死只有一次》中依然可见。

第七，研究时要保持谦逊的态度。作者在检讨作业中将重点置于事实的探求上，尽可能搜集了与案件有关的信息。但是，该案件关系到当事人的隐私，作者在充分认识到判例研究必须彻底调查案件事实的基础上，充分考虑了当事人的人权。在作者的讨论中可以窥探到，必须阐明事实这一研究上的课题与对在案件中可能受伤的当事人的关怀之调和。

第八，本研究是在论者（呗孝一）强力指导下完成的，随处都可以体会到老师与学生共同研究的重要性。共同研究的精神可以说与以后同居判例研究的深入有着密切的关系。[1]

综上所述，与其说该文建立了有关同居的解释学说，倒不如说是对有关同居的判例之再检讨，以细致的研究手法和分析进行的研究具有重要意义。此外，尽可能地确认案件事实，同时又结合法律论点的研究方法和视角，融合了法解释学与法社会学。此外，该文并未停留在同居研究方面，其细致展开的判例研究中的特色姿态和手法也是独一无二的。

3. 其后学界之发展

其后，学界围绕同居的判决研究水平显著提高，如对同居关
系的综合研究[2]，着眼于事实与法律判断关系的判例研究[3]。另 682

[1] 东京都立大学家族法研究会：《判例中的婚姻预约》(1—28)，《东京都立大学法学会杂志》，1960—1979 年。

[2] 太田武男：《同居研究》，《日本法学》第 31 卷第 1 号，1965 年；武井正臣：《事实婚姻的现状与课题》，法律文化社，1991 年。

[3] 东京都立大学家族法研究会：《判例中的婚姻预约》(1—28)，《东京都立大学法学会杂志》，1960—1979 年；佐藤良雄：《婚姻预约研究》，千仓书房，1969 年。

外，有学者对案件当时的男女观及婚姻习惯进行了再讨论，在此基础上对该文的理解提出了质疑，[①]甚至还出现了将同居作为准婚加以保护的判例与学说。作为该文研究对象的判决所处的时代已经发生了很大的变化，现代的“同居”研究也取得了显著进步，[②]而且，围绕婚姻的男女关系具有多样性，法律的回应也并非从婚姻预约理论与准婚理论中二选一，应该根据案件的具体情况适用柔软理论，这一见解成为学界通说。

另一方面，围绕作为其重要支柱的判例研究，该文重视的研究手法和基于对判决书的详细分析而进行的具体案件研究是否向深化的方向发展，是有疑问的。对于判例研究，学界展开了各种各样的讨论。[③] 但是，该文所采用的研究方法以及详细的判例研究，现在又有多少被采用呢？如此思考，可以说该文并未将讨论局限于同居，还明确了学习法学之人在研究过程中通常应该返回的原点之一。

■ 作者介绍

呗孝一

主要著作：除该文外，还著有『医事法学への歩み』(1970年・岩波書店)、『人事法Ⅰ・Ⅱ』(共著)(1975年・1980年・有斐阁)、『死ひとつ』(1988年・信山社)、『家族法著作選集1—3卷』(1992年・日本評論社)、『臓器移植と脳死の法的研究——イギリスの25年』(1988年・岩波書店)、『脳死を学ぶ』(1989年・日本評論社)、『生命維持治療の法理と論理』(1990年・有斐阁)等。

---

① 川井健：《同居的保护》，《现代家族法大系》(2)，有斐阁，1980年。

② 二宫周平：《事实婚之思考》，日本评论社，1991年。

③ 川岛武宜：《判例研究的方法》(1—2)，《法律时报》第34卷第1、2号，1962年；平井宜雄：《判例研究方法论之再研讨》(1—3完)，《法学家》，1990年，第61—69页。

简　　历：1924 年（大正十五年）生*，毕业于东京大学法学部，历任东京都立大学、北里大学教授等职[其著作、履历请详见東京都立大学法学会雜誌 28 卷 2 号（1987 年）]。

* 呗孝一已于 2011 年去世。——译者

683 7-13 穗积重远《离婚制度研究》

（改造社，1924 年）*

评议人 床谷文雄（大阪大学）

该书通过对离婚书**、缘切寺***习俗的调查，以及对离婚原因的判例研究和西方离婚法的比较研究，提出了应采用相对离婚原因的观点。该书成为二战后日本离婚法的基础。

1. 该书出版前关于本课题之学界状况

（1）作者是二战前日本最具代表性的家族法学者，被称为“家族法学之父”，发表了诸多家族法学方面的论文。离婚制度是穗积重远教授研究的重点。原本是否应该承认离婚，即使承认离婚是否仅限于有特别原因的情形（有因离婚、限制离婚、有责主义），即使没有特别原因也可以离婚（无因离婚、自由离婚、目的主义），这些问题在西方一直以来就有争议。该书不仅进行了离婚制度的史学研究、比较法研究和实定离婚法的判例研究，在立法论上也有所研究，此等离婚法制的综合研究在该书之前尚未展开过。

明治民法否定了习惯上的男子专权离婚（弃妻）主义，继而采用双方当事人达成合意协议离婚以及基于一定的事由诉讼离婚

---

* 原文文献为：穗積重遠『離婚制度の研究』（1924・改造社）。——译者

** 离婚书：江户时代，庶民离婚时丈夫寄给妻子的确认离婚的文书。妻子拿到离婚书后可以再婚。——译者

*** 缘切寺是指日本江户时代协助妇女达成离婚愿望的尼寺。江户时代的妇女没有要求离婚的权利，但若能在尼寺内居住满三年，则具有离婚的法律效力。——译者

的离婚方式。夫妻双方达成合意自行解决的协议离婚方法是日本离婚法制的一大特色。其实，这是一种无因离婚，继承了民法制定前的离婚制度。另一方面，裁判离婚中的限制离婚主义是西方近代离婚法采用的一种离婚方式。西方继受法与固有法并用，是我国离婚法构造的特色，以此为出发点探究作为法律制度的离婚之“应有方式”是该书离婚制度的研究课题。

(2) 作者自 1911 年(明治四十四年)至 1923 年(大正十二年)公开发表的 15 篇论文以及新增的两篇论文构成了该书。值得注意的是，该书的主题是相对离婚原因。作者的父亲穗积陈重在明治民法制定过程中反对原提案的限制列举主义，主张所谓的“自由离婚论”，该书具有所谓的“自由离婚论”再构成的一面。“自由离婚论”以“因无法忍受共同生活而不和”与“因无法忍受同居夫妻间的不和”为离婚原因，被称为“完全破裂主义”(来栖三郎)，或者说是“一般破裂主义”(浦本宽雄)。对于《民法亲属编中修正纲 684
要》中所采用的相对离婚原因，作者曾这样描述：“一度作为死尸下葬的‘穗积(陈重)案’30 年后又复活了。”对于穗积陈重的自由离婚论与作者的相对离婚主义之间的关联，一般认为两者在离婚法思想上可能具有共通性(谷口知平、矶野诚一和浦本)，但相对于穗积陈重的积极的破裂主义，穗积重远的理论可以被评价为消极的破裂主义(来栖)。

2. 该书的内容及其在学界之意义

该书内容大致可分为如下三个部分：①离婚书、缘切寺习俗的历史研究；②基督教婚姻非解除主义的生成及近代西方离婚容忍过程的比较法史研究；③明治民法有关离婚原因规定的综合判例研究和比较法研究。在上述研究的基础上，作者提出了离婚原因论，并曾提议在法律修改时应采用相对主义的离婚原因。

(1) 作者分别于大正十一年(1922年)和大正十二年(1923年)对东庆寺和满德寺进行了调查，在此基本上指出离婚书包括离婚文言(仅记载“我等任意所为”，不列举具体离婚原因)及再婚许可文言*。与其说前者，倒不如说后者具有一定意义。离婚书俗称“三行半”，至于为何称为“三行半”，原因不明。缘切寺最有名的是镰仓松冈山东庆寺和上州德川乡满德寺。这两个寺庙因天皇、北条家族、丰臣家族和德川家族等权力者一族中的女性入寺成为权威的来源。作者详细分析了寺庙所藏之文献资料，对于来寺庙居住的妻子待遇，具体分析了妻子与夫家的具体交涉过程。在交涉过程中，妻子时常借助幕府官员的力量，有时也与幕府官员发生对立，最终入寺居住的习俗得以维持。作者还详细介绍了有关缘切寺的川柳**。在当时，妻子没有正式的离婚请求权，作为保障妻子利益的“无缘所”***制度在普通百姓中的接收程度如何，作者给出了饶有兴致的答案。特别是对满德寺“入寺妇女在寺情况”的介绍，以及向寺院申请援助“关照”的说明等，与东庆寺相比较，作者在满德寺研究方面取得了先驱性的研究成果。

作者对离婚书、缘切寺习俗的研究表明：因“万不得已的事情”这一抽象的理由，离婚获得承认。尽管没有正式承认妻子的离婚请求，入寺居住这一使离婚正当化的程序作为对妻子最小限度的救济获得承认。

---

* 再婚许可文言：离婚书记载事项之一，即“离婚后，再婚也无妨”等字句。——译者

** 川柳：日本杂俳的一种。由5、7、5计17个假名组成的诙谐、讽刺短诗。——译者

*** 无缘所：历史学、社会学上的概念，泛指远离统治权力的特殊区域，又称圣域、自由领域和避难所等。——译者

（2）对于西方的离婚制度，对基督教的婚姻非撤销主义在中世纪形成之前的经过，对“神恩赐的东西，人类不应抛弃”及“因奸淫而休妻，再迎娶其他女人的构成奸淫”此等耶稣基督教义之解释的对立（作者认为，基督教采附例外婚姻非撤销主义），宗教革命中限定有责主义之离婚法的成立，从法国革命时期的离婚缓和到王政复古时期的禁止以及其后的复活过程做了详细介绍。此外，作者还分析了英国的动向和俄国革命后的离婚法，并指出革命中的离婚法改革是历史的必然 685

（3）在离婚原因论中，通过分析有关明治民法施行前的布告法以及明治民法的离婚原因之判决，指出明治民法施行前采用的是相对离婚原因的制度，即若有“万不得已的事情”（1873 年《太政官布告》第 162 号），可以离婚。与此相对，明治民法采用具体离婚原因主义。司法实践中，裁判所对民法的有关规定进行了从宽解释，实际上可以说明治民法转向了相对离婚原因主义。明治民法中对妻子不利的有关离婚原因的规定也通过法律解释得以修正，主张夫妻在法律上平等。作者对英、德、瑞士等国有关精神病人离婚以及相对离婚原因进行了研究。在比较法研究的基础上，主张采用“有其他难以维持婚姻的重大事由之情形”的相对离婚原因。

3. 其后学界之发展

（1）该书的研究于大正十二年（1923 年）完成。离婚法当时正处于从 1907 年瑞士《民法》第 142 条规定的有责主义向相对离婚原因主义或者破裂主义（但不承认有责配偶者的离婚请求）转变的萌芽阶段。作者的立法提案与大正时期的民法修正（《临时法制审议会民法修正纲要：人事法案》）相关联，在二战后的民法修正中得以落实。也就是说,民法中导入了作为相对离婚原因的“其他难以维持婚姻的重大事由”(《民法》第 770 条第 1 项第 5 号)。另一方面,在有责主义向破裂主义转变的背景下,离婚法采用了明治民法所否定的精神病离婚(《民法》第 770 条第 1 项第 4 号)。与此相对,该书介绍了以下一种见解。即在西欧,对于精神病可否作为离婚原因,各国法制并不相同。即使在一定条件下有承认精神病为离婚原因的必要,但将其明文化欠缺妥当性,最好是将其纳入相对离婚原因的范畴。此后,判例为承认离婚,认为
686 对于离婚后精神病人生活的要有“具体的方法”以及“方法的可行性”。对此,有学者批判道,这已经偏离了破裂主义离婚法的实质。但“穗积说”是包含此方向的。

可以说,二战后日本民法已经超越了西欧法。但是,诸外国的离婚法自 60 年代后半期开始发生了很大的变化,开始推行破裂主义。以中川善之助为首的穗积重远的弟子进一步推进了离婚制度的比较法研究。最近,西方法出现了婚姻关系的破裂是离婚原因的唯一理由(德国和英国等)的倾向。有关精神病患者离婚的规定有助长对精神障碍患者歧视的嫌疑,故平成八年(1996 年)的《民法修正纲要》中删除了该规定,继而导入“违反婚姻的本旨,持续分居五年以上”的客观离婚原因,但应进一步明确破裂主义。由此可见,我国的裁判离婚法再次与西方离婚法并驾齐驱。此外,也可以说是“穗积说”的再生。

(2) 对于离婚书、缘切寺,法律史学者也做了详细的实证研究,如井上禅定的《驱入寺——松冈山东庆寺的寺史与寺法》[①]。

① 井上禅定:《驱入寺——松冈山东庆寺的寺史与寺法》,小山书店,1955 年。

此外，还有石井良助的《江户之离婚》①、高木侃的《缘切寺之满德寺研究》②等。最新的研究表明，离婚书不仅仅是为了丈夫的利益而许可无因离婚的文书。

■ 作者介绍

穗积重远

主要著作：除该书外，还著有『法理学大綱』(1917年・岩波書店)、『民法総論上下』(1921年・有斐閣)、『親族法』(1933年・岩波書店)、『有閑法学』(1934年・日本評論社)、『続有閑法学』(1940年・日本評論社)、『法学通論』(1941年・日本評論社)、『離縁状と縁切寺』(1942年・日本評論社)、『相続法』(1946—1947年・岩波書店)等。

简　　历：1883年(明治十六年)—1951年(昭和二十六年)，毕业于东京帝国大学法科大学，历任东京帝国大学教授、最高裁判所判事等职[其著作、履历详见穗積先生追悼『家族法の诸问题』(1952年・有斐閣)、西原道雄「日本民法学者のプロフィール6　穗積重遠」法学教室181号(1995年)]。

① 石井良助：《江户之离婚》，日经新书，1965年。

② 高木侃：《缘切寺之满德寺研究》，成文堂，1990年。

687 ## 7-14 谷口知平《亲子法研究》

(有斐阁,1956 年)*

评议人 松川正毅(大阪大学)

该书围绕婚生子女、非婚生子女、养子等诸问题展开了讨论,以身份占有为主题,提供了重视事实上的生活关系的视角。

1. 该书出版前关于本课题之学界状况

(1) 二战后的民法修正,在"个人尊严与两性的实质平等"的思想下,删除了民法典中有关"家制度"的规定。民法亲属编、继承编得以修改的 1947 年是围绕家族的法律的重大转换期。①

在家族法的基本原则急剧变化的变革期,该书以当时亲子法领域的新理念——民主主义为视角,对英国、美国、德国、法国以及苏联的法律进行了比较法研究。其中,重点介绍了法国法上的身份占有,探究了该制度的意义。此外,还明确了亲子关系的法律价值观。

(2) 我国旧民法中有关于身份占有的法律条文。但是,这仅存在于旧民法中,民法修正时在没有什么特别说明的前提下就被删除了。移植了欧洲法律制度,尤其是法国的亲子法制度,同时,作为亲子关系的证明,导入了推定制度。在一定程度上,放弃了实务上传统的身份占有的概念。此后,我国民法典中再也没出现

---

* 原文文献为:谷口知平『親子法の研究』(1956 年・有斐閣)。——译者

① 大村敦志:《日本民法的进展(1)・民法典的修改——后二编》,《民法典的百年》,有斐阁,1998 年,第 125 页及以后。

身份占有的文字，而且也没有从正面触及身份占有的概念。

在亲子关系的证明方面，法国传统的身份占有概念是与婚生推定并驾齐驱的一个重要制度，但在该书出版之前并不为众人所知。

身份关系的形成，也应考虑事实上的生活。本书出版之前，我国学说中未曾出现过这一观点。只不过是使用了“身份占有”一词，没有出现在理解法国法原有制度基础上的理论。[①] 688

我国的现实社会中的确有些地方存有不太重视血缘的习惯，但在法律上否认之诉、认领等基本上都在贯彻血缘主义。我国亲子法正因证明的不确定性而被遵守。即使剔除身份占有的概念以及在实际生活中的尊重，亲子法也能很好地被运用。

2. 该书的内容及其在学界之意义

（1）作者该书中介绍了法国的身份占有理论，承认了其重要性，主张基于身份占有的理论意义重大。这些基本观点在以下的说明中将为读者一一展现。“亲子关系虽然以血缘为基础，但生物学意义上的血缘在其中并没有什么意义，基于血缘产生的深深情感、扶养的事实及亲子般的社会生活在其中才有意义和价值。所以，我不赞成彻底的真实主义，无论是否存在血缘关系，只要国家在法律上承认并以亲子关系对待，不使这个关系混乱的制度就是好制度。”（原书第41页）

（2）现行法国《民法》第311条之2对身份占有作出了规定。依照第311条之2，称为“氏”（nomen）。作为子女或者父母对待，

① 例如，中川善之助：《判例批评》，《民商法杂志》第9卷第2号，1939年，第127页。

或者为子女的扶养和自立提供资助(tractatus);社会将其作为子女加以承认,公权力将其视为子女(fama),是身份占有的要件。一般而言,以作为亲子的外观而具有的生活事实意味着存在亲子关系。如果具备这一事实状态,则法国法将其称为身份占有。该书以身份占有论为基础,给亲子关系仅基于真实的观点敲了警钟。此外,还告诉我们,民法上仍存在着现行民法典所不知的作为另一法律制度的价值观和尊重生活事实的观点。这种法价值观的发现具有重大意义。

但是,这种仅通过身份占有保护亲子关系的方式具有不圆满性。身份占有和出生证明一致时,任何人都不能否认亲子关系。即使亲子关系与真实情况相悖,只要身份证书与身份占有一致,
689 亲子关系就有可能获得法律保护。也就是说,法国法上的身份占有理论并不是单纯的理论,而是与其他要素相关联。有时它出现在前面发挥着积极保护的作用,有时滑向消极否定的方向,无视身份占有,拒绝承认亲子关系。身份占有制度与其他值得法律保护的价值观(尊重事实、尊重意思表示等)有着密切的联系,发挥着与时代相适应的作用。仅有身份占有是远远不够的,但并不是说只要存在生活事实关系就将其作为亲子加以保护。

这就意味着,“不管怎么说,只要不存在扶养事实,即使父母子女之间有亲情在,也不应该作为亲子关系对待。再者,存在扶养事实,即使不存在自然血缘上的亲子关系,也应作为亲子关系对待。”(原书第 5 页)。应该沿着法国法的解说脉络理解这句话。不了解法国法的学者一般将其理解为,只要有生活事实,就能像“时效”一样取得身份关系。

此外,也有这样一种情况,对于妻子通奸所生的子女,丈夫为报复妻子不否认也不予以承认。在这种案件中,事实上不存在以

真实的感情为基础的亲子关系，"因法律上欠缺应该承认父子关系的实质性根据，所以在解释上否定父子关系，多少下点功夫即可。例如，否认权不行使的滥用、主张否认权意思表示错误的无效等可以作为否认父子关系的法律技术。"（原书第 9 页）。此后，法国将该问题看作身份占有的问题，第 344 条之 9 的反对解释也被其法院所采纳。[①] 即证书记载的关系与身份占有不一致的，倾向于尊重真实。此时，身份占有发挥着否定的功能。即使发挥否定的功能，在现在法国法中，生活事实的观点依然很重要，这一点没有变。对于谷口博士指出的问题，后来的最高裁判所昭和四十四年（1969 年）5 月 29 日判决作为表见婚生子女承认了亲子关系不存在确认之诉[②]（有关亲子关系不存在确认之诉的内容，请参加原书第 43 页）。

3. 其后学界之发展 690

或许是难以理解的缘故，身份占有论未必能够被理解、接受。在事实关系的尊重方面，我国是特立独行的。此后，法国曾几度修改法律与判例理论，身份占有的面貌也随之改变，但其作用的重要性并未发生变化。该书出版后，对于身份占有，伊藤昌司教授从不同于该书的观点进行了研究，加深了对身份占有的理解[③]（松川正毅的《法国法与日本法》[④]一文在与 DNA 鉴定的关联上分析了法国亲子法的各种法律价值观。关于身份占有，可参见山田

---

① Civ. lre9juin1976，D. 1976，593.

② 最高裁判所昭和四十四年（1969 年）5 月 29 日判决，《最高裁判所民事判例集》第 23 卷第 6 号，第 1064 页。

③ 伊藤昌司：《法国亲子法上的身份占有》，《谷口知平先生追悼论文集》（第 1 卷），信山社，1992 年，第 203 页以后。

④ 松川正毅：《法国法与日本法》，《家族"社会与法"》第 13 号，1997 年，第 67 页以下。

梨花的《法国的身份占有》[①]一文。该书的理论对是否承认虚伪婚生出生登记向收养的转换产生了影响。对于这一点,伊藤昌司在《法国亲子法上的身份占有》一文中做了详细的介绍。此外,也请参见法国民法第322条之1)。

现在,由于科学技术的发展,亲子鉴定已经具有相当高的准确率。随着亲子关系真实性在客观上的明确,作为"生活事实"而被遵守的理论的重要性也在提高。[②]

该书所阐述的理论在科学技术不断发展的今天仍具有重大意义。在与DNA鉴定的关联上,下级审的判例为解决现实问题,采用了不同于母法但又类似身份占有的理论。[③] 即便如此,身份占有也是很难被理解。如同将其解释为"时效"一样,时常选择与母法不同的道路前行。该书是亲子法修正前(1972年前)的著作,但再次研读该书,仍具有重要意义。

■ 作者介绍

谷口知平(参见本书6－03)

---

① 山田梨花:《法国的身份占有》,《法学政治学论究》第22号,1997年,第77页。

② 关于我国的DNA亲子鉴定问题,可参见松川正毅:《DNA鉴定的放任及其问题》,《民事情报》第143号,1998年,第2页。

③ 大分地方裁判所平成九年(1997年)1月12日判决,《判例时代》第970号,第225页。详见松川正毅的相关文章,《私法判例评论》第18号,1999年,第68页。

7-15　岛津一郎

《何谓子女的利益——依据人身保护法之子女交还请求》(1—2完)

(《判例评论》第175、178号,1973年)*

评议人　棚村政行(早稻田大学)

"子女的利益"是争夺子女纠纷的解决基准。该文对"子女的利益"的具体内容进行了再讨论,将焦点聚焦在子女的需求,而非父母的事情上,提出了最大限度地尊重子女的安定养育环境的持续性的"继续性指导方针"。

1. 该文发表前关于本课题之学界状况

据统计,全国家庭裁判所有关子女监护的调解、诉讼案件,从1970年的823件上升到1997年的12 673件,不到30年的时间里增加了15倍以上。依据人身保护法的子女交还请求案件每年超过100件。由于父母地位的平等化、少子化和离婚率上升等原因,子女监护养育纠纷案件近年来呈现出不断上升的趋势。以交谈为基础的纠纷调解一旦失败,凭借各自实力争夺子女的案件屡见不鲜。互相争夺子女纠纷的解决程序有二:①亲权人基于亲权向普通裁判所提出交还子女请求的民事诉讼程序;②作为有关子女监护的处分案件向家庭裁判所提出审判请求(审判前的保全处分),请求交还子女的家事审判程序。但是,近年来,由于纠纷解

* 原文文献为:島津一郎「子の利益とはなにか(1)(2完)——人身保護法による子の引渡請求」,判例評論175・178号(1973年)。——译者

决的强力性、救济的简易迅速性，依据人身保护法的子女交还请求被频繁利用。但是，学界对上述三种程序的相互关系以及“子女的利益”、“孩子的幸福”的判断基准争论颇多，判例也出现了不少混乱。

人身保护法制定于二战后不久的1948年。该法的立法目的是根据保障基本人权的日本国宪法的精神，使被不正当剥夺人身自由的人通过司法裁判所迅速恢复自由(《人身保护法》第1条)。人身保护程序借鉴了英美法的人身保护令制度(Habeas Corpus)，原本是为了使人们从刑事程序的不当束缚中解放出来。很久以前，我国为了解决子女争夺纠纷，就开始利用该制度。[①]在
692 母法——英美法的历史沿革上，对于子女监护纠纷就适用了人身保护法；虽说是幼儿，也不能将其置于人身保护法的适用范围外；人身保护规则第37条是被拘束人为幼儿时的规定。因此，在学说上赞同利用人身保护法的积极说占多数。[②]

与此相对，消极说也很有力。例如，人身保护法原本是否打算解决幼儿的监护权决定的问题；[③]夫妻间的子女监护纠纷就其本质而言是感情的纠葛，基于人权保护的理念所制定的人身保护法是否必须要求身体自由的束缚；能否以作为非常应急的特别救济方法的人身保护程序，判断未成年子女将来

---

① 最高裁判所昭和二十四年(1949年)1月18日判决，《最高裁判所民事判例集》第3卷第1号，第10页。

② 小林一郎：《人身保护法概论》，有斐阁，1949年，第111页；我妻荣：《亲属法》，有斐阁，1961年，第332页；田中和夫：《判例批判》，《民商法杂志》第25卷第3号，1950年，第190页；中川善之助编：《注释亲属法》(下)，有斐阁，1952年，第49页(山木户克己执笔部分)等。

③ 末延三次、五十岚清：《判例民事法》(25)，有斐阁，1962年。

的幸福。[①]

2. 该书的内容及其在学界之意义

在上述学界状况下，该文试图分析和整理依据人身保护法的子女交还请求案件的判例理论，对判例采用的判断基准和法律解释大胆地提出了质疑。“子女的利益”是案件解决的终极目标，以往的判例不都是从父母的权利和利益来判断的吗？作者首先提出了这样一个尖锐的问题。此外，作者还提出判例对“意思能力”的判断具有任意性。他认为即便子女无意思能力，在判断“子女的利益”时，也应着重参考子女的意向等子女方的情况。尊重子女意见表明权的《儿童权利保护条约》被批准承认后，学界普遍认同该书作者的观点。但在当时情况下，可以说是一个至理名言。

此外，作者明确指出了判例的基本框架结构。即分居期间的
夫妻，一监护权人对另一监护权人提出子女交还请求的，裁判所
会比较衡量夫妻双方的实际情况，无论父母双方哪一方监护子
女，都必须以“子女的幸福”为判断标准。但是，多数情况下，子女
为幼儿的，倾向于让母亲扶养。再者，父母离婚后，父母一方有监 693
护权的，原则上支持有监护权一方的子女交还请求。这是因为一
般认为由监护权人监护子女更符合子女利益的。据作者考察，判
例一般不支持非监护权人对监护权人提出的子女交还请求。

---

① 谷口知平：《判例批判》，《民商法杂志》第60卷第3号，1969年，第416页；野田爱子：《围绕未成年子女监护、收养纠纷的处理与展望》，《法学家》第540号，1973年，第48页；氏著：《家族法实务研究》，判例时代杂志社，1988年，第248页；明山和夫：《判例批判》，《判例评论》第133号，1970年，第19页；沼边爱一：《子女交还与人身保护法》，《法学全集·民法Ⅴ·亲属与继承》，1975年，第186页。

作者对相当多的判例所采用的“母亲优先原则”提出了大胆且尖锐地批判。所谓“母亲”究竟指的是生物意义上的母亲，还是心理学意义上的母亲，判例的态度似乎是暧昧的。心理学意义上的亲子关系对于子女的成长发育起着至关重要的作用。故作者开始倡导不破坏孩子内心中形成的父母形象的“继续性指导方针”。此外，作者还对以监护权的有无设置差别的“监护权人优先原则”提出了不同的意见。在子女脱离监护权人监护而受到事实监护权人监护的情况下，事实监护权人与子女之间形成心理学意义上的监护关系。此种情况下，作者极力主张不应该支持监护权人的交还请求。作者认为判决并未真正考虑子女的需求，而是更多地是在考虑其父母的情况。此外，作者还反复强调子女成长所需要的是情感、刺激以及不间断地连续性。父母是否对孩子充满感情，是否给予适度刺激。对此，只要收集到相当详细的资料，上述两点就很明确。资料不齐时，经过一定的时间，可以推定成立心理学意义上的亲子关系，只要不实施破坏其持续性的行为便可。

此外，作者还在论文中主张了以下几点：子女并非物品，当然不能像物品的交付那样对待处理。对于子女的交还问题，必须面对面地商量，制订详细的交还计划。在子女的交还请求案件中，应该赋予子女以当事人的法律地位，让其成为自己的代理人。此外，基于人身保护的子女交还请求案件也应由家庭裁判所统一管辖。

3. 其后学界之发展

子女交还纠纷的解决基准是“子女的利益”，对于这一点，学界没有争议。但是，该文就判断“子女的利益”时的具体事项借鉴了精神分析学等领域的研究成果，重视子女的时间感觉和需求，主张原则上必须在两至三周内作出迅速处理。该文的主张对下级审判的影响，在审判案件中时有可见。[①] 学界也开始出现追随该主张的学说。例如，法律不具有有效管理人类关系的能力，根 694 据现行的行动科学能力，对“子女的利益”的长期预测有其局限性。因此，以“继续性指导方针”为依据的短期预测成为判断子女交还是否妥当的唯一方法。[②] 但是，该立场也是以能够利用调查官、医务室技术官这一调查诊断机构的家庭裁判所所做的和解、审判为优先。无法迅速且正确地解决问题时，退而求其次的方法才是考虑适用人身保护法。[③]

但是，另一方面，有学者批评道，过分强调“继续性指导方针”助长了“被夺走的话迅速夺回”的做法，更容易导致现状肯定的结果。学界的有力说认为，这只不过是判决基准之一。[④] 美国著名心理学家科特·戈德斯坦(Kurt Goldstein)[*]曾提议把心理学与精神分析学的定式应用于监护纠纷，“继续性指导方针”也参考了戈德斯坦的学说。戈德斯坦学说本身对无监护权一方的面谈交涉持消极的态度。更为极端的是，学界相继出现了几种批判的声音。应该一定程度上预测父母的情况与子女的情况等，然后作出综合判

---

① 参见东京地方裁判所昭和五十年(1975年)7月17日判决，《判例时报》第801号，第49页；东京地方裁判所昭和五十三年(1978年)8月24日判决，《判例时报》第373号，第145页。

② 梶村太市：《夫妻分居期间围绕幼儿交还之诸问题》，《家庭裁判月报》第28卷第8号，1976年，第4页；田中英夫：《人身保护程序》，《新实务民事诉讼讲座》(8)，日本评论社，1981年，第453页。

③ 梶村太市：《夫妻分居期间围绕幼儿交还之诸问题》，《家庭裁判月报》第28卷第8号，1976年，第35页。

④ 石川稔：《子女交还请求》，《法学家》别册《民法的争论点》，1985年，第373页；山畠正男：《现代亲子关系与法》，《法学研讨会》临时增刊综合特集《日本家族》，1979年，第329页；《家庭事件座谈会：关于子女争夺纠纷的人身保护案件》，《案件研究》第161号，1977年，第37页，田中(恒)发言、千叶发言等。

* 科特·戈德斯坦(Kurt Goldstein，1878—1965)：德裔美籍神经病学家和精神病学家、机体论心理学的主要创始者，也是人本主义心理学的先驱。——译者

断。精神医学和心理学本身并未打算解决法律问题。此外，即使在美国，"继续性指导方针"也只不过是重要的判断要素之一。

该文中的"继续性指导方针"等主张促使学界对以往的监护人决定基准进行再研讨，考虑到子女成长、发育的需要，将焦点聚集在了养育环境的安定性上，这些都应该给予肯定评价。但也应该注意到，统一使用反而会诱发实力行使，其后的学说和实务基本上是把判决基准柔软化、弹性化，并对个别情况予以斟酌。[①] 该文为子女的需要和子女本位的迅速解决提供了有益的建议，并明确了以下几个论点：例如，子女监护纠纷的概括的、一元化处理，裁判管辖的应有状态，作为监护人决定标准的"子女的利益"内
695 容，子女的交还、监护案件的解决以及心理学、精神医学的灵活运用，子女自身利益的辩护人、代理人等。对此后的司法实务产生了重大影响，给学界的讨论也带来了很大的启发。[②]

■ 作者介绍

岛津一郎

主要著作：除该文外，还著有『家族法入門』(1964 年・有斐閣)、『妻の地位と離婚法』(1974 年・有斐閣)、『親族・相続法』(1980 年・日本評論者)，论文集有『転換期の家族法』(1991 年・日本評論社)等。

简　　历：1921 年(大正十年)生*，毕业于东北帝国大学法文学部，曾任金泽大学助教授，千叶大学、一桥大学、创西大学教授，现为律师[其著作、履历请详见川井健ほか編『講座現代家族法 第 1 巻総論』(1991 年・日本評論社)]。

---

① 参见野田爱子：《围绕未成年子女监护、收养纠纷的处理与展望》，《法学家》第 540 号，1973 年，第 188 页。

② 此后的学说、判例的发展状况，请参见棚村政行：《判例批判》，《法学家》第 1068 号，1995 年，第 88 页以后；水野纪子：《判例批判》，《民商法杂志》第 113 卷第 2 号，1996 年，第 110 页以后。

* 岛津一郎已于 2007 年去世。——译者

7-16　山畠正男 696

《不受推定之婚生子女的研究笔记》(1—8)

(《判例评论》第 195、196、200、202、203、207、218、224 号，1975—1977 年)*

评议人　山口纯夫(甲南大学)

对于受推定之婚生子女**，该文探求了立法者的意思，并对大审院 1940 年联合部判决以及直至今日的学说、先例和判例等进行了详细的分析。

1. 该文发表前关于本课题之学界状况

作者在该文的执笔过程中，在以"'不能被推定之婚生子女'的混乱"①为题的论文原稿中指出，中川身份法学所创立的"不能被推定之婚生子女"概念因人的理解不同而产生不同含义。①对于婚前受孕、婚后 200 日内出生的子女，因不是"婚姻期间受孕"，故不受《民法》第 772 条规定的"法律上的父性推定"。但并非除"认领"外不能确立夫性，根据"事实上的父性推定"有可能成为婚生子女。②婚姻期间丈夫长期不在家，事实上已经处于离婚状态，在此期间妻子所生的子女，从形式上看是"婚姻期间受孕"，根

---

*　原文文献为：山畠正男「推定を受けない嫡出子に関する覚書(1)—(8)」，判例評論 195・196・200・202・203・207・218・224 号(1975—1977 年)。——译者

**　婚生子女：是指在婚姻关系存续期间，妻子所生育的子女。对于婚姻成立后 200 日以内出生的子女，依照《民法》第 772 条第 3 项，该子女不能被推定为婚生子女。但日本判例扩大了婚生子女的范围，上述子女因出生也有可能取得婚生子女的身份。学界将这一类型的婚生子女称为"不受推定之婚生子女"。——译者

①　山畠正男：《"不能被推定之婚生子女"的混乱》，《家庭裁判月报》第 28 卷第 7 号，1928 年。

据《民法》第772条规定，可将其推定为丈夫的婚生子女。但在实际上是排除上述推定的，该子女不能被推定为婚生子女。前者为婚生子女，后者不是婚生子女。本来就有符合各自实质的专业术语，但为了明确二者的不同，对前者使用“依不能推定而推定产生的婚生子女”、“事实推定产生的婚生子女”，后者使用“被推定的私生子”、“推定范围外的子女”。该文主要对上述①的情形进行了研究。

在该文“三 生来婚生子女抑或准正婚生子女”中，作为学说系谱检讨的结果，了解到尚存在以往被学界忽视的学说。极端地讲，除“中川说”外，明治时代早已建立了现代学说的原型。详细内容可以直接参见该文。但是，在二战后的论说中，该文发表之前关于此问题的论文主要有外冈茂十郎的《不能被推定之婚生子
697 女》[①]、高野竹三郎的《婚生性之否认》[②]、前田正昭的《婚姻成立200日内出生子女之婚生性》[③]、高梨公之的《婚生子女的扩张与缩减》[④]。上述论文对①和②展开了讨论。

2. 该文的内容及其在学界之意义

对于何谓婚生子女，即使将其限定在生来婚生子女[*]的情形，也不容易下定义。时至今日，学界出现了各种各样的定义。在与民法有关规定的关联上，将有“婚姻期间受孕——夫性推定”的子

① 外冈茂十郎：《不能被推定之婚生子女》，家族法大系刊行委员会编：《家族法大系》(Ⅳ)，有斐阁，1960年，第1—12页。

② 高野竹三郎：《婚生性之否认》，同上书，第13—31页。

③ 前田正昭：《婚姻成立200日内出生子女之婚生性》，《近畿大学法学》第15卷，1967年。

④ 高梨公之：《婚生子女的扩张与缩减》，《日本法学》1968年34卷第1号，第53页。

* 生来婚生子女：自出生之日起，即取得婚生子女之身份的子女。——译者

女定义为婚生子女，的确很有必要。对于除此之外的婚生子，也使用“不受第772条的推定之婚生子女”、“不能被推定之婚生子女”等概念，给人的感觉好像是也存在不适用父性推定的婚生子女。但是，在婚生子女的定义中，重要的是与“父性推定”相关联的内容。这是由“婚姻(期间受孕)”决定，还是由“认领”决定？抑或由这之外的“事实推定”决定？这些都是围绕“婚生子女”的定义所产生的问题。日本与其所参照的外国诸法典不同，排除了“出生主义”的旧习惯，只有被推定为婚姻中受孕的子女才有可能被认定为婚生子女。针对以往的上述疑问，作者再次考察了民法的编纂过程。

首先，按照明治民法施行前的惯例，婚前受孕、婚后出生的子女为婚生子女，这一点是毫无疑问的。但这是否被认为是“生来婚生子女”，对此，并没有找到翔实的文献资料。在旧民法的编纂过程中，如果被认为是准正婚生子女，那么至少在明治二十年代，一般通过“怀胎主义”把握婚生亲子关系。

现行民法的立法者把有关亲生父母子女关系的基本方针概括为“事实主义”原则。婚姻登记是婚姻的“成立要件”，这是立法者的意思。由此，对于婚前怀胎、婚后出生的子女，即便是丈夫的子女也会被认定为非婚生子女。按照立法者的意图，只有通过准正*才有可能被认定婚生子女。但是，倘若贯彻该原则，在立法者所谓的下等社会，几乎全部的子女都可能被认定为非婚生子女。另一方面，立法者考虑到婚姻后出生的子女有可能获得丈夫的承认，因此上述的非婚生子女不用通过认领，根据丈夫的承认，也能 698

* 准正：即非婚生子女取得婚生子女之身份的方法。所谓认领准正，是指在婚姻关系存续期间，父母认领的子女，自认领时起取得婚生子女的身份。——译者

获得婚生子女的地位。在理论上这也是准正婚生子女，但在承认的情形下并非自承认之时起就成为婚生子女，所以如同依据认领的准正婚生子女一样，不能暂且被作为非婚生子女出生。实质上如何姑且不论，在与形式上的出生登记的关系上，与生来婚生子女没有任何差异。立法者的上述立场，包含了对这种子女特殊性的问题提起。此后，学说分立、先例动摇、判例丧失一贯性等事态的发生是可想而知的。

民法施行后至大正年间，准正婚生子女说一直占据通说地位。户籍实务也采该说。例如，大审院昭和三年（1928 年）12 月 6 日判决采用了准正婚生子女说。[①] 但是，大部分学说倾向于生来婚生子女说。大审院大正八年（1919 年）10 月 8 日判决采用了生来婚生子女说。[②] 按照该学说，孩子虽然被认定为婚生子女，但实际上只不过是具有婚外子女这种极不确定的身份而已。作为学说，对于子女的身份问题，不能由丈夫单纯的意思表示等予以否认，必须确立稳定的生来婚生子女论。

作为学说上的课题，学界形成了以下列事项为内容的解释论。即除受《民法》第 772 条的推定外，尚有可能存在与之不同的婚生子女；而且，该婚生子女适用夫性推定，不需要举证证明存在父子（女）关系。有观点认为，在不受《民法》第 772 条推定的情况下，也有可能被认定为婚生子女。这种见解在以往的生来婚生子女学说中也被主张过。采“不被推定的婚生子女”论的“中川说”[③]认为，婚姻成立后 200 日内出生的子女并非受《民法》第 772 条的

---

① 大审院昭和三年（1928 年）12 月 6 日判决，《法律新闻》第 2957 号，第 6 页。

② 大审院大正八年（1919 年）10 月 8 日判决，《大审院民事判决录》第 25 辑，第 1756 页。

③ 中川善之助：《民法》（Ⅲ），岩波书店，1936 年，第 92 页。

推定，因适用夫性推定，故没有必要举证证明存在父子(女)关系，但对该婚生性有异议的人应该举证证明不存在亲子关系。其主要内容为，不必提起婚生否认之诉，只要举证证明不存在父子(女)关系，就可以推翻受夫性推定的婚生子女的地位。

大审院联合部昭和十五年(1940年)1月23日判决是对1919年至1928年间所产生混乱的收拾。[1] 该判决否定了与认领准正有相同构想的1919年的先例。同时，对于婚后出生的子女，一般不适用“婚生子女”的推定，要想使子女“具有婚生子女的身份”，其父母必须结婚。这一构想与1919年的先例相同，即可以找到与婚姻准正子女的均衡论。对于作为准正基础的父性推定，1928 699
年的先例认为，根据基于民法规定的“认领”的父性推定以外，基本上没有其他的父性推定。1919年的先例“在婚姻期间受孕”时，承认默示的、推定的认领的意思，同时，允许在子女出生后撤回其默示的、推定的认领。此外，以立法者为首的部分学说试图依据婚生承认的规定赋予子女婚生子女的地位。但是，该判决排除了上述见解共通的“父亲的意思”，只要存在事实上的父子关系，就对子女适用“父性推定”。这一点，可以说是该判决的最大亮点。但该判决同样也存在各种各样的问题，如在实体法上的何种要件下创设婚生子女的特别类型方面，并不明确。

对于同居期间怀胎和父性认定，现今通说认为，同居期间怀胎婚后出生的子女适用《民法》第772条的父性推定。该文以“中川说”[2]为中心对通说观点进行了探讨，并指出判例并未采用通说

---

① 大审院联合部昭和十五年(1940年)1月23日判决，《大审院民事判例集》第19卷，第34页。

② 中川善之助：《婚生推定与同居关系》，《法学》第9卷第9号，1940年，第92页。

观点。此外，该文通过分析最高裁判所昭和二十九年(1954 年)1 月 21 日判决和最高裁判所昭和四十二年(1967 年)12 月 22 日的判决[①]这两则最高裁判所的判决，明确了以下内容：对于认领请求案件，下级裁判所很久之前就对“同居中受孕”类推适用《民法》第 772 条第 2 项“婚姻期间受孕”的规定。但在判例上，所谓类推适用有关婚姻期间受孕的规定只是意味着，同居成立后 200 日后出生的子女，只要没有反证，就可以将其推定为同居丈夫的子女，承认子女的认领请求。在认领前当然不能将其作为同居丈夫的子女，但作为诉讼法上的一种事实推定是毫无疑问的，作为举证责任的问题具有重要意义。

最后，作者把联合部判决和户籍先例的变迁分为联合部判决前的户籍先例、联合部判决与户籍先例、二战后户籍先例，并研究了这种变迁。对于婚姻成立后 200 日内的出生子，受理生来婚生子女登记，二战后也一直沿用这种处理方式。

对于“五 不受推定的婚生子女”，作者只列了标题，并没有完成该部分的写作。

该文对本研究课题，首先探求了立法者的意思，紧接着详细分析了现行法成立后的学说、先例与判例，直至大审院昭和十五年(1940 年)联合部判决的过程以及此后的学说、先例与判例，淋
700 漓尽致地刻画了本研究课题的系谱。

3. 其后学界之发展

该文发表后出现的论著有小石寿夫的《所谓不受推定之

① 最高裁判所昭和二十九年(1954 年)1 月 21 日判决，《最高裁判所民事判例集》第 8 卷第 1 号，第 87 页；最高裁判所昭和四十二年(1967 年)12 月 22 日判决，《家庭裁判月报》第 20 卷第 3 号，第 60 页。

婚生子女》[①]、福永有利的《不被推定之婚生子女》[②]。其中,后者依据本论说从诉讼法学者的角度分析了本问题。在将被推定抑或不被推定中的"推定"概念严格区分为以下几种情形的基础上进行了研究,取得了建设性的研究成果。即在形成判决作出前赋予特定法律效果的推定、权利推定、法律上的事实推定、事实认定层面上的单纯事实上的推定。此外,还提出了整理和分析的视角。即提出"不被推定的婚生子女"这一概念的意义何在,是为了将这种类型的子女看作生来婚生子女,还是为了承认上述的"推定"。在明确这一点的基础上,再研究是否存在承认上述推定的根据。

但是,此后,学界争论的焦点转移到前面所提及的1中之②"推定范围外的子女"的问题上。[③]

■ 作者介绍

山畠正男

主要著作:除该文外,还著有『註解親族法・註解相続法』(共著)(1949年・1951年・法文社)、『演習民法(親族)・(相続)』(共编著)(1972年・1985年・青林書院)、『遺産分割の研究』(共编著)(1973年・判例タイムズ社)、『現代家族法大系』(共编)(1979年・有斐閣)等。

简　　历:1925年(大正十四年)生,毕业于东北帝国大学法学部,北海道大学教授[其著作、履历请详见山畠正男=五十嵐清=藪重夫先生古稀記念『民法学と比较法学の諸相Ⅰ』(1996年・信山社)]。

---

① 小石寿夫:《所谓不受推定之婚生子女》,《现代家族法大系》(第3卷),有斐阁,1979年,第1页。

② 福永有利:《不被推定之婚生子女》,《民法讲座》(第7卷),有斐阁,第179页。

③ 详见山口纯夫:《学界回顾》,《法律时报》第69卷第13号,1997年,第70页。

701 7-17 泉久雄

《婚外子女法总论》

[《注释民法(22)·亲属(3)》,有斐阁,1971年]*

评议人 岩志和一郎(早稻田大学)

该文详细介绍了婚外子女法的历史变迁,对各国婚外子女法进行了比较法研究。此外,讨论了尊重婚姻与婚外子女保护的相互关系。即便是在现在,也为婚外子女法的分析提供了有用的视角。

1. 该文发表前关于本课题之学界状况

我国有关婚外子女的近代法制始于明治前期。1873年1月18日的太政官布告第21号将"非妻妾之妇女"所生的子女作为私生子,承认了父亲的任意认领。此后,妻妾制被废除,但受到父亲认领的私生子以往是指妾所生的子女,这类子女被冠以庶子之名。这一做法经旧民法,被1898年民法(旧法**)所继承。

旧法不仅承认任意认领(旧法第827条),而且还承认强制认领(旧法第825条)。一经认领,私生子可以以庶子的身份进入父家,与父亲及父方亲属发生概括性的血缘关系。值得注意的是,庶出男子优先于婚生女子成为家督继承人(旧法第970条第1项第2号)。此外,在遗产继承上,庶出子与嫡出子一样,具有继承资格(旧法第1004条)。上述旧民法之规定与同时代的近代诸国

---

* 原文文献为:泉久雄「婚外子法総説」,『注釈民法(22) 親族(3)』(1971年·有斐閣)。——译者

** 旧法:在这里指的是1947年亲属编、继承编全面修正前,明治民法中有关亲属与继承方面的规定。——译者

的民法相比，可以说对婚外子女的待遇是相当优厚的。但这是与妻妾制等明治以前的家族制度的实质性妥协的结果，也是确保男子继承家业的结果。其真正目的并不是为了保护婚外子的利益。① 对于前面提到的继承，只要有嫡出男子，庶出男子就不可能成为家督继承人；对于遗产继承，庶出男子的遗产继承份额也仅为嫡出男子的二分之一。对于认领，任意认领只要有认领方的单独法律行为即可，强制认领不允许在父亲死后提起认领之诉。此外，判例在认领诉讼中承认被告的有关子女的母亲的多数当事人的抗辩（不贞抗辩），故认领之诉很难获得裁判所的承认。

对上述婚外子女不利的做法，有观点认为："父母不结婚是父母的罪过，与孩子无关。"②1942 年，民法进行了部分修正，父亲死 702
后三年内可提起认领之诉（旧法第 835 条但书），同时废除了"私生子"这一用语。

二战后，现行民法中，婚外子女被称为"非婚生之子女"。与此同时，还废除了庶子的概念。除此之外，几乎全部继承了旧法的规定。个人尊严与法律面前人人平等是现行宪法的基本理念，对婚外子女的差别对待也要经得起宪法的考验。

2. 该文的内容及其在学界之意义

（1）该文由"Ⅰ. 我国婚外子法的发展历程"、"Ⅱ. 婚外子法的立法主义"和"Ⅲ. 婚外子法的立法界限"三部分构成。

第 1 部分，分析了现行民法制定前我国婚生子女法的发展过程，以及执笔前婚外子女的社会现状。在司法实践中，最高裁判

① 岛津一郎：《私生子》，《家族问题与家族法Ⅳ · 亲子》，酒井书店，1957 年。

② 泷川幸辰：《私生子问题》，《家族制度全集 · 史论篇（3） · 亲子》，河出书房，1937 年。

所昭和三十七年(1962 年)4 月 27 日判决认为,非婚生母子关系因分娩的事实发生,不以认领为必要。[①] 对于多数当事人的抗辩,最高裁判所昭和三十一年(1956 年)9 月 3 日判决认为,举证责任应该由被告承担。该文对这两则判决给予了很高的评价。[②]

第 2 部分,分别从以下三个要素,从比较法的视角分析了婚外子女立法的应有状态。这三个要素分别是:①父亲的确定方法;②非婚生子的扶养请求权;③子女的监护与亲权的归属。认领主义与血缘主义反映了当时的一种社会现象,即因身份、阶级的不同,人与人之间的差别仍然存在。作者认为,婚外子女法应该以认领主义、血缘主义为出发点,经由两者的混合主义向平等主义发展,所有人拥有同等的权利。

第 3 部分,正当婚姻保护是婚外子女差别对待的要因。与此相对,子女的福祉是促进婚外子女保护的要因。作者在这部分从立法的角度分析了这两大要因。

对于前者,家族通过其对婚姻缔结的同意,对新家族组成人员的接纳进行监督。因此,对于不介入婚姻的婚外子女,其法律上的地位仅止于父母、子女之间,限制婚外子女的权利。以上种种都是出于家族保护的考虑。当时,各国对非婚生子的处理态度
703 也不尽相同,其理由是出于父性举证困难的考虑。然而,生物科学的进步和裁判经验若达到能够确信父性确认的阶段,那么区别对待的基本阻碍也会随之消失。

对于后者,母亲通常是确定的,母亲当然要承担其对子女的

① 最高裁判所昭和三十七年(1962)年 4 月 27 日判决,《最高裁判所民事判例集》第 16 卷第 7 号,第 1247 页。

② 最高裁判所昭和三十一年(1956 年)9 月 3 日判决,《最高裁判所民事判例集》第 10 卷第 9 号,第 1135 页。

扶养和教育义务。若是这样的话，在两性平等原则的指导下，父亲也应该对子女承担上述义务。此时，限制父性确定的可能性，免除父亲部分责任的做法是无视子女福祉的表现。

对于继承权，法定继承权的根据并不单存在于血缘关系，也存在于现实的家族协同体中。以此为出发点，如何对待未被附该条件的婚外子女，与其说是一个纯粹的论理，倒不如说是一个法政策问题。父亲死亡后，即使不承认未成年婚外子女的继承权，通过使继承人继承扶养义务，也能确保未成年婚外子女的养育费。另一方面，在父亲无正当婚姻的配偶及子女的情况下，即使赋予婚外子女以继承权，也不会遇到强烈的抵抗。问题是如何评价非婚生父子(女)之间的关系，在一定程度上，可以说一律赋予非婚生子女以继承权的我国民法是历史发展到一定阶段的必然结果。

(2) 该文并非专题论文，而是以《注释民法》(22)第779条—789条部分的前注形式发表的。但是，该文并非面面俱到，在对我国婚外子女法的历史沿革进行比较研究的基础上，集中分析了尊重婚姻与婚外子保护的相互关系。前述岛津博士的论文采用了同样的研究手法。该文以岛津论文后的数十年婚外子女法的发展历程为研究对象，取得了显著性研究成果，具有重大意义。

3. 其后学界之发展

(1) 该文发表于1971年，此后各国的婚外子女法显著发展。[①] 最近，德国正在进行民法修正(1998年)，废止了从最初

---

① 该文发表后，有关婚外子女法的比较法研究，可参见水野纪子：《比较婚外子女法》，《现代家族法讲座》第3卷《亲子》，日本评论社，1992年。

作为亲子法支柱的婚生子女和非婚生子女的概念。各国正在缩小对婚外子女的差别对待，并有向平等化方向发展的趋势。这种立法动向证实了泉教授在该文中分析的正确性（尤其是第2部分的分析）。

704 1989年，联合国大会通过了《儿童权利保护公约》。此后，该公约被各国相继批准加入，成为了各国立法的重要方针。依据该条约第2条，在缔约国无论儿童出生时的地位如何，均不得有任何差别对待，尊重并保障条约所规定的各项权利。不难发现，该公约明确要求各国废除婚外子女差别对待的做法。[①]

（2）在上述世界的发展动向中，我国对婚外子女法之再探讨也在持续进行。[②] 其中，非婚生子的继承份额差别是以往差别对待的典型（《民法》第900条第4项但书），对此，1996年法制审议会民法部会归纳了《关于婚姻制度等的民法修正纲要》。该纲要有关继承份额平等化的规定备受学界关注。在此前一年，最高裁判所大法庭作出继承差别规定不违宪的决定。[③] 但该决定所作的有关继承份额的决定是在立法机关预先设定的合理裁量的范围内作出的，故并未否定立法上的平等化。此观点与泉教授的观点如出一辙。对此，有学者提出质疑，认为继承份额差别也是一种人权不平等的体现。[④]

---

① 石川稔：《非婚生子女的平等保护》，《儿童权利条约——内容、课题与对应》，一粒社，1995年。

② 关于个别事项，作为网罗性探讨文献的有，二宫周平：《非婚生子女的平等化》，《家族法修正之课题》，日本加除出版，1993年。

③ 最高裁判所大法庭平成七年（1995年）7月5日判决，《最高裁判所民事判例集》第49卷第7号，第1789页。

④ 例如，米仓明：《非婚生子女的法定继承份额差别是否违宪》，《法学研讨会》第490号，1995年。

■ 作者介绍

泉久雄

主要著作：除该文外，还著有『相続人・相続財産（総合判例研究叢書 26）』（1965 年・有斐閣）、『相続法（法律学全集）（第 3 版）』（1988 年・有斐閣）、『家族法論集』（1989 年・有斐閣）、『親族法論集』（1991 年・信山社）、『相続法論集』（1991 年・信山社）、『親族法（有斐閣法学叢書 11）』（1997 年・有斐閣）等。

简　　历：1951 年（昭和二十六年）生，毕业于东北大学法学部，专修大学教授［其著作、履历请详见専修法学論集 75 号（1999 年）］。

705 *7-18* 中川善之助
《亲属间扶养义务的本质》(1—2 完)

(《法学新报》第 38 卷第 6、7 号,1928 年)*

评议人 增田幸弘(佐贺医科大学)

中川博士在该文中提出了所谓的扶养义务二分说(关于扶养义务的二原型论),即作为解释基准,扶养义务由“生活保持义务”**和“生活扶助义务”构成。

1. 该文发表前关于本课题之学界状况

(1) 对于该文的写作目的,中川博士做了如下的论述。即“原本是打算研究扶养义务的本质,不以触及该规定解释的技术层面为目的”。作为该文的写作背景,在该文发表之前,临时法制审议会公布了如下的修正案。即“整理现行法上有关扶养义务人的顺位、扶养的程度、方法等的繁杂的规定,使家庭裁判所容易作出裁判”(《民法亲属编中修正案》第 34 条)。

“原因为何,或许与修正案立案人的见解不同”,该文回避了这一点,作为具体的立法论,同意《民法亲属编中修正纲要》的一般规定化案。在此基础上,参考了有关瑞士民法的扶养的观点,为了给

* 原文文献为:中川善之助「親族的扶養義務の本質(1)(2 完)」,法学新報 38 巻 6・7 号(1928 年)。——译者

** 生活保持义务:即使扶养义务人没有扶养被扶养人的经济实力,也有义务使被扶养人保持与其同等水平的生活。——译者

一般规定树立一定的解释基准，试图构建新的扶养法理论。[①]

（2）有关扶养义务成立范围的先行研究，该文也有所涉及。例如，奥田义人博士提出的民法解释论。奥田博士以民法有关婚姻费用负担义务及亲权的条文为依据，提出了自己的民法解释论，即“承担婚姻费用分担义务的丈夫或者作为户主的妻子”以及“亲权人”的扶养义务与一般亲属扶养义务不同。与此相对，该文的特色体现在将对立法论置于重要位置，提出了以比较法上的见解为基础的新的理论框架（由生活保持义务与生活扶助义务组成的所谓扶养义务二分说）。在学说发展史上，具有极其重大的意义。

2. 该文的内容及其在学界之意义 706

（1）该文提出的扶养法理论的轮廓如下。

① 作为规范本质社会结合状态的法律规范的身份法，分为亲属法、亲子法、家族法（家族共同体的继续与统制的法规）与婚姻法。与此相对，扶养法是“遵从各自所属领域之原理、原则而存在”的法律。

② 以共同生活关系为基础的“婚姻法上的扶养义务与亲子法上的扶养义务是其基本身份关系的必然的、绝对的因素”。分别被称为“生活协同的义务”和“养育义务”。二者统称为“生活保持义务”，是“连最后一片肉和一粒米都应分着吃的义务”。

③ 另一方面，“平常不组建任何经济共同体，每个人都单独地维持生计”，户主与家族、近亲者之间的扶养关系是“偶然的、相对的关系”。因此，“扶养义务人在不牺牲与自己的地位相应的生活之前提下，仅在自己能够扶养的情形负担扶养义务”。这种扶养

---

① 对于《民法亲属编中修正纲要》中解释的一般规定化草案以及家事审判所设置案，中川博士和牧野英一博士持不同的见解。详细内容可参见利谷信义：《家族法与社会保障》，《现代法与社会保障》，综合劳动研究所，1982 年。

义务被称为“生活扶助的义务”。

④ 基于上述见解批判了不区别配偶、未成熟子女以及其他亲属的旧法下的扶养义务规定的应有状态。同时，作为立法论，建议排除规定扶养权利人、义务人的顺位的旧法第 955 条以及 957 条对配偶与未成熟子女的适用。

⑤ 对于扶养法全体的动向，作者曾指出：“亲属法不能在社会关系日渐个人化的历史潮流中特立独行。因此，尽可能地废除以淡薄的亲属关系为基础的法律关系，并将其纳入个人道德良心的范畴。对于不能获得救济的问题，应借助国家之手解决。”

（2）旧法时期，该文主张的扶养义务二分说（以下简称“二分说”）得到了有力学说的支持。[1] 该文基本上是在展望立法论，但其支持学说主张将二分说适用于解释论。

在解释论层面上适用二分说时，可能会产生与法定扶养权利
707 人、义务人的顺位（直系尊亲属优先于直系卑亲属、直系优先于旁系、直系血亲优先于配偶）相抵触的问题。在这个问题上，有学说试图通过对有关扶养的要件以及程度规定的缩小解释，扭转法定顺位。中川博士在《日本亲属法》[2]一书中也采用该解释论，试图以二分说为基础，构建扶养法的理论体系。

但在实务上，“二战前，二分说获得多数学说的支持，但二战后才被司法实务采纳。所以，在二战前作为解释论没有使其妥当化的基础”[3]。

① 近藤英吉：《扶养之义务——尤其是与法定继承权的关联》，《法学论丛》第 29 卷第 4 号，1933 年；和田于一：《扶养义务》(1)，《法学新报》第 46 卷第 12 号，1936 年。

② 中川善之助：《日本亲属法（昭和十七年）》，日本评论社，1942 年。

③ 山畠正男：《中川身份法学之成立》，《法学研讨会》第 253 号临时增刊，1976 年。

(3) 该文在学界的意义主要体现在以下三个方面:(a)在旧法下,提出了重视由夫妻与未成熟子女所组成的小家族的扶养法理论;(b)在二战后,成为司法实务的理论支柱;(c)19世纪60年代后,通过与批判说的论战,对我国扶养法理论的发展作出了重大贡献。在此,仅就(a)进行说明,对于(b)和(c)将在次项作简略介绍。

该文在上述(1)的⑤所示的状况认识下,旧法中有关"家"制度的规定与"家族、亲属生活实态"产生了矛盾。为消除两者间的矛盾,该文作者以重视现实小家族的姿态,提出了新的理论。这正反映了中川博士的家族法理论的特色,即事实主义("事实的先行性")的扶养法理论。

(4) 重视"事实的先行性"的扶养法理论,在一定程度上,认清了社会发展的未来方向。能在旧法制度下,创立此种学说,意义重大,应给予高度评价。[①]

但在理论上,"该解释论虽然使'家'制度下的扶养义务顺序得到了脱胎换骨式的改变,即优先扶养妻子和未成熟子女,但这也只不过是对事实生活的追认(即使让共同居住的妻子挨饿,也要给分开居住的父母汇寄生活补贴。现实中究竟有多少这样的丈夫,这是个疑问)。此外,该理论也不是为了使法律成为弱者的武器,而是运用条文和制度介入家族内私人关系的解释论。"[②]该理论的上述性质不容忽视[③]。 708

---

① 铃木禄弥:《亲属法与继承法研究》,创文社1989年。还有学者认为该文具有重大历史意义。如佐藤隆夫的《生活保持与生活扶助》[《现代家族法大系》(3),有斐阁,1979年],强调该文并非是单纯对瑞士法的介绍。

② 水野纪子:《对中川理论——身份法学体系与身份行为理论——之考察》,《民法学与比较法学之诸相》(Ⅲ),信山社,1998年。

③ 中川博士法解释论的特点,可参见水野纪子:《从比较法的角度看现在的日本民法——家族法》,《民法典的百年》(Ⅰ),有斐阁,1998年。

3. 其后学界之发展

(1) 随着 1947 年的民法修正,扶养法规定也经历了根本性的改革。二战后,二分说成为司法实务的理论支柱。换言之,在立法过程中,“新法起草者在立法时也充分考虑了‘生活保持义务与扶助义务’的区别”[①]。再者,裁判实务与公共扶助行政在面对扶养问题时也采用二分说,并以此作为有关扶养问题的解释基准。

对于上述的公共扶助行政上的扶养义务的处理,以西原道雄的《生活保护法中的亲属之扶养义务》[②]为首的诸论文指出了其中的问题点,曾尝试以社会保障法学界为中心在理论上寻找解决问题的路径。对于该问题,有相当数量的研究成果。例如,松嶋道夫的《私人扶养与公共扶助》[③]、古贺昭典编著的《新版现代公共扶助法论》[④]。可以说这些论文和著作已经达到社会保障法学公共扶助法研究的最高理论水准。

(2) 二分说在学界占据通说地位。但是,通过民法修正,实现了“扶养要件的一般化。因此,有必要对于主张父母对未成熟子女的扶养义务之异质性的中川理论进行再研讨”[⑤]。1960 年以后,开始出现批判二分说的学说。另一方面,中川博士于 1964 年在学习院大学法学部研究年报上发表了《论扶养义务的两种原型》[⑥],对

---

① 深谷松男:《生活保持义务与生活扶助义务》,“讲座”本《现代家族法》(4),日本评论社,1992 年。

② 西原道雄:《生活保护法中的亲属之扶养义务》,《私法》第 16 号,1956 年。

③ 松嶋道夫:《私人扶养与公共扶助》,《现代亲属法之诸问题》,弘文堂,1990 年。

④ 古贺昭典编著:《新版现代公共扶助法论》,法律文化社,1997 年。

⑤ 上野雅和:《扶养义务》,《民法讲座》(7),有斐阁,1984 年。

⑥ 中川善之助:《论扶养义务的两种原型》,后收录于《家族法研究之诸问题》,劲草书房,1969 年。

当时两个批判性学说[①]进行了反驳。

（3）一系列的批判性学说的内容也不尽相同，对于二分说在学说中的位置，存在各种各样的见解。[②] 709

接受批判性学说的批判，站在二分说立场上的学说"在基本维持二分说的前提下，为适应具体的扶养事件尝试对二分说进行完善"[③]。

（4）"中川学说曾在立法上被采纳，但对老年父母扶养法理的探究是很薄弱的。"[④]对于此问题，裁判实务基本上将老年父母扶养纳入生活扶助义务的范畴，根据案件的具体情况，也考虑了生活保持义务。[⑤]

---

① 石井健吾：《未成熟子女养育费请求的方法》，《法学家》第302号，1964年；铃木禄弥：《"生活保持义务"与"生活扶助义务"之间有何差异》，《民法基础知识》(1)，有斐阁，1964年。

② 学说分类，详见以下，泉久雄：《亲属法》，有斐阁，1997年，第302页；上野雅和：《扶养义务》，《民法讲座》(7)，有斐阁，1984年；太田武男：《扶养》，《新版注释民法》(25)，有斐阁，1994年；佐藤隆夫：《生活保持与生活扶助》，《现代家族法大系》(3)，有斐阁，1979年；二宫周平：《事实婚姻之现代课题》，日本评论社，1990年，第208页；深谷松男：《成熟子女对老年父母之扶养义务的性质》，"讲座"本《现代家族法》(4)，日本评论社，1992年；本泽巳代子：《生活保持义务与生活扶助义务》，《夫妻亲子215题》，判例时代社，1991年；山胁贞司：《生活保持义务与生活扶助义务的关系》，《民法争论点》(1)，有斐阁，1985年；氏著：《生活保持义务理论与扶养的程度》，《民法演习(亲属)》，青林书院，1985年。

③ 参见本泽巳代子：《生活保持义务与生活扶助义务》，《夫妻亲子215题》，判例时代社，1991年。

④ 山胁贞司：《老年人照护与扶养之法理》，《老年人看护与家族》，信山社，1997年。

⑤ 广岛家庭裁判所平成二年(1990年)9月1日判决，《家庭裁判月报》第43卷第2号，第162页等。学说和实务的动向可参见以下论著，有地亨：《新家族法的判决与审判指南》，弘文堂，1995年，第200页；上野雅和：《围绕老年人看护之诸问题》，《谷口知平先生追悼论文集》(1)，信山社，1992年；太田武田：《扶养》，《新版注释民法》(25)，有斐阁，1994年；氏著：《最近判例中所出现的老年人扶养问题》，《福祉与家族的接点》，法律文化社，1992年；加藤永一：《老年人扶养的判例与法律问题》，《老龄化社会与老年人问题》，有斐阁，1978年；下山保男：《子女对老年父母的扶养义务与分担》，《夫妻亲子215题》，判例时代社，1991年；田村五郎：《三十年来的亲子裁判》，中央大学出版部，1996年，第279页；利谷信义：《福祉与家族》，《福祉国家》(4)，东京大学出版会，1984年；深谷松男：《成熟子女对老年父母之扶养义务的性质》，《家事审判事件研究》(1)，一粒社，1987年；山胁贞司：《围绕老年人扶养之诸多法律问题》，"讲座"本《现代家族法》(4)，日本评论社，1992年；吉田邦彦：《在家护理之民法上的诸问题》，《老龄化社会与在家看护》，有斐阁，1993年。

近年来，学界对与老年父母扶养问题相关的老年人福祉、看护、继承、扶养义务等规范性关系也进行了讨论等。同时，有关导入成年监护制度的研究也越来越活跃。[①]

■ 作者介绍

中川善之助（参见本书7－04）

① 成年监护制度，可参见新井诚：《老龄化社会的成年监护法》，有斐阁，1999年修订版。

7-19 穗积陈重 710

《隐居论》(第2版)

(穗积奖学财团、有斐阁,1915年)*

评议人 丸山茂(神奈川大学)

广义上的隐居包括因衰老等其他原因出现的世代交替、老年人的待遇等。该书从历史学、社会学、人类学和法学等多重视角对隐居进行了研究,是古今中外前所未有的总括性研究论著。

1. 该书出版前关于本课题之学界状况

(1) 隐居是指因衰老在生前退出公共生活,或者将私生活上的权利或权限让与于后继人让其继承,或者双方同时进行的习俗或制度。但是,从历史上看,衰老并非隐居的必要条件,而是基于各种各样的原因概括性地让与公权力或者私权利。隐居论者把隐居看作生前世代间的继承。由于隐居形态多种多样,其原因及论据也必须从各个方面进行探究。

(2) 诚如穗积陈重博士在该书序论部分所言,日本自古以来隐居制度就很发达,但是学界并没有针对隐居制度的专门研究。从这种意义上讲,穗积教授的《隐居论》可以称为我国隐居制度的滥觞。此后,也有学者从民俗学和社会学的角度对隐居制度进行实证研究。但是,穗积陈重的研究成果是其他著作所无法比拟的。穗积陈重的著作涉猎古今东西的文献,对隐居进行了系统研

---

* 原文文献为:穗積陳重『隠居論(第2版)』(1915年·穗積奨学財団·有斐閣)。——译者

究，并非只在法律学，从在其他领域来看也是无人能及的。对于写隐居论的理由，穗积在该书第1版中写道，在隐居的习俗衰退前辑录隐居法制，但在第2版中又特别提及了废隐居论的存在。明治民法制定时，法典调查会副总裁西园寺公望倡导隐居废止论，他认为隐居制度应与封建制度一同废除。此外，实业家委员涉泽荣一和末延道成等也反对隐居制度。其理由是，在商业上户主制成为欺诈的原因。与此相对，穗积博士认为隐居制度是现实存在的，因而有继续坚持之必要。在此情况下，穗积博士对隐居制度继续存在的根据、隐居制度的渊源以及隐居制度的意义倾注了很多心血。

711 **2. 该书的内容及其在学界之意义**

(1) 该书的第1版于1891年作为法理学丛书在哲学书院出版，全书共有260页。时隔25年，于1915年出版了第2版。穗积自己说道："该书全新改版，旧的东西可以说仅剩下一小部分。所以将该书称为第2版略有不当。"与其说是改版，倒不如说是出版新著作。第2版共有783页，如此厚重的学术专著给人以面目一新的感觉。该书第2版由第1编隐居的起源、第2编隐居的种类、第3编隐居的名称、第4编隐居的年龄、第5编隐居的性质、第6编隐居的无效及撤销、第7编隐居的效果和第8编隐居的将来八部分构成。总体来讲，该书由性质不同的两部分构成。其一，从第4编到第5编是隐居法的法解释学部分。由于该书改版之前明治民法的制定及其后解释法学的展开，增加了编章，也大幅度地修改了有关内容。其二，其他部分广泛涉猎当时的东西方文献资料、社会科学界最高水准的研究，以比较法为视角进行了研究。该书最令人刮目的部分正在于此，此部分在第2版中得以大幅度地修改。

(2) 对于隐居制度的起源,穗积陈重借鉴了德国的雅各布·格林(Jacob Grimm)* 的诸多学说。他指出隐居经由食老俗、杀老俗、弃老俗最后发展为退隐俗**。隐居种类包括宗教隐居(遁入空门)、政治隐居、法律隐居和生理隐居四种。对于隐居的名称,在日本辞官隐退称为隐居。此后,作为对退隐的普通惯用语,被广泛使用。把握日本的隐居与辞官还乡的关系是穗积理论的特点。同时,这也成为此后学界批判的对象。此外,隐居年龄可分为第一期、第二期、第三期。最初为 70 岁,此后变为 50 岁,最后变成 60 岁。从第 8 编隐居的将来中可以发现隐居的习俗是在食老、弃老这一排斥老人的风潮中产生的。但是,随着社会的发展变化,父母子女相互关爱的性情(情素)与对贤者尊敬的观念(智素)是促使善待老人的风俗得以形成、发展的两大要素。善待老人的风俗习惯对法制也产生了一定的影响,最终形成了善待老人的法律制度。善待老人的法律制度有两种:第一种是源自对老人敬爱之 712
情的法制,即对老人的照料、免除赋役、减免刑罚、禁止拷问、检举揭发他人的特权、遗弃老人罪、对家有老人的犯人免除刑罚并命令其照料老人的存留养亲之法。无论东方还是西方或多或少都存在一些这样的制度。第二种是基于社会政策制定的养老期金

* 雅各布·格林(Jacob Grimm,1785—1863):德国著名学者,研究范围包括语言学、哲学和文艺学等领域。——译者

** 食老俗:即将老人杀死并吃掉的习俗。在日本古代,这一习俗得以延续的理由是,人们认为吃老人的肉可以继承其智慧和勇气。

杀老俗:即将年迈者杀死的习俗。在日本古代,人们认为从今世到来世的距离很漫长,年迈者身体虚弱不能顺利抵达来世,故儿女为尽孝心,会在父母年老尚健康的时候将其杀死。

弃老俗:即把老人遗弃至山野的习俗。

退隐俗:即剥夺年迈者的家长权,使其从此不再掌管家族事务。——译者

法、老龄保险法。正如穗积所言，非家制的社会——个人制社会的西欧社会——在工业发展的同时也迎来了人口老龄化，而这些法律正好弥补了劳动者年老后的自活力，由社会扶养老人；同时，赋予老人接受扶养的权利。该书详细介绍了以英国为代表的19世纪后半期至20世纪初期西欧各国的年金制度。养老期金权基于社会的性质而产生，是老年人作为社会的一员应该享有的一项社会权利。对于隐居的未来，隐居是一种普遍的社会现象，即便在个人制社会，作为社会道义的实现方式，养老期金权也应继续存在。何况，在日本这种注重家制度的国家，应该纠正早早隐居贪图安逸的恶习。但是，穗积认为随着年龄的增长，人的身心开始衰退，精神、力量等方面大不如从前，为了社会的新陈代谢，隐居制度也有继续存在的必要。

(3) 在法解释论中，值得特别说明的是，穗积法解释方法论以稳健、中庸、具有平衡感的目的性解释为目标。例如，与家督继承人通谋所为之虚伪隐居无效。按照文理解释的话，隐居系单独行为，自应无适用通谋虚假表示之余地。但是，穗积陈重认为以损害第三人利益为目的的隐居应视为双方通谋的虚假表示。虽然穗积陈重也不赞成自由解释论，但他认为应该从法律目的实现的角度灵活运用法律解释学。

(4) 从隐居理论中可以发现穗积法学的特点，即社会科学与法学融合。其中，基于社会进化论的法律进化论可以说是穗积法学的最大特色，具有以社会现象的普遍化与合理化为目的的近代主义的特征。穗积的研究为了寻求普遍化，涉猎了庞大的文献资料，这是其他研究所无法比拟的。另一方面，在追求普遍合理化的同时，也有其内在的缺陷，尤其在进行实证研究时其
713 弱点就一一暴露出来了。此外，法律进化论具有两面性：一方

面，试图通过柔软的手段应对社会的变迁；另一方面，当时日本社会仍停留在家制度的阶段，故而有可能成为守旧理论。实际上，穗积陈重对西欧的进步主义也有着深刻的理解，但就当时日本社会的实际情况而言，该书起着保守意识形态的作用，多数学者持这一观点。

3. 其后学界之发展

对于《隐居论》第1版，三浦周行于1908年在《日本百科大辞典》（三省堂）中对法律进化论缺乏实证研究进行了批判，而且还指出将辞官还乡与隐居视为一物以及隐居年龄的变迁论并没有事实上的根据。三浦周行在《法制史研究》[①]一书中对第2版也进行了同样的批判。中田薰也在《国家学界杂志》上撰文，对穗积的理论进行了批判。[②] 值得注意的是，中田薰认为户主的地位在德川时代是家产、家禄的意思，并不是户主权的意思。由此，基于穗积的祖先崇拜与家制的信念，析出了史实解释的倾向性，如实再现了穗积的特质，即进化主义者和家制信念的结合。另一方面，近年来，有学者对该书给予了高度评价，认为它是领先的社会老年学研究成果，明确了“作为社会权的老人权”[③]。对于隐居论本身，最近，网野善彦提出了从隐居习俗追溯王权之二重性渊源的观点，并取得了一定的研究成果。[④]

---

① 三浦周行：《法制史研究》，岩波书店，1919年。

② 参见中田薰撰写的文章，《国家学界杂志》第29卷第6、7号，1919年。

③ 荷见武敬：《穗积陈重〈隐居论〉再版（解说）》，日本经济评论社，1978年。

④ 网野善彦：《北陆的“畔地”——日本社会隐居习俗的一个事例》，《家庭自治》，早稻田大学出版部，1998年。

■ 作者介绍

穗积陈重

主要著作：除该书外，还著有『法典論』（1890年・哲学書院）、『法窓夜話』（1916年・有斐閣）、『祖先崇拝ト日本法律』（1917年・有斐閣）、『法律進化論 第一冊、第二冊』（1924年・穂積奨学財団・岩波書店）等。

简　　历：1856年（安政三年）—1926年（大正十五年），毕业于英国中殿律师学院，东京大学教授［其著作、履历请详见吉井蒼生夫「新たに発見された穂積陳重の『履歴書』について」法律時報62巻8号（1990年）］。

7-20　稻本洋之助 714

《近代继承法研究——法国继承法及其历史发展》

（岩波书店，1968 年）*

评议人　千藤洋三（关西大学）

该书沿着近代的进化过程，以实证研究的方法，分析了 1789 年法国大革命时期及其前后的法国继承法，并阐明了该法在近代资本主义形成、发展阶段所起的作用。

1. 该书出版前关于本课题之学界状况

（1）该书详细分析了近代法国的继承法（包含继承习俗），阐明了法律在资本主义形成时期所起的作用。在该书发表之前，学界几乎找不到相关的研究论著，但有与该书的构造相当的研究。第一，有关农业继承体系的优秀研究书。如加藤一郎的《法国的农地继承》和伊藤道保的《法国农家继承制的变迁》。[1]这两本书都强调了法国继承法上的平等主义原则的历史意义。二战后，我国废除了家督继承制度，明治民法明文规定了诸子均分遗产继承制。其结果是农业资产细分化的危机感高涨，这两本书正是在清除这一危机感的背景下创作的。第二，论述诸外国近代继承法制的成立及其背景的论稿。[2] 第三，随着资本主

---

* 原文文献为：稲本洋之助『近代相続法の研究——フランスにおけるその歴史的展開』（1968 年・岩波書店）。——译者

① 加藤一郎：《法国的农地继承》，农林省农业综合研究所，1948 年；伊藤道保：《法国农家继承制的变迁》，农政调查委员会，1963 年。

② 四宫和夫：《近代继承制度的成立及其背景》，《家族问题与家族法》（Ⅵ），酒井书店，1961 年；有地亨：《家族制度研究序说》，法律文化社，1966 年。

义的形成与发展，尝试梳理出近代法国私法的成立与发展过程，以及试图以历史研究法分析法律意义上的土地所有权对社会经济意义上的土地所有所具有的意义的论稿。[①]

(2)从微观上可以推测作者受到了上述诸论稿，尤其是受到了野田教授的启发。宏观上如同该书前言所言，重新审视法与经济、国家权力的关系等法现象的问题意识在很久之前就已经产生
715 了。[②] 总之，可以说该书以有关法国近代继承法的公证人证书等庞大资料的搜集以及自己独特的解读方法，通过对西欧资本主义的历史性分析，阐明了法国私法的近代化过程，开拓了学术研究的领域。

2. 该书的内容及其在学界之意义

(1) 该书共有 400 页，由以下几部分构成："序论"、第 1 部分"旧制末期法国继承法之诸特征"、第 2 部分"法国大革命时期的继承法改革"和第 3 部分"拿破仑法典继承法的成立及资产阶级法的成熟"。"序论"部分对拿破仑法典继承法做了历史性解读，接着对遗嘱继承原则论进行了批判性研究，最后介绍了该书的研究构成。继承法的统一与近代化只关涉到土地所有制度的根本改革，作者以这一观点，首先分析了巴黎、诺曼底习惯法地区与南部成文法地区的旧制末期的继承法，这些法律在此后革命时期的继承法改革中被废除，继承法最终得以统一。此外，还阐明了统一继承法的基本特征，即尽管统一继承法与继承财产的现实分割

---

① 野田良之:《总论》,《法国民法一百五十年》(上),有斐阁,1957 年;甲斐道太郎:《土地所有权的近代化》,有斐阁,1967 年。

② 小林直树等编:《现代法》(全 15 卷),岩波书店,1965 年;东京大学社会科学研究所编:《基本人权》(全 5 卷),东京大学出版会,1968 年。

状态有一定的差异，但确立了价值抽象的归属决定。其次明确了根据继承财产的抽象性价值构建的归属决定系统的先进性倾向。分析了从法国大革命时期共和历*二年立法至民法典继承法、巴黎地区习惯法的继承习俗。第 2 部，对应革命时期的两次土地改革，严格区别立宪会期的继承法改革与 1793 年至共和历二年的继承法改革，作者在这一视角下，析出了体现旧制继承法基本特征的基于继承财产的现实具体性质的归属决定体系被废除、基于价值抽象性质的归属决定体系得以确立的过程。此外，这两次继承法改革，都以特权继承的废止、继承人的平等实现、遗嘱无偿处分自由的否定等为主要改革对象。但是为了证实价值归属决定体系，探讨了法国大革命后半期的民法典草案准备过程，挖掘出如下几点：如被继承人的分割自由的承认、抽象继承份额的决定以及与具体继承份额形成的分离等。第 3 部分，拿破仑法典继承法采纳了物的均分主义，赋予被继承人“分割的自由”，否定出于遗赠的“遗嘱自由”。此外，第 3 部分还详细叙述了 1860 年至 1870 年代资产阶级法成熟过程中物的均分主义向价值平等主义转换的过程。接着总结了市民革命的产物——拿破仑法典继承法过渡时期的性质，认为法国资本主义发展的每个阶段都否定出 716
于遗赠目的的“遗嘱自由”，固守法定继承主义。此外，还触及了根据 1938 年法与 1961 年法的民法典中的农地继承特别规定的基本性质，展望了 20 世纪的继承法。

（2）该书的意义体现在多个方面。但值得特别说明的是，作者确立了析出近代资本主义的形成、发展阶段中的法国继承法的

* 共和历（calendrier républican）：又称法国大革命历法，是法兰西第一共和国时期的革命历法，为法国大革命时期所采用，由数学家约瑟夫·路易斯·拉格朗日、加斯帕·蒙日和诗人法布尔·代格朗汀协助制定。——译者

近代化过程的方法论;法国资本主义发展的每一个阶段都坚持法定继承主义,通常否定根据遗嘱所作的无偿处分的自由。此外,他还指出1793年到共和历二年,祖宗财产与取得财产以及不动产与动产的区分被废除,意味着继承财产抽象价值把握的确立。继承法所言之“平等”,是由继承财产的抽象价值把握与血缘关系——继承人资格的抽象决定的结果,为长子单独继承人的指定画上了终止符。但是,作者的真正意图并不在这里。民法典成为切断与国家权力联系的私法体系本身的一定时期之前,在资本原始积累过程中可能成为依据国家权力——“法”的最终的经济外在强制手段,该书通过实例论证了这一点。

3. 其后学界之发展

(1) 该书付梓之际,日本爆发了波及全国的学生运动。或许是法国法、继承法、近代资本主义的历史分析这些关键词过于敏感的缘故,对该书进行评论的作品极为少见,完全呈现出真空状态。[①] 此后,有学者尝试从正面继承和发展该书所取得的重大理论性成果,尤其是对该书关于产业资本主义至国家独占资本主义阶段作为国家法的继承法进行的历史实证分析,对欧盟(European Union)共同农业政策(CAP)中继承法制所具有的具体功能的阐明等果敢地提出挑战的这些著名研究。但这些研究是现在的学者无人能及的。作者渊博的学识、优秀的分析能力以及综合能力在这一系列的研究中体现得淋漓尽致,要想超越这些研究成果是极其困难的。

---

① 参见有地亨:《稻本洋之助“近代继承法研究”》,《民商法杂志》第60卷第1号,1969年,第160页以后。

（2）在这种情况下，学界对具有指导性文献价值的该书所涉及的课题展开了研究，或者受该书观点影响的研究活动也很多。主要 717
分为以下三点：第一，对资本主义社会的土地或者土地法的"应有状态"的研究。其典型作品有：作者与渡边洋三教授共同编著的《现代土地法研究》（上、下）[①]，作者等三人编著的《欧洲的土地法制》[②]。作者下一代的学者原田纯孝的《近代土地租赁法研究》[③]、吉田克己的《法国住宅法的形成》[④]等优秀研究成果都受到该书的启发。此外，作者所著的《民法Ⅱ（物权法）》[⑤]是日本实定法教科书，但该书反映了作者对法国法颇高的造诣（例如，在观念上，近代所有权舍去了人对人的关系，纯粹是人对物的支配，在市民革命时期与产业资本主义权利时期发挥了不同意识形态的作用）。第二，以该书的分析对象为研究对象的法国继承法的研究书，即伊藤昌司的《继承法之诸多基础问题》[⑥]一书论及了日本《民法》第 990 条之母法，即法国民法的概括受遗赠人的法律性质。第三，该书作者也参与了法国农家继承实态的调查研究，对该书所提出的课题进行了再探讨。1978—1980 年间的实地调查结果被辑录在稻本洋之助、原田纯孝、镰田薰共著的《法国家族农业经营资产的继承》[⑦]一文中。

---

① 稻本洋之助、渡边洋三编著：《现代土地法研究》（上、下），岩波书店，1982—1983 年。

② 稻本洋之助等编著：《欧洲的土地法制》，东京大学出版会，1983 年。

③ 原田纯孝：《近代土地租赁法研究——法国农地租赁法的构造与历史发展》，东京大学出版会，1980 年。

④ 吉田克己：《法国住宅法的形成》，东京大学出版会，1997 年。

⑤ 稻本洋之助：《民法Ⅱ（物权法）》，青林书院新社，1983 年。

⑥ 伊藤昌司：《继承法之诸多基础问题》，有斐阁，1981 年。

⑦ 稻本洋之助、原田纯孝、镰田薰：《法国家族农业经营资产的继承》，《社会科学研究》第 33 卷第 5 号，1981 年，第 151 页以后。

■ 作者介绍

稻本洋之助

主要著作：除该书外，还著有『フランスの亲属法』(1985年·東京大学出版会)、『借地制度の再検討』(1986年·日本評論社)、『離婚の法社会学——欧米と日本』(共著)(1988年·東京大学出版会)、『コンメンタール マンション区分所有法』(1997年·日本評論社)等。

简　　历：1935年(昭和十年)生，毕业于东京大学法学部，东京大学社会科学研究所教授［其著作、履历请详见社会科学研究47卷5号(1996年)］。

7-21 有地亨 718

《共同继承关系的法律构造》

（《民商法杂志》第50卷第6号、第51卷第1号，1964年）*

评议人 川淳一（东海大学）

该文指出遗产分割的构造决定了有关共同继承关系的规范体系，从此开辟了共同继承关系研究的新领域。

1. 该文发表前关于本课题之学界状况

之前，围绕共同继承关系乃至遗产共有之讨论的焦点，就其结果而言，主要体现在“继承财产归属于共同继承人，这一准据法确定”的问题上。按照时间顺序对讨论经过的整理如下：首先，按照民法典起草者的观点，继承开始时，共同财产继承丧失在被继承人之下所具有的一体性。有体物适用民法典第2编物权有关共有的规定。可分债权债务适用民法典第3编债权的有关规定，在共同继承人之间当然可以分割。与此相对，来栖三郎的《共同继承财产——兼论对合有论的批判》[①]等论文引入了“合有”的概念，试图使分割前的共同继承财产具有一体性。此外，直至现在合有说仍然在学界占据有力地位。另一方面，该文发表前，品川孝次在《遗产“共有”的法律构成——共有论与合有论之对立》[②]一

---

* 原文文献为：有地亨「共同相続関係の法的構造」，民商法雑誌50巻6号・51巻1号(1964年)。——译者

① 来栖三郎：《共同继承财产——兼论对合有论的批判》，《法学协会杂志》第56卷第2、3、5、6号，1938年。

② 品川孝次：《遗产“共有”的法律构成——共有论与合有论之对立》，《北大法学》第11卷第2号，1961年。

文中指出，将民法典第2编物权、第3编债权的规定单纯地适用于遗产“共有”的观点并不妥当，并以此为前提提出了下列主张，为共有说提供了新的理论基础。①在合有说中，主张只有适用合有概念才能容易导出结论的学说，作为日本法的解释论难以成立；②此外的学说，在本质上对特殊的共有、修正后的共有使用合有的概念；③19世纪，德国出于特定的政治目的开始使用合有的概念。如果考虑到这一点，将合有作为表现特殊的共有、修正后的共有的概念并不妥当。相反，共同基础关系乃至遗产共有应该通过“修正后的共有”这一概念表现。

719 **2. 该文的内容及其在学界之意义**

（1）不管怎么说，共同继承关系不是一般的共有关系。在这一点上，可以说该文处在先前讨论的延长线上。但是，该文与先前的争论有所不同，一旦确定了共同继承关系的准据法，对共同继承关系出于何种理由、适用何种法律等将成为讨论的焦点。与先前的成果相比，该文具有以下特色：第一，对日本法导入合有概念持中立或者怀疑的态度，主张应该承认共同继承财产的概括单一性乃至一体性；第二，并非为了继承债权人等第三人的利益，而是为了发挥遗产分割的功能。也就是说，为了在共同继承人之间适当的分配共同继承财产，才予以承认。

（2）首先，来说明第一点。该文作者所主张的解释论上的具体内容如下：①继承开始后，遗产分割前共同继承财产所发生的变动结果影响遗产分割。即除灭失的财产排除在遗产分割对象以外，产生的孳息、代偿物为遗产分割的对象。②可分债权也是遗产分割对象。③分割前的共同继承财产可作为继承债务清偿的一般担保物。④除遗产评估时间外，具体继承部分的计算日期也算作遗产分割时间。⑤虽然不十分明确，但是限制《民法》第 909 条但书的适用。作者的这些主张一般容易被理解为合有说的内容。但是，该文至少明确表示不支持采用合有概念。一方面，指出合有概念的母国（德国）有关遗产共有所采用的合有概念包含多数决原理*，不同于纯粹的合有概念，故反对将合有概念导入日本法。另一方面，该文指出在有关日本共同继承关系规定的直接母法——法国法上，有关共同继承关系的规定是日本民法起草者想定的单纯的规定，并没有对遗产——涵盖积极财产、消极财产的遗产分割前的共同继承财产全体使用合有概念，通过将当初存在的继承财产的代偿物作为遗产分割的对象等，被看作具有概括一体性的规定，故认为日本法应该做同样的解释。

以上讨论，从结论上看，当然都是该文的原创观点。但是，从 720
比较法上的见解看，实际上在日本，该文并非首次介绍上述内容。例如，来栖论文就曾做过介绍。与此相对，该文的第二大特色的确体现了其原创性。在这种意义上，应该说该文的真正特色体现在第二点上。

（3）第二点，该文指出法国法之所以赋予共同继承财产概括一体性，出于以下几方面的考虑：①与以前相比，遗产未分割状态下持续较长时间的继承案件不断增多；②构成共同继承财产的财产趋向多样化；③个别财产的处分、现存财产的代偿物的产生、部分共同继承人对继承债务的清偿频繁发生。如果针对这些情形在遗产分割外，做个别处理的话，将有损作为综合继承财产分配程序的遗产分割的功能，在结果上也有害于共同继承人间的衡

---

* 多数决原理：是指群体在处理事务时，依多数派意见为之。——译者

平。在法国，共同继承财产之所以被赋予概括一体性，就其目的而言是为了避免出现上述结果，在遗产分割中一举应对上述的事态。换个角度讲，法国法规定的有关共同继承关系的内容是法国遗产分割的构造。

此外，该文指出，日本也存在法国赋予共同继承财产概括一体性的因素，日本在实务上于一定范围内赋予了共同继承财产概括一体性。即引用若干个遗产分割判例，对于日本的共同继承指出了以下两点：①构成共同继承财产的财产呈现出多样化；②虽说遗产未分割的状态未必会在长时间内持续，但个别财产的处分、现实财产的代偿物的发生，以及部分共同继承人对继承债务的清偿等事态正在发生。为应对这些事态，家庭裁判所已经将代偿物作为遗产分割的对象。

再次强调，该文以上述见解为论据，为确保共同继承人之间的衡平，通过遗产分割赋予了共同继承财产概括一体性。与此相
721 对，先前的主张认为应该赋予共同继承概括一体性的观点通常以继承债权人等第三人利益的保护为根据。这两种路径形成了显明的对比。

3. 其后学界之发展

(1) 该文为主张遗产分割对象包含代偿物的家庭裁判实务提供了强有力的理论支持，这一点并没有错。如果从该文不以合有概念为媒介，且为代偿物作为遗产分割的对象提供了理解根据上看，的确可以作出上述评论。但是，进一步讲，对于该文是否对实务产生了影响，遗憾的是很难给出肯定答案。对于代偿物的问题，时至今日，最高裁判所依然不承认代偿物是遗产分

割对象。[①]

（2）再者，在学说水平上，就具体的结论本身而言，该文所产生的影响仅限于一定的范围。但是，这绝不是在否定该文的学术价值。对于共同继承关系，该文并没有将焦点聚集在准据法的确定上，而是采用了将讨论的焦点聚集在何种规范体系以何种理由被要求的问题的方法上。在此基础上，得到了如下认识。即如何构成共同继承关系的法律规律取决于如何构成遗产分割。作者的这一方法和认识在该文以后的学说上，成为较为普遍的、共通的前提。

■ 作者介绍

有地亨

主要著作：除该文外，还著有『家族制度研究序説——フランス家族観念の史的展開』（1964年・法律文化社）、『婦人の地位と现代社会』（1971年・法律文化社）、『近代日本の家族観（明治篇）』（1977年・弘文堂）、『フランスの親子・日本の親子』（1981年・日本放送出版協会）、『家族法の判決・審判案内』（1982年・弘文堂）、『日本の親子二百年』（1987年・新潮社）、『離婚!?』（1988年・有斐閣）等。

简　　历：1928年（昭和三年）生，毕业于九州大学法学部，九州大学教授［其著作、履历请详见法政研究55卷2＝3＝4号（1989年）］。

① 最高裁判所昭和五十四年（1979年）2月22日判决，《家庭裁判月报》第32卷第1号，第149页。

722 7-22 伊藤昌司

《表见继承人的让与行为和受让人保护》

(收录于《继承法之诸多基础问题》,有斐阁,1981年;初次发表于《大阪市立大学法学杂志》第26卷第3、4号,1980年)*

评议人 梶村太市(东京地方裁判所)

从二战前开始,就有观点认为,从表见继承人处取得遗产的特定人(第三取得人)善意且无过失时,应类推适用《民法》第32条第1项但书的规定,保护特定继承人的利益。为给该学说的正当性奠定基础,该文主张导入法国法上的表见继承人理论。

1. 该文发表前关于本课题之学界状况

(1) 从表见继承人处受让表见继承人占有的特定遗产的第三取得人,面对真正继承人的返还请求,满足何种要件才能受到保护。作为第三取得人保护的理论主要有:①继承回复请求权短期消灭时效援用论;②取得时效援用论;③《民法》第94条第2项类推适用论;④该文提示的《民法》第32条第1项但书类推适用论,这一学说在该文发表前就存在。[①] 为学说④的正当性寻找理论上的根据,是该文的研究课题。

(2) 该文发表之前,学说④还是少数说。自二战前昭和初期开始有学者倡导该学说。1931年中川善之助发表的《表见继承人的

---

* 原文文献为:伊藤昌司「表見相続人による譲渡行為と譲受人の保護」,『相続法の基礎的諸問題』(1981年・有斐閣)所収,初出・大阪市立大学法学雑誌26巻3・4号(1980年)。——译者

① 伊藤进:《表见继承人的遗产处分与第三取得人》,《法律时报》第51卷第12号,1979年。

让与行为和“一般误信产生权利”(error communis facit jus)[*]的适用》[①]一文最早主张根据法国判例法上的表见继承人理论解决第三取得人的保护问题。三年后的1934年，近藤英吉的《继承回复请求权与表见继承人的地位》[②]一文首次主张《民法》第32条第1项但书类推适用论。即“吾民法上，作为继承回复请求权之相对人的表见继承人在事实上有被认为是继承人的外观的，该表见继承人应被看作抽象继承权的准占有人。所以，一般准占有人的法理也适用于表见继承的情形”。“失踪宣告的撤销，原本就可以作出与继承回复相同的处理。两者不仅在法律性质上极为相似，而且在本质上对表见继承有利害关系的人也应获得与对失踪宣告有利害关系的人同样的保护”。在日本学界，二战前， 723
学说①和学说②是有力说。但在最高裁判所大法庭昭和五十三年(1978年)12月20日判决[③]对《民法》第884条采用对恶意人有过失人不适用说以后，学说①的适用情形变得极为有限，学说③成为有力说。[④]

2. 该文的内容及其在学界之意义

(1) 法国有表见继承人理论(théoried l'hertier apparent)。对于表见继承人对继承财产的特定处分，从“一般误信产生权利”

---

* error communis facit jus系拉丁语法律谚语，即一般误信产生权利，在现代民法中表现为法律对合理信赖的保护。——译者

① 中川善之助：《表见继承人的让与行为和“一般误信产生权利”(error communis facit jus)的适用》，后收录于《继承法之诸问题》，劲草书屋，1949年。

② 近藤英吉：《继承回复请求权与表见继承人的地位》，《法学论丛》第30卷第2号，1934年。

③ 最高裁判所大法庭昭和五十三年(1978年)12月20日判决，《最高裁判所民事判例集》第32卷第9号，第1674页。

④ 副田隆重：《继承回复请求权》，《民法讲座》(7)，有斐阁，1984年。

这一格言引出的法律保护为作为受让人之第三人的保护提供了理论基础。下面介绍一下有关学说和判例。首先，介绍一下先驱性学说。法国《民法》第132条规定，归来的失踪人可以对失踪宣告作出后取得决定性占有许可而占有失踪人财产之人，请求返还现存财产、处分财产的现存对价和利益。有观点认为，占有者的让与行为本身有效。“任何人不得转让自身权利以外的权利给他人”是私法的一项基本原则。作为该原则的例外，满足下列要件的让与行为有效：①作为受让人的第三人误信让与人是真正的权利人，且该误信具有不可避性；②因真正继承人之怠慢使表见继承人占有遗产。而且，具备这两个要件的有效表见继承人的让与行为须为有偿行为。1875至1897年间的一系列破毁院判决确立了表见继承人理论。根据该理论，学说上主张的要件②为非必要要件。对于表见继承人的让与行为，只要满足在“受让人善意”以及“一般误信”（一般且不可避免的误信）的环境下进行的交易这一要件足矣。此时，受让人被推定为善意。因此，受让人若能证明其为一般误信，即可承认该让与行为有效。

从我国的近藤论文观之，该文着眼于失踪宣告撤销前的处分与表见继承人让与行为的类似性，但以此作为根据具有不充分性，遂展开了以下的解释论：“失踪人在失踪宣告撤销后请求回复的，为失踪者自身的财产。真正继承人请求回复的是从被继承人那里继承的财产。对真正继承人赋予其与失踪人同等的法律地位，虽为一种优待，但并不是不当待遇。依据《民法》第32条第1
724 项但书的规定，保护受让人亦不违反公平原则。”此外，宣告失踪后，在交易中从失踪者的财产上取得正当权利的第三人，即使为善意，对于撤销宣告失踪的可能性也是恶意。但只要是与表见继承人进行交易，就不会预见到真正权利人追回该财产。已经预见到的话，则为恶意；有预见之可能的话，则具有过失。因此，可以说这与《民法》第 32 条第 1 项但书规定的第三人保护要件相比较为缓和，应该理解为受让人只要善意即可。另一方面，根据《民法》第 94 条第 2 项之规定严格解释的话，还需具备无过失这一要件，而且该无过失的举证责任由受让人承担。受让人应举证证明的无过失的内容即便从法国的讨论来看也是相当严格的。即使是同一表见继承人，概括受遗赠人与遗嘱执行人为相对人的情形，受遗赠人尔后对遗嘱的效力提出异议时，询问继承人是最低限度的要求，应当进行此项调查；继承人为相对人的情形，只要不存在推定遗嘱存在的特别情况，即使未对遗嘱进行特别调查也无妨；但若存在共同继承关系，应该尽可能地询问在户籍上可以知道的共同继承人或者进行其他调查。若怠于进行此等调查，则可以认为存在过失。基于该理论的保护为法律保护之例外，受让人因表见继承人的无偿处分取得继承财产的，则无保护之必要。对于受让人因表见继承人的有偿行为而取得继承财产的情形，除上述例外保护外，在极个别的情况下可以类推适用《民法》第 94 条第 2 项对其进行保护。此外，根据取得时效也理应受到保护。

(2) 如上所述，为给《民法》第 32 条第 1 项但书类推适用论的正当性提供理论依据，该文主张导入法国学说和判例所确立的表见继承人理论。这一点是该文的意义和特色之所在。

3. 其后学界之发展

(1) 最高裁判所大法庭昭和五十三年(1978 年)12 月 20 日判决之后，最高裁判所大法庭昭和五十四年(1979 年)7 月 10 日判决，撤销原判发回重审，认为对被告“作为特定承受人，可否援用继承回复请求权的消灭时效"有必要进一步审理。[①] 不难发现,最高裁判所有承认第三取得人的时效援用权的可能性,因此,在实务上根据前述的学说①也可以解决有关问题。尽管如此,学说①和前述的学说②可能适用的案件也相当有限,故作为受让人保护的理论具有不充分性。因此,前述学说③的《民法》第 94 条第 2 项类推适用论与学说④的《民法》第 32 条第 1 项但书类推适用论
725 孰优孰劣便成为问题。无论哪一个学说都体现了公信法理、表见法理和权利外观法理。

对于该文所采用的学说④,学界多认为在解释论上是行不通的,如《新版注释民法》(26)[②]。批判性学说认为:"之所以赋予失踪宣告以公信力的法律效果,是为了保护对信赖国家机关以一定期间的不存在为前提而作出的宣告之人。但将其与表见继承视为同种情况,欠缺妥当性。"[③]"对于在何种程度的救济信赖户籍上的法定继承人的第三人问题,如果把以遗嘱指定遗嘱执行人的情形也考虑在内,问题会变得愈发复杂,如何决定其与受遗赠人的优劣成为一个难题。"前述的学说④以及学说③均不能圆满地解决这一难题,故这一难题的解决成为今后的研究课题。[④]

(2)失踪宣告是因一定期间内从逃避或者隔绝从前的生活领域这一所谓失踪人方的事由暂时处理失踪人先前的法律关系的制度。实际上,失踪宣告被撤销的可能性并不小,故没有必要过

---

① 最高裁判所大法庭昭和五十四年(1979 年)7 月 10 日判决,《最高裁判所民事判例集》第 33 卷第 5 号,第 457 页。

② 中川善之助、泉久雄编:《新版注释民法》(26),有斐阁,1992 年,第 127 页(泉久雄执笔部分)。

③ 副田隆重:《继承回复请求权的消灭时效及其适用范围》,《法律时报》第 53 卷第 6 号,1981 年,第 132 页。

④ 水野纪子:《共同继承人之间的继承回复请求》,《法学教室》第 147 号,1992 年,第 34 页。

于重视国家机关所作出的失踪宣告。在第三人从表见继承人处受让遗产的情形,就其结果而言,第三人只能信赖户籍上的记载,然后进行交易。再者,以继承人集团的内部问题为出发点,决定如何保护第三人。从上述两点来看,两者具有显著的类似性和共通性,该文的解释论也能获得普遍的支持。今后,也应进一步继承和发展该文缜密的要件论。

■ **作者介绍**

伊藤昌司

主要著作:除收录该文的『相続法の基礎的諸問題』外,还著有「相続分・遺留分の算定と持ち戻し・持ち戻し免除」法政研究 58 巻 4 号(1992 年)、「フランス親子法における身分占有」谷口先生追悼論文集・家族法編(1993 年・信山社)、「実親子法解釈学への疑問」法政研究 61 巻 3=4 号(1995 年)等。

简　　历:1939 年(昭和十四年)生,毕业于九州大学法学部,曾任大阪市立大学教授,现任九州大学教授。

726 ## 7-23 近藤英吉

《判例遗嘱法》

（有斐阁，1938年）*

评议人 浦野由纪子（神户学院大学）

该书着眼于当时学界并未充分关注的遗嘱法，被学界称为在理论层面上系统研究遗嘱法诸问题的首部研究著作。

1. 该书出版前关于本课题之学界状况

（1）该书登场的历史时期，1913年临时法制审议会在其决议的《民法继承法编中修正纲要》中指出了继承法的修正要点。** 以此为契机，有关继承法修订的讨论呈现出了高涨的姿态。当时，长子单独继承制度带来的遗产分配的不平等性与弊端显现出来，修正争论主要围绕家督继承制度展开的。在此背景下，以法定继承制度的不平等的缓和策的观点，首次意识到了遗嘱制度的社会意义和研究的必要性。但在该书发表之前，日本并没有出现对遗嘱制度进行体系化和理论化的研究成果。正如该书序言所言，近藤教授写作该书的动机之一是遗嘱法研究积累的不足。

（2）近藤教授作为年轻学者活跃的时期，正值中川善之助博士作为新进气锐的学者致力于研究的时期。该书登场时，中川博士已出版了《身份法的基础理论——身份法与身份关系》①等著

* 原文文献为：近藤英吉『判例遺言法』（1938年・有斐閣）。——译者

** 原文如此，疑误。——译者

① 中川善之助：《身份法的基础理论——身份法与身份关系》，河出书房，1937年。

作，将亲属法和继承法纳入“身份法”的范畴，从此开始致力于亲属法的研究。另一方面，当时的户主权已经失去其社会意义。近藤教授考虑到这一状况，在本质上没有将规定家督继承的继承法定性为身份法，而是将其看作财产法（亲属财产法）。[1] 在物权法、债权法与亲属法交错的领域，尝试构成“亲属财产法”的解释论及立法论。这意味着在继承中作为财产处分行为的遗嘱，对近藤教授来说恰恰是一个正合适的题目。

2. 该书的内容及其在学界之意义 727

（1）该书开头通过分析其他财产处分行为，特别是以死亡为期限乃至条件的生前行为（赠予、生命保险契约等）与死后处分（遗赠）的差异，检讨了遗嘱的法律性质。直截了当地说，两者的差异体现在“表意人的意思在法律上的约束力不过是表意人生前既已发生的意思表示效力的继续，抑或是死亡时表意人的意思才具有拘束力”[2]。但实质上两者的法律效果大致相同。一方面，根据受领人指定的生命保险合同等生前行为，继承人和第三人取得的财产权，在计算继承人的继承份额和遗留份额时也被计算在内。此外，在限定承认的情况下，为保护债权继承人的利益，作为受益人的第三人取得的财产权为债权之担保。被继承人死亡后，给予继承人和第三人的财产权，在本质上应作为继承财产对待（原书第 27 页）。另外，既然有通过其他生前行为回避遗嘱这种方式的余地，那么对于因方式不完备而无效的遗嘱，应根据法律行为转换的法理，积极向赠予等其他法律行为转换。除此之外，

---

① 近藤英吉：《继承法》，《新法学全集》，日本评论社，1938 年，第 2 页。

② 近藤英吉：《继承法研究》，弘文堂，1932 年，第 166—167 页。

在立法论和解释论上也有必要讨论遗嘱方式的缓和(原书第 32—33 页)。即便是在实质上相同,但与生前行为也存有差异。我国民法对遗嘱的方式以及遗嘱的处分内容作出了限制。此外,还设计了遗留份额制度。所以,不得不说死后处分(遗嘱自由)受到了限制。主要理由如下:①人死亡后法律人格也随之消灭。在这一法思想下,对于应该依照死者的意思进行处理的事务,原则上也不应该无限制地予以承认。②日本继承法采用(旧民法规定)以家产共有的思想为主要内容的法定继承原则(如同罗马法一样,并没有将继承与继承财产的无偿让与等同视之)。[1]

(2) 近藤教授以制度框架内的遗嘱自由的实际情况和遗嘱制
728 度为中心,罗列了全部问题,并在解释论层面及立法论层面上对这些问题展开了探讨。除日本的判例外,还参照了外国法(母法),尤其是德国的判例和学说,采用了提示理论性解决的方法。近藤教授认为,日本民法的有关规定过于抽象,不能很好地解决问题。[2] 与此相对,德国为解决所能设想的所有问题,在民法上作出了详细规定。因此,通过导入德国已展开的解释学,可以使我国的民法解释论具有同样的合理性与逻辑性。[3]

(3) 近藤教授把继承法纳入财产法的范畴。在此立场上,除重视"被继承人意思的尊重"及"被继承人家族的保护"的观点外,也非常重视"交易安全"的观点。该书提出的问题涉及多个方面,这一视点也体现在对遗嘱执行问题的探讨等上。继承财产交易中的第三人保护是继承法上的根本问题,尤其是在存有遗嘱、遗

---

① 此外,对于近藤教授有关继承法史的观点,在穗积重远、中川善之助编:《家族制度全集·史论篇》(5),河出书房,1938 年,第 1—35 页中有所提及。

② 近藤英吉:《论遗赠》(1),《民商法杂志》第 6 卷第 1 号,1937 年,第 44 页。

③ 近藤英吉:《德国民法〔V〕·继承法》,现代外国法典丛书,有斐阁,1939 年。

嘱执行人的情况下，登记不但没有公信力，也不存在遗嘱执行公示制度。因此，不动产交易安全的保护把问题就显得尤为重要。对于这个问题，近藤教授认为，在有遗嘱执行人的情况下，继承人的处分行为相对无效。此外，无论是否存在遗嘱执行人，在继承人对继承不动产以其个人名义进行继承登记，且相当长的时间内都未执行遗嘱的情况下，继承人对全部的继承财产具有表见继承人的地位。继而类推适用《民法》第 32 条第 1 项，通过表见继承的法理，保护处分行为的相对人。[1]

（4）有学者对近藤教授的论述评价道："论理犀利，但有形式论之嫌。"[2]这种倾向在该书中也有所体现。将焦点聚集在社会变迁及指导原理的推移往往容易轻视概念的论理分析和诸学说的理论探讨，是当时日本民法学界的状况。[3] 鉴于此，近藤教授在该 729
书中提出的问题意识、问题解决的理论构成——该书至今仍被概说书、研究书所引用。但近藤教授的很多观点现在为少数说，已经失去现实意义的观点也不少。尽管如此，近藤教授对日本继承法解释学的深化所作出的贡献，应该给予肯定评价。这种法律解释学的研究态度是其他家族法学者难以具备的。

3. 其后学界之发展

作为该书的书评，《新刊介绍》[4]中有所提及，该书出版时并未

---

① 近藤英吉：《继承法论》(上)，弘文堂，1936 年，第 472 页以下。

② 我妻荣：《今年民法学界的收获》(2)，《法律协会杂志》第 53 卷第 1 号，1935 年，第 247 页以后；氏著：《民法研究Ⅴ·债权总论》，有斐阁，1968 年；近藤英吉：《物权法论》，弘文堂，1934 年。

③ 我妻荣，《今年民法学界的收获》(2)，《法律协会杂志》第 53 卷第 1 号，1935 年，第 248 页。这种倾向在家族法学中表现得尤为明显。

④ 《新刊介绍》，《法律时报》第 10 卷第 7 号，1938 年。

受到足够的重视。该书公开出版时，和田于一的《遗嘱法》[①]一书也出版了，但不能称其为遗嘱法研究的滥觞。此后，遗嘱法在二战后的继承法修正中得以修改。在昭和四十年代末开始的所谓的“遗嘱潮”时期，遗嘱法研究一度很盛行。但是，其中很多研究如同其他的家族法研究一样，过于注重法社会学的实态调查，自始至终都在介绍外国的立法情况。相比而言，对解释论本身的研究显得不够充分。

■ 作者介绍

近藤英吉

主要著作：除该书外，还著有『夫婦財産法の研究』(1928年・巖松堂)、『相続法の研究』(1932年・弘文堂)等。

简　　历：1901年(明治三十四年)—1940年(昭和十五年)，毕业于京都帝国大学法学部，京都帝国大学教授[其著作、履历请详见京都帝国大学法学論叢34卷4号(1936年)]。

① 和田于一：《遗嘱法》，精兴社，1938年。

7-24　高木多喜男 730

《遗留份额制度研究》

（成文堂，1981 年）[*]

评议人　冲野真已（学习院大学）

该书是遗留份额制度研究的代表性著作，通过对遗留份额制度的历史性展开，以及对罗马法型与日耳曼法型的比较，揭示了日本以及“近代”遗留份额制度的特性。

1. 该书概要

该书以 19 世纪 50 年代后半期至 60 年代公开发表的论文为中心，对作者有关遗留份额制度的研究进行了整理。该书所触及的研究题目大致分为以下几点：①遗留份额的性质（第 1—3 章）；②遗留份额保全请求权[**]的法律构成（第 4 章）。③有关遗留份额的计算及保全请求的具体解释问题（补章）。

遗留份额制度是继承法中的一项重要制度，它调整遗嘱继承（被继承人的自由处分）与法定继承（家族财产继承）之间的紧张关系。尽管如此，民法典并没有对该制度作出具体规定，遗留份额的计算、保全请求权的行使更多地依赖于法律解释。[①] 但是，对

* 原文文献为：高木多喜男『遺留分制度の研究』（1981 年・成文堂）。——译者

** 遗留份额保全请求权：是指自己的遗留份额受到侵害的遗留份额权利人以及其他继承人为保全自己的遗留份额，可以在必要的限度内请求扣减赠与或者遗赠等。——译者

① 参见伊藤昌司：《遗留份额》，《民法讲座（7）・亲属继承》，有斐阁，1984 年，第 472 页；谷口知平：《遗留份额》，《家族制度全集・法律篇（5）・继承》，河出书房，1938 年，第 178 页。

于遗留份额制度，无论对遗留份额法律性质的基础性考察，还是对遗留份额的计算等的具体解释，学界的研究都极为有限。在该书所收录的论文发表之前，体系书等的解说、注释与历史性论述以外，可以称得上具有代表性的论文也极为有限。例如，近藤英吉的《遗留份额》和《继承法研究》[①]、福岛四郎的《遗留份额制度之法理与判例》(1—4)[②]、原田庆吉的《日本民法典之历史素描》[③]、五十岚清的《遗留份额制度之比较法研究》(1—3)[④]。此后，除个别的判例研究外，遗留份额制度的研究仍然不多。[⑤] 其中，该书是与作者的判例研究[⑥]齐名的重要著作。该书论及了上述的①—③。
731 其中，③是更加详细的个别的解释问题，不能对每个问题都进行深入研究。另一方面，②是各种各样的个别问题及与①相关联的重要问题，学说上有过专门的讨论。但考虑到伊藤前揭论文做了详细的介绍，以下主要就①考察该书的内容与意义。[⑦]

---

① 近藤英吉：《遗留份额》，《继承法研究》，弘文堂，1932 年，第 203 页；初次发表于《法学论丛》第 25 卷第 3 号第 365 页，同卷第 4 号第 523 页，1931 年。

② 福岛四郎：《遗留份额制度之法理与判例》(1—4)，《民商法杂志》第 21 卷第 1、2、3、4 合并号，同卷第 5、6、7 合并号，同卷第 8、9、10 合并号，同卷第 11、12 合并号，1946—1947 年。

③ 原田庆吉：《日本民法典之历史素描》，创文社，1954 年，第 317 页。

④ 五十岚清：《遗留份额制度之比较法研究》(1—3)，《法律协会杂志》第 68 卷第 5 号第 452 页，第 69 卷第 2 号第 126 页，同卷第 3 号第 258 页，1950—1951 年。

⑤ 详见伊藤昌司：《遗留份额》，《民法讲座(7)·亲属继承》，有斐阁，1984 年，第 472、473 页注 9。

⑥ 谷口知平、有泉亨：《遗留份额》，高木多喜男：《民法》(23)，综合判例研究丛书，有斐阁，1964 年。

⑦ 该书未收录此内容，但对于①，该书内容的概略，可以参见高木多喜男：《近代遗留份额制度序说——以遗留份额的价值化为中心》，《私法》第 18 号，1957 年，第 38 页。

2. 遗留份额性质的先行研究和该书的内容与意义

对于遗留份额的法律性质，可分为两大系统，即德国法型与法国法型。德国法型起源于罗马法上的义务份，作为继承权的代偿，以一定的近亲者的保护为目的。法国为维持家产保障部分法定继承份额(reserve coutumiere)，借鉴了普鲁士法——习惯法上的遗留份额制度。从法律条文上看，日本基本上采用了法国法型。[①] 两者的差异如下：在法国，法定继承份额的事项以遗留份额权利人为继承人为前提，遗留份额存在于遗产的现有物品上。与此相对，德国并不存在上述的前提，遗留份额作为对遗产的金钱债权而存在。在前述近藤论文中，着眼于上述遗留份额性质之不同，以日本法属于后者为前提，论述了日本法下的具体法律关系。此外，前述五十岚的论文追溯了罗马法与普鲁士法的起源，并阐明了德国法与法国法上的遗留份额制度的展开过程。

在与上述先行研究的关系上，该书的意义主要体现在以下几个方面：

第一，该书在前述先行论文的基础上，深化了学界对遗留份额制度的研究。对于日本法的源流——普鲁士法上的遗留份额制度，从古代开始对该制度的形成与变迁进行了解说。而且，涵盖法国、瑞士、德国法制的过去与现在，阐明了其与罗马型的差异。这种历史的、比较法的研究是该书的最大特色，精心而又详细的研究是无人能及的。

第二，该书深化了先行论文的观点，描绘了两大系统逐渐融

---

① 各法条渊源，参见前述原田庆吉：《日本民法典之历史素描》，创文社，1954 年。

合的景象。家共同体是经济社会的基盘，为确保在家共同体中继承作为祖宗财产的不动产，普鲁士法上的遗留份额制度限制了代表人的无偿处分行为，并将对象扩大至动产与取得财产乃至一般财产。而且，法国法还例外承认价格返还，使得共同体之基盘确
732 保的意义丧失，开始向继承人个人保护的制度转变。德国与法国的差异仅在于遗留份额的内容是否涵盖单纯的金钱债务这一问题上。在一般承认价格赔偿的日本法（第 1041 条等）上，上述差异正在逐渐缩小。

第三，从“价值化”的视角把握两大系统的遗留份额的历史性展开，是该书的一大特色。即随着家族从生产、交换与消费的“场所”向纯消费的“场所”的转变，在自然形态上特定的不动产止于家族内的意思变得单薄，开始将家族的财产作为一个整体把握其价值。其结果是，遗留份额已不存在于特定财产上。其对象扩大到一般财产，而且不管财产的内容如何，均以遗产的一定额度为对象。即使返还的对象不是金钱而是实物，其标的也不再是物本身，而是物本身所具有的价值。因此，可以说遗留份额在向价值转变。

第四，该书以家族财产、继承财产的视角和所有权一般“价值化”的观点为上述遗留份额的“价值化”提供了理论基础。即在资本主义社会，以所有与物的物质利用（使用价值）相比所具有的价值本身为标的，这种财产由自然形态向价值形态的转变与遗留份额的“价值化”联结在一起。

第五，所有权绝对与个人所有是近代法的基本特征。在导入被继承人处分自由的情况下，如何调和遗留份额制度与已完成“近代化”的近代所有之间的矛盾。归根到底，这个问题的解决必须寻求“价值化”。即遗留份额成为价值，被继承人可依个人之意

思对各具体财产进行处分，遗留份额权人无权干预。遗留权人只是在价值层面上享有一定的份额。换言之，“财产在其自然形态下与遗留份额制度毫无关系，完全受遗产自由处分原则的支配。但是，在其价值形态下与遗留份额制度有关，家族继承权侵蚀着自由处分原则”①。

3. 该书发表后的学术开展 733

对于“从协同体之诸关系中解放出来的所有权”、“个人所有”的强调，首先，作为家族协同体中的财产关系的把握方法是否妥当的问题被提了出来（参照了家族团体论的观点）。这与构成该书写作背景的”所有权“的概念与意义有关，其展开对该书的内容也产生了影响。

其次，在继承法上，学界对遗留份额法律性质的理解经历了如下两个阶段。即遗留份额的法律性质关涉到“继承法的基本原理，即是采用法定继承主义还是采用遗嘱继承主义”②。以往的研究以遗嘱继承（自由的意思处分）为出发点，并将遗留份额看作是对遗嘱继承的制约。其中，对于现代遗留份额性质的探索，学界呈现出强劲姿态，在这一点上，该书也是如此。第一，对于将遗嘱继承作为原则的见解，迫切需要以与法国法相关联之日本民法诸规定的构造相整合的观点重新审视。第二，遗嘱自由原则，时常作为以“私人所有权”为基础的继承法上的表现而被主张。因此，

① 参见高木多喜男：《近代遗留份额制度序说——以遗留份额的价值化为中心》，《私法》第 18 号，1957 年，第 42 页。有的学者认为若把所有权本身作为价值理解，那么这种价值形态下的制约会成为重大的制约，与自由处分原则之间会产生严重的问题。

② 参见五十岚清：《遗留份额制度之比较法研究》（1—3），《法律协会杂志》第 68 卷第 5 号第 452 页，第 69 卷第 2 号第 126 页，同卷第 3 号第 258 页，1950—1951 年。

可以说遗嘱是财产权移转中的一个问题。继承法包含有关向继承人移转权利义务的准则，但其中还有一个重要问题——继承权的归属乃至继承的问题，即关于死者权利义务继承的准则。故仅在“私人所有权”的延长线上研究其本身以及问题的把握方法是有误的。而且，如果不将其看作财产转移的一个方面，而是将其把握为继承权的归属，那么其与社会亲属制度的密不可分的联系就会显现出来。[①] 上述继承法原理的再讨论也必然会给遗留份额性质的理解带来新的视角。[②]

上文指出了遗留份额制度与亲属、家族制度的内在关联性。与旧法不同的是，现行法采纳了共同继承制度。在现行法下，遗留份额在现实中出现了差异。纵观日本判例不难发现，家族外的第三人侵害遗留份额（赠予和遗赠）的案件并不常见。遗留份额纷争主要发生在共同继承人之间。因此，有必要在共同继承人之间的法律关系上，具体而言，以遗产分割
734 与遗产分割时的意思尊重以及公平确保的观点重新审视遗留份额。作者的《遗产分割之法理》一书整理了以这一视角所进行的研究，第 2 部（第 125 页）以下是关于“遗产分割与遗留份额、贡献份额”的研究。[③]

■ **作者介绍**

高木多喜男

主要著作：除该书外，还著有『金融取引と担保』（1980 年 · 有斐閣）、『不動産法の研究』（1981 年 · 成文堂）、『遺産分割の法理』（1992 年 · 有

---

① 对第一和第二的代表性研究是伊藤昌司：《继承法之诸多基础问题》，有斐阁，1981 年。

② 同上书，第 30 页以后。

③ 高木多喜男：《遗产分割之法理》，有斐阁，1992 年。

斐閣)、『金融取引の法理 第1巻—第3巻』(1996—1997年・成文堂)、『遺留分(総合判例研究叢書民法23)』(1964年・有斐閣)、『不完全履行と瑕疵担保(叢書民法総合判例研究23)』(1980年・一粒社)、『担保物権法(新版)』(1993年・有斐阁)、『口述相続法』(1990年・成文堂)等。

简　　历:1930年(昭和五年)生,毕业于神户大学法学部,曾任神户大学教授,现任大阪学院大学教授[其著作、履历请详见石田喜久夫＝西原道雄＝高木多喜男先生還暦記念論文集・下巻『金融法の課題と展望』(1990年・日本評論社)]。

资　料*

* 该资料部分由田高宽贵编制，申绯阳翻译。

736 Ⅰ　民法教科书与体系书出版史

原则上本表将独著的民法教科书、体系书著作，连同执笔人、全集等丛书按照年代顺序进行整理。具体按照以下标准，本书编委虽以尽一切可能全面收集、尽数罗列为宗旨，多番努力，但是这种调查也不尽全面，若读者能够不吝指出本表中的误写、遗漏实乃荣幸。在本表完成之时，本书编委于其末尾设附录注明参考书目，并参考该书目以及《注释民法》（有斐阁刊行）的简称表、纪念论文集所收录的著作一览和大学图书馆的馆藏书目，补充适当信息。

（1）本表中作为对象的著作

- 本表，①原则上以独著著书为对象，②大体上民法的每个领域（总则、物权、债权、亲属、继承）各为一书，③涉及两个以上领域、构成两本以上著作的执笔人著书也属于本表对象。由此，将民法整体成一书的简述之类的著作不作为本表的对象。另外，即使是独著的教科书与体系书，如果其执笔人尚未刊行关于其他领域的著书，也不作为本表对象。
- 在编写过程中，由上述著作、全集等、单独的执笔人著作构成的丛书，亦作为本表的编录对象予以采用。另外，丛书中，针对执笔人的列表出现重复时的情况，本表在说明其主旨的基础上，一律作重复刊载处理。
- 本表中以现行民法颁布以后出版的著作为对象，之前刊行的旧民法相关文献等不作为对象。另外，初期，虽然大多讲义案等重要文献被刊行，但是本表不将其作为对象。大学通信教育部教科书等不作为本表对象。
- 因本书整体以1990年（平成二年）以前的论文稿件为对象，故本表也努力做到了与之条理一致。全集等丛书也限定在1990年以前多数卷刊行的作品。

（2）本表中的注记……排列、出版年份、出版社等 737

- 本表整理连同执笔人、全集丛书在内的体系书与教科书，左栏载明其最早出版的年份，刊行年份按照顺序排列。
- （）中为该著作的初版刊行年，随后为出版社。
- 初版刊行年不明时附有 * 印记，并记载第 2 版以后的刊行年。刊行年或者出版社不详时，标记“—”。
- 关于出版社名，大学出版社等为最初发行社的话仅仅采用大学名称。另外，“○○新社”等暂时变更名称时，采用原来的社名。
- 单独执笔人将几卷以丛书刊行时，丛书书名加上 表示，其后载明各卷的书名（副标题）及刊行年份。

1896 年 （明治二十九年）	梅谦次郎 738 《民法要义》（明法堂・有斐阁）……卷一・总则编（1896），卷二・物权编（1896），卷三・债权编（1897），卷四・亲属编（1899），卷五・继承编（1900） 《民法原理（总则篇卷一・二）》（1903・1904・法政大学・明法堂）
1896 年 （明治二十九年）	冈松参太郎 《注释民法理由》（有斐阁）……上卷・总则篇（1896），中卷・物权篇（1897），下卷・债权篇（1897） 《民法总则（第一・二卷）》（1896・1897・八尾书店） 《民法总则》（1908・中央大学）
1898 年 （明治三十一年）	帝国百科全书（博文馆） 丸尾昌雄《民法总则编・物权编释义》（1899） 丸尾昌雄《民法债权编释义》（1900） 上田丰《民法亲属编继承编释义》（1898）
1898 年 （明治三十一年）	奥田义人 《民法亲属法论》（1898・有斐阁）、《民法继承法论》（1898・有斐阁）

《继承法》(一·中央大学)、《亲属法及继承法》(1910·中央大学)

1901年 牧野菊之助

(明治三十四年) 《亲属法(法律教科书)》(1901·东京专门学校)

《日本亲属法论》(1908·法政大学·严松堂)、《日本继承法论》(1909·法政大学·严松堂)

《亲属法要论》(1916·严松堂)、《民法纲要后编(亲属编·继承编)》(1926·严松堂)

1902年 梶康郎

(明治三十五年) 《民法正义全5卷》(1902—1903·华阳堂·松阳堂)

《民法释义》(松阳堂)……总则编·物权编(1925),亲属法·继承法(1927)

1903年 富井政章

(明治三十六年) 《民法原论》(有斐阁)……第一卷·总论(上·下)(1903·1904,合本1908)、第二卷·物权(上·下)(1906·1914,合本1915)、第三卷·债权总论上(1929)

739 1905年 横田秀雄

(明治三十八年) 《物权法》(1905·日本大学·清水书店)、《债权总论》(1908·日本大学·清水书店)、《债权各论》(1912·清水书店)

《物权法大意》(1915·清水书店)、《债权法大意》(1918·清水书店)

《债权总论》(1918·有斐阁)、《物权法论》(1921·严松堂)、《债权法各论》(1921·严松堂)、《债权法总论》(1921·严松堂)

1905年 平沼骐一郎

(明治三十八年) 《民法总论》(1905·日本大学·有斐阁)、《债权总论》(1932·日本大学)

《民法总论》(1908·岩波书店)

1907年 松冈义正

(明治四十年) 《民法论》(清水书店)……总则编(1907),物权编上(1908),物权法(1931)

1910年 注释民法全书(严松堂)

(明治四十三年) 松本烝治《人、法人及物(第一・二分册)》(1910・1912)

鸠山秀夫《法律行为及其时效(第一・二分册)》(1910・1911)

三潴信三《所有权及地役权(第一分册)》(1911)

神户寅次郎《契约总则(第一分册)》(1915)

1910年 鸠山秀夫

(明治四十三年) 《法律行为及其时效(第一・二册)》←注释民法全书(严松堂)1910・1911

《债权法讲义案(总则部分)》(1916・有斐阁)

《日本民法总论(上・下)》(1923・1924,改订合本1927・岩波书店)、《日本债权法总论》(1916・岩波书店)、《日本债权法各论(上・中・下)》(1918—1920・岩波书店)

《物权法》(1920・文正堂)

1911年 石坂音四郎

(明治四十四年) 《日本民法 第三编债权(第一—六卷)》(1911—1916・有斐阁)、《日本民法债权总论(上・中・下)》(1916—1924・有斐阁)、《民法总论》(1916・有斐阁)、《债权法大纲》(1917・有斐阁)

1911年 中岛玉吉

(明治四十四年) 《民法释义》(金刺芳流堂)……卷一・总则编(1911),卷二・物权编(上・下)(1914・1916),卷三・债权总论上 740
(1917),卷四・亲属编(1927)《债权总论》(1928・今刺芳流堂)

1911年 三潴信三

(明治四十四年) 《所有权及地役权(第一分册)》←注释民法全书(严松堂) 1911

《民法总则提要(第一—三分册)→(上・下)》(1919—1921・有斐阁)、《物权法提要(第一・二分册)→(上・下)》(1916—1928・同)、《债权法提要 总论(上・下)》(1923・1925・有斐阁)

《担保物权法》(1915·有斐阁)

《契约概论》《契约各论》←现代法学全集(日本评论社)1928

《契约法》←新法学全集(日本评论社)1937

《契约法讲义要领》(1932·有斐阁)

1912年（明治四十五年）　藤谷智次郎

《法律全书论题正解 民法》(1912·有斐阁)……总则编，物权编，债权总论编，债权各论编，亲属编，继承编

1912年（明治四十五年）　川名兼四郎

《日本民法总论》(1912·金刺芳流堂)、《物权法要论》(1915·金刺芳流堂)、《债权法要论》(1915·金刺芳流堂)

1915年（大正四年）　仁井田益太郎

《亲属法继承法论》(1915·有斐阁)、《民法总论》(1923·有斐阁)

1916年（大正五年）　柳川胜二

《亲属法要论》(1916·严松堂)、《继承法要论》(1926·严松堂)、《日本亲属法要论》(1924·严松堂)

《日本亲属法注释上》(—·严松堂)、《日本继承法注释(上·下)》(1918·1920·严松堂)

1916年（大正五年）　嘉山干一

《民法总论前·后编》(1916—1918，合本1921·严松堂)

《债权总论》(1925·敬文堂)

1917年（大正六年）　穗积重远

《亲属法大意》(1917·岩波书店)、《继承法大意》(1926·岩波书店)

《亲属法》(1933·岩波书店)、《继承法(第一—三分册)》(1946—1947·岩波书店)

741 《民法总论(上·下)》(1921，合本1922·有斐阁)

《债权各论及担保物权法(讲义案)》(1928·有斐阁)、《债权法及物权法》(1934·有斐阁)

《亲属法》《继承法》←现代法学全集(日本评论社)

	1929—1931
	《民法总则》←新法学全集(日本评论社)1936
1917 年	末弘严太郎
(大正六年)	《债权各论(第一—三分册)》(1917—1918,合本 1918・有斐阁)
	《债权各论讲义案》(1918・严松堂)
	《物权法(上卷・下卷第一分册)》(1921・1922・有斐阁)→《物权法(上)》(1960・一粒社)
	《债权总论》←现代法学全集(日本评论社)1928—1929
	《债权总论》←新法学全集(日本评论社)1938
1917 年	矶谷幸次郎
(大正六年)	《债权法论(总论上・下)》(1917・1919,合本 1925・严松堂)、《债权法论(各论 上・下)》(1926・1929・严松堂)
	《债权总论大要》(1928・清水书店)
	《民法通论 下卷(债权编)》(1940・严松堂)
1917 年	沼义雄
(大正六年)	《债权法要论(1)(2)》(1917・日本大学)
	《民法要论》(严松堂)……总则编(1922),物权编(1926),债权编(1928)
	《民法提要(物权)》(1926・严松堂)
	《综合日本民法论 1—5》(1932—1936・严松堂)、《综合民法要论》(1938・严松堂)
	《综合日本民法论别卷》(严松堂)……第一・民法总论(上・下)(1936),第二・物权(1940),第三・担保物权(1938),第四・债权总论(1936),第五・债权各论(上・下)(1942・1943)
1918 年	中村万吉
(大正七年)	《债权要论(各论)》(1918・早稻田法政学会)、《日本民法论(总则编)》(1922・早稻田法政学会)、《债权法概论(各论)》(1924・早稻田法政学会)、《债权法各论》(1924・早稻田法政学会)

1919 年　游佐庆夫

742 （大正八年）　《民法概论总则编（第一·二分册）》（1920，合本 1922·有斐阁）、《民法概论物权编（第一—六分册）》（1919—1920，合本 1920·有斐阁）→《民法概论（总则编·物权编）》（1925·有斐阁）

《民法原理（总则·物权·债权）》（1924·严松堂）

《债权法总论概说》（1947·严松堂）

1920 年　饭岛乔平

（大正九年）　《物权法（第二部）》（1920·明治堂）、《契约法总论》（1920·明治大学）

1922 年　柚木馨

（大正十一年）　《民法概要（债权总论）》（1922·严松堂）

《判例物权法总论》（1934·严松堂）、《判例物权法各论》（1936·严松堂）

《物权法》←新法律学全书（真日本社）1948

《亲属法》（1950·有斐阁）

《判例债权法总论（上·下）》（1950·1951·有斐阁）、《判例民法总论（上·下）》（1951·1952·有斐阁）、《判例继承法论》（1953·有斐阁）、《判例物权法总论》（1955·有斐阁）

《民法总论（青林全书）》（1955·青林书院）

《民法概论（物权法）》（1955·三和书房）、《民法概论（亲属法·继承法）》（1956·三和书房）

《债权各论Ⅰ（契约总论）》←现代法学全书（青林书院）1957

《担保物权法》←法律学全集（有斐阁）1957

《物权法》（1959·青林书院）

1922 年　中川善之助

（大正十一年）　《继承法（第一—三分册）》（1922—1923，合本 1923·有斐阁）

《略说身份法学》（1930·岩波书店）

《民法 3（亲属继承）》←岩波全书（岩波书店）1933

《亲属法》←新法学全集(日本评论社)1937

《日本亲属法—昭和十七年》(1942·日本评论社)

《民法大纲(上·中)》(1943·1944·日本评论社)

《亲属法》与谷口知平合著←新法律学全书(真日本社)1949

《民法大要》(劲草书房)……上(总则·物权法)(1955),下(亲属法·继承法)(1950)

《亲属法(上·下)》←现代法学全书(青林书院)1958,合本 1959

《继承法》←法律学全集(有斐阁)1964

《家族法判例讲义(上·下)》(1966·日本评论社) 743

1923 年（大正十二年）
古山茂夫
《亲属法注解》(＊再版 1923·酒井书店)、《继承法注解》(1923·酒井书店)

1924 年（大正十三年）
大谷美隆
《债权各论讲义》(1924·明治堂)、《民法总论讲义》(1925·大明堂)

《债权总论》(1925·文信社)

《债权总论(上·下)》(1926·1927·明治大学)

1924 年（大正十三年）
吉田久
《民法提要(总则)》(1924·严松堂)、《民法提要(物权)》(1929·严松堂)

《民法教科书(总则编)》(1937·严松堂)

《日本民法论(总则编)》(1943·严松堂)、《日本民法论(物权编)》(1953·中央出版社)、《日本民法论(债权编上 总论)》(1956·严松堂)

→《民法总则法讲义》《物权法讲义》(《日本民法论(总则编)》《该(物权编)》之改题改订版,1970—1971·有信堂高文社)

1924 年（大正十三年）
冈村玄治
《债权法总论》(1924·严松堂)、《债权法各论》(1929·严松堂)

《债权法要论(总论・各论)》(1951・1959・中央大学・芦书房)

《民法要论(总则・物权・债权总论上)(债权法各论)》(1954・芦书房)

1924年　外冈茂十郎

(大正十三年)　《亲属法讲义(第一分册)》(1924・敬文堂)、《亲属法概论》(1926・敬文堂)、《继承法概论》(1927・敬文堂)

《亲属法》←法律学全书(评论社)1950

《亲属法・继承法教材》(1956・敬文堂)、《亲属法1》(1962・敬文堂)

1925年　岩田新

(大正十四年)　《日本民法总论》(1925・同文馆)、《物权法概论》(1925・同文馆)、《债权法概论》(1925・同文馆)、《亲属继承法纲要》(1926・同文馆)

《民法总则新论》(1941・有斐阁)《债权法新论》(1934・有斐阁)

1925年　和田于一

(大正十四年)　《亲属法全书》(大同书院)……1・亲属法总论(1924),2・婚姻法论(1925),3・亲子法论(1927)

744 《继承法讲义案》(1926・大同书院)

《亲属法大纲》(大同书院)……第一分册上・亲属法总论(1933),第四分册・监护法(一)

《遗嘱法》(1938・精兴社)

1925年　中岛弘道

(大正十四年)　《民法总则物权法论》(1925・清水书店)、《民法债权法论》(1925・清水书店)、《民法亲属继承法论》(1925・清水书店)

《债权总论》(*改订版1928・严翠堂)、《债权总论・契约总论》(1931・严翠堂)、《物权法(上)》(1932・严翠堂)、《民法总则》(*第三版1934・严翠堂)

《债权各论》(1941・严松堂)

《民法总则》(1956・骏河台出版社)

	《物权法》(* 第二版 1957・学芸书房)、《债权总论》(* 重版 1958・学芸书房)
1926年 (大正十五年)	山下博章 《物权法论(分册第一—二)→(上)》(1926—1927・文精社) 《民法讲义(总则)》(1929・有斐阁)、《物权法概要(上・下)》(1931・有斐阁)、《担保物权法论》(1933・有斐阁)
1928年 (昭和三年)	现代法学全集(日本评论社)末弘严太郎编辑代表 我妻荣《民法总则》……第1・2・3・4卷(1928)所收 我妻荣《物权法》……第20・21・22・29・30・31卷(1929—1930)所收 末弘严太郎《债权总论》……第5・6・8・9・10・11・12卷(1928—1929)所收 三潴信三《契约概论》……第15卷(1929) 三潴信三《契约各论》……收录第10・11・12・13・14卷(1928)所收 我妻荣《债权法(无因管理・不当得利・侵权行为)》……第34・37・38卷(1930—1931)所收 穗积重远《亲属法》……第20・22・27・28・31卷(1929—1930)所收 穗积重远《继承法》……第33・34・35・36・37卷(1930—1931)所收
1928年 (昭和三年)	齐藤常三郎 《民法要论(总则)第一・二卷》(1928・弘文堂) 《日本民法讲义》(弘文堂)……总则(1934),物权(1936)
1928年 (昭和三年)	我妻荣 《民法总则》、《物权法》、《债权法(无因管理・不当得利・侵权行为)》←现代法学全集(日本评论社) 745 1928—1930 《民法总则》(1930・岩波书店) 《民法讲义》(岩波书店)……Ⅰ・民法总则(1933),Ⅱ・物权法(1932),Ⅲ・担保物权法(1936),Ⅳ・债权总论

	(1940) Ⅴ$_1$ · 债权各论上卷(1954), Ⅴ$_2$ · 债权各论中卷一(1957), Ⅴ$_3$ · 债权各论中卷二(1962), Ⅴ$_4$ · 债权各论下卷一(1972)
	《民法1(总则·物权上)》《民法2(物权下·债权)》←岩波全书(岩波书店)1933·1934
	《债权法讲义案》(1936·岩波书店)、《亲属法继承法讲义案》(1938·岩波书店)
	《民法教材》(岩波书店)……Ⅰ·总则(1938), Ⅱ·物权法(1938), Ⅲ·担保物权法(1939), Ⅳ·债权总论(1939), Ⅴ·债权各论(1941), Ⅵ·亲属法(1942)
	《无因管理·不当得利·侵权行为》←新法学全集(日本评论社)1939
	《民法大意(上·下)》(1944·1946·岩波书店)
	《民法指南[Ⅰ(上)]—[Ⅳ]》(1956—1965·日本评论社)* 改订版一粒社刊
	《民法* 便携实用版》(与有泉亨合著·一粒社)…Ⅰ·总则·物权法(1954), Ⅱ·债权法(1954), Ⅲ·亲属法继承法(1956)
	《亲属法》←法律学全集(有斐阁)1961
	《新订 民法讲义》(岩波书店)……Ⅰ·民法总则(1965), Ⅱ·物权法(有泉亨辅订)(1983), Ⅲ·担保物权法(1968), Ⅳ·债权总论(1964)
1929年	入江真太郎
(昭和四年)	《物权法要论(上卷)》(1929·大同书院)、《债权法总论》(1930·大同书院)
	《侵权行为论(第1卷)》(1924·严松堂)
1930年	石田文次郎
(昭和五年)	《现行民法总论》(1930·弘文堂)
	《物权法论》(1932·有斐阁)
	《担保物权法论(上·下)》(1935·1936·有斐阁)
	《债权总论讲义》(1936·弘文堂)、《债权各论讲义》(1937·弘文堂)

《民法大要》(有斐阁)……民法总则(1937),物权(1937),担保物权(1938),债权总论(1938),债权各论(1938),继承(1939)

《债权总论》(1947·早稻田大学)、《债权各论》(1947·早稻田大学)

1930年（昭和五年）　胜本正晁

《债权总论(上卷·中卷之一—三)》(1930—1936·严松堂)

《物权法概说(上)》(1938·严松堂)、《债权法总论概说》 746
(1932·严松堂→后有斐阁)、《债权法各论概说》(1948·严松堂→后有斐阁)

《担保物权法》←新法学全集(日本评论社)1938

《民法大纲(总则)》(1939·严松堂)

《担保物权法论》(1940·日本评论社)

《契约各论 第一卷》(1947·有斐阁)、《担保物权法(上·下)》(1949·有斐阁)、《债权法概论(总论·各论)》(1949·有斐阁)

《物权法注解说》(1948·严松堂)

《新民法总则》(1950·弘文堂,改订版创文社刊)、《物权法》(1950·弘文堂,改订版创文社刊)

《担保物权法》←新法学全书(评论社)1955

1930年（昭和五年）　药师寺志光

《亲属法》(1930·日本评论社)

《日本亲属法论(上·下)》(1939·1942·南郊社)

《民法总则概论》(1960·法政大学)、《物权法概论》(1958·法政大学)

《债权总论》(1959·法政大学)、《亲属法概论》(1950·法政大学)

《继承法第一—三分册》(1946—1947·岩波书店)

《日本民法总论上卷→全》(1938·1941·严松堂)

《日本民法总论新讲(Ⅰ—Ⅲ)→(上·下)》(1952—1955·文德社·明玄书房)、《日本物权法论新讲》(1962·

政文堂）

1931年 东季彦

（昭和六年） 《担保物权法》（1934·严翠堂）、《物权法前编》（1938·严翠堂）

《债权法总论》（1931·有斐阁）、《债权法上卷总论》（1938·有斐阁）

1931年 小池隆一

（昭和六年） 《日本民法总论》（1931·清水书店）、《日本物权法论》（1932·清水书店）、

《日本债权法总论》（1933·清水书店）、《日本债权法各论》（1931·清水书店）、《日本亲属法继承法论》（1931·清水书店）

《担保物权法论》（1937·清水书店）、《债权各论新讲 上》（1939·清水书店）

《身份法概论》（1941·金文堂）

《债权法总论》（1954·泉文堂）

《身份法概说》（1954·帝国判例法规出版社）

1932年 近藤英吉

747 （昭和七年） 《注释日本民法》（严松堂）……总则编（1932），债权编总则（上·中·下）（1934—1936）

《物权法论》（1934·弘文堂）、《债权法各论》（1933·弘文堂）、《继承法论（上·下）》（1936·1938·弘文堂）

《继承法》←新法学全集（日本评论社）1937

《亲属法讲义纲要》（1938·弘文堂）

《民法大纲（总则）》（1939·严松堂）

1932年 永田菊四郎

（昭和七年） 《民法总则讲义案》（1932·严翠堂）、《继承法讲义案》（1933·严翠堂）、《债权法讲义》（1936·严翠堂）、《物权法讲义》（1940·严翠堂）

《民法总则纲要》（1938·严翠堂）、《亲属法纲要》（1934·严翠堂）、《继承法纲要》（1936·严翠堂）

《新民法要义》（帝国判例法规出版社）……第一卷·总

论(1948),第二卷·物权法(1953),第三卷上·债权总论(1956),第三卷下·债权各论(1959),第四卷·亲属法(1948),第五卷·继承法(1950)
《债权法概说(总论)》(1950·严翠堂)

1932年 (昭和七年)	末川博 《契约总论》(1932·弘文堂) 《物权法》←新法学全集(日本评论社)1938 《民法总则》←法律学全书(三笠书房)1938 《债权各论(第一部·第二部)》(1939·1941·岩波书店) 《民法总则[民法大意第一部]》(1941·弘文堂) 《民法总则(上·下)》(1941·日本评论社) 《债权总论及担保物权法》(1947·有斐阁) 《债权法》←法律学全书(评论社)1949 《物权法》(1956·日本评论社) 《契约法(上·下)》(1958·1975·岩波书店)
1933年 (昭和八年)	**岩波全书**(岩波书店) 我妻荣《民法1(总则·物权上)》(1933) 我妻荣《民法2(物权下·债权)》(1934) 中川善之助《民法3(亲属·继承)》(1936)
1934年 (昭和九年)	池田寅次郎 《债权总论》(1934·清水书店)、《债权各论上》(1934· 748 清水书店)
1934年 (昭和九年)	川添清吉 《民法讲义(总则)》(1934·严松堂)、《民法讲义(物权)》(1934·严松堂)、《民法讲义(债权分则)》(1936·严松堂)
1935年 (昭和十年)	田岛顺 《民法总则》(1938·弘文堂)、《物权法》(1935·弘文堂)、《担保物权法》(1934·弘文堂)、《债权法》(1940·弘文堂)
1935年 (昭和十年)	宗宫信次 《侵权行为论》(1935·有斐阁)

	《债权各论讲义》(1948 · 北隆馆)
	《改订民法总论》(1949 · 有斐阁)、《物权法论》(1950 · 有斐阁)、《债权各论》(1952 · 有斐阁)
1935 年	谷口知平
(昭和十年)	《日本亲属法》(1935 · 弘文堂)
	《亲属法》与中川善之助合著←新法律学全书(真日本社)1949
	《亲属法》←新法学全书(评论社)1953
	《债权法(法律教育学科)》(1967 · 地方银行协会)
	《入门民法(总则 · 物权)》(1981 · 有斐阁)、《入门民法(债权)》(1985 · 有斐阁)
1936 年	**新法学全集**(日本评论社)末弘严太郎编辑代表
(昭和十一年)	穗积重远《民法总则》(1936)
	末川博《物权法》(1938)
	胜本正晃《担保物权法》(1938)
	末弘严太郎《债权总论》(1938)
	三潴信三《债权各论(契约法)》(1937)
	我妻荣《无因管理 · 不当得利 · 侵权行为》(1939)
	中川善之助《亲属法》(1937)
	近藤英吉《继承法》(1937)
1937 年	青山道夫
(昭和十二年)	《亲属法大要(1937 · 时潮社)、《继承法大要》(1940 · 时潮社)
749	《身份法概论》(1950 · 法律文化社)、《家族法入门》(1954 · 法律文化社)
	《继承法》←新法学全书(评论社)1956
	《家族法论》(1958 · 法律文化社)、《民法序说(总则)》(1976 · 法律文化社)
1938 年	浅井清信
(昭和十三年)	《物权法》←新法律学全书(三笠书房)1938
	《日本债权法总论》(1942 · 立命馆大学)
	《债权法》←新法律学全书(真日本社)1948

《物权法略说》(1950・法律文化社)
《物权法论》←法学丛书(法律文化社)1959

1939年 **法律学全书・新法律学全书**(三笠书房)
(昭和十四年) 末川博《民法总则》(1938)
林信雄《民法总则》(1942)
浅井清信《物权法》(1938)
林信雄《债权法》(1939)

1939年 林信雄
(昭和十四年) 《债权法》←法律学全书(三笠书房)1939
《债权法总论》(1941・严松堂)
《民法总则》←新法律学全书(三笠书房)1942
《债权法总论》《债权法各论》←新法学全书(评论社)1953・1955

1940年 片山金章
(昭和十五年) 《民法总则讲义》(1940・精兴社)、《担保物权法讲义》(1942・精兴社)、《债权法讲义》(1942・精兴社)
《物权法》←法律学全书(评论社)1950

1941年 小出廉二
(昭和十六年) 《物权法讲义》(1947・明治大学)、《物权法》(1951・明治大学)、《担保物权法》(1952・明治大学)、《债权法总论》(1941・明治大学)
《民法总则》←法律学全书(评论社)1949
《民法教室总则编》(1960・井出书房)
《民法总则》(1961・评论社)、《物权法》(1964・评论社)、《担保物权法》(1965・评论社)、《债权法总论》(1962・评论社)、《债权法各论》(1971・评论社)、《亲属法》(1972・评论社)、《继承法》(1974・评论社)
《担保物权法》(1963・长井书房) 750

1943年 野津务
(昭和十八年) 《民法入门物权法》(1943・有斐阁)、《民法入门总则》(1948・有斐阁)

1943年	吾妻光俊
（昭和十八年）	《民法总论》(1944·严松堂)
	《物权法》《担保物权》《债权法》←法律学讲座(弘文堂)1952—1954
	《物权法·担保物权法[新版]》←法律学讲座丛书(弘文堂)1966
	《民法总则(民法讲义第一)》(1954·青林书院)
	《担保物权法》←现代法学全书(青林书院)1957
	《民法总则》(1959·弘文堂)
1948年	**新法律学全书**(真日本社→新社名:国际书社)
（昭和二十三年）	柚木馨《物权法》(1948)
	浅井清信《债权法》(1948)
	谷口知平·中川善之助《亲属法》(1949)
	於保不二雄《继承法》(1949)
1948年	川岛武宜
（昭和二十三年）	《债权法讲义总则1》(1948·近代思想社)
	《债权法总则讲义第一》(1949·岩波书店)
	《民法Ⅲ(人·亲属·继承·法人)》(1951·有斐阁全书)、《民法Ⅰ(总则·物权)》(1960·有斐阁)
	《民法讲义第一卷序说》(1951·岩波书店)
	《民法总则》←法律学全集(有斐阁)1965
1948年	山中康雄
（昭和二十三年）	《债权法总则讲义》(1948·严松堂)、《债权总论》(1953·严松堂)
	《契约总论》(1949·弘文堂)
	《民法总则讲义(青林全书)》(1955·青林书院)
	《民法(总论·总则·家族·继承)》(1978·法律文化社)
1949年	坂义彦
（昭和二十四年）	《民法概说(物权法)》(1949·三和书院)、《民法概说(债权法)》(1949·三和书院)
751 1949年	**法律学全书**(评论社)
（昭和二十四年）	小出康二《民法总则》(1949)

片山金章《物权法》(1950)
末川博《债权法》(1949)
外冈茂十郎《亲属法》(1950)
福岛四郎《继承法》(1950)

1949年 (昭和二十四年)	高梨公之 《债权法各论(1)》(1941·春阳堂书店) 《改正民法要说——亲属篇》(1948·新自由社) 《债权法各论[法学新书]》(1949·樱门出版社)
1949年 (昭和二十四年)	有泉亨 《民法总则》(1949·法政大学出版局) 《亲属法》《继承法》《亲属法继承法》←法律学讲座(丛书)(弘文堂)1952·1954·1961 《民法*便携实用版》(与我妻荣合著·一粒社)…Ⅰ·总则·物权法(1954),Ⅱ·债权法(1954),Ⅲ·亲属法继承法(1956)
1949年 (昭和二十四年)	於保不二雄 《继承法》←新法律学全书(国际书社)1949 《民法总则讲义》(1951·有信堂) 《债权总论》←法律学全集(有斐阁)1959 《物权法上》(1966·有斐阁)
1950年 (昭和二十五年)	今泉孝太郎 《新物权法论》(1950·帝国判例法规出版) 《新民法总则》(1956·泉文堂)、《物权法论》(1967·泉文堂)
1950年 (昭和二十五年)	石本雅男 《债权法总论》(1961·法律文化社)、《民法总则》(1962·法律文化社) 《民法读本家族法》(1972·高文堂出版社)
1951年 (昭和二十六年)	林良平 《物权法》(1951·有斐阁)、《契约法上》(1956·有斐阁)、《债权法讲义案总论》(1956·有斐阁)、《担保物权法讲义案(上·下)》(1959·1961,合本1964·有斐阁)、 752

《民法总则讲义案上・中》(1960・1961,合本1964・有斐阁)
《债权总论》(与石田喜久夫・高木多喜男合著)←现代法律学全集(青林书院)1978

1952年（昭和二十七年） **法律学讲座**(弘文堂)
舟桥谆一《民法总则》(1953)
吾妻光俊《物权法》(1952)、《担保物权》(1952)
吾妻光俊《债权总论》(1952)、《债权各论Ⅰ・Ⅱ》(1952・1953)、《债权法》(1954)
有泉亨《亲属法》(1952)、《继承法Ⅰ・Ⅱ》(1952)、《亲属法继承法》(1954)

1952年（昭和二十七年） 田中实
《继承法》(1952・三和书房)、《亲属法・继承法》(1954・三和书房)
《债权各论讲义案》(1960・有信堂)
《亲属法・继承法》(1972・法学书院)
《亲属法论》(1976・成文堂)
《基础民法亲属・继承编》(1981・东京法经学院)

1953年（昭和二十八年） **新法学全书**(评论社)
胜本正晃《担保物权法》(1955)
林信雄《债权法总论》(1953)、《债权法各论》(1955)
谷口知平《亲属法》(1953)
青山道夫《继承法》(1956)

1953年（昭和二十八年） 舟桥谆一
《民法总则》←法律学讲座(弘文堂)1954
《物权法》←法律学全集(有斐阁)1960

1953年（昭和二十八年） 来栖三郎
《债权法各论》(1953・东京大学)
《债权各论(东大民法第二部讲义案)》(1966・一)
《契约法》←法律学全集(有斐阁)1974

1954年
753（昭和二十九年） 上山义昭
《民法总则要纲》(1954・三春书房→正法会出版部)、

	《债权总则要纲》(1954・三春书房→正法会出版部)
1954年 (昭和二十九年)	**法学新书**(法文社) 几代通《民法总则》(1954),《物权法》(1954),《担保物权法》(1955) 伊东秀郎《债权总论》(1954),《债权各论》(1954) 岛津一郎《亲属法》(1955) 市川四郎《继承法》(1954)
1954年 (昭和二十九年)	山主政幸 《民法总则・物权法》(1954・法学书院) 《债权法各论》←法学丛书(法律文化社)1959
1954年 (昭和二十九年)	石川利夫 《详解法学便览》(评论社)……民法总则(1954),担保物权法(1956),债权法各论(1960),亲属法(1962),继承法(1963) 《家族法讲义上・亲属法》(1967・评论社)、《家族法讲义下・继承法》(1972・评论社)
1954年 (昭和二十九年)	几代通 《民法总则》《物权法》《担保物权法》←法学新书(法文社)1954—1955 《物权》(1966・全国地方银行协会) 《民法总则》←现代法律学全集(青林书院)1969 《侵权行为法》←现代法学全集(筑摩书房)1977
1955年 (昭和三十年)	松坂佐一 《民法提要》(有斐阁)…总则(1954),物权法(1955),债权总论(1956),债权各论(1956),亲属继承法(1962)
1956年 (昭和三十一年)	金山正信 《民法总则》(1956・Minerva 书房)、《家族法》(1957・Minerva 书房)、《债权总论》(1964・Minerva 书房) 《民法总则要论》(1968・有斐阁)、《物权法总论》(1964・有斐阁)
1956年 (昭和三十一年)	宫川澄 《民法讲义》(青木书店)……总论(1956),总则(1959),

754 物权·担保物权(1975),债权(1960)

《民法Ⅰ总则(现代法学讲义)》(1970·评论社)

1957年(昭和三十二年)

现代法学全书(青林书院)

吾妻光俊《担保物权法》(1957)

津曲藏之丞《债权总论(上)》(1959)

柚木馨《债权各论Ⅰ(契约总论)》(1957)

中川善之助《亲属法(上·下)》(1958,合本1959)

1957年(昭和三十二年)

加藤一郎

《侵权行为》←法律学全集(有斐阁)1957

《民法教室债权编》(1960·井出书房)

1957年(昭和三十二年)

法律学全集(有斐阁)

川岛武宜《民法总则》(1965)

舟桥谆一《物权法》(1960)

柚木馨《担保物权法》(1957)

於保不二雄《债权总论》(1959)

来栖三郎《契约法》(1974)

松坂佐一《无因管理·不当得利》(1957)

加藤一郎《侵权行为》(1957)

我妻荣《亲属法》(1961)

中川善之助《继承法》(1964)

1959年(昭和三十四年)

法学丛书(法律文化社)

浅井清信《物权法论》(1959)

山主政幸《债权法各论》(1959)

1961年(昭和三十六年)

细田弥彦

《民法Ⅰ总则物权编》(1961·泉文堂)、《民法Ⅱ债权总论各论编》(1962·泉文堂)

《债权法概说》(1980·成文堂)

1962年(昭和三十七年)

中川淳

《身份法讲义案(上·下)》(1962·法律文化社)→合本(1966·有斐阁)

755 《亲属法逐条解说》(1977·日本加除出版)、《继承法逐条解说(上)》(1985·日本加除出版)

	《家族法入门(法学入门讲座)》(1979·青林书院)
	《亲属继承法》(1981·有斐阁)
1964年 (昭和三十九年)	**法律学讲座丛书**(弘文堂)*部分根据法律学讲座修改而成 四宫和夫《民法总则》(1972) 吾妻光俊《物权法·担保物权法[新版]》(1966) 平井宜雄《债权总论》(1985) 有泉亨《亲属法继承法[新版]》(1959)
1964年 (昭和三十九年)	久保木康晴 《身份法》(1964·文雅堂银行研究社)、《债权法总论》(1977·文雅堂银行研究社)、《债权法各论》(1977·文雅堂银行研究社) 《最新民法总则》(1989·芦书房)、《最新物权法》(1990·芦书房)、《最新家族法》(1986·芦书房)
1965年 (昭和四十年)	广中俊雄 《债权各论讲义(上·第一—三分册(下)》(1961—1967,合本1968·有斐阁) 《物权法(上·下)》←现代法律学全集(青林书院)1979—1982 《民法纲要第一卷总论上》(1989·创文社)
1965年 (昭和四十年)	佐藤隆夫 《债权法各论概说》(1966·评论社)、《物权法·担保物权法概说》(1967·评论社) 《民法(总则)》(1976·八千代出版)、《民法(物权·担保物权)》(1977·八千代出版)、《民法(债权法总论)》(1978·八千代出版) 《债权法各论要说》(1986·劲草书房)
1968年 (昭和四十三年)	重仓珉祐 《民法总则略说》(1968·法律文化社)、《亲属法·继承法》(1971·法律文化社)
1968年 (昭和四十三年)	铃木禄弥 《民法总则讲义》(1984·创文社),《物权法讲义》(1964·

	创文社）、《债权法讲义》（1980・创文社），《亲属法讲义》（1988・创文社），《继承法讲义》（1968・有斐阁→创文社）
756 1968年（昭和四十三年）	高岛平藏 《民法总则》（1968・成文堂）、《物的担保法论Ⅰ》（1977・成文堂）《债权总论》（1987・成文堂）、《债权各论》（1988・成文堂） 《民法总论（上・中・下）》（1970—1982・敬文堂）
1969年（昭和四十四年）	远藤厚之助 《债权总论讲义》（1969・文久书林）、《债权各论讲义》（1979・文久书林） 《民法总则》（1975・小峰书店） 《民法总则讲义》（1981・青林书院）
1969年（昭和四十四年）	**现代法律学全集**（青林书院） 几代通《民法总则》（1969） 广中俊雄《物权法（上・下）》（1979・1981，合本1982） 川井健《担保物权法》（1975） 林良平・石田喜久夫・高木多喜男《债权总论》（1978） 三宅正男《契约法（总论・各论上・各论下）》（1978・1983・1988） 四宫和夫《无因管理・不当得利・侵权行为（上・中・下）》（1981—1985，中下合本1990）
1969年（昭和四十四年）	白羽祐三 《民法总则讲义》（1989・骏河台出版社）、《担保物权法》（1969・骏河台出版社）、《民法总则要论》（1979・骏河台出版社）、《担保物权法要论（1977・骏河台出版社）、《物权法讲义上》（1979・骏河台出版社） 《债权总论》（1987・中央大学）
1970年（昭和四十五年）	筱冢昭次 《民法研讨会》（敬文堂）……Ⅱ物权法（第一—第三分册）（1970—1971），Ⅳ债权各论（第一—三分册）（1970—1971）

《民法口话》(有斐阁)……1 民法总则(1985),2 物权法(1986),4 债权各论(1989)

1971 年　柿木启

(昭和四十六年)　《民法总则》(1971·凤舍)、《物权法》(1971·凤舍)、《债权法》(1972·凤舍)

1971 年　槙悌次

(昭和四十六年)　《物权法Ⅰ》(1971·有斐阁)、《担保物权法》(1981·有 757
斐阁)、《物权法概论》(1984·有斐阁)、《民法总则讲义》(1986·有斐阁)

1971 年　星野英一

(昭和四十六年)　《民法概论》(良书普及会)……Ⅰ·序论·总则(1971),Ⅱ·物权·担保物权(1973·1974,合本 1976),Ⅲ·债权总论(1978),Ⅳ·契约(1975·1976,合本 1986)

1971 年　森泉章

(昭和四十六年)　《民法总则讲义》(1971·一粒社)

《民法入门》(实务教育出版社)……Ⅰ·总则(1983),Ⅱ·物权法(1984),Ⅲ·担保物权法(1985)

《民法入门》(日本评论社)……民法总则(1990),物权法(1989),担保物权法(1989),债权总论(1987)

1972 年　仓田彣士

(昭和四十七年)　《债权法要说》(1972·晃洋书房)、《民法要说——总则编》(1973·晃洋书房)、《民法要说——债权法论编》(1978·晃洋书房)

1972 年　四宫和夫

(昭和四十七年)　《民法总则》←法律学讲座丛书(弘文堂)1972

《无因管理·不当得利·侵权行为(上·中·下)》←现代法律学全集(青林书院)1981—1985,中下合本 1990

1975 年　川井健

(昭和五十年)　《担保物权法》←现代法律学全集(青林书院)1975

《民法入门——总则编》(1982·行政)

《民法教室》(日本评论社)……物权法(1985),债权法Ⅰ—Ⅲ(1988—1990),侵权行为法(1983)

1977 年 （昭和五十二年）	石田喜久夫 《物权法》（1977・日本评论社） 《物权总论》（与林良平・高木多喜男合著）←现代法律学全集（青林书院）1978 《民法总则》《物权法》←口述民法学丛书（成文堂）1986・1982
758 1977 年 （昭和五十二年）	**现代法学全集**（筑摩书房） 奥田昌道《债权总论（上・下）》（1982・1987）→合本（1992・悠悠社） 几代通《侵权行为》（1977）
1978 年 （昭和五十三年）	伊藤英树 《民法总则概说》（1978・苍文社）、《民法物权法概说》（1979・苍文社）→《民法总则・物权概说》（同，修订1984）
1978 年 （昭和五十三年）	高木多喜男 《债权总论》（与林良平・石田喜久夫合著）←现代法律学全集（青林书院）1978 《担保物权法（有斐阁法学丛书）》（1984・有斐阁） 《继承法》←口述民法学丛书（成文堂）1988
1979 年 （昭和五十四年）	**入门法学全集**（日本评论社） 远藤浩《民法总则》（1981） 甲斐道太郎《物权法》（1979） 山本进一《债权各论》（1979） 岛津一郎《亲属・继承法》（1980）
1980 年 （昭和五十五年）	**现代法律学讲座**（青林书院） 稻本洋之助《民法Ⅱ物权》（1983） 石田穰《民法Ⅴ契约法》（1982） 前田达明《民法Ⅵ$_2$侵权行为法》（1980）
1980 年 （昭和五十五年）	前田达明 《民法Ⅵ$_2$侵权行为法》←现代法律学讲座（青林书院）1980 《债权总论》←口述民法学丛书（成文堂）1987

1981 年　村井衡平
（昭和五十六年）　《民法总则》(1989·晃洋书房)、《亲属·继承法》(1981·晃洋书房)

1982 年　口述民法学丛书(成文堂)
（昭和五十七年）　石田喜久夫《民法总则》(1986)
石田喜久夫《物权法》(1982)
前田达明《债权总论》(1987)
田山辉明《契约·无因管理·不当得利》(1989) 759
高木多喜男《继承法》(1988)

1983 年　田山辉明
（昭和五十八年）　《民法讲义案》(成文堂)……1·民法总则(1985),5·契约法总则(1983),6-1·契约法分则上(1984),6-2 契约法分则上(1985)
《债权总论》←有斐阁系列丛书(有斐阁)1986
《物权法》←法律学讲义丛书(弘文堂)1987
《契约·无因管理·不当得利》←口述民法学丛书(成文堂)1989

1984 年　半田正夫
（昭和五十九年）　《简易民法总则》(1984·法学书院)、《简易物权法》(1985·法学书院)《简易担保物权法》(1989·法学书院)
《物权法》←有斐阁系列丛书(有斐阁)1986

1987 年　有斐阁系列丛书(有斐阁)
（昭和六十二年）　半田正夫《物权法》(1986)
田山辉明《债权总论》(1986)

1987 年　法律学讲义丛书(弘文堂)
（昭和六十二年）　田山辉明《物权法》(1987)
近江幸治《担保物权法》(1988)

760 Ⅱ 民法制定与修改史

(1) 民法典制定史

	法律制定相关事项
1869年(明治二年)	箕作麟祥奉政府之命开始法国民法典的翻译工作。 [随后,《法兰西法律书(民法)》全16册刊行]
1870年(明治三年)9月	于 太政官制度局 (长官江藤新平)召开民法会议 [逐条研讨箕作麟祥译法国民法典]
1871年(明治四年)8月	《民法决议》共79条之成立。 [相当于法国民法中私权享有丧失、身份证明之部分 (后作为240条之《御国民法》未定稿草案集成)
1871年(明治四年)8月	随着太政官制度局合并归左院(副院长江藤新平) 左院 民法会议移交管理。
1872年(明治五年)4月	于明法寮召开民法会议(主持者楠田英世)。
1872年(明治五年)	→《皇国民法暂行规则》完成。 [共1185条,最早的综合性民法草案]
1872年(明治五年)10月	于司法省(司法卿江藤新平)召开民法会议。
1873年(明治六年)2月	《民法暂行法则》第一次草案完成。 [波斯凯(Bousquet)起草,共88条,仅身份证明之部分]
1873年(明治六年)7月	立法事业之"左院专管" 司法省民法会议废除[并中断暂行法则89条以后之编修工作]
1873年—1874年 (明治六年—七年)	左院民法草案(固有法、"习惯法"、"习俗法"之重视)← [家督继承法兼遗赠规则、养子法、监护人规则、婚姻法之诸草案]
1875年(明治八年)4月	左院之废除、元老院之创设。[→取消立法事业之左院专管]

	相关诸事项	761
1869年(明治二年)	栗本安芸守锄芸从法国回国后，在《晓窗追录》中主张引进法国民法典	
1870年(明治三年)12月	新律纲领之公布	
1871年(明治四年)4月	户籍法制定(由大藏省户籍寮开始编制所谓壬申户籍)	
1871年(明治四年)7月	新设司法省	
1871年(明治四年)9月	创设作为司法省之直属局的明法寮	
1872年(明治五年)1月	大藏省制定地券发行地租收取规则→开始发放地券	
1872年(明治五年)2月	司法省御用外国人布斯凯来日	
1872年(明治五年)4月	江藤由左院副议长调职任司法卿	
1873年(明治六年)1月	土地质入书入规则	
1873年(明治六年)3月	改定律例公布	
1873年(明治六年)4月	江藤新平因征韩论下台	
1873年(明治六年)10月	大木乔任就任司法卿	
1873年(明治六年)11月	司法省御用外国人博瓦索纳德(Boissonade)来日	
1874年(明治七年)6月	博瓦索纳德于司法省开始讲授	
1875年(明治八年)4月	大审院之创设、裁判事务心得之公布	

762 1875年(明治八年)8月	司法省新设民法课(后民法编纂课)，司法省再度开始起草工作。
1878年(明治十一年)4月	→《明治十一年民法草案》之起草完成。［箕作麟祥、牟田口通照起草，共1820条］
1879年(明治十二年)3月*	委托博瓦索纳德起草民法草案。(*关于日期存在诸多说法)
1880年(明治十三年)1月	大木于民法编纂会议着手明治十一年草案之“改草”。［←大木于上一年决定不采用、废除该草案］
1880年(明治十三年)6月	元老院中民法编纂局之设置(总裁大木乔任) →任命博瓦索纳德、箕作麟祥、黑川诚一郎、矶部四郎为起草者。
1880年(明治十三年)5月	博瓦索纳德《草案(法文民法草案)》开始刊行。
1880年(明治十三年)5月	博瓦索纳德于司法省法学校速成科开始讲授，逐条修改草案。［《博瓦索纳德起草·民法草案财产编讲义一·物权部分》《同·二·人权部分》作为讲义之翻译稿］
1883年(明治十六年)4月	→《再阅民法草案》 ［博瓦索纳德起草，共596条：第一部分物权、第二部分人权］
1886年(明治十九年)3月	→《民法草案修正案》，由大木总裁提上内阁议程。 ［共1002条：第二编·财产编(第一部分·物权、第二部分·人权、第三编·财产取得方法(第一部分特定名义之取得方法)］。 草案提出时废除民法编纂局。司法省中设置民法编纂委员会，开始起草人事编等。
1886年(明治十九年)6月	民法草案下发元老院(同年12月开始审议)

1875年(明治八年)	《法例汇纂》《民事要录》刊行
1876年(明治九年)5月	废除明法寮→改司法省法学校
1876年(明治九年)5月	在司法省设置地方惯例调查局
1877年(明治十年)5月	《民事惯例类集》
1877年(明治十年)9月	利息限制法公布
1880年(明治十三年)2月	大木由司法卿改任参议法政部主管
1880年(明治十三年)7月	《全国民事惯例类集》
1880年(明治十三年)7月	治罪法、旧刑法公布
1881年(明治十四年)10月	大木再度就任司法卿
1882年(明治十五年)12月	票据法公布
1883年(明治十六年)11月	于东京大学法律研究会(委员长·穗积陈重、第二年改称法学协会)开始"讨论"→由法学协会杂志收录
1883年(明治十六年)12月	山田显义就任司法卿(后司法大臣)
1886年(明治十九年)4月	于外务省召开条约修改会议

764 1886年(明治十九年)8月	井上馨任外相。向伊藤博文总理大臣要求元老院停止议定。在外交部设置法律调查委员会。
1887年(明治二十年)4月	元老院将民法议案返还内阁审议。
1887年(明治二十年)10月	随着井上外相因条约修改失败而卸任，法律调查委员会移交司法省(委员长·山田显义)。草案再次下发元老院审议。
1887年(明治二十年)12月	司法省法律调查委员会 开始审议民法草案。
1888年(明治二十一年)12月	→《民法草案》(财产法部分)由山田委员长向内阁提出。［第二篇·财产篇、第三篇·财产取得篇(第一部分特定名义之取得方法)、第四篇·债权担保篇、第五篇·证据篇］(博瓦索纳德起草)
1889年(明治二十二年)1月	司法省法律调查委员会之呈报案下发元老院审议、明治二十年10月元老院下发案返还内阁审议。
1889年(明治二十二年)7月	民法草案(财产法部分)于元老院审议决定。
1890年(明治二十三年)4月	→《民法草案》(身份法部分)由山田委员长向内阁提出。［第一篇·人事篇、第三篇·财产取得篇(第二部分·总括名义之取得方法)］(由熊野敏三、光妙寺三郎、黑田纲彦、高野真逊、矶部四郎、井上正一等起草)
1890年(明治二十三年)4月	**旧民法(财产法部分)** 公布(明治二十六年1月1日施行)
1890年(明治二十三年)9月	民法草案(身份部分)于元老院审议决定。
1890年(明治二十三年)10月	**旧民法(身份法部分)** 公布(明治二十六年1月1日施行)
1891年(明治二十四年)5月	法律调查委员会之解散

1886年(明治十九年)8月	登记法公布 765
1886年(明治十九年)11月	劳埃斯拉(Roesler)《民法编纂方法相关意见》
1887年(明治二十年)3月	条约修改会议中，以根据“泰西主义”制定法典作为条约修改条件为主旨
1889年(明治二十二年)2月	大日本帝国宪法公布
1889年(明治二十二年)4月	博瓦索纳德暂时回国(同年12月再次来到日本)
1889年(明治二十二年)5月	法学士会(由毕业于帝国大学之人组成)《法典编纂相关意见》[关于法典编纂展开慎重论]
1890年(明治二十三年)2月	裁判所构成法公布
1890年(明治二十三年)3月	穗积陈重《法典论》
1890年(明治二十三年)4月	旧商法、民事诉讼法公布(均为明治二十四年1月1日施行)
1890年(明治二十三年)10月	刑事诉讼法、法例公布
1890年(明治二十三年)11月	召开第一次帝国议会
1890年(明治二十三年)12月	帝国会议通过“商法及商法施行条例施行期限法律案”→商法、施行延期至明治二十六年1月1日。关于延期决定，山田卸任司法大臣，后大木就任。

766 1892年(明治二十五年)5—6月	帝国议会贵族院随后在众议院通过《民法商法施行延期法律案》，并向内阁提出。
1892年(明治二十五年)10月	↓伊藤内阁总理大臣设置民法商法施行调查委员会。
1892年(明治二十五年)11月	该法案批准、公布，民法施行延期至明治二十九年12月31日。[明治二十六年决定仅施行公司法、票据法]——
1893年(明治二十六年)3月	设置内阁之直属机构法典调查会(总裁伊藤博文) →着手民法、商法及附属法律之调查审议。 [起草委员穗积陈重、富井政章、梅谦次郎]
1893年(明治二十六年)5月	审议决定法典调查之方针。 →决定民法编纂之基本方针。[采用撒克逊(Sachsen)民法式编别等]
1893年(明治二十六年)9月	法典调查会上从总则编开始逐条审议。
1896年(明治二十九年)2—3月	随后帝国议会众议院于贵族院通过《民法中修正案(前三编)》。
1896年(明治二十九年)4月	**民法第一编—第三编**公布、废除旧民法该部分
1896年(明治二十九年)12月	《法典施行延期相关法律》公布。 [关于亲属、继承法部分，决定再次延期一年半]
1898年(明治三十一年)5—6月	帝国议会众议院随后在贵族院通过《民法中修正案(后二编)》。
1898年(明治三十一年)6月	**民法第四编、第五编**公布，废除旧民法之该部分
1898年(明治三十一年)7月	民法施行(16日)

1891年(明治二十四年)8月	穗积八束《民法出、忠孝亡》(《法学新报》第5号) 767
1893年(明治二十六年)3月	《商法及商法施行条例中修改并施行法律》公布
1895年(明治二十八年)3月	博瓦索纳德回国

768 **(2) 民法典制定后的修改·特别法立法的动向**

	民法之修改(后附技术上之小修改)
1898年(明治三十一年)	**增加亲属编、继承编**［前页中已经出现］
1901年(明治三十四年)	对抵押权的被担保债权附加延迟利息(增加374②)
1902年(明治三十五年)	直系卑亲属的分家(增加旧亲属编743②③)
1925年(大正十四年)	国籍丧失者之家督继承［伴随外国人土地法］(修改旧继承编990)
1926年(大正十五年)	支付命令的时效中断(修改150)
1938年(昭和十三年)	法人设立、解散之登记的期限变更(修改45①③、46②、48①，77)，基于公示的意思表示(增加97之2)，确定债权的时效期间(增加174之2)
1941年(昭和十六年)	对户主家族之离籍权的限制(修改旧亲属编749③)
1942年(昭和十七年)	废除私生子的称呼(修改旧亲属编735、827①②、828、829①、830、836②，以及旧继承编970①④、1004)，认领请求的期间限制(修改旧亲属编835)、继承中胎儿的能力(增加旧继承编974②、995②)
1947年(昭和二十二年)	**关于私权总说·解释指针之一般条款**(增加1、1之2，

[表中，○中的数字为项，( )数字表示号] 769

	主要特别法(民法相关)之制定
1898年(明治三十一年)	户籍法
1899年(明治三十二年)	商法、供托法、不动产登记法、遗失物法、失火责任法
1900年(明治三十三年)	地上权法、企业担保法
1902年(明治三十五年)	年龄计算法
1905年(明治三十八年)	担保附社债信托法、财团抵押三法(铁道抵押法、工厂抵押法、矿业抵押法)
1909年(明治四十二年)	建筑物保护法、铁道抵押法
1910年(明治四十三年)	立木法、立木之先取特权法
1921年(大正十年)	土地租赁法、房屋租赁法
1922年(大正十一年)	信托法、租地租房调停法
1925年(大正十四年)	渔业财团抵押法
1931年(昭和六年)	抵押证券法
1933年(昭和八年)	农业动产信用法、身份保证法
1939年(昭和十四年)	地代家赁统制令等
	旧矿业法修改(引入无过失损害赔偿)
1941年(昭和十六年)	修改土地租赁法、房屋租赁法(新设“正当理由”规定)
1946年(昭和二十一年)	受灾城市租地租房临时处理法
1947年(昭和二十二年)	国家赔偿法

770	将1下调到1之3) 裁判所名、官职名之变更等(修改7、10、12②、25—30①、32①、97之2④、171、172、450②，删除450①(3)) **家族法之全面修改**(修改第四编、第五编)，先取特权之家族相关用词之变更(修改308②、310)，夫妇间财产关系相关事项(修改19②④、124③，删除14—18、120②、159②，增加159之2)
1949年(昭和二十四年)	雇人薪水之先取特权的范围及优先葬礼费用的顺位变更(修改309，306(2)与该(3)互换，308与309互换)
1958年(昭和三十三年)	遗失物之所有权取得的期限缩短(修改240)
1962年(昭和三十七年)	同时死亡之推定(增加32之2)，特别失踪之期间(修改30②、31) **亲属法之诸修改**：离婚(修改811②、815，增加811③～⑤，811③下调至该⑥，监护人之解任(修改845) **继承法之诸修改**：**代位继承**等(修改887、889①②、900(1)(4)、901①、1044，删除888)，放弃之效力(修改939)，寻找继承人之公告等(修改958、959、958之2，增加958之3)，受遗赠者之死亡(修改994①)，限定承认与放弃之取消(增加919③)
1962年(昭和三十七年)	随着建筑物区分所有等相关法律的公布(修改257，删除208)
1966年(昭和四十一年)	**地下空间地上权之设定**(增加269之2)

1948年(昭和二十三年)	户籍法修改
1949年(昭和二十四年)	年龄计算相关法律
1950年(昭和二十五年)	矿业法
1951年(昭和二十六年)	汽车抵押法
1953年(昭和二十八年)	航空器抵押法
1954年(昭和二十九年)	建设机械抵押法，利息限制法全面修改，接受出资、存款及利息取缔法
1955年(昭和三十年)	汽车损害赔偿保障法
1958年(昭和三十三年)	企业担保法
1961年(昭和三十六年)	分期付款销售法、原子能损害赔偿法
1962年(昭和三十七年)	建筑物区分所有等相关法律
1968年(昭和四十三年)	消费者保护基本法

772 1971年(昭和四十六年)	**新设最高额抵押**(增加373②③、398之2—398之22)
1976年(昭和五十一年)	离婚时恢复姓氏的例外(增加767②)
1979年(昭和五十四年)	删除准禁治产人中身体障害者之用词(修改11) 主务官厅对公益法人的监督、罚则的强化等(修改71、77①、84，增加34之2、67②、77③、84(3之2)、84之2，67②下调为该③) 检验、开封遗嘱的相关罚则(修改1005)
1980年(昭和五十五年)	**继承法诸修改：继承人·法定继承份额等的修改**(修改889②、900(1)—(3)、901②)，赠予部分(增加904之2)，遗产分割之标准(修改906)，遗留份权利人与遗留份(修改1028(1)(2))
1987年(昭和六十二年)	**新设特别养子制度**(修改735、734②，增加817之2—817之11) 养子制度的其他修改(修改795、796、810、811⑥、813①、814①、816①、增加797②、806之2、806之3、811之2、816②) 子女姓氏的变更(修改791①③④，增加791②)
1991年(平成三年)	公益法人中对主务官厅权限的委任(增加83之2，修改84)

1972年(昭和四十七年)	水质污染防止法、大气污染防止法的修改(即公害无过失责任立法)
1973年(昭和四十八年)	公害损害健康补偿法
1976年(昭和五十一年)	推销法
1978年(昭和五十三年)	无限连锁讲防止法
1979年(昭和五十四年)	假登记担保契约法
1983年(昭和五十八年)	贷款业规制法
1985年(昭和六十年)	促进电子信息处理组织顺利处理登记事务措施法
1989年(平成一年)	土地基本法
1991年(平成三年)	租地租房法
1992年(平成四年)	关于特定债权等事业之规制相关法律
1993年(平成五年)	环境基本法
1994年(平成六年)	制造物基本法
1998年(平成十年)	特定非营利活动促进法、关于债权让与对抗要件民法特例等相关法律

774 1999年(平成十一年)	**成年监护制度之创设** (修改7—11、12①(1)(3)(6)(7)②③、13①、14—18、19①②④、20、98、111①(2)、120①、121、124②③、158、159、449、653、679(3)、713、738、778、780、794、811⑤、838①(2)、839、840、841、842、843、845、846、847、848、849、852、857、858、863②、864、847、848、849、852、857、858、863②、864、867①、868、872①、876、917、962、969(1)(3)(4)(5)、972①②、973、974、976①②、979②③、1009、增加11之2、12④、13②、120②、849之2、859之2、859之3、861②、876之2—876之10、969的2、972③、976③④、979③、12③下调为④、972②下调为③、976②下调为④、976③下调为⑤、979②下调为③、979③下调为④、删除847②、858②、972(2)，974(3)(4)上调为(2)(3))

1999年(平成十一年)	促进确保住宅品质法、任意监护契约法、监护登记法	775

776 技术性小修改一览

1947年（昭和二十二年） 伴随监察组织变更之称呼的变更
→7,25,26,27②,40,56,75,76

1948年（昭和二十三年） 伴随《裁判所法》（旧为《裁判所构成法》）公布之称呼的变更
→修改7、10、12②、25、26、27、28、29、30①、32①、758②、766①②、768②③、769②、775、791、7794、811③、819⑤⑥、822、826①、834—837、841、842、844、845、846、847②、849、851、853③、858②、862、863、870、877②—880、892—894①、895、897②、907②③、915①、918②③、924、930②、932、936①、938、941、943、944①、950①、952、958、976②③、979②、1004①③、1005、1010、1018①、1019、1027②、1043①

1949年（昭和二十四年） 伴随《公证人法》等部分修改之称呼的变更
→修改974(4)

1950年（昭和二十五年） 伴随《精神卫生法》的施行
→修改858②

1958年（昭和三十三年） 伴随《随着统一计量单位之相关法律整备法律》的施行，向国际公制的换算
→修改225②、234①、235①、237①②

1963年（昭和三十八年） 伴随《商业登记法》的之施行
→修改48①

1964年（昭和三十九年） 伴随《遗嘱方式准据法相关法律》的施行
→修改23

1966年（昭和四十一年） 伴随《执行官法》的施行
→修改171、172

1979年（昭和五十四年） 伴随《民事执行法》的施行
→修改568、588，删除368、384③

1989年（平成一年） 伴随《法例》的修改
→修改757

1989年（平成一年） 伴随《民事保全法》的施行
→增加46③

1990年(平成二年)	伴随《商法》的修改 →修改364②	777
1996年(平成八年)	伴随新《民事执行法》的施行 →修改150	
1999年(平成十一年)	伴随《为推进地方分权之相关法律》的施行 →修改83之2、84(3)(3之2)(4),增加83之3	

778 参考书目等一览

- 国立国会图书馆整理部编:《明治期刊行图书目录》第 2 卷(国立国会图书馆,1972 年)
- 最高裁判所图书馆编:《明治初期法律关系图书目录稿》(最高裁判所图书馆)
- 法律时报编辑部编:《法学文献总目录》(日本评论社,1979 年)第 1 卷(1916—1930),第 2 卷(1929—1935),第 3 卷(1936—1944)
- 法律时报编辑部编:《战后法学文献总目录》(日本评论社)第 1 卷(1945—1953)—第 13 卷(1990—1992)
- 西村舍也编著:《明治时代法律书解题》(酒井书店,1968 年)
- 神户高等商业学校商业研究所编:《经济·法律文献目录》(Yumani 书房,1985 年)上卷(1916—1925),下卷(1926—1930)
- 东京书籍商组合编:《明治书籍总目录》(Yumani 书房,1985 年)明治二十六年版·三十一年版·三十九年版·四十四年版
- 东京书籍商组合编:《大正书籍总目录》(Yumani 书房,1986 年)大正七年版·十二年版
- 东京书籍商组合编:《昭和书籍总目录》(Yumani 书房,1986 年)昭和四年版·八年版·十五年版
- 《日本书籍总目录》(社团法人日本书籍出版协会,年刊)1977—1990 年
- 《出版年鉴》(出版新闻社,年刊)1971—1990 年
- 日本图书馆协会 J-BISC(Japan Biblio-Disc)……《国立国会图书馆日本图书目录》
- 《最高法裁判所图书馆法律图书目录》日本图书部分(昭和三十九年 3 月),日本图书之部分增加 1—6

- 另外,纪念论文集参考下列书籍
  法律图书馆联络会编:《日文法律关系纪念论文集综合目录》(国立国会图书馆,1988 年)

索　引

人名索引

(以下页码为原书页码,本书边码)

か

き

く

け

こ

さ

し

す

せ

そ

た

つ

む

も

や

ゆ

よ

わ

文献索引

（以下页码为原书页码，本书边码）

う

え

お

か

き

く

け

こ

さ

し

す

そ

た

ち

て

と

な

に

ね

の

は

ほ

ま

み

む

め

も

や

ゆ

よ

り

れ

ろ

わ

编者简介

加藤雅信，1946年生，东京大学法学部毕业，名古屋大学教授

池田真朗，1949年生，庆应义塾大学经济学部毕业，庆应义塾大学教授

大村敦志，1958年生，东京大学法学部毕业，东京大学教授

镰田薰，1948年生，早稻田大学法学部毕业，早稻田大学教授

道垣内弘人，1959年生，东京大学法学部毕业，东京大学助教授

水野纪子，1955年生，东京大学法学部毕业，东北大学教授

山本敬三，1960年生，京都大学法学部毕业，京都大学教授

译后记

本书在中国翻译出版，历经十数载。

从2005年开始，我先后向多家出版社建议翻译出版本书，但一直未能如愿。2011年，本书终于遇到了“伯乐”，我的建议被商务印书馆采纳。

其后，我邀请了卢晓斐、肖盼晴、战东升、潘芳芳、于宪会、赵晶、杨瑞贺参与本书的翻译。他们曾经是我的学生，后来都留学日本研究民商法，所以成了我的合作伙伴。或许是因为碍于我的情面，译者们都没有计较报酬，完全出于推动中日民法学交流的学术热情，在撰写博士论文的同时承担了本书的翻译工作。

日文原版的序言介绍了原著从企划到出版的艰辛过程。实际上，翻译这样一部承载了日本民法学百年成果的宏篇巨著，并不比原著的撰写轻松多少。本书是“对学术研究进行研究”的产物，具有极高的学术价值，也存在极高的翻译难度。因此，本书翻译过程之漫长曲折，实在不是用“三易其稿”这几个字就能概括的。尤其是，这几年中间，其他几位译者都在经历博士课程的洗练，有的在毕业后结婚生子。他们为翻译本书所付出的心血值得学界同仁铭记！

除了以上几位译者之外，申绯阳、刘旭、董文文、刘伟、郭娜娜、陈旋、任国栋等同学也参与了部分翻译校对工作，在此表达衷心的感谢！

译书让人看不懂，通常是因为译者自己没有搞懂。在将本书的中文版呈现给读者之际，我也在担心能否让读者看懂。欢迎读者朋友指出译文中的纰漏之处，我们会认真检讨，将来重印时进行订正。

由于日文原著是在1999年出版的，之后编者和作者中有不少人在职位上有所变动。中文版只遵从日文原著的内容表述，对这些变动未作新的补充。特此说明。

最后，本书的翻译出版尤其得益于商务印书馆编辑的专业和敬业。在此，一并表示感谢！

牟宪魁

2016年11月26日

琉球大学50周年纪念馆

译者简介

牟宪魁，山口大学学术博士，山东大学教授，翻译序言、凡例、序章、索引。

卢晓斐，一桥大学法学博士，SBI 大学院大学讲师，翻译第 1 章。

肖盼晴，早稻田大学法学博士，华中师范大学助理研究员，翻译第 2 章。

战东升，九州大学法学博士，西南政法大学副教授，翻译第 3 章。

潘芳芳，名古屋大学法学博士，名古屋大学研究员，翻译第 4 章。

于宪会，早稻田大学民法专业博士课程在读，翻译第 5 章。

赵晶，京都大学法学博士，中国海洋大学讲师，翻译第 6 章。

杨瑞贺，北海道大学民法专业博士课程在读，翻译第 7 章。

图书在版编目(CIP)数据

民法学说百年史:日本民法施行100年纪念/(日)加藤雅信等编;牟宪魁等译.—北京:商务印书馆,2017
ISBN 978-7-100-15506-9

Ⅰ.①民… Ⅱ.①加… ②牟… Ⅲ.①民法—研究—日本 Ⅳ.①D931.33

中国版本图书馆CIP数据核字(2017)第273940号

民法学说百年史
日本民法施行100年纪念
〔日〕加藤雅信 等编
牟宪魁 等译

商 务 印 书 馆 出 版
(北京王府井大街36号 邮政编码100710)
商 务 印 书 馆 发 行
北京市十月印刷有限公司印刷
ISBN 978-7-100-15506-9

2017年12月第1版 开本880×1230 1/32
2017年12月北京第1次印刷 印张35⅝
定价:118.00元